Susanne Hoffmann

Demographischer Wandel und innerstädtische
Einkaufszentren in Deutschland

WÜRZBURGER GEOGRAPHISCHE ARBEITEN

Herausgegeben vom Institut für Geographie und Geologie der Universität
Würzburg in Verbindung mit der Geographischen Gesellschaft Würzburg

Herausgeber
R. Baumhauer, B. Hahn, H. Job, H. Paeth, J. Rauh, B. Terhorst

Schriftleitung
R. Klein

Band 119

Die Schriftenreihe Würzburger Geographische Arbeiten wird vom Institut für
Geographie und Geologie zusammen mit der Geographischen Gesellschaft
herausgegeben. Die Beiträge umfassen mit wirtschafts-, sozial- und naturwis-
senschaftlichen Forschungsperspektiven die gesamte thematische Bandbreite
der Geographie. Der erste Band der Reihe erschien 1953.

Susanne Hoffmann

Demographischer Wandel und innerstädtische Einkaufszentren in Deutschland

Entwicklungen in Erlangen, Koblenz und Zwickau

Würzburg
University Press

Dissertation, Julius-Maximilians-Universität Würzburg
Philosophische Fakultät, 2014
Gutachter: Prof. Dr. Barbara Hahn, Prof. Dr. Jürgen Rauh

Impressum

Julius-Maximilians-Universität Würzburg
Würzburg University Press
Universitätsbibliothek Würzburg
Am Hubland
D-97074 Würzburg
www.wup.uni-wuerzburg.de

© 2017 Würzburg University Press
Print on Demand

ISSN 0510-9833 (print)
ISSN 2194-3656 (online)
ISBN 978-3-95826-062-7 (print)
ISBN 978-3-95826-063-4 (online)
urn:nbn:de:bvb:20-opus-148218

Danksagung

Zahlreiche Personen haben durch ihre Mitwirkung und Unterstützung zur Fertigstellung dieses Dissertationsprojektes beigetragen. Danken möchte ich zunächst Frau Prof. Dr. Hahn für die umfassende fachliche Betreuung der Arbeit sowie Herrn Prof. Dr. Rauh für die freundliche Übernahme der Zweitkorrektur. Mein Dank gilt außerdem Herrn Weber vom Institut für Geographie und Geologie der Universität Würzburg für die Unterstützung bei der Erstellung des Drucklayouts. Weiterhin möchte ich mich bei allen Interviewpartnern für ihre Zeit und ihre Antwortbereitschaft bedanken. Zu danken ist außerdem der ECE Projektmanagement G.m.b.H & Co. KG sowie der mfi management für immobilien AG für die Erlaubnis, Passantenbefragungen innerhalb ihrer Shopping Center durchzuführen. Ein besonderer Dank gilt schließlich meinen Eltern für ihren Rückhalt und ihre sonstige unablässige vielfältige Unterstützung.

Die vorliegende Untersuchung wurde im Wintersemester 2013/14 unter dem Titel „Demographischer Wandel und innerstädtische Einkaufszentren in Deutschland. Eine Untersuchung zur Entwicklung deutscher Innenstädte" von der Philosophischen Fakultät I der Julius-Maximilians-Universität Würzburg als Dissertationsschrift angenommen. Der zur Drucklegung ergänzte Zusatz „Entwicklungen in Erlangen, Koblenz und Zwickau" soll die räumliche Verortung der Arbeit verdeutlichen.

Würzburg, im März 2017   Susanne Hoffmann

Inhaltsverzeichnis

Abbildungsverzeichnis

Tabellenverzeichnis

Abkürzungsverzeichnis

Abb.	Abbildung
Anm. d. Verf.	Anmerkung der Verfasserin
asympt.	asymptotisch
BASE	Berliner Altersstudie
BauNVO	Baunutzungsverordnung
BayLASt	Bayerisches Landesamt für Statistik und Datenverarbeitung
BIB	Bundesinstitut für Bevölkerungsforschung
BMAS	Bundesministerium für Arbeit und Soziales
BMFSFJ	Bundesministerium für Familie, Senioren, Frauen und Jugend
BMI	Bundesministerium des Inneren
BMVBS	Bundesministerium für Verkehr, Bau und Stadtentwicklung
BVH	Bundesverband des Deutschen Versandhandels
bzw.	beziehungsweise
ca.	circa
d.h.	das heißt
ders.	derselbe
Diff.	Differenz
Diss.	Dissertation
DRV	Deutsche Rentenversicherung
ebd.	ebenda
ECE	ECE Projektmanagement G.m.b.H. & Co. KG
EH	Einzelhandel
EHI	EuroHandelsinstitut
EKZ	Einkaufszentrum
EN	Erlanger Nachrichten
ER	Erlangen
et al.	et alii / et aliae
ET	Erlanger Tagblatt
etc.	et cetera
EVS	Einkommens- und Verbrauchsstichprobe
evtl.	eventuell
FAZ	Frankfurter Allgemeine Zeitung
FMR	Forum Mittelrhein Koblenz
GfK	Gesellschaft für Konsumforschung
ggf.	gegebenenfalls
GMA	Gesellschaft für Markt- und Absatzforschung
GRV	gesetzliche Rentenversicherung
ha	Hektar
Hg.	Herausgeber
HH	Haushalt
i.d.R.	in der Regel
IHK	Industrie- und Handelskammer

i.S.v.	im Sinne von
i.V.m.	in Verbindung mit
IAB	Institut für Arbeitsmarkt- und Berufsforschung
IFG	Institut für Gewerbezentren
IS	Innenstadt
KO	Koblenz
KS	Lokalanzeiger Koblenzer Schängel
LKR	Landkreis
m.E.	meines Erachtens
mfi	mfi management für immobilien AG
Mio.	Millionen
MIV	motorisierter Individualverkehr
NuG	Nahrungs- und Genussmittel
o.g.	oben genannt
o.S.	ohne Seite
o.V.	ohne Verfasser
RZ	Rhein-Zeitung
SB	Selbstbedienung
SC	Shopping Center
Sig.	Signifikanz
SMI SN	Sächsisches Staatsministerium des Inneren
sog.	sogenannt
StBA	Statistisches Bundesamt
StLARLP	Statistisches Landesamt Rheinland-Pfalz
StLASN	Statistisches Landesamt Freistaat Sachsen
StMWIVT BY	Bayerisches Staatsministerium für Wirtschaft, Infrastruktur, Verkehr und Technologie
SZ	Süddeutsche Zeitung
Tab.	Tabelle
u.a.	unter anderem
u.ä.m.	und ähnliche(s) mehr
u.a.m.	und andere(s) mehr
UG	Untergeschoss
v.a.	vor allem
vgl.	vergleiche
vs.	versus
WiWo	WirtschaftsWoche
z.B.	zum Beispiel
z.T.	zum Teil
zit.	zitiert
ZW	Zwickau

Zusammenfassung

Die deutsche Bevölkerung wird immer älter. Ältere und alte Menschen ≥ 60 Jahre stellen heute bereits mehr als ein Viertel der Gesamtbevölkerung in Deutschland. Dadurch gewinnen die teilweise spezifischen Lebensumstände älterer und alter Menschen gesamtgesellschaftlich und damit auch auf den Konsumgüter- und Dienstleistungsmärkten eine immer höhere Relevanz.

Im Bereich der Einzelhandelsentwicklung zählt die wachsende Ausbreitung von Shopping Centern auch und gerade in Innenstadtlagen, und hier in den letzten Jahren insbesondere in Mittel- und kleineren Großstädten, zu den entscheidenden Veränderungen in der jüngeren Vergangenheit. Dabei orientiert sich das Einzelhandels- wie auch das gastronomische Angebot in Shopping Centern in weiten Bereichen stark an jüngeren Kundengruppen.

Bei gemeinsamer Betrachtung der beiden beschriebenen Entwicklungen stellt sich die Frage, in welchem Ausmaß ältere und alte Menschen ihre Anforderungen an einen Einkaufsstandort in den traditionellen innerstädtischen Einkaufsstraßen respektive in den innerstädtischen Shopping Centern erfüllt sehen, inwieweit die Perzeption der beiden innerstädtischen Einkaufsstandorte das konkrete Einkaufsstandortwahlverhalten determiniert und ob diesbezüglich Unterschiede zu jüngeren Kundengruppen bestehen. Auch die Reaktionen der Anbieterseite auf die wachsende Bedeutung älterer und alter Konsumenten sind in diesem Zusammenhang von Belang.

Am Beispiel der Städte Erlangen, Koblenz und Zwickau zeigen die Ergebnisse vielschichtiger empirischer Untersuchungen ein insgesamt sehr komplexes und wenig konsistentes Bild. Zwar lassen sich in einigen Bereichen Zusammenhänge zwischen der Perzeption und Nutzung der beiden innerstädtischen Einkaufsstandorte und der Altersklasse der Konsumenten erkennen. Doch obwohl die schwerpunktmäßig auf jüngere Kundengruppen ausgerichtete Marktbearbeitung den Anforderungen vieler älterer und alter Menschen ebenso wenig entspricht wie die häufig wenig alternsfreundliche architektonische Gestaltung speziell der innerstädtischen Einkaufsstraßen, zeigen die Untersuchungsergebnisse auch, dass dem Alter der Konsumenten nur eine eingeschränkte Bedeutung bei der Erklärung der Wahrnehmung und Nutzung der innerstädtischen Einkaufsstandorte zukommt. Die teilweise deutlichen Unterschiede zwischen den drei Untersuchungsstädten legen die Vermutung nahe, dass nicht zuletzt standortspezifische Faktoren diesbezüglich eine große Rolle spielen.

Daraus ergibt sich, dass es für eine zukunftsgerichtete Gestaltung der innerstädtischen Einkaufsstandorte in vielen Bereichen keine „einfachen" und allgemein gültigen Lösungen gibt. Entsprechend kommt den verantwortlichen Akteuren sowohl auf Seite der Kommunen als auch auf Seite der Centerbetreiber die Aufgabe einer weitaus intensiveren und differenzierteren Beschäftigung mit dem Segment der älteren und alten Konsumenten zu.

1 Einleitung

„Der Einzelhandel ist Leitfunktion der Innenstadt" (Heinritz / Klein / Popp 2003: 201). Die Entwicklungen und Veränderungen der Einzelhandelslandschaft in Deutschland seit dem Zweiten Weltkrieg und insbesondere seit den 1970er Jahren führten jedoch zu einer wachsenden Pluralität der Einzelhandelsstandorte mit der Folge, dass die Innenstädte als traditioneller Ort für Handel und Konsum heute mehr denn je mit verschiedenen realen und virtuellen (Einzel-)Handelsstandorten in Konkurrenz stehen. Neben Einzelhandelsangeboten in Stadtteillagen sowie „auf der grünen Wiese", deren Etablierung einen ersten Bedeutungsverlust der Innenstädte als Einkaufsstandorte begründete, stellt der Versandhandel und dabei insbesondere der sog. E-Commerce für viele Konsumenten offensichtlich eine attraktive Alternative zum klassischen Einkauf in der Innenstadt dar (vgl. Reink 2012: 183f.; Thomi 1998: 22ff.). Seit Jahren weist der Versandhandel konstant hohe Wachstumsraten auf, wobei der Anstieg in jüngerer Zeit nahezu ausschließlich durch das Wachstum des E-Commerce generiert wurde (vgl. Eckstein / Hudetz / Stüber 2012: 21; EHI 2013); diese Entwicklung wurde und wird nicht zuletzt durch die zunehmende Internetaffinität der Menschen aller Altersklassen befördert (vgl. BVH 2011). Besondere Relevanz für die innerstädtischen Einzelhandelsstandorte erwächst dabei aus dem Umstand, dass es sich bei den bei Weitem umsatzstärksten Warengruppen im Onlinehandel um die Segmente Bekleidung, Textilien und Schuhe handelt (vgl. Kreimer et al. 2012: 20) und damit um diejenigen Branchen, die auch in den Innenstädten eine dominierende Position einnehmen.

Wie u.a. Greipl (2007: 22) betont, „spielt der Handel in der Stadtentwicklung eine tragende Rolle". Damit aber die Innenstädte im Wettbewerb der Handelsstandorte auch in Zukunft bestehen können, müssen alle in den Innenstädten operierenden Akteure die Stärken der innerstädtischen Einkaufsstandorte erkennen und fördern. Dies erfordert allerdings eine konsequente Ausrichtung an den Bedürfnissen der unterschiedlichen Nachfragergruppen, wobei den sozio-demographischen Entwicklungen der Gesellschaft und insbesondere den Auswirkungen des demographischen Wandels ein hohes Maß an Aufmerksamkeit zukommen muss.

1.1 Fragestellung

Die permanenten Wandlungsprozesse des Einzelhandels, deren Auslöser verschiedene, sich überlagernde und wechselseitig beeinflussende handelsendogene und handelsexogene Faktoren sind (vgl. Heinritz / Klein / Popp 2003: 40ff.), wirken sich auf das strukturelle und funktionelle Gefüge der Innenstädte aus. Dabei präsentiert sich der Einzelhandel auch als „Spiegelbild gesellschaftlicher Zustände im weitesten Sinne" (Beyerle 2009: 302), in dem sich Veränderungen der gesellschaftlichen Sphäre zeigen.

Im Bereich der handelsexogenen Einflussfaktoren sind als besonders zentrale Veränderung der jüngeren Vergangenheit die demographischen Wandlungsprozesse mit ihren vielfältigen und nahezu alle Lebensbereiche betreffenden Auswirkungen anzusprechen. Die Bevölkerung in Deutschland befindet sich seit Mitte der 1960er Jahre in einem stetigen Alterungsprozess, der in den vergangenen rund 30 Jahren eine deutliche Intensivierung erfuhr und dessen Konsequenzen in jüngster Zeit immer augenfälliger werden (vgl. MARETZKE 2004 [2001]: 48). Neben einem starken Anstieg des absoluten wie relativen Anteils älterer und alter Menschen an der Gesamtbevölkerung umfasst dieser als „dreifaches Altern" bezeichnete Prozess auch eine deutliche Zunahme hochaltriger Menschen (vgl. TEWS 1993: 32). Diese Entwicklung wird in den kommenden Jahren aufgrund der ihr innewohnenden Eigendynamik weiter andauern (vgl. BUCHER / SCHLÖMER 2007: 19). Somit werden in der „Zusammensetzung der Bevölkerung (…) ältere Menschen immer stärker an Präsenz gewinnen" (STIEHR 2004: 89). Ältere und alte Menschen werden dementsprechend auch auf den Konsumgüter- und Dienstleistungsmärkten künftig eine der wichtigsten Kundengruppen darstellen.

Die Lebensumstände älterer und alter Menschen unterscheiden sich – trotz einer hohen inter- wie intraindividuellen Variabilität – in vielfältiger Hinsicht von denen jüngerer Altersgruppen. Dies betrifft zum einen die ökonomische Situation, die sich für die Gruppe der Älteren und Alten mehrheitlich als überdurchschnittlich gut darstellt, speziell für alleinstehende hochaltrige Frauen aber auch ein hohes Armutsrisiko beinhaltet (vgl. HEINZE / NAEGELE / SCHNEIDERS 2011: 17; BÄCKER ET AL. 2010: 363f.). Zum anderen wirken sich die mit zunehmendem Alter einhergehenden Einbußen der kognitiven und körperlichen Leistungskraft auf das Verhalten und die Bedürfnisse der Menschen im höheren und hohen Lebensalter aus (vgl. WEINERT 1992: 182; SMITH / BALTES 2010: 259). Zudem unterliegen verschiedene soziologische Parameter, wie z.B. Selbstwahrnehmung und Kohortenverhalten, aber auch Alltagsstrukturen, Mobilitätsverhalten und Sozialkontakte, alterskorrelierten Veränderungen. Insbesondere dem Eintritt in den Ruhestand kommt diesbezüglich eine hohe Verhaltensrelevanz zu (vgl. z.B. KOHLI 1992: 238ff.; KALBERMATTEN 2008: 78). Nicht zuletzt wurden ältere und alte Menschen im Laufe ihres Lebens unter ganz anderen politischen, kulturellen und sozialen Bedingungen sowie in einem anderen Normen- und Wertesystem sozialisiert (vgl. BACKES / CLEMENS 2008: 18 u. 107).

Mehrheitlich wird in der einschlägigen Literatur den (spezifischen) Lebensumständen älterer und alter Menschen eine hohe Kaufverhaltensrelevanz unterstellt. In Bezug auf die Produktebene sowie auf die Ebene der einzelnen Einkaufsstätten sind die Auswirkungen alter(n)sbedingter bzw. alterskorrelierter Veränderungen der Lebenslage in verschiedenen, vorwiegend betriebswirtschaftlichen Studien untersucht und erörtert worden (vgl. z.B. KÖLZER 1995; HUPP 2000; MEYER-HENTSCHEL 1990). Der überwiegende Teil dieser Studien sowie weiterer Publikationen (insbesondere zum sog. Seniorenmarketing) macht deutlich, dass die besonderen Lebenslagen älterer und alter Menschen sich in teilweise spezifischen Anforderungen dieses Kundensegments an Produkte und Geschäfte auswirken sowie ein in Teilen von jüngeren Altersklassen differierendes Konsumverhalten bedingen. Dies betrifft die grundsätzliche Einstellung gegenüber Genuss und Konsum ebenso wie die Einkaufsfrequenz und die Ausgabebereitschaft respektive Sparneigung, aber auch die Anforderungen an Erreichbarkeit, Sortiment, Andienung und Ansprache sowie Ladengestaltung (vgl. z.B. JUST 2009: 54; KÖLZER 1995: 212ff.; EITNER 2011: 124). Darüber hinaus verweist BESEMER (2004: 64) darauf, dass „der Erlebnis-, Freizeit- und Convenience-Aspekt aufgrund der (…) sozio-demographischen Entwicklungen in Zukunft noch an Bedeutung gewinnen" wird. Geht man von dieser Annahme aus, müssten die Gestaltqualität eines Einkaufsstandortes sowie Anzahl und Qualität der dort vorhandenen Erlebnis- und Freizeitkomponenten wie z.B. Cafés, öffentliche Sitzgelegenheiten oder Ausstellungen in wachsendem Maße über dessen Akzeptanz und Wertschätzung insbesondere bei den älteren und alten Kunden entscheiden. In einigen Studien wird aber auch die hohe biographische Kontinuität des Konsum- und Freizeitverhaltens betont (vgl. z.B. CIRKEL / HILBERT / SCHALK 2004: 43f.)

Dass die Bevölkerung in Deutschland einen starken Alterungsprozess durchmacht, wird zahlenmäßig in der Breite wahrgenommen und auch – insbesondere hinsichtlich der Auswirkungen auf die Sozialsysteme – eingehend diskutiert. In vielen Bereichen aber wird die zunehmende Bedeutung älterer und alter Menschen noch immer nicht ausreichend berücksichtigt respektive darauf reagiert. Die Aussage von RILEY / RILEY (1992: 438), dass die „gesellschaftlichen Strukturen (…) nach wie vor auf eine wesentlich jüngere Bevölkerung zugeschnitten" sind, ist noch heute auf vielen Gebieten gültig. Dies betrifft auch die Einzelhandels- und Dienstleistungslandschaft in Deutschland. Zwar sind in den vergangenen Jahren ältere und alte Menschen in ihrer Rolle als Konsumenten zunehmend in das Blickfeld von Marktforschern und Unternehmensstrategen gerückt (vgl. BMFSFJ 2005: 187), die Analyse von EITNER (2011: 121) zeigt jedoch, dass „die strategische Nutzung der Potenziale des Wirtschaftsfaktors Alter und die Umsetzung in Handlungsstrategien (…) noch selten [erfolgt]. Stattdessen orientieren sich Kommunikation, Sortiment und Warenpräsentation vielfach an jüngeren Kundengruppen" (ebd.; vgl. auch KIRSCH 2003: 194). Es ist zu vermuten, dass die noch immer überwiegend negative Stereotypisierung der Lebensphase Alter hierfür ebenso verantwortlich ist wie die Fokussierung der medialen Darstellung des demographischen Wandels auf das Problem der Kostenexplosion der sozialen Sicherungssysteme (vgl. MALANOWSKI 2008: 42; MAYER / WAGNER 2010: 279). Hinzu kommt, dass sich die demographiebedingten Veränderungen der Konsummuster und Nachfragestrukturen „nicht abrupt, sondern allmählich, manchmal kaum merklich" vollziehen (MEYER-HENTSCHEL 2008: 24f.). Es besteht die Gefahr, dass aufgrund des schleichenden Charakters dieses Prozesses die Notwendigkeit, dieser Entwicklung mit geeigneten Maßnahmen zu begegnen, unterschätzt und / oder zu spät erkannt wird.

Auf Seite der handelsendogenen Entwicklungen kann die wachsende Ausbreitung von Shopping Centern auch und gerade in Innenstadtlagen als eine der entscheidenden, die Einzelhandelslandschaft wie auch das Erscheinungsbild innerstädtischer Gebiete in hohem Maße prägende Veränderung der jüngeren Vergangenheit angesehen werden (vgl. BESEMER 2004: 52). Sie stellen heute „ein modernes Stück Einzelhandels-Infrastruktur" dar (PETERSEN 2009: 122). Nachdem Einkaufszentren zunächst, d.h. bis etwa Mitte der 1970er Jahre, nahezu ausschließlich außerhalb der Innenstädte an Standorten „auf der grünen Wiese" errichtet worden waren, vollzog sich im Anschluss eine zunehmende Hinwendung zu innerstädtischen Standorten (vgl. Gᴇʀʜᴀʀᴅ / Pᴏᴘᴘ 2009: 45f.; Hᴀʜɴ 2002: 152f.); parallel dazu erfolgte eine deutliche Verbesserung der Gestaltqualität der Center. Wie Jᴜ̈ʀɢᴇɴs (2009a: 1) konstatiert, schwappt eine „Welle von Einkaufszentren (…) bis heute über jede große und mittelgroße Stadt hinweg". Insbesondere Mittelstädte und kleine Großstädte gerieten in den letzten Jahren vermehrt in das Visier der Shopping Center-Betreiber (vgl. Jᴜɴᴋᴇʀ 2006: 108). Zu Beginn des Jahres 2010 gab es in Deutschland 428 Einkaufszentren mit einer Verkaufsfläche von ≥ 10.000 qm pro Center; 43,3% dieser Center befinden sich in Innenstadtlagen (vgl. EHI 2009). Innerstädtische Shopping Center sind jedoch insbesondere hinsichtlich ihrer Wirkungen auf die sie umgebende Innenstadt in der wissenschaftlichen wie medialen Diskussion umstritten (vgl. z.B. Gɪᴇsᴇ 2003: 130ff.; Lᴜ̈ʜʀᴍᴀɴɴ 2006: 221f.; Vᴏʟɢᴇʀ 2000).

Das Angebot in Shopping Centern ist stark auf die Textilbranche konzentriert, auf die im Durchschnitt knapp ein Viertel der Geschäfte entfällt. Besonders hervorzuheben ist darüber hinaus der hohe Stellenwert des gastronomischen und Dienstleistungsangebotes, das klar über eine bloße Arrondierung des Einzelhandelsangebotes hinausgeht (vgl. EHI 2008: 47ff.). Insgesamt ist das in Shopping Centern anzutreffende Angebot – insbesondere im Bereich Bekleidung, aber auch in anderen Branchen – stark an jüngeren Kundengruppen orientiert (vgl. Fʀᴀɴᴋᴇ 2007: 137). Unter den in deutschen Shopping Centern am weitesten verbreiteten Filialisten dominieren Bekleidungsanbieter, die mit ihrem Angebot schwerpunktmäßig jüngere und junge Menschen anzusprechen suchen, wie z.B. *New Yorker*, *Pimkie*, *H&M* oder *Esprit* (vgl. EHI 2008: 54f.). Auch das gastronomische Angebot ist sowohl hinsichtlich des Ambientes als auch im Hinblick auf die Speisenauswahl in weiten Teilen auf die Ansprüche jüngerer Konsumenten fokussiert. Auf der anderen Seite ist jedoch unstrittig, dass Einkaufszentren in Bezug auf den Einkaufsvorgang viele Erleichterungen bieten, wie insbesondere eine hohe räumliche Nähe des Angebots, direkte Parkmöglichkeiten, Barrierefreiheit, Wetterunabhängigkeit, Kundentoiletten etc. (vgl. Jᴜsᴛ 2009: 55). Damit entsprechen sie der in einer alternden Bevölkerung steigenden Nachfrage nach barrierefreien Einrichtungen und Infrastrukturen (vgl. Mᴀ̈ᴅɪɴɢ 2006: 20) ebenso wie dem „demographischen Trend einer älter werdenden Gesellschaft, die eine Zentralisierung der alltäglichen Arbeiten erfordert" (Bᴇsᴇᴍᴇʀ 2009: 1063).

Die aufgezeigten handelsexogenen und handelsendogenen Entwicklungen führen in Bezug auf die Nachfragerseite zu folgenden forschungsleitenden Fragestellungen:

1) Von welchen Kriterien ist das Einkaufsstandortwahlverhalten der älteren und alten Konsumenten in Deutschland geleitet? Welche Unterschiede bestehen diesbezüglich zu jüngeren Kundengruppen?

2) Welche Anforderungen stellen ältere und alte Menschen an einen Einkaufsstandort? Worin unterschieden sich die Anforderungen von denjenigen jüngerer Konsumenten?

3) Welche der ermittelten Kriterien und Anforderungen sehen ältere und alte Konsumenten eher in einem Einkaufszentrum, welche eher in den traditionellen innerstädtischen Einkaufsstraßen erfüllt?

4) Inwieweit stimmt das konkrete Einkaufsstandortwahlverhalten mit den geäußerten Präferenzen überein?

5) Welchen Stellenwert messen ältere und alte Menschen der Innenstadt als Freizeitraum bei? Für welche Formen der Freizeitgestaltung werden innerstädtische Standorte von diesen Altersklassen genutzt und inwieweit werden innerstädtische Einkaufsstraßen respektive Einkaufszentren den freizeitorientierten Bedürfnissen älterer und alter Menschen gerecht?

HOCHSTADT (2008: 27) prognostiziert, dass die „Zukunft der Städte (…) sicherlich maßgeblich von dem Umstand einer alternden Gesellschaft und dem demographischen Wandel überhaupt geprägt" wird (ebd.). Der Erfolg eines einzelnen Einzelhandelsunternehmens bemisst sich maßgeblich danach, inwieweit es dem Unternehmen gelingt, die Anforderungen und Bedürfnisse der potenziellen Kunden in seinem Marketingmix zu befriedigen. Unterstellt man, dass dieses Prinzip von der Ebene der Einkaufsstätten auf die Ebene der Einkaufsstandorte transferiert werden kann, ergeben sich vier weitere Fragestellungen:

1) Inwieweit haben die maßgeblichen Akteure, d.h. insbesondere Centerbetreiber, lokale Centermanagements sowie Kommunalverwaltungen und City-Managements, die sich im Zuge der demographischen Alterung ergebenden Herausforderungen erkannt und ein diesbezügliches Problembewusstsein entwickelt?

2) In welchem Ausmaß wurden bereits konkrete Maßnahmen in Hinblick auf eine Anpassung der innerstädtischen Einkaufsstandorte an die zunehmende Bedeutung älterer und alter Menschen getroffen?

3) Welche Defizite zeigen einerseits die traditionellen innerstädtischen Einkaufsstraßen und andererseits die innerstädtischen Shopping Center im Hinblick auf die Anforderungen und Bedürfnisse älterer und alter Konsumenten?

4) Welche Maßnahmen sind im Hinblick auf eine demographiefeste Ausgestaltung der Einkaufsstandorte und damit eine zukunftsgerichtete Entwicklung der Innenstädte erforderlich?

Die vorliegende Studie ist als Vergleichsstudie zwischen den traditionellen innerstädtischen Einkaufsstraßen einerseits und den innerstädtischen Shopping Centern andererseits konzipiert. Voraussetzung für einen validen Vergleich unterschiedlicher Standorte ist eine auch empirisch ausgewogene Berücksichtigung der zu vergleichenden Raumeinheiten. Wohl nicht zuletzt, da – wie POPP (2002: 21) beklagt – „insbesondere vergleichende Untersuchungen zwischen Innenstadt und

Center (…) von den Managern oft nicht unterstützt" werden, wurden derartige empirisch basierte Vergleichsstudien bislang eher selten durchgeführt. Eine Ausnahme stellt hier insbesondere die Studie von POPP (2002) dar.

Weiterhin wurde für die vorliegende Untersuchung die Methode des Fallstudienvergleichs als grundlegendes Forschungsdesign gewählt. Die Zielsetzung dieser Arbeit, nämlich das Aufspüren von Einstellungen und Verhalten älterer und alter Konsumenten in Bezug auf verschiedene Einkaufsstandorttypen in einer Innenstadt sowie die darauf aufbauende Ableitung von Handlungsempfehlungen, setzt das Erkennen von Regelhaftigkeiten voraus. Daher erschien eine Konzeption als Einzelfallstudie aufgrund der stark eingeschränkten Validität und Generalisierbarkeit dieses Forschungsansatzes (vgl. SCHNELL / HILL / ESSER 2005: 249ff.; BORTZ / DÖRING 2006 [2009]: 110), die sich im Falle raumbezogener Analyseeinheiten insbesondere aus der Spezifität der strukturellen und ökonomischen Bedingungen dieses Raumes sowie der sozio-demographischen Struktur seiner Bewohner ergeben, als ungeeignet (vgl. POPP 2002: 25). Unter Abwägung der Anforderung an eine möglichst breite empirische Basis einerseits und der zeitlichen, personellen und finanziellen Restriktionen des Forschungsprojektes andererseits, wurde die Anzahl der Untersuchungsobjekte auf drei Städte festgelegt (zur Auswahl der Untersuchungsstädte siehe Kapitel 3.2.1). Dennoch gilt, dass auch im Rahmen eines sorgfältig geplanten Fallstudienvergleichs die Verallgemeinerbarkeit der Ergebnisse eingeschränkt ist und die Erkenntnisse den Besonderheiten der Untersuchungsstädte verhaftet bleiben (vgl. POPP 2002: 25).

1.2 Aufbau der Arbeit und Grundlinien des methodischen Vorgehens

Die Arbeit gliedert sich in vier Hauptkapitel. In einem ersten, einleitenden Kapitel wird nach einer kurzen Hinführung zum Thema die Fragestellung der Arbeit erläutert. Diese wird daraufhin in das System der Wissenschaften allgemein und speziell in die Disziplin der Geographie eingeordnet; zudem wird ein Überblick über den gegenwärtigen Stand der Forschung im Bereich der hier behandelten Thematik gegeben.

Im folgenden Theorieteil werden die theoretischen Grundlagen für die Bearbeitung der Fragestellung gelegt. Nach einer kurzen Einlassung über die für die Thematik dieser Studie grundlegende Abgrenzung der Gruppe der älteren und alten Menschen sowie über Ansätze zur internen Differenzierung dieses Bevölkerungssegments wird dabei zunächst auf Stand und Entwicklung der Shopping Center in Deutschland sowie auf die zentralen Erkenntnisse in der Literatur zu den konsumentenseitigen Anforderungen an innerstädtische Shopping Center eingegangen. Zur Verdeutlichung der Relevanz der vorliegenden Fragestellung werden dann die wichtigsten demographischen Entwicklungen in Deutschland unter besonderer Berücksichtigung der gegenwärtigen wie künftigen Entwicklung der Gruppe älterer und alter Menschen nachgezeichnet. Da unterstellt wird, dass mögliche Spezifika des Konsumverhaltens älterer und alter Menschen sowie der Einstellungen dieses Kundensegments gegenüber Einkaufsstätten allgemein und speziell gegenüber Shopping Centern in hohem Maße in den Lebenslagen dieser Menschen wurzeln, werden anschließend die Lebensumstände älterer und alter Menschen aus ökonomischer, biologischer und soziologischer Perspektive beleuchtet. Aufgrund der hohen Bedeutung von Werten, Einstellungen und Normen für das menschliche Verhalten und somit auch für das Konsumverhalten widmet sich ein weiteres (Unter-)Kapitel den Wertorientierungen und deren Wandel im Zeitablauf. Abschließend werden die zentralen Erkenntnisse der bisherigen Forschungen zu den Besonderheiten des Einkaufsverhaltens älterer und alter Menschen sowie zu deren Anforderungen an den Einzelhandel kursorisch vorgestellt; ergänzt werden diese Ausführungen durch einen kurzen Abriss über die allgemeinen Determinanten der Einkaufsstättenwahl.

Im dritten Hauptkapitel werden – nach einer eingehenden Darstellung der zugrunde liegenden Methodik sowie einer Vorstellung der drei Untersuchungsstädte – die Ergebnisse der empirischen Erhebungen in den Untersuchungsstädten Erlangen, Koblenz und Zwickau präsentiert. Dem Aufbau der empirischen Untersuchung folgend gliedert sich das Kapitel in acht größere Unterkapitel. Wie in den methodologischen Ausführungen in Kapitel 3.1 eingehender erläutert, werden für eine möglichst weitgehende Durchdringung der Fragestellung, aber auch für eine Erhöhung der Validität der Untersuchungsergebnisse in dieser Arbeit verschiedene quantitative und qualitative Methoden triangulativ kombiniert. Aufgrund des stark meinungsprägenden Charakters der medialen Berichterstattung werden zunächst im Rahmen einer Zeitungsrecherche die Berichte und Stellungnahmen in der Lokalpresse zu innerstädtischen Shopping Centern allgemein und speziell zu dem konkreten innerstädtischen Einkaufszentrum der jeweiligen Untersuchungsstadt ausgewertet. Eine Kartierung des Einzelhandels, ausgewählter konsumentenorientierter Dienstleister sowie der gastronomischen Anbieter in den Innenstädten und in den Shopping Centern soll dann das den Konsumenten zur Verfügung stehende Einzelhandels-, Dienstleistungs- und Gastronomieangebot sowie die Konkurrenz zwischen Einkaufszentrum und traditioneller Innenstadt aufzeigen. Durch umfassende teilnehmende Konsumentenbeobachtungen sollen anschließend erste Erkenntnisse darüber gewonnen werden, welche Altersgruppe(n) bevorzugt die innerstädtischen Einkaufszentren bzw. Einzelhandel und Dienstleister auf der Straßenebene ansteuern, und ob sich Ziele und Verhalten der einzelnen Altersklassen voneinander unterscheiden. Weitergehende Einsichten zu Wahrnehmung und Nutzung von Einkaufszentren sowie von Einzelhandels- und Dienstleistungsangeboten auf der Straßenebene, zum allgemeinen Einkaufsstättenwahlverhalten[1], aber auch zu Werten und

---

1 In Anlehnung an HEINEMANN (1976) werden als Einkaufsstätten nachfolgend „solche Organisationen bezeichnet (…), bei denen die Konsumenten Güter und Dienstleistungen zur Deckung ihres persönlichen bzw. hauswirtschaftlichen Bedarfs kaufen können" (ebd.: 27), d.h. es werden sowohl Einzelhandels- als auch Dienstleistungsbetriebe unter der Bezeichnung Einkaufsstätte subsummiert. Weiterhin wird im Rahmen dieser Arbeit zwischen Einkaufsstätten, d.h. einzelnen Betriebsstätten von Einzelhandels- und Dienstleistungsunternehmen, und Einkaufsstandorten im Sinne räumlicher Agglomerationen von Einzelhandels- und Dienstleistungsbetrieben, die eine funktionelle und städtebauliche Einheit bilden, unterschieden. Konkret wird im Folgenden in der Regel der Einkaufsstandort „traditionelle innerstädtische Einkaufsstraße" dem Einkaufsstandort „innerstädtisches Shopping Center" gegenübergestellt.

Wertewandel sollen qualitative Interviews mit Personen unterschiedlicher Altersklassen liefern. Mittels quantitativer Konsumentenbefragungen in den Einkaufszentren wie auch in den traditionellen Einkaufsstraßen werden die qualitativ gewonnenen Erkenntnisse einer quantitativen Überprüfung unterzogen. Schwerpunktmäßig werden dabei die maßgeblichen Kriterien für die Auswahl eines Einkaufsstandortes sowie die Erfüllung dieser Kriterien durch die Shopping Center einerseits und die traditionellen innerstädtischen Einkaufsstraßen andererseits thematisiert. Ergänzt werden diese Analysen durch leitfadengestützte Interviews mit Centermanagern und Vertretern der Betreibergesellschaften, mit Citymanagern sowie mit Vertretern der kommunalen Wirtschaftsförderung.

Die in Kapitel 3 vorgestellten Ergebnisse der einzelnen Untersuchungsschritte werden im vierten Kapitel zusammenschauend betrachtet und einer Analyse unterzogen. Dabei gilt es schwerpunktmäßig herauszuarbeiten, welchen Altersgruppen innerstädtische Einkaufszentren einerseits und traditionelle innerstädtische Einkaufsstraßen andererseits hinsichtlich ihrer Gestaltung sowie ihres Angebots in besonderer Weise entsprechen und wo speziell ältere und alte Konsumenten ihre (spezifischen) Bedürfnisse in höherem Maße repräsentiert sehen. Zudem ist zu klären, inwieweit das tatsächliche Einkaufsstandortnutzungsverhalten älterer und alter Menschen mit den zu den jeweiligen Einkaufsstandorten geäußerten Einstellungen und Meinungen korrespondiert (siehe hierzu MONHEIM 1999: 115). Aufbauend auf den Erkenntnissen der Analyse werden mögliche Defizite bei der Ausgestaltung der Einkaufsstätten im Hinblick auf die Anforderungen und Bedürfnisse älterer und alter Konsumenten aufgezeigt und Handlungsempfehlungen für eine demographiefeste Gestaltung der Einkaufsumwelten und damit für eine zukunftsgerichtete Entwicklung der Innenstädte einschließlich der darin lokalisierten Shopping Center abgeleitet. Anschließend wird die Vorgehensweise der Untersuchung kritisch reflektiert. Dabei werden die Grenzen des methodischen Vorgehens im Lichte der zeitlichen, personellen und ökonomischen Restriktionen dieser Arbeit deutlich gemacht, zudem wird der weitere Forschungsbedarf zu der hier behandelten Thematik aufgezeigt.

1.3 Einordnung der Themenstellung in die Forschungslandschaft

Der Alterungsprozess der deutschen Bevölkerung hat Auswirkungen auf nahezu alle Bereiche des gesellschaftlichen und wirtschaftlichen Lebens. Dementsprechend werden die demographische Alterung und ihre Folgen für die unterschiedlichen gesellschaftlichen Subsysteme von zahlreichen Disziplinen der Gesellschaftswissenschaften wie beispielsweise der Soziologie, der Psychologie oder den Wirtschaftswissenschaften aus je unterschiedlichem Blickwinkel und mit jeweils anderer Schwerpunktsetzung untersucht. In der Humangeographie als gesellschaftsbezogener Raumwissenschaft werden die demographische Alterung als Teilprozess des demographischen Wandels und ihre raumwirksamen Konsequenzen bereits seit langer Zeit intensiv erörtert und diskutiert. Dies gilt auch für die in dieser Arbeit besonders angesprochenen Teilgebiete der Wirtschafts- und Stadtgeographie. Im Gegensatz zu anderen Wissenschaftsdisziplinen wird den (spezifischen) Lebensumständen älterer und alter Menschen als Grundlage ihres Handelns bislang in wirtschafts- und stadtgeographischen Erörterungen jedoch vergleichsweise wenig Beachtung geschenkt. Diesem Defizit soll durch die verstärkte Einbeziehung soziologischer sowie gerontologischer Erkenntnisse in dieser Arbeit begegnet werden.

Im Zuge ihrer wachsenden räumlichen Verbreitung wurden auch innerstädtische Shopping Center zu einem vielbeachteten Gegenstand der Forschung in verschiedenen Wissenschaftsdisziplinen, insbesondere in den Wirtschaftswissenschaften, in Architektur und Stadtplanung, in der Soziologie sowie in der Einzelhandels- und Stadtgeographie. Während sich die Auseinandersetzung mit dieser Angebotsform in betriebswirtschaftlichen Erörterungen schwerpunktmäßig auf die wirtschaftlichen Erfolgsfaktoren von Shopping Centern konzentriert, thematisiert die Soziologie vor allem das konkrete Verhalten und die Raumaneignung der Menschen in Einkaufszentren, aber auch die Inklusion bzw. Exklusion bestimmter gesellschaftlicher Gruppen in / aus dem semi-öffentlichen Raum der Shopping Center. Von Seiten der Architektur und Stadtplanung wird insbesondere die Frage der Gestaltqualität sowie der städtebaulichen und funktionellen Integration innerstädtischer Einkaufszentren in den Mittelpunkt der Diskussion gestellt. Auch einzelhandelsgeographische Betrachtungen behandeln die Frage der funktionellen Integration von Shopping Centern in die sie umgebende Innenstadt. Sie erweitern jedoch den Blickwinkel, indem sie verstärkt deren Auswirkungen auf die Einzelhandels- und Dienstleistungsumwelt sowie die daraus resultierenden Verschiebungen in der standorträumlichen Orientierung der Konsumenten untersuchen. Dieser Aspekt gewinnt durch die Gleichzeitigkeit des gesellschaftlichen Alterungsprozesses zusätzliche Relevanz. Bislang wurde allerdings die von der Gestaltung der Center ausgehende Push- oder Pull-Wirkung auf die Konsumenten in geographischen Analysen wenig thematisiert.

Das allgemeine Konsumentenverhalten und mithin die Einkaufsstättenwahl von Konsumenten stellen ein wichtiges Thema betriebswirtschaftlicher Forschungen dar. So wurden auch die Besonderheiten des Einkaufsverhaltens älterer und alter Menschen, ihre Anforderungen an Produkte und Einkaufsstätten sowie die daraus resultierenden Erfordernisse in Bezug auf die Gestaltung der unternehmerischen Handlungsparameter zunächst von Seiten der Betriebswirtschaft wissenschaftlich untersucht. Als eine der frühen, umfassenden Studien zu diesem Thema ist die Dissertation von Meyer-Hentschel (1990) zu nennen, die aus verhaltenswissenschaftlicher Perspektive die Anforderungen dieses Kundensegments an die Produkt- und Ladengestaltung beleuchtet. In der Folge wurde dieses Thema mehrfach und auf Basis verschiedener methodischer Ansätze wissenschaftlich erörtert (siehe unten, Kapitel 1.4). Allerdings dient das Verständnis des allgemeinen Verbraucherverhaltens und somit auch des Konsumverhaltens älterer und alter Menschen sowie ihrer konsumbezogenen Bedürfnisse in betriebswirtschaftlichen Studien schwerpunktmäßig der Konzeption von Marketingaktivitäten, die auf den wirtschaftlichen Erfolg unternehmerischen Handelns ausgerichtet sind. Die Wahl eines geeigneten Standortes für ein Ladenlokal wird als einer der zentralen Handlungsparameter im Hinblick auf die Optimierung des Unternehmenserfolges betrachtet; unter diesem Gesichtspunkt wird der Einfluss des Standortes auf das Entscheidungsverhalten der Konsumenten analysiert und werden Optimierungsstrategien für die Lage bzw. den Standort eines Geschäftes entwickelt. Demgegenüber steht im Rahmen wirtschafts- bzw. einzelhandelsgeographischer Betrachtungen die Raumrelevanz wirtschaftlichen Handels sowohl der Anbieter als auch der Nachfrager im Mittelpunkt des Interesses.

Die vorliegende Arbeit unterscheidet sich in mehrfacher Hinsicht deutlich von den betriebswirtschaftlichen Arbeiten und Ansätzen zum Thema „Seniorenmarketing": Zum einen stellt die Arbeit die Konsumentenperspektive in den Mittelpunkt der Betrachtungen. Die abgeleiteten Handlungsempfehlungen zielen auf eine demographiefeste Gestaltung und Entwicklung der innerstädtischen Einkaufsstandorte, in denen die Belange aller Altersklassen möglichst gleichmäßig Berücksichtigung finden. Dass eine demographiefeste Gestaltung der innerstädtischen Standorträume nur unter der Voraussetzung erfolgreichen und auch gewinnzielenden Agierens der einzelnen Einzelhandels- und Dienstleistungsanbieter möglich ist, steht außer Frage. Zum anderen stehen nicht Einkaufsstätten, sondern Einkaufsstandorte – traditionelle innerstädtische Einkaufsstraßen einerseits und innerstädtische Shopping Center andererseits – im Fokus der Betrachtungen; damit thematisiert diese Arbeit eine in den bisherigen Forschungen zum Seniorenmarketing weitgehend unberücksichtigte Perspektive.

Insgesamt behandelt die vorliegende Arbeit eine interdisziplinäre Fragestellung aus geographischer, speziell einzelhandelsgeographischer Perspektive und verknüpft verschiedene aktuelle Forschungsfelder. Aufgrund ihres multiperspektivischen Ansatzes erscheint die Geographie in besonderer Weise für die Bearbeitung der Thematik prädestiniert.

1.4 Stand der Forschung

Zur Mehrzahl der von der Fragestellung dieser Untersuchung berührten Themenfelder liegt umfangreiches Schrifttum vor. Eine Analyse aller im weiteren Zusammenhang mit der hier interessierenden Thematik stehenden Publikationen ist daher nicht möglich. Die Auswahl der Literatur orientierte sich an der Maßgabe, einen Überblick über die relevanten Forschungsansätze sowie deren zentrale Ergebnisse zu präsentieren.

Im Zentrum der vorliegenden Studie steht die Verknüpfung der Themenbereiche „innerstädtische Einkaufszentren" und „demographische Alterung in Deutschland". Beide Themen werden in der einschlägigen wissenschaftlichen Literatur aus unterschiedlichen Perspektiven intensiv beleuchtet und diskutiert.

Zahlreiche Studien widmen sich dem bisherigen Verlauf des Alterungsprozesses der Bevölkerung sowie dessen prognostizierter künftiger Entwicklung. Grundlegend sind diesbezüglich insbesondere die Publikationen des Statistischen Bundes-amtes, allen voran die Koordinierten Bevölkerungsvorausberechnungen (aktuell 12. Ausgabe) (vgl. STBA 2006, 2009). Auch zu den mit der demographischen Alterung einhergehenden strukturellen Veränderungen in der deutschen Bevölkerung findet sich eine große Zahl an Abhandlungen (z.B. ZANDER 2004; NAEGELE 2008). Gleiches gilt für die Folgen der Bevölkerungsalterung in Bezug auf verschiedene Bereiche der Gesellschaft und des Gemeinwesens; hier wurde und wird insbesondere die Frage der Tragfähigkeit der sozialen Sicherungssysteme in den Mittelpunkt der Betrach-tungen gestellt (siehe u.a. FASSHAUER 2005; ROTHGANG 2005; KNAPPE / OPTENDRENK 1999). Aber auch weitere Themenbereiche wie die Auswirkungen der demogra-phischen Alterung auf die (Einzel-)handels- und Dienstleistungslandschaft (siehe unten), die erforderlichen Anpassungsmaßnahmen im Bereich der allgemeinen Da-seinsvorsorge (z.B. PROSKE 2010) bzw. speziell in Bezug auf die Verkehrsinfrastruk-tur (z.B. BECKMANN 2005), die Anforderungen einer an die Bedürfnisse älterer und alter Menschen angepassten Gestaltung des Wohnumfeldes (z.B. SCHUBERT / VEIL 2011) oder die Auswirkungen auf Arbeitskräftepotenzial und Personalmanagement in Unternehmen sowie auf die Betriebsproduktivität (z.B. VEEN 2008; RÖSSEL 1998; BRANDENBURG / DOMSCHKE 2007) – um nur einige Bereiche zu nennen – finden breite Aufnahme im wissenschaftlichen Diskurs.

Mit der zunehmenden Ausbreitung von Shopping Centern in Deutschland wur-den diese vermehrt Gegenstand (wissenschaftlicher) Untersuchungen und Erörte-rungen. Eine sehr umfassende Bearbeitung des Themas „Shopping Center" bietet das von FALK / BAYS (2009) herausgegebene Shopping-Center-Handbuch, in dem eine große Zahl an Autoren in insgesamt 106 Beiträgen zahlreiche Aspekte dieser Thematik beleuchtet und reflektiert.

Die historische Entwicklung der Shopping Center in Deutschland wurde in ver-schiedenen Veröffentlichungen nachgezeichnet (z.B. GERHARD / POPP 2009; JAECK 1982; PITTROFF 1998). Der jeweils aktuelle Stand der Shopping Center in Deutsch-land (≥ 10.000 qm Verkaufsfläche, siehe Kapitel 2.2.1) wird u.a. seit 1995 durch den vom EHI Retail Institute herausgegebenen Shopping-Center-Report umfassend do-kumentiert (siehe EHI 2008). Auch zu Planung und Management sowie zur Finan-zierung von Einkaufszentren liegen verschiedene Veröffentlichungen vor (z.B. BEHR 2006; BAYS 2009; LOSSKARN / SPITRA 2009); überwiegend handelt es sich um Ratgeber für die Handelspraxis.

Eine Reihe betriebswirtschaftlicher Arbeiten befasst sich mit den wirtschaftlichen Erfolgsfaktoren von Einkaufszentren. Vornehmlich wird den kundenseitigen An-forderungen an Shopping Center unter Anwendung verschiedener methodischer Ansätze und thematischer Schwerpunktsetzungen nachgespürt, um darauf aufbau-end Kriterien für eine erfolgreiche und damit gewinnmaximierende Gestaltung der Einkaufszentren abzuleiten (z.B. BASTIAN 1999; GERMELMANN 2003; BÜHLER 1990). Besonders hervorzuheben ist die sehr ausführliche Arbeit von BESEMER (2004), die neben der Nachfragerseite auch die Anbieterseite in ihre Betrachtungen einbezieht.

Auch zur Nutzung von Einkaufszentren durch die Konsumenten liegen verschie-dene Untersuchungen vor. POPP (2002) analysierte am Beispiel ausgewählter bay-erischer Städte aus geographischer Perspektive die Verteilung der Passantenströme zwischen traditioneller Innenstadt und innerstädtischem Shopping Center. Andere Untersuchungen konzentrieren sich auf die Nutzung und das Verhalten einzelner gesellschaftlicher Subgruppen von bzw. in Shopping Centern: So stellt Dörhöfer (2007) die Beziehung zwischen Frauen und Shopping Centern in den Mittelpunkt ihrer Untersuchung, während Gestring / Neumann (2007) und Bareis (2003) die Sozialfunktion von Shopping Centern und deren Push- und Pull-Faktoren für Heranwachsende sowie die Aneignung dieses Raumtyps durch Jugendliche thematisieren. Eine spezifische Untersuchung zur Nutzung von Shopping Centern durch ältere und alte Menschen sowie zu den Anforderungen dieses Kundensegments an (innerstädtische) Einkaufszentren liegt im deutschsprachigen Raum bislang nicht vor. Lediglich im Rahmen allgemeiner Untersuchungen zum Kundenverhalten in Einkaufszentren finden sich vereinzelt Hinweise auf Spezifika des Nutzungsverhaltens bzw. der Bedürfnisse älterer und alter Konsumenten in Bezug auf diese Angebotsform (z.B. Behr 2006: 98ff.; Besemer 2004: 64). Hingegen befassen sich einzelne US-amerikanische und kanadische Untersuchungen gezielt mit der Attraktivität von Shopping Centern für ältere und alte Konsumenten (Robaton 2004; Smith 1985, 1989). Da sich die Rolle von Shopping Centern in Nordamerika allerdings deutlich von der in Europa unterscheidet (vgl. Wehrheim 2007a: 10) und – wie Saup (1993: 191) betont – die Integration von Forschungsbefunden unterschiedlichen kulturellen Ursprungs die Gefahr birgt, „deren kulturelle und regionale Relativität" (ebd.) zu überdecken, finden die genannten nordamerikanischen Publikationen im Rahmen dieser Arbeit keine vertiefte Berücksichtigung.

Breiten Raum in der deutschsprachigen Shopping Center-Literatur nehmen Abhandlungen – überwiegend geographischer, soziologischer sowie stadtplanerischer Provenienz – ein, die diese Erscheinungsform des Handels kritisch diskutieren. Die Kritik konzentriert sich schwerpunktmäßig auf zwei Themenbereiche: Zum einen richtet sie sich gegen die mit der Ausbreitung innerstädtischer Shopping Center einhergehende zunehmende Privatisierung öffentlicher Räume und die damit verbundene Inklusion bzw. Exklusion bestimmter gesellschaftlicher Gruppen (z.B. Sievers 2006; Siebel 2007). In diesem Zusammenhang setzen sich einige, vorwiegend soziologische Beiträge auch mit der Sicherheit und Ordnung in Einkaufszentren sowie deren Durchsetzung auseinander (z.B. Helten 2007; Wehrheim 2007b). Zum anderen werden in zahlreichen Publikationen die Auswirkungen (innerstädtischer) Einkaufszentren auf die traditionellen Innenstädte kritisch erörtert; mehrheitlich stehen dabei die negativen Konsequenzen für das strukturelle Gefüge der Innenstädte im Mittelpunkt der Betrachtungen (z.B. Krüger / Walther 2007; Monheim 2003). Öffentliche Aufmerksamkeit erregte diesbezüglich insbesondere das von den Architekten bzw. Stadtplanern Brune / Junker / Pump-Uhlmann (2006) herausgegebene Buch „Angriff auf die City". Zusammen mit weiteren Autoren warnen die Herausgeber sehr deutlich vor der ihrer Ansicht nach von Einkaufszentren ausgehenden Gefahr einer Verödung der traditionellen innerstädtischen Einkaufsstraßen.

Schließlich finden sich in der Literatur zu Einkaufszentren einige Beiträge, die die Gestaltanforderungen an Shopping Center aus architektonischer Perspektive beleuchten (z.B. Bartenbach 2009; Dörhöfer 2008; Paul 2002). In diesem Zusammenhang widmet Grundmann (2009) ein kurzes Kapitel seiner Ausführungen den baulichen Anforderungen für „seniorengerechte Handelsimmobilien" (ebd.: 582); eine vertiefte Reflexion dieses Themas findet jedoch nicht statt. In jüngster Zeit rückte im Rahmen der Diskussion der Gestaltanforderungen an Shopping Center auch die Frage der Nachhaltigkeit von Handelsimmobilien vermehrt in das Blickfeld des Interesses (z.B. GILLIS 2009; WILD 2009; VOGEL 2009).

Das Konsumverhalten älterer und alter Menschen, ihre Anforderungen und Wünsche an Produkte, Andienung und Ladengestaltung sowie die darauf aufbauende Ableitung von Anpassungsmaßnahmen des Handels an die zunehmende Bedeutung des Kundensegments der älteren und alten Menschen ist – häufig unter dem Schlagwort „Seniorenmarketing" – seit rund 20 Jahren Gegenstand einer großen Anzahl an Publikationen. Allerdings handelt es sich in der Mehrzahl um nicht-wissenschaftliche, praxisorientierte Ratgeber für den Handel. Wissenschaftliche Studien zu dieser Thematik finden sich weit seltener. Eine Reihe publizierter Diplomarbeiten – in der Regel aus dem Fach Wirtschaftswissenschaften – lässt jedoch darauf schließen, dass das Thema Seniorenmarketing den zentralen Gegenstand einer nicht unerheblichen Zahl an Abschlussarbeiten bildet(e) (z.B. RUTISHAUSER 2005; RÖSSING 2008).

Neben der bereits angesprochenen Promotionsschrift von MEYER-HENTSCHEL (1990; siehe Kapitel 1.2) liegen mit den Dissertationen von KÖLZER (1995) und HUPP (2000) weitere umfangreiche betriebswirtschaftliche Studien zum Kundensegment der älteren und alten Menschen vor[2]. Im Einklang mit der weit überwiegenden Zahl der Publikationen zum Seniorenmarketing liegt der Fokus der genannten Studien auf einer Betrachtung der Nachfragerseite. Demgegenüber stellt EITNER (2008) in ihrer sozialwissenschaftlichen Untersuchung die Anbieterseite in den Mittelpunkt der Betrachtungen und analysiert auf Basis eines zielgruppen- und netzwerktheoretischen Ansatzes die Reaktionsfähigkeit des deutschen Einzelhandels auf den demographischen Wandel. Darüber hinaus widmet sich mittlerweile eine größere Zahl wissenschaftlicher Aufsätze dem Thema Seniorenmarketing (z.B. ARNOLD / KRANCIOCH 2008; ENSTE / NAEGELE / LEVE 2008). Trotz der eingehenden Beschäftigung der Geographie mit dem Thema der demographischen Alterung finden sich bislang allerdings kaum Veröffentlichungen, die das Konsumverhalten älterer und alter Menschen sowie die Auswirkungen der demographischen Alterung auf die Einzelhandels- und Dienstleitungslandschaft in Deutschland aus (einzelhandels-)geographischer Perspektive beleuchten; zu den wenigen Ausnahmen zählen die Analyse von RAUH / WETTEMANN (2010) sowie die Anmerkungen von HEINRITZ / SCHRÖDER (2001).

Im Bereich der nicht-wissenschaftlichen Veröffentlichungen existiert eine große Zahl an Monographien, Sammelwerken sowie Aufsätzen in Zeitschriften für die Betriebswirtschaft und Handelspraxis, die sich mit dem Kundensegment der älteren und alten Menschen befassen (z.B. POMPE 2007; ETRILLARD 2008; HÄRTL-KASULKE 1998; HUNKE / GERSTNER 2006; CRESCENTI 2005; LAURINKARI 1988). Besonders hervorzuheben ist in diesem Zusammenhang das von H. und G. MEYER-HENTSCHEL, den Gründern und Inhabern des auf Beratungsleistungen im Bereich Seniorenmarketing spezialisierten Meyer-Hentschel Instituts, herausgegebene „Jahrbuch Senioren-Mar-

---

2 Auch BRÜNNER (1997) befasst sich in seiner Dissertation mit der „Zielgruppe Senioren" (ebd.), führt dazu jedoch keine eigenen empirischen Erhebungen durch.

keting", das mittlerweile in der vierten Ausgabe vorliegt und in dem verschiedene Aspekte des Seniorenmarketings thematisiert werden (Meyer-Hentschel H. u. G. 2010). Bei einigen nicht-wissenschaftlichen Veröffentlichungen zeigt sich allerdings, dass hier „alte" Stereotype über die Gruppe der älteren und alten Menschen durch neue Stereotype ersetzt werden; es werden dem Handel Strategien an die Hand gegeben, die sich – offensichtlich ohne (erneute) empirische Validierung – von Publikation zu Publikation „fortpflanzen".

2 Theoretische Grundlegungen

In Auseinandersetzung mit der einschlägigen Literatur werden im Folgenden grundlegende Erkenntnisse und Überlegungen für die vorliegende Arbeit dargestellt. Dieses theoretische Fundament ermöglicht zum einen ein besseres Verständnis für die in der Fragestellung dieser Untersuchung verknüpften Phänomene, nämlich der wachsenden Ausbreitung von (innerstädtischen) Shopping Centern sowie dem massiven Alterungsprozess der deutschen Bevölkerung. Zum anderen erlaubt es eine Einordnung der empirischen Befunde in einen weiteren kontextuellen Zusammenhang.

2.1 Ältere und alte Menschen – Abgrenzung und interne Differenzierung

Eines der Probleme bei der Beschäftigung mit der Gruppe der älteren und alten Menschen liegt darin, dass weder für die Abgrenzung dieser gesellschaftlichen Teilgruppe noch für deren innere Differenzierung einheitliche Bestimmungskriterien bzw. Definitionen existieren. Dies zeigt sich an der Vielzahl unterschiedlicher Ansätze und Argumentationen, die in der Literatur zu diesem Thema vertreten werden. So betont der Psychologe Eric SCHMITT (2006: 45): „Die Frage nach dem Zeitpunkt, ab dem eine Person ‚nicht mehr jung‘ oder ‚alt‘ ist, kann ebenso wenig normativ beantwortet werden wie die Frage, wie viele verschiedene Lebensalter auf der Lebensspanne eines Menschen voneinander abgegrenzt werden sollten."

Eine eindeutige Abgrenzung der Gruppe der älteren und alten Menschen ist jedoch erforderlich, um die Aussagen und empirischen Befunde in Bezug auf diese gesellschaftliche Teilgruppe eindeutig zuordnen und somit belastbare Analysen und Handlungsempfehlungen erstellen bzw. ableiten zu können. Daher wird im Folgenden – mit Blick auf die empirische Operationalisierbarkeit der Fragestellung dieser Arbeit – der Versuch einer geeigneten Abgrenzung unternommen. Da in „der z.T. mehrere Jahre umfassenden Altersspanne nach Eintritt in den Ruhestand (…) jeweils mehrere Generationen mit unterschiedlichem zeitgeschichtlichem Hintergrund, unterschiedlichen beruflichen Sozialisationen, Konsum- und Technikerfahrungen vertreten" sind (BARKHOLDT ET AL. 1999: 489), erscheint es zudem geboten, die Gruppe der älteren und alten Menschen weiter zu untergliedern.

2.1.1 Abgrenzung der Gruppe der älteren und alten Menschen

Bereits bei der Definition von „Alter" gibt es in Abhängigkeit von der jeweiligen Wissenschaftsdisziplin unterschiedliche Ansätze. Dabei ist es, wie BALTES / BALTES (1994) darlegen, „bisher nicht gelungen, einen einzigen Indikator zu finden, der so hoch mit dem chronologischen Alter korreliert, daß er als prototypische ‚Markierungsvariable' des Alter(n)s gelten könnte" (ebd.: 15). Auch WELFORD (1980) betont: "no unitary index of aging has any valid or useful meaning" (ebd.: 210).

Besonders kritisch und intensiv wird die Frage der Eignung des chronologischen Alters als Abgrenzungskriterium diskutiert. Als Argumente gegen die Nutzung der Variablen „chronologisches Alter" werden u.a. angeführt, dass dem kalendarischen Alter angesichts der Multidimensionalität und Multidirektionalität von Alternsprozessen sowie der zunehmenden Ausdifferenzierung von Lebensstilen und Lebensverläufen nur eine geringe Erklärungskraft zukomme, und dies insbesondere, als nicht nur zwischen, sondern auch innerhalb einzelner Altersphasen in Abhängigkeit von der betrachteten Dimension signifikante Unterschiede bestünden (vgl. WAHL / HEYL 2004: 47ff.; HEINZE / NAEGELE / SCHNEIDERS 2011: 63f.). Alter und Altern unterlägen zahlreichen Einflussgrößen, die nicht oder nur sehr schwach mit dem chronologischen Alter korrelierten (vgl. BALTES ET AL. 2010: 32). Zudem besäßen Altersphänomene eine historische Bedingtheit, deren Veränderung bei Nutzung chronologischer Alterszuschreibungen nicht hinreichend berücksichtigt werden könne; beispielsweise würde der Austritt aus dem Erwerbsleben heute nicht mehr regelmäßig mit der Selbstzuschreibung als „alt" zusammenfallen (vgl. BACKES / CLEMENS 2008: 14; TEWS 1993: 27).

Diesen Argumenten wird entgegengehalten, dass das chronologische Alter in der Gesellschaft eine wichtige soziale Kategorie darstelle, der ein breiter gesellschaftlicher Konsens über formelle und informelle Altersgrenzen der einzelnen Lebensphasen sowie sozialer Rollen zugrunde liege (vgl. RILEY / RILEY 1992: 445). Martin KOHLI (1985: 1) spricht in diesem Zusammenhang von der „Institutionalisierung des Lebenslaufs". Zudem präge, wie KAISER (2006) betont, „die Zugehörigkeit zu einem bestimmten Geburtsjahrgang (Kohorte) die Menschen im Denken und Handeln in ganz charakteristischer Weise, indem sie jeweils bestimmten politischen, ökonomischen und gesellschaftlichen Einflüssen unterliegen" (ebd.: 183). Dadurch lassen sich „in den jeweiligen kalendarisch abgegrenzten Segmenten oftmals auch altersphasentypische Lebens- und Verhaltensmuster identifizieren" (HEINZE / NAEGELE / SCHNEIDERS 2011: 63). Nicht zuletzt zeigte sich in zahlreichen statistischen Analysen die Bedeutung des Lebensalters als Kontrollvariable bei der Erklärung von Prozessen im höheren und hohen Alter (vgl. WAHL / HEYL 2004: 47).

In der Literatur finden sich einige Ansätze, die „Lebensphase Alter" chronologisch zu fassen. Häufig wird versucht, biographische Einflussfaktoren dadurch zu berücksichtigen, dass die chronologische Altersgrenze an den Zeitpunkt im Lebenslauf mit der höchsten Eintrittswahrscheinlichkeit für die entsprechenden Ereignisse gebunden wird. Ein wesentlicher Vorteil chronologischer Altersgrenzen liegt in deren Eindeutigkeit und guten Operationalisierbarkeit. Diese sind bei einigen „Altersmerkmalen", wie beispielsweise zunehmenden gesundheitlichen Beeinträchtigungen, regelmäßig nicht gegeben (vgl. KOHLI 1992: 255). Bei anderen Dimensionen der Lebenslage, z.B. dem Austritt aus dem Erwerbsleben, besteht die Gefahr, dass mit einer direkten Bindung der Altersgrenze an das entsprechende Merkmal eine starke Differenz in Bezug auf andere Dimensionen des Alters einhergeht. So kann das Merkmal „Ruhestand" im Falle von Erwerbsminderungsrenten bereits zu einem sehr frühen Zeitpunkt im Lebenslauf erfüllt sein und damit dem Ziel der Erfassung der Gruppe älterer und alter Menschen eindeutig zuwiderlaufen. Schließlich bietet eine kalendarische Altersdefinition im Unterschied zu anderen Merkmalen des Lebenslaufs (z.B. Auszug der Kinder) die Gewähr, dass das entsprechende Merkmal, nämlich das chronologische Alter, bei jedem Menschen vorhanden ist.

Von zahlreichen Autoren wird der Beendigung des Berufslebens und damit dem Eintritt in den Ruhestand eine besondere Bedeutung als lebensveränderndes und (gesellschaftlich) altersnormierendes Ereignis zugeschrieben (vgl. z.B. KOHLI 1992: 238ff.; TEWS 1993: 22; STAPPEN / FOOKEN 2006: 231). So definiert BACKES (2006: 215) „Alter" als „Lebensphase nach dem Erwerbsleben" (siehe auch BACKES / CLEMENS 2008: 12 u. 21).

Das durchschnittliche Rentenzugangsalter (Altersrenten und Renten wegen verminderter Erwerbsfähigkeit) lag im Jahr 2010 bei 60,7 Jahren (alte Bundesländer: 61,0 Jahre; neue Bundesländer: 59,2 Jahre); der Eintritt in die Rente wegen Alters erfolgte im Durchschnitt mit 63,5 Jahren (alte Bundesländer: 63,8 Jahre; neue Bundesländer: 62,2 Jahre) und damit – trotz eines in den letzten Jahren zu beobachtenden Anstiegs des durchschnittlichen Eintrittsalters – deutlich unter der noch geltenden Regelaltersgrenze von 65 Jahren (vgl. SZ 28.07.2011; BÄCKER ET AL. 2010: 371f.; DRV BUND 2011: 68). In Abwägung der verschiedenen Argumente legt sich für die dieser Arbeit zugrunde liegende empirische Untersuchung nahe, das Alter von 60 Jahren und damit die dem tatsächlichen Renteneintrittsalter am nächsten stehende „runde" Altersgrenze[3] als Abgrenzungskriterium für die Gruppe der älteren und alten Menschen festzulegen.

Nicht zuletzt wird damit auch der Auffassung der Gerontologin Bernice NEUGARTEN (1974) entsprochen: „Although chronological age is not a satisfactory marker, it is nevertheless an indispensable one" (ebd.: 191).

2.1.2 Differenzierung der Gruppe der älteren und alten Menschen

Wie in Kapitel 2.1.1 angedeutet, ergibt sich aus der zunehmenden zeitlichen Ausdehnung der Altersphase im Lebenslauf eine starke Pluralisierung der Lebensformen, Lebensstile und Lebensbedingungen innerhalb der Gruppe der älteren und alten Menschen. Seit Langem wird darum nach aussagekräftigen Untergliederungen der Altersphase gesucht (vgl. HEINZE / NAEGELE / SCHNEIDERS 2011: 63). Dabei wird – wie auch bei der Frage nach einer geeigneten Abgrenzung der Gruppe der älteren und alten Menschen insgesamt – die Verwendung kalendarischer Altersgrenzen kontrovers diskutiert (zu den Argumenten für und wider chronologischer Altersgrenzen siehe oben, Kapitel 2.1.1).

Bereits 1974 schlug NEUGARTEN eine Differenzierung der Gruppe der älteren und alten Menschen in „young-old" (zwischen etwa 55 und 74 Jahre) und „old-old"

---

3 Da es für die Frage, ob sich eine Person im Ruhestand befindet oder nicht, unerheblich ist, ob das Ausscheiden aus dem Erwerbsleben wegen verminderter Erwerbsfähigkeit oder aus Altersgründen erfolgte, wird für der Festlegung der Altersgrenze das durchschnittliche Zugangsalter für beide Rentenarten zugrunde gelegt.

(≥ 75 Jahre) vor, um damit der zunehmenden Ausdifferenzierung der Altersgruppen Rechnung zu tragen und Gruppen mit größerer interner Homogenität bezüglich ihrer jeweiligen Rollenaktivitäten und Kompetenzen (soziale Aktivitäten, Freizeitgestaltung, Gesundheitszustand) zu schaffen. Wesentliches Distinktionsmerkmal zwischen den young-old und den old-old stellte für NEUGARTEN der Gesundheitszustand dar: Während die young-old mehrheitlich eine relativ gute Gesundheit aufweisen, ist die Gruppe der old-old durch eine hohe Auftretenswahrscheinlichkeit von Krankheiten gekennzeichnet (vgl. auch WAHL / HEYL 2004: 52). Diese Abgrenzung des „vierten Alters" (BACKES / CLEMENS 2008: 104f.) anhand der erhöhten Prävalenz für Krankheiten findet sich auch bei anderen Autoren. Im Gegensatz zu NEUGARTEN wird jedoch in der Mehrzahl der jüngeren Veröffentlichungen infolge der gestiegenen Lebenserwartung, des durch medizinischen Fortschritt und gesündere Lebensweise verbesserten Gesundheitszustands im höheren und hohen Alter sowie einer zunehmend später einsetzenden Selbsteinschätzung als „alt" die entsprechende Grenze erst bei 80 Jahren angesetzt (vgl. z.B. TEWS 1993: 24 u. 32; SCHAFFNITT-CHATTERJEE 2007: 16).

Trotz der gewichtigen Argumente für eine Abgrenzung der Hochaltrigkeit ab dem Alter von 80 Jahren wird für die im Rahmen dieser Arbeit durchgeführten empirischen Untersuchungen das Alter von 75 Jahren als Untergrenze der höchsten Altersklasse festgelegt. Mit dieser Abgrenzung soll sowohl theoretischen als auch forschungspraktischen Erwägungen Rechnung getragen werden: Wie die Ausführungen in Kapitel 2.4 zeigen, zeichnet sich bereits die Gruppe der ≥ 75-Jährigen durch ein vergleichsweise hohes Maß an interner Homogenität aus. Gleichzeitig ermöglicht diese Vorgehensweise aber auch eine breitere empirische Basis für Aussagen über die Gruppe der alten und sehr alten Menschen; eine Beschränkung der höchsten Altersgruppe auf die 80-Jährigen und Älteren hätte demgegenüber mit hoher Wahrscheinlichkeit nur eine sehr geringe Besetzung dieser Altersklasse zur Folge gehabt. Dieses Problem benennen auch WAHL / HEYL (2006), indem sie bemängeln, dass „in vielen gerontologischen Studien auch Hochaltrige vertreten [sind], jedoch nahezu immer in einer Zahl, die differenzierte Aussagen kaum möglich macht" (ebd.: 55).

2.2 Shopping Center

Shopping Center haben in Deutschland in den vergangenen Jahren und Jahrzehnten große Verbreitung gefunden und stellen heute „einen wesentlichen Bestandteil der bundesdeutschen Einzelhandelslandschaft" dar (KRÜGER / WALTHER 2007: 203). Gleichzeitig wirken sie in hohem Maße meinungspolarisierend, wie die teilweise sehr kontrovers geführte mediale wie wissenschaftliche Diskussion über Potenziale und Risiken dieser Einzelhandelsform zeigt (vgl. HATZFELD 1998: 32; PETERSEN 2009: 120; BÖTTCHER 2009: 116). Doch was genau verbirgt sich hinter der Bezeichnung „Shopping Center"? Welche Entwicklung nahmen diese Konsumlandschaften in Deutschland? Welche Anforderungen werden an sie von Seiten der Konsumenten, aber auch von Seiten der Stadtplaner gestellt und welche Faktoren werden als entscheidend für den Erfolg von Shopping Centern angesehen?

2.2.1 Begriff, Definition und Charakteristika von Shopping Centern

Bereits die Begriffe „Shopping Center" und „Einkaufszentrum" werden in der Literatur sehr uneinheitlich verwendet. Während in einigen Publikationen ausnahmslos von „Shopping Centern" die Rede ist (z.B. FALK / BAYS 2009; EHI 2008), findet sich bei anderen Autoren ausschließlich die Bezeichnung „(innerstädtisches) Einkaufszentrum" (z.B. POPP 2002; HARTWIG 1990). Zahlreiche Veröffentlichungen insbesondere jüngeren Datums verwenden die Begriffe „Shopping Center" und „Einkaufszentrum" jedoch synonym (z.B. FRANKE 2007; BÄR 2000). Auch HAHN (2002: 150) verweist auf die im deutschen Sprachgebrauch häufig synonyme Verwendung der beiden Begriffe. Diesem synonymen Gebrauch schließt sich die vorliegende Arbeit an. Allerdings ist zu berücksichtigen, dass der Begriff „Einkaufszentrum" im alltäglichen Sprachgebrauch häufig weit über das hinausgeht, was unter Shopping Center im Sinne der nachstehenden Definition zu verstehen ist. Auch innerstädtische Geschäftszentren, Stadtteilzentren, Fachmarktagglomerationen oder SB-Warenhäuser werden als Einkaufszentren tituliert (vgl. POPP 2002: 13).

Trotz der zahlreichen bisher erschienenen Publikationen zum Thema Shopping Center konnte sich bislang keine einheitliche Definition von „Shopping Centern" durchsetzen (vgl. FALK 1975: 33f.; HEINRITZ / KLEIN / POPP 2003: 115; BEHR 2006: 17). Weitgehende Einigkeit besteht darüber, dass es sich dabei um eine räumliche Konzentration von Einzelhandels- und Dienstleistungsbetrieben handelt, die zentral geplant, gemanagt und verwaltet werden. Teilweise werden darüber hinaus weitere charakteristische Merkmale von Shopping Centern, wie z.B. das Vorhandensein von einem oder mehreren Magnetbetrieben, eine umfangreiche Angebotsstruktur, die Mischung aus kleinen und großen Anbietern, zentrale Marketingaktivitäten, die Betonung der Erlebniskomponente beim Einkaufen und / oder ein umfangreiches Parkplatzangebot, in die Definition aufgenommen (vgl. z.B. BESEMER 2004: 24; FALK 1975: 39f.; GIESE 2003: 125; DE BRUWER 1997: 160; BÄR 2000: 6). Besonders ausführlich definiert das EHI EuroHandelsinstitut (EHI) Shopping Center im Rahmen seiner Bestandsaufnahme des deutschen Shopping Center-Marktes (EHI 2008: 6):

„Shopping Center sind aufgrund zentraler Planung errichtete großflächige Versorgungseinrichtungen, die kurz-, mittel- und langfristigen Bedarf decken. Sie sind charakterisiert durch:

- die räumliche Konzentration von Einzelhandels-, Gastronomie- und Dienstleistungsbetrieben unterschiedlicher Größe
- eine Vielzahl von Fachgeschäften unterschiedlicher Branchen, in der Regel in Kombination mit einem oder mehreren dominanten Anbietern (Warenhaus/ Kaufhaus/SB-Warenhaus)
- ein großzügig bemessenes Angebot an Pkw-Stellplätzen
- zentrales Management bzw. Verwaltung
- die Wahrnehmung bestimmter Funktionen durch alle Mieter

und verfügen über eine Mietfläche inklusive Nebenfläche von mindestens 10.000 qm. Soweit ein großflächiger Einzelhandelsbetrieb baulich und/oder rechtlich nicht in das Center integriert ist, aus Sicht der Verbraucher mit diesem jedoch eine Einheit bildet, gilt er als Teil des Shopping Centers. Hotels, Wohnungen und neutrale Büroflächen werden nicht als Bestandteile des Shopping Centers betrachtet."

Weite Verbreitung in der deutschsprachigen Shopping Center-Literatur findet jedoch insbesondere die an die Definition des Urban Land Institute mit Sitz in Washington, D.C. angelehnte Begriffsbestimmung von FALK (1998: 16; ähnlich auch FALK 2007: 6, 1973a: 9, 1973b: 15, 1988: 92; FALK / WOLF 1992: 261); diese Definition soll auch der vorliegenden Arbeit zugrunde liegen:

> Ein Shopping Center ist „eine bewusst geplante und errichtete ‚künstliche' Agglomeration von Einzelhandels- und sonstigen Dienstleistungsbetrieben, die auch einheitlich verwaltet bzw. gemanagt und betrieben wird."

Unterschiede bestehen hinsichtlich der für eine Einstufung als Shopping Center als erforderlich angesehenen Mindestverkaufsfläche. Häufig wird eine Untergrenze von 10.000 qm Verkaufsfläche festgelegt (z.B. DÖRHÖFER 2007: 64; KÜHN 2006: 24), teilweise werden aber bereits 8.000 qm bzw. 5.000 qm Verkaufsfläche als ausreichend für eine Qualifizierung als Shopping Center erachtet (z.B. FALK 2007a: 6 u. 2009a: 31; FALK 2009: 22f.). Vereinzelt wird eine Mindestgröße von 15.000 qm gefordert (z.B. MAYR 1980: 16; JAECK 1982: 35). Die Darstellungen dieser Arbeit zu Stand und Entwicklung des Shopping Center-Marktes in Deutschland basieren in Übereinstimmung mit der Mehrzahl der Autoren auf einer Mindestverkaufsfläche von 10.000 qm.

Strittig ist weiterhin die Frage, ob es sich bei Shopping Centern in Deutschland um eine eigenständige Betriebsform des Einzelhandels handelt oder nicht (siehe z.B. BERGER-STÜSSGEN 1982: 171; BLEYER 2002: 24; FALK 1988: 92; MÜLLER-HAGEDORN 2002: 69; HAHN 2002: 154). Da es für die Wahrnehmung und Nutzung von Shopping Centern seitens der Konsumenten allerdings unerheblich sein dürfte, inwieweit diese als eigenständige Betriebsform zu qualifizieren sind, kann diese Frage hier offen bleiben.

2.2.2 Entwicklung und Stand der Shopping Center in Deutschland

Ein erster Vorläufer eines integrierten Einkaufszentrums entstand in Deutschland bereits 1928[4] in der Berliner Siedlung „Onkel Toms Hütte" als Teil eines U-Bahnhofes. 1961 folgte das Pepper-Zentrum in Berlin Charlottenburg mit 30 Geschäften auf 5.000 qm Verkaufsfläche. Die ersten Shopping Center nach US-amerikanischem

---

4 GERHARD / POPP (2009: 43) nennen als Eröffnungsdatum das Jahr 1921, HELTEN (2007: 243) gibt das Jahr 1932 an. Hier wird jedoch der Ausführung von JAECK (1982: 35) gefolgt, auf die sich auch BÜHLER (1990: 51) beruft.

Vorbild wurden jedoch erst 1964 mit dem Main-Taunus-Zentrum in Sulzbach bei Frankfurt (Main) sowie dem Ruhrpark in Bochum eröffnet (vgl. JAECK 1982: 35; GERHARD / POPP 2009: 43).

Die weitere Entwicklung der Shopping Center in Deutschland lässt sich in mehrere Phasen gliedern, die üblicherweise als Generationen bezeichnet werden; mehrheitlich werden vier (z.B. HAHN 2002: 152; GERHARD / POPP 2009: 45), teilweise aber auch bis zu sechs Shopping Center-Generationen unterschieden (z.B. EHI 2008: 33; FALK 2007b: 64f.). Die folgenden Ausführungen gehen von einem fünfstufigen Modell aus, wobei die fünfte Stufe die Entwicklung seit der Jahrtausendwende beschreibt.

Die erste Generation von Shopping Centern zwischen 1964 und 1973 war geprägt durch großflächige Center, die überwiegend in peripherer Lage auf der „grünen Wiese" und in relativ anspruchsloser, meist eingeschossiger Bauweise errichtet wurden. Als Magnetbetriebe nahmen Kauf- und Warenhäuser eine wichtige Stellung ein. Die zweite Generation, zu der die zwischen 1973 und 1982 eröffneten Center gezählt werden, zeichnete sich zum einen durch eine Verbesserung der architektonischen Gestaltqualität der Center, zum anderen durch eine deutliche Hinwendung zu innerstädtischen Standorten bzw. zentralen Lagen in Satellitenstädten aus; damit einher ging eine erhebliche Verringerung der durchschnittlichen Mietfläche je Center sowie eine zunehmend mehrgeschossige und geschlossene Bauweise. Verantwortlich für den Bedeutungsgewinn von Innenstadtstandorten war in erster Linie eine zunehmend restriktive Genehmigungspraxis bei Ansiedlungsvorhaben an nicht-integrierten Standorten, um auf diese Weise der sich ausweitenden Verödung der Innenstädte zu begegnen. Auch in der dritten Generation zwischen 1982 und 1990/1992 dominierten eindeutig innerstädtische Standorte, zudem prägten weitere qualitative Verbesserungen der Architektur, wie beispielsweise Glasüberdachungen für Tageslichteinfall, diese Phase. Allgemein fanden emotionale und soziale Bedürfnisse der Konsumenten verstärkt Eingang in die Konzeption von Shopping Centern. Gleichzeitig kam es in dieser Zeit aber auch zu einer Stagnation der Shopping Center-Entwicklung in Deutschland, während der überwiegend kleinere innerstädtische Passagen und Galerien realisiert wurden. Die vierte Generation zwischen 1990/1992 und 2000 wird vor allem durch die Parallelität verschiedener Entwicklungstrends gekennzeichnet. Maßgeblich beeinflusst wurde diese Phase durch die Investitionsmöglichkeiten in den ostdeutschen Bundesländern nach der deutschen Wiedervereinigung. Insbesondere die „nachholende Centerisierung" der neuen Bundesländer führte dazu, dass sich die Zahl der Shopping Center in Deutschland zwischen 1990 und 2000 verdreifachte (siehe Abb. 1). Während in den ostdeutschen Bundesländern im Rahmen des Shopping Center-Booms insbesondere in der ersten Hälfte der 1990er Jahre überwiegend großflächige Einkaufszentren „auf der grünen Wiese" – häufig Center mit großflächigen SB-Warenhäusern oder Fachmarkt-Center[5] – entstanden, hielt in den westlichen Bundesländern der Trend zu innerstädtischen

---

5 Fachmarkt-Center werden nach der Definition des EHI (2008) ebenfalls den Shopping Centern zugeordnet. Sie zeichnen sich typischerweise aus durch verkehrsgünstige Stadtrandlagen, ebenerdige Nutzflächen, eine schliche Funktionalität in der optischen Gestaltung sowie preisaggressive Magnetbetriebe, ergänzt durch kleinflächige Einzelhandels- und Dienstleistungsbetriebe (vgl. ebd.: 6).

Standorten an. Seit Mitte der 1990er Jahre dominieren bei Center-Neueröffnungen in ganz Deutschland innerstädtische Lagen. Zudem lässt sich deutschlandweit ein „Sickereffekt von den Großstädten zu den Mittelstädten" (POPP 2009: 14) beobachten. Gleichzeitig rückte die Revitalisierung älterer Shopping Center mehr und mehr in den Fokus der Investoren. Daneben entstanden in umgestalteten Bahnhöfen große Einkaufswelten (z.B. Promenaden Hauptbahnhof Leipzig). Auch der Faktor Freizeit und Erlebnis fand zunehmend Aufnahme in die Gestaltung der Einkaufszentren. In der fünften Generation seit dem Jahr 2000 kennzeichnen ebenfalls mehrere parallele Entwicklungen den Shopping Center-Markt. Neben einer zunehmenden Etablierung neuerer Centertypen wie Factory-Outlet-Center oder Spezial- und Themencenter nehmen weiterhin Revitalisierungen und Flächenerweiterungen bestehender Center großen Raum ein. Darüber hinaus ist bei innerstädtischen Einkaufszentren eine verstärkte Einbeziehung des unmittelbaren städtebaulichen Umfelds zu beobachten. Der zwischenzeitlich zu erkennende Trend eines relativen Bedeutungsverlustes der Mittelstädte gegenüber Standorten in Großstädten hat sich bei den jüngsten Shopping Center-Neueröffnungen nicht fortgesetzt (vgl. GERHARD / POPP 2009: 45f.; FALK 2007a: 6, 2007b: 64f., 1982: 65ff.; PITTROFF 2009: 10ff.; POPP 2009: 14f.; RINGEL 2009: 144f.).

Abb. 1: Entwicklung der Shopping Center in Deutschland 1965 - 2010[6]

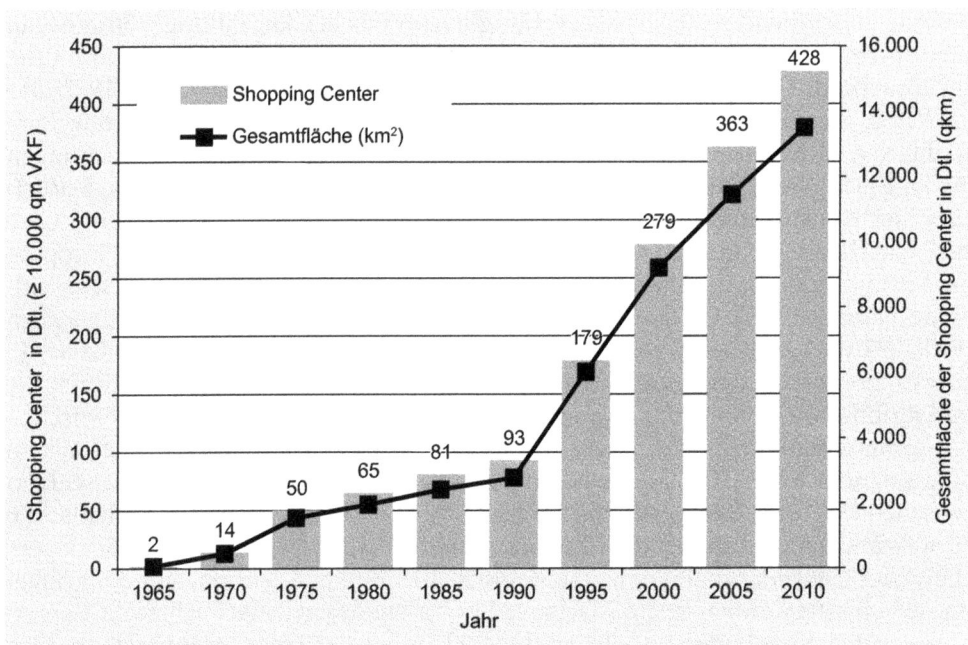

Quelle: EHI 2008: 34; EHI 2009; Eigene Darstellung

---

6 Bis 1990 beziehen sich die Angaben auf Westdeutschland; in der DDR waren Shopping Center gänzlich unbekannt (vgl. BASTIAN 1999: 4).

Abb. 2: Standorte der Shopping Center-Eröffnungen

Anteile der Standortlagen in Prozent

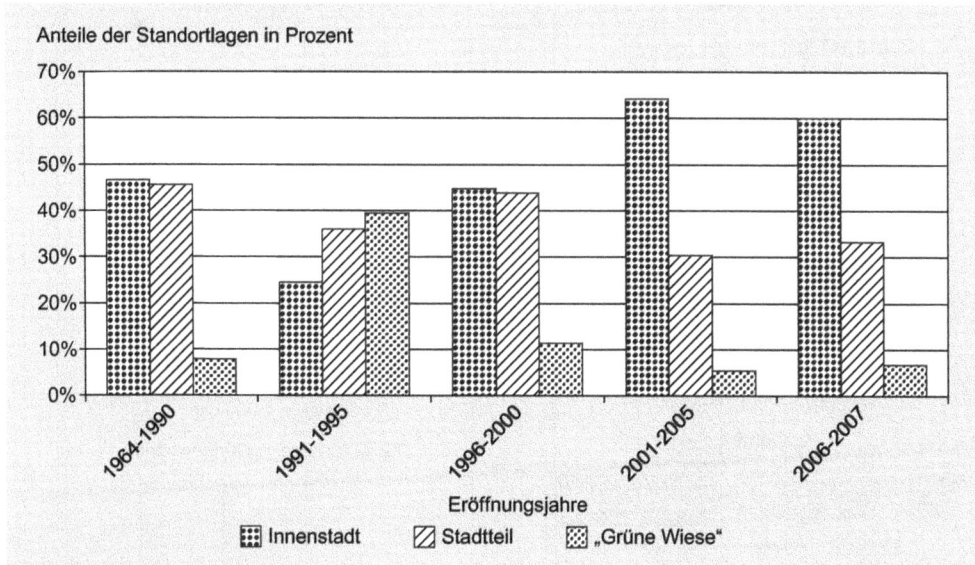

Eröffnungsjahre

▦ Innenstadt   ▨ Stadtteil   ▨ „Grüne Wiese"

Quelle: EHI 2008: 37; Eigene Darstellung

Zu Beginn des Jahres 2010 gab es in Deutschland 428 Einkaufszentren (≥ 10.000 qm Verkaufsfläche pro Center) mit einer Gesamtfläche von über 13,5 Mio. qm (vgl. EHI 2009). Wie Abb. 3 zeigt, verteilen sich die Standorte der Shopping Center allerdings nicht gleichmäßig über Deutschland; vielmehr bestehen deutliche Unterschiede hinsichtlich der Ausstattung der einzelnen Bundesländer mit Einkaufszentren, sowohl bezogen auf die Flächengröße als auch in Relation zur Bevölkerungszahl.

Differenziert nach Standortlagen verteilen sich die Center ≥ 10.000 qm Verkaufsfläche wie folgt (Stand 01.01.2008): 43,4% der Center befinden sich in Innenstädten, 39,3% entfallen auf Stadtteil-Lagen und 17,3% sind „auf der grünen Wiese" angesiedelt (vgl. EHI 2008: 36f.). Maßgeblich befördert wird die Dominanz integrierter Standorte durch die Regelung des § 11 Abs. 3 BauNVO, die in die zweite Fassung der BauNVO (1968) Aufnahme fand und in späteren Novellierungen weiter präzisiert wurde. Danach ist die Errichtung von Einkaufszentren außerhalb von Kerngebieten nur „in für sie festgesetzten Sondergebieten zulässig" (§11 Abs. 3 S. 1 BauNVO vom 23.1.1990). Die damit aufgestellten erheblichen Genehmigungshürden für nicht-integrierte Einkaufszentren führten dazu, dass der Bau großflächiger Shopping Center an nicht-integrierten Standorten nahezu unmöglich wurde (vgl. HAHN 2002: 156f.; LÜTTGAU 2009: 374ff.).

Eine Segmentierung der Center-Standorte nach Stadtgrößenklassen zeigt die ungebrochene Dominanz großstädtischer Standorte – trotz des in jüngerer Zeit zu beobachtenden Bedeutungsgewinns von Standorten in Mittelstädten (siehe oben). So befindet sich mehr als die Hälfte (54,4%) der Einkaufszentren in Großstädten mit ≥ 100.000 Einwohnern, 37,1% liegen in Mittelstädten (20.000 bis unter 100.000 Einwohner) und nur 8,5% der Shopping Center wurden in Kleinstädten (unter 20.000 Einwohner) errichtet (vgl. EHI 2008: 38).

Abb. 3: Shopping Center-Dichte der Bundesländer nach Einwohnerzahl und Fläche (Stand 31.12.2007 / 01.01.2008)

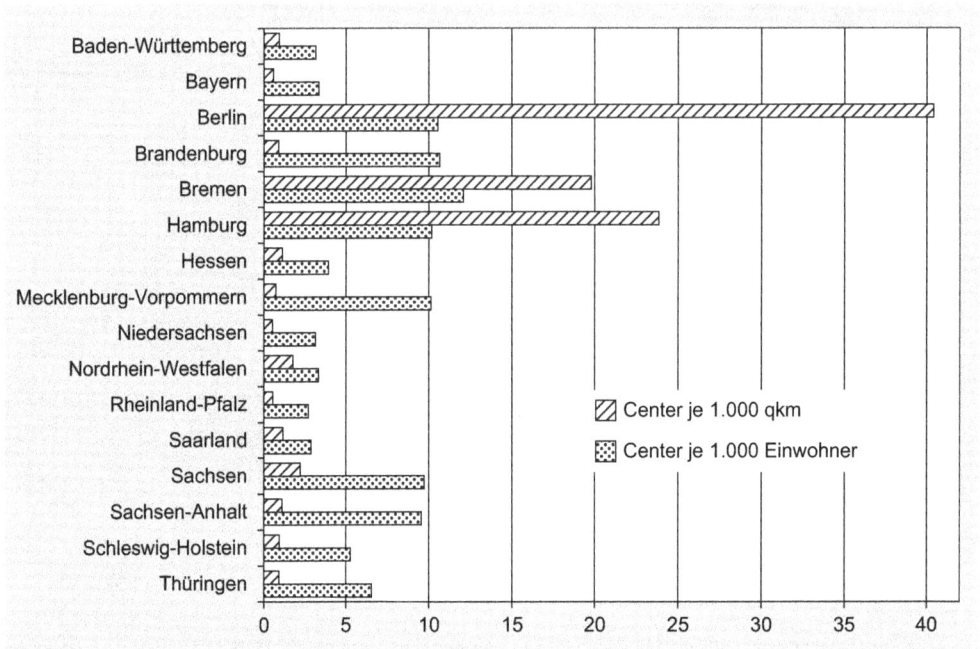

Hinsichtlich der Betreiberstruktur kann für den deutschen Shopping Center-Markt von einer „mono- bzw. oligopolartigen Wettbewerbsstruktur" (BESEMER 2004: 51) gesprochen werden: Anfang 2008 befanden sich rund 40% der Shopping Center in Deutschland in Händen der fünf größten Betreibergesellschaften, wobei dem Marktführer ECE Projektmanagement G.m.b.H. & Co. KG mit 78 Centern bzw. einem Marktanteil von rund 20% eine herausragende Stellung zukommt. Daneben zählen Metro Group Asset Management Services GmbH (30 Center), mfi Management für Immobilien AG (19 Center), Jones Lang LaSalle GmbH (16 Center) und CEV Center Entwicklungs- und Verwaltungs-GmbH (15 Center) zu den größten Betreibern in Deutschland (vgl. EHI 2008: 73; eigene Berechnungen).

Eine Betrachtung des durchschnittlichen Branchenmixes deutscher Shopping Center zeigt eine klare Dominanz von Bekleidungsgeschäften, und dies sowohl in Bezug auf die Zahl der Ladenlokale als auch hinsichtlich der Mietfläche (23,4% bzw. 21,9%). Gleichzeitig verweist bereits die Analyse des Branchenmixes auf den hohen Stellenwert, der der Erlebnis- und Freizeitfunktion in Einkaufszentren zukommt, indem bei der Zahl der Ladenlokale an zweiter Stelle gastronomische Anbieter folgen (12,3%). Ein nahezu identischer Anteil an der Gesamtzahl der Ladenlokale (12,2%) entfällt auf den Bereich „Dienstleistungen" (Friseure, Reisebüros, Schuh-/Schlüsseldienste etc.), sodass insgesamt knapp ein Viertel der Ladenlokale in deutschen Shopping Centern von Anbietern belegt wird, die nicht dem Einzelhandel zuzurechnen sind (vgl. EHI 2008: 47-51). Abb. 4a und 4b veranschaulichen die Branchen-

24

Abb. 4a: Branchenverteilung in Shopping Centern nach Anteil an Gesamtzahl der Ladenlokale

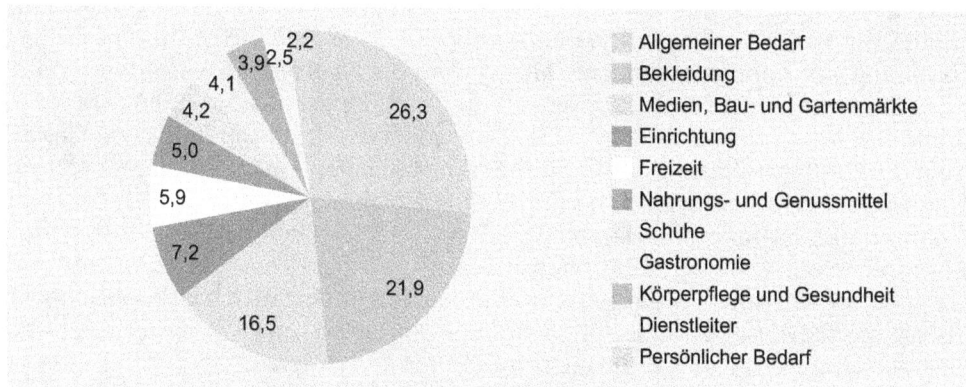

	Allgemeiner Bedarf
	Bekleidung
	Medien, Bau- und Gartenmärkte
	Einrichtung
	Freizeit
	Nahrungs- und Genussmittel
	Schuhe
	Gastronomie
	Körperpflege und Gesundheit
	Dienstleiter
	Persönlicher Bedarf

QUELLE: EHI (2008: 47-59); schriftliche Auskunft des EHI am 24.05.2011; Eigene Darstellung

Abb. 4b: Branchenverteilung in Shopping Centern nach Mietflächenanteil

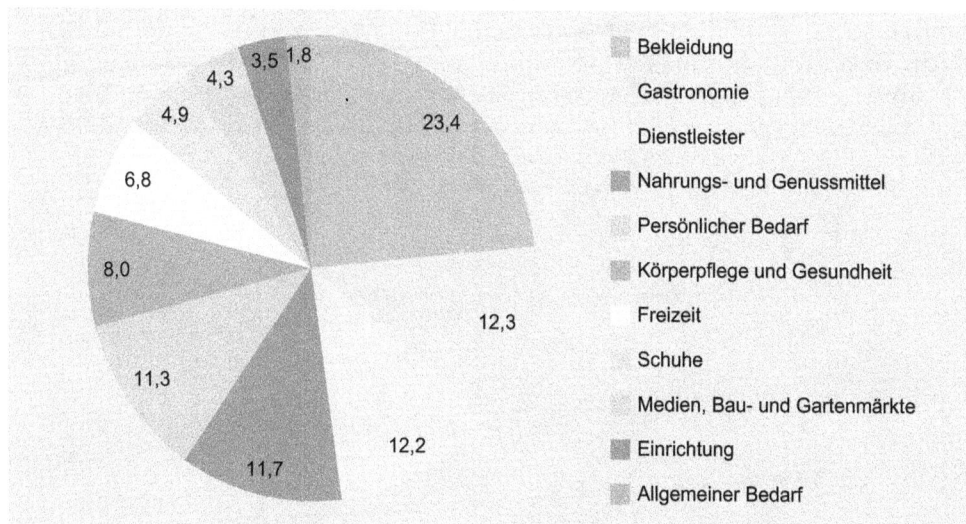

	Bekleidung
	Gastronomie
	Dienstleister
	Nahrungs- und Genussmittel
	Persönlicher Bedarf
	Körperpflege und Gesundheit
	Freizeit
	Schuhe
	Medien, Bau- und Gartenmärkte
	Einrichtung
	Allgemeiner Bedarf

Quelle: EHI (2008: 47-59); schriftliche Auskunft des EHI am 24.05.2011; Eigene Darstellung

zusammensetzung der Shopping Center in Deutschland nach Anzahl der Läden (Abb. 4a) sowie nach Mietflächenanteil (Abb. 4b)[7] (vgl. EHI 2008: 47-59 sowie schriftliche Auskunft des EHI am 24.05.2011).

Neben der Lage, der Größe und dem Mietermix stellt die bauliche Struktur einen wichtigen Gestaltungsparameter von Shopping Centern dar. Dies betrifft zum einen die Grundrissgestaltung des Centers. Hier entwickelte sich im Laufe der Zeit eine Vielzahl an Grundrissformen, wobei in innerstädtischen Lagen klassische langgestreckte

---

7 Unter „Allgemeiner Bedarf" subsummiert das EHI Waren- und Kaufhäuser, SB-Warenhäuser sowie große Supermärkte, d.h. Anbieter, deren Sortiment zahlreiche Branchen ohne eindeutige Schwerpunktsetzung umfasst (vgl. EHI 2008: 47).

Formen sowie kreuz-, Y-, T-, stern- und triangelförmig angelegte Konzepte dominieren (vgl. Brune 1998: 169; Besemer 2004: 23f.). Aufgrund der Hochpreisigkeit innerstädtischer Standorte wurden die Center dabei – trotz der Schwierigkeit, eine Gleichverteilung des Kundenstroms über alle Stockwerke zu erreichen – überwiegend in mehrgeschossiger (in der Regel zwei- bis dreigeschossiger) Bauweise errichtet (vgl. Bühler 1990: 27; Böttcher 2009: 115). Zum anderen ist mit der baulichen Gestaltung der Grad der Öffnung des Centers zur umgebenden Innenstadt angesprochen. Hier ist zu unterscheiden zwischen einer geschlossenen Bauweise, d.h. einem mehr oder weniger stark abgeschlossenen Baukörper, in dessen Inneren von Ladenlokalen gesäumte Wege verlaufen, und offenen Konzepten, bei denen Centerinneres und Umgebung nicht durch Türen getrennt sind, sondern im Idealfall nahtlos ineinander übergehen; teilweise verzichten offene Shopping Center-Konzeptionen auch auf eine Überdachung des Fußgängerbereichs im Centerinneren (siehe Abb. 5; vgl. Junker 2007: 217f.; Popp 2009: 23f.). Nachdem die ersten Einkaufzentren in Deutschland in offener Bauweise errichtet worden waren, wurden bereits ab etwa 1970 fast ausschließlich geschlossene Shopping Center gebaut. Offene Konzepte spielen daher in Deutschland bisher kaum eine Rolle. Erst in jüngerer Zeit werden einzelne Einkaufszentren wieder als offene Center konzipiert, wie beispielsweise die Kamp-Promenade in Osnabrück oder die Fünf Höfe in München (vgl. Popp 2009: 26; Falk 1980: 55). Zukünftig gehen Shopping Center-Projektentwickler allerdings von einem erheblichen Bedeutungsgewinn offener Center-Konzeptionen aus (vgl. o.V. 2006: 14).

Abb. 5: Bauliche Grundtypen innerstädtischer Einkaufszentren

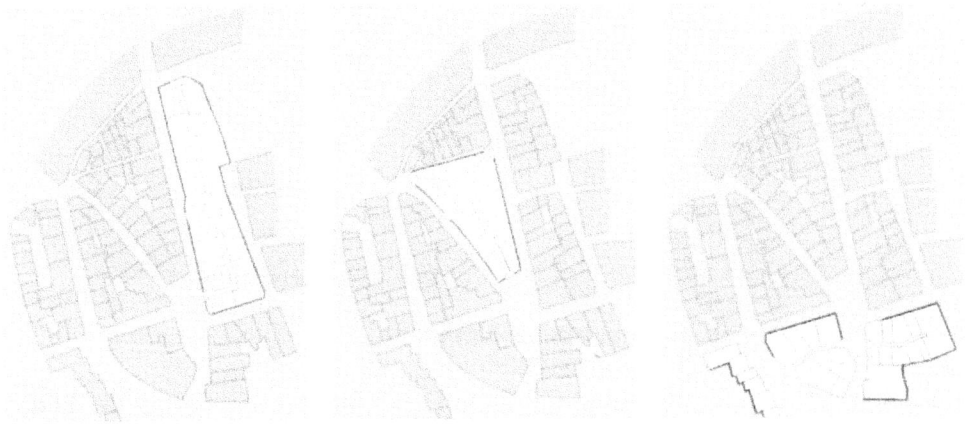

Geschlossenes Einkaufszentrum
(Klassisches langgestrecktes
Mallkonzept)

Geschlossenes Einkaufszentrum
(Sternsystem)

„Offenes" bzw. teiloffenes
Einkaufszentrum

Quelle: Junker / Kühn / Pump-Uhlmann (2011): 23

2.2.3 Anforderungen an Einkaufszentren

In zahlreichen betriebswirtschaftlichen Studien und Abhandlungen (z.B. Besemer 2004; Bastian 1999; Bühler 1990; Wolf 1982) wurde mit teilweise unterschiedlicher

Schwerpunktsetzung der Frage nachgegangen, welche Faktoren maßgeblich für den Erfolg eines Shopping Centers verantwortlich sind. Zentrales Anliegen dieser Beiträge ist durchweg die Entwicklung von Strategien zur Gewinnmaximierung der Einkaufszentren. Dabei werden Maßnahmen zur Steigerung der Zufriedenheit der Konsumenten als eines der Mittel zum Erreichen der ökonomischen Ziele betrachtet. Dieser Blickwinkel ist aus betriebswirtschaftlicher Sicht durchaus verständlich; Aspekte der gesamtgesellschaftlichen Nachhaltigkeit sowie langfristiger gesamtstädtischer Entwicklungsperspektiven bleiben in den betriebswirtschaftlichen Abhandlungen allerdings weitgehend unberücksichtigt.

Im Folgenden werden zunächst die zentralen Aussagen der Literatur zu den Erfolgsfaktoren von Einkaufszentren referiert. Allerdings können die Angaben in den einschlägigen Publikationen nur einen groben Vergleichspunkt für die empirischen Untersuchungen dieser Studie darstellen, da diese weit überwiegend auf eine zielgruppenspezifische Segmentierung verzichten und eine Betrachtung der Ansprüche an ein Einkaufszentrum in Abhängigkeit vom Alter der Konsumenten nahezu vollständig unterbleibt. Zwar wird von Seiten der Anbieter des deutschen Shopping Center-Marktes teilweise durchaus die Notwendigkeit erkannt, Einkaufszentren künftig auch den Bedürfnissen und Gewohnheiten älterer Menschen anzupassen (vgl. SCHULTE-HILLEN 2009: 1034; BESEMER 2004: 334), eine Konkretisierung der Anforderungen dieser Zielgruppe, sinnvollerweise auf Basis einer empirische Analyse, wird jedoch nicht vorgenommen. Somit ist davon auszugehen, dass ggf. spezifische Bedürfnisse einzelner (Alters-)Zielgruppen im Rahmen der Globalbetrachtungen der Kundenwünsche „untergehen" und nicht (vertieft) thematisiert werden, wiewohl sie für diese Altersgruppen hohe Bedeutung haben können.

2.2.3.1 Kundenorientierte Erfolgsfaktoren von Shopping Centern

Der Erfolg eines Unternehmens und somit auch der eines Einkaufszentrums bemisst sich in hohem Maße danach, ob die Kunden dieses Unternehmen positiv beurteilen oder nicht. Die Beurteilung der Gesamtattraktivität setzt sich dabei aus all denjenigen Faktoren bzw. Eigenschaften eines Einkaufszentrums zusammen, die für die Wahl eines Shopping Centers als Besuchsziel ausschlaggebend sind. Wie BASTIAN (1999) zu Recht kritisiert, findet das Urteil der Nachfragerseite in bisherigen empirischen Studien allerdings noch wenig Berücksichtigung (vgl. ebd.: 62 u. 65f.).

In die folgende Aufstellung kundenorientierter, d.h. unmittelbar auf die Befriedigung von Anforderungen der (potenziellen) Kunden zielender Erfolgsfaktoren von Einkaufszentren werden sowohl Aussagen von Experten der Shopping Center-Branche (Investoren, Projektentwickler, Architekten, Wissenschaftler) als auch Ergebnisse von (weiteren) empirischen Untersuchungen der Nachfragerseite einbezogen[8]. Eine Reihung der Erfolgsfaktoren nach ihrer Wichtigkeit ist aufgrund der teilweise stark divergierenden Ergebnisse bzw. Aussagen der vorliegenden Studien

---

8 Frühe theoretisch-konzeptionelle Darstellungen im deutschsprachigen Raum basieren in der Regel auf Plausibilitätsüberlegungen der jeweiligen Autoren sowie der Übertragung von Forschungsergebnissen anglo-amerikanischer Arbeiten und entbehren meist einer empirischen Überprüfung (vgl. BASTIAN 1999: 74). Da zudem zum Zeitpunkt ihrer Entstehung noch wenig Erfahrung mit der damals in Deutschland relativ jungen Erscheinungsform „Shopping Center" vorhanden war, finden sie im Folgenden keine Berücksichtigung.

und sonstigen Publikationen nicht möglich. Eine ausführliche Diskussion der jeweiligen Gewichtungen bzw. Rangfolgen ist hier wenig zielführend.

Bastian (1999) aggregiert die aus Kundenperspektive relevanten Erfolgsfaktoren zu den drei Dimensionen Versorgung, Conveniance[9] und Erlebnis und konnte zeigen, dass diese Schlüsselfaktoren geeignet sind, die Gesamtattraktivität eines Einkaufszentrums zu bestimmen (vgl. ebd.: 97f. u. 140). Diese Einteilung liegt – in einer leicht modifizierten und erweiterten Form – auch der folgenden Darstellung zugrunde. Eine eindeutige Zuordnung der Faktoren ist aufgrund der gegenseitigen Abhängigkeit der drei Dimensionen allerdings nicht immer möglich.

Unter dem Aspekt „Versorgung" geht es um die Kriterien für eine optimale Gestaltung des Mietermixes in einem Shopping Center. Eine den individuellen Anforderungen des Kunden möglichst weitgehend entsprechende Zusammensetzung der Mieter stellt das wesentliche instrumentelle Motiv für den Besuch eines Einkaufszentrums dar (siehe Exkurs). Regelmäßig wird ein idealer Mietermix als wichtiges, teilweise sogar als entscheidendes Kriterium für den Erfolg eines Shopping Centers erachtet (vgl. u.a. Gerbich 1998: 284; Besemer 2004: 158). Dabei bestehe zwischen der Gesamtattraktivität eines Shopping Centers und der Attraktivität der einzelnen darin enthaltenen Anbieter eine interdependente Beziehung (vgl. Bastian 1999: 104; Böcker / Brink 1987: 177). Entgegen der verbreiteten Darstellungen in der Literatur verweisen die empirischen Untersuchungen von Bühler (1990: 151f.) und Böcker / Brink (1987: 172f.) allerdings darauf, dass Faktoren aus den Bereichen Erlebnis und Conveniance die Attraktivität eines Einkaufszentrums stärker beeinflussen als ein vielfältiges Warenangebot (kritisch zu Bühler: Bastian 1999: 87).

Wie de Bruwer (1997: 170) und Gerbich (1998: 293f.) betonen, ist eine allgemein gültige Festlegung der optimalen Mieterzusammensetzung aufgrund der Standortabhängigkeit der zugrunde liegenden Einflussfaktoren nicht möglich. Gleichwohl finden sich in der Literatur zahlreiche Angaben zu den Anforderungen an einen erfolgversprechenden Mietermix. Besonders betont wird die Notwenigkeit eines möglichst breiten Angebotes an Branchen, Angeboten und Sortimenten (auch in Bezug auf Markenartikel und Sonderangebote), sodass sich die im Center angebotenen Produkte und Dienstleistungen gegenseitig ergänzen und die Bedürfnisse der Kunden in hohem Maße abdecken; dies impliziert die Integration von Lebensmittelangeboten ebenso wie die Verfügbarkeit von verschiedenen Dienstleistungsanbietern. Als aus Sicht der Kunden wichtigstes Angebot eines Shopping Centers konnte Bühler (1990: 179ff.) die Warengruppe „Bekleidung" identifizieren. Darüber hinaus müssen die sozio-demographische Struktur der (potenziellen) Kunden im Einzugsgebiet und die daraus resultierenden spezifischen Bedürfnisse bei der Planung des Mietermixes ebenso berücksichtigt werden wie ein ausgewogenes Verhältnis zwischen großen (Magnet-)Betrieben und kleinen Mietern sowie die Integration branchengleicher Anbieter verschiedener Preissegmente bei einem insgesamt guten Preis-Leistungs-Verhältnis. Das Angebot soll auch in Abhängigkeit von der Struktur

---

9 In Anlehnung an Auer / Koidl (1997: 14f.) legt Bastian (1999: 98) dar, dass die Bezeichnung „Conveniance" in Bezug auf Aspekte des Einzelhandels weit über die wörtliche Übersetzung des englischen Begriffes („Bequemlichkeit") hinausgeht und vielmehr in Richtung einer allgemeinen Kundenorientierung zu interpretieren ist.

Exkurs: Konsumtive und instrumentelle Motive

In seinen Ausführungen über die Bedeutung von Gefühlen beim Entscheidungsverhalten von Konsumenten differenziert PHAM (1998) unter Bezugnahme auf ALDERSON (1957) konsumtive und instrumentelle Motive (vgl. ebd.: 146; siehe auch BESEMER 2004: 165f.):

Konsumtive (unmittelbare) Motive streben eine intrinsische Belohnung an, d.h. durch das damit einhergehende Verhalten werden individuelle Bedürfnisse direkt befriedigt. Ein Beispiel aus dem Bereich des Einkaufsstättenwahlverhaltens ist das Aufsuchen einer bestimmten Einkaufsstätte aufgrund ihres Unterhaltungswertes und der damit verbundenen Ablenkung vom Alltag.

Instrumentelle (mittelbare) Motive zielen auf eine extrinsische, d.h. eine nicht in der Sache selbst gründende Belohnung. Sie liegen demnach Handlungen zugrunde, die als Voraussetzung für das Erreichen eines anderen Ziels angesehen werden. Ein instrumentelles Motiv liegt dem Besuch einer bestimmten Einkaufsstätte beispielsweise dann zugrunde, wenn diese gezielt für den Erwerb eines oder mehrerer Güter oder aufgrund ihres hohen internen Kopplungspotenzials aufgesucht wird.

Eine eindeutige Unterscheidung zwischen konsumtivem und instrumentellem Verhalten ist jedoch nicht in jedem Fall möglich. So können auf der einen Seite instrumentelle Motive einem Verhalten zugrunde liegen, das unmittelbar zur Befriedigung von Bedürfnissen beiträgt. Auf der anderen Seite kann konsumtives Verhalten zumindest auch auf instrumentellen Motiven beruhen (vgl. ALDERSON 1957: 173).

der Wettbewerber im Umfeld des Einkaufszentrums ausgerichtet sein. Schließlich werden die Aufnahme von Mietern mit eigenem Attraktivitätspotenzial sowie die Berücksichtigung eigenständiger, d.h. nicht-filialisierter Anbieter als Faktoren für einen erfolgreichen Mietermix genannt (vgl. DE BRUWER 1997: 160ff.; BESEMER 2004: 158f. u. 363; BÜHLER 1990: 201f.). Insbesondere in Bezug auf den Filialisierungsgrad scheinen Wunsch und Wirklichkeit jedoch häufig zu divergieren, da nationale und internationale Filialisten und Franchisenehmer das Einzelhandels- und in wachsendem Maße auch das Gastronomieangebot dominieren; dies bedingt eine „zunehmende Austauschbarkeit von Shopping Centern" (BESEMER 2004: 160).

Unter dem Aspekt „Conveniance" sind nach BASTIAN (1999) all diejenigen Faktoren zu subsummieren, die den Aufwand, d.h. die Kosten für den Besuch eines Einkaufszentrums reduzieren (vgl. ebd.: 100). Als wichtig wird hier insbesondere die leichte Erreichbarkeit eines Einkaufszentrums angesehen. Diese soll zum einen durch eine möglichst kurze Distanz zum Wohn- oder Arbeitsort, zum anderen durch eine möglichst gute Zugänglichkeit mit dem Pkw sowie eine problemlose Erreichbarkeit mit öffentlichen Verkehrsmitteln sichergestellt werden. Die Pkw-Erreichbarkeit umfasst dabei auch das Vorhandensein einer ausreichenden Zahl an – möglichst kostenfreien – Parkplätzen (vgl. BASTIAN 1999: 100; FALK 2009a: 35).

Daneben stellen lange und einheitliche Öffnungszeiten der in einem Center aggregierten Einzelhändler und Dienstleister einen wichtigen Beitrag zur Steigerung der Einkaufsbequemlichkeit dar (vgl. FALK 2009b: 153).

Weiterhin ist es erforderlich, dem Komfortaspekt beim Besuch eines Einkaufszentrums durch eine übersichtliche und klar geordnete Anordnung der einzelnen Elemente in einem Shopping Center Rechnung zu tragen. In verschiedenen empirischen Studien konnte eine signifikante Korrelation zwischen dem Vorhandensein gut strukturierter kognitiver Lagepläne von Einkaufszentren im Bewusstsein der Konsumenten (Mental Maps) und der wahrgenommenen Einkaufsbequemlichkeit nachgewiesen werden (vgl. GERMELMANN 2003: 35; GRÖPPEL-KLEIN / GERMELMANN 2009: 349). Für eine optimale Ausgestaltung des Center-Inneren müssen aber noch weitere Faktoren berücksichtigt werden. Es gilt, den Anforderungen der Konsumenten hinsichtlich des optimalen Komplexitätsgrades ihrer Umwelt als Ganzes zu entsprechen. Nach Ansicht verschiedener Autoren stößt eine Überforderung durch Reizüberflutung aufgrund der daraus resultierenden Unsicherheit bei den Konsumenten ebenso auf Ablehnung wie eine Unterforderung durch sehr einfach gestaltete Strukturen. Dies bedeutet, dass ein wohlausgewogenes Verhältnis zwischen anregenden Stimuli mit der Möglichkeit zu neuartigen Erlebnissen und Reizen einerseits und der Erzeugung von Dominanzgefühlen über eine weitgehend vertraute und kognitiv gut zu verarbeitende Umgebung andererseits geschaffen werden muss. Konkret gilt es daher, durch eine orientierungsfreundliche Gestaltung und eine übersichtliche Anordnung der einzelnen Einzelhandels- und Dienstleistungsangebote eine gute Überschaubarkeit der Makrostruktur des Centers zu gewährleisten und gleichzeitig durch abwechslungsreiche Elemente im Detail eine anregende Einkaufsatmosphäre zu gestalten (vgl. BESEMER 2004: 144ff.; GRÖPPEL-KLEIN / GERMELMANN 2002: 513ff.).

Schließlich ist unter dem Aspekt „Conveniance" auch die Bereitstellung von sanitären Anlagen zu erwähnen, die insbesondere für ältere Menschen, Frauen und Kinder eine wichtige Voraussetzung für einen stressfreien Einkauf darstellen (vgl. SIEVERS 2007: 232).

Die Bedeutung der Dimension „Erlebnis" ergibt sich insbesondere aus der in den vergangenen Jahren und Jahrzehnten zu beobachtenden Veränderung des Konsumverhaltens in Richtung einer steigenden Bedeutung der Erlebnis- und Freizeitkomponente beim Einkaufen[10] (vgl. HEINRITZ / KLEIN / POPP 2003: 163ff.; o.V. 2000: 8). Dieser Kategorie zuzuordnen sind alle Faktoren, die die Konsumenten über die reine Versorgung mit Waren hinaus ansprechen und dabei gleichzeitig zu einer Befriedigung des Bedürfnisses nach Lebensqualität durch Erlebnis beitragen (vgl. BASTIAN 1999: 101). Hohe Bedeutung kommt hier dem Aspekt der Sauberkeit zu; den Ergebnissen von BÜHLER (1990: 151f.) zufolge stellt sie den wichtigsten Attraktivitätsfaktor bei der Beurteilung eines Einkaufszentrums dar. Auch ein subjektiv empfundenes Sicherheitsgefühl soll zur positiven Einschätzung der Erlebnisqualität eines Shopping Centers beitragen (vgl. GRÖPPEL-KLEIN / GERMELMANN 2009: 348). Schließlich

---

10 Der „Normaltyp" des Konsumenten in Deutschland ist heute der des sog. „hybriden Konsumenten", dessen Einkaufsverhalten durch das „Spannungsverhältnis von Preis-, Erlebnis- und Convenienceorientierung" (BEYERLE 2009: 302) charakterisiert ist (siehe auch Kapitel 2.4.4.1).

gilt das Vorhandensein eines angenehmen Publikums als weiterer Faktor zur Steigerung der Erlebnisqualität eines Einkaufszentrums (vgl. Bastian 1999: 102). Eine Steuerung des Einkaufszentrenpublikums wird von Seiten der Centerbetreiber einerseits über die Gestaltung des Centers und die Auswahl der Mieter, andererseits mittels der Aufstellung und Durchsetzung einer Center-Hausordnung versucht (vgl. Sievers 2006: 60-93; Siebel 2007: 90f.).

Da „bauliche Gegebenheiten in erheblichem Maße Einfluss auf die Wahrnehmung, das Erleben und die Zufriedenheit mit gebauten Umwelten" ausüben (Besemer 2004: 143), wird der architektonischen Qualität von Einkaufszentren eine hohe und infolge der verschärften Wettbewerbssituation auf dem Shopping Center-Markt einerseits und allgemein steigenden Ansprüchen der Konsumenten andererseits weiter ansteigende Bedeutung beigemessen. Diese soll sich dabei nicht nur auf die Innengestaltung beziehen, sondern im Sinne einer städtebaulichen Einbindung auch die Gestaltung der Außenfassade, z.B. durch Aufnahme städtebaulicher Bezüge, die Öffnung zu angrenzenden Plätzen oder Straßenabschnitten oder durch den Verzicht auf große geschlossene Fassadenabschnitte, umfassen (vgl. Besemer 2004: 133ff. u. 317f.; Roth-Lindeck 1992: 45). In Bezug auf die Gestaltung des Innenraumes gilt es, das Einkaufserlebnis durch eine für die Kunden angenehme und zum Bummeln einladende Einkaufsatmosphäre – beispielsweise durch die Verwendung heller und freundlicher Farben, Tageslichteinfall sowie die Integration von Brunnenanlagen, Pflanzen und / oder Kunstgegenständen, aber auch durch eine bequeme und möglichst barrierefreie Zugänglichkeit aller Bereiche – zu fördern und positiv zu beeinflussen (vgl. Hartwig 1990: 407; Sievers 2007: 230f.). Hierzu zählt auch die Schaffung einer kommunikationsfördernden Umgebung, die dem Bedürfnis nach sozialer Interaktion Rechnung trägt, da Shopping vielfach – nach Ansicht von Sievers (2007: 234) insbesondere von Konsumentinnen – als soziales Ereignis angesehen wird (vgl. Feinberg et al. 1989: 50f. u. 61). Ferner sollen Sitzmöglichkeiten zur Entspannung die Erlebnisqualität in einem Einkaufszentrum steigern (vgl. Bastian 1999: 102). Voraussetzung für die Wirksamkeit der genannten Maßnahmen ist die Vermeidung von Störfaktoren, die geeignet sind, die Aufmerksamkeit der Centerbesucher vom „Erlebnis Einkaufszentrum" abzulenken. Dementsprechend werden beispielsweise auch die – bei geschlossenen Centern regelmäßig gegebene – Witterungsunabhängigkeit in Verbindung mit einem als angenehm empfundenen Temperaturniveau, die Rutschfestigkeit und Sicherheit des Bodenbelags, sowie der Einsatz von Duftstoffen als Erfolgsfaktoren eines Einkaufszentrums beschrieben (vgl. Sievers 2007: 232f.; Wehrheim 2007b: 285f.).

Wie bereits angedeutet, spielt nach den Erkenntnissen der Umweltpsychologie eine möglichst vielfältige, neuartige und anregende Gestaltung der Einkaufszentrenumwelt eine wichtige Rolle im Hinblick auf eine positive Beurteilung des Shopping Centers durch die Konsumenten (siehe Ausführungen zur Dimension „Conveniance"). Neben baulichen Elementen gelten Events und Aktionen, wie beispielsweise die Durchführung von Modenschauen, Ausstellungen, Konzerten, aber auch saisonale Dekorationen (z.B. Weihnachts- oder Osterdekoration), als zielführende Maßnahmen zur Umsetzung dieser Gestaltanforderung (vgl. Behr 2006: 79).

Einen zentralen Erfolgsfaktor im Hinblick auf die Erlebnisqualität eines Einkaufszentrums stellt schließlich das Angebot an gastronomischen Einrichtungen dar. Aufgrund ihrer ausgeprägten sozialen Funktion sowie ihrer hohen und weiter steigenden Bedeutung als Teil der Freizeitgestaltung (vgl. PLEUS 2009: 367; POPP 2002: 134) nehmen gastronomische Angebote in Shopping Centern einen immer größeren Stellenwert ein; ihnen kommt eine wachsende Eigenständigkeit, teilweise sogar eine eigene Magnetfunktion zu (vgl. BÜHLER 1990: 71f.; BÄR 2000: 72). Wie BESEMER (2004: 380f.) empirisch zeigen konnte, beurteilt die Mehrzahl der Einkaufszentrenbesucher gastronomische Angebote als „elementaren Bestandteil des Funktionen-, Branchen- und Mietermixes von Shopping Centern" (ebd.: 380), wobei Cafés über alle Altersgruppen hinweg gegenüber anderen gastronomischen Angebotsformen die größte Bedeutung beigemessen wird. Bemerkenswert ist, dass Männer den Faktor „gastronomische Vielfalt" im Vergleich zu Frauen als deutlich wichtiger beurteilen (vgl. BÜHLER 1990: 154f.). Zu den erfolgswirksamen Merkmalen des gastronomischen Angebots zählen insbesondere dessen Vielfältigkeit, das Qualitätsniveau und der Erlebnischarakter der integrierten Anbieter sowie dessen Eignung zu kommunikativer und sozialer Interaktion (vgl. BESEMER 2004: 396).

In der Integration von Freizeit- und Erlebniskomponenten wird allgemein die Möglichkeit gesehen, durch die damit einhergehende Steigerung der Gesamtattraktivität des Centers das Einzugsgebiet zu vergrößern, die Kundenfrequenz – auch durch Ansprache neuer Zielgruppen – zu steigern, die durchschnittliche Aufenthaltsdauer und die Ausgabebereitschaft der Kunden zu erhöhen und somit insgesamt den wirtschaftlichen Erfolg zu verstärken (vgl. BESEMER 2004: 186f.). Gleichzeitig müssen aber mögliche Nutzungskonflikte zwischen Einzelhandel, Gastronomie- und Freizeiteinrichtungen planerisch antizipiert und nach Möglichkeit weitgehend vermieden werden. Potenzielle Störfaktoren können beispielsweise Lärm- oder Geruchsemissionen von Gastronomiebetrieben oder von Freizeitangeboten angezogene „unerwünschte" Besucher darstellen (vgl. FRANCK 2000: 11).

2.2.3.2 Nachhaltigkeit von Shopping Centern

In jüngster Zeit rückt der Faktor „Nachhaltigkeit" immer mehr in den Fokus des Interesses von Investoren, Projektentwicklern, Betreibern und Architekten (vgl. BÖNING 2010; MAIER 2009; REED 2009; STRECK 2009). Es fällt jedoch auf, dass sich die diesbezügliche Diskussion stark auf die Frage der ökologischen Nachhaltigkeit von Shopping Centern konzentriert. Das Thema sozio-demographische Nachhaltigkeit wird zwar vereinzelt angesprochen, kommt jedoch in der Regel nicht über den Status einer Randnotiz hinaus (siehe z.B. BIENERT 2010; RADERMACHER 2010; CESARZ 2009). Eine vertiefte Würdigung dieser Thematik unterbleibt trotz der vielfach erwähnten Notwendigkeit der Anpassung von Einkaufszentren an die sich wandelnden Bedürfnisse der Konsumenten.

2.2.4 Kritik und Würdigung (innerstädtischer) Einkaufszentren

Mit der zunehmenden Ausbreitung von Shopping Centern in Deutschland rückten die Auswirkungen von Einkaufszentren auf die traditionellen Innenstädte mit ihrem Einzelhandels- und Dienstleistungsbesatz sowie die Frage nach der Integrationsfähigkeit von Einkaufszentren in die gewachsenen Innenstädte vermehrt in den Fokus des Interesses insbesondere von Stadtplanern, Stadtgeographen und Architekten (z.B. POPP 2002; JUNKER 2009). Die teilweise sehr kontrovers geführte Diskussion fand in nicht unerheblichem Maße Aufnahme in die mediale Berichterstattung (z.B. ZELLNER 2010; FRENKEL 2006; RAUTERBERG 2007). Aufgrund der meinungsprägenden Funktion öffentlicher Diskurse und medialer Berichterstattung muss dieser Diskussion eine nicht unerhebliche Beeinflussung der individuellen Einstellung der Menschen zu Einkaufszentren unterstellt werden. Die nachfolgend aufgezeigten Hauptargumente dieser Debatte konzentrieren sich – der Fragestellung der vorliegenden Studie entsprechend – auf die Aussagen zu innerstädtischen Centern.

Die gegenüber Shopping Centern vorgebrachte Kritik manifestiert sich v.a. in der Frage nach deren Auswirkungen auf die gewachsene innerstädtische Einzelhandelslandschaft (vgl. z.B. BRUNE 2006b; GURATSCH 2007; LAURIN 2011; HORN 2007). Zentrales Argument der Kritiker ist die Abschöpfung eines großen Teils der einzelhandelsrelevanten Kaufkraft durch die Shopping Center, die damit anderen Einzelhandels- und Dienstleistungsangeboten in der Innenstadt nicht mehr zur Verfügung stehe und somit zu massiven Umsatzeinbußen bis hin zu Geschäftsaufgaben bei den auf der Straßenebene lokalisierten Einzelhändlern und Dienstleistern führe. Der Wettbewerbsdruck verdränge dabei in erster Linie den kleinteiligen, nicht-filialisierten Einzelhandel (vgl. GIESE 2003: 129f.; ALBERS 2004: 11f.). Diese Entwicklungen könnten in einzelnen Bereichen einer Innenstadt, insbesondere in Nebenlagen, einen Trading-Down-Prozess mit einer wachsenden Zahl an Leerständen und / oder Nachnutzungen im Billigpreissegment zur Folge haben, wobei die genannten Phänomene als Antizipation der erwarteten Umsatzverlagerungen häufig bereits vor der Eröffnung eines Shopping Centers zu beobachten seien (vgl. DOERR 2006: 76; BROCKHOFF 2006: 93; LÜHRMANN 2006: 221f.). Die Abwertung der traditionellen innerstädtischen Einkaufslagen werde dadurch verschärft, dass zahlreiche Einzelhändler (insbesondere Filialisten) ihre Ladenlokale nach der Errichtung des innerstädtischen Shopping Centers aus den Einkaufsstraßen in das Center verlagern würden, das mit seinem Angebot auch an großflächigen Ladenlokalen, dem gezielt gesteuerten Branchenmix sowie den zentralen Marketingaktivitäten einen attraktiven Standort darstelle. Damit würden die klassischen Einkaufsstraßen an Magnetwirkung sowohl für die Nachfragerseite als auch für die Anbieterseite verlieren (vgl. BROCKHOFF 2006: 95f.; KRÜGER / WALTHER 2007: 199; FALK 2009b: 156). Die aufgezeigten Phänomene würden schließlich in einem Mietpreisverfall resultieren, der in verschiedenen Städten als Folge der Errichtung eines Einkaufszentrums nachgewiesen wurde (vgl. BETTGES 2006: 88). Erschwerend aus Sicht der traditionellen Einkaufsstraßen komme hinzu, dass die Eigentümer klassischer innerstädtischer Einzelhandelsimmobilien meist nicht an einer aktiven Gestaltung des Branchenmixes, sondern vielmehr an einer kurzfristigen Maximierung der Mieteinnahmen interessiert seien, was zu einer passiven Exklusion zahlreicher Anbieter führe (vgl. JÜRGENS 2009b: 37; BROCKHOFF 2006: 101f.).

Scharf kritisiert wird weiterhin die mit der Errichtung innerstädtischer Einkaufszentren einhergehende Privatisierung öffentlichen Raumes. Da Einkaufszentren

Eigentum privater Investoren sind, können diese den Zugang zum und das Verhalten im Center per Hausordnung, d.h. unter Anwendung „substrafrechtliche(r) Partikularnormen" (GLASZE 2001: 164), regeln. Dieses Instrument erlaubt den Betreibern eine Exklusion „unerwünschter" Individuen bzw. bestimmter gesellschaftlicher Gruppen, die gegebenenfalls mit Hilfe privater Sicherheitskräfte durchgesetzt wird (vgl. KÄHLER 2006: 38; FRANK 2007: 120; siehe auch Kapitel 2.3.3.1). Besonders problematisch sei diese Entwicklung vor dem Hintergrund einer zunehmenden Integration administrativer und / oder kultureller Funktionen in die Shopping Center (vgl. WEHRHEIM 2007a: 9). Beklagt wird auch die wachsende Uniformisierung der Innenstädte als Folge der in weiten Bereichen architektonisch sehr ähnlich gestalteten, von überregional agierenden Filialbetrieben dominierten und damit austauschbaren Einkaufszentren (vgl. JÜRGENS 2009a: 1; VOLGER 2000). Zudem bemängeln Kritiker die unbefriedigende stilistische Integration vieler Center in die sie umgebende Innenstadt (vgl. BESEMER 2009: 1057).

Demgegenüber gibt es jedoch auch positive Einschätzungen zu den Auswirkungen innerstädtischer Einkaufszentren auf die Einzelhandels- und Dienstleistungslandschaft sowie auf die Stadtstruktur in den jeweiligen Innenstädten – und dies nicht nur von Seiten der Projektentwickler, Investoren und Betreiber von Shopping Centern. So wird in der Errichtung eines innerstädtischen Shopping Centers auch die Chance zu einer ökonomischen und städtebaulichen Weiterentwicklung des Mikrostandortes gesehen: Zum einen trage der Branchenmix eines Shopping Centers häufig zu einer Verbreiterung des – in der Regel zunehmend monostrukturierten – innerstädtischen Waren- und Dienstleistungsangebotes bei (vgl. KÜHN 2006: 26; MONHEIM 2006: 252). Zum Zweiten würden sich zahlreiche traditionelle Einzelhändler durch das Auftreten des neuen Wettbewerbers zur Überprüfung ihrer eigenen Konzepte und / oder Investitionen in ihre Ladenlokale veranlasst sehen. Auch das Ausscheiden stark modernisierungsbedürftiger Betriebe aus dem Markt wird aus Sicht der Innenstadt durchaus positiv bewertet (vgl. POPP 2002: 142; OTTO 2009: 172). Zum Dritten würden innerstädtische Shopping Center häufig auf Brach- oder Konversionsflächen oder an Stelle modernisierungsbedürftiger Gebäude errichtet, womit bei gelungener städtebaulicher Integration eine qualitative Aufwertung des Stadtbildes verbunden sein könne (vgl. GIESE 2003: 133; FALK 2009b: 155). Die genannten Effekte führten in Folge zu einer Steigerung bzw. Revitalisierung der Attraktivität der gesamten Innenstadt als Konsumort, die im günstigen Fall auch eine Bindung zusätzlicher Kaufkraft aus dem Umland erzeugen könne. Dabei wird innerstädtischen Shopping Centern teilweise auch die Fähigkeit zugeschrieben, „die Funktion eines ‚zentralen Marktplatzes' mit der Möglichkeit zu Kommunikation und Interaktion" (BESEMER 2009: 1058) zu übernehmen. Einigkeit besteht in Literatur und medialer Berichterstattung darüber, dass derartige positive Auswirkungen jedoch nur unter der Voraussetzung einer gelungenen Integration des Einkaufszentrums in die umgebende Innenstadt – Basis für intensive Kopplungsbeziehungen zwischen Innenstadt und Shopping Center – auftreten können (vgl. BRUNE 2006a: 55; HEINRITZ 2009: 138f.; SCHWALDT 2010). Dies impliziere neben einem direkt in der Haupteinkaufszone gelegenen Standort eine gute Vernetzung mit dem innerstädtischen Wegesystem, eine Außenorientierung des Centers zum umgebenden öffentlichen Raum, eine dem Standort angepasste Verkaufsflächengröße sowie eine hohe architektonische Gestaltqualität, aber auch eine möglichst geringe Angebotskonkurrenz zum bestehenden innerstädtischen Einzelhandel (vgl. ALBERS 2004: 12; ACKERS 2006: 24).

2.3 Demographischer Wandel

Bereits in den 1970er Jahren befassten sich vereinzelt Abhandlungen mit den zu erwartenden Auswirkungen des damaligen Geburtenrückgangs, fanden aber zunächst nur geringe Aufnahme in der wissenschaftlichen wie öffentlichen Diskussion. Erst deutlich später, vor allem seit Ende der 1990er Jahre, erreichte das Thema „demographischer Wandel" den politischen und medialen Diskurs, entwickelte sich jedoch rasch zu einem der großen „Megathemen" mit hoher Alltagspräsenz (vgl. KLEE 2010: 6f.; KOCH 2010: 23; FREVEL 2004: 7).

2.3.1 Begriff und Charakteristika des sog. demographischen Wandels

Bemerkenswert ist, dass trotz der starken Präsenz des Themas in Wissenschaft, Politik und Medien keine allgemein anerkannte Nominaldefinition des Begriffs „demographischer Wandel" existiert. Zwar findet sich in der Literatur eine Vielzahl unterschiedlicher Realdefinitionen, ihnen liegt jedoch kein Konsens über die charakteristischen Merkmale dieses Phänomens zugrunde. Als kleinster gemeinsamer Nenner der meisten Publikationen können die Phänomene Bevölkerungsalterung und Schrumpfung der Gesellschaft mit ihren jeweiligen Ursachen identifiziert werden, wobei in den medialen Debatten insbesondere das Thema „Altern der Bevölkerung" dominiert (vgl. SIEDHOFF 2008: 3ff.; NAEGELE 2008: 13). Darüber hinaus werden von zahlreichen Autoren die zunehmende Heterogenisierung bzw. Internationalisierung sowie die wachsende Individualisierung bzw. Vereinzelung der Gesellschaft als Ausprägungen des demographischen Wandels angeführt (vgl. z.B. GANS / LEIBERT 2007: 4 u. 7f.; KARSTEN / WAGNER 2006: 73f.; KEMPER 2006: 195). Auch Wanderungsbewegungen, ein sozialer und Wertewandel sowie die räumliche Variabilität der Phänomene werden von einigen Autoren als Teilaspekte des demographischen Wandels genannt (vgl. z.B. GANS / SCHMITZ-VELTIN 2004: 84f. u. 2006: 46; KILPER / MÜLLER 2005: 36; GANS 2006: 97; LANGHAGEN-ROHRBACH / GRETSCHEL 2005: 223).

Wie in Kapitel 1.1 dargelegt, wird in der vorliegenden Untersuchung der Frage nach den Auswirkungen der altersstrukturellen Veränderungen in der deutschen Gesellschaft auf die vorherrschende Wahrnehmung und Nutzung der beiden innerstädtischen Einkaufsstandorte (traditionelle Einkaufsstraßen vs. Shopping Center) und den sich daraus ergebenden Anforderungen an diese Einkaufsstandorte nachgegangen. Die nachfolgenden Ausführungen konzentrieren sich daher auf den Teilaspekt der demographischen Alterung der Gesellschaft. Da jedoch auch soziokulturelle Veränderungen in der Gesellschaft Eingang in die Untersuchung finden, wird in den Ausführungen dieser Arbeit an der Bezeichnung „demographischer Wandel" anstelle des eng gefassten Begriffs der „demographischen Alterung" festgehalten.

2.3.2 Die altersstrukturelle Zusammensetzung der Bevölkerung in Deutschland

Die Altersstruktur einer Bevölkerung wird maßgeblich durch die Zahl der Geburten sowie durch die Sterblichkeit bzw. die mittlere und fernere Lebenserwartung der Menschen bestimmt[11]. Infolge ihrer Altersselektivität beeinflussen darüber hinaus auch Wanderungen die altersstrukturelle Zusammensetzung einer Bevölkerung; sie sollen aufgrund der zumindest in Bezug auf die internationalen Wanderungsströme quantitativ vergleichsweise eher geringen Auswirkungen auf die Altersstruktur der deutschen Bevölkerung im Rahmen dieser zusammenfassenden Darstellung jedoch unberücksichtigt bleiben (vgl. BUCHER 2006: 65f.; BMI 2011: 11f.).

Die zentralen Ursachen des gegenwärtigen Alterungsprozesses, nämlich die Entwicklung der Fertilität und der Lebenserwartung in der Vergangenheit, bilden die Grundlage für den zu erwartenden künftigen Altersaufbau der Bevölkerung in Deutschland. Der Altersaufbau der Gesellschaft wiederum spiegelt den Stellenwert der einzelnen Altersklassen als Nachfrager bzw. Konsumenten.

2.3.2.1 Geburten

Zwischen 1956/1957 und 1969 konnte in beiden deutschen Staaten ein erheblicher Anstieg der Geburtenzahlen sowie eine starke Zunahme der zusammengefassten Geburtenziffer (TFR)[12] auf 2,5 Kinder je Frau beobachtet werden (vgl. StBA 2006: 3; ALT 2004: 76)[13]. Diese stark besetzten Geburtenjahrgänge, für die sich später die Bezeichnung „Baby-Boom-Generation" bzw. „baby-boom-Jahrgänge" einbürgerte (vgl. z.B. GATZWEILER / KOCKS 2004: 135; BUCHER / SCHLÖMER 2007: 16), bilden heute die stark besetzten Alterskohorten der Menschen im Alter von Mitte 40 bis Anfang 50. Bereits ab der Mitte der 1960er Jahre allerdings ging die Zahl der Kinder je Frau rapide zurück und erreichte bis 1975 ein Niveau von etwa 1,5, d.h. sie blieb deutlich unter dem für die natürliche Reproduktion einer Bevölkerung erforderlichen Niveau von 2,1. Seit 1972 besteht in Deutschland ein Geburtendefizit, d.h., die Zahl der Gestorbenen wird nicht mehr durch die der Lebendgeborenen kompensiert (vgl. StBA 2006: 3f. u. 31; SIEDHOFF 2006: 6).

---

11 Als mittlere Lebenserwartung wird die Lebenserwartung eines neugeborenen Menschen bezeichnet, die fernere Lebenserwartung gibt an, wie viele weitere Lebensjahre eine Person in einem bestimmten Alter zu erwarten hat (vgl. StBA 2006: 12; NAEGELE 2008: 16).

12 Die zusammengefasste Geburtenziffer oder TFR (Total Fertility Rate) gibt die durchschnittliche Kinderzahl je Frau an unter der Annahme, dass die Verhältnisse des betrachteten Jahres vom 15. bis zum 49. Lebensjahr der Frau gegolten hätten (vgl. StBA 2009: 48).

13 Hinsichtlich der zeitlichen Ausdehnung des starken Geburtenanstiegs finden sich in der Literatur unterschiedliche Angaben (siehe z.B. MEYER 2004: 58; SCHAIBLE ET AL. 2007: 15; ALT 2004: 76; HOCHSTADT 2008: 31; StBA 2006: 3). BUCHER / SCHLÖMER / LACKMANN (2004: 108) bezeichnen die Jahre 1956 bis 1969 als Baby-Boom-Generation und verweisen dabei auf die Tatsache, dass in diesen Jahren die TFR das Bestandserhaltungsniveau von 2,1 übertraf. Dieser Argumentation soll hier gefolgt werden.

Ab Mitte der 1970er Jahre blieb die zusammengefasste Geburtenziffer in Westdeutschland weitgehend stabil auf einem Niveau von etwa 1,4 (2010: 1,39). Dieses Niveau jedoch führte und führt – trotz annähernd gleichbleibender Fertilität – zu einem konstanten Rückgang der absoluten Zahl der Geburten, da sich jede Generation von potenziellen Müttern nur noch zu zwei Dritteln selbst reproduziert (vgl. StBA 2009: 13; Pötsch 2012; Birg 2004: 18; Kocks 2003: I). In der DDR stieg die Fertilität ab Mitte der 1970er Jahre deutlich an und lag bis 1989 deutlich über westdeutschem Niveau, nach der Wiedervereinigung jedoch erfolgte in Ostdeutschland ein drastischer Einbruch der TFR mit einem Tiefstwert von 0,8 im Jahr 1994. Seit 1995 nimmt die Zahl der Geburten je Frau in den neuen Bundesländern wieder zu und erreichte im Jahr 2006 in etwa westdeutsches Niveau, 2008 lag sie sogar erstmals seit 1990 wieder leicht darüber (vgl. Pfaffenbach 2009: 38 u. 41f.; StBA 2009: 38). Für die Zukunft wird bis 2060 als wahrscheinlichste Entwicklung die Beibehaltung des gegenwärtigen Niveaus der zusammengefassten Geburtenziffer von etwa 1,4 erwartet (vgl. StBA 2009: 27).

2.3.2.2 Sterblichkeit und Lebenserwartung

In Deutschland lässt sich seit über 130 Jahren ein weitgehend konstanter Rückgang der Sterblichkeit, verbunden mit einem kontinuierlichen Anstieg der Lebenserwartung beobachten (vgl. StBA 2009: 29; Naegele 2008: 16). Verbesserte Lebensbedingungen führten seit dem Ende des 19. Jahrhunderts zunächst zu einem deutlichen Rückgang der Säuglings- und Kindersterblichkeit. Insbesondere aufgrund dieser Entwicklung hat sich die durchschnittliche Lebenserwartung bei Geburt seit 1881/1891 mehr als verdoppelt und betrug 2008/2010 für Jungen 77,5 Jahre und für Mädchen 82,6 Jahre (vgl. StBA 2006: 13f.; StBA 2012c: 395ff.; Aschemeier 2007: 63).

Bedeutsamer als der Rückgang der Kindersterblichkeit ist im Hinblick auf den Alterungsprozess der Bevölkerung allerdings die Entwicklung der ferneren Lebenserwartung älterer Menschen. Diese stieg insbesondere seit Mitte des 20. Jahrhunderts erheblich an: 1949/51 hatte ein 60-jähriger Mann in Deutschland im Durchschnitt noch 16,2 weitere Lebensjahre vor sich, eine gleichaltrige Frau etwa 17,5 Jahre. Diese Werte erhöhten sich bis 2008/2010 auf 21,16 Jahre für Männer bzw. 24,85 Jahre für Frauen (vgl. StBA 2012c: 36ff. u. 396ff.). Nachfolgende Abbildung gibt einen Überblick über die Entwicklung der ferneren Lebenserwartung 60-jähriger Männer und Frauen von 1871/1881 bis 2008/2010[14]:

Neben dem nahezu kontinuierlichen Anstieg der ferneren Lebenserwartung 60-Jähriger veranschaulicht Abbildung 6 auch eine insbesondere seit etwa 1960 zu beobachtende starke Übersterblichkeit der Männer. Als Ursache sind v.a. kriegsbedingte Gesundheitsschäden anzuführen, die eine höhere Sterblichkeit bedingten. Infolge des allmählichen Aussterbens der von diesen Kriegsfolgen betroffenen Männerjahrgänge sowie eines zunehmend gesundheitsbewussteren Verhaltens der Männer zeigt sich jedoch ab 1978/1980 eine langsame Annäherung der Lebenserwartung beider Geschlechter (vgl. StBA 2006: 16).

---

14 Für den Zeitraum zwischen 1949/1951 und 1990/1992 beziehen sich die Daten nur auf das frühere Bundesgebiet. Sterbetafeln der ehemaligen DDR liegen nur für sehr unregelmäßige Zeitabstände vor. Darüber hinaus basieren die Sterbetafeln der DDR auf geringfügig anderen Berechnungsmethoden (StBA 2012c: 2f. sowie telefonische Auskunft des Statistischen Bundesamtes am 24.02.2011).

Abb. 6: Fernere Lebenserwartung 60-jähriger Männer und Frauen 1871/1881 bis 2008/2010

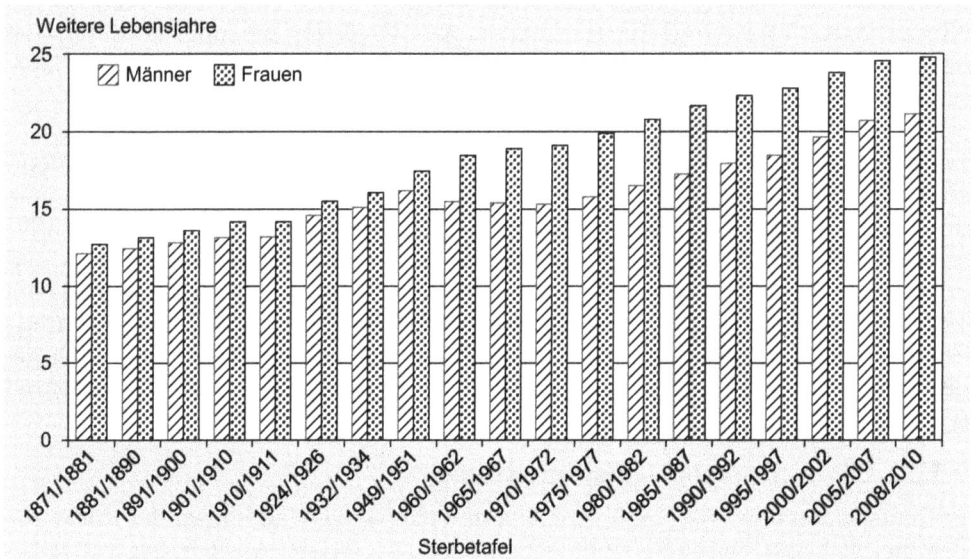

Weitere Lebensjahre

Sterbetafel

Quelle: StBA (2012c: 471-478); Eigene Darstellung

Für die Zukunft wird ein weiterer Anstieg der Lebenserwartung erwartet. Dieser wird jedoch mit einer im Vergleich zur Entwicklung in der jüngeren Vergangenheit geringeren Dynamik erfolgen und überwiegend auf einem Anstieg der ferneren Lebenserwartung basieren. In seiner Basisannahme geht das Statistische Bundesamt von einer Erhöhung der Lebenserwartung bis 2060 um 7,8 Jahre für Männer und 6,8 Jahre für Frauen aus (vgl. StBA 2009: 29f.; BUCHER 2006: 58).

2.3.2.3 Entwicklung der altersstrukturellen Zusammensetzung der deutschen Bevölkerung seit 1950

Vergleicht man die Alterspyramiden von 1910, 1950, 2008 und 2060, lässt sich erkennen, wie sehr sich die Altersstruktur seit 1910 von der klassischen Pyramidenform entfernt hat und mittlerweile eher einer „zerzausten Wettertanne" (StBA 2009: 14) gleicht. 2060 wird sich die Alterspyramide für die Bevölkerung in Deutschland als nahezu idealtypische Urnenform, d.h. mit hohen Anteilen älterer und alter Menschen und einem in Richtung der jüngeren Altersklassen konstant abnehmenden Bevölkerungsbesatz, präsentieren (vgl. auch KULS / KEMPER 2000: 74f.).

Die Abbildungen 8 und 9 zeigen die Entwicklung der Altersstruktur der Bevölkerung (nach Altersklassen) in Deutschland zwischen 1950 und 2010 in absoluten Zahlen sowie hinsichtlich ihres jeweiligen Anteils an der Gesamtbevölkerung (zur Abgrenzung der Altersklassen siehe Einleitung zu Kapitel 3.1)[15]:

---

15 Die Daten beziehen sich für die gesamte Zeitspanne auf Gesamtdeutschland, d.h. für die Zeit zwischen 1950 und 1989 auf das frühere Bundesgebiet und das Gebiet der ehemaligen DDR, ab 1990 auf das Gebiet der Bundesrepublik Deutschland.

Abb. 7: Altersaufbau der Bevölkerung in Deutschland 1910 bis 2060

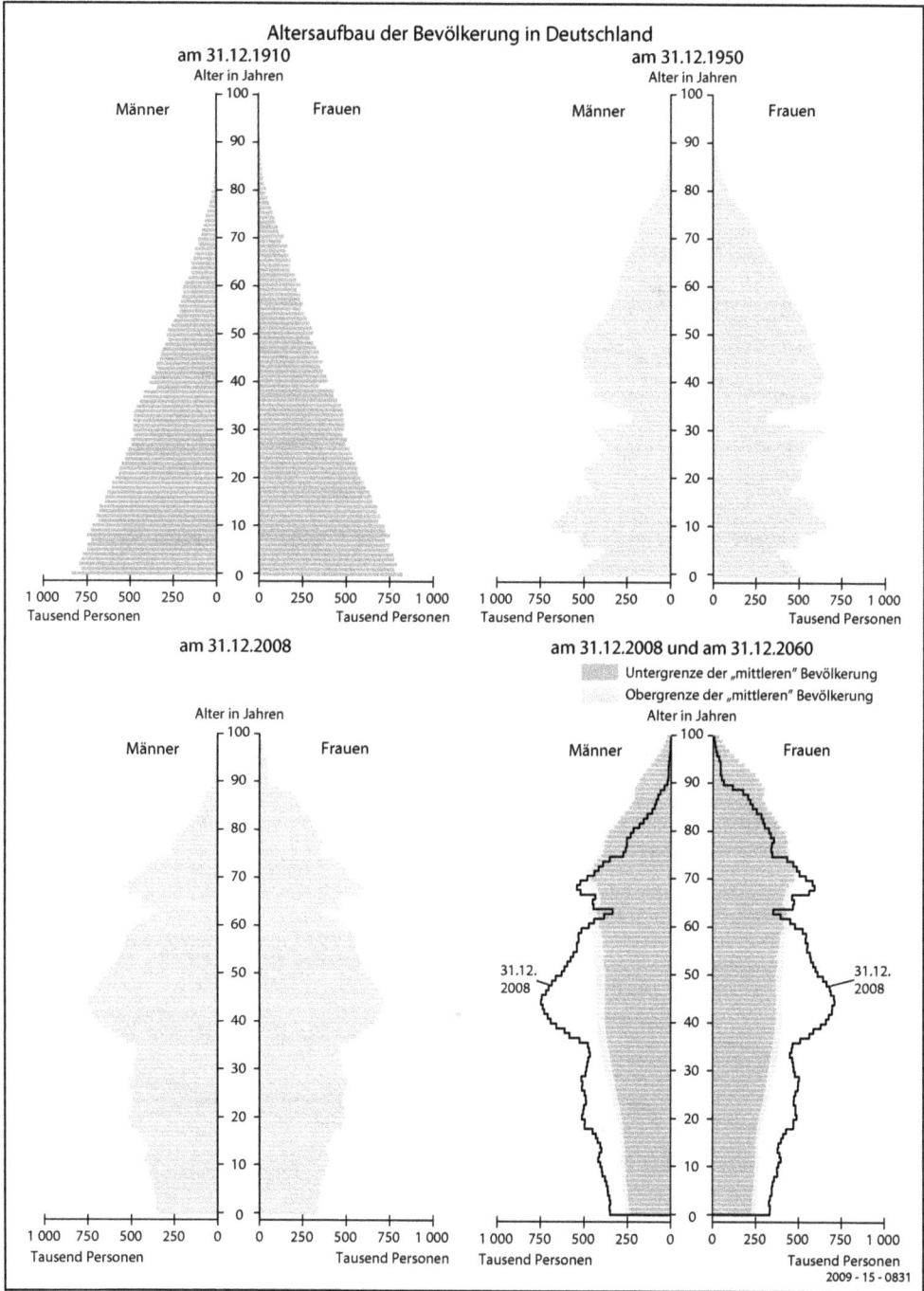

Altersaufbau der Bevölkerung in Deutschland

am 31.12.1910

Alter in Jahren

Männer — Frauen

1 000 750 500 250 0 — 0 250 500 750 1 000
Tausend Personen — Tausend Personen

am 31.12.1950

Alter in Jahren

Männer — Frauen

1 000 750 500 250 0 — 0 250 500 750 1 000
Tausend Personen — Tausend Personen

am 31.12.2008

Alter in Jahren

Männer — Frauen

1 000 750 500 250 0 — 0 250 500 750 1 000
Tausend Personen — Tausend Personen

am 31.12.2008 und am 31.12.2060

Untergrenze der „mittleren" Bevölkerung
Obergrenze der „mittleren" Bevölkerung

Alter in Jahren

Männer — Frauen

31.12.
2008

31.12.
2008

1 000 750 500 250 0 — 0 250 500 750 1 000
Tausend Personen — Tausend Personen
2009 - 15 - 0831

Quelle: STBA 2009: 15

39

Abb. 8: Entwicklung der Altersstruktur der Bevölkerung in Deutschland 1950 bis 2010 – absolute Zahlen nach Altersklassen

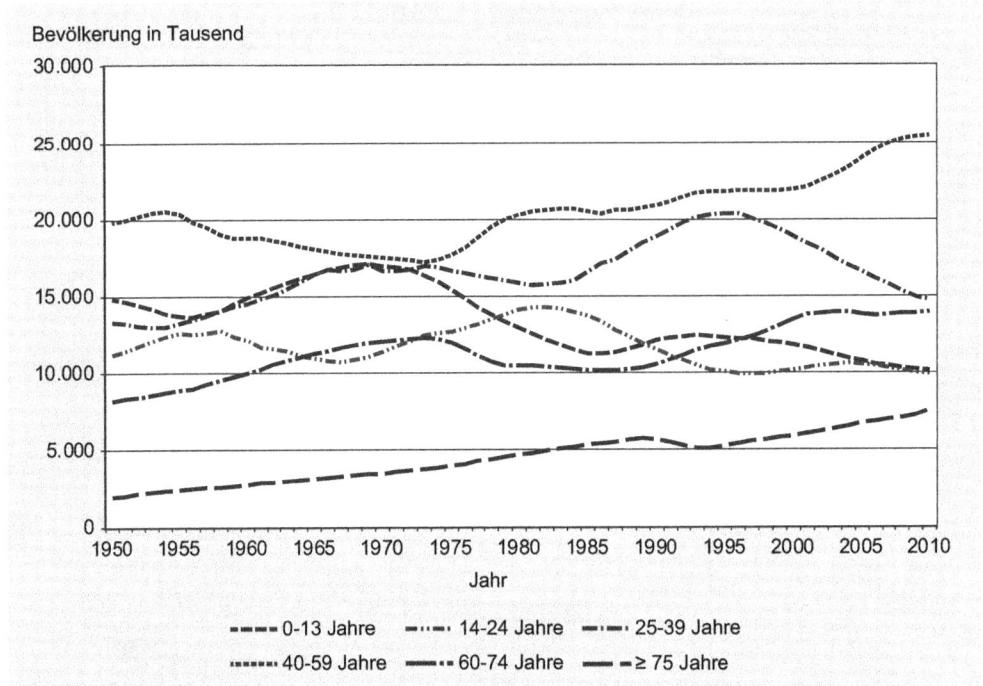

Quelle: Eigene Berechnungen nach STBA (o.J); STBA-GENESIS (2013); Eigene Darstellung

Abb. 9: Entwicklung der Altersstruktur der Bevölkerung in Deutschland 1950 bis 2010 – Anteile der Altersklassen

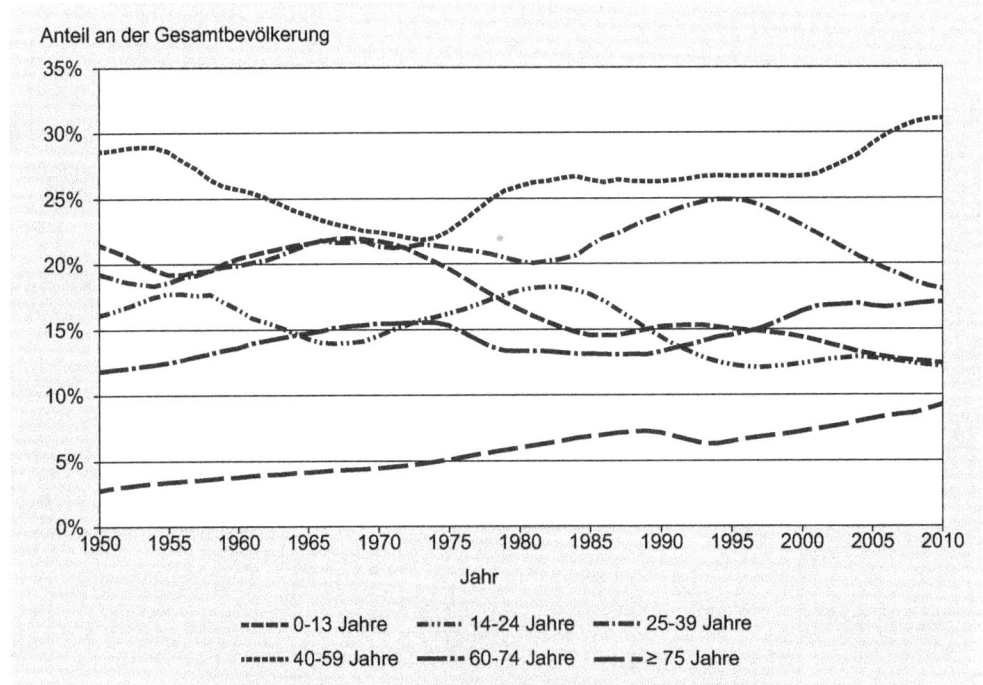

Quelle: Eigene Berechnungen nach STBA (o.J); STBA-GENESIS (2013); Eigene Darstellung

Zwischen 1950 und 2003 stieg die Zahl der in Deutschland lebenden Menschen nahezu kontinuierlich an. Danach setzte ein Rückgang der Gesamtbevölkerungszahl ein. Wie bereits erwähnt, vollzogen sich im Zeitraum zwischen 1950 und 2010 tiefgreifende Wandlungen im altersstrukturellen Aufbau der Bevölkerung. Die Bevölkerung in Deutschland wurde in den letzten Jahren und Jahrzehnten deutlich stärker durch den Prozess der Alterung als durch das Phänomen der Schrumpfung geprägt (vgl. Börsch-Supan 2007: 48; Mäding 2003: 66).

Wie aus den voranstehenden Abbildungen weiterhin ersichtlich wird, hat sich „der dicke Bauch der Baby-Boomer" (Hochstadt 2008: 31) in den vergangenen rund 50 Jahren durch die jüngeren und mittleren Altersklassen bewegt und bedingt gegenwärtig maßgeblich den hohen absoluten wie relativen Anteil der Gruppe der 40- bis 59-Jährigen an der Gesamtbevölkerung.

Der Anteil der Kinder und Jugendlichen unter 14 Jahren geht seit 1950 erheblich zurück und betrug 2010 nur noch rund 12,4%. Da auch die Gruppe der 14- bis 24-Jährigen vor allem seit 1982 eine stark negative Entwicklung zeigt – ihr Bevölkerungsanteil lag 2010 bei etwa 12,2% –, stellen die unter 25-Jährigen insgesamt nur noch knapp ein Viertel (24,6%) der Gesamtbevölkerung. Nach einem relativen Maximum Mitte der 1990er Jahre verliert seitdem auch die Gruppe der 25- bis 39-Jährigen sowohl hinsichtlich ihrer absoluten Größe als auch im Hinblick auf ihren relativen Anteil massiv an Bedeutung (2010: 18,1%). Demgegenüber begann der Anteil der 40- bis 59-Jährigen mit Beginn des 21. Jahrhunderts erheblich zu steigen, sodass diese Altersklasse 2010 mit rund 31,1% die größte Gruppe in der Gesamtbevölkerung darstellte.

Hinsichtlich der Entwicklung der Gruppen älterer und alter Menschen lassen sich drei gleichzeitig ablaufende gesellschaftliche Alterungsprozesse ablesen: Zum einen nimmt die absolute Zahl älterer Menschen zu, zum Zweiten steigt ihr Anteil an der Gesamtbevölkerung und zum Dritten erfolgt eine überdurchschnittliche Zunahme hochaltriger Menschen. Diese Entwicklung wird häufig auch als „dreifaches Altern der Bevölkerung" (Naegele 2008: 14) bezeichnet.

Betrachtet man die gesamte Gruppe der ≥ 60-Jährigen, so hat sich ihre absolute Zahl seit 1950 mehr als verdoppelt; 2010 stellte diese Gruppe bereits mehr als ein Viertel (26,3%) der Gesamtbevölkerung in Deutschland. Ihr Anteil übersteigt damit sogar denjenigen der gesamten Gruppe der unter 25-Jährigen. Den größten Beitrag zu dieser Entwicklung lieferte die Altersklasse der ≥ 75-Jährigen: Die Zahl der Menschen in dieser Altersgruppe erhöhte sich zwischen 1950 und 2010 von rund 1,9 Mio. auf gut 7,5 Mio.; damit stieg ihr relativer Anteil von 2,8% auf 9,2% (eigene Berechnungen nach StBA o.J.; StBA-Genesis 2013). Sehr deutlich wird die massive Zunahme des Hochbetagtenanteils auch bei einer Betrachtung der Zahlen aus dem fünften Altenbericht der Bundesregierung[16]. Danach nahm der Anteil der ≥ 80-Jährigen an der Gesamtbevölkerung zwischen 1953 und 2003 um 317,6% zu, der Anteil der ≥ 90-Jährigen stieg im gleichen Zeitraum sogar um 1662,9% (vgl. BMFSFJ 2005: 35).

---

16 Leider findet sich in dem Bericht keine Angabe über die räumliche Bezugsebene der Daten. Es ist jedoch zu vermuten, dass sich die Daten für 1953 auf das ehemalige Bundesgebiet und für 2009 auf Gesamtdeutschland beziehen.

Die unter dem Schlagwort „dreifaches Altern der Bevölkerung" zusammengefassten Prozesse, die bereits seit einigen Jahren zu beobachten sind, werden ihre
markanteste Ausprägung jedoch erst in den kommenden Jahren und Jahrzehnten,
nämlich mit dem Eintreten der Baby-Boomer-Generation in die Altersgruppe der
60-Jährigen und Älteren, erfahren.

2.3.2.4 Prognostizierte Entwicklung der Altersstruktur der Bevölkerung in Deutschland bis 2060

Die Gleichzeitigkeit von niedrigen Geburtenraten und hoher Lebenserwartung der
geburtenstarken Jahrgänge der 1960er Jahre führt dazu, dass sich die Alterung der
Bevölkerung in der Bundesrepublik Deutschland auch in Zukunft fortsetzen wird,
wobei die stärkste Ausprägung dieses Prozesses in den 20 Jahren etwa zwischen
2010 und 2030 erfolgen wird (vgl. Börsch-Supan 2007: 49; Hullen 2004: 15). So wird
das Medianalter der Bevölkerung von 43,7 Jahren im Jahr 2008 auf 50,5 Jahre im Jahr
2050 steigen. Den am stärksten besetzten Altersjahrgang stellen 2010 die 46-Jährigen;
im Jahr 2060 werden dies die 70-Jährigen sein (vgl. StBA - Genesis 2011a; StBA - Genesis 2013; ZDWA 2011).

Die Altersklassen der unter 40-Jährigen zeigen ab 2016 hinsichtlich ihrer absoluten Bevölkerungszahlen eine konstant negative Entwicklung. Auch die relativen Anteile dieses Bevölkerungssegments weisen über den Prognosezeitraum, d.h. bis 2060,
insgesamt eine leicht negative Tendenz auf, wobei der relative Rückgang infolge des
kontinuierlichen Schrumpfungsprozesses der Gesamtbevölkerung schwächer und
weniger konstant ausfällt als die Entwicklung der absoluten Bevölkerungszahlen.
Der Anteil der 25- bis 39-Jährigen an der Gesamtbevölkerung wird 2060 rund 15,8%
betragen, die Gruppe der unter 25-jährigen Bevölkerung wird 2060 nur noch etwa
ein Fünftel (20,1%) der Gesamtbevölkerung stellen.

Die Altersklassen der ≥ 40 Jährigen werden bis etwa 2050 durch den Echo-Effekt
der Baby-Boomer-Jahre geprägt sein. Während die 40- bis 59-Jährigen im Prognosezeitraum den stärksten Rückgang aller Altersklassen erleben werden (ihr Anteil wird von 31,1% im Jahr 2010 auf 23,6% im Jahr 2060 zurückgehen, wobei der
stärkste Einbruch bis etwa 2030 erfolgen wird), wird die absolute Zahl der 60- bis
74-Jährigen mit dem Eintritt der Baby-Boomer-Generation in diese Altersklasse ab
etwa 2016 zunächst massiv ansteigen, nach 2030 bis etwa 2046 auf ein Niveau leicht
unterhalb des Ausgangswertes absinken und schließlich – nach einem erneuten
leichten Anstieg ab 2051 – parallel zu den anderen Altersklassen konstant schrumpfen. Die stärkste absolute wie relative Zunahme wird bei der Gruppe der alten und
sehr alten Menschen ≥ 75 Jahre zu beobachten sein. Hier wird es bis etwa zur Mitte
der 2040er Jahre zu einem nahezu exponentiellen Anstieg kommen (vgl. auch Naegele 2008: 16; BIB 2009). Ihr Anteil an der Gesamtbevölkerung wird sich von 9,2%
(2010) auf ein Maximum von 20,7% im Jahr 2047 erhöhen und im Anschluss daran
auf etwa diesem Niveau verharren; in absoluten Zahlen wird aber auch diese Altersgruppe nach 2046 leicht schrumpfen.

Aufgrund der seit über 30 Jahren weitgehend stabilen zusammengefassten Geburtenziffer (siehe Kapitel 2.3.2.1) wird sich – ein weiterhin annähernd konstantes
Fertilitätsverhalten unterstellt – die Altersstruktur der Bevölkerung nach dem allmählichen Aussterben der Baby-Boomer-Generation, d.h. ab etwa 2050, stabilisie-

Abb. 10: Prognose der Bevölkerungsentwicklung in Deutschland 2011 bis 2060 (Variante mittlere Bevölkerung, Untergrenze): absolute Zahlen nach Altersklassen

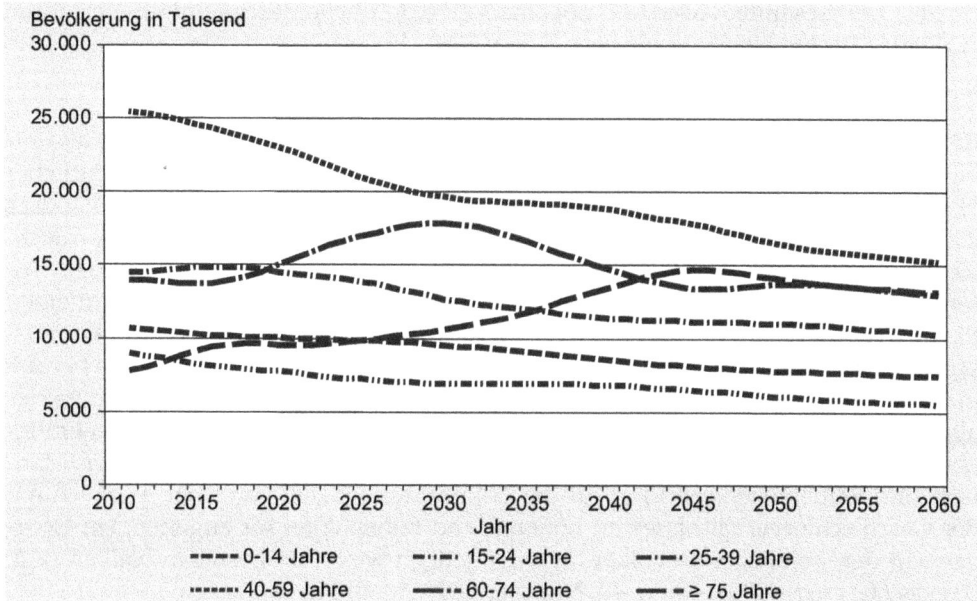

Quelle: Eigene Berechnungen nach StBA - Genesis (2011a); Eigene Darstellung

Abb. 11: Prognose der Bevölkerungsentwicklung in Deutschland 2011 bis 2060 (Variante mittlere Bevölkerung, Untergrenze): Anteile der Altersklassen an Gesamtbevölkerung

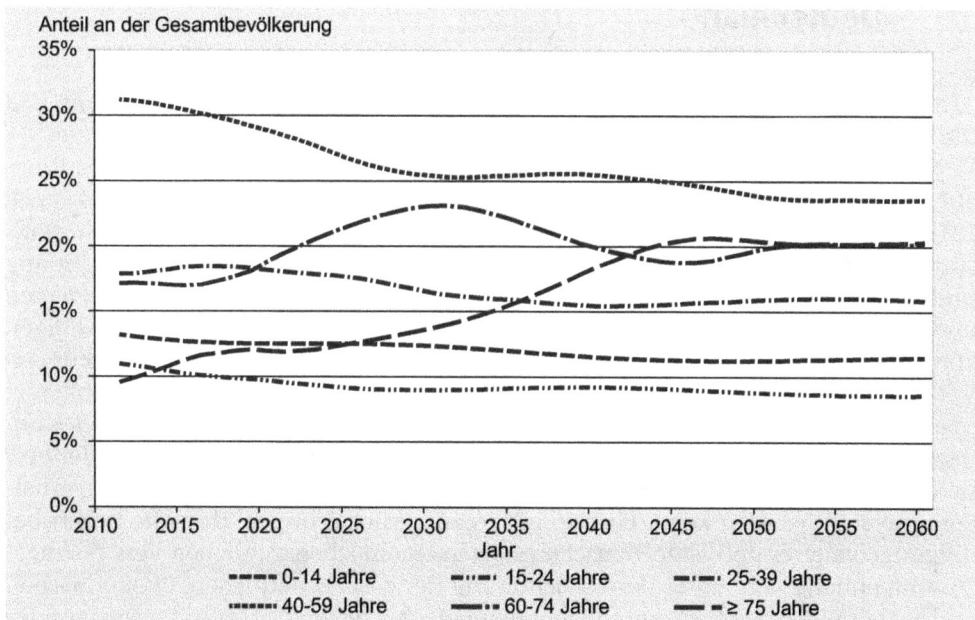

Quelle: Eigene Berechnungen nach StBA - Genesis (2011a); Eigene Darstellung

ren. Gleichzeitig werden die absoluten Bevölkerungszahlen für alle Altersklassen massiv zurückgehen; damit wird der bereits vorher einsetzende Schrumpfungsprozess der Gesamtbevölkerung nochmals eine deutliche Beschleunigung erfahren (vgl. auch BMFSFJ 2005: 37; BÖRSCH-SUPAN 2007: 49).

2.3.2.5 Geschlechterverhältnis

Betrachtet man die jeweiligen Anteile von Männern und Frauen an der Gesamtbevölkerung, so zeigt sich in den höheren und hohen Altersklassen ein deutlicher Frauenüberschuss, der häufig auch als „Feminisierung des Alters" (z.B. NAEGELE 2008: 16; BACKES / CLEMES 2008: 43) bezeichnet wird; die Divergenz des Geschlechterverhältnisses nimmt dabei bei den über 60-Jährigen mit weiter steigendem Alter nahezu exponentiell zu (vgl. STBA-GENESIS 2011b). Als Gründe sind zum einen die allgemein höhere Lebenserwartung von Frauen zu nennen, zum anderen müssen für die hohen Altersklassen auch die höheren kriegsbedingten Ausfälle bei der männlichen Bevölkerung berücksichtigt werden (siehe Kapitel 2.3.2.2). Infolge des allmählichen Aussterbens der von direkten Kriegsausfällen betroffenen Generationen sowie der Verringerung der Unterschiede in der Lebenserwartung von Männern und Frauen (siehe ebd.) ist für die Zukunft tendenziell von einer Angleichung des Geschlechterverhältnisses im höheren und hohen Alter auszugehen; ein Übergewicht der weiblichen Bevölkerung wird jedoch weiterhin bestehen bleiben (vgl. BACKES / CLEMENS 2008: 43f. u. 49; NAEGELE 2008: 16; BIB 2011).

2.4   Lebenslagen älterer und alter Menschen in Deutschland

"That is, behavior is considered to be a function of the person, the environment, and the interaction of the person and the environment." (HOGUE 1984: 859).

Die individuellen Lebensumstände einer Person haben entscheidenden Einfluss auf ihr Verhalten und somit auch auf ihr Konsumverhalten (vgl. WEINERT 1994: 181). Zudem beeinflussen „allgemeine Werthaltungen, Freizeit- und Konsumorientierungen sowie Bedürfnisse, Präferenzen, Stimmungen, Einstellungen Umfang und Formen privaten Konsums" (VOGES 2008: 122). Daneben korrelieren Verhalten und Erleben älterer und alter Menschen eng mit der Ausgestaltung ihrer jeweiligen konkreten räumlich-sozialen Umwelt (vgl. SAUP 1993: 20; HOGUE 1984: 859). Für das Verständnis der Gewohnheiten und Bedürfnisse älterer und alter Konsumenten ist es daher erforderlich, wesentliche Determinanten der Lebensumstände dieses Kundensegments zu beleuchten. Die Auswahl der betrachteten Determinanten orientiert sich an der Frage, inwieweit ihnen ein spezifischer Einfluss auf das (Konsum)verhalten unterstellt werden kann. Hierbei gilt es zu berücksichtigen, dass die Lebensbedingungen älterer und alter Menschen stets in einem lebenszeitlichen Verweisungszusammenhang, d.h. unter Berücksichtigung der gesellschaftlichen, ökonomischen und sozialpolitischen Bedingungen zu den verschiedenen Zeiten im Lebenslauf der entsprechenden Kohorte, zu sehen sind (vgl. BACKES / CLEMENS 2008: 191).

Die starke inter- wie intraindividuelle Heterogenität der Gruppe der älteren und alten Menschen verbietet zwar allgemeingültige Aussagen über dieses Bevölkerungssegment. Es lassen sich jedoch Merkmale bzw. Entwicklungen aufzeigen, die zwar in individuell sehr unterschiedlicher Ausprägung auftreten, deren grundsätzliches Vorhandensein jedoch für die Mehrzahl der älteren und alten Personen charakteristisch ist.

2.4.1 Ökonomische Perspektiven des Alters

Grundlage des Einkommensverwendungspotenzials und damit der Kaufkraft im Alter bilden das verfügbare Einkommen sowie eventuell vorhandenes Vermögen und daraus generierte Einkünfte (vgl. BMFSFJ 2005: 187). Einer Betrachtung der Kaufkraft bzw. des verfügbaren Einkommens der älteren und alten Menschen in Deutschland geht daher im Folgenden zunächst eine überblicksartige Vorstellung der Einkommens- und Vermögensverteilung in den höheren und hohen Altersklassen voraus.

2.4.1.1 Einkommensverteilung bei älteren und alten Menschen in Deutschland

Die Alterssicherung in Deutschland basiert historisch bedingt auf einem vielschichtigen System, wobei den erwerbs- und berufsbezogenen Regelsicherungs- und Zusatzsystemen und speziell der gesetzliche Rentenversicherung (GRV) als dem in Gesamtdeutschland „mit Abstand bedeutendste(n) Alterssicherungssystem" (TNS Infratest 2008a: 29) der größte Stellenwert zukommt (vgl. Bäcker et al. 2010: 389f.). Eine besonders dominante Rolle nimmt die GRV in den östlichen Bundesländern ein: Da in der DDR neben der staatlichen Rentenversicherung faktisch keine weiteren Alterssicherungssysteme bekannt waren, spielen Leistungen aus anderen Systemen als der GRV dort noch immer eine sehr geringe Rolle (vgl. TNS Infratest 2008a: 33f.).

Insgesamt sind die Einkommen der älteren und alten Menschen in Deutschland in den vergangenen Jahren deutlich gestiegen; die gegenwärtigen Kohorten der Rentner und Pensionäre unterliegen nur einem unterdurchschnittlichen Armutsrisiko (vgl. Frick / Grabka 2010: 11; Enste 2009: 18). Es bestehen jedoch, wie die Ergebnisse der Studie „Alterssicherung in Deutschland 2007" (ASID 2007) zeigen, innerhalb der Gruppe der 65-Jährigen und Älteren erhebliche Einkommensunterschiede, abhängig von ehemaliger beruflicher Stellung, Geschlecht, Familienstand, Alter und Region (vgl. TNS Infratest 2008a: 71-87).

Die Höhe der Alterseinkommen bemisst sich in Deutschland maßgeblich nach der Höhe der Einkommen während der aktiven Erwerbsphase einerseits sowie nach der Versicherungsdauer und damit der Kontinuität bzw. Diskontinuität der Erwerbsbiographie andererseits (vgl. Heinze / Naegele / Schneiders 2011: 48). Diese strukturelle Konzeption der Alterssicherungssysteme begründet eine starke Abhängigkeit der Alterseinkommen von der beruflichen Stellung bzw. den Tätigkeitsniveaus während der aktiven Erwerbsphase, sodass „Disparitäten, die sich aus der vergangenen Erwerbs- und Berufsbiographie ergeben, im Alter fortwirken" (Mayer et al. 2010: 639).

Sowohl die Höhe der Einkommen im Alter als auch deren Zusammensetzung aus eigenen und abgeleiteten Leistungen differiert stark zwischen männlichen und weiblichen Leistungsempfängern. Über die gesamte Gruppe der 65-Jährigen und Älteren betrachtet liegen die Einkommen der Frauen erheblich unter denjenigen der Männer, wobei die Differenzen in den alten Bundesländern weitaus stärker ausgeprägt sind als in den neuen Ländern (vgl. TNS INFRATEST 2008a: 66 u. 72f.; WAGNER ET AL. 2010: 305f.). Gleichzeitig besteht – wie Abbildung 12 verdeutlicht – eine deutliche Abhängigkeit der Nettoeinkommen älterer und alter Menschen (≥ 65 Jahre) vom jeweiligen Familienstand. Ehepaare verfügen im Durchschnitt über deutlich höhere Einkommen als Alleinstehende. Dies ist in erster Linie der Kumulation der Einkommen beider Partner geschuldet, doch auch das Nettoäquivalenzeinkommen[17] von Ehepartnern liegt mit durchschnittlich 1.567 Euro (alte Bundesländer) bzw. 1.315 Euro (neue Bundesländer) in der Regel über den Einkommen Alleinstehender (Ausnahme: verwitwete Männer) (vgl. TNS INFRATEST 2008a: 89).

Abb. 12: Nettoeinkommen bei $\geq$ 65-Jährigen nach Familienstand (2007)

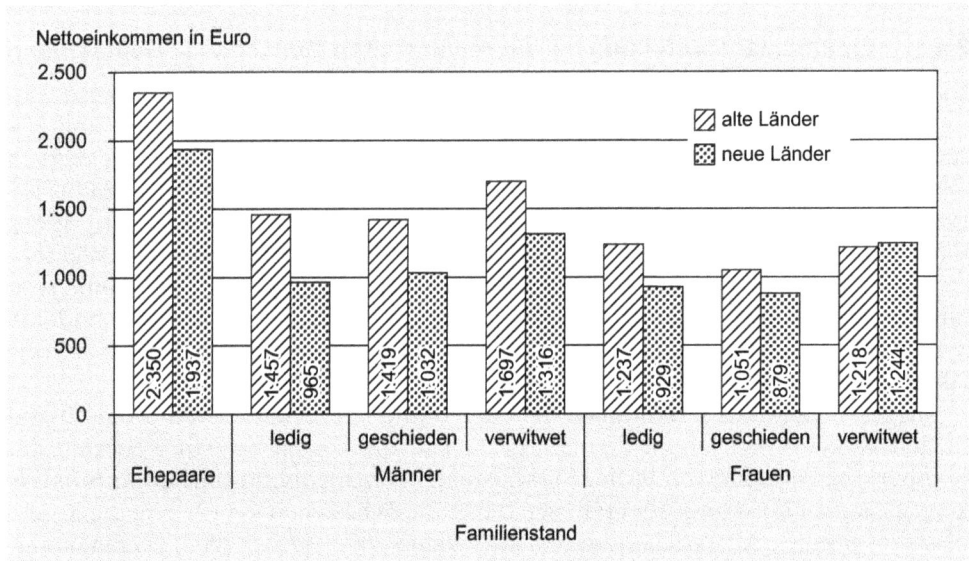

Quelle: TNS INFRATEST 2008b: Tab. 1412ff.; TNS INFRATEST 2008c: Tab. 2412ff.; Eigene Darstellung

Weiterhin verändert sich die Einkommenssituation auch innerhalb der Gruppe der $\geq$ 65-Jährigen mit zunehmendem Alter. Durch die Überlagerung von altersklassenkorrelierten Einkommensdifferenzen und Struktureffekten weisen diese Veränderungen jedoch einen regions- und geschlechtsspezifischen Verlauf auf. Mehrheit-

---

17 Das Äquivalenzeinkommen gibt das bedarfsgewichtete Einkommen eines Haushalts an; Grundlage ist die jeweilige Haushaltszusammensetzung unter Berücksichtigung der Verringerung der Lebenshaltungskosten durch gemeinsames Wirtschaften in einem Haushalt. Das Nettoäquivalenzeinkommen der einzelnen Personen eines Haushalts bestimmt sich durch Division des Haushaltsnettoeinkommens durch die Summe der Bedarfsgewichte des jeweiligen Haushalts (vgl. STBA 2008b: o.S.).

lich ist ein Anstieg der Einkommen mit zunehmendem Alter zu beobachten; die Einkommen der Männer in den alten Bundesländern allerdings sind im Durchschnitt mit steigendem Alter rückläufig (vgl. TNS INFRATEST 2008a: 76ff.; BACKES / CLEMENS 2008: 198).

Schließlich bestehen große strukturelle Unterschiede zwischen den Alterseinkommen in West- und Ostdeutschland. Diese resultieren maßgeblich aus der noch immer sehr geringen Bedeutung kumulativer Einkommen aus mehreren Alterssicherungssystemen in den neuen Bundesländern (siehe oben). Dieses Defizit kann auch durch die höhere Erwerbsbeteiligung der Frauen in der DDR nicht kompensiert werden. In der Folge liegt das durchschnittliche Nettoeinkommen im Alter (≥ 65 Jahre) in den neuen Bundesländern mehrheitlich – und z.T. deutlich – unter dem westdeutschen Niveau. In jüngster Zeit haben sich die Unterschiede bei den Alterseinkommen zwischen den alten und neuen Bundesländern sogar eher verstärkt denn verringert (vgl. TNS INFRATEST 2008a: 66 u. 89f.; HEINZE / NAEGELE / SCHNEIDERS 2011: 54f.; MÜNNICH 2001: 547).

Eine Betrachtung der Durchschnittswerte für verschiedene Gruppen von Rentnern und Pensionären darf jedoch nicht darüber hinwegsehen, dass sich hinter den aufgezeigten Mittelwerten eine erhebliche Streuung der Einkommen verbirgt. Wie Abbildung 13 zeigt, differiert die Schichtung der Einkommen nach Einkommensklassen für Rentner (≥ 65 Jahre) erheblich in Abhängigkeit vom Geschlecht sowie zwischen Ost- und Westdeutschland[18]:

Abb. 13: Einkommensverteilung der Rentner ≥ 65 Jahre nach Einkommensklassen (2006)

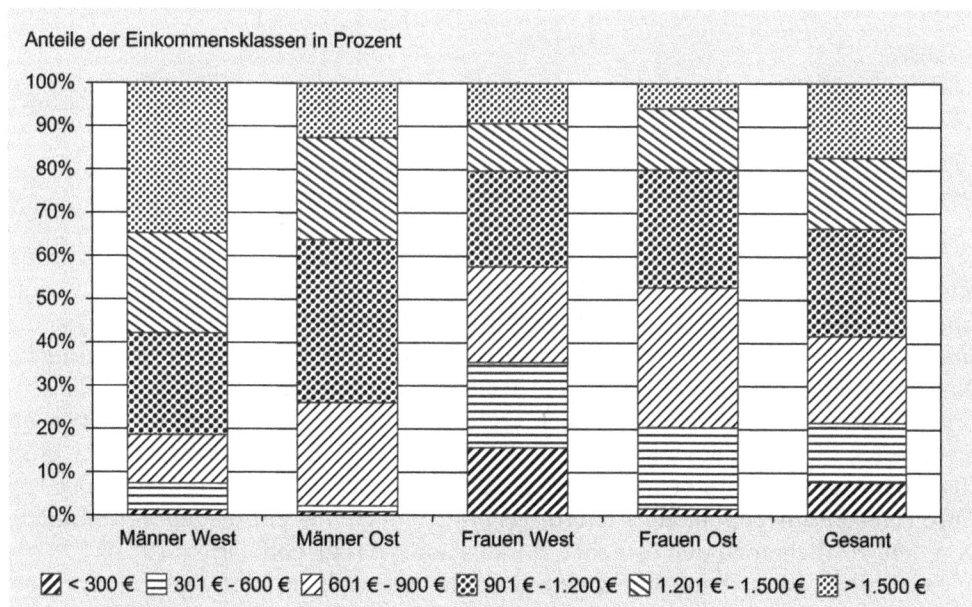

Quelle: STEINER / GEYER 2010: 135; Eigene Darstellung

---

18 Die Daten beziehen sich auf eigene und abgeleitete GRV-Renten sowie Zusatzrenten und Erwerbseinkommen (vgl. STEINER / GEYER 2010: 135).

2.4.1.2 Vermögen älterer und alter Menschen in Deutschland

Die Haushalte der Rentner und Pensionäre in Deutschland verfügen gegenwärtig über einen Anteil von ca. 35% am gesamten privaten Geld- und Immobilienvermögen in Deutschland; damit liegen sie im Mittel deutlich über dem Durchschnittsniveau aller Haushalte. Grundlage der überdurchschnittlichen Vermögensakkumulation sind einerseits die Möglichkeit zu langjähriger Vermögensbildung – teilweise in Verbindung mit dem Vorhandensein bereits entschuldeten Immobilieneigentums –, andererseits durch Erbschaften erworbenes Vermögen. Die höchsten Vermögensbestände werden von der Gruppe der 60- bis 70-Jährigen gehalten; anschließend nehmen sie von Kohorte zu Kohorte ab (vgl. FRICK / GRABKA 2010: 5f.; HEINZE / NAEGELE / SCHNEIDERS 2011: 51; LANGGUTH / KOLZ 2007: 264). Die herausgehobene Stellung der Rentner- und Pensionärshaushalte hinsichtlich des privaten Vermögens zeigen auch die Daten der jüngsten Einkommens- und Verbrauchsstichprobe (EVS) 2008. Tabelle 1 gibt das durchschnittliche Nettogesamtvermögen (Geld- und Immobilienvermögen) der Haushalte, differenziert nach den in der EVS unterschiedenen Altersklassen, wieder (Zuordnung der Haushalte zu den Altersklassen nach dem Alter des Haupteinkommensbeziehers):

Tab. 1: Durchschnittliches Nettogesamtvermögen der Haushalte nach Altersklassen (Stand 2008)

	< 25 Jahre	25-34 Jahre	35-44 Jahre	45-54 Jahre	55-64 Jahre	65-69 Jahre	70-79 Jahre	≥ 80 Jahre	HH gesamt
Vermögen in 100 €	157	380	958	1.325	1.687	1.580	1.522	1.300	1.176
Relation zu Vermögen privater HH insgesamt	13,35%	32,31%	81,46%	112,67%	143,45%	134,35%	129,42%	110,54%	100,00%

Quelle: STBA (2010b: 30); Eigene Berechnungen

Wie FRICK / GRABKA (2010) jedoch zu Recht betonen, greift eine Betrachtung ausschließlich des jeweiligen individuellen Netto-Geld- und Sachvermögens aufgrund der berufsgruppenspezifischen Ausgestaltung der Alterssicherungssysteme und damit auch des Vorsorgeverhaltens zu kurz. Das erweiterte individuelle Nettovermögen berücksichtigt daher zusätzlich den Gegenwartswert der Renten- und Pensionsanwartschaften. Danach verfügen Rentner durchschnittlich über ein erweitertes individuelles Nettovermögen von 233.222 Euro (davon 125.093 Euro Rentenanwartschaften), Beamte im Durchschnitt über 502.713 Euro (davon 306.856 Euro Pensionsanwartschaften); allerdings besteht auch hier ein ausgeprägtes Gefälle von den westlichen zu den östlichen Bundesländern (vgl. ebd.: 3ff. u. 10).

Schließlich ist zu berücksichtigen, dass das persönliche Vermögen älterer und alter Menschen ein Spiegelbild der individuellen Möglichkeiten zur Akkumulation ökonomischer Ressourcen im Lebensverlauf darstellt und demzufolge eine hohe Heterogenität innerhalb wie zwischen Kohorten aufweist (vgl. MAAS / STAUDINGER 2010: 586f.).

2.4.1.3 Zukünftige Entwicklung der Alterssicherung in Deutschland

Die ausgeprägte Lohnzentriertheit des deutschen Alterssicherungssystems bedingt, dass sich die Zunahme arbeitslosigkeitsbedingter Erwerbsunterbrechungen über Beitragsausfälle und niedrigere Bemessungsgrundlagen unmittelbar auf die Alterssicherung eines großen Teils der künftigen Rentner auswirken wird. Zugleich verhindert (Langzeit-)Arbeitslosigkeit die Möglichkeit zur Vermögensakkumulation; hiervon werden wegen der dort deutlich höheren Arbeitslosenquote insbesondere die kommenden Rentnerkohorten in Ostdeutschland betroffen sein. Zudem werden die Reformmaßnahmen bei der Rentenversicherung (vgl. BMFSFJ 2005: 211ff.) die Entstehung prekärer Lebensverhältnisse in der Gruppe der älteren und alten Menschen begünstigen. Dieser Effekt wird sich in den neuen Bundesländern aufgrund der dort auch in den kommenden Jahren zu erwartenden Dominanz der GRV als hauptsächlicher Einkommensquelle deutlich stärker auswirken als in den alten Bundesländern, wo insgesamt ein relativ stabiles Rentenniveau erwartet wird. Gleichzeitig ist für die zukünftigen Rentnerkohorten von einer weiter zunehmenden Vermögensungleichheit im Alter auszugehen (vgl. Geyer / Steiner 2010: 2 u. 11; Frick / Grabka 2010: 10ff.; Steiner / Geyer 2010: 138).

Bereits diese Ausführungen machen deutlich, dass sich „einfache Fortschreibungen eines jetzt vorfindbaren Zustands (…) als Grundlage für Aussagen über die Situation in der Zukunft (…) verbieten" (BMFSFJ 2005: 188), wobei in der Literatur sehr unterschiedliche Szenarien in Bezug auf die künftige Entwicklung der Alterseinkommen entwickelt werden (siehe z.B. BMAS o.J.: 161f.; Geyer / Steiner 2010: 10f.; Rürup 2006: 351).

2.4.1.4 Kaufkraft älterer und alter Menschen in Deutschland

Die Kaufkraft ist die maßgebliche Kennziffer zur Bestimmung des ökonomischen Konsumpotenzials einer Bevölkerungsgruppe bzw. der dieser Gruppe angehörenden Personen. Daneben stellt das verfügbare bzw. ausgabefähige Einkommen[19], das im Rahmen der EVS für die Ebene der privaten Haushalte ermittelt und ausgewiesen wird, einen wichtigen Indikator des Konsumpotenzials dar. Die Kenntnis des ausgabefähigen Einkommens der privaten Haushalte ist insbesondere deshalb von Relevanz, da ein großer Teil der Konsumentscheidungen nicht individuell, sondern im Haushaltszusammenhang erfolgt (z.B. Lebensmittel; vgl. Buslei / Schulz / Steiner 2007: 19).

Das Kaufkraftvolumen der Gruppe der 60-Jährigen und Älteren lag im Jahr 2008 bei 449,76 Mrd. Euro und entsprach damit einem Anteil von rund 29,12% an der gesamten Kaufkraft in Deutschland. Demgegenüber betrug der Anteil dieser Altersgruppe an der Gesamtbevölkerung zu Beginn des Jahres 2008[20] nur 25,26%. Die Ge-

---

19 Das ausgabefähige Einkommen beschreibt diejenigen „Geldeinkünfte, die den privaten Haushalten zum Wirtschaften und zur Lebensführung zur Verfügung stehen" (Kott / Behrends 2011: 469). Verwendungszwecke des ausgabefähigen Einkommens sind private Konsumausgaben (einschließlich Ausgaben für Wohnen, Energie und Wohnungsinstandhaltung), sog. übrige Ausgaben (insbesondere sonstige Steuern, private bzw. freiwillige Versicherungsbeiträge, Zins- und Unterhaltszahlungen) sowie Ersparnisbildung (vgl. ebd.).

20 Stichtag 31.12.2007.

samtheit der ≥ 60-Jährigen in Deutschland verfügt somit über ein überproportionales Kaufkraftvolumen. Allerdings liegt die individuelle Kaufkraft der ≥ 60-Jährigen mit durchschnittlich rund 21.655 Euro pro Jahr deutlich unter dem individuellen Kaufkraftvolumen der 30- bis 59-Jährigen (25.999 Euro); die höchste Kaufkraft je Einwohner und Jahr weist die Gruppe der 40- bis 49-Jährigen auf (eigene Berechnungen nach STBA - GENESIS 2011e; o.V. 2008b: 6). Ein weiterer deutlicher Kaufkraftrückgang zeigt sich zwischen der Gruppe der 60- bis 64-Jährigen (24.903 Euro) und den 65-Jährigen und Älteren (20.819 Euro). Bezogen auf die gesamte Gruppe der Rentner ist schließlich zu berücksichtigen, dass die Erhöhung der gesetzlichen Altersbezüge in den vergangenen rund zehn Jahren deutlich unter der Inflationsrate lag. Infolge dessen haben der Realwert der Renten und damit die Kaufkraft der Rentner in Deutschland zwischen 2001 und 2010 erheblich abgenommen (vgl. ÖCHSNER 2011).

Der alterskorrelierte Kaufkraftrückgang korrespondiert auch mit der Tatsache, dass das ausgabefähige Einkommen von Haushalten mit einem Haupteinkommensbezieher im höheren und hohen Lebensalter deutlich unter dem von Haushalten im mittleren Lebensalter liegt. Seinen höchsten Wert erreicht das ausgabefähige Haushaltseinkommen bei den Haushalten mit einem Haupteinkommensbezieher zwischen 35 und 44 Jahren (3.505 Euro pro Monat) und liegt auch in der nächsthöheren Altersklasse (45 bis 54 Jahre) nur geringfügig darunter. Danach zeigt sich jedoch ein deutlicher Rückgang auf 3.044 Euro bei den Haushalten der 55- bis 64-Jährigen und 2.593 Euro bei den Haushalten der 65- bis 69-Jährigen (jeweils bezogen auf das Alter des Haupteinkommensbeziehers; vgl. STBA 2010d: 36). Insbesondere zu Beginn des siebten Lebensjahrzehnts ist ein starker Einschnitt bei dem ausgabefähigen Einkommen der Haushalte zu beobachten, der maßgeblich den mit Eintritt in den Ruhestand verbundenen Einkommenseinbußen geschuldet ist (eigene Berechnungen nach BUSLEI / SCHULZ / STEINER 2007: 78[21]; vgl. MOTEL-KLINGEBIEL / ENGSTLER 2008: 151). Mit weiter steigendem Alter des Haupteinkommensbeziehers geht das ausgabefähige Einkommen dann deutlich langsamer zurück (70 bis 79 Jahre: 2.519 Euro; ≥ 80 Jahre: 2.321 Euro; vgl. STBA 2010d: 36). Zwar nimmt auch die durchschnittliche Haushaltsgröße mit zunehmendem Alter des Haupteinkommensbeziehers erheblich ab, nämlich von 2,59 Personen bei Haupteinkommensbeziehern zwischen 35 und 44 Jahren auf 1,34 Personen bei ≥ 80-jährigen Haupteinkommensbeziehern, sodass das ausgabefähige Haushaltseinkommen bei den Haushalten älterer und alter Menschen in der Regel auf eine geringere Zahl an Haushaltsmitgliedern aufgeteilt werden muss. Unter Berücksichtigung der Bedarfsgewichtung der Haushaltsmitglieder (Äquivalenzeinkommen, siehe Kapitel 2.4.1.1, Fußnote 17) zeigt sich aber dennoch ein Rückgang des ausgabefähigen Einkommens vom mittleren zum höheren und hohen Lebensalter, wenngleich die Abnahme geringer ausfällt als diejenige der ungewichteten ausgabefähigen Haushaltseinkommen (eigene Berechnungen nach STBA 2010d: 36; STBA 2011b: 26).

Gleichzeitig weisen die Haushalte mit einem Haupteinkommensbezieher zwischen 65 und 80 Jahren mit 84,13% unter allen Altersklassen die zweithöchste Kon-

---

21 Die Daten bei BUSLEI / SCHULZ / STEINER (2007) beziehen sich auf die Ergebnisse der EVS 2003.

sumquote (Anteil der privaten Konsumausgaben am ausgabefähigen Einkommen) auf; lediglich die Haushalte der unter 25-Jährigen erreichen mit 84,44% einen etwas höheren Wert. Auch die Konsumquote der Haushalte der ≥ 80-Jährigen liegt mit 79,32% über den Quoten der Haushalte der 25- bis unter 65-Jährigen. Am niedrigsten ist der Anteil der privaten Konsumausgaben am ausgabefähigen Einkommen bei den Haushalten der 35- bis unter 45-Jährigen (71,10%; Altersklassen jeweils bezogen auf das Alter des Haupteinkommensbeziehers). Der starke Anstieg der Konsumquote im höheren und hohen Alter liegt vor allem in der deutlich geringeren Ersparnisbildung sowie den im Vergleich zu jüngeren Haushalten relativ höheren Ausgaben für Wohnen, Energie und Wohnungsinstandhaltung (als Teil der privaten Konsumausgaben) begründet; die Haushalte der 65- bis 84-Jährigen weisen zudem geringere Anteile bei den sog. „übrigen Ausgaben" (siehe Fußnote 19) auf (eigene Berechnungen nach StBA 2010d: 36f.; vgl. Kott / Behrends 2011: 480ff.).

2.4.2 Biologische Perspektiven des Alters

Die Betrachtung von Alter und Altern als ausschließlich durch negative Entwicklungen geprägte Phänomene, die insbesondere im sog. „Defizitmodell des Alters" ihren Niederschlag fand, gilt mittlerweile als überholt. Gleichwohl ist unstrittig, dass Altern trotz hoher interindividueller wie intraindividueller Variabilität des Ausmaßes bei nahezu allen Menschen mit körperlichen und in weiten Bereichen auch kognitiven Abbauprozessen verbunden ist. Die Einschränkungen der körperlichen und geistigen Leistungskraft haben Auswirkungen auf Bedürfnisse, Erleben und Verhalten, aber auch auf die sozialen Rollen und die Selbständigkeit älterer und alter Menschen (vgl. Weinert 1992: 182f.; Smith / Baltes 2010: 259; Gerok / Brandtstädter 1992: 363ff.).

2.4.2.1 Kognitive Leistungsfähigkeit

Bei Betrachtung der Veränderungen der kognitiven Leistungsfähigkeit im höheren Alter ist grundsätzlich zu berücksichtigen, dass der „größte Teil kognitiver Leistungen (…) nicht durch das Lebensalter (…), sondern durch verschiedene individuelle und soziale Lebensbedingungen beeinflusst" wird (Weinert 1992: 191). So konnte im Rahmen der Berliner Altersstudie (BASE)[22] gezeigt werden, dass eine höhere gesellschaftliche Position regelmäßig mit einem höheren Intelligenzniveau einhergeht (vgl. Smith / Baltes 2010: 252). Gleichwohl unterliegen die kognitiven Fähigkeiten bei allen Menschen altersbedingten Abbauprozessen; allerdings weisen sowohl das Niveau als auch die Veränderungsrate der kognitiven Leistungsfähigkeit eine hohe individuelle Variationsbreite auf (sog. differentielles Altern) (vgl. Kotter-Grühn et al. 2010: 666; Reischies / Lindenberger 2010: 383).

Kennzeichnend für die Entwicklung der Intelligenz im Alter ist, dass nicht alle Intelligenzbereiche in gleichem Maße von alterskorrelierten Abbauprozessen betroffen sind (Multidirektionalität der Intelligenzentwicklung). Zwar zeigen alle kognitiven

---

22 Zur Konzeption der Berliner Altersstudie siehe Baltes, P.B. et al. (2010); Smith / Delius (2010).

Fähigkeitsbereiche einen Leistungsabfall mit zunehmendem Alter. Die altersabhängigen Leistungsverluste erweisen sich jedoch in Bereichen der fluiden Intelligenz, d.h. bei denjenigen Intelligenzkomponenten, die für die Lösung neuartiger kognitiver Probleme sowie für das Erkennen und Begreifen figuraler Zusammenhänge und abstrakter Sachverhalte notwendig sind, als deutlich ausgeprägter als bei den für die Bewältigung überwiegend wissensbasierter Aufgaben, d.h. für bekannte kognitive Probleme, erforderlichen kristallinen Intelligenzbereichen. Kristalline Intelligenz erweist sich – zumindest bis etwa zum neunten Lebensjahrzehnt – als relativ altersstabil (vgl. WAHL / HEYL 2004: 164ff.; OSWALD 2006: 181; WEINERT 1992: 192). Der stärkste Leistungsrückgang ist im Bereich der Wahrnehmungsgeschwindigkeit zu beobachten (vgl. REISCHIES / LINDENBERGER 2010: 395). Zudem konnte nachgewiesen werden, dass die kognitive Leistungsfähigkeit auch stark mit der Funktionsfähigkeit der Sinnesorgane, speziell dem visuellen und auditiven System sowie der vestibulären Wahrnehmung (Gleichgewichtssinn), korreliert (vgl. MARSISKE ET AL. 2010: 417).

Von besonderer Bedeutung im Hinblick auf die Fragestellung der vorliegenden Untersuchung sind altersbedingte Leistungseinbußen im Bereich des räumlichen Gedächtnisses, die sich auch in Bezug auf vertraute Umgebungen nachweisen lassen. Dadurch nimmt die Fähigkeit zur Erinnerung der Lage von Orten bzw. Räumen oder Gegenständen im Raum ab; dies betrifft auch die Erinnerung an die konkrete Lage bestimmter Einzelhandelsgeschäfte oder Dienstleistungsanbieter in einem Einkaufszentrum oder einer innerstädtischen Einkaufsstraße. Es muss jedoch berücksichtigen werden, dass ein Teil dieser altersabhängigen Unterschiede auch in der nachlassenden Fähigkeit zur verbalen Artikulation der räumlichen Beziehungen begründet liegen kann (vgl. MARTIN / KLIEGEL 2008: 154).

Trotz der negativen Korrelation zwischen geistiger Leistungsfähigkeit und Alter zeigen die Ergebnisse empirischer Studien aber auch, dass – sofern keine dementielle Erkrankung vorliegt – „die Fähigkeit (…) [zu] geistiger Teilnahme am Geschehen in der Außenwelt bis ins höchste Lebensalter erhalten bleibt" (REISCHIES / LINDENBERGER 2010: 399). Allerdings ist innerhalb der Gruppe der älteren und alten Menschen ein starker alterskorrelierter Anstieg der Demenzrate von unter 1% bei den 60- bis 64-Jährigen auf 40% bis 60% bei den ≥ 95-Jährigen zu beobachten; insgesamt beträgt die Prävalenz für Demenzen bei den ≥ 70-Jährigen rund 14% (vgl. ZIEGLER / DOBLHAMMER 2009: 281f.; HELMCHEN ET AL. 2010: 209; MAYER ET AL. 2010: 649).

2.4.2.2 Sensorische Fähigkeiten

Die Funktionsfähigkeit der sensorischen Systeme stellt „die grundlegendste Interaktionsebene des Organismus mit seiner Umwelt" dar (MARSISKE ET AL. 2010: 404). Dies betrifft insbesondere die Sinnesmodalitäten Sehen, Hören und Gleichgewicht[23]. Aufgrund der hohen Bedeutung der sensorischen Systeme für die Interaktionsfähigkeit des Menschen mit seiner Umwelt kommt der Tatsache, dass „sensorische und sensomotorische Beeinträchtigungen und Funktionsverluste in den letzten Lebensjahrzehnten sehr verbreitet" sind (ebd.: 421), eine besondere Problematik zu.

---

23 Auch bei Geruchs-, Geschmacks- und Tastsinn lassen sich altersbedingte Einschränkungen nachweisen (vgl. PLATTIG 1991: 517; WELFORD 1980: 194). Diese sind jedoch in Bezug auf die hier interessierende Fragestellung von nachrangiger Bedeutung und werden daher im Folgenden nicht weiter thematisiert.

2.4.2.2.1 Visuelles System

Das Sehvermögen des menschlichen Auges nimmt mit zunehmendem Alter deutlich ab. Bereits ab dem 40. bis 45. Lebensjahr führt die Abnahme der Akkommodationsfähigkeit der Linse (Rückgang der elastischen Rückstellkraft) mit der Folge der Altersweitsichtigkeit (Presbyopie) zu stärkeren Beeinträchtigungen im Alltag. Darüber hinaus lassen die Sehschärfe ebenso wie die Kontrastempfindlichkeit mit steigendem Alter nach. Gleichzeitig steigt der Einfluss der Lichtverhältnisse in der Umgebung auf die Sehschärfe. Zudem kommt es mit zunehmendem Alter zu einer allmählichen Trübung der Linse, wodurch die Lichtdurchlässigkeit ebenfalls eingeschränkt wird. Die Linsentrübung ist auch maßgeblich verantwortlich für eine erhöhte Blendempfindlichkeit des älteren bzw. alten Auges. Weitere Folgen der verringerten Linsenklarheit sind eine allmähliche Gelbfärbung der Linse mit der Konsequenz einer herabgesetzten Diskriminierungsfähigkeit von blau-violetten Farbtönen sowie (in Verbindung mit der nachlassenden Akkomodationsfähigkeit des Auges) eine eingeschränkte Tiefenwahrnehmungsfähigkeit. Weiterhin ist die Fähigkeit zur Dunkeladaption und damit die Anpassungsgeschwindigkeit des Auges beim Übergang von einer gut ausgeleuchteten in eine relativ dunkle Umgebung im Alter deutlich herabgesetzt. Auch die temporale Reizauflösung nimmt mit dem Alter ab. Von großer alltagspraktischer Bedeutung sind schließlich die Verkleinerung des Gesichtsfeldes sowie Einschränkungen im Bereich des räumlichen Sehvermögens. Aufgrund des im Vergleich zu jüngeren Altersgruppen deutlich reduzierten Gesichtsfeldes können ältere und alte Menschen Ereignisse, die außerhalb des Zentrums ihres Gesichtsfeldes stattfinden, nicht oder nur sehr eingeschränkt wahrnehmen (vgl. WELFORD 1980: 193; SAUP 1993: 62ff.; MARSISKE ET AL. 2010: 412).

Neben diesen normalen altersbedingten Veränderungen treten im höheren und hohen Alter vermehrt Erkrankungen des Auges und der Augenanhangsorgane, wie z.B. senile Makuladegeneration, auf (vgl. MARSISKE ET AL. 2010: 412).

In der Berliner Altersstudie zeigten rund ein Drittel der Probanden ≥ 70 Jahre mäßige bis schwere Beeinträchtigungen des visuellen Systems, wobei der Anteil der beeinträchtigten Personen von der jüngsten (70 bis 79 Jahre) zur ältesten Altersgruppe (90 bis 103 Jahre) von knapp 20% auf etwa 80% ansteigt (vgl. MAYER ET AL. 2010: 649).

2.4.2.2.2 Auditives System

Auch im Bereich des Gehörs zeigen sich im höheren und hohen Lebensalter typische Altersdefekte. Hierzu zählt beispielsweise ein Anstieg der Hörschwellen mit der Folge einer verringerten Hörleistung. Dieser Prozess setzt für die hohen Frequenzbereiche bereits ab dem 20. Lebensjahr ein und schreitet mit steigendem Alter in tiefere Frequenzbereiche fort, wobei die Einschränkungen der Hörleistung etwa ab dem 40. Lebensjahr auch im Alltag wahrnehmbar werden (vgl. PLATTIG 1991: 517; HESSE / LAUBERT 2005: A2865; MARSISKE ET AL. 2010: 406f.). Des Weiteren ist der Lautheitsausgleich im Alter häufig beeinträchtigt (Recruitment), sodass leise Geräusche nicht gehört, laute Geräusche hingegen als unangenehm laut empfunden werden (vgl. KLINKE 2010: 689; WELFORD 1980: 193).

Wie MAYER ET AL. (2010: 649) feststellen, sind bei einem Großteil der 70-Jährigen und Älteren mäßige bis schwere Beeinträchtigungen des Gehörs festzustellen. Hinsichtlich der alltagspraktischen Einordnung der in medizinischen Untersuchungen gewonnenen Ergebnisse zur Hörleistung gilt es zu berücksichtigen, dass die audiometrisch gemessenen Werte die funktionellen Beeinträchtigungen im Alltag der älteren und alten Menschen, beispielsweise im Hinblick auf das Sprachverständnis, häufig nur unzureichend widerspiegeln (vgl. MARSISKE ET AL. 2010: 407). So bedingen die im hohen Alter (ab etwa 80 Jahren) typischerweise nachlassenden Fähigkeiten zum Ausblenden von Hintergrundgeräuschen sowie Leistungseinbußen im Bereich des Sprachverstehens häufig ein dahingehendes Vermeidungsverhalten, dass als beeinträchtigend empfundene Situationen, wie z.B. eine Unterhaltung in einem Lokal, gemieden werden (vgl. MARTIN / KLIEGEL 2008: 130; SAUP 1993: 65f.). Eine Korrektur der Beeinträchtigungen des auditiven Systems mittels Hörgeräten ist häufig nur eingeschränkt möglich (vgl. WELFORD 1980: 193f.).

2.4.2.2.3 Gleichgewichtssinn und Sturzprävalenz

Untersuchungen zeigen für das höhere Lebensalter eine deutliche Zunahme der Beeinträchtigungen des Gleichgewichtssinns (vgl. MARSISKE ET AL. 2010: 408). In Verbindung mit den im höheren Lebensalter häufig auftretenden Beeinträchtigungen des Bewegungsapparates (siehe Kapitel 2.4.2.3) sowie weiteren Risikofaktoren (z.B. visuelle Defizite, Sturzbiographie) resultiert daraus eine im Vergleich zu jüngeren Altersgruppen deutlich erhöhte Sturzprävalenz. Schätzungen besagen, dass 30% der über 65-Jährigen mindestens einmal pro Jahr stürzen, bei den über 80-Jährigen beträgt dieser Anteil sogar rund 50% (vgl. SIEBER 2006a: 30 u. 2006b: 191; FREIBERGER 2006: 369f.). Äußere Faktoren wie beispielsweise eine unzureichende Beleuchtung oder Stolperschwellen tragen grundsätzlich zu einer Erhöhung des Sturzrisikos bei. Dies gilt vermehrt für ältere und alte Menschen, da gezeigt werden konnte, dass die Gleichgewichtskontrolle im höheren und hohen Alter ein deutlich größeres Maß an Aufmerksamkeit erfordert als in jüngeren Jahren, wodurch das Risiko für Stürze bei ablenkenden Einflüssen – wie sie in Innenstädten regelmäßig vorhanden sind – klar ansteigt (vgl. KETCHAM / STELMACH 2001: 334; FREIBERGER 2006: 370).

2.4.2.3 Bewegungsapparat

Auch die motorischen Fähigkeiten des Menschen sind von altersabhängigen Funktionseinbußen betroffen. Bereits ab etwa dem 40. Lebensjahr nimmt die Knochenmasse sukzessive ab; damit einher geht ein zunehmendes Risiko für Frakturen, insbesondere im Bereich der Extremitäten (vgl. SCHARLA 2001: 28). Auch die Muskelkraft eines Menschen lässt mit zunehmendem Alter langsam nach; im siebten Lebensjahrzehnt sind nur noch etwa 65% bis 85% der maximalen Muskelkraft vorhanden. Dieser Kraftverlust äußert sich u.a. darin, dass ältere und alte Menschen eine langsamere Gangart bevorzugen (vgl. WELFORD 1980: 201; KETCHAM / STELMACH 2001: 315, 328 u. 334). Weiterhin geht mit höherem und hohem Alter, d.h. vor allem nach dem 60. Lebensjahr, ein Anstieg der Wahrscheinlichkeit für degenerative Gelenkveränderungen (Arthrose) einher. Diese Degenerationen führen typischerweise u.a. zu Schmerzen in den betroffenen Gelenken sowie zu Einschränkungen der

Bewegungsfähigkeit (vgl. SCHARLA 2001: 29f.). Zudem beeinträchtigen eine zunehmende Steifheit der Gelenke sowie eine verringerte Beweglichkeit die Motilität älterer und alter Menschen. Auch die Präzision von Bewegungen und Bewegungsabläufen nimmt im Alter ab, gleichzeitig steigt die Bedeutung der visuellen Kontrolle von Bewegungen für deren korrekte Durchführung. Schließlich wird für die Ausführung von Bewegungen mit steigendem Alter mehr Zeit benötigt, da sowohl die Reaktionszeit als auch die Durchführungsdauer einer Bewegung zunimmt (vgl. KETCHAM / STELMACH 2001: 320-329 u. 335; WELFORD 1980: 201ff.).

Die Befunde der BASE-Studie zeigen, dass knapp 50% der ≥ 70-Jährigen keine gravierenden Beeinträchtigungen des Bewegungsapparates aufwiesen. Allerdings litt ein ebenso großer Anteil der Studienteilnehmer unter einer oder mehreren schmerzhaften Erkrankung(en) des Bewegungsapparates (vgl. MAYER ET AL. 2010: 648f.). In Bezug auf den normalen altersbedingten Abbau von Muskelkraft sowie die zunehmende Steifheit der Gelenke stellt WELFORD (1980: 201) jedoch fest, dass „older people may not be limited by such factors to any great extend in normal everyday performance".

2.4.2.4 Auswirkungen sensorischer und körperlicher Leistungseinbußen auf die Alltagskompetenz

(Alltags-)Kompetenz beschreibt die Fähigkeit zur selbständigen Bewältigung der Anforderungen des Alltags in einer räumlich, sozial und infrastrukturell gegebenen Umwelt, wobei dieser Definition ein sehr umfassendes Verständnis von Alltag zugrunde liegt. Sie lässt sich in basale und erweiterte Kompetenz differenzieren: Während erstere die für eine selbständige Lebensführung erforderlichen Grundfertigkeiten (z.B. Körperpflege, Essen, Verkehrsmittelnutzung) beschreibt, interessiert im Zusammenhang dieser Arbeit insbesondere die erweiterte Kompetenz, die durch persönliche Präferenzen, Motivationen und Ziele geprägt ist und komplexe instrumentelle Handlungen, soziale Aktivitäten und Freizeitgestaltung umfasst (vgl. KRUSE 2006: 32f.; BALTES, M.M. ET AL. 2010: 549ff.).

Sowohl die basale als auch die erweiterte Alltagskompetenz weisen signifikant negative Korrelationen mit dem Alter bei gleichzeitig großer interindividueller Heterogenität auf. Die hohe Variabilität der Leistungen zeigt, dass dem chronologischen Alter allerdings nur ein moderierender Einfluss in Bezug auf die Alltagskompetenz älterer und alter Menschen zukommt. Vielmehr bestimmen v.a. gesundheitliche und psychosoziale Faktoren die individuelle Fähigkeit zur Bewältigung alltäglicher Aufgaben und Tätigkeiten sowie zur Beteiligung an gesellschaftlichen Aktivitäten (vgl. BALTES, M.M. ET AL. 2010: 563f.): „Die altersbedingte Zunahme in der Hilfebedürftigkeit bei basalen und erweiterten Aktivitäten des täglichen Lebens hängt vor allem mit der Entwicklung von Funktionseinbußen im sensorischen (Gehör und Sehvermögen), sensomotorischen (Gleichgewicht / Gang), motorischen (Beweglichkeit und Muskelkraft) und kognitiven (Intelligenz) Bereich zusammen" (MAYER ET AL. 2010: 632). Im Hinblick auf eine selbständige Bewältigung der Umweltanforderungen dürften jedoch, wie SAUP (1993: 77) betont, „weniger die Einschränkung einer spezifischen Einzelfähigkeit – mit Ausnahme von extremen Einschränkungen wie z.B. bei einer Erblindung (…) –, sondern vor allem das gesamte Fähigkeitsprofil der Person" bedeutsam sein. Die Befunde der Berliner Altersstudie zeigen, dass rund ein Drittel der ≥ 70-Jährigen bei Tätigkeiten wie Einkaufen oder der Benutzung von Transportmitteln Hilfe von anderen Menschen in Anspruch nehmen muss; in der Gruppe der ≥ 85-Jährigen liegt der entsprechende Anteil sogar bei 70% (vgl. MAYER ET AL. 2010: 632). Dennoch offenbaren die Ergebnisse verschiedener Studien, „dass es im Kohortengang zu deutlichen Verbesserungen der Alltagskompetenz von älteren Menschen gekommen ist", und dies „vor allem im Bereich der sog. ‚instrumentellen Aktivitäten' (IADL) wie Einkaufen (…) und Nutzung von öffentlichen Verkehrsmitteln" (WAHL 2008: 128).

Ein wesentlicher Aspekt der Alltagskompetenz älterer und alter Menschen ist die Fähigkeit zur Aufrechterhaltung der individuellen Mobilität (vgl. HOGUE 1984: 858): „Mobility is an extremely important concern in the elderly population. If the ability to ambulate is reduced, there is a tremendous amount of independence lost" (KETCHAM / STELMACH 2001: 332). Dies gilt auch für die motorisierte Verkehrsteilnahme. Die individuelle Mobilität wird maßgeblich bestimmt durch das jeweilige Ausmaß der mit dem Alternsprozess einhergehenden körperlichen und kognitiven Leistungseinbußen. Die Bedeutung der Leistungsfähigkeit der einzelnen Funktionsbereiche (z.B. Motilität, Blendempfindlichkeit, Konzentrationsfähigkeit) unterscheidet sich freilich in Abhängigkeit von der Wahl des Verkehrsmittels. So kommt beispielsweise der Blendempfindlichkeit und der Konzentrationsfähigkeit beim Führen eines Pkw eine deutlich größere Bedeutung zu als bei der Nutzung des ÖPNV; im Gegenzug ist eine relativ gute Motilität eine wichtige Voraussetzung insbesondere für die Inanspruchnahme des ÖPNV. Schließlich darf auch der psychisch wie physisch limitierend wirkende Einfluss der erhöhten Sturzprävalenz im Alter (siehe Kapitel 2.4.2.2.3) sowie der Angst vor den Folgen eines Sturzes auf das Aktivitäts- und Mobilitätsniveau älterer und alter Menschen nicht unterschätzt werden (vgl. KAISER 2006: 388f.; SABIN 1982: 51ff.).

Daneben erschweren altersbedingte Funktionseinbußen der sensorischen Systeme die Auseinandersetzung der älteren und alten Menschen mit ihrer Umwelt, indem sie – in Abhängigkeit vom Ausmaß der Beeinträchtigung – negativ mit den Möglichkeiten der betroffenen Personen zur sozialen Teilhabe korrelieren. So wirken Hörminderungen infolge der hohen Bedeutung von Kommunikation für die Teilnahme am sozialen Leben diesbezüglich stark einschränkend (vgl. HESSE / LAUBERT 2005: A2864; PLATTIG 1991: 519). Auch erfordern Beeinträchtigungen im Bereich der sensorischen Systeme von den Betroffenen eine verstärkte Konzentration auf die Aufnahme und Verarbeitung der einströmenden Umweltreize (vgl. MARSISKE ET AL. 2010: 423), sodass die Anzahl der Reize, die von einer Person gleichzeitig verarbeitet werden können, mit steigendem Alter abnimmt.

Umgekehrt beeinflusst die soziale und materielle Umwelt den Eindruck der individuellen gesundheitlichen Lage, indem die umweltseitig gebotenen Kompensationsmöglichkeiten das subjektiv erlebte Ausmaß an körperlichen Einschränkungen prägen (vgl. BECKER 1998: 24; ARNOLD 1992: 134).

Daneben lassen sich bei älteren und alten Menschen auch Anpassungsleistungen an Beeinträchtigungen der körperlichen und kognitiven Leistungsfähigkeit beobachten (vgl. BORCHELT ET AL. 2010: 489f.). Dies kann einerseits durch assimilative

Bewältigungsstrategien, d.h. durch Streben nach aktiver Überwindung der wahr-genommenen Ist-Soll-Diskrepanzen („Coping"), erfolgen, andererseits durch sog. akkomodative Bewältigungsstrategien, d.h. insbesondere durch Veränderung des individuellen Anspruchsniveaus, der persönlichen Zielsetzungen oder der heran-gezogenen Vergleichsgruppen (vgl. KRUSE 2006: 35; MARTIN / KLIEGEL 2008: 193ff.).

2.4.3 Soziologische Perspektiven des Alters

Neben gesundheitlichen und wirtschaftlichen Faktoren haben auch gesellschaftli-che Faktoren einen maßgeblichen Einfluss auf das individuelle Konsumverhalten (vgl. SCHAFFNIT-CHATTERJEE 2007: 4; SZALLIES 1990: 48). Daher wird im Folgenden die soziologische Perspektive des Alters anhand einiger zentraler Aspekte beleuchtet.

2.4.3.1 Strukturwandel des Alters

Nach TEWS unterliegt die Altersphase gegenwärtig einem tiefgreifenden, fünf Di-mensionen umfassenden Strukturwandel, der in hohem Maße durch gesellschaft-lich-strukturelle Prozesse bedingt ist. Determinanten dieses Strukturwandels seien Verjüngung, Entberuflichung, Feminisierung und Singularisierung des Alters sowie Hochaltrigkeit[24] (vgl. TEWS 1993: 23ff. u. 1994: 33ff.).

Die Verjüngung des Alters basiert auf verschiedenen, zeitlich parallel, jedoch in unterschiedliche Richtungen verlaufenden Effekten. So führt die immer später er-folgende Selbsteinschätzung als „alt" (siehe Kapitel 2.4.3.3) zu einer Verschiebung der subjektiven Wahrnehmung des Alters in immer höhere Altersklassen. Gleichzei-tig gelten Arbeitnehmer jedoch gesellschaftlich in immer jüngerem Lebensalter als „ältere Arbeitnehmer" und sehen sich daher häufig bereits im mittleren Alter mit Problemen des Alters konfrontiert. Auch der in Bezug auf die Gesamtlebenszeit zu einem relativ früheren Zeitpunkt erfolgende Abschluss der Kindererziehungspha-se – gesellschaftlich als klassische Alterserfahrung qualifiziert – trägt zu einer Ver-jüngung des Alters bei. Zwar war in den vergangenen Jahren ein kontinuierlicher Anstieg des durchschnittlichen Alters der Mütter bei der Geburt ihrer Kinder zu beobachten (vgl. STBA 2011a), dieser wurde jedoch durch die gleichzeitig erfolgen-de Zunahme der Lebenserwartung überkompensiert, sodass die durchschnittliche fernere Lebenserwartung der Mütter nach Beendigung der Erziehungsphase weiter anstieg (vgl. TEWS 1993: 23f.; BMFSFJ 2006: 35).

Die Entberuflichung als zweiter Bestandteil des Altersstrukturwandels beinhaltet zwei Aspekte: Zum einen die Zunahme der nachberuflichen Lebenszeit, die aus der Gleichzeitigkeit des seit Beginn der 1970er Jahre zu beobachtenden Rückgangs des faktischen Renteneintrittsalters und des deutlichen Anstiegs der ferneren Lebens-erwartung resultiert (vgl. TEWS 1993: 26; DRV BUND 2011: 68; die seit Beginn dieses

---

24 TEWS Konzept des Altersstrukturwandels wurde in vielfacher Hinsicht kritisiert; u.a. wurden die unzureichende Differenzierung verschiedener Lebenslagen im Alter sowie der fehlende Rückbezug auf wirtschaftliche und politische Rahmenbedingungen bemängelt (zur Kritik siehe CLEMENS 1993). Gleichwohl eignet sich das Konzept, um Veränderungen bei wichtigen strukturellen Rahmenbedin-gungen des Alters aufzuzeigen.

Jahrtausends zu konstatierende Trendumkehr in Richtung eines leichten Anstiegs des durchschnittlichen Rentenzugangsalters wird durch die Zunahme der ferneren Lebenserwartung überkompensiert). Zum anderen umfasst die Entberuflichung sowohl den Prozess des Austritts aus dem Erwerbsleben als auch die Organisation der nachberuflichen Phase, der infolge der Aufwertung des Alters zu einer eigenständigen Lebensphase (vgl. Kohli 1992: 255) eine wachsende Bedeutung zukommt, die aber gleichzeitig aufgrund flexiblerer Altersgrenzen und vielfältigerer Formen des Berufsaustritts (z.B. Altersteilzeit) mehr Wahlmöglichkeiten bietet (vgl. Tews 1993: 26ff.).

Mit „Feminisierung des Alters" umschreibt Tews, dass das „Bild vom höheren Alter durch das quantitative Übergewicht der Frauen geprägt" ist (Tews 1993: 29). Ursächlich für diese Wahrnehmung ist das in den höheren und insbesondere hohen Altersklassen zugunsten der Frauen unausgeglichene Geschlechterverhältnis (siehe Kapitel 2.3.2.5). Da ältere und alte Frauen aufgrund kumulativer Benachteiligungen im Lebenslauf ein deutlich höheres Risiko für Altersarmut tragen als Männer, ist darüber hinaus auch die Armut im Alter in hohem Maße feminisiert (vgl. Bäcker et al. 2010: 363f.; Backes / Clemens 2008: 203).

Singularisierung des Alters beschreibt die Tatsache, dass der Anteil alleinlebender Menschen in den höheren und hohen Altersklassen deutlich erhöht ist: Derzeit (Stand 2010) handelt es sich bei knapp der Hälfte (48,96%) der Haushalte mit einem Haupteinkommensbezieher ≥ 65 Jahre um Einpersonenhaushalte; aufgrund des deutlich größeren Verwitwungsrisikos der Frauen sowie der höheren Wiederverheiratungsquote verwitweter Männer leben in diesen Einpersonenhaushalten zu drei Vierteln (75,49%) Frauen. In der Gruppe der Haushalte mit einem Haupteinkommensbezieher ≥ 80 Jahre stellt der Einpersonenhaushalt dann die dominierende Haushaltsform dar (67,79% der Haushalte), wobei es sich zu 82,24% um Haushalte alleinlebender Frauen handelt (eigene Berechnungen nach StBA 2011b: 26ff.). Insgesamt ist in den letzten Jahren eine deutliche Zunahme der Alleinlebenden unter den älteren und alten Menschen zu beobachten. Es ist davon auszugehen, dass dieser Trend – insbesondere aufgrund der wachsenden Zahl von Singles in den höheren und hohen Altersklassen – auch zukünftig fortbestehen wird. Zwar stellt Alleinleben keinen hinreichenden Prädiktor für soziale Isolation und Einsamkeit dar, das Risiko für derartige soziale Problemlagen ist bei Alleinlebenden allerdings deutlich erhöht (vgl. Engstler / Menning 2003: 30f.; Bäcker et al. 2010: 364f.; Tews 1993: 30f.).

Den wohl stärksten Indikator des Altersstrukturwandels bildet schließlich der quantitative wie qualitative Bedeutungsgewinn der Hochaltrigkeit (mehrheitlich definiert als Lebensphase nach Eintritt in das neunte Lebensjahrzehnt). Da die gesundheitlichen, ökonomischen und sozialen Problemlagen des Alters vor allem mit dem hohen und sehr hohen Alter verknüpft sind, nährt insbesondere die starke absolute wie relative Zunahme der hochaltrigen Menschen das negative Bild des Alters in der Gesellschaft (vgl. Backes / Clemens 2008: 104f.; Karl 1993: 262).

2.4.3.2 Person-Umwelt-Interaktion

„Räumlich-soziale Umweltgegebenheiten rücken vor allem (…) mit zunehmendem Alter stärker in unser Bewußtsein und werden für die alltägliche Lebensgestaltung bedeutsamer" (Saup 1993: 12).

Die Untersuchung der Wechselwirkungen zwischen älteren und alten Personen und ihrer Umwelt sowie die Erarbeitung von Interventionsmöglichkeiten zur Verbesserung der Umweltbedingungen für Menschen im höheren und hohen Alter sind zentrale Gegenstände der ökologischen Gerontologie. Die grundlegende Annahme dieser Wissenschaftsdisziplin ist, dass „Entwicklungsprozesse und Verhaltensmöglichkeiten im höheren Lebensalter in besonderer Weise von den Unterstützungs- bzw. Behinderungsaspekten der jeweils gegebenen Umweltbedingungen abhängen" (WAHL / HEYL 2004: 186; vgl. auch MOLLENKOPF ET AL. 2004: 344). Die klassischen Ansätze zur Person-Umwelt-Beziehung im Alter liefern wertvolle grundlegende Erkenntnisse für das Verständnis der reziproken Beziehung zwischen älteren und alten Menschen und der sie umgebenden Umwelt, d.h. auch ihrer Konsumumwelt, und der daraus resultierenden umweltbezogenen Anforderungen und Verhaltensweisen dieses Bevölkerungssegments.

2.4.3.2.1 Klassische Ansätze zur Person-Umwelt-Beziehung im Alter

Die klassischen theoretischen Ansätze zur Person-Umwelt-Beziehung im Alter lassen sich in drei Gruppen klassifizieren, nämlich in Kompetenz-, Kongruenz- sowie Prozess- bzw. Stressverarbeitungsmodelle. Während Kompetenzmodelle die Bedeutung der individuellen Fähigkeiten älterer und alter Menschen für eine gelungene Adaption an die jeweiligen Umweltanforderungen betonen, unterstreichen Kongruenzmodelle den positiven Einfluss kongruenter Umwelt- und Personenmerkmale auf Zufriedenheitsniveau und Adaptionsfähigkeit älterer und alter Menschen. Stressverarbeitungsmodelle schließlich stellen auf die Bedeutung eines ausreichenden Bewältigungsrepertoires für die Auseinandersetzung mit den Umweltanforderungen ab. Die prozessuale Sichtweise letztgenannter Modelle zeigt sich in der Annahme, dass Bewältigungsversuche reaktiv auf Wahrnehmung und Bewertung der jeweiligen Umweltgegebenheiten erfolgen, es sich bei der Beziehung der älteren und alten Menschen zu ihrer alltäglichen räumlich-sozialen Umwelt also um einen Handlungsprozess handelt (vgl. SAUP 1993: 58f.). Drei konkrete Modellvarianten erscheinen im Zusammenhang mit der vorliegenden Fragestellung besonders interessant; sie werden im Folgenden kurz vorgestellt:

Den nach Einschätzung von SAUP bislang bekanntesten theoretischen Ansatz in der ökologischen Gerontologie stellt das Anforderungs-Kompetenz-Modell von LAWTON / NAHEMOW dar. In diesem zur Gruppe der Kompetenzmodelle zählenden Modell, das auf der von LAWTON / SIMON 1969 formulierten environmental docility-Hypothese fußt, wird Verhalten als eine Funktion der individuellen Fähigkeiten (Kompetenzen) einer Person und der Anforderungsstrukturen der jeweiligen Situation konzeptualisiert. Dabei gewinnt die Ausgestaltung der jeweiligen Umweltgegebenheiten für das Erleben und Verhalten einer Person mit zunehmender Beeinträchtigung der körperlichen, kognitiven, psychischen und / oder alltagspraktischen Kompetenz an Bedeutung, da das zum Erreichen des individuellen Adaptionsniveaus geeignete Ausmaß an Umweltanforderungen mit abnehmendem Kompetenzgrad geringer wird. Gleichzeitig können bei geringerem Kompetenzniveau bereits kleine Änderungen am Ausmaß der Umweltanforderungen vergleichsweise große (positive) Auswirkungen auf Verhalten und Erleben generieren (vgl. SAUP 1993: 31-37; BMFSFJ 2001: 55ff.; ACKERMANN 2006: 324).

Das von KAHANA 1975 entwickelte Kongruenzmodell basiert auf der Annahme, dass Erleben und Verhalten älterer und alter Menschen eine Funktion der Kongruenz bzw. Diskrepanz zwischen den individuellen Präferenzen und Bedürfnissen einerseits und den Gegebenheiten der Umwelt andererseits sind. Die Güte des Passungsgrades ist dabei ein maßgeblicher Prädiktor für das individuelle Wohlbefinden im Alter: Eine erfolgreiche Auseinandersetzung mit den gegebenen Lebensbedingungen ist in hohem Maße von einer guten Passung zwischen Umweltmerkmalen und individuellen Präferenzen abhängig, wobei die Bedeutung des Passungsgrades mit abnehmenden Handlungsmöglichkeiten der Person steigt (vgl. SAUP 1993: 38ff.; WAHL / OSWALD 2007: 62f.).

Ebenfalls zur Gruppe der Kongruenzmodelle zählt das Komplementaritäts-Ähnlichkeits-Modell von CARP / CARP (entwickelt 1980). Ausgangspunkt auch dieses Modells ist die Annahme, dass Erleben und Verhalten von Menschen im höheren und hohen Lebensalter eine Funktion der Kongruenz zwischen Person und Umwelt ist. Die Art der Kongruenz bestimmt sich nach CARP / CARP in Abhängigkeit von den jeweils betrachteten Verhaltensaspekten: im Falle von Basisbedürfnissen (Defizitbedürfnisse, d.h. für alltägliche Lebensführung und Selbständigkeitserhalt notwendige Bedürfnisse) als Komplementarität, im Falle von höheren Bedürfnissen (Wachstumsbedürfnisse, d.h. über selbständige Lebensführung hinausgehende Bedürfnisse) als Ähnlichkeit. Umweltmerkmale üben dabei unterstützenden oder einschränkenden Einfluss auf die Realisierung der Bedürfnisse aus; besondere Lebensereignisse, die Stärke des individuellen sozialen Netzwerks, Copingstrategien etc. wirken darüber hinaus als modifizierende Faktoren (vgl. WAHL / OSWALD 2007: 63; SAUP 1993: 41ff.).

Gemeinsam ist den klassischen Modellen von LAWTON / NAHEMOW, KAHANA und CARP / CARP die Betonung der Interdependenz zwischen Verhalten, Erleben und Wohlbefinden älterer und alter Menschen einerseits und dem Grad der Passung zwischen deren individuellen Kompetenzen und den Bedingungen bzw. der Anforderungsqualität der sie umgebenden Umwelt andererseits. Somit unterstreichen sie die Bedeutung einer den Kompetenzen älterer und alter Menschen angepassten Umwelt für das Wohlbefinden und das Aktivitätsniveau im Alter.

Auch SAUP (1993: 48ff.) stellt in dem von ihm entwickelten Prozessmodell der Person-Umwelt-Interaktion die räumlich-soziale Umwelt älterer und alter Menschen in den Mittelpunkt seiner Überlegungen, wobei er Umweltmerkmalen sowohl positive als auch negative Auswirkungen auf die Person-Umwelt-Interaktion unterstellt, indem sie diese entweder fördern oder behindern. SAUP geht weiterhin von verschiedenen Einflussfaktoren auf die Person-Umwelt-Interaktion aus: Zum einen mitbeeinflussen individuelle Umweltdispositionen, d.h. „auf die Umwelt bezogene situationsübergreifende Präferenzstrukturen der Person" (ebd.: 52), die Perzeption der Umwelt ebenso wie die situativen Handlungsziele des älteren Menschen. Die Umweltperzeption wiederum wird geprägt von den umweltbezogenen physischen und psychischen Fähigkeiten einer Person, speziell von der individuellen Leistungsfähigkeit in den Bereichen des visuellen und auditiven Systems, des Bewegungsapparates, des sensomotorischen Systems sowie der kognitiven Fertigkeiten, aber auch von individuellen Copingstilen. Zum anderen wirken externe Ressourcen als

„unterstützende Kontextmerkmale" (ebd.: 53) auf die Güte der Auseinandersetzung älterer und alter Menschen mit den gegebenen Umweltbedingungen ein. Hierzu zählen nach SAUP insbesondere finanzielle Ressourcen sowie Quantität und Qualität des sozialen Netzwerkes. Im Rahmen einer Ziel-Perzeptions-Bilanzierung erfolgt die Bewertung des Grades an realisierter Übereinstimmung zwischen den persönlichen situationsspezifischen Zielen und der wahrgenommenen Umwelt. In Abhängigkeit vom Ausmaß der perzipierten Diskrepanz wird schließlich der Versuch einer Regulation dieses Missverhältnisses mittels behavioralen, kognitiven oder emotionalen Copingstrategien unternommen, wodurch wiederum Einfluss auf die Umweltfaktoren genommen wird. Auch Auswirkungen der Person-Umwelt-Interaktion auf das allgemeine Verhaltensrepertoire oder die Persönlichkeit des betreffenden älteren oder alten Menschen werden von SAUP als möglich erachtet.

2.4.3.2.2 Formen der Mensch-Umwelt-Interaktion und altersfreundliche Umwelten

Auch CASPI / BEM (1990: 565ff.) legen ihren Ausführungen die Feststellung zugrunde, dass Persönlichkeit und Verhalten eines Menschen in hohem Maße von der Wechselbeziehung zwischen der Person und ihrer Umwelt geprägt werden. Dabei differenzieren sie drei Formen der Interaktion, denen ihrer Ansicht nach eine herausragende Bedeutung bei der Mensch-Umwelt-Interaktion zukommt, nämlich reaktive, evokative und proaktive Interaktion. Im Zusammenhang mit der Themenstellung dieser Arbeit sind insbesondere die reaktive und die proaktive Interaktion von Interesse[25]: Reaktive Interaktion besagt, dass gleiche Umweltmerkmale individuell sehr unterschiedlich aufgenommen und interpretiert werden (subjektive Umwelt) und demzufolge auch unterschiedliche Reaktionen hervorrufen. Demgegenüber bezeichnet proaktive Interaktion, dass Umwelten von Menschen entsprechend ihrer jeweiligen Bedürfnisse und ihrer Persönlichkeit gezielt aufgesucht bzw. gemieden und gestaltet werden. Eine Übertragung dieses Ansatzes auf das Konsumverhalten führt zu zwei Annahmen:

1) Konsumwelten werden in Abhängigkeit von der individuellen Persönlichkeit auf unterschiedliche Art und Weise kognitiv wahrgenommen und interpretiert.

2) Das Aufsuchen einer bestimmten Einkaufsumgebung erfolgt nicht zufällig; vielmehr wird die Wahl der Einkaufsstätte maßgeblich von den individuellen Bedürfnissen der Person beeinflusst.

Altersbezogene Veränderungen umweltrelevanter Fähigkeiten sind maßgebliche Faktoren der hohen Vulnerabilität alter und insbesondere sehr alter Menschen gegenüber den Anforderungen der sie umgebenden Umwelt (vgl. MOLLENKOPF ET AL. 2004: 344). Wie PASTALAN / PAWLSON (1985: 874) darlegen, ergeben sich aus den typischerweise mit dem Alter einhergehenden physischen Funktionsbeeinträchti-

---

25 Als evokative Interaktion beschreiben CASPI / BEM (1990: 565f.), dass verschiedene Personen je unterschiedliche charakteristische Reaktionen seitens ihrer Umwelt hervorrufen und dass weiterhin früher gemachte Erfahrungen die individuelle Bewertung neuer Situationen prägen und ein diesen Erwartungen konformes Verhalten provozieren.

gungen zahlreiche Faktoren, die die Person-Umwelt-Interaktion älterer und alter Menschen maßgeblich bestimmen und im Hinblick auf die Aufrechterhaltung der Alltagskompetenz dieser Gruppe bei der Ausgestaltung der physischen Umwelt zu berücksichtigen sind: So gilt es, hinsichtlich der Zugänglichkeit von Gebäuden sowie von Destinationen innerhalb der Gebäude die im Alter häufig anzutreffenden Motilitätsbeschränkungen zu bedenken – dies betrifft beispielsweise Stufen, Schwellen und Unebenheiten des Fußbodens. Zudem verändern Alterserscheinungen des visuellen Systems die Anforderungen an Beleuchtung, Farb- und Oberflächengestaltung. Weiterhin müssen die Auswirkungen einer verminderten Leistungsfähigkeit des kognitiven Systems auf das räumliche Orientierungsvermögen berücksichtigt werden. Schließlich erfordert die Tatsache, dass ältere und alte Menschen in der Regel mit hochkomplexen Umwelten schnell überfordert sind, eine Anpassung der Intensität und Anordnung von Reizen und Stimuli.

„Altersfreundliche Umwelten" (KRUSE 1994b: 671) berücksichtigen daher die spezifischen Problemlagen, Anforderungen und Bedürfnisse älterer und alter Menschen, indem sie zum einen funktionelle Einschränkungen nach Möglichkeit weitgehend kompensieren, Sicherheit und Vertrautheit schaffen und somit unterstützende Funktion bei der Ausübung alltäglicher Tätigkeiten bieten und zum anderen stimulierend wirken durch Bereitstellung von Möglichkeiten für soziale Kommunikation und Kontakte, durch Anregung zu außerhäuslichen Aktivitäten u.ä.m. Damit tragen dergestalte Umwelten auch dem im höheren und hohen Lebensalter gesteigerten Bedürfnis nach sozial-räumlicher Zugehörigkeit Rechnung. Diese räumlich-soziale Einbeziehung älterer und alter Menschen impliziert freilich auch die Notwendigkeit, die Interessen und Bedürfnisse aller weiteren Altersklassen im Sinne einer gesamtgesellschaftlichen Person-Umwelt-Kultur gleichermaßen zu berücksichtigen. Die Herausforderung, altersfreundliche Umwelten zu schaffen, betrifft als Gemeinschaftsaufgabe eine Vielzahl unterschiedlichster Akteure insbesondere auf kommunaler Ebene, wie z.B. Kommunalverwaltungen, Stadtplaner, Planer und Entwickler von Einkaufszentren, Wohnungsbaugesellschaften, Akteure des öffentlichen Nahverkehrs, verschiedene Dienstleistungsanbieter sowie diverse Industriezweige (vgl. MOLLENKOPF ET AL. 2004: 345; WAHL 2008: 130ff.).

2.4.3.3 Persönlichkeit und Selbstwahrnehmung

Persönlichkeitseigenschaften stellen einen wichtigen Einflussparameter auf die individuelle Bedürfnisstruktur dar. Dabei bezeichnet Persönlichkeit „situationsspezifische und dispositionelle Wahrnehmungs-, Erlebens- und Handlungsmuster, die für eine Person in ihrer Auseinandersetzung mit der sie umgebenden Umwelt kennzeichnend sind." (STAUDINGER ET AL. 2010: 375).

Hinsichtlich der Veränderbarkeit von Persönlichkeitsmerkmalen im Lebenslauf ergeben die Darstellungen der Literatur ein uneinheitliches Bild: Teilweise wird eine grundsätzlich hohe bzw. im Laufe des Alterungsprozesses zunehmende Konstanz der Persönlichkeitsstruktur beschrieben (vgl. STAUDINGER ET AL. 2010: 345; KRUSE 1994a: 339; CASPI / BEM 1990: 557), teilweise wird eine generelle Veränderbarkeit von Selbstwahrnehmung und Persönlichkeit bzw. die Veränderung einzelner Dimensionen der Persönlichkeit im Lebenslauf angenommen (vgl. KRUSE 2006: 33; VOGES 2008:

66). MARTIN / KLIEGEL (2008: 189) wiederum betonen, dass es „sowohl Veränderung als auch Stabilität in der Entwicklung von Persönlichkeitsressourcen" gibt. In jedem Fall sind die Einschätzungen zur Veränderbarkeit von Persönlichkeitsmerkmalen vor dem Hintergrund einer großen interindividuellen Variationsbreite zu sehen (vgl. CASPI / BEM 1990: 557).

Unabhängig vom Ausmaß der Veränderbarkeit der Persönlichkeit ist gleichwohl eine Verfestigung bestimmter Reaktionsschemata im Lebenslauf zu beobachten, sodass sich, wie VOGES (2008: 66) feststellt, „bei Älteren häufig eine einmal von ihnen als gültig oder richtig angesehene Sicht- oder Verhaltensweise nicht oder nur begrenzt modifizieren" lässt.

Die Selbstwahrnehmung des eigenen Alters wird in hohem Maße von der aktuellen individuellen Leistungsfähigkeit sowie von den individuellen Bedingungen der sozialen Lebenslage bestimmt (vgl. WEINERT 1992: 189). Auffällig ist, dass ältere und alte Menschen ihr subjektives Alter in der Regel deutlich unterhalb ihres kalendarischen Alters einschätzen. So betrug bei den Probanden der Berliner Altersstudie die Differenz zwischen dem gefühlten und dem chronologischen Alter im Durchschnitt 12 Jahre; ihr eigenes Aussehen bewerteten die Teilnehmer durchschnittlich um 9,5 Jahre jünger als ihr kalendarisches Alter. Auch die Selbstwahrnehmung als „alt" erfolgt zu einem zunehmend späteren Zeitpunkt im Lebenslauf (vgl. SMITH / BALTES 2010: 255; BACKES / CLEMENS 2008: 59). Nach Einschätzung von TEWS (1994: 52) liegt der Anteil derjenigen, die sich selbst als „alt" einschätzen, sogar in der Altersklasse der ≥ 75-Jährigen bei maximal einem Drittel.

2.4.3.4 Altersnormen und Kohortenverhalten

Das individuelle Handeln von Menschen wird von zwei Einflusssphären bestimmt: Zum einen determinieren individuelle Parameter wie Persönlichkeit, gesundheitliche Bedingungen, biographische Faktoren etc. das Handeln eines Menschen. Zum anderen unterliegt individuelles Handeln dem Einfluss struktureller Bedingungen der Gesellschaft und von Institutionen, wobei die jeweiligen Bedingungen abhängig sind von verschiedenen Faktoren wie z.B. Geschlecht, Alter, wirtschaftliche Situation und Erwerbstätigkeit (vgl. BACKES / CLEMENS 2008: 78; MAYER ET AL. 1994: 751). Auch der Lebensverlauf von Menschen in institutionalisierten Gesellschaften wird maßgeblich geprägt von einem gesellschaftlich vorgegebenen, institutionellen Programm, das zwar individuell unterschiedlich ausgestaltet werden kann, das in seinem grundlegenden Ablaufschema (Ausbildungs-, Erwerbs- und Ruhestandsphase, Familienphase etc.) jedoch als weitgehend unveränderbar angesehen wird. Dieser Progress wird als soziales Altern bezeichnet und ist in hohem Maße durch gesellschaftliche Normen strukturiert (vgl. VOGES 2008: 70).

Der Normenbildung innerhalb einer Kohorte kommt dabei ein maßgeblicher Einfluss auf die Strukturen, Rollen und Beziehungen in der entsprechenden Altersgruppe zu: „Da die Mitglieder ein und derselben Kohorte gemeinsame historische Erfahrungen teilen, entwickeln sie allmählich und fast unmerklich gemeinsame Reaktionsmuster, gemeinsame Definitionen und gemeinsame Überzeugungen, die sich zu gemeinsamen Normen verdichten und in der Sozialstruktur institutionalisiert werden" (RILEY / RILEY 1992: 446). Es ist daher davon auszugehen, dass sich die

Verhaltensorientierungen der älteren und alten Menschen des Jahres 2050 deutlich von denjenigen der gegenwärtig im höheren und hohen Lebensalter stehenden Personen unterscheiden werden (vgl. BENGTSON / SCHÜTZE 1992: 495).

Ein weiterer wichtiger Teil der altersbezogenen Rollen wurzelt jedoch nicht in Normenbildungen innerhalb der Kohorten, sondern wird den jeweiligen Altersgruppen „von außen" durch die Gesellschaft zugeschrieben: „Die ‚Angemessenheit' von Rollen in den einzelnen Lebensaltern ist in hohem Maße von gesellschaftlichen Bewertungsprozessen bestimmt" (KRUSE 1994a: 342). Dabei haben die jeweiligen Normen, die den einzelnen Altersgruppen zugeschrieben werden, einerseits determinierende Wirkung auf das soziale Handeln der im jeweiligen Lebensalter stehenden Menschen, wobei individuelle Lebenslagen und -verläufe einschränkend oder erweiternd auf die Handlungsoptionen innerhalb der gesellschaftlichen Normvorgaben wirken. Gleichzeitig beeinflussen normative Rollenvorstellungen auch das Verhalten anderer Personen gegenüber Mitgliedern der fraglichen Altersgruppe. Zwar ist die Bindungswirkung dieser gesellschaftlichen Normen in jüngerer Zeit zurückgegangen – beispielsweise haben die bestimmten Altersklassen zugeordneten „Bekleidungsvorschriften" inzwischen nur noch sehr eingeschränkte Relevanz (vgl. FICHTNER 1990: 371) –, gleichwohl entfalten sie noch immer eine hohe Wirksamkeit. Andererseits werden die Altersnormen selbst und damit auch die Überzeugungen und Wertvorstellungen der Menschen durch deren tatsächliche Handlungen, Präferenzen und Bedürfnisse beeinflusst und modifiziert. Altersnormen und soziales Handeln der Individuen bedingen sich somit gegenseitig; Änderungen des sozialen Handelns führen dazu, dass Altersnormen einem kontinuierlichen Wandel unterworfen sind. Die entsprechenden Prozesse und Mechanismen vollziehen sich allerdings häufig über lange Zeit nahezu unbemerkt und werden erst nach Überschreiten einer kritischen Grenze wahrgenommen (vgl. VOGES 2008: 70ff.; BACKES / CLEMENS 2008: 56f.; RILEY / RILEY 1992: 444ff.).

Die grundsätzliche Veränderbarkeit sozialer Rollenstrukturen und Normen darf jedoch nicht darüber hinwegtäuschen, dass „die heutigen sozialen Strukturen und Normen aus einer Zeit stammen, in der es nicht so viele und so unterschiedliche Menschen gab, die ein hohes Alter erreichten" (RILEY / RILEY 1992: 442). Zwar beeinflussen auch gesamtgesellschaftliche Veränderungen die Entwicklung von Altersnormen, sodass infolge der fortschreitenden Alterung der Gesellschaft zukünftig von einem wachsenden gesellschaftlichen und politischen Einfluss der Gruppe älterer und alter Menschen auszugehen ist und angenommen werden kann, dass dies auch mit einer Neubewertung gesellschaftlicher Altersrollen sowie institutioneller Regelungen einhergehen wird (vgl. BACKES / CLEMENS 2008: 53f.). Bis heute jedoch hat die Feststellung von RILEY / RILEY (1992: 443), dass „Veränderungen in der gesellschaftlichen Rollenstruktur (…) hinter den sich rasch verändernden Fähigkeiten und Bedürfnissen der alten Menschen zurückgeblieben" sind, noch immer Gültigkeit. Gleichzeitig wird von Seiten der Gesellschaft als normative Voraussetzung für ein gelungenes Alter eine möglichst weitgehende Annäherung älterer und alter Menschen an Leistungsfähigkeit und Gestalt des Jugendalters propagiert. Diese Bemessung erfolgreichen Alterns am Leitbild der Jugendlichkeit verdeutlicht das Ausmaß des Fehlens gesellschaftlich bedeutsamer Rollen für das höhere und hohe Lebensalter (vgl. KRUSE 1994a: 334f.; KALBERMATTEN 2008: 93).

Neben den durch kohortenspezifische Rollenstrukturen und Verhaltensorientierungen bedingten Unterschieden in Wahrnehmung und Verhalten zwischen verschiedenen Geburtskohorten lässt sich teilweise auch ein beachtliches Maß an Kontinuität zwischen gleichzeitig lebenden Kohorten feststellen. Diese Interkohortenkontinuität wurzelt zum einen in Sozialisationseffekten, d.h. der Weitergabe von Fähigkeiten, Verhaltensweisen und Motiven von Mitgliedern der älteren an Angehörige der jüngeren Kohorten, zum anderen in Periodeneffekten (siehe Kapitel 2.4.4, Exkurs) sowie in Antizipationseffekten, d.h. der persönlichen Identifizierung mit älteren Personen als Antizipation des eigenen Alters. Von besonderer Bedeutung in Bezug auf Konsumverhalten und Einkaufsstättenwahl älterer und alter Menschen dürften schließlich die Effekte wechselseitiger Beeinflussung im Sinne einer Beeinflussung älterer Kohorten durch jüngere sein, wie sie z.B. im Zusammenhang mit technologischen Neuerungen häufig zu beobachten sind (vgl. BENGTSON / SCHÜTZE 1992: 497).

2.4.3.5 Alltagsstrukturen älterer und alter Menschen

Mit dem Ausscheiden aus dem Erwerbsleben ergibt sich für ältere und alte Menschen eine Zunahme an frei verfügbarer Zeit und damit die Erfordernis, den Alltag nach dem Wegfall arbeitsbedingter Gewohnheiten neu zu strukturieren. Es bleibt jedoch die bei den heute Älteren und Alten während der Erwerbsphase mehrheitlich praktizierte traditionelle, geschlechtsspezifische Rollenverteilung auch nach Beendigung der Erwerbstätigkeit in der Regel bestehen (vgl. BACKES / CLEMENS 2008: 70; VOGES 2008: 202). Allerdings lässt sich bei älteren und alten Paarhaushalten nach Eintritt in den Ruhestand auch eine gewisse Annäherung der Geschlechterrollen beobachten. Dies betrifft insbesondere die Männer, die nach Verlust der Erwerbsposition Aufgaben im Bereich der Haushaltsführung, darunter auch Einkaufstätigkeiten, übernehmen; KOHLI (1992: 252) spricht diesbezüglich sogar von einer „strukturelle(n) ‚Feminisierung'".

Hinsichtlich des Aktivitätsniveaus im Alter verweisen die Ergebnisse der Berliner Altersstudie für die Mehrzahl der älteren Menschen auf ein vergleichsweise hohes Maß an außerhäuslichen Tätigkeiten (vgl. MAYER ET AL. 2010: 641). Mit fortschreitendem Alter und den damit einhergehenden gesundheitlichen Einschränkungen (siehe Kapitel 2.4.2) nehmen außerhäusliche Aktivitäten und aktive gesellschaftliche Beteiligung, wie z.B. sportliche Aktivitäten oder ehrenamtliches Engagement, allerdings allmählich ab. Das dadurch entstehende „Beschäftigungsvakuum" wird überwiegend durch eine vermehrte Hinwendung zu Haus- und Versorgungsarbeiten sowie passive Freizeitbeschäftigungen ausgefüllt. Dies drückt sich u.a. in einem im Durchschnitt deutlich höheren Medien- und speziell Fernsehkonsum in der Gruppe der älteren und alten Menschen im Vergleich zu jüngeren Altersgruppen aus (vgl. VOGES 2008: 202ff.; STRAUCH 2008: 167f.; WINGERTER 2005: 322f.).

Die genannten Befunde spiegeln sich auch in den Ergebnissen empirischer Erhebungen zur Konstanz bzw. Variabilität individueller Lebensstile[26] im Lebensverlauf

---

26 Der Begriff „Lebensstil" bezeichnet die „'typische' individuelle oder kollektive Form der Lebenslage, der Lebensführung und / oder der Organisation des Lebens" (TOKARSKI 1993: 117); er umschreibt somit die Gesamtheit aus persönlichen Interessengebieten, sozialem Engagement, Formen der Alltagsgestaltung sowie Art und Weise der Auseinandersetzung mit alltäglichen Anforderungen (vgl. KRUSE 1994a: 338).

wider. Diese zeigen einerseits ein relativ hohes Maß an lebenszeitlicher Kontinuität. Andererseits begründen starke Einschnitte bzw. Veränderungen in zentralen Lebensbereichen, wie z.B. der Auszug der Kinder aus dem Elternhaus oder das Ausscheiden aus dem Erwerbsleben, aber auch der allgemeine soziale Wandel sowie die Schnelllebigkeit der gegenwärtigen Gesellschaft Variabilität in den Lebensstilen (vgl. Kruse 1994a: 338; Tokarski 1993: 128f.). Tokarski (1993: 131) legt diesbezüglich dar: „Die Vielfältigkeit der Lebensstile älterer Menschen, ihre intra- und interindividuelle Variabilität, ist unbestritten, ebenso, daß sie darüber hinaus auch über die Zeit variieren können".

2.4.3.6 Räumliche Mobilität und Verkehrsteilnahme älterer und alter Menschen

Wie empirische Erhebungen zeigen, verkleinert sich der durchschnittliche außerhäusliche Aktionsradius eines Menschen mit steigendem Lebensalter. Dabei resultiert aus der v.a. durch physische Funktionseinbußen bedingten zunehmenden Distanzempfindlichkeit älterer und alter Menschen eine wachsende Bedeutung von räumlicher Nähe, insbesondere in Bezug auf „Orte des täglichen Bedarfs". Gleichzeitig kommt der Pkw-Verfügbarkeit, der Anbindung an öffentliche Verkehrssysteme, der körperlichen Leistungsfähigkeit sowie dem Einkommensniveau ein maßgeblicher Einfluss auf das individuelle aktionsräumliche Aktivitätsmuster und damit auch auf die Chancen älterer und alter Menschen zur Teilhabe an ihrer sozialräumlichen Umwelt zu (vgl. Saup 1993: 177f.; Mollenkopf et al. 2004: 354ff.).

Allerdings verweisen die Ergebnisse der Studie „Mobilität in Deutschland 2008" auf eine starke Zunahme des Anteils an mobilen älteren und alten Personen. Zwar bestehen weiterhin deutliche Unterschiede bei der Mobilitätsquote zwischen „jungen Alten" (65 bis 74 Jahre) und „alten Alten" (≥ 75 Jahre), beide Altersgruppen verzeichnen jedoch ein im Vergleich zur Gesamtgesellschaft überproportionales Wachstum der zurückgelegten Wegeanteile (vgl. BMVBS 2010: 170f.).

Insbesondere die Pkw-Verfügbarkeit stellt einen entscheidenden Faktor im Hinblick auf die Erschließung der (weiteren) außerhäuslichen Umwelt dar. Hier zeigt sich eine deutliche alterskorrelierte Abnahme: Während der Ausstattungsgrad mit einem oder mehreren Pkw bei Haushalten mit einem Haupteinkommensbezieher zwischen 65 und 69 Jahren noch 75,8% und in der Gruppe der 70- bis 79-Jährigen 72,1% beträgt, sinkt er bei den ≥ 80-Jährigen auf 51,6% ab (Stand 01/2008; vgl. StBA 2008c: o.S.). Auch die Intensität der Pkw-Nutzung nimmt mit steigendem Alter und insbesondere bei den ≥ 75-Jährigen ab. Gleichzeitig weist diese Altersgruppe aber den stärksten Anstieg bei der Pkw-Nutzungsintensität auf (vgl. BMVBS 2010: 92 und 181).

Da Veränderungen im Mobilitätsverhalten älterer und alter Menschen v.a. durch die Transformation früher erworbener Verhaltensmuster in das höhere und hohe Alter induziert werden (vgl. BMVBS 2010: 183ff.), ist davon auszugehen, dass mit dem Nachrücken der hochmobilen jüngeren Generationen in die höheren und hohen Altersklassen in Zukunft sowohl der Führerscheinbesitz als auch die Pkw-Verfügbarkeit bei älteren und alten Menschen weiter steigen werden (vgl. Mollenkopf et al. 2004: 356; BMFSFJ 2005: 241). Gleichwohl werden die mit dem Alter einhergehenden sensorischen und sensomotorischen Funktionseinbußen aber auch weiterhin eine abnehmende Pkw-Penetranz mit steigendem Alter begründen.

Insgesamt zeigt eine Analyse der Verteilung der zurückgelegten Wegstrecken auf die verschiedenen Verkehrsmittel (Modal Split) deutliche altersabhängige Differenzen (siehe Abb. 14).

Abb. 14: Verkehrsmittelwahl nach Altersklassen (2008)

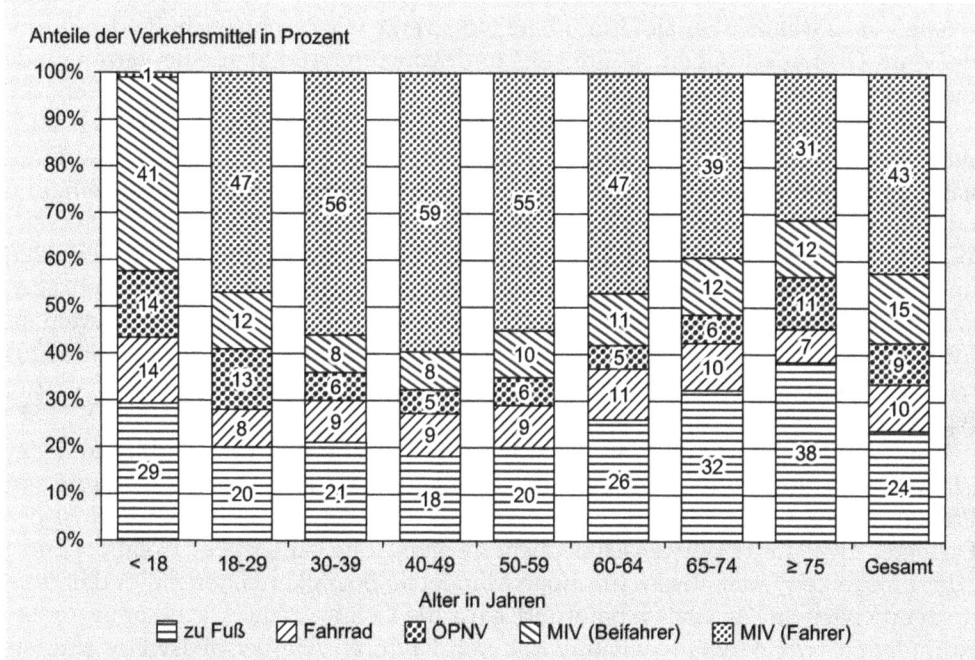

Quelle: BMVBS (2010): 77; Eigene Darstellung

Parallel zu der mit steigendem Alter abnehmenden Nutzung des eigenen Pkw nimmt insbesondere die Bedeutung der Fortbewegung zu Fuß im mittleren und höheren Alter, speziell ab etwa 60 Jahren, überproportional zu. Daneben zeigt sich für die Gruppe der 75-Jährigen und Älteren eine verstärkte Nutzung öffentlicher Verkehrsmittel bei gleichzeitig deutlich sinkender Bedeutung des Fahrrades als Verkehrsmittel (vgl. BMVBS 2010: 104). Aus den genannten Befunden ergibt sich im Hinblick auf die Generierung altersfreundlicher Umwelten und damit auf eine Anpassung an die zunehmend größer werdende Zahl älterer und alter Menschen somit die Notwendigkeit einer guten Erreichbarkeit innerstädtischer Destinationen auch mit öffentlichen Verkehrsmitteln.

2.4.3.7 Sozialkontakte älterer und alter Menschen

Vielfältige soziale und Freizeitaktivitäten stellen eine wesentliche Grundlage für positive Lebenserfahrungen und subjektives Wohlbefinden dar. Insbesondere im höheren und hohen Alter kommt derartigen Aktivitäten zudem eine bedeutende Funktion als Ausgleich für gesundheitliche Beeinträchtigungen und individuelle Verlusterfahrungen zu (vgl. SMITH ET AL. 2010: 527 u. 540).

In vielfältiger Hinsicht (institutionell, räumlich und zeitlich) stellt Erwerbsarbeit einen zentralen Rahmen für soziale Vergesellschaftung dar. Daher verlieren ältere und alte Menschen mit dem Ausscheiden aus dem Berufsleben das „zentrale Medium gesellschaftlicher Integration" (BACKES / CLEMENS 2008: 209). Nach Eintritt in den Ruhestand bestehen nach BACKES / CLEMENS (2008: 211) v.a. drei Möglichkeiten zur Vergesellschaftung, nämlich zum einen im Rahmen von Familie und Verwandtschaft, zum Zweiten über außerfamiliäre Netzwerke wie Nachbarschaft oder Freunde. Zum Dritten schreiben sie Freizeit- und Konsumaktivitäten eine vermittelnde Funktion in Bezug auf soziale Beziehungen zu.

Mit dem Rückgang der Vergesellschaftungsmöglichkeiten reduziert sich auch die Größe des sozialen Netzwerkes. Gleichzeitig nimmt die Häufigkeit außerfamiliärer sozialer Kontakte und damit die Intensität der gesellschaftlichen Beteiligung im höheren und hohen Alter ab (vgl. WAGNER / SCHÜTZE / LANG 2010: 334; MAYER / WAGNER 2010: 288; VOGES 2008: 203 u. 245). Hierzu können auch Funktionseinbußen im Bereich der sensorischen Systeme und / oder des Bewegungsapparates beitragen (vgl. MARSISKE ET AL. 2010: 423; MAAS / STAUDINGER 2010: 577f.). Die reduzierten informellen Kontaktmöglichkeiten stehen dabei im Widerspruch zu dem Bedürfnis nach Mitteilung und Kontakt sowie nach Zusammensein und Gemeinschaftsbezug (vgl. BECKER 1998: 40).

Insbesondere für Frauen ergibt sich weiterhin aus der Übersterblichkeit der Männer (siehe Kapitel 2.3.2.5) sowie der geringeren Wiederverheiratungsquote von Frauen häufig das Problem des erzwungenen Alleinlebens nach dem Verlust des Partners. Zwar führt Witwenschaft nicht zwangsläufig zu sozialer Isolation und / oder Einsamkeit[27], das Risiko für einen Mangel an Sozialkontakten steigt damit jedoch erheblich an. Zusätzlich befördert wird die Gefahr sozialer Problemlagen bei Kumulation von Witwenschaft mit weiteren Faktoren wie beispielsweise Kinderlosigkeit (vgl. WAGNER / SCHÜTZE / LANG 2010: 339; VOGES 2008: 246f.; MAYER ET AL. 2010: 640f.).

2.4.4 Werte und Wertewandel

„Werte sind allgemeine, grundlegende, zentrale Ziele, Orientierungsstandards und -leitlinien für das Handeln von Individuen, Gruppen-, Organisations- und Gesellschaftsangehörigen und damit auch für die Aktivitäten sozialer Gebilde. Werte fungieren als sinnstiftende Legitimationsgrundlage für die sozialen Normen" (HILLMANN 2001: 15)[28]. Werte stellen somit eine übergeordnete Kategorie dar, aus der sich Einstellungen ableiten. Dabei richten sich Einstellungen stets auf konkrete Objekte,

---

27 Isolation und Einsamkeit stehen in engem Zusammenhang, die beiden Phänomene sind jedoch nicht deckungsgleich: Isolation bezeichnet einen objektiv vorhandenen Mangel an Umfang und Intensität sozialer Kontakte. Einsamkeit hingegen beschreibt die subjektive Wahrnehmung eines Gefühls des Alleinseins sowie mangelnder Sozialkontakte und kann auch bei objektiv gegebener sozialer Integration auftreten (vgl. VOGES 2008: 266)

28 Eine weitere, häufig zitierte Definition stammt von KLUCKHOHN (1965): "A value is a conception, explicit or implicit, distinctive of an individual or characteristic of a group, of the desirable which influences the selections from available modes, means and ends of action." (zit. nach WISWEDE 1990: 14).

während es sich bei Werten um zentrale, zahlenmäßig begrenzte Verhaltensleitlinien handelt. Zudem weisen Werte eine zwar langfristig veränderbare, insgesamt jedoch relativ stabile Struktur auf, wohingegen sich Einstellungsänderungen in der Regel deutlich kurzfristiger vollziehen (vgl. JANSEN / RABE 2003: 163; DUNCKER 1998: 16ff.; STAMMEN 1982: 177). Wie WEINBERG (1990: 63) betont, ist „menschliches Verhalten in einem hohen Maße von Einstellungen und Erwartungen geprägt". Die hohe Relevanz von Werten für das alltägliche Verhalten – und somit auch für das Konsumverhalten – ergibt sich insbesondere daraus, dass eine Vielzahl von Handlungen weniger durch kognitive als vielmehr durch affektive Steuerungskomponenten geprägt wird. Diese affektiv dominierten Handlungen werden in hohem Maße durch erlernte und verankerte Werte- und Normensysteme beeinflusst (vgl. DUNCKER 1998: 31f. u. 53f.).

Entsprechend der These vom mehrdimensionalen Wertewandel wird heute mehrheitlich davon ausgegangen, dass sich der in der bundesdeutschen Gesellschaft schwerpunktmäßig zwischen Beginn der 1960er und Mitte der 1970er Jahre erfolgte Wandel der Wertvorstellungen – maßgeblich beeinflusst durch die materiellen Wandlungsprozesse dieser Zeit – über mehrere Dimensionen erstreckte, im Kern jedoch eine Abkehr von Pflicht- und Akzeptanzwerten bei gleichzeitiger Hinwendung zu Selbstentfaltungswerten beinhaltete. Als zentrale Dimensionen dieses Wertewandels werden insbesondere die Verlagerung von puritanischem Arbeits-Ethos und Anpassungsbereitschaft hin zu Unabhängigkeit und Selbstverwirklichung, das Streben nach Hedonismus und einem gegenwartsorientierten, genussfreudigen, freizeitbetonten und individualisierten Lebensstil anstelle von Disziplin und Gehorsam sowie die Verschiebung von extrinsischen Werthaltungen hin zu intrinsischen Werten genannt (vgl. KLAGES 1985: 26ff.; MAAS / SCHÜLLER 1990: 94; WISWEDE 1990: 16-22). Sozialer Wandel und Wertewandel sind dabei im Sinne eines wechselseitig dynamischen Modells aufeinander bezogen: Veränderungen im Bereich der soziostrukturellen Gegebenheiten begründen die Entstehung neuer Werte und Wertemuster, die ihrerseits geeignet sind, sozio-strukturelle Wandlungsprozesse auszulösen. Darüber hinaus können Veränderungen der persönlichen Lebenssituation auch individuell zu Neubewertungen der Wertprioritäten führen (vgl. DUNCKER 1998: 52 u. 57).

Zwar verloren Pflicht- und Akzeptanzwerte keinesfalls vollständig ihre Gültigkeit – nach Beobachtungen von HILLMANN (2001: 30f.) zeigen sich seit Ende der 1990er Jahre bei Arbeits- und Berufswerten wie z.B. Fleiß, Leistung und Karriere wieder deutliche Aufwertungstendenzen –, doch kam es infolge der Werteverschiebungen zu einer nachhaltigen Veränderung der gesellschaftlichen Wirklichkeit mit „tiefgreifende(n) Auswirkungen auf verschiedenste soziale Einstellungen und Verhaltensdispositionen" (KLAGES 1985: 28). Dieser Wertewandel vollzog sich insbesondere bei Angehörigen der damals jüngeren Altersklassen und dort vor allem bei Menschen mit gehobenem Bildungsniveau, erstreckte sich in etwas abgeschwächter Form aber auch auf alle weiteren Altersklassen (vgl. ebd.: 28).

Gleichwohl zeigen die altersklassenspezifischen Analysen des Wandels der Wertestrukturen im Zeitablauf, die von JANSEN / RABE (2003), DUNCKER (1998) und KÖLZER (1995) anhand der Vergleiche von Daten verschiedener Jahrgänge der Allensbacher Werbeträger Analyse (AWA) durchgeführt wurden, eine mit steigendem Alter zunehmende Bedeutung der Pflicht- und Akzeptanzwerte „Recht und Ordnung" sowie „Sicherheit und Geborgenheit". Da der Anstieg in Bezug auf den Wert „Recht und Ordnung" in jüngerer Zeit möglicherweise auf einem Alterseffekt beruht[29], könnten „Recht und Ordnung" auch für die kommenden Generationen älterer und alter Menschen von großer Wichtigkeit sein (für den Wert „Sicherheit und Geborgenheit" erlauben die Daten der jüngeren Vergangenheit keine Aussage darüber, ob der altersspezifische Bedeutungsgewinn auf einen Alters- oder einen Kohorteneffekt zurückzuführen ist). Auch der Wert „Sparsamkeit" weist trotz einer in allen Altersklassen zu beobachtenden Abnahme der Sparneigung einen deutlichen Bedeutungsgewinn von den jüngeren zu den älteren Kohorten auf. Dies zeigt sich u.a. an der mit steigendem Alter wachsenden Wertschätzung von Sonderangeboten sowie der größeren Bereitschaft älterer und alter Menschen, Konsumausgaben zugunsten von Spareinlagen einzuschränken. Da Sparsamkeit im engeren Sinn jedoch einem starken Kohorteneffekt unterliegt, ist von einer abnehmenden Bedeutung des Wertes Sparsamkeit bei den künftigen Kohorten älterer und alter Menschen auszugehen. Die hedonistische Lust- und Spaß-Orientierung verliert zwar mit zunehmendem Alter an Bedeutung, insgesamt sind die heutigen Generationen älterer und alter Menschen trotz der genannten altersspezifischen Unterschiede „sehr viel stärker an hedonistischen Werten orientiert" (JANSEN / RABE 2003: 179) als es die früheren Kohorten im höheren und hohen Lebensalter waren (vgl. JANSEN / RABE 2003: 170ff.; KÖLZER 1995: 275ff.; DUNCKER 1998: 71ff.).

Es ist aber auch zu berücksichtigen, dass innerhalb der einzelnen Altersklassen eine hohe und weiter zunehmende interindividuelle Variabilität der Wertorientierungen besteht (vgl. KLAGES 1985: 28 u. 32). Die steigende Privatisierung und Pluralisierung der Werte gründet nach HILLMANN (2001) insbesondere in einer vermehrt kritischen Einstellung eines wachsenden Teils der Menschen gegenüber Werten an sich und einem damit einhergehenden „Anspruch auf die autonome Festlegung eigener Wertvorstellungen und -prioritäten" (ebd.: 35).

Die typischerweise bestehende Konfundierung von mehreren Effekten bedingt, dass insbesondere durch Querschnittanalysen gewonnene Ergebnisse keine Aussage darüber erlauben, welcher bzw. welche der Effekte für die beobachteten Unterschiede zwischen Altersklassen ursächlich ist / sind (vgl. MARTIN / KLIEGEL 2008: 117f.; KRUSE 2006: 32). Dementsprechend sind Querschnittanalysen auch nicht bzw. nur in sehr eingeschränktem Maße für die Ableitung von Prognosen künftiger Entwicklungen geeignet.

2.4.4.1 Implikationen des Wertewandels auf das Konsumverhalten

Wie BÄR (2000) betont, „beeinflußt auch der Wandel in den Wertvorstellungen der Verbraucher (…) deren Wünsche und damit das Einkaufsverhalten" (ebd.: 15). So

---

29 Der Alterseffekt bei dem Wert „Recht und Ordnung" lässt sich erst zwischen 1990 und 2000 nachweisen (vgl. JANSEN / RABE 2003: 170f.); ein Vergleich der Daten von 1983 und 1991 hingegen zeigt einen eindeutigen Kohorteneffekt (vgl. KÖLZER 1995: 275f.). Offensichtlich kam es hier zwischen Mitte der 1980er Jahre und Ende der 1990er Jahre in allen Altersklassen zu einem Bedeutungsgewinn des Wertes „Recht und Ordnung", sodass nicht ausgeschlossen werden kann, dass es sich bei dem zwischen 1990 und 2000 beobachteten vermeintlichen Alterseffekt um einen Periodeneffekt handelt.

resultiert aus der mit dem Wertewandel einhergehenden verstärkten „Orientierung des Verhaltens am Hier und Jetzt" (WISWEDE 1990: 26) eine veränderte Einstellung zum Vorgang des Einkaufens, indem Einkaufen und Konsum sowie die Konsumgüter selbst nicht länger nur der Bedarfsdeckung, sondern zunehmend auch der Befriedigung von Bedürfnissen nach Genuss und Erlebnis sowie nach Emotionalität

---

Exkurs: Kohorten-, Alters- und Periodeneffekte

Altersspezifische Unterschiede zwischen verschiedenen Altersklassen sowie Veränderungen bestimmter altersklassenspezifischer Merkmale im Zeitablauf können auf drei Effekten beruhen, nämlich auf Kohorten-, Alters- sowie Periodeneffekten. Diese Effekte treten jedoch nur in den seltensten Fällen isoliert auf, vielmehr kommt es in der Regel zu einer Überlagerung von zwei oder drei der genannten Effekte, die in je unterschiedlichem Maße auf das Verhalten wirken (vgl. JANSEN / RABE 2003: 186).

Kohorte bezeichnet eine „abgegrenzte Zahl von Individuen, die gemeinsam eine bestimmte Zeitspanne durchlaufen und ein ‚zentrales Ereignis' oder aufeinander folgende Ereignisse zur ungefähr gleichen Phase ihres Lebens erleben" (JANSEN / RABE 2003: 164). Am häufigsten werden Individuen nach dem Zeitpunkt ihrer Geburt zu Geburts- oder Jahrgangskohorten zusammengefasst. Geburtskohorten erleben die jeweils gegebenen historischen, sozialen, kulturellen und technologischen Bedingungen zu einem ähnlichen Zeitpunkt ihres Lebenslaufes. Durch diese je unterschiedliche Prägung der einzelnen Kohorten kann davon ausgegangen werden, dass jede Kohorte charakteristische Eigenschaften besitzt und sich so von anderen Kohorten unterscheidet. Diese Unterschiede werden als **Kohorteneffekte** bezeichnet (vgl. BENGTSON 1989: 32; JANSEN / RABE 2003: 164f.).

Alterseffekte beschreiben Entwicklungen, die ausschließlich durch den Anstieg des Lebensalters, d.h. ausschließlich durch alter(n)sbedingte Veränderungen – insbesondere physische und psychische Prozesse, aber auch soziale Veränderungen – begründet werden. Diese Effekte sind bei allen Kohorten zu beobachten, sobald sie sich in einer bestimmten Altersklasse befinden. Somit zeigen nachfolgende Kohorten mit Vorrücken in eine höhere Altersklasse das Verhalten bzw. die Eigenschaften, die zuvor bei der nächstälteren Kohorte zu finden waren (vgl. KÖLZER 1995: 265f.; JANSEN / RABE 2003: 165).

Um **Periodeneffekte** handelt es sich, wenn alle parallel lebenden Kohorten einer Gesellschaft durch ein zu einem bestimmten Zeitpunkt stattfindendes weitreichendes Ereignis gleichermaßen geprägt und beeinflusst werden (vgl. YAMASHITA / NAKAMURA 2008: 220; JANSEN / RABE 2003: 166). Aufgrund der unterschiedlichen Stellung der einzelnen Kohorten im Lebenszyklus wird ein Ereignis jedoch von den Angehörigen verschiedener Kohorten je unterschiedlich aufgenommen, sodass ein und dasselbe Ereignis bei differenten Kohorten divergente Wirkungen zeigen kann (vgl. KÖLZER 1995: 267).

dienen sollen[30]. Ebenso wurde die ehemals gesamtgesellschaftlich hohe Wertschätzung von Sparsamkeit mehr und mehr durch das Streben nach sofortiger Befriedigung der Konsumbedürfnisse ersetzt. Entsprechend veränderten sich auch die gesellschaftlichen Konsumnormen weg von einer Betrachtung des Konsumierens als nur durch Arbeit zu rechtfertigende Tätigkeit hin zu einer Akzeptanz unbefangenen Lebens- und Konsumgenusses. Parallel dazu wurden Geltungskonsum sowie körperliche und modische Attraktivität zu wichtigen Voraussetzungen für soziale Anerkennung und entwickelten sich somit – trotz der Betonung von Individualität – zu neuen gesellschaftlichen Normvorstellungen (vgl. Opaschowski 1990: 120f.; Epple 1990: 423; Heinritz / Klein / Popp 2003: 155). Die veränderte Einstellung zu Konsum als Quelle des Lustgewinns findet sich jedoch nur eingeschränkt bei der Generation der vor und während des Zweiten Weltkriegs Geborenen (die heute etwa 70-Jährigen und Älteren), für die Konsum in der Regel keinen Selbstzweck besitzt, sondern vor allem eine Lebensnotwendigkeit darstellt, und die geprägt wurden von gesellschaftlichen Normvorstellungen, nach denen Freizeitkonsum und Genuss einem ständigen Rechtfertigungszwang unterlagen (vgl. Wiswede 1990: 25; Opaschowski 1990: 115 u. 121).

Gleichzeitig entwickelte sich im Zuge des Wertewandels ein neues Selbstbewusstsein der Verbraucher: Konsumgüter werden zunehmend kritisch hinterfragt, wobei eine größere Zahl verschiedenartiger Informationsquellen genutzt wird; Preis- und Qualitätsbewusstsein avancierten zu zentralen Einflussfaktoren im Kaufentscheidungsprozess; parallel dazu nahm die Markentreue deutlich ab, der Anspruch in Bezug auf Sortimentsbreite und -tiefe hingegen zu. Weiterhin wurden und werden die Konsumstile der Verbraucher immer individueller, wobei sich nicht nur interindividuelle, sondern auch intraindividuelle Unterschiede in den Konsummustern herausbildeten (vgl. Szallies 1990: 48; Redwitz 1990: 267; Wiswede 1990: 35ff.). Der „neue Konsument" lässt sich als Smart Shopper mit hybridem Verbraucherverhalten beschreiben, der zum einen stets auf der Suche nach hoher Qualität zu günstigen Preisen ist und somit eine hohe Affinität zu Sonderangeboten bzw. -aktionen aufweist („Schnäppchenjäger"), der sich zum anderen aber auch durch ein branchen- und situationsspezifisches Kaufverhalten auszeichnet, d.h. durch die Gleichzeitigkeit von sehr preisbewusstem Kaufverhalten (insbesondere bei Gütern des täglichen Bedarfs) einerseits und qualitäts- und prestigebewusstem Kaufverhalten (v.a. bei Gütern des periodischen Bedarfs) andererseits (vgl. Opaschowski 1990: 122f.; Heinritz / Klein / Popp 2003: 155).

Beeinflusst werden die beobachtbaren Veränderungen des Konsumverhaltens weiterhin durch die Verknappung des „Rohstoffes Zeit". Indem der Wert des individuellen Zeitbudgets einen zunehmend höheren Stellenwert einnimmt, steigt auch beim Konsumieren das Bedürfnis, „immer mehr in gleicher Zeit zu erleben" (Opaschowski 1990: 126). Das Bemühen um Aktivitätskopplung zeigt sich dabei nicht nur im Versuch, möglichst viele Konsumbedürfnisse im Rahmen eines Einkaufsganges zu befriedigen, sondern auch in der Verbindung von Einkaufen mit weiteren – häu-

---

30 Opaschowski (1990) definiert Einkaufen und Shopping allerdings als disjunkte Aktivitäten: „Einkaufen, um den Bedarf zu decken, und Shopping als Entdecken und Erleben – das sind zweierlei Beschäftigungen" (ebd.: 111).

fig sozialen – Aktivitäten (z.B. Cafébesuch mit Freunden), wodurch der Erlebnischarakter des Einkaufens weiter gesteigert wird.

2.4.4.2 Wertewandel und Einkaufszentren

Die gewachsene Bedeutung der Erlebniskomponente beim Einkaufen stellt neue Anforderungen an die Handelslandschaft, und dies nicht nur in Bezug auf die einzelnen Unternehmen mit ihren jeweiligen Ladenlokalen, sondern auch in Bezug auf die unterschiedlichen Standortbereiche, d.h. die gewachsenen innerstädtischen Einkaufsstraßen ebenso wie die zentral geplanten (innerstädtischen) Einkaufszentren (vgl. Redwitz 1990: 269; Beroiz 2009: 1050). Freilich gestaltet es sich für die zentral geplanten und gemanagten Einkaufszentren deutlich einfacher, der Erlebnisorientierung der Konsumenten zu entsprechen; dieser Wettbewerbsvorteil wurde von Planern und Managern von Einkaufszentren in den vergangenen Jahren und Jahrzehnten in wachsendem Maße erkannt und umgesetzt (vgl. Kapitel 2.2.3.1). Zudem entsprechen Einkaufszentren in nahezu idealer Weise dem Bedürfnis nach Zeitersparnis, indem sie in hoher räumlicher Nähe ein relativ breites Angebot an Waren und Dienstleistungen – einschließlich gastronomischer Angebote – bieten und durch die Integration von Parkmöglichkeiten die Distanzüberwindung zwischen Pkw und Ladenlokalen auf ein Minimum reduzieren. Darüber hinaus schreibt Opaschowski (1990) Einkaufszentren in einer zunehmend singularisierten Gesellschaft eine weitere Bedeutung zu: Sie seien auch „Fluchtburgen für Menschen, die der Langeweile und Vereinsamung entfliehen wollen" (ebd.: 124), wobei dies seiner Einschätzung nach „insbesondere für Singles und alleinstehende ältere Frauen sowie für Jugendliche und junge Leute bis 30 Jahren" zutreffe (ebd.).

Demgegenüber entsprechen innerstädtische Einkaufsstraßen mit ihrer historisch gewachsenen, einzigartigen Struktur und Anmutung in der Regel in deutlich höherem Maße als Shopping Center dem im Zuge des Wertewandels erstarkten Bedürfnis nach Individualität und einem „einzigartigen Konsum" (Wiswede 1990: 36). Darüber hinaus bieten auch die kulturelle Vielfalt ebenso wie das Vorhandensein verschiedenster und teilweise kleinteiliger Einzelhandels- und Gastronomieangebote einer Innenstadt Ansatzpunkte für eine attraktive, erlebnisreiche Umgebung, wenngleich man, wie Redwitz (1990: 274) richtig feststellt, „nicht ganze Stadtteile der Innenstadt (…) von heute auf morgen in eine Erlebniswelt umwandeln" kann.

2.5 Auswirkungen der Lebensumstände älterer und alter Menschen auf die Einkaufsstättenwahl – Seniorenmarketing

Unter dem Stichwort „Seniorenmarketing" wurde in den vergangenen Jahren und Jahrzehnten eine Vielzahl an Publikationen veröffentlicht, in denen die Besonderheiten des Einkaufsverhaltens älterer und alter Menschen dargelegt und daraus Anforderungen an den Einzelhandel abgeleitet werden (vgl. Kapitel 1.4). Darüber hinaus finden sich vereinzelt auch bei Ausführungen zu sozio-ökonomischen Fragestellungen, bei Veröffentlichungen, die sich mit der Thematik des Shopping Center-Marktes befassen (z.B. GRÖPPEL-KLEIN 2009; GRUNDMANN 2009), bei allgemeinen Darstellungen des Konsumentenverhaltens (z.B. KROEBER-RIEL / WEINBERG / GRÖPPEL-KLEIN 2009; KRELLER 2000) sowie bei Publikationen, die Alter und Altern aus unterschiedlichen Blickwinkeln beleuchten (z.B. BURGARD / KISS / WITTMANN 2006), Einlassungen zum Konsumverhalten älterer und alter Menschen und / oder den Anforderungen dieser Altersgruppe an Einzelhandelsbetriebe allgemein bzw. einzelne Betriebsformen des Einzelhandels.

Die bisherigen Untersuchungen bzw. Ausführungen zum Einkaufsstättenwahlverhalten älterer und alter Menschen beschränken sich allerdings nahezu ausschließlich auf die Frage nach den Gründen für die Wahl einzelner Geschäfte, selten auch nach den Gründen für die Bevorzugung bestimmter Betriebsformen (vgl. ARNOLD / KRANCIOCH 2008: 176f.). Die Maßstabsebene der Einzelhandelsagglomerationen und deren Einfluss auf die Einkaufsstättenwahl hingegen blieben bislang weitestgehend unberücksichtigt[31]. Zudem beziehen sich die Einlassungen der Literatur zum „Seniorenmarketing" mehrheitlich auf die Konsumentengruppe „50+", d.h. auf die Gruppe der ≥ 50-Jährigen (siehe z.B. ENSTE / NAEGELE / LEVE 2008; POMPE 2007, 2012). Die Aussagen bzw. Ergebnisse werden durch diese Vorgehensweise in erheblichem Maße durch das Konsumverhalten bzw. die Bedürfnisse der 50- bis 59-Jährigen beeinflusst. Wie in Kapitel 2.1.1 dargelegt, ist aber zu vermuten, dass sich Anforderungen und Verhalten dieser überwiegend noch erwerbstätigen Personengruppe von den- bzw. demjenigen der Menschen in höheren Altersklassen unterscheidet (vgl. auch SCHENK 2000: 399). Auch MEYER-HENTSCHEL H. u. G. (2004: 10) unterstellen der Kundengruppe der 50- bis 59-Jährigen eine „erheblich größere Affinität zur Jugend als zum Alter".

2.5.1 Allgemeine Determinanten der Einkaufsstättenwahl

Die Anforderungen älterer und alter Menschen an eine Einkaufsstätte sowie ihre Gründe für deren Auswahl folgen in ihren Grundzügen den allgemeinen Determinanten des Einkaufsstättenwahlverhaltens von Konsumenten. Dabei kann unterstellt werden, dass ein großer Teil der Faktoren, die die Einkaufsstättenwahl im Sinne der Auswahl eines konkreten Geschäftes bzw. Dienstleistungsanbieters determinieren, auch in Bezug auf die Wahl eines Einkaufsstandortes wirksam sind (vgl. auch KRELLER 2000: 57).

---

31 Eine Ausnahme bilden die Ausführungen von ARNOLD / KRANCIOCH (2008: 175f.), in denen sich ein kurzer Abschnitt den Präferenzen älterer und alter Menschen in Bezug auf Einzelhandelsagglomerationen widmet. Offensichtlich unter Bezugnahme auf die Studie von KAAPKE ET AL. (2005) [die Quelle wird nicht genau benannt] unterscheiden die Verfasser wohnungsnahe Einkaufsmöglichkeiten, innerstädtische Fußgängerbereiche, Einkaufszentren „auf der grünen Wiese" sowie Shopping Center. Leider werden in der Studie von KAAPKE ET AL. (2005: 84f.) – und dementsprechend auch bei ARNOLD / KRANCIOCH – keine Angaben zu der Frage gemacht, ob es sich bei den angesprochenen Shopping Centern ausschließlich um innerstädtische Center oder um Shopping Center allgemein handelt; die Ausführungen lassen jedoch eine Beschränkung auf innerstädtische Shopping Center vermuten. EITNER (2011: 125) erwähnt in einem knappen Hinweis, dass innerstädtische Fußgängerzonen gegenüber Einkaufszentren sowie Anbietern auf der „grünen Wiese" bevorzugt würden.

Eine umfassende Abhandlung des Einkaufsstättenwahlverhaltens von Konsumenten und seiner Determinanten kann und soll an dieser Stelle gleichwohl nicht erfolgen. Hier sei auf die einschlägige betriebswirtschaftliche Literatur (z.B. die ausführlichen Darstellungen von HEINEMANN (1976) und BECK (2003)) verwiesen. Folgende Hinweise sollen genügen:

2.5.1.1 Prozessmodell der Einkaufsstättenwahl

Der gesamte mit einem Kauf verbundene Entscheidungsprozess umfasst, wie KRELLER (2000: 44) darlegt, die Wahl einer Geschäftsagglomeration[32], die Auswahl des Produktes bzw. der Marke, die Entscheidung für eine bestimmte Betriebsform und das konkrete Geschäft sowie die Festlegung von Kaufzeitpunkt und Kaufmenge.

Nach dem von HEINEMANN (1976) entwickelten Prozessmodell der Einkaufsstättenwahl vollzieht sich die Entscheidung für eine Einkaufsstätte in fünf Phasen: Dem Erkennen eines Einkaufsanlasses, der internen und / oder externen Suche nach für den speziellen Anlass geeigneten alternativen Einkaufsstätten, der Bewertung der Alternativen, der Auswahl und Kontaktierung der gewählten Einkaufsstätte und schließlich der nachträglichen Bewertung der Einkaufsstätte (vgl. ebd.: 109ff.; THEIS 2008: 439ff.). In Abhängigkeit von Neuartigkeit, Bedeutung und Komplexität der konkreten Entscheidung folgt der Einkaufsstättenwahlprozess in vielen Fällen jedoch nicht exakt den Stufen des dargestellten komplexen Prozessmodells; vielmehr kann die Intensität der Phasen variieren, einzelne Phasen können sogar vollständig entfallen (vgl. HEINEMANN 1976: 111; KRELLER 2000: 29f.). Analog zu den unterschiedlichen Arten der Produktwahl lassen sich vier Typen von Einkaufsstättenentscheidungen mit je unterschiedlichem Grad an kognitivem Problemlösungsaufwand und Informationsbedarf differenzieren, nämlich extensive, habituelle, impulsive und limitierte Entscheidungen[33] (vgl. BECK 2003: 22). Insbesondere beim Kauf von Wa-

---

32 Abweichend von der üblichen Sprachregelung definiert KRELLER (2000) für ihre Studie Einkaufsstätten als „Agglomerationen von Geschäften" (ebd.: 14). Die von Kreller vorgenommene Abgrenzung der Einkaufsstätten deckt sich jedoch nicht mit der Differenzierung zwischen den beiden innerstädtischen Einkaufsstandorten „traditionelle innerstädtische Einkaufsstraßen" und „innerstädtische Shopping Center", die der vorliegenden Untersuchung zugrunde liegt; vielmehr unterscheidet Kreller fünf Kategorien von Einkaufsstätten (Innenstadt, Stadtteilzentrum, wohnnahe Einkaufszone, innerörtliches Einkaufszentrum und „grüne Wiese"), wobei sie unter dem Oberbegriff „Einkaufszentrum" sowohl natürlich gewachsene als auch geplante Zentren subsummiert (vgl. ebd.: 16ff.).

33 Bei extensiven bzw. echten Entscheidungen stehen in der Regel keine spezifischen Erfahrungen für die Problemlösung zur Verfügung, sodass der kognitive Aufwand sowie der Informationsbedarf des Konsumenten hoch sind. Extensive Entscheidungen betreffen vor allem Kauf- bzw. Einkaufsstättenwahlprozesse in Bezug auf Güter des langfristigen Bedarfs, sie können aber auch durch einen Umzug in eine neue Stadt induziert werden. Impulsive Entscheidungen stellen spontane, ausschließlich affektgesteuerte Reaktionen des Konsumenten auf angebotsseitige situative Reize dar. Sie entbehren weitgehend einer kognitiven Beteiligung und erfolgen ohne vorherige Informationsaufnahme; stattdessen weisen sie in der Regel eine ausgeprägte emotionale Komponente auf. Bei habituellen bzw. habitualisierten Entscheidungen determinieren „verselbständigte Automatismen" (KRELLER 2000: 92) das Handeln der Konsumenten, d.h. der Konsument verzichtet auf die Suche nach neuen Alternativen. Diese gewohnheitsmäßigen Entscheidungen finden sich vor allem beim Kauf von Gütern des täglichen Bedarfs und sind charakterisiert durch eine schwach ausgeprägte kognitive Beteiligung sowie einen geringen Bedarf an Informationen. Als limitierte Entscheidungen werden Prozesse bezeichnet, die geplant und überlegt durchgeführt werden, für die das Individuum aufgrund von Erfahrungen aber bereits über Lösungsmuster und Entscheidungskriterien verfügt; daher wird nur eine Auswahl aller möglichen Alternativen in die Entscheidung einbezogen, der kognitive Problemlösungsaufwand ist somit begrenzt. (vgl. KROEBER-RIEL / WEINBERG / GRÖPPEL-KLEIN 2009: 423ff., 439 u. 447; MEFFERT / BURMANN / KIRCHGEORG 2008: 103f.; BECK 2003: 22ff.).

ren des kurz- und mittelfristigen Bedarfs hat der Entscheidungsprozess für die für den konkreten Bedarf am besten geeignete(n) Einkaufsstätte(n) in der Regel bereits zu einem früheren Zeitpunkt stattgefunden und die gewählte(n) Einkaufsstätte(n) wurde(n) mehrfach einer Bewertung unterzogen. In diesen Fällen stellt der Einkaufsstättenwahlprozess meist eine habituelle oder limitierte Entscheidung dar und läuft dementsprechend unter nur geringer (im Fall einer habituellen Entscheidung) oder eingeschränkter (im Fall einer limitierten Entscheidung) kognitiver Beteiligung ab. Infolge eines Umzugs, einer erheblichen Unzufriedenheit mit der bzw. den bekannten Einkaufsstätten und / oder der Entstehung neuer, alternativer Einkaufsstätten kann allerdings auch in Bereichen ehemals habitueller oder limitierter Entscheidungsprozesse das Durchlaufen eines neuen, umfassenden Einkaufsstättenwahlprozesses angeregt werden (vgl. KRELLER 2000: 29f.; BECK 2003: 21ff.).

2.5.1.2 Determinanten der Einkaufsstättenwahl

Der Prozess der Einkaufsstättenwahl von Konsumenten wird maßgeblich durch verschiedene angebotsbezogene Faktoren, die durch jeweils mehrere Einzelausprägungen konkretisiert werden, determiniert (vgl. KRELLER 2000: 57f.). Tabelle 2 zeigt eine Zusammenstellung der wichtigsten objektspezifischen Determinanten des Einkaufsstättenwahlprozesses.

Die in Tabelle 2 aufgeführten Faktoren und Einzelausprägungen können, wie KRELLER (2000: 57) betont, sowohl auf die Ebene einzelner Geschäfte als auch auf Einkaufsstandorte im Sinne von Agglomerationen mehrerer Einzelhandels- und Dienstleistungsanbieter bezogen werden.

Es ist allerdings zu berücksichtigen, dass die Bewertung einer bestimmten Einkaufsstätte, die der Entscheidung für oder gegen diese Einkaufsstätte zugrunde liegt, nicht auf einer objektiven Beurteilung basiert; vielmehr erfolgt sie anhand des Einkaufsstättenimages[34], d.h. anhand des subjektiven Vorstellungsbildes des Konsumenten über einzelne Aspekte der betreffenden Einkaufsstätte – wobei die Wahrnehmung auch den objektiven Gegebenheiten widersprechen kann –, sowie der subjektiven Relevanz der einzelnen Faktoren für die individuelle Beurteilung der Einkaufsstätte (vgl. THEIS 2008: 442ff.). Dabei führt die Ausstrahlungswirkung von Images dazu, dass das Image eines Einkaufsstandortes auch die Präferenzen[35] für die einzelnen an bzw. in diesem Einkaufsstandort lokalisierten Geschäfte prägt, sodass eine deutliche Korrelation zwischen Einkaufsstandortwahl und Geschäftswahl angenommen werden kann. Die Ausstrahlungseffekte des Einkaufsstandortimages auf die Präferenzen für die einzelnen dort lokalisierten Geschäfte wirken jedoch bei Shopping Centern deutlich stärker als bei den Geschäftsagglomerationen in den traditionellen innerstädtischen Einkaufsstraßen (vgl. BÖCKER / BRINK 1987: 161 u. 177). Einen wichtigen Faktor stellen zudem die Subjektivität und Selektivität

---

34 Als „Image" werden „mehrdimensionale Abbilder eines Meinungsgegenstandes anhand der für die Beurteilung des Meinungsgegenstandes relevanten Merkmale" (BÖCKER / BRINK 1987: 165) bezeichnet, „wobei es sich eher um eine gefühlsmäßige Auseinandersetzung mit dem Meinungsgegenstand handelt" (KROEBER-RIEL / WEINBERG / GRÖPPEL-KLEIN 2009: 210).

35 Präferenzen beschreiben „das Ausmaß der Vorziehenswürdigkeit eines Beurteilungsobjektes für eine bestimmte Person während eines bestimmten Zeitraumes" (BÖCKER / BRINK 1987: 165); sie werden auf Basis von Images gebildet (vgl. ebd.: 166).

Tab. 2: Angebotsbezogene Determinanten der Einkaufsstättenwahl

Faktor	Einzelausprägungen
Sortiment	Breite und Tiefe des Sortiments, Vielfalt (Breite und Tiefe) an Geschäften und Dienstleistungsbetrieben, Angebot an Markenware, Qualität, Garantie, Neuigkeit
Preis	Preis-Leistungs-Verhältnis, Preismix
Personal	Freundlichkeit, Beratungskompetenz
Service	Andienungsform, Umtauschmöglichkeiten, Kundendienst, Schnelligkeit der Bedienung, Zahlung mit EC/Kreditkarte, Warenzustellung, alternative Bestellformen
Erreichbarkeit	Nähe zur Wohnung oder Arbeitsstätte, Parkplätze, Anbindung an öffentliche Verkehrsmittel, Öffnungszeiten, Geschäftsdichte, Zentralität
Atmosphäre	Einkaufsstättenverbindende Außengestaltung (Sauberkeit, Sicherheit, Fußgängerzonen, Ruhezonen, Aktionen), Außengestaltung des Geschäfts, Einrichtung, Präsentation, Atmosphärisches Umfeld
Institutionelle Gegebenheiten	Modernität, Seriosität, Kundenkreis, Kommunikationsmaßnahmen (Verkaufsförderung, Werbung, Information, Kundenbindungsprogramme)

Quelle: In Anlehnung an BECK (2003: 27) und KRELLER (2000: 58)

von Perzeptionen dar, die auch in Bezug auf Einkaufsstätten wirken; ihnen kommt ein nicht unerheblicher Einfluss als moderierende Variablen auf den Einkaufsstättenwahlprozess zu (vgl. KRELLER 2000: 42 u. 101ff.).

Die Subjektivität der Bewertung von Einkaufsstätten sowie der resultierenden Einkaufsstättenwahl verweist darauf, dass neben den in Tabelle 2 aufgezeigten objektspezifischen Determinanten implizit auch soziodemographische Merkmale der Konsumenten sowie situative Kontextfaktoren Einfluss auf den Einkaufsstättenwahlprozess nehmen. Im Bereich der soziodemographischen Faktoren betrifft dies insbesondere Alter, Geschlecht, Bildungsgrad, Einkommen, Stellung im Familienlebenszyklus, soziale Schicht sowie soziales Umfeld der Konsumenten. Der situative Kontext bezieht sich auf die kurzfristige Entscheidungssituation und umfasst psychische und physische Gegebenheiten, soziale Einflüsse (z.B. durch Begleitpersonen), zeitliche Einflüsse bzw. Restriktionen sowie die Art des Kaufes bzw. den Einkaufsanlass (vgl. BECK 2003: 26 u. 40-46; KRELLER 2000: 37 u. 78ff.).

2.5.2 Konsumverhalten älterer und alter Menschen

Nach Ansicht von PETTIGREW (2008: 259) weist das Konsumverhalten älterer und alter Menschen insgesamt – trotz einiger Spezifika – in den meisten Bereichen große Ähnlichkeiten mit dem von jüngeren Kundengruppen gezeigten Verhalten auf. Unterschiede seien danach überwiegend gradueller, weniger hingegen grundsätzlicher

Natur. Demgegenüber vertreten KROEBER-RIEL / WEINBERG / GRÖPPEL-KLEIN (2009: 593) die Auffassung, dass sich die unterschiedlichen Altersklassen einer Gesellschaft als gesellschaftliche Subkulturen mit je eigenen „subkulturellen Eigenarten" (ebd.) und somit einem je spezifischen Konsumverhalten beschreiben lassen. Auch EITNER (2008: 335) betont, dass die Konsumstruktur altersabhängigen Veränderungen unterliege.

In Bezug auf das Konsumverhalten älterer und alter Menschen wird vielfach betont, dass diese Bevölkerungsgruppe eine hohe und weiter steigende interne Heterogenität aufweise, die mit sehr differenzierten Anforderungen und Bedürfnissen an die Einzelhandelslandschaft einhergehe (vgl. MOSCHIS 2003: 519f.; ENSTE / NAEGELE / LEVE 2008: 329). Gleichwohl bestünde „eine Vielzahl von Bedürfnissen (…), die generell mit dem Alter vermehrt auftreten und somit von grundlegender Bedeutung bei der Gestaltung von Angeboten für ältere Menschen sind" (LANGGUTH / KOLZ 2007: 267).

2.5.2.1 Allgemeine Konsumeinstellungen

Ältere und alte Konsumenten werden in der Literatur überwiegend als anspruchsvolle und selbstbewusste Kunden mit einer ausgeprägten Genuss- und Konsumorientierung sowie einer hohen Affinität zu Bequemlichkeit und Komfort beschrieben (vgl. KALBERMATTEN 2008: 90; STRAUCH 2008: 163; KROEBER-RIEL / WEINBERG / GRÖPPEL-KLEIN 2009: 496). Die empirischen Ergebnisse von KÖLZER (1995: 188) zeigen dementsprechend zumindest für die Gruppe der 60- bis 70-Jährigen eine überdurchschnittlich positive Einstellung zum Einkaufen. Die grundsätzliche Aufgeschlossenheit gegenüber Genuss und Konsum – auch gegenüber neuen Produkten – gehe allerdings nicht mit einer unreflektierten Kaufbereitschaft einher; vielmehr seien ältere und alte Kunden in der Regel gut informiert und dementsprechend kritisch gegenüber Versprechungen der Werbung eingestellt, wobei dem jeweiligen familiären und sozialen Umfeld ein bedeutender Einfluss bei der Informationsbeschaffung über Waren und Dienstleistungen zukomme (vgl. CIRKEL / HILBERT / SCHALK 2004: 80; KAAPKE ET AL. 2005: 72). Weiterhin wird der Gruppe der älteren und alten Konsumenten nahezu übereinstimmend eine starke, teilweise auch eine überdurchschnittliche Qualitätsorientierung attestiert (vgl. ZERZER / LEBOK 2008: 15). Als wesentliche Ursache des hohen Qualitätsbewusstseins sowie der eher ablehnenden Haltung gegenüber flüchtigen Konsumtrends wird mehrheitlich die über einen langen Zeitraum erworbene Konsumerfahrung angenommen (vgl. BMFSFJ 2005: 267). Diese langjährige Konsumerfahrung führe auch dazu, dass es sich bei den Konsumentscheidungen älterer und alter Menschen zu einem großen Teil um habituelle Entscheidungen handle (vgl. KÖLZER 1995: 139; FEDERSEL-LIEB 1992: 76f.).

2.5.2.2 Einkaufsfrequenz und Einkaufsstättenwahlverhalten

Hinsichtlich der Häufigkeit des Einkaufens wird für ältere und alte Menschen mehrheitlich von einer bis etwa zum 70. Lebensjahr zunehmenden Einkaufsfrequenz bei gleichzeitiger Abnahme der je Einkaufsgang getätigten Einkäufe berichtet; mit weiter steigendem Alter gehe die Einkaufshäufigkeit und speziell die Häufigkeit von Innenstadtbesuchen dann jedoch deutlich zurück (vgl. EITNER 2011: 125; KAAPKE ET

AL. 2005: 85). Gleichzeitig sei die Anzahl der während eines Einkaufsganges aufgesuchten Geschäfte mit steigendem Alter rückläufig (vgl. KÖLZER 1995: 101). Teilweise findet sich darüber hinaus der Hinweis, dass ältere und alte Kunden Einkaufsgänge vorzugsweise tagsüber und speziell während der Vormittagsstunden durchführen würden (vgl. KRELLER 2000: 249; MOSCHIS 2003: 520).

Weiterhin wird in der Literatur die Bevorzugung traditioneller innerstädtischer Fußgängerzonen sowie kleinerer, inhabergeführter „Fachgeschäfte klassischer Prägung" (MEYER-HENTSCHEL 2008: 32) als typisches Merkmal älterer und alter Konsumenten genannt (vgl. EITNER 2011: 125). Hinsichtlich der Marken- und Einkaufsstättentreue dieses Kundensegments werden in der Literatur stark divergierende Positionen vertreten. Mehrheitlich wird älteren und alten Menschen, speziell den ≥ 75-Jährigen, eine noch immer überdurchschnittliche, in jüngerer Zeit jedoch tendenziell abnehmende Marken- und Einkaufsstättentreue unterstellt (vgl. KIRSCH 2003: 189; STUBERT 2006: 287): Ältere und alte Konsumenten „bevorzugen bekannte und traditionelle Markenprodukte" (KÖLZER 1995: 176), ebenso würden „bekannte und bewährte Betriebsformen und Geschäfte bevorzugt aufgesucht" (ebd.). Diese Stabilität im Konsumverhalten würde nicht zuletzt dadurch befördert, dass der Einfluss jüngerer Bezugspersonen mit steigendem Alter abnehme, sodass sich „tradierte und erprobte Konsumneigungen weiter verstärken" (ebd.: 133). Auch die Ergebnisse der Studie von KAAPKE ET AL. (2005: XXXVII) verweisen auf eine mit steigendem Alter stark zunehmende Produkt- und Einkaufsstättentreue. Teilweise wird aus der hohen biographischen Kontinuität des Konsumverhaltens aber auch abgeleitet, dass ein Teil der älteren und alten Menschen neuen Produkten und Geschäften grundsätzlich sehr aufgeschlossen und probierfreudig gegenüberstehe; dies betreffe diejenigen Kundengruppen, die bereits in früheren Phasen ihres Lebens die Vielfalt des Angebots und Produktinnovationen intensiv genutzt haben (vgl. STUBERT 2006: 54).

Wegen der stark lebenszyklisch geprägten Affinität zu traditionellen Betriebsformen des Einzelhandels ist es jedoch fraglich, inwieweit die Wertschätzung, die die gegenwärtig älteren und alten Menschen dem Facheinzelhandel sowie Kauf- und Warenhäusern entgegenbringen, auch bei künftigen Generationen älterer und alter Konsumenten zu beobachten sein wird, da Letztere bereits seit frühen Phasen des Lebenslaufes eine häufig intensive Nutzung von großflächigen und preisorientierten Betriebsformen pflegen (vgl. EITNER 2008: 343).

2.5.2.3 Preisbewusstsein und private Konsumausgaben

Hinsichtlich des Preisbewusstseins bzw. der Ausgabebereitschaft älterer und alter Menschen werden in der Literatur unterschiedliche Ansichten vertreten. Einige Autoren unterstellen der Mehrzahl der älteren und alten Konsumenten eine generell hohe Ausgabebereitschaft bzw. eine geringe Preissensitivität, wobei vereinzelt auch darauf hingewiesen wird, dass ein Teil dieser Konsumentengruppe in seiner Ausgabebereitschaft durch finanzielle Restriktionen und / oder Mobilitätseinbußen eingeschränkt sei (vgl. MOSCHIS 2003: 521; KROEBER-RIEL / WEINBERG / GRÖPPEL-KLEIN 2009: 496f.). In Bezug auf die Gruppe der 60- bis 74-Jährigen wird diese Annahme durch die Tatsache gestützt, dass die privaten Konsumausgaben der Haushalte mit einem Haupteinkommensbezieher zwischen 60 und 74 Jahren nahezu identisch mit dem Durchschnitt der privaten Konsumausgaben aller Haushalte sind (98,25%; Stand 2003[36]) – bei jedoch im Durchschnitt deutlich geringerer Haushaltsgröße. Bei den Haushalten mit einem Haupteinkommensbezieher ≥ 75 Jahre hingegen liegen die Ausgaben für den privaten Konsum um etwa ein Viertel (26,5%; Stand 2003) unter dem Durchschnittswert aller Haushalte (eigene Berechnungen nach BUSLEI / SCHULZ / STEINER 2007: 81; STBA 2011b: 26).

Von anderer Seite wird zumindest für einen Teil der älteren Kunden angenommen, dass sie grundsätzlich eher sparsam seien (vgl. EITNER 2011: 126). Wieder andere vertreten die Auffassung, dass ältere und alte Menschen generell ein zögerlicheres Konsumverhalten und eine stärkere Sparneigung im Vergleich zu jüngeren Altersgruppen aufweisen würden (vgl. STUBERT 2006: 37; HÄUSEL 2008b: 151ff.). Dementsprechend wird dieser Kundengruppe teilweise auch eine starke Affinität zu Sonderangeboten zugeschrieben (vgl. KÖLZER 1995: 315).

Nach Ansicht von TEMPEST / BARNATT / COUPLAND (2008: 253) kommt der jeweiligen Kohortenzugehörigkeit ein maßgeblicher Einfluss auf die individuelle Ausgabebereitschaft zu. So wirke bei den vor Mitte der 1940er Jahre Geborenen die Prägung durch die Wirtschaftskrise der 1920er und 1930er Jahre und / oder durch die Entbehrungen der unmittelbaren Nachkriegszeit bis heute nach und resultiere in einem eher zurückhaltenden Ausgabeverhalten. Die nachfolgende Generation hingegen wuchs in der Zeit des Wirtschaftswunders auf, war während der Erwerbsphase mehrheitlich nicht oder nur kurzzeitig von Arbeitslosigkeit betroffen und ist heute im Durchschnitt überproportional vermögend (siehe Kapitel 2.4.1.2). Diese lebenszeitliche Erfahrung relativen Wohlstands der Wirtschaftwundergeneration führe zu einer überwiegend hohen Ausgabebereitschaft sowie einer großen Bedeutung von Geltungskonsum (siehe auch BACKES / CLEMENS 2008: 107). Unterstützung erfährt diese These in ihrer Tendenz durch den oben angestellten Vergleich der privaten Konsumausgaben der 60- bis 74-Jährigen mit denen der ≥ 75-Jährigen.

Ob und wenn ja, inwieweit für die Zukunft von einer Fortdauer der gegenwärtig zu beobachtenden Unterschiede in der Einkommensverwendung zwischen älteren und jüngeren Altersgruppen ausgegangen werden kann, hängt maßgeblich davon ab, ob neben den beschriebenen Kohorteneffekten auch Alterseffekte für diese Differenzen verantwortlich zeichnen. Für diese Annahme des Einwirkens von Alterseffekten auf die Ausgabebereitschaft spricht die Tatsache, dass das Bewusstsein um den Anstieg der Aufwendungen für Gesundheit, der mit der zunehmenden Vulnerabilität im Alter verbunden ist, sowie um die hohen Kosten, die im Falle einer Pflegebedürftigkeit entstehen, die Sparneigung begünstigt (vgl. VOGES 2008: 128).

2.5.2.4 Freizeit und Konsum

Infolge der Verschiebungen, die die verschiedenen Formen der Vergesellschaftung hinsichtlich ihrer relativen Bedeutung sowohl im Rahmen der gesamtgesellschaft-

---

36 Eine Berechnung der Anteile des privaten Konsums für die im Rahmen der vorliegenden Arbeit verwendeten Altersklassen (siehe Einleitung zu Kapitel 3.1) ist anhand der vom Statistischen Bundesamt zur Verfügung gestellten Daten der Einkommens- und Verbrauchsstichprobe (EVS) 2008 nicht möglich (vgl. STBA 2010a); daher wird auf die bei BUSLEI / SCHULZ / STEINER (2007: 81) angeführten Daten der EVS 2003 zurückgegriffen, die sich zu den hier interessierenden Altersklassen aggregieren lassen.

lichen Entwicklung als auch im individuellen Alternsverlauf durchlaufen, erfahren Freizeit und Konsum im höheren Lebensalter eine deutliche Aufwertung (vgl. KOHLI 1992: 256; siehe auch Kapitel 2.4.3.7). Dementsprechend vertreten verschiedene Autoren (z.B. HEINRITZ / SCHRÖDER 2001: 184; LAURINKARI 1988: 159f.; KIRSCH 2003: 190) die Auffassung, dass Einkaufen für viele der älteren und alten Menschen, insbesondere für die Alleinstehenden unter ihnen, über die Versorgung mit Waren hinaus eine hohe soziale Bedeutung besitze: Zum einen biete es eine Abwechslung im Tagesablauf, zum anderen eröffne sich beim Einkaufen die Möglichkeit zu sozialen Kontakten. Daher wird davon ausgegangen, dass Einkaufen für einen großen Teil der Menschen im höheren und hohen Lebensalter weniger eine lästige Pflicht als vielmehr eine „unterhaltsame Freizeitaktivität" (KIRSCH 2003: 190) darstelle. So bemerken BURGARD / KISS / WITTMANN (2006: 201): „Alltägliche Besorgungen und die damit einhergehenden sozialen Kontakte nehmen im Sinne der gesellschaftlichen Partizipation einen wichtigen Stellenwert im Tagesgeschehen älterer Menschen ein." Darüber hinaus werde der Einkaufsgang häufig auch gezielt mit einer Freizeitaktivität wie beispielsweise einem Spaziergang oder einem Cafébesuch gekoppelt (vgl. KRIEB / REIDL 1999: 39; KÖLZER 1995: 126). Die Bedeutung von Erlebniskonsum als sinnstiftendes Handeln und damit auch die Ausgabebereitschaft in diesem Konsumsektor nehme aber im höheren und hohen Alter ab (vgl. VOGES 2008: 124ff.).

2.5.3 Anforderungen älterer und alter Menschen an den Einzelhandel

„Alter und Hochaltrigkeit verändern Bedürfnisse oder führen teilweise zu völlig neuen Bedürfnissen" (MEYER-HENTSCHEL 2008: 40). Insbesondere die mit zunehmendem Alter häufig einhergehenden Einschränkungen der Mobilität und / oder der sensorischen Fähigkeiten, aber auch Veränderungen der sozialen Lebenslage können Veränderungen des Konsumverhaltens und der individuellen Anforderungen an die Gestaltung der Einkaufsstätten, Sortiment bzw. Produktauswahl sowie Service nach sich ziehen (vgl. TEMPEST / BARNATT / COUPLAND 2008: 248; EITNER 2011: 124). Wie die Verfasser des sog. fünften Altenberichtes der Bundesregierung jedoch zu Recht beklagen, existiert trotz dieser Erkenntnis bislang „kein systematischer Überblick zur Frage, was die spezifischen Anforderungen älterer Menschen an Produkte und Dienstleistungen ausmacht" (BMFSFJ 2005: 268).

2.5.3.1 Anforderungen an die Andienung

Aus der bereits angesprochenen großen Bedeutung der sozialen Komponente des Einkaufens für einen nicht unerheblichen Teil der älteren und alten Menschen (siehe Kapitel 2.5.2.4) wird verschiedentlich ein erhöhtes Bedürfnis nach Bedienung und persönlicher Ansprache durch das Verkaufspersonal gefolgert (vgl. ARNOLD / KRANCIOCH 2008: 174; KAAPKE ET AL. 2005: 177f.). Wie häufig betont und teilweise durch Studien empirisch belegt, kommt dabei der Freundlichkeit und Höflichkeit des Verkaufspersonals im Umgang mit den älteren und alten Menschen, aber auch der Kenntnis der Lebensumstände und Bedürfnisse dieses Kundensegments, eine herausragende Bedeutung zu; teilweise wird diesbezüglich auch der gezielte Einsatz älterer Kundenberater empfohlen (vgl. EITNER 2011: 128; KÖLZER 2007: 273). Daneben soll eine insgesamt kommunikationsfördernde Atmosphäre mit der Möglichkeit zu Sozialkontakten und Kommunikation auch mit anderen Kunden den sozialen Bedürfnissen dieser Kundengruppe Rechnung tragen (vgl. KÖLZER 1995: 156f.; ARNOLD / KRANCIOCH 2008: 174).

Des Weiteren wird über das Bedürfnis nach sozialen Kontakten hinaus für ältere und alte Menschen eine hohe Affinität zu Serviceleistungen des Handels – einschließlich einer fachkundigen Beratung – angenommen (vgl. HÄUSEL 2008a: 154; EITNER 2011: 127f.). Empirische Studien verweisen auf ein bei der Mehrzahl der älteren und alten Konsumenten vorliegendes Bedürfnis nach einer ausreichend großen Zahl an verfügbaren Mitarbeitern, die beispielsweise bei der Suche nach bestimmten Produkten Hilfestellung leisten können (vgl. PETTIGREW 2008: 261). REINMOELLER (2008: 161) betont diesbezüglich: "In silver markets the importance of services is exacerbated because service innovation has the potential to create value and meet the requirements of sophisticated and wealthy customers." Auch Garantieleistungen des Handels stellten ein nicht unerhebliches Kriterium bei der Produkt- und Einkaufsstättenwahl älterer und alter Menschen dar (vgl. KÖLZER 1995: 176). Nach Ansicht mehrerer Autoren sind ältere und alte Kunden in der Regel auch bereit, für ein höheres Maß an Service, Komfort und Zuverlässigkeit ein entsprechend höheres Preisniveau zu akzeptieren (vgl. z.B. PETTIGREW 2008: 266; EITNER 2011: 126).

Schließlich wird aus der Annahme, dass der Freizeit- und Erlebnisaspekt für die Mehrzahl der älteren und alten Menschen eine wichtige Komponente des Einkaufens darstelle, von einigen Autoren ein großes Interesse dieses Kundensegments an erlebnis- und unterhaltungsorientierten Aktionen des Handels, wie beispielsweise Produktvorführungen, Gewinnspielen oder sonstigen Events, abgeleitet (vgl. z.B. KÖLZER 1995: 139; KAAPKE ET AL. 2005: 170f.).

2.5.3.2 Anforderungen an das Sortiment

Älteren und alten Konsumenten wird, wie bereits erwähnt, mehrheitlich eine starke Qualitätsorientierung zugeschrieben, wobei ein Vergleich jüngerer Veröffentlichungen mit den Ergebnissen der Studie von KÖLZER (1995: 216ff.) diesbezüglich einen starken Kohorteneinfluss nahelegt. Ein hohes Qualitätsniveau soll aber auch mit einem guten Preis-Leistungs-Verhältnis einhergehen (vgl. GASSMANN / REEPMEYER 2006: 66; KROEBER-RIEL / WEINBERG / GRÖPPEL-KLEIN 2009: 496). Weiterhin wird unterstellt, dass die ausgeprägte Qualitätsorientierung das Markenbewusstsein (speziell in Bezug auf Traditionsmarken) älterer und alter Kunden entscheidend befördere (vgl. BRÜNNER 1997: 197). Die Funktionalität der Produkte stelle für dieses Kundensegment ein weiteres wichtiges Kriterium bei der Kaufentscheidung dar (vgl. MOSCHIS 2003: 522). Darüber hinaus wird angenommen, dass ältere und alte Kunden eine starke Affinität zu Produkten haben, die ihrem Bedürfnis nach Komfort und bequemer Handhabung entsprechen, d.h. dass auch in Bezug auf das Sortiment dem Convenienceaspekt eine große Bedeutung beigemessen wird (vgl. ARNOLD / KRANCIOCH 2008: 179; CIRKEL / HILBERT / SCHALK 2004: 84). Demgegenüber würden Faktoren wie „Produktimage, Innovation, Design und der In-Faktor (…) kaum eine Rolle spielen" (o.V. 2008a: 12).

Die Alterung der Gesellschaft hat nach verbreiteter Ansicht in der Literatur Verschiebungen im Bereich der Nachfrage nach bestimmten Warengruppen und Dienstleitungsangeboten zur Folge. So zeichneten sich einige Waren- und / oder Dienstleistungsbereiche durch eine hohe Demographiereagibilität, d.h. durch steigende Nachfrage mit zunehmendem Alter der Konsumenten, aus. Im Hinblick auf eine dem Bedarf älterer und alter Menschen angepasste Sortimentsgestaltung sei es daher erforderlich, die Präsenz dieser Warenbereiche zu stärken. Als besonders demographiereagible Produkte bzw. Dienstleistungen gelten insbesondere medizinische Produkte und Dienstleistungen, Gesundheits- und Körperpflegeprodukte sowie Freizeit-, Unterhaltungs- und kulturelle Angebote (vgl. u.a. STUBERT 2006: 43f.; HEINZE / NAEGELE / SCHNEIDERS 2011: 13). Diese Vorstellung korrespondiert mit dem teilweise weit überdurchschnittlichen Ausgabenanteil älterer und alter Menschen an den fraglichen Produktbereichen; dies gilt insbesondere für die Bereiche Gesundheitspflege und Freizeit / Unterhaltung / Kultur. Bei den einzelhandels- und dienstleistungsrelevanten Konsumausgaben finden sich darüber hinaus in den Bereichen Innenausstattung und Haushaltsgeräte (nur bei 60- bis 74-jährigen Haupteinkommensbeziehern) sowie Beherbergungs- und Gaststättendienstleistungen leicht überdurchschnittliche Ausgabenanteile älterer und alter Konsumenten (eigene Berechnungen nach BUSLEI / SCHULZ / STEINER 2007: 81f.).

Auch in Bezug auf einzelne Produkte bzw. Produktgruppen wird angenommen, dass die mit steigendem Lebensalter üblicherweise einhergehenden physischen und sozialen Wandlungsprozesse Änderungen bei den Anforderungen der Konsumenten nach sich ziehen. Dies betreffe beispielsweise eine verstärkte Nachfrage nach an die Körperproportionen älterer und alter Menschen angepasster und gleichzeitig modischer Bekleidung, nach leicht bedienbaren technischen Geräten sowie nach kleineren, dem geringeren Verbrauch kleinerer Haushalte entsprechenden Packungsgrößen bei Lebensmitteln (vgl. BRÜNNER 1997: 185; KÖLZER 1995: 310). Gleichzeitig verliert (zumindest) im Bereich Bekleidung, wie eine Untersuchung von KRELLER (2000) zeigt, das Vorhandensein bestimmter Produkte oder Marken mit zunehmendem Alter an Bedeutung[37] (vgl. ebd.: 245). Auch das allgemeine Bestreben, sich modisch zu kleiden, ist – den Ergebnissen der Studie von KAAPKE ET AL. (2005: XVIII) zufolge – in den höheren und hohen Altersklassen rückläufig. Für die künftige Generation älterer und alter Menschen wird jedoch von einem höheren Modebewusstsein sowie einer größeren Affinität zu modischer Bekleidung ausgegangen (vgl. EITNER 2008: 270). Es ist zu vermuten, dass damit auch ein stärkeres Markenbewusstsein einhergehen wird.

2.5.3.3 Anforderungen an die Ladengestaltung

Aus den mit dem Alter einhergehenden körperlichen und kognitiven Veränderungen werden in der Literatur zahlreiche spezifische Bedürfnisse und Anforderungen älterer und alter Kunden an den Einzelhandel allgemein und speziell an die

---

37 KRELLER (2000) bezieht ihre Aussage zwar nicht direkt auf das Kriterium Alter, sondern auf die Stellung im Familienlebenszyklus. Da der Faktor Alter jedoch eine wesentliche Determinante der Stellung im Familienlebenszyklus darstellt (vgl. MÜLLER-HAGEDORN 1984), kann ein starker Einfluss des Alters auf das Untersuchungsergebnis angenommen werden.

Ladengestaltung abgeleitet. Allerdings beziehen sich die auf dieser Basis erstellten Handlungsempfehlungen für eine altersfreundliche Ladengestaltung mehrheitlich speziell auf den Lebensmitteleinzelhandel (siehe z.B. ARNOLD / KRANCIOCH 2008: 174; KLUMPP / KLEIN / FELSCHER 2007). Dem branchenübergreifenden Design der vorliegenden Arbeit entsprechend werden im Folgenden allerdings nur solche Gestaltungselemente referiert, die auf Ladenlokale von Anbietern aus anderen Branchen übertragbar erscheinen. Spezifische Anforderungen an Lebensmittelgeschäfte (z.B. eine geringere Tiefe von Kühltruhen) bleiben hingegen unberücksichtigt.

Vorrangiges Ziel einer an die Bedürfnisse älterer und alter Menschen angepassten Ladengestaltung müsse es sein, dem Wunsch dieses Kundensegments nach größtmöglicher Selbständigkeit einerseits und der Vermeidung von Angst- bzw. Unsicherheitsgefühlen andererseits zu entsprechen (vgl. ENSTE / NAEGELE / LEVE 2008: 329; MEYER-HENTSCHEL 1990: 66; EITNER 2008: 337). So sollte bereits der Eingang eines Geschäftes so gestaltet sein, dass er einen bequemen und barrierefreien Zutritt erlaubt. Neben einem ebenerdigen oder mit Aufzug zu erreichenden Eingang zählt dazu beispielsweise auch der Einsatz selbstöffnender Türen. Darüber hinaus sollte – soweit möglich – der im höheren und hohen Alter nachlassenden körperlichen Leistungsfähigkeit durch einen Verzicht auf Treppen Rechnung getragen werden. Weiterhin sollten breite Gänge sowie eine übersichtliche räumliche Gliederung und eine klare Kennzeichnung der verschiedenen Abteilungen bzw. Warengruppen – evtl. unter Anwendung von Bildern bzw. Piktogrammen –, Informationstafeln und Übersichtspläne, aber auch der Verzicht auf häufige Änderungen in der Anordnung des Sortiments zu einer möglichst problemlosen Bewegung und Orientierung (insbesondere) der älteren und alten Kunden im Geschäft beitragen. Daneben gelte es, der erhöhten Sturzgefahr im Alter (siehe Kapitel 2.4.2.2.3) durch ebene, rutschfeste und helle Bodenbeläge, einer guten Kennzeichnung von Stufen und möglichen Stolperstellen sowie einer reduzierten Laufgeschwindigkeit eventuell vorhandener Rolltreppen zu begegnen. Im Hinblick auf die Ermöglichung eines selbständigen Einkaufens sollten zudem die Waren in einer auch für ältere und alte Menschen erreichbaren Griffhöhe platziert werden. Nicht zuletzt findet sich häufig die Empfehlung, durch die Integration von Sitzmöglichkeiten oder anderen Angeboten zum Verweilen in die Ladengestaltung der nachlassenden physischen Leistungsfähigkeit im Alter zu entsprechen (vgl. ARNOLD / KRANCIOCH 2008: 174; KÖLZER 1995: 111 u. 328f.; MEYER-HENTSCHEL 1990: 176-184 u. 194-218). Zumindest in größeren Einzelhandelsgeschäften könne auch das Angebot von Schließfächern und / oder einer Garderobe dazu beitragen, den Einkaufsvorgang angenehmer zu gestalten (vgl. KAAPKE ET AL. 2005: 186ff.). Schließlich stellt – wie eine Studie der Bundesarbeitsgemeinschaft der Senioren-Organisationen e.V. (BAGSO) zeigt – das Vorhandensein einer Kundentoilette eine zentrale Forderung älterer und alter Menschen in Bezug auf die Ladengestaltung dar[38] (vgl. KLUMPP / KLEIN / FELSCHER 2007: 10; siehe auch GRUNDMANN 2009: 582).

---

38 Die Aussagekraft der zitierten Studie wird allerdings dadurch eingeschränkt, dass mögliche Kritikpunkte an Lebensmittelsupermärkten den Befragten als geschlossene Fragen vorgelegt wurden (vgl. KLUMPP / KLEIN / FELSCHER 2007: 35ff.). Es ist daher zu vermuten, dass die Ergebnisse in nicht unerheblichem Maße durch akquieszentes Antwortverhalten beeinflusst wurden.

Der abnehmenden Sehfähigkeit im Alter könne durch eine leicht lesbare, vorzugsweise direkt an den einzelnen Waren angebrachte Preisauszeichnung sowie das Anbringen von Vergrößerungsgläsern an den Regalen Rechnung getragen werden. Ebenso sollte bei der Gestaltung von Hinweisschildern und Informationstafeln auf eine gute Lesbarkeit geachtet werden; diese sei insbesondere durch eine ausreichend große Schriftgröße sowie ein kontraststarkes Verhältnis von Schrift und Hintergrund zu erzielen. Auch der Einsatz heller, jedoch nicht blendender Lichtquellen trage dazu bei, altersbedingte Beeinträchtigungen der Leistungsfähigkeit des Auges auszugleichen (vgl. Arnold / Krancioch 2008: 174; Kölzer 1995: 329; Brünner 1997: 203). Die mit dem Alter einhergehende Verkleinerung des Gesichtsfeldes sei u.a. dadurch zu berücksichtigen, dass wichtige Informationen wie beispielsweise Orientierungsschilder nach Möglichkeit in der Hauptblickrichtung sowie in Augenhöhe angebracht werden (vgl. Meyer-Hentschel 1990: 57f.). Der im höheren und hohen Alter nachlassenden Leistungsfähigkeit des auditiven Systems wiederum gelte es insbesondere durch eine Reduzierung des Geräuschpegels Rechnung zu tragen (vgl. ebd.: 191); hier ist vor allem die (häufig sehr laute) Hintergrundmusik in Geschäften angesprochen.

Aus der Annahme, dass der sozialen und alltagsgestaltenden Komponente des Einkaufens insbesondere für Menschen im höheren und hohen Lebensalter häufig eine bedeutende Rolle zukommt (siehe Kapitel 2.5.2.4), werden für eine an den Bedürfnissen dieses Kundensegments ausgerichteten Ladengestaltung erhöhte Anforderungen an erlebnis- und kommunikationsorientierte Gestaltelemente, wie beispielsweise Ladenbereiche mit Treffpunktcharakter, abgeleitet (vgl. Eitner 2011: 225ff.). Darüber hinaus wird älteren und alten Menschen aufgrund der mit steigendem Alter zunehmenden Bedeutung von Pflicht- und Akzeptanzwerten (siehe Kapitel 2.4.4) eine hohe Affinität zu einem ordentlichen und gepflegten Einkaufsstättenambiente zugeschrieben (vgl. Kölzer 1995: 176).

Vereinzelt finden sich auch kurze Anmerkungen zu einer an den Bedürfnissen älterer und alter Menschen orientierten Gestaltung des Umfelds eines Ladenlokals. Insbesondere Mängel im Bereich der Sicherheit und Sauberkeit, zu kurze Grünphasen bei Fußgängerampeln, schadhafte Pflasterungen, zu schmale Gehwege sowie eine unzureichende Beleuchtung der öffentlichen Wege werden dabei als diejenigen Faktoren identifiziert, die älteren und alten Menschen in besonderer Weise einen Aufenthalt in der Innenstadt erschweren bzw. sogar geeignet sind, diese Kundengruppe von einem Innenstadtbesuch abzuhalten. Hingegen könnten z.B. abgesenkte Bordsteine sowie der Einsatz von Rampen dazu beitragen, Menschen mit eingeschränkter physischer Leistungsfähigkeit einen gefahrlosen Zugang zu einem Ladenlokal o.ä. zu ermöglichen (vgl. Mandac 2006: 259; Kaapke et al. 2005: 183f.).

2.5.3.4 Anforderungen an die Erreichbarkeit

Eine gute Erreichbarkeit eines Geschäftes nimmt nach Ansicht verschiedener Autoren einen zentralen Stellenwert bei der Anpassung des Einzelhandels an die Bedürfnisse älterer und alter Konsumenten ein. Dies betreffe sowohl die Erreichbarkeit mit öffentlichen Verkehrsmitteln als auch die Anbindung an das Straßennetz einschließlich ausreichender Angebote für den ruhenden Verkehr (vgl. Eitner 2011:

125f.; Krieb / Reidl 1999: 104). Die Parkplätze sollten zudem hinreichend breit ange-legt sein, um ein bequemes Ein- und Aussteigen zu ermöglichen, sowie eine gute Be-leuchtung aufweisen (vgl. Meyer-Hentschel H. u. G. 2004: 52; Moschis 2003: 523). Zur weiteren Minimierung des Wegeaufwandes empfehlen Arnold / Krancioch (2008: 176) darüber hinaus, innerhalb von Einkaufszentren eine räumliche Gruppie-rung der Anbieter nach Bedarfsstufen oder Preisniveaus vorzunehmen.

2.5.3.5 Anforderungen an die Ansprache

Nahezu übereinstimmend wird in der Literatur die Auffassung vertreten, dass sich ältere und alte Menschen einer Ansprache über den Begriff „Senioren" verweigern würden und auch die Bezeichnung „alt" in Bezug auf die eigene Person – zumin-dest bei den ≤ 75-Jährigen – aufgrund der mangelnden Selbstidentifikation mit dem eigenen Alter sowie der überwiegend negativ geprägten gesellschaftlichen Alters-stereotype mehrheitlich abgelehnt würde (vgl. Neundorfer 2008a: 103ff.; Kirsch 2003: 189). Dementsprechend seien ältere Menschen auch „nicht an speziell für sie entwickelten bzw. speziell für Senioren kommunizierten Produkten oder Betriebs-typen interessiert" (Kölzer 1995: 236). Zudem konnte gezeigt werden, dass „Ältere höchst sensibel auf alle Arten von Klischees, Stereotypen oder Ausgrenzung reagie-ren" (Arndt / Borgstedt 2008: 30).

Wie in Kapitel 2.4.3.3 bereits dargelegt, schätzen ältere und alte Menschen ihr ei-genes Alter in der Regel deutlich unterhalb ihres kalendarischen Alters ein. Da sich (auch) Menschen im höheren und hohen Alter „eher so dargestellt sehen [wollen], wie sie sich fühlen, und nicht, wie sie tatsächlich sind" (Kirsch 2003: 185), gelte es bei der Ansprache älterer und alter Menschen dieses sog. feel age („gefühltes Al-ter"), von dem im Seniorenmarketing mehrheitlich angenommen wird, dass es etwa 12 bis 15 Jahre unter dem chronologischen Alter liegt, zu berücksichtigen (vgl. ebd.; Gassmann / Reepmeyer 2006: 146).

Demgegenüber betont Kalbermatten (2008: 83f.), dass eine wachsende Zahl äl-terer und alter Menschen der „forever-young-Strategie" des Handels mit ihrem im-plizierten Jugendlichkeitsideal sehr kritisch gegenübersteht und eine ehrliche und offene Ansprache des Alters bevorzuge. Neundorfer (2008b: 22) beklagt diesbezüg-lich, dass das „Stereotyp vom Alter als Defizit (...) von einem Forever Young-Stereo-typ abgelöst" wurde; dieser Strategiewechsel ist insbesondere vor dem Hintergrund der oben erwähnten Aversion älterer und alter Menschen gegenüber einer Stereo-typisierung ihrer Altersgruppe(n) sehr kritisch zu bewerten.

Ein erfolgreiches Marketing für ältere und alte Konsumenten müsse sich vielmehr durch einen respektvollen und wertschätzenden Umgang mit dieser Kundengruppe auszeichnen und gleichzeitig der hohen interindividuellen Heterogenität innerhalb dieses Kundensegments durch eine differenzierte Ansprache Rechnung tragen. Teil-weise wird diesbezüglich eine alterskorrelierte Unterscheidung zwischen „jungen Alten" und „alten Alten" gefordert (vgl. Arndt / Borgstedt 2008: 31; Kölzer 1995: 297f.), teilweise erfolgt eine stärker differenzierte Segmentierung anhand von Le-bensstilgruppen oder anderer Faktoren (z.B. Aktivitätsradius und Technikaffinität), wobei die Zahl der ausgewiesenen Subgruppen zwischen den einzelnen Publika-tionen erheblich differiert (vgl. z.B. Bössow / Urbahn 2008: 52ff.; Meyer-Hentschel

H. u. G. 2004: 10ff.). In jedem Fall dürfe eine differenzierte Marktbearbeitung der Gruppe der älteren und alten Menschen keinesfalls, wie Tews / Naegele (1990: 275) betonen, zu einer einseitigen Orientierung an den überwiegend kaufkräftigen und aktiven „jungen Alten" führen.

2.5.3.6 Universal Design

Die teilweise spezifischen Bedürfnisse älterer und alter Konsumenten begründen nach Meinung zahlreicher Autoren gleichwohl nicht den Wunsch dieses Kundensegments nach einem speziellen „Seniorenkaufhaus" (Eitner 2011: 125). Vielmehr hofften ältere und alte Menschen auf eine Integration „in alle gesellschaftlichen Prozesse" (ebd.) und somit auch auf eine integrative Berücksichtigung im Bereich Einzelhandel und Dienstleistungen (vgl. Cirkel / Hilbert / Schalk 2004: 86). Dieser Gedanke einer altersklassenübergreifenden Integration liegt dem Ansatz des Universal Design zugrunde.

Der ursprünglich im Bereich der Produktentwicklung entstandene Ansatz des Universal bzw. Transgenerational Design (vgl. Gassmann / Reepmeyer 2006: 28; Knigge / Gruber / Hofmann 2003: 11) wurde u.a. von Meyer-Hentschel (2008) auf weitere Bereiche übertragen; dieses erweiterte Verständnis von Universal Design konkretisiert Meyer-Hentschel in der Forderung nach „Universal Shopping", „Universal Environment", „Universal Entertainment" etc. Als Leitgedanken eines umfassend verstandenen Universal Design-Ansatzes definiert Meyer-Hentschel (2008: 34) „die Auslegung von Produkten und Umgebungen, so dass sie für alle Menschen nutzbar sind, soweit irgend möglich ohne erforderliche Anpassungen oder spezialisierte Auslegungen". Von diesem Ansatz ausgehend wurden sieben Prinzipien abgeleitet, die als Leitlinien für die Entwicklung altersunabhängig nutzbarer Produkte und Umgebungen dienen sollen: Breite Nutzbarkeit, d.h. Nutzbarkeit für möglichst alle Menschen mit ihrer je unterschiedlichen Leistungsfähigkeit; Flexibilität in der Benutzung; einfache und intuitive Benutzbarkeit; Darbietung aller relevanten Informationen in einer auch für Menschen mit Beeinträchtigungen der sensorischen Funktionsfähigkeit wahrnehmbaren Form; risikominimierende Fehlertoleranz; niedriger körperlicher Aufwand bei der Benutzung; Gestaltung in bedienungsfreundlicher Größe und mit ausreichendem Platzangebot für problemlosen Zugang und komfortable Benutzung (vgl. ebd.: 34ff.).

Kritisch zum Universal Design-Ansatz äußert sich Murata (2008: 324). Seiner Ansicht nach greift eine Reduzierung der Marktbearbeitung des Segments der älteren und alten Kunden auf eine Ansprache im Sinne eines alterslosen bzw. altersneutralen Marktes aufgrund der Komplexität des Konsumentenverhaltens, das seiner Meinung nach in hohem Maße in altersabhängigen Unterschieden gründet, zu kurz.

2.5.4 Berücksichtigung von Anforderungen und Bedürfnissen älterer und alter Konsumenten seitens des Einzelhandels

Trotz der allgemein anerkannten „Notwendigkeit einer angebotsseitigen Kundenorientierung" (Kreller 2000: 3) weist die Einzelhandelspraxis in Deutschland diesbezüglich große Defizite auf (vgl. ebd.; Hanser 1996: 83).

Auch in Bezug auf den Stand der „Seniorenwirtschaft" in Deutschland wird in der Literatur mehrheitlich beklagt, dass die spezifischen Anforderungen und Bedürfnisse älterer und alter Menschen „angebotsseitig nicht hinreichende Entsprechung" (BMFSFJ 2005: 227) finden würden. So fühlen sich ältere und alte Kunden vielfach durch das dargebotene Sortiment nicht angesprochen (vgl. Eitner 2008: 287f.). In Bezug auf Damenbekleidung beispielsweise wird häufig beklagt, dass sich die Passformen sehr stark an den Proportionen jüngerer Kundinnen ausrichten würden; zudem fehlten häufig die von vielen älteren Kundinnen nachgefragten größeren Konfektionsgrößen (vgl. o.V. 2004: 20; Krieb / Reidl 1999: 99f.). Weiterhin widerspreche die zunehmende Reduzierung der Beratungsleistung im Facheinzelhandel dem Bedürfnis älterer und alter Menschen nach qualifizierter Beratung und persönlicher Ansprache (vgl. Eitner 2008: 265).

Die Mehrzahl der Unternehmen in Deutschland reagierte bislang „überwiegend zögerlich oder gar nicht auf die demographische Entwicklung" (Knigge / Gruber / Hofmann 2003: 10). Wie die Untersuchung von Eitner (2008) zeigt, spricht nur eine Minderheit (41,1%) der Einzelhandelsunternehmen ältere und alte Menschen als eigene Zielgruppe an; eine weitergehende Differenzierung dieses Kundensegments findet sogar nur bei knapp 18% der Unternehmen statt (vgl. ebd.: 295). Insbesondere die soziale Komponente des Einkaufens werde in ihrer Bedeutung für ältere und alte Menschen nach Ansicht von Heinritz / Schröder (2001: 184) „vom Handel noch nicht erkannt".

Als Gründe für die defizitäre Berücksichtigung der Bedürfnisse des älteren und alten Kundensegments werden verschiedene Faktoren angeführt: Zum einen zeigt o.g. Untersuchung von Eitner, dass zwar die Mehrzahl (55,4%) der befragten Einzelhandelsunternehmen ältere und alte Kunden als wichtige oder sehr wichtige Zielgruppe einstufen, sich zum Zeitpunkt der Untersuchung (2006/2007) aber nur knapp ein Drittel (32,8%) der Unternehmen intensiv oder sehr intensiv mit dem demographischen Wandel auseinandergesetzt haben, 27,4% sich hingegen gar nicht oder eher weniger mit dieser Thematik beschäftigt haben. Damit liegt die Intensität der Beschäftigung im Einzelhandel unter dem Grad der Auseinandersetzung anderer Wirtschaftszweige mit dem demographischen Wandel, wobei sowohl hinsichtlich der Beurteilung der Relevanz älterer und alter Kunden als Zielgruppe als auch hinsichtlich des Grades der Auseinandersetzung mit diesem Kundensegment deutliche Unterschiede in Abhängigkeit von der jeweiligen Branche sowie der Betriebsform bestehen (vgl. ebd.: 255ff. u. 266ff.). Zum anderen sehen sich diejenigen Unternehmen, die sich bereits mit der Alterung der Bevölkerung befasst haben, häufig internen (z.B. mangelndes Budget, Dringlichkeit anderer Themen) und / oder externen Hindernissen (z.B. mangelnde institutionelle Unterstützung durch Kommune, IHK u.a.) bei der Marktbearbeitung älterer und alter Kunden ausgesetzt (vgl. Eitner 2008: 273f.). Auch fehlendes Wissen über die Bedürfnisse und Wünsche älterer und alter Konsumenten sowie ein Mangel an detaillierten Marktforschungsergebnissen über dieses Kundensegment werden für die unterentwickelte Marktanpassung an Menschen im höheren und hohen Alter verantwortlich gemacht (vgl. Lebok / Döring 2005: 82; Hupp 2000: 281f.). Dieses Wissensdefizit liegt nach verbreiteter Ansicht zu einem erheblichen Teil darin begründet, dass die Entwicklung und Gestaltung von Produkten und Dienstleistungen, aber auch Stadtplanung und Architektur überwiegend jungen bzw. im mittleren Alter befindlichen Planern und Entwicklern obliegen, die die Lebenswelt älterer und alter Menschen nur aus der Außenperspektive kennen (vgl. KNIGGE / GRUBER / HOFMANN 2003: 11; LEHR 2006: 27). GASSMANN / REEPMEYER (2006: 40) sehen eine der Ursachen für die unzureichende Kenntnis der Anbieterseite aber auch in der Gruppe der älteren und alten Menschen selbst, da diese aufgrund der lebenslangen Anpassung ihrer Bedürfnisse an die gegebenen Bedingungen ihre Anforderungen und Wünsche nicht oder nur eingeschränkt wahrnehmen und dementsprechend Schwierigkeiten haben, diese zu formulieren.

Besonders häufig wird jedoch das Bestreben vieler Anbieter, das jungendliche Image ihres Unternehmens zu wahren, für den Verzicht auf eine explizite Ansprache des Kundensegments der älteren und alten Menschen verantwortlich gemacht (vgl. u.a. BONSTEIN / THEILE 2006: 30; KNIGGE / GRUBER / HOFMANN 2003: 10). Angebotsseitig sei noch immer die Befürchtung verbreitet, durch eine verstärkte Ausrichtung der Handlungsparameter an den Anforderungen und Bedürfnissen älterer und alter Konsumenten Attraktivitätseinbußen bei jüngeren Kundengruppen zu generieren – eine Annahme, die in hohem Maße durch die überwiegend negative Konnotation des Begriffes „alt" sowie der häufig negativen Stereotypen des Alters befördert wurde und wird (vgl. KÖLZER 1995: 2; FILIPP / MAYER 2005: 27f.; ROTHERMUND 2009: 140f.). Insbesondere hinsichtlich des Komfortaspekts beim Einkaufen wird diese Sorge in den Publikationen zum Seniorenmarketing allerdings durchweg als unbegründet erachtet. So betonen ARNOLD / KRANCIOCH (2008): "The demands of older target groups regarding convenience and comfort in shopping absolutely coincide with those of younger target groups" (ebd.: 174; vgl. auch CIRKEL 2009: 5).

Des Öfteren wird mittlerweile konstatiert, dass – nachdem sich die Seniorenwirtschaft in der Vergangenheit nahezu ausschließlich auf das Angebot typischer „Seniorenprodukte" bzw. seniorenspezifischer Dienstleistungen wie beispielsweise geriatrische Produkte oder Seniorenreisen konzentriert hatte – in jüngerer Zeit eine Ausdehnung der Angebote für ältere und alte Menschen auf verschiedenste Produkte und Dienstleistungen zu beobachten sei (vgl. ENSTE / NAEGELE / LEVE 2008: 325f.; BMFSFJ 2005: 234f.). Auch im Bereich der Ladengestaltung sind einige Anpassungsmaßnahmen des Handels an die Bedürfnisse älterer und alter Kunden festzustellen; eine Vorreiterrolle nehmen hier Unternehmen des Lebensmitteleinzelhandels ein (vgl. WESP 2005). DÜTHMANN (2005: 68) berichtet jedoch auch von einzelnen Aktivitäten anderer Branchen wie beispielsweise einer Vergrößerung der Umkleidekabinen. Grundlage dieser Maßnahmen sei eine verstärkte Wahrnehmung älterer und alter Menschen als kaufkräftige und kauffreudige Kundengruppe mit wachsenden finanziellen Ressourcen, gestiegenem Bildungsniveau und einer zunehmend besseren sozialen Integration (vgl. ENSTE / NAEGELE / LEVE 2008: 326). Insgesamt stellen CIRKEL / HILBERT / SCHALK (2004: 50) allerdings fest: „In wichtigen Marktfeldern wird weiterhin eine jugendorientierte Entwicklungs- und Marketingpolitik betrieben, die die Lebensstile und Bedürfnisse älterer Menschen weitgehend ignoriert." Damit bestehe die „Gefahr, dass die mit der Alterung der Gesellschaft verbundenen Chancen unterschätzt und zu spät wahrgenommen werden" (CIRKEL 2009: 9).

3 Empirie

In den vorausgehenden Kapiteln wurde auf Basis der Darstellungen in der einschlägigen Literatur gezeigt, dass sich die Lebenssituation älterer und alter Menschen in verschiedener Hinsicht – ökonomisch, physisch, psychisch sowie gesellschaftlich – von derjenigen jüngerer Personen unterscheidet und diese Unterschiede in Bezug auf konkrete Produkte sowie einzelne Einkaufsstätten in einigen Bereichen eine hohe Verhaltens- und Einstellungsrelevanz zeigen. Eine einfache Transformation der im Rahmen betriebswirtschaftlicher, kaufmännischer o.ä. Schriften aufgestellten Thesen zur einzelbetrieblichen Einkaufsstättenwahl älterer und alter Menschen auf die Ebene der Einzelhandelsagglomerationen, d.h. der traditionellen innerstädtischen Einkaufsstraßen bzw. der innerstädtischen Einkaufszentren, würde freilich zu kurz greifen. Es gilt daher, auf Grundlage der nachfolgend präsentierten Ergebnisse des Fallstudienvergleichs der drei Untersuchungsstädte allgemeine Determinanten des innerstädtischen Einkaufsstandortwahlverhaltens von Konsumenten verschiedener Altersklassen und speziell älterer und alter Menschen sowie die jeweiligen Bestimmungsgründe herauszuarbeiten; dabei ist auch die Perspektive der Anbieterseite zu berücksichtigen.

3.1 Methodisches Vorgehen

Die Fragestellung, die dieser Arbeit zugrunde liegt, eröffnet eine komplexe Thematik. Um sie möglichst umfassend auszuleuchten, wurde ein vielschichtiger methodischer Ansatz gewählt, der verschiedene quantitative und qualitative Methoden kombiniert. Zudem bietet die Methodenvielfalt den „Vorteil einer ‚Kreuzvalidierung' der Ergebnisse" (DIEKMANN 2008: 551). Wie in Kapitel 1.4 aufgezeigt, liegt eine umfassende wissenschaftliche Untersuchung zu alterskorrelierten Wahrnehmungs- und Nutzungsdifferenzen in Bezug auf innerstädtische Einkaufszentren und speziell zu den Reaktionen älterer und alter Menschen auf innerstädtische Shopping Center bislang nicht vor. Da „in der quantifizierenden Forschung mindestens die Gefahr besteht, dass der Forscher seine eigenen theoretischen Kategorien dem Forschungsobjekt aufoktroyiert" (LAMNEK 2005: 633), wurde zunächst mit Hilfe qualitativ-explorativer Methoden eine Annäherung an die Einstellungen von Menschen unterschiedlicher Altersklassen gegenüber innerstädtischen Einkaufszentren und klassischen innerstädtischen Einkaufsstraßen einerseits sowie an das Nutzungsverhalten in Bezug auf die unterschiedlichen Einkaufsumwelten andererseits versucht. Mittels quantitativer Untersuchungskomponenten, bei deren Entwicklung die Ergebnisse der qualitativen Untersuchungen berücksichtigt wurden, sollten statistisch belastbare Ergebnisse erzielt werden, die auch umgekehrt eine Überprüfung der qualitativ gewonnenen Erkenntnisse erlauben.

Den empirischen Erhebungen liegt die Differenzierung von fünf Altersklassen zugrunde, die sich wie folgt beschreiben lassen:

- 14-24 Jahre: Jugend und frühes Erwachsenenalter (Schule / Ausbildung)
- 25-39 Jahre: junge Erwachsene (Berufseinstieg und Familiengründung)
- 40-59 Jahre: ältere Erwachsene (Familienphase mit älteren Kindern und Übergang in empty-nest-Situation, Höhepunkt der beruflichen Laufbahn)
- 60-74 Jahre: höheres Alter (erste Ruhestandsphase)
- ≥ 75 Jahre: hohes Alter (zweite Ruhestandsphase, Zunahme gesundheitlicher Einschränkungen)

Die Festlegung und Abgrenzung der einzelnen Altersklassen erfolgte auf Basis von Plausibilitätsüberlegungen zu denjenigen Zeitpunkten im Lebenslauf, die eine hohe Eintrittswahrscheinlichkeit für konsumrelevante Ereignisse bzw. Bedingungen (Familienstand, Kinder, berufliche Stellung, ökonomische und gesundheitliche Situation) aufweisen (vgl. MÜLLER-HAGEDORN 1984; KROEBER-RIEL / WEINBERG / GRÖPPEL-KLEIN 2009: 483-497; SCHMITZ / KÖLZER 1996: 63ff.; siehe außerdem Kapitel 2.1).

3.1.1 Zeitungsrecherche

Der große Einfluss der medialen Berichterstattung auf die öffentliche Meinung ist hinlänglich bekannt. Dies gilt aufgrund ihres überdurchschnittlichen Medienkonsums auch und insbesondere für ältere und alte Menschen. Speziell Tageszeitungen werden von dieser Gruppe sehr intensiv genutzt und erreichen bei den ≥ 60-Jährigen im Vergleich zu allen anderen Altersklassen ihre größte Reichweite (vgl. THIMM 2009: 154; WAN-IFRA 2007). Es kann daher angenommen werden, dass die Einstellung der Konsumenten gegenüber innerstädtischen Shopping Centern allgemein und speziell gegenüber dem in ihrer Stadt befindlichen Einkaufszentrum in nicht unerheblichem Maße durch die Darstellungen der Lokalpresse beeinflusst ist. Eine Analyse der lokalen Berichterstattung zum Thema „Shopping Center", aber auch zu der Entwicklung des innerstädtischen Einzelhandels- und Dienstleistungsangebotes insgesamt, erschien daher im Hinblick auf die Interpretation der Konsumentenbefragungen geboten.

Leider konnte die Zeitungsrecherche nicht wie geplant in allen drei Untersuchungsstädten durchgeführt werden. Während in den Stadtarchiven von Erlangen und Koblenz die Berichte der Lokalpresse thematisch gegliedert archiviert werden, fehlt eine derartige Strukturierung im Zwickauer Archiv; stattdessen werden dort alle Ausgaben der regionalen Tageszeitung in ihrer Gänze chronologisch gesammelt. Eine Durchsicht der gesamten Presse seit Beginn der Planungen für die Zwickau Arcaden war aufgrund der zeitlichen Restriktionen der vorliegenden Untersuchung jedoch nicht möglich. Die Presseanalyse musste daher auf die Städte Erlangen und Koblenz beschränkt werden.

3.1.2 Kartierung

Grundlage für das Verständnis der Einstellungen von Konsumenten gegenüber unterschiedlichen Einkaufsstandorten sowie für deren Nutzung ist eine möglichst umfassende Kenntnis der jeweiligen Angebotsstruktur (vgl. Popp 2002: 24). Eine rein quantitative Erfassung der vorhandenen Einzelhandels- und Dienstleistungs- anbieter und ihrer räumlichen Verteilung erschien vor dem Hintergrund der hier interessierenden Fragestellung allerdings nicht ausreichend. Beispielsweise erlaubt die Sortimentsangabe „Bekleidung" keine Aussage darüber, ob auch die Mehrzahl der älteren und alten Menschen von den angebotenen Waren angesprochen wird. Es kann angenommen werden, dass in einem Geschäft, das sich auf den Verkauf enger und kurz geschnittener Kleidungsstücke in knallbunten Farben spezialisiert hat, die Zahl der Kunden im höheren und hohen Lebensalter vergleichsweise ge- ring ist. Auch dem Ladendesign kann eine exkludierende Wirkung auf bestimmte Konsumentengruppen unterstellt werden. Ein Ladenlokal mit „Ramschambiente", geprägt durch Wühltische, billig wirkende Drehständer und einen abgeschabten Fußbodenbelag, wird mit hoher Wahrscheinlichkeit nicht oder nur in Ausnahme- fällen von anspruchsvollen und qualitätsbewussten Kunden mit vergleichsweise hohem verfügbarem Einkommen aufgesucht werden. Ein ähnlicher Effekt kann für Läden mit einem durchgängig billigen oder sehr niedrigen Preisniveau vermutet werden. Wie in Kapitel 2.5.3.2 dargelegt, kann ein überdurchschnittlicher Anteil der älteren und alten Menschen dem Segment der anspruchsvollen und qualitäts- bewussten Kunden mit erhöhter Ausgabebereitschaft zugeordnet werden. Ebenso werden Menschen, die aufgrund von Beeinträchtigungen des Bewegungsapparates auf Gehhilfen oder Rollstühle angewiesen sind, durch Stufen und / oder Treppen vor bzw. in Ladenlokalen (sofern diese nicht durch spezifische Maßnahmen wie z.B. Rampen oder Aufzüge kompensiert werden) in ihrem Konsumverhalten stark beeinträchtigt, da ihnen der Zugang zu bestimmten Geschäften bzw. Teilen davon nicht oder nur unter großen Schwierigkeiten möglich ist. Wie in Kapitel 2.4.2.3 ge- zeigt, sind Menschen im höheren und hohen Alter überproportional häufig von ei- ner eingeschränkten Motilität betroffen.

3.1.2.1 Methodische Konzeption der Kartierung

Eine umfassende Kartierung von Einzelhandel und personenbezogenen Dienst- leistern in der Innenstadt, die auch die o.g. Dimensionen berücksichtigt, liegt für kei- ne der ausgewählten Untersuchungsstädte vor (eigene Recherchen und Aussagen der Vertreter der kommunalen Wirtschaftsförderungsämter). Mittels einer speziell auf die Fragestellung der vorliegenden Untersuchung abgestimmten Kartierung sollten daher das Angebot, das den Konsumenten in den jeweiligen Innenstädten zur Verfügung steht, in seiner räumlichen Konkretion und ebenso die Darbietung des Angebots erfasst werden. Insbesondere sollte damit die Angebotskonkurrenz zwischen Einkaufszentrum und den umgebenden traditionellen Einkaufsstraßen abgebildet werden.

Die Kartierung umfasste sowohl quantitative als auch qualitative Elemente. Wie Popp (2002: 65) zu Recht beklagt, hat sich allerdings für die Erfassung qualitativer

Merkmale des Angebots „(noch) kein einheitlicher Standard durchgesetzt" (ebd.). Die Auswahl der Kriterien orientierte sich an den auf Basis von Aussagen der einschlägigen Literatur sowie eigener Plausibilitätsüberlegungen angenommenen Anforderungen und Bedürfnissen insbesondere älterer und alter Konsumenten (vgl. Wessel 1996: 141). Insgesamt wurden für jedes Geschäft bis zu zehn Merkmale erhoben (siehe Anlage A1-1.1). Während einige Kriterien bei jedem Anbieter sinnvoll erfasst werden konnten, war die Erhebung anderer Merkmale auf bestimmte Branchen begrenzt. Von jedem Anbieter aufgenommen wurden der Name und die räumliche Lage des Geschäfts, das Sortiment bzw. die angebotene Dienstleistung, die Gestaltqualität des Ladenlokals, die Zahl der genutzten Verkaufsebenen, die Existenz von Stufen bzw. Treppen vor oder in dem Ladenlokal sowie – sofern sich das Ladenlokal über mehrere Ebenen erstreckt – die für das Erreichen der unterschiedlichen Verkaufsebenen zur Verfügung stehenden Möglichkeiten (Treppe, Rolltreppe, Aufzug). Auch die Organisationsform des jeweiligen Anbieters wurde – differenziert nach Einzelunternehmen, Filialbetrieben und Franchisenehmern – erhoben. Die Einbeziehung dieses Faktors erfolgte vor dem Hintergrund, dass zum einen in den Darstellungen der Literatur zum Seniorenmarketing wiederholt die große Affinität älterer und alter Konsumenten zu inhabergeführten Fachgeschäften „klassischer Prägung" (Meyer-Hentschel 2008: 32) hervorgehoben wird (siehe Kapitel 2.5.2.2) und zum anderen die Organisationsform maßgeblichen Einfluss auf die Reaktionsfähigkeit eines Geschäftes auf die konkret vor Ort vorhandenen Belange und Wünsche der Konsumenten hat (vgl. Eitner 2008: 300f.). Zudem wurde erfasst, ob ein oder mehrere Gesundheitsdienstleister im selben Gebäude ansässig sind, und wenn ja, um welche medizinischen Dienstleistung(en) es sich dabei handelt. Grundlage der Einbeziehung von Gesundheitsdienstleistern war die Annahme, dass ältere und alte Menschen aufgrund der mit steigendem Alter zunehmenden Zahl an gesundheitlichen Beeinträchtigungen (siehe Kapitel 2.4.2) Ärzte und weitere medizinische Dienstleister häufiger aufsuchen, sodass eine hohe räumliche Nähe zu derartigen Anbietern einen möglichen Wettbewerbsvorteil für Einzelhandels- und Dienstleistungsgeschäfte darstellen kann. Auch das durchschnittliche Preisniveau wurde nach Möglichkeit für jeden Anbieter ermittelt; allerdings entzieht sich dieses Kriterium bei Geschäften, deren Sortiment Waren sehr unterschiedlicher Preisklassen umfasst, einer sinnvollen Kategorisierung. Sofern eine Ausrichtung des Marketingmixes auf eine bestimmte Altersgruppe zu erkennen war, wurde diese ebenfalls zu bestimmen versucht[39]. Dies betraf insbesondere die Anbieter aus den Branchen Bekleidung, Uhren und Schmuck sowie Hausrat und Wohnbedarf, teilweise ließ sich auch bei Friseuren und gastronomischen Anbietern eine Ausrichtung auf (eine) bestimmte Altersgruppe(n) erkennen. Da – wie in Kapitel 2.5.1.2 gezeigt – die Breite und Tiefe des Sortimentes einen maßgeblichen Faktor bei der Entscheidung für eine Einkaufsstätte darstellt, sollte darüber hinaus auch dieser Aspekt Eingang in

---

39 Für eine sinnvolle Klassifizierung der Anbieter nach der bzw. den jeweiligen Alterszielgruppen war eine Modifizierung der in der Einleitung des Kapitels 3.1 beschriebenen Altersklassen erforderlich: Zum einen wurde die gesamte Gruppe der ≥ 60-Jährigen zu einer Altersklasse zusammengefasst, zum anderen musste die jüngste Altersklasse um die Gruppe der 0-13-Jährigen erweitert werden. Somit wurden bei der Kartierung insgesamt vier Altersklassen differenziert, nämlich 0-24 Jahre, 25-39 Jahre, 40-59 Jahre sowie 60 Jahre und älter.

die Kartierung finden. Eine belastbare qualitative Einschätzung der Sortimentsbreite und -tiefe erschien in Anbetracht der Vielzahl der zu kartierenden Branchen jedoch unmöglich, sodass die Sortimentsgröße näherungsweise über den Indikator Verkaufsflächengröße erfasst werden sollte. Dies erwies sich aufgrund mangelnder Kooperationsbereitschaft der Mitarbeiter und / oder Inhaber der Einzelhandelsgeschäfte leider als nicht durchführbar[40]. Auf die Erfassung der Verkaufsflächengröße musste daher verzichtet werden.

Die Einbeziehung qualitativer Elemente in die Kartierung ist in Bezug auf die Quantifizierbarkeit der Daten freilich kritisch zu betrachten. Da es sich bei der Erhebung dieser Kriterien um eine standardisierte, nicht-teilnehmende Beobachtung handelt (vgl. WESSEL 1996: 140), die auf Einschätzungen und Bewertungen des Beobachters beruht, ist die Selektivität und Subjektivität der menschlichen Wahrnehmung als zentrale Fehlerquelle zu berücksichtigen. Diesem Problem wurde durch eine starke Begrenzung der Anzahl der Kategorien sowie die Festlegung möglichst konkreter Merkmale für die Zuordnung zu den einzelnen Kategorien zu begegnen versucht; beispielsweise orientierte sich die Bewertung des Geschäftsdesigns maßgeblich an der Art der Warenträger, der räumlichen Dichte der Warenpräsentation, der Wertigkeit der weiteren Einrichtungskomponenten, der Qualität von Wand- und Bodengestaltung sowie der Existenz komfortsteigernder Gestaltelemente (z.B. Sitzecken). Zudem konnten Verzerrungen durch eine unzureichende Intercoder-Reliabilität ausgeschlossen werden, da die Erhebung nur von einer Person durchgeführt wurde (vgl. MEIER KRUKER / RAUH 2005: 89f.; HANTSCHEL / THARUN 1980: 43). Unter diesen Bedingungen und in Abwägung mit dem zu erwartenden Erkenntnisgewinn erschienen die Einbeziehung qualitativer Kartierungselemente und deren quantifizierende Verarbeitung vertretbar.

Eine der zentralen Festlegungen einer Kartierung stellt die räumliche Abgrenzung des Erhebungsgebietes dar. Für Innenstadtkartierungen ergibt sich das Problem, dass eine allgemein anerkannte und trennscharfe Definition des Bereiches „Innenstadt" nicht existiert (vgl. KRELLER 2000: 17); vielmehr bestehen unterschiedliche Abgrenzungsmöglichkeiten (administrativ, funktional, historisch etc.), die in der Regel unterschiedliche räumliche Gebietsumgriffe begründen (vgl. FAHLE / BARK / BURG 2008: 47; BMVBS 2011: 15). Für die vorliegende Untersuchung wurde – in Anlehnung an die Vorgehensweise von POPP (2002: 28) – eine funktionale, an der Funktion der Innenstadt als Hauptgeschäftszentrum (vgl. MONHEIM 1999: 66) orientierte Abgrenzungsmethodik gewählt: Danach umfasst Innenstadt im Sinne dieser Studie die zentralen Hauptgeschäftsstraßen sowie die sich daran anschließenden Gebiete, solange und soweit in mindestens jedem dritten Gebäude (Erdgeschoss) ein Einzelhandelsbesatz anzutreffen ist. Eine starre Anwendung dieser Definition würde dem Ziel einer funktionalen Abgrenzung allerdings zuwider laufen, sodass im Zweifelsfall das Gesamtgepräge einer Straße für die Entscheidung ausschlaggebend war.

---

40 Häufig war den Angestellten des Geschäftes die Größe des Ladenlokals nicht bekannt, und es bestand keine Bereitschaft, diese bei dem Ladenbesitzer bzw. Filialleiter zu erfragen; teilweise wurde die Beantwortung der Frage nach der Verkaufsflächengröße von den Eigentümern bzw. Filialleitern des Geschäftes verweigert.

3.1.2.2 Durchführung der Kartierung und Datenauswertung

Die Kartierung der Innenstädte der drei Untersuchungsstädte einschließlich der Shopping Center wurde zwischen Frühjahr und Herbst 2009 durchgeführt. Insgesamt wurden 2.365 Einzelhandels-, Dienstleistungs- und Gastronomieanbieter (inklusive Leerstände und Fremdnutzungen, siehe unten) kartiert; die Verteilung der kartierten Anbieter auf die drei Untersuchungsstädte zeigt Tabelle 3.

Tab. 3: Verteilung der kartierten Anbieter auf die Untersuchungsstädte

	Erlangen	Koblenz	Zwickau
traditionelle Einkaufsstraßen	669	831	429
Shopping Center	104	129	67
Sonstiges	EKZ Neuer Markt: 19	Schängel-Center: 10	Markthalle: 8
Gesamt	792	970	504

Quelle: Eigene Erhebungen

Für die Durchführung der Kartierung wurde eine halboffene Vorgehensweise gewählt: Da die Befürchtung bestand, dass einige Anbieter einer Einbeziehung in die Kartierung kritisch bis ablehnend gegenüberstehen würden[41], wurde jedes Ladenlokal zunächst mit dem Anschein eines Kunden bzw. Gastes betreten, um ohne Behinderung bzw. Beeinflussung durch das Personal Erkenntnisse und Einschätzungen zu Sortiment, Preisniveau, Geschäftsdesign sowie der Anzahl der Verkaufsebenen und deren Zugänglichkeit gewinnen zu können. Anschließend wurde(n) der Inhaber oder das anwesende Personal des Geschäftes um Auskünfte zu den in der Kartierung erhobenen Dimensionen (mit Ausnahme des Geschäftsdesigns) gebeten. Diese stimmten mehrheitlich mit den selbst getroffenen Einschätzungen überein, teilweise wichen sie jedoch deutlich davon ab. In diesen Fällen wurde die eigene Einschätzung im Lichte der Aussagen des Geschäftsinhabers bzw. der Mitarbeiter überprüft und ggf. revidiert. Sofern die Angaben der Anbieterseite jedoch jeglicher Plausibilität entbehrten, wurde – auch im Sinne einer einheitlichen Anwendung der Bewertungskriterien – der eigenen Einschätzung Vorrang gegeben[42].

Das Sortiment bzw. Dienstleistungsangebot wurde zunächst möglichst vollständig, differenziert nach Haupt- und Randsortiment, aufgenommen, um somit eine größtmögliche Informationsdichte zu erhalten. Anschließend wurden die Anbieter einzelnen Branchen zugeordnet. Da in Deutschland mit Ausnahme der vom Statistischen Bundesamt herausgegebenen Klassifikation der Wirtschaftszweige (vgl. STBA

---

41 Die Befürchtung fand im Laufe der Erhebungen wiederholt Bestätigung, indem Inhaber oder Angestellte mehrerer Geschäfte bzw. Dienstleistungsanbieter jegliche Antwort verweigerten. In einigen Fällen war eine Kommunikation aufgrund fehlender oder sehr geringer Deutschkenntnisse des Inhabers bzw. Mitarbeiters nicht möglich.

42 Am häufigsten wichen die Angaben zur Alterszielgruppe von den eigenen Beobachtungen ab. Hier zeigte sich von Seiten der Anbieter die klare Tendenz, die Zielgruppe möglichst umfänglich darzustellen. So wurde beispielsweise wiederholt von Bekleidungsgeschäften mit einer offensichtlichen Orientierung auf junge Kunden (z.B. Spezialgeschäfte für Skater-Bekleidung) angeführt, dass auch ältere und alte Menschen zu ihrer Kernzielgruppe gehören würden und aus dieser Altersgruppe ein hoher Anteil der Kunden des Geschäftes generiert würde.

2008a), deren ausgeprägte Differenziertheit eine Nutzung für die vorliegende Studie nicht sinnvoll erscheinen ließ, keine einheitliche, allgemein anerkannte Branchenklassifikation existiert, wurde auf Basis verschiedener Klassifikationsvorschläge in der einschlägigen Literatur eine eigene Systematik entwickelt (siehe Anhang A1-1.2). Als problematisch erwies sich die Zuordnung von Betrieben, die unterschiedliche Wirtschaftätigkeiten (z.B. Produktion und Vertrieb oder Einzelhandel und Dienstleistung) oder verschiedene Branchen in ihrem Angebot vereinen. In diesen Fällen erfolgte die Zuordnung in der Regel auf Basis von Aussagen der Inhaber bzw. Mitarbeiter des Betriebes.

Anzumerken ist, dass neben den Anbietern des Einzelhandels sowie personenbezogener Dienstleistungen (einschließlich gastronomischer Anbieter) auch Leerstände sowie offensichtliche „Fremdnutzungen" von Ladenlokalen durch nicht dem Einzelhandel oder personenbezogenen Dienstleistern zuzuordnenden Anbietern kartiert wurden. Dies geschah vor dem Hintergrund, dass ein hoher Anteil an echten und / oder verdeckten Leerständen in der Regel ein Zeichen für trading-down-Prozesse in einer Innenstadt bzw. einem Teilbereich der Innenstadt ist (vgl. Popp 2002: 61f.). Häufig wird in der medialen wie auch in der wissenschaftlichen Diskussion die Ansicht vertreten, dass die Neuansiedlung eines (innerstädtischen) Shopping Centers typischerweise zu räumlichen Schwerpunktverlagerungen des innerstädtischen Gefüges führe und dabei den Prozess der Abwertung von Nebenlagen befördere (vgl. z.B. FAZ 2.10.2008; Briegleb 2011). Es wurde daher angenommen, dass hohe Leerstandsquoten in den traditionellen Einkaufsstraßen eine eher ablehnende Haltung der Konsumenten gegenüber innerstädtischen Einkaufszentren begründen oder zumindest begünstigen können.

Die aufbereiteten Daten wurden mit Hilfe deskriptiver Analyseverfahren statistisch ausgewertet, wobei – wie bereits angesprochen – auch die qualitativen Daten zugunsten von Typenbildungen in die quantitative Analyse einbezogen wurden (vgl. Kluge 2001: 74). Auf Basis eigener Beobachtungen vor Ort – einschließlich der Aussagen lokaler Einzelhändler während der Kartierung – sowie der Angaben der Vertreter des Stadtmarketing und / oder der kommunalen Wirtschaftsförderung wurden räumliche Teilgebiete mit hoher interner Homogenität der Angebotsstruktur identifiziert, die anschließend einer vergleichenden Analyse im Hinblick auf ihre jeweilige potenzielle Attraktivität für unterschiedliche (Alters-)Zielgruppen unterzogen wurden.

3.1.3 Experteninterviews

Eine möglichst umfassende Bearbeitung der Fragestellung erfordert neben der Analyse der Nachfragerseite auch die Einbeziehung der Perspektive der Anbieter. Dem Ansatz dieser Arbeit entsprechend stehen allerdings nicht die einzelnen Einzelhandels- und Dienstleistungsanbieter im Fokus des Interesses; vielmehr sollen auch hier die Einkaufsstandorte im Sinne räumlicher Agglomerationen von Einzelhandels- und Dienstleistungsanbietern, in diesem Fall also Shopping Center vs. traditionelle innerstädtische Einkaufsstraßen, betrachtet werden. Als relevante Experten wurden daher diejenigen Personen erachtet, die in institutionell-organisatorischer Weise maßgeblich mit Konzeption und Gestaltung der genannten Einkaufsumwelten sowie den damit einhergehenden Prozessen in den drei Untersuchungsstädten be- und vertraut sind und die auf diese Prozesse einwirken können (vgl. auch MEUSER / NAGEL 2009: 470). Auf Basis dieser Vorgaben wurden drei Personengruppen als für die vorliegende Fragestellung aufschlussreiche Experten der Anbieterseite identifiziert:

- Centermanager der in den Untersuchungsstädten befindlichen innerstädtischen Shopping Center

- Vertreter der Betreibergesellschaften der untersuchten Shopping Center, vorzugsweise mit Tätigkeit in Projektplanung bzw. -entwicklung

- Vertreter der kommunalen Wirtschaftsförderung sowie des Stadtmarketing der Untersuchungsstädte

3.1.3.1 Methodische Konzeption der Expertenbefragung

Die Befragung der Vertreter der Anbieterseite erfolgte in Form von leitfadengestützten Experteninterviews. Der von MEUSER / NAGEL (2009) vorgeschlagenen Differenzierung in Betriebs- und Kontextwissen folgend, lassen sich die mit den Interviews angestrebten Erkenntnisdimensionen wie folgt beschreiben: Zum einen sollten Informationen über die von den Befragten (mit)verantworteten Entscheidungen, Maßnahmen und Prozesse, d.h. über das Handeln der Experten selbst, gewonnen werden (Betriebswissen), zum anderen richtete sich das Interesse auf das durch ihre Tätigkeit erworbene Sonderwissen in Bezug auf die Adressaten ihres Handelns (Kontextwissen) (vgl. ebd.: 470f.). Allerdings zielte letztgenannter Aspekt weniger darauf, „zeiteffektiv erfahrungsgestütztes Experten-Wissen abzuholen" (MIEG / BRUNNER 2004: 199), als vielmehr Aufschluss darüber zu erhalten, inwieweit sich die Befragten bereits mit der Thematik der Bevölkerungsalterung sowie den Anforderungen und Gewohnheiten älterer und alter Konsumenten auseinandergesetzt haben (vgl. FLICK 2011: 216).

Dem explorativen Charakter der Experteninterviews entsprechend wurden die Befragungen als offene, semi-strukturierte und teilstandardisierte Interviews konzipiert. Damit sollte eine gewisse Vergleichbarkeit der Interviews in zentralen Punkten gewährleistet werden, gleichzeitig aber die Spezifität der einzelnen Befragten Berücksichtigung finden. Zudem sollte den einzelnen Befragten ausreichend Raum für individuelle Relevanzen gegeben werden (vgl. ATTESLANDER 2008: 124ff.; MEIER KRUKER / RAUH 2005: 64). Dementsprechend wurden die den Gesprächen zugrunde liegenden Leitfäden flexibel, in einem „Prozess permanenter spontaner Operationalisierung" (HOPF 1978: 111; siehe auch LAMNEK 2005: 350) gehandhabt.

Die Leitfäden gliedern sich in sechs bis acht thematische Blöcke (siehe Anhang A1-4 bis A1-6). Die ersten Blöcke sind individuell an den Funktionen und Handlungsfeldern der jeweiligen Befragten orientiert und thematisieren konkrete Maßnahmen im Hinblick auf ältere und alte Kunden sowie Einstellungen und Verhalten der Kunden in Bezug auf die jeweilige Institution. Im zweiten Teil der Interviews steht die Frage im Mittelpunkt, welche Bedeutung die einzelnen Institutionen älteren und alten Konsumenten beimessen und welchen Raum diese Kundengruppe bei den Planungen und Entscheidungen einnimmt. Neben direkten Fragen wurde diese Thematik auch indirekt durch Fragen nach den Anforderungen und Bedürfnissen älterer und alter Konsumenten und damit nach dem Grad der Auseinandersetzung mit dieser Kundengruppe operationalisiert. Abschließend wurde eine Einschätzung über die Zukunft des Einzelhandels in Deutschland erbeten.

3.1.3.2 Durchführung der Expertenbefragung und Datenauswertung

Erfreulicherweise konnten alle angefragten Personen für ein Interview gewonnen werden. Insgesamt wurden zwischen Oktober 2009 und Januar 2011 zehn Expertengespräche geführt: In jeder der drei Untersuchungsstädte wurden die Centermanager der in die Untersuchung einbezogenen innerstädtischen Shopping Center befragt, ebenso ein Vertreter des Amtes für Wirtschaftsförderung bzw. des für den Bereich Handel und Gastronomie zuständigen Sachbereichs der Stadtverwaltung. In Erlangen und Koblenz konnte zudem mit dem jeweiligen City-Manager ein Gespräch geführt werden; in Zwickau existiert eine derartige Institution nicht. Darüber hinaus wurde mit dem jeweiligen Leiter der Abteilung Projektentwicklung der beiden untersuchungsrelevanten Shopping Center-Betreibergesellschaften (zwei der drei betrachteten Einkaufszentren befinden sich in Händen derselben Betreibergesellschaft, siehe Kapitel 3.2.2) ein Experteninterview geführt.

Alle Gespräche wurden am jeweiligen Arbeitsplatz der Befragten geführt und wiesen eine Dauer von ein bis zwei Stunden auf. Dankenswerterweise erklärten sich alle Gesprächspartner mit einer audiographischen Aufzeichnung des Interviews einverstanden, sodass bei der Auswertung auf umfangreiches und weitestgehend vollständiges Datenmaterial zurückgegriffen werden konnte. Da Experteninterviews allerdings ausschließlich im Hinblick auf ihren thematischen Gehalt, nicht aber hinsichtlich der Sequenzialität der Aussagen interessieren, wurden nicht die gesamten Gespräche, sondern lediglich die in Bezug auf das Forschungsinteresse relevanten Passagen transkribiert. Die weitere Analyse erfolgte mittels eines mehrstufigen Verfahrens mit dem Ziel einer möglichst weitgehenden Generalisierung des Materials (vgl. Meuser / Nagel 2009: 476f.; siehe ebd. für eine ausführliche Darstellung des Auswertungsverfahrens).

3.1.4 Passantenbeobachtung

Während die Analyse von Verhaltensweisen auf Basis von Befragungen in ihrer Qualität stark von der Fähigkeit der Befragten zur Reflexion und Beschreibung abhängig ist, bietet die teilnehmende Beobachtung die Möglichkeit, Informationen über das Handeln von Individuen unabhängig von deren Bereitschaft und Fähigkeit zur Teilnahme an Befragungen zu gewinnen (vgl. Diekmann 2008: 572; Lamnek 2005: 552f.).

Im Fokus der Passantenbeobachtungen standen zwei Aspekte: Erstens sollten Erkenntnisse über Umfang und Struktur der Passantenströme (Zusammensetzung nach Alter, Geschlecht, Gruppengröße, sozialer Stellung etc.) sowie das Verhalten der Passanten in den traditionellen innerstädtischen Einkaufsstraßen sowie den Verkehrsflächen der Shopping Center gewonnen werden. Insbesondere sollte dabei der Frage nachgespürt werden, ob und wenn ja, wie sich Ziele und Verhalten der einzelnen Altersklassen voneinander unterscheiden. Zweitens sollte die Nutzung der traditionellen Innenstädte sowie der Einkaufszentren als Freizeitort betrachtet werden. Es wird angenommen, dass insbesondere Cafés einen zentralen Stellenwert in Bezug auf die Freizeitfunktion von Innenstädten und Einkaufszentren haben. In eingeschränktem Maße gilt dies auch für die weiteren gastronomischen Anbieter[43]; allerdings werden diese häufig auch zweckrational zur Einnahme einer Mahlzeit aufgesucht, wohingegen bei Cafés in weit höherem Maße die Nutzung als Ort der Freizeitgestaltung dominiert. Vor allem in Shopping Centern erfüllen Cafés und weitere gastronomische Anbieter (mit der eben beschriebenen Einschränkung) eine wesentliche Aufgabe hinsichtlich der Verbindung von Einkaufen und Freizeit (siehe Kapitel 2.2.3.1). Daher sowie aufgrund ihrer guten Zugänglichkeit (siehe unten, Kapitel 3.1.4.2) bieten sie sich als geeignete Indikatoren für die Nutzung der Freizeitfunktion von Innenstädten und Einkaufszentren an. Die Beobachtungen sollten Antworten auf die Frage liefern, welche Altersklassen welche Cafés bzw. Gastronomiebetriebe aufsuchen und welche Verhaltensweisen sie dort zeigen.

3.1.4.1 Methodische Konzeption der Passantenbeobachtung

Ziel der Passantenbeobachtung war nicht die deduktive Überprüfung theoretischer Annahmen, sondern eine weitgehend unvoreingenommene Erfassung möglichst vielfältiger Aspekte der beobachteten Situationen und des Verhaltens der darin handelnden Akteure (Passanten, Gäste etc.). Dementsprechend wurde die Methode der nicht bzw. wenig standardisierten (strukturierten) Beobachtung gewählt, d.h. es wurde auf eine Vorfestlegung von Beobachtungskategorien verzichtet (vgl. LAMNEK 2005: 559f.; ATTESLANDER 2008: 82). Damit sollte auch der „Gefahr selektiver Verzerrung im Licht der Forschungshypothese" begegnet werden (DIEKMANN 2008: 550). Eine eingehende Bewertung des Bedeutungs- und Erklärungsgehaltes einzelner Aktivitäten bzw. Situationen erfolgte erst im Rahmen der Auswertung. Aufgrund der Unmöglichkeit, alle während einer Beobachtungseinheit in einem Beobachtungsfeld ablaufenden Ereignisse wahrzunehmen, unterliegt jedoch bereits die Auswahl der erfassten Vorgänge einer theoriegeleiteten Wertung (vgl. ATTESLANDER 2008: 76; SPREADLEY 1980: 50).

Um eine Beeinflussung der jeweiligen Situation und der darin handelnden Akteure durch die Beobachtung zu vermeiden, erfolgte die Durchführung der Erhebungen in verdeckter, passiv teilnehmender Form (vgl. SPREADLEY 1980: 59f.; ATTESLANDER 2008: 83ff.). Diese Vorgehensweise wurde nicht zuletzt durch die Öffentlich-

---

43 Entsprechend der Fragestellung der vorliegenden Arbeit wurden klassische Restaurants nicht in die Beobachtung einbezogen, da diese nur in den traditionellen Einkaufsstraßen, nicht aber in Shopping Centern vertreten sind. Bei den sog. weiteren gastronomischen Anbietern handelt es sich in der Regel um Selbstbedienungsrestaurants, die häufig der Systemgastronomie zuzuordnen sind, wie z.B. *Nordsee*, *McDonald's*, *Pizza Rossa*.

keit und damit problemlose Zugänglichkeit der Beobachtungsorte und -situationen begünstigt (vgl. Flick 2011: 284). Zudem erlaubten Einkaufsstraßen, Verkehrsflächen in den Shopping Centern sowie Cafés oder weitere Restaurationsangebote eine unkomplizierte Anpassung des Beobachterverhaltens an das Verhalten der Beobachteten (vgl. Niemann 1989: 79; Reuber / Pfaffenbach 2005: 126).

3.1.4.2 Durchführung der Passantenbeobachtung und Datenauswertung

Die Passantenbeobachtungen wurden in jeder der Untersuchungsstädte über einen Zeitraum von 6 bis 9 Tagen im Spätsommer und Herbst 2009 durchgeführt. Bei der Festlegung der Erhebungszeiträume wurde darauf Wert gelegt, besondere und atypische Situationen wie Schulferien, Stadtfeste o.ä. nach Möglichkeit zu umgehen.

Die Beobachtungen erfolgten an verschiedenen Standorten in den Einkaufsstraßen bzw. den Verkehrsflächen der Einkaufszentren sowie in verschiedenen Cafés bzw. weiteren gastronomischen Einrichtungen innerhalb und außerhalb der Shopping Center. Insbesondere Cafés wiesen über die Wahrnehmung der sozialen Situation und das Verhalten der Gäste innerhalb des Cafés hinaus eine sehr gute Eignung als Beobachterstandorte auf, indem sie – eine ausreichend gute Einsehbarkeit vorausgesetzt – die Möglichkeit boten, von diesem Standort aus das Geschehen in der Einkaufsstraße bzw. der Verkehrsfläche des Einkaufszentrums zu beobachten. Ein großer Vorteil lag in der Natürlichkeit der Situation, mit der die Beobachtungen in Cafés durchgeführt werden konnten, da sowohl das scheinbar ziellose Umherblicken im Raum als auch das Anfertigen von Notizen Verhaltensweisen darstellen, die auch von „normalen" Cafébesuchern häufig gezeigt werden (vgl. Przyborski / Wohlrab-Sahr 2010: 66; Spreadley 1980: 48).

Die Auswahl der Beobachtungsstandorte orientierte sich an der Maßgabe, möglichst alle Standorttypen der jeweiligen Innenstadt einzubeziehen, d.h. es wurden sowohl die unterschiedlichen Lagequalitäten als auch die verschiedenen innerstädtischen Teilgebiete, die im Rahmen der Kartierung identifiziert worden waren, berücksichtigt. Innerhalb der Shopping Center fanden die Beobachtungen auf allen Ebenen der Verkehrsfläche statt. Darüber hinaus wurden die Beobachtungen an allen Wochentagen (Montag bis Samstag) und zu allen Tageszeiten (maximal zwischen 08:30 Uhr und 20:30 Uhr) durchgeführt. Standorte, an denen ein besonders hoher Erkenntnisgewinn angenommen werden konnte bzw. die sich im Laufe der Untersuchung als sehr aufschlussreich erwiesen, wurden dabei mehrfach – zu verschiedenen Tageszeiten und an unterschiedlichen Wochentagen – aufgesucht. Bei der konkreten Festlegung der Standorte sowie der für die jeweiligen Beobachtungspunkte besonders aussagekräftigen Zeitintervalle – in der Regel Zeiten mit einer hohen Passanten- bzw. Gästefrequenz (vgl. Spreadley 1980: 50) – konnte auf die Wahrnehmungen und Erfahrungen während der Einzelhandels- und Dienstleistungskartierung zurückgegriffen werden (vgl. Atteslander 2008: 74ff.; Lamnek 2005: 585). Als ideale Dauer einer Beobachtungseinheit erwies sich für die Mehrzahl der Standorte eine Zeitspanne von etwa eineinhalb Stunden: Mit abnehmender Beobachtungszeit steigt die Gefahr einer verzerrten Wahrnehmung der Normalität durch kurzfristige Schwankungen sowie einzelne, extreme Ereignisse. Umgekehrt zeigte sich aber auch, dass die erforderliche Konzentration auf die vielfältigen

Aspekte der Beobachtung nicht über einen deutlich längeren ununterbrochenen Zeitraum aufrecht erhalten werden konnte; zudem begründete die verdeckte Durchführung der Beobachtung zeitliche Restriktionen (vgl. auch LAMNEK 2005: 557).

Die Eignung verschiedener Standorttypen sowie die optimale Auswahl der Mikrostandorte (z.B. innerhalb eines Cafés) als Beobachterstandorte wurden in einem der Hauptuntersuchung vorgeschalteten dreitägigen Pretest in einer der Untersuchungsstädte (Erlangen) getestet; dabei wurde auch überprüft, ob die theoretischen Festlegungen hinsichtlich der Länge der Beobachtungsintervalle sowie der zu beobachtenden Inhalte mit der praktischen Durchführbarkeit korrespondierten (vgl. FRIEDRICHS 1990: 286f.).

Es zeigte sich, dass die theoretische Konzeption einer nur geringen, passiven Partizipation in der konkreten Erhebungssituation nicht immer realisierbar war. Vor allem bei Beobachtungseinheiten, die in Cafés bzw. sonstigen Restaurationsangeboten durchgeführt wurden, ergab sich des Öfteren die Situation, dass sich weitere Gäste an den Tisch der Verfasserin setzten und diese in ein Gespräch „verwickelten". Da es sich dabei ausnahmslos um Personen im höheren und hohen Lebensalter handelte, die sich zudem rasch als Stammgäste der jeweiligen Lokalität erwiesen, konnte im Hinblick auf das Forschungsinteresse dieser Studie von einem sehr hohen Informationspotenzial der Gespräche ausgegangen werden. An Stelle der wenig bis passiv teilnehmenden Beobachtung trat in diesen Fällen die teilnehmende Beobachtung in Kombination mit einem narrativen Interview (vgl. FLICK 2011: 287; LAMNEK 2005: 357ff.). Diese Interviews wurden verdeckt, d.h. ohne Wissen der Befragten durchgeführt, da die Zustimmung der Probanden zur Teilnahme an einer Befragung fraglich erschien[44].

Jede Wahrnehmung und somit auch jede Beobachtung erfolgt individuell-selektiv, indem sowohl die Auswahl der aus der Gesamtheit der vorhandenen Umweltreize aufgenommenen Aspekte als auch die Betrachtungsoptik der jeweiligen Situation durch Einstellungen, Meinungen und Erfahrungen des Beobachters beeinflusst sind (vgl. REUBER / PFAFFENBACH 2005: 127; ATTESLANDER 2008: 95). Um Verzerrungen durch selektive Wahrnehmung so weit wie möglich zu reduzieren, wurden daher die Beobachtungen sehr detailliert – auch unter Berücksichtigung vermeintlicher Nebensächlichkeiten und Trivialitäten – sowie unter möglichst weitgehendem Verzicht auf Interpretationen und Generalisierungen notiert. Weiterhin wurden Formulierungen der Beobachteten, sofern sie verstanden und als aufschlussreich für die vorliegende Fragestellung erachtet wurden, wortgetreu protokolliert. Zudem wurden die Aufzeichnungen vorzugsweise direkt während der Erhebung getätigt, um Verzerrungen durch selektive Erinnerung zu umgehen; sofern dies nicht möglich war, wurden die Beobachtungen sofort im Anschluss an die jeweilige Erhebungsphase niedergelegt. Im Rahmen der Auswertung galt es dann, aus der Vielzahl der beobachteten Ereignisse Aktivitäts- und Verhaltensmuster zu generalisieren und vor dem Hintergrund der hier interessierenden Fragestellung zu bewerten (vgl. DIEKMANN 2008: 570f.; LAMNEK 2005: 588ff. u. 613f.; SPREADLEY 1980: 56 u. 67ff.).

---

44 Die Durchführung der Interviews in verdeckter Form erschien – trotz der häufig geäußerten ethischen Bedenken gegenüber verdeckten Erhebungen (vgl. u.a. REUBER / PFAFFENBACH 2005: 128) – vertretbar, da diese nicht die Lebenssituation der Befragten, sondern deren Einstellungen zu Einkaufen und Einkaufsstandorten thematisierten.

3.1.5 Qualitative Konsumentenbefragung

Mit der Durchführung einer qualitativen Konsumentenbefragung wurden zwei Ziele verfolgt: Zum einen sollten die Befragungen durch ihren narrativen Charakter und den damit für die Befragten einhergehenden Freiraum zur Betonung individuell wichtiger Aspekte einen vertieften Einblick in die Einstellungen der Konsumenten gegenüber den unterschiedlichen in „ihrer" Innenstadt vorhandenen Einkaufsstandorten und in deren Nutzung, aber auch in die Gründe für diese Einstellungen und Verhaltensweisen bieten; darüber hinaus sollte den individuellen Konsumhaltungen und -präferenzen der Befragten sowie den Grundzügen ihres persönlichen Wertesystems nachgespürt werden. Zum anderen dienten die Ergebnisse der qualitativen Befragungen als Grundlage für die Entwicklung des Fragebogens der quantitativen Passantenbefragung (vgl. Kluge 2001: 64). Durch diese Vorgehensweise sollte eine Prädeterminierung der Forschungsergebnisse durch Darstellungen in der Literatur sowie daraus abgeleitete Annahmen und Vorstellungen möglichst vermieden werden (vgl. Lamnek 2005: 340f. u. 345).

3.1.5.1 Methodische Konzeption der qualitativen Konsumentenbefragung

Als methodische Grundlage der qualitativen Interviews wurde das problemzentrierte Interview nach Witzel (1989) unter Einbeziehung einzelner Elemente des episodischen Interviews nach Flick (1996) gewählt. Aufgrund seiner Organisation als induktiv-deduktives Wechselverhältnis und damit einer „Verschränkung von bestehendem und zu ermittelndem Wissen" (Witzel 1989: 231) empfahl sich das problemzentrierte Interview nach Witzel in besonderer Weise, da es eine „möglichst unvoreingenommene Erfassung individueller Handlungen sowie subjektiver Wahrnehmungen und Verarbeitungsweisen gesellschaftlicher Realität" (Witzel 2000) bei gleichzeitiger Einbeziehung des durch Literaturstudium, Kartierung sowie Passantenbeobachtung erworbenen Vorwissens erlaubt (vgl. ebd.; Reuber / Pfaffenbach 2005: 134). Narrative Passagen werden mit einem leitfaden-orientierten Vorgehen kombiniert (vgl. Flick 1996: 158), wobei die Probanden als „Experten ihrer Orientierungen und Handlungen" (Witzel 2000) verstanden werden. Durch die Integration narrativer Elemente sowie die Nicht-Offenlegung des theoretischen Konzeptes soll den Befragten der erforderliche Freiraum zur Betonung individuell wichtiger Aspekte ohne inhaltliche Prädetermination durch den Befrager gegeben werden (vgl. Lamnek 2005: 340f. u. 364f.),

Auch das episodische Interview (vgl. Flick 1996: 147-165; Flick 2011: 238ff.) stellt einen vielversprechenden Ansatz in Bezug auf den Zugang zu Alltagswissen dar. Es stand allerdings zu befürchten, dass die dieser Interviewform eigene ungewohnte, stark situationsorientierte Frageform (siehe hierzu Flick 1996: 152ff.) bei einem erheblichen Teil der Befragten zu Befremden führen würde. Mit der Bitte um subjektive Definitionen einzelner Begriffe sowie der Aufforderung zum Erzählen von Repisoden, d.h. regelmäßig wiederkehrender Situationen, wurde in geringem Umfang aber auch auf episodisches und semantisches Wissen rekurriert (vgl. ebd.; siehe auch Lamnek 2005: 362f.).

Entsprechend der zugrunde gelegten methodischen Ansätze wurden die Befragungen als offene, teilstrukturierte, leitfadengestützte Interviews geführt (vgl. REUBER / PFAFFENBACH 2005: 133), wobei in Übereinstimmung mit der Konzeption des problemzentrierten Interviews als „diskursiv-dialogisches Verfahren" (MEY 1999: 145) Nachfragen auf die Äußerungen der Befragten in Form von Zurückspiegelungen und Verständnisfragen sowie in geringem Umfang auch Konfrontationen in den Gesprächsverlauf eingebunden wurden (vgl. WITZEL 1989: 247f.; WITZEL 2000; FLICK 2011: 211). Damit wurde auch dem prozessorientierten Charakter des problemzentrierten Interviews Rechnung getragen (vgl. WITZEL 1989: 234f.).

Der der Befragung zugrunde liegende Leitfaden gliedert sich in vier thematische Teilbereiche (siehe Anhang A1-3). Diesen voraus gingen einleitende Fragen zur Herkunft der Befragten sowie zu allgemeinen Einstellungen zu „ihrer" Stadt, die im Sinne einer allgemeinen Sondierung schwerpunktmäßig der Schaffung einer entspannten Gesprächsatmosphäre sowie dem Abbau eventuell vorhandener Hemmschwellen der Befragten dienten (vgl. LAMNEK 205: 365). In den beiden ersten Blöcken werden die Einstellungen zu und die Nutzung von Einzelhandel und Dienstleistungsanbietern zunächst in Bezug auf die traditionellen innerstädtischen Einkaufsstraßen und anschließend bezogen auf das jeweilige innerstädtische Einkaufszentrum thematisiert. In einem weiteren Themenblock geht es um die allgemeinen Einstellungen der Befragten zum Konsum sowie um das persönliche Konsumverhalten einschließlich der Nutzung von Cafés bzw. von weiteren Restaurationsangeboten. Damit können die Aussagen der Probanden im Rahmen der ersten beiden Themenblöcke im Spiegel des individuellen Stellenwertes von Einzelhandels- und Dienstleistungskonsum sowie von Konsumhandlungen – insbesondere hinsichtlich ihrer Bedeutung als Element der Freizeitgestaltung – bewertet werden. Ein letzter Themenblock befasst sich mit den Werten und Normen der Befragten. Wie in Kapitel 2.4.4 dargelegt, haben Einstellungen, Werte und Normen einen hohen Einfluss auf das allgemeine Verhalten und die Meinungsbildungsprozesse eines Menschen und somit auch auf die individuelle Konsumneigung und das Konsumverhalten. Aufgrund der Sensibilität dieser Thematik wurde dieser Themenblock erst am Ende des Gespräches behandelt, zudem wurde – soweit es die offene Gesprächsführung zuließ – eine Trichterung der Fragen im Sinne einer immer stärkeren Subjektivierung vorgenommen, wobei die Probanden zunächst durch allgemeine Fragen auf diese Thematik eingestimmt wurden (vgl. SCHNELL / HILL / ESSER 200: 143f.). Am Ende des Gespräches schließlich folgte ein standardisierter Kurzfragebogen, mit dem zentrale sozio-demographische Kennziffern (Alter, Familienstand, Ausbildungsabschluss etc.) des / der Befragten erhoben wurden, die im Hinblick auf eine Einordnung und Generalisierung seiner / ihrer Aussagen erforderlich sind (vgl. WITZEL 2000). Dem qualitativen Paradigma entsprechend stellt der Leitfaden jedoch kein starres Schema dar, sondern diente lediglich als „Orientierungsrahmen bzw. Gedächtnisstütze" (WITZEL 1989: 236) und wurde dem jeweiligen Gesprächsverlauf flexibel angepasst (vgl. REUBER / PFAFFENBACH 2005: 137; WESSEL 1996: 132).

Trotz des qualitativen Designs der Untersuchung wurde der Leitfaden in zwei Interviews mit Personen aus Umlandgemeinden einer Untersuchungsstadt auf seine Praktikabilität hin getestet. Damit sollte eine Modifikation des Leitfadens während der Untersuchung nach Möglichkeit vermieden werden, um so eine gewisse Vergleichbarkeit der Interviews zu erhalten (vgl. FRIEDRICHS 1990: 234ff.). Dies erschien insbesondere im Hinblick auf die Nutzung der Ergebnisse als Grundlage für den Aufbau des quantitativen Fragebogens geboten.

3.1.5.2 Durchführung der qualitativen Konsumentenbefragung und Datenauswertung

Die qualitativen Konsumentenbefragungen wurden im Frühjahr und Frühsommer 2010 in den Untersuchungsstädten Erlangen und Zwickau durchgeführt. Die räumliche Beschränkung auf zwei der drei Untersuchungsstädte erfolgte aus forschungspraktischen Erwägungen: Während die Konsumsozialisation der Menschen sowie die Struktur und Entwicklung der Einzelhandels- und Dienstleistungslandschaft in den östlichen Bundesländern – und damit auch in Zwickau – in den vergangenen Jahrzehnten in weiten Bereichen grundlegende Unterschiede zu der Situation in den westlichen Bundesländern aufwies (vgl. HEINRITZ / KLEIN / POPP 2003: 217f.), durchlebten die Menschen in Erlangen und Koblenz in dieser Zeit eine in etwa vergleichbare Entwicklung der Wirtschaftsstruktur und speziell des Einzelhandels- und Dienstleistungssektors. Der hohe zeitliche und finanzielle Aufwand einer qualitativen Befragung in beiden westdeutschen Untersuchungsstädten erschien daher unverhältnismäßig hoch.

In beiden Untersuchungsstädten sollten mit jeweils 15 Personen qualitative Interviews geführt werden, wobei sich die Probanden gleichmäßig über die fünf Altersklassen verteilen sollten. Hierzu wurden die Meldebehörden in Erlangen und Zwickau um eine altersgeschichtete Zufallsstichprobe aus den Melderegistern ersucht. Da eine Einschätzung der jeweiligen oberzentralen Orientierung der Bewohner der Umlandgemeinden schwierig erschien, wurden für die Interviews ausschließlich in den Untersuchungsstädten selbst gemeldete Personen berücksichtigt. Unter Annahme einer positiven Rücklaufquote von fünf Prozent der Interviewanfragen[45] wurden jeweils 60 Adressen aus jeder Altersklasse erbeten (d.h. insgesamt 300 Adressen je Stadt). Die in der Stichprobe enthaltenen Personen wurden schriftlich mit einer kurzen Vorstellung des Dissertationsprojektes sowie der geplanten Untersuchung um eine Teilnahme an der Befragung gebeten. Als Ort für das Gespräch wurde den Probanden eine Einladung in ein Café oder ein Besuch in ihrer häuslichen Umgebung zur Auswahl gestellt; damit sollte ein möglichst natürlicher und ungezwungener Rahmen für die Interviews geschaffen werden (vgl. LAMNEK 2005: 355). Insbesondere die In-Aussicht-Stellung einer Caféeinladung diente dabei nicht zuletzt als Anreiz für die Teilnahme. Dem Schreiben wurde eine portofreie Rückantwortkarte beigefügt, auf der die potenziellen Interviewpartner auch das gewünschte Gesprächsdatum und den bevorzugten Ort (Café oder zu Hause) angeben konnten.

---

45 Die Rücklaufquote wurde mit fünf Prozent sehr niedrig geschätzt. Diese konservative Einschätzung beruhte auf der Überlegung, dass für die angeschriebenen Personen einerseits kein persönlicher Gewinn durch die Befragung ersichtlich war, andererseits eine Teilnahme zeitliche sowie persönliche (Einlassen einer fremden Person in die Intimsphäre der eigenen Wohnung) oder materielle (Aufwendungen für Distanzüberwindung zum Café) Kosten begründete.

Die Interviewanfragen wurden zwischen Ende Februar und Anfang April 2010 versandt, wobei zunächst 150 Anschreiben je Stadt verschickt wurden. Da sich der Rücklauf als sehr gering erwies, wurden nach Ende der in dem Anschreiben angegebenen Rückantwortfrist auch die restlichen Anschreiben versandt. Insgesamt belief sich der Anteil positiver Rückmeldungen auf 5% und bestätigte damit die angenommene Rücklaufquote. Allerdings differierte die Teilnahmebereitschaft erheblich zwischen den beiden Untersuchungsstädten: Während in Erlangen eine Rücklaufquote von 7% erzielt wurde, lag diese in Zwickau nur bei 3%[46]. Es ist zu vermuten, dass sich das überdurchschnittlich hohe Bildungsniveau der Erlanger Bevölkerung mit einem sehr hohen Akademikeranteil positiv auf die Antwortbereitschaft ausgewirkt hat (siehe unten; vgl. STADT ERLANGEN 2011a: 35f.). Leider waren einzelne Altersklassen (insbesondere diejenige der 14- bis 24-Jährigen) bei der so gewonnenen Stichprobe deutlich unterrepräsentiert. Daher wurden weitere Probanden mit Hilfe des Schneeballprinzips zu gewinnen versucht. Auf diese Weise konnten in Erlangen zehn weitere Befragungsteilnehmer aus unterschiedlichen Altersklassen gewonnen werden; in Zwickau zeigte diese Vorgehensweise leider keinen Erfolg. Die Erweiterung der Zufallsstichprobe mittels des Schneeballprinzips erschien methodologisch vertretbar, da im Rahmen der qualitativen Haushaltsbefragung keine Repräsentativität im statistischen Sinne angestrebt wurde (vgl. LAMNEK 2005: 384).

Die endgültige Zusammensetzung der Stichprobe, differenziert nach Untersuchungsstadt und Altersklassen sowie den jeweiligen Anteilen männlicher und weiblicher Befragungsteilnehmer, zeigt Tabelle 4.

Tab. 4: Stichprobenverteilung nach Altersklassen und Geschlecht bei qualitativer Haushaltsbefragung

	14-24 J.	25-39 J.	40-59 J.	60-74 J.	≥ 75 J.	Gesamt
Erlangen	6	8	6	5	7	32
(w/m)	(4/2)	(4/4)	(5/1)	(3/2)	(5/2)	(21/11)
Zwickau	1	0	3	3	1	8
(w/m)	(0/1)	(0/0)	(1/2)	(1/2)	(0/1)	(2/6)
Gesamt	7	8	9	8	8	40
(w/m)	(4/3)	(4/4)	(6/3)	(4/4)	(5/3)	(23/17)

Quelle: Eigene Erhebungen

Über beide Untersuchungsstädte betrachtet konnte eine relative Gleichverteilung der Probanden über die einzelnen Altersklassen erreicht werden. In Bezug auf die Stichproben der einzelnen Untersuchungsstädte und insbesondere bei der Zwickauer Stichprobe musste jedoch eine Konzentration der Befragten auf einzelne Altersklassen (in Zwickau 40-59 Jahre sowie 60-74 Jahre) hingenommen werden; außerdem konnte in Zwickau leider keine Person aus der Altersklasse der 25- bis 39-Jährigen für eine Teilnahme an der Befragung gewonnen werden. Auch das Geschlechterverhältnis der Befragten ist nicht in allen Altersklassen ausgewogen. Be-

---

46 Einer der Interviewpartner aus Zwickau musste seine Teilnahme kurzfristig absagen, sodass die effektive Quote in dieser Stadt 2,7% betrug.

sonders augenfällig zeigt sich dies bei den Altersklassen 40 bis 59 Jahre sowie ≥ 75 Jahre in der Erlanger Stichprobe, in denen weibliche Befragte anteilmäßig stark dominieren.

Hervorzuheben ist weiterhin der in beiden Stichproben weit überdurchschnittliche Akademikeranteil (ER: 43,75%; ZW: 50,00%; vgl. Destatis 2013b). Hinzu kommt in der Erlanger Stichprobe speziell bei den 14- bis 24-Jährigen ein überproportionaler Anteil an Studierenden (50,00%). Neben dem Umstand, dass es sich bei beiden Untersuchungsstädten um (Fach-)Hochschulstandorte handelt (siehe Kapitel 3.2.2), dürfte im Falle der Erlanger Stichprobe auch das zur Gewinnung weiterer Befragter angewandte Schneeballprinzip den Akademiker- und Studierendenanteil maßgeblich befördert haben. Zudem kann angenommen werden, dass Personen mit (Fach-)Hochschulabschluss sowie Studierende grundsätzlich eine höhere Bereitschaft zur Mitwirkung bzw. Unterstützung einer wissenschaftlichen Studie zeigen als Personen ohne akademische Ausbildung.

Die Hälfte der Gespräche wurde in einem Café durchgeführt, 40% der Teilnehmer baten um einen Besuch zu Hause, vier Interviews (10%) fanden auf Wunsch der Probanden in deren jeweiligem Büro statt. Bei zwei Interviews war neben dem / der Befragten auch die Ehefrau bzw. die (erwachsene) Tochter anwesend; sie konnten in beiden Fällen gut in das Gespräch integriert werden. Nahezu alle Gespräche fanden in einer sehr lockeren und ungezwungenen Atmosphäre statt. Die Dauer der Interviews betrug im Durchschnitt knapp 45 Minuten, sie streute jedoch beträchtlich und reichte von 20 Minuten bis etwa 75 Minuten (einschließlich eventueller Vor- und Nachgespräche). Insbesondere für einige der älteren Befragungsteilnehmer stellte die Befragung – wie teilweise von den Interviewten selbst geäußert – zuvorderst eine Möglichkeit zu sozialer Kommunikation dar. Dementsprechend äußerten sich diese Probanden überwiegend sehr ausführlich und tendierten zu thematischen Abschweifungen.

Alle Gesprächsteilnehmer erklärten sich mit einer Audioaufzeichnung des Interviews einverstanden, sodass für die Auswertung umfangreiches Datenmaterial zur Verfügung stand. Zudem wurde im Anschluss an jedes Gespräch ein Postscriptum angefertigt, in dem Ort und Dauer des Gespräches sowie Anmerkungen zur Gesprächsatmosphäre, der Persönlichkeit des Befragten sowie ggf. sonstige Besonderheiten festgehalten wurden (vgl. Witzel 2000; Flick 2011: 213).

Entgegen der Forderung von Witzel (1989: 237; 2000) nach einer vollständigen Transkription der Interviews wurden im Rahmen der vorliegenden Untersuchung nur die im Hinblick auf die Fragestellung der Untersuchung relevanten Abschnitte sowie deren Gesprächszusammenhang transkribiert. Diese Vorgehensweise erschien vertretbar, da die Interviews nicht wie bei den empirischen Erhebungen von Witzel auf eine Analyse sozialisations- und lebenslauftheoretischer Fragestellungen, sondern schwerpunktmäßig auf das Erfassen von Einstellungen und Verhalten in Bezug auf Konsum und Einkaufsstandorte abzielten. Es kann angenommen werden, dass dem Kontext des Gesamtzusammenhangs in diesem Fall eine etwas geringere Bedeutung zukommt. Umgekehrt erschien eine vollständige Transkription aller Interviews im Hinblick auf den zu erwartenden Erkenntnisgewinn und unter Berücksichtigung der zeitlichen und personellen Restriktionen dieser Arbeit unverhältnismäßig, nicht zuletzt, da das Bemühen um eine offene Gesprächsatmosphäre vielfach auch themenferne Berichte und Erzählungen nach sich zog.

Im Weiteren wurden die Interviews zunächst einer Fallanalyse unterzogen, auf deren Basis die zentralen Themen der Befragung fallübergreifend untersucht wurden. Mit Hilfe einer vergleichenden Systematisierung sollte herausgearbeitet werden, welche Aspekte von mehreren Befragten als relevant erachtet wurden. Zudem wurde der Frage nachgespürt, ob anhand der qualitativen Haushaltsbefragungen erste Ansätze zu einer Typologisierung der Konsumenten abgeleitet werden können (vgl. Witzel 1989: 244; Witzel 2000; Lamnek 2005: 368).

3.1.6 Quantitative Passantenbefragung

Mit Hilfe einer standardisierten Passantenbefragung wurde schließlich untersucht, inwieweit die im Rahmen der qualitativen Untersuchungsschritte „Passantenbeobachtung" und „qualitative Konsumentenbefragung" gewonnenen, stark einzelfallorientierten Erkenntnisse einer statistischen Überprüfung standhalten.

Maßgebliches Kriterium für die Konzeption als Passantenbefragung war die Möglichkeit, Passanten aus dem gesamten Einzugsgebiet der betreffenden Innenstadt in die Untersuchung einbeziehen zu können (vgl. Monheim 1999: 110). Zudem konnten durch die Durchführung der Interviews während des Innenstadtbesuchs Verzerrungen durch die retrospektive Erinnerung an einen möglicherweise länger zurückliegenden letztmaligen Besuch der Innenstadt weitgehend vermieden werden (vgl. Schnell / Hill / Esser 2005: 233).

3.1.6.1 Methodische Konzeption der quantitativen Passantenbefragung

Als methodologische Grundlage für die zentralen Elemente der standardisierten Passantenbefragung wurde das adequacy-importance-Modell gewählt, das in besonderer Weise für die Bearbeitung der vorliegenden Fragestellung geeignet erscheint.

3.1.6.1.1 Das adequacy-importance-Modell

Ansatzpunkt des Modells ist die Annahme, dass sich die Einstellung einer Person gegenüber einem Objekt aus einer kognitiven und einer motivationalen Komponente zusammensetzt. Für die Ermittlung der Einstellung wird zunächst der Eindruckswert hinsichtlich einer Eigenschaft des Objektes bestimmt; dieser ergibt sich aus der Multiplikation der subjektiven Bewertung, inwieweit die betreffenden Eigenschaft bei dem Bezugsobjekt vorhanden ist, mit der individuell wahrgenommenen Wichtigkeit dieser Eigenschaft für die Person. Die Gesamteinstellung der Person gegenüber einem Objekt bemisst sich anhand der Summe der Eindruckswerte gegenüber verschiedenen Eigenschaften eines Objektes. Je größer der Gesamteinstellungswert ist, desto positiver ist die Einstellung der Person gegenüber dem betreffenden Objekt (vgl. Rabe 2003: 241; Mazis / Ahtola / Klippel 1975: 40f.).

Gegenüber anderen multiattributiven Verfahren der Einstellungsmessung bietet das adequacy-importance-Modell mehrere Vorteile: Im Vergleich zu den Modellen von ROSENBERG (Rosenberg's percieved instrumentality) und FISHBEIN (Fishbein's strength of belief) ist die Fragestellung des adequacy-importance-Modells für die Probanden weniger abstrakt[47]. Zudem konnten MAZIS / AHTOLA / KLIPPEL (1975: 44ff.) nachweisen, dass das adequacy-importance-Modell eine bessere Vorhersagekraft besitzt als die Modelle von ROSENBERG und FISHBEIN. Gegen eine Anwendung des Modells von TROMMSDORFF (1975) im Rahmen dieser Studie ist anzuführen, dass eine Übertragung der Frage nach dem Idealpunkt einer Eigenschaft von der Produktebene auf die Ebene der Raumeinheiten problematisch erscheint[48]. Schließlich erlaubt die Zusammensetzung der Einstellungsmessung aus motivationaler und kognitiver Komponente auch Aussagen darüber, welche der Objekteigenschaften von besonderer Relevanz für die Konsumenten sind und in welchen Bereichen absolute wie relative Defizite bei der Umsetzung der Kundenwünsche bestehen (vgl. HEIDEL 2008: 10; RABE 2003: 242f.).

Kritik an dem Modell bezieht sich insbesondere auf die Gefahr, dass „die durch den Marktforscher vorgedachten Attribute nicht den in der Entscheidungssituation relevanten Kriterien des Befragten entsprechen" (RABE 2003: 243). Diesem Problem wurde durch die empirische Generierung der Attribute auf Basis der qualitativen Interviews Rechnung getragen (siehe unten; zur Bedeutung empirisch basierter Attribute siehe MAZIS / AHTOLA / KLIPPEL 1975: 44f.). Weiterhin wird gegen das Modell angeführt, dass durch die multiplikative Verknüpfung der Wichtigkeits- und der Evaluationskomponente zu einem gemeinsamen Eindruckswert die Bedeutung der einzelnen Komponenten unberücksichtigt bleibt und sich die Bewertungen gegenseitig aufheben können (vgl. COHEN / FISHBEIN / AHTOLA 1972: 457; HEIDEL 2008: 10f.). Diesem Argument ist entgegenzuhalten, dass die gesonderte Erfassung der beiden Komponenten auch eine differenzierte Analyse erlaubt. Unbefriedigend bleibt hingegen der bislang ungelöste Umgang mit der Tendenz mancher Befragter, alle Attribute als „wichtig" zu klassifizieren (vgl. RABE 2003: 243). Die Vorteile des Modells überwiegen m.E. jedoch.

Der Einsatz des adequacy-importance-Modells in der vorliegenden Studie erforderte allerdings eine Anpassung des Modells an die spezifische Fragestellung dieser Untersuchung. Da der Vergleich der Gesamteinstellungswerte gegenüber verschiedenen Objekten nicht nur auf Basis einer Stichprobe erfolgt, sondern darüber hinaus die Einstellungswerte mehrerer Stichproben (Altersklassen, Untersuchungsstädte) unterschiedlicher Größe vergleichend einander gegenübergestellt werden, ist eine unkorrigierte Anwendung des adequacy-importance-Modells aufgrund seiner additiven Konzeption, bei der der Gesamteinstellungswert einer Stichprobe auch eine Funktion des Stichprobenumfangs ist, nicht möglich. Diesem Problem könnte durch eine Gewichtung der Gesamteinstellungswerte entsprechend der jeweiligen Stichprobengröße begegnet werden. Hinzu kommt jedoch, dass die Mehrzahl der Befragten bei mindestens einem der Eindruckswerte eine Antwort verweigerte bzw. angab, keine Meinung zu diesem Item zu haben, sodass die fallweise Bestimmung eines aus der Addition aller Eindruckswerte hervorgehenden Gesamteinstellungs-

---

47 Zu den Modellen von Fishbein und Rosenberg vgl. COHEN / FISHBEIN / AHTOLA (1972: 456f.) sowie MAZIS / AHTOLA / KLIPPEL (1975: 39f.).

48 Zum Modell von TROMMSDORFF vgl. z.B. OLBRICH / BATTENFELD / BUHR (2012): 34f.

wertes für beide Einkaufsstandorttypen nur in wenigen Fällen möglich wäre. Im Hinblick auf die Validität der Daten erschien die Aufnahme der Kategorien „weiß nicht" und „keine Angabe" in den Fragebogen dennoch unerlässlich[49]. Daher wurde das Modell dahingehend modifiziert, dass die Berechnung der Eindruckswerte nicht fallweise, sondern auf Basis der nach Altersklassen und Untersuchungsstädten differenzierten Mittelwerte erfolgt. Diese Vorgehensweise erscheint nicht zuletzt deshalb vertretbar, da zum einen die Skalenniveaus der Fragen Q6 / Q7 sowie Q16 / Q18 als intervallskaliert betrachtet werden können (siehe Anhang A1-2; vgl. BROSIUS 2011: 479) und zum anderen die Antwortausfälle (non-responses) keine Systematik in Bezug auf das Merkmal Alter aufweisen.

3.1.6.1.2 Aufbau des Fragebogens

Der Fragebogen (Anhang A1-2) gliedert sich in acht thematische Einheiten sowie einen weiteren Block zur Erfassung der sozio-demographischen Kennziffern der Befragten. Nach einer kurzen Einleitung (Vorstellung der Studie und der Befragung, Anonymitätszusicherung) wurde in einem ersten Teil (Fragen Q1 bis Q5) die Besuchsfrequenz der jeweiligen Innenstadt sowie des innerstädtischen Shopping Centers erfragt, um einen ersten Anhaltspunkt zur Affinität des bzw. der Befragten zu der betreffenden Innenstadt und dem Shopping Center zu erhalten. Zugleich dient die Frage nach der Häufigkeit des Aufsuchens der Innenstadt der Feststellung, ob die angesprochene Person der Grundgesamtheit der Untersuchung angehört oder nicht. Als Grundgesamtheit wurden diejenigen Personen ≥ 14 Jahre definiert, die die jeweilige Innenstadt häufiger als zwei Mal pro Jahr aus anderen als ausschließlich beruflichen Gründen aufsuchen. Mittels dieser Abgrenzung sollten insbesondere (Tages)touristen aus der Befragung ausgeschlossen werden. Die vergleichsweise niedrige Mindestanforderung von nur drei Innenstadtbesuchen pro Jahr resultiert aus der Annahme, dass zumindest ein Teil der Menschen im hohen und insbesondere im sehr hohen Alter die Innenstadt aufgrund von Mobilitäts- und sonstigen Einschränkungen nur sehr selten aufsucht. Die Einbeziehung dieser Gruppe in die Grundgesamtheit erschien vor dem Hintergrund des Forschungsinteresses dieser Arbeit wichtiger als eine weitergehende Vermeidung des „Hereinrutschens" von Touristen in die Stichprobe. Weiterhin wurde der Frage nachgegangen, ob altersabhängige Unterschiede bei der Verkehrsmittelwahl für Innenstadtbesuche bestehen und welche Bedeutung dem Parkraumangebot der Shopping Center – ebenfalls in Abhängigkeit vom Alter der Besucher – zukommt.

Der zweite, nach dem adequacy-importance-Modell konzipierte Fragenkomplex (Fragen Q6 und Q7) stellt eines der zentralen Elemente des Fragebogens dar: Er thematisiert die Frage, welche Bedeutung die Befragten verschiedenen Eigenschaften einer Einkaufsumgebung beimessen (Q6) und inwieweit sie die einzelnen Items einerseits in den traditionellen innerstädtischen Einkaufsstraßen der jeweiligen Stadt (Q7a) und andererseits in dem innerstädtischen Shopping Center (Q7b) realisiert sehen. Entsprechend der Methodik des adequacy-importance-Modells wurden die Befragten zunächst um eine Bewertung der persönlichen Wichtigkeit der einzelnen

---

49 Zur Notwendigkeit von Non-Response- und Non-Attitude-Kategorien vgl. SCHNELL / HILL / ESSER (2005: 337).

Items auf einer unipolaren Sieben-Punkte-Ratingskala[50] gebeten (vgl. WILKIE / PESSEMIER 1973: 433); anschließend sollte sowohl für die innerstädtischen Einkaufsstraßen als auch für das Shopping Center – ebenfalls mit Hilfe einer siebenstufigen Skala – der jeweilige Grad der Erfüllung der einzelnen Items beurteilt werden. Ein zentrales Moment dieses Themenbereiches liegt in der Frage, welcher Einfluss konsumtiven respektive instrumentellen Motiven bei der Einkaufsstandortwahl von Konsumenten verschiedener Altersklassen zukommt (siehe Kapitel 2.2.3.1). Dementsprechend wurden beide Motivtypen bei der Konzeption des zweiten Fragenkomplexes berücksichtigt; konsumtive Motive wurden beispielsweise durch die Dimension „Sauberkeit" oder „schöne Dekoration des öffentlichen Raumes" operationalisiert, instrumentelle Motive z.B. durch Fragen nach der Breite und Tiefe des Angebotes („große Auswahl an Geschäften", „große Auswahl an verschiedenen Marken" etc.). Die konkrete Auswahl der insgesamt 25 Items basiert ausschließlich auf den Ergebnissen der qualitativen Konsumentenbefragung: Einbezogen wurden all diejenigen Dimensionen, die von mindestens zwei Probanden als wichtige Eigenschaften eines Einkaufsstandortes genannt worden waren[51]. Eine Ausnahme bilden jedoch die Dimensionen, die auf Eigenschaften (Freundlichkeit, Hilfsbereitschaft, Kompetenz etc.) und Verfügbarkeit des Personals in den einzelnen Geschäften rekurrieren: Hier wurde – trotz einer sehr häufigen Nennung im Rahmen der qualitativen Befragung – auf eine Einbeziehung in den quantitativen Fragebogen verzichtet. Grundlage dieser Entscheidung war die Überlegung, dass es sich bei der Personalführung und -schulung um genuin einzelbetriebliche Maßnahmen handelt, die sich dem Einfluss des Centermanagements weitestgehend entziehen. Zudem sind diesbezügliche Bewertungen in weit überdurchschnittlichem Maße durch situative Momente und Erfahrungen sowie zwischenmenschliche Zu- bzw. Abneigungen geprägt.

Der dritte Themenblock (Q8 und Q9) dient der Ermittlung des Stellenwertes von Konsum als Element der Freizeitgestaltung. Trotz des stärkeren thematischen Bezuges der nächstfolgenden Fragen zu dem vorausgehenden Themenbereich wurde dieser Fragenkomplex an dieser Stelle eingeschoben, um so durch die einfach und schnell zu beantwortenden Fragen Q8 und Q9 eine „Auflockerung" zwischen den komplexeren Itembatterien des voranstehenden und des nachfolgenden Fragenkomplexes zu erzielen (vgl. MEIER KRUKER / RAUH 2005: 96). Damit sollte nicht zuletzt Interviewabbrüchen entgegengewirkt werden.

Neben den theoretischen Einstellungen und Beurteilungen der Nachfrager gegenüber den unterschiedlichen Einkaufsstandorten stellt deren praktische Nutzung durch die Konsumenten ein zentrales Element der vorliegenden Forschungsfrage dar. Daher wurde in einem vierten Themenbereich (Q10 und Q11) der Frage nachgegangen, welche Einkaufsstandorte für den Erwerb welcher Warengruppen sowie für die Nutzung welcher Dienstleistungs- und Serviceangebote bevorzugt aufgesucht

---

50 Wie WILKIE / PESSEMIER (1973: 433ff.) darlegen, bieten sich für die Messung der Eindruckswerte verschiedene Instrumente an. Die hier gewählte unipolare Sieben-Punkte-Ratingskala sollte einerseits differenzierte Antworten ermöglichen, andererseits die Befragten in ihrem Differenzierungsvermögen nicht überfordern (vgl. MAYER 2006: 82; HEIDENREICH 1995: 411ff.).

51 Die Mindestanforderung von nur zwei Nennungen erscheint auf den ersten Blick sehr gering; wie MONHEIM (1999: 115) jedoch darlegt, können bei qualitativen Befunden „schon relativ geringe Anteile kritischer Äußerungen einen Handlungsbedarf signalisieren".

werden und ob sich diesbezüglich altersabhängige Unterschiede aufzeigen lassen[52]. Schwerpunktmäßig zielte diese Fragestellung auf eine Gegenüberstellung von traditionellen Einkaufsstraßen und dem Einkaufszentrum der betreffenden Innenstadt ab. Mit Hilfe der Antwortkategorie „keine Nutzung" konnte zudem überprüft werden, ob hinsichtlich der Nutzung bzw. Nicht-Nutzung bestimmter Branchen eine Korrelation mit dem Alter der Konsumenten besteht. Die Gegenüberstellung von Einkaufszentrum und traditionellem Kaufhaus (Q11) schließlich beruht auf dem häufig getätigten Vergleich dieser beiden „Betriebsformen" (siehe hierzu Kapitel 2.2.1) seitens der Teilnehmer der qualitativen Konsumentenbefragung. Die dort mehrheitlich zum Ausdruck gebrachte Präferenz eines traditionellen Kaufhauses wurde somit einer quantitativen Überprüfung unterzogen.

Der fünfte Fragenkomplex (Q12 und Q13), der das Kopplungsverhalten der Befragten hinsichtlich der Verbindung von Einkaufen mit weiteren innenstadttypischen Aktivitäten thematisiert, dient auch als Überleitung zu den Fragen nach der Nutzungsintensität gastronomischer Anbieter (ohne klassische Restaurants) in der Innenstadt einschließlich im Einkaufszentrum (sechster Fragenblock: Q14 und Q15). Daran anschließend wurden die Befragten gebeten, in einem siebten, ebenfalls nach dem adequacy-importance-Modell konzipierten Themenblock (Q16 bis Q18), verschiedene Aspekte eines Cafés zunächst hinsichtlich ihrer persönlich empfundenen Wichtigkeit zu bewerten. Die Auswahl der Items erfolgte analog zum Vorgehen im zweiten Fragenkomplex auf Basis der Ergebnisse der qualitativen Konsumentenbefragung. Die anschließende Beurteilung, inwieweit sie die einzelnen Eigenschaften erfüllt sehen, wurde jedoch auf die in das Shopping Center integrierten Cafés beschränkt. Damit wurde dem Umstand Rechnung getragen, dass die in den Einkaufszentren befindlichen Cafés eine deutlich größere Ähnlichkeit hinsichtlich ihrer Gestaltqualität sowie hinsichtlich ihres Preisniveaus aufweisen als das Angebot in den traditionellen Einkaufsstraßen. Letzteres entzieht sich aufgrund seiner starken Inhomogenität einer gemeinsamen Beurteilung.

In dem letzten thematischen Block (Q19 bis Q21) wurden die Befragten gebeten, eine Gesamtbeurteilung des in der betreffenden Stadt befindlichen Einkaufszentrums vorzunehmen. Die offene Struktur der Fragen Q19 und Q20 diente zum einen der Erfassung derjenigen Aspekte, die in den vorausgehenden standardisierten Fragenkomplexen unberücksichtigt blieben. Zum anderen ermöglichte sie den Befragten, eine Beurteilung innerhalb ihres persönlichen Referenzsystems und unbeeinflusst von der Suggestivwirkung von Antwortalternativen vorzunehmen (vgl. SCHNELL / HILL / ESSER 2005: 332; ATTESLANDER 2008: 138). Nicht zuletzt erlauben die hier geäußerten Kritikpunkte (positiv und negativ) auch eine Überprüfung der im zweiten und siebten Fragenkomplex gegebenen Antworten. Frage Q21 schließlich soll Aufschluss darüber geben, ob die Befragten unter Würdigung aller Faktoren zu einer (eher) positiven oder (eher) negativen Gesamtbewertung kommen. Da angenommen werden kann, dass von den Probanden in der konkreten Situation der Passantenbefragung und insbesondere am Ende des relativ langen Fragebogens

---

52 Da eine Differenzierung zwischen innerstädtischen Einkaufsstraßen und Shopping Center nur für diejenigen Angebote sinnvoll ist, die an beiden Orten bestehen, wurde dieser Teil des Fragebogens an die Gegebenheiten der jeweiligen Untersuchungsstadt angepasst.

keine analytische Abwägung aller Argumente vorgenommen wurde, ermittelte diese Frage schwerpunktmäßig die emotionale Einstellung der Befragten gegenüber dem innerstädtischen Shopping Center. Allerdings wurde der Fragebogen für die Erhebungen in Koblenz dahingehend modifiziert, dass sich Frage Q21 nicht auf das Löhr-Center, sondern auf das geplante zweite innerstädtische Einkaufszentrum in Koblenz (Forum Mittelrhein, siehe Kapitel 3.2.2.2) bezieht. Grundlage dieser Abweichung war die Annahme, dass das bereits 1984 eröffnete Löhr-Center im Unterschied zu den deutlich jüngeren Centern in Erlangen und Zwickau (siehe Kapitel 3.2.2) im Bewusstsein der Koblenzer Bevölkerung mittlerweile als fester, nicht mehr wegzudenkender Bestandteil der Innenstadt wahrgenommen wird. Der grundsätzliche Charakter der Frage nach der persönlichen Einstellung gegenüber innerstädtischen Shopping Centern bleibt damit jedoch erhalten.

Die abschließenden sozio-demographischen Fragen sind den demographischen Standards des Statistischen Bundesamtes (vgl. STBA 2010c) entlehnt und wurden für die Fragestellung dieser Untersuchung modifiziert.

Entgegen der Vorgehensweise in der qualitativen Haushaltsbefragung fand eine explizite Frage nach Werten und Normen keinen Eingang in den standardisierten Fragebogen. Im Rahmen der qualitativen Haushaltsbefragungen hatte sich gezeigt, dass Werte und Normen in Deutschland einer direkten Erfragung kaum zugänglich sind (vgl. Kapitel 3.7.5). Die Aufnahme eines weiteren Fragenblocks mit dem ausschließlichen Ziel einer indirekten Erfassung der individuellen Wertestruktur der Befragten verbot sich aus Gründen des Fragebogenumfangs. Daher wurde auf eine spezifische Ermittlung des persönlichen Wertesystems verzichtet; stattdessen erfolgte eine Ableitung von Konsumnormen anhand der Antworten auf die Fragen Q6 und Q7 sowie Q16 und Q18.

3.1.6.2 Durchführung der quantitativen Passantenbefragung und Datenauswertung

Die Interviews wurden sowohl innerhalb der Shopping Center als auch an verschiedenen Standorten in den traditionellen innerstädtischen Einkaufsstraßen durchgeführt. Das Passantenaufkommen in Innenstädten unterliegt sowohl hinsichtlich seines Umfangs als auch hinsichtlich seiner Struktur einem starken Tages- und Wochengang. Um diese Schwankungen zu berücksichtigen und ein möglichst umfassendes Bild der Einstellungen und des Verhaltens der Konsumenten zeichnen zu können, wurden die Erhebungen an allen Standorten von Montag bis Samstag in der Regel ganztägig durchgeführt. Die Durchführung der Befragungen erfolgte zwischen August und Oktober 2010, wobei die Auswahl der konkreten Befragungszeiträume schwerpunktmäßig von dem Bestreben geleitet war, atypische und damit potenziell ergebnisverzerrende, die Repräsentativität der Stichprobe einschränkende Rahmenbedingungen wie Schulferien, Stadtfeste etc. nach Möglichkeit zu umgehen. In Erlangen und Koblenz wurden die Befragungen über einen Zeitraum von jeweils drei Wochen durchgeführt. Diese relativ lange Zeitspanne erlaubte die Erfassung unterschiedlicher Standorttypen bei gleichzeitiger Berücksichtigung der Schwankungen in der Struktur des Passantenstroms (siehe oben). Da – wie MONHEIM (1999: 101) gezeigt hat – trotz der „meist großen Aktionsräume der Innenstadtbesucher" (ebd.) teilweise deutliche kleinräumige Unterschiede in der strukturellen Zusammensetzung der Passanten in verschiedenen Teilbereiche einer Innenstadt bestehen, erschien die genannte Vorgehensweise im Hinblick auf die Repräsentativität der Stichprobe für die Grundgesamtheit angezeigt. Konkret wurden die Erhebungen jeweils über eine Woche an einem Standort in der Haupteinkaufsstraße unweit des Shopping Centers, an einem Standort in einer Einkaufsstraße des Altstadtbereiches sowie innerhalb des Einkaufszentrums durchgeführt. Aufgrund der deutlich geringeren Größe der Zwickauer Innenstadt wurde die Befragung dort auf einen Zeitraum von insgesamt zwei Wochen begrenzt, d.h. die Befragungen fanden jeweils eine Woche im Einkaufszentrum und an verschiedenen Standorten in den Einkaufsstraßen statt. Für die Festlegung aussagekräftiger Befragungsstandorte konnte auf die im Rahmen der Einzelhandels- und Dienstleistungskartierung sowie der qualitativen Beobachtungen gewonnenen Erkenntnisse über die funktionelle Struktur der Innenstadt zurückgegriffen werden.

Ergänzend zu den Interviews wurde ein Verlaufsprotokoll der Untersuchung geführt. Darin wurden für jede Befragungseinheit die situativen Bedingungen (Standort, Wetter, besondere Merkmale bzw. Vorkommnisse) eingetragen. Zudem wurde erfasst, wie viele Interviews erfolgreich durchgeführt werden konnten, wie viele Personen eine Teilnahme an der Befragung ablehnten, wie viele Interviews abgebrochen wurden und wie viele der angesprochenen Personen nicht zur Grundgesamtheit zählten. Diese Angaben wurden weiter differenziert nach Geschlecht sowie nach der Größe der Gruppe, mit der die angesprochene Person unterwegs war, um so einen möglichen diesbezüglichen Einfluss auf das Befragungsergebnis abbilden zu können (vgl. MONHEIM 1999: 98f. u. 103).

Vor Beginn der Hauptuntersuchung wurde der Fragebogen mit Hilfe eines Pretests im Hinblick auf seine Güte sowie auf seine praktische Durchführbarkeit (Verständlichkeit der Fragen, Eindeutigkeit der Kategorien, Dauer der Interviews, Abbrecherquote etc.) überprüft (vgl. FRIEDRICHS 1990: 153ff.; SCHNELL / HILL / ESSER 2005: 347ff.). Der Pretest wurde Ende Juni 2010 in Erlangen abgehalten. Da die Ergebnisse des Pretests nur wenige Modifikationen des Fragebogens erforderlich machten, wurde ein Umfang von 25 Test-Interviews als ausreichend erachtet.

Die Auswahl der Stichprobe erfolgte als einfache Zufallsauswahl der Passanten (vgl. ATTESLANDER 2008: 257). Konkret wurde nach Beendigung eines Kontaktes die jeweils nächste Person, die eine gedachte Linie auf der Einkaufsstraße bzw. der Verkehrsfläche des Einkaufszentrums überschritt, angesprochen[53] (vgl. MONHEIM 1999: 103). Um Verzerrungen durch strukturelle Unterschiede der Hauptlaufrichtung im Tagesverlauf auszuschließen, wurden die Passanten unabhängig von ihrer Laufrichtungen berücksichtigt (vgl. ebd.: 1999: 70ff.). Sofern dies aufgrund der Dichte des Passantenstroms nicht möglich war, wurden die Passanten beider Laufrichtungen abwechselnd angesprochen. Als Anreiz für die Teilnahme an der Befragung wurden Süßigkeiten als kleine Incentives eingesetzt. Die Reaktionen auf diese „Belohnung" waren ausnahmslos positiv.

---

53 Kinder < 14 Jahren wurden entsprechend der Definition der Grundgesamtheit (siehe Kapitel 3.1.6.1.2) nicht berücksichtigt. Sofern nicht abschätzbar war, ob eine zur Teilnahme bereite Person die Altersgrenze von 14 Jahren bereits erreicht hatte, wurde das Alter vor Beginn des Interviews erfragt.

Die Dauer der einzelnen Interviews variierte stark und reichte von 8 Minuten bis etwa 55 Minuten. Verantwortlich für die sehr lange Dauer einzelner Befragungen waren vor allem ausführliche Explikationen einzelner Probanden zu ihren jeweiligen Antworten sowie Gespräche, die sich im Anschluss an das eigentliche Interview entwickelten. Diese Nachgespräche lieferten teilweise sehr interessante weitergehende Erkenntnisse und trugen zu einer Abrundung des Gesamtbildes bei.

Insgesamt konnten mit 917 der angesprochenen 7.378 Passanten erfolgreich Interviews abgeschlossen werden; dies entspricht einer Quote von 12,32%. Allerdings besteht ein deutlicher Unterschied zwischen den Erfolgsquoten in den westdeutschen Städten einerseits und der ostdeutschen Untersuchungsstadt andererseits: Während die Quote in Erlangen und Koblenz jeweils rund 11% betrug, lag sie in Zwickau bei 17,3%. Auch die Unterschiede zwischen den Standorttypen waren teilweise erheblich; sie folgten jedoch keiner systematischen Struktur. Erfreulicherweise lag die Abbrecherquote – trotz der nicht unerheblichen Länge des Fragebogens – bei nur rund 1,6%[54]. Etwa 17,4% der teilnahmebereiten Passanten gehörten nicht zur Grundgesamtheit der Befragung (siehe Kapitel 3.1.6.1.2), da sie die jeweilige Innenstadt zum Zeitpunkt der Befragung weniger als drei Mal aufgesucht hatten.

Die Auswertung der aufbereiteten Daten erfolgte mit Hilfe der Statistiksoftware SPSS. Im Rahmen der statistischen Analyse kamen uni-, bi- und multivariate Verfahren der deskriptiven und induktiven Statistik zum Einsatz. Weitergehende Ausführungen zu den im Rahmen der Analyse eingesetzten statistischen Verfahren werden im Kontext der jeweiligen Analysen dargeboten (siehe Kapitel 3.8).

Tab. 5: Erfolg der Interviewanfragen nach Befragungsstandorten

	Erlangen			Koblenz			Zwickau		Gesamt
	SC	IS I*	IS II**	SC	IS I*	IS II**	SC	IS	
erfolgreiche Interviews	132	118	115	115	109	85	134	109	917
Teilnahme abgelehnt	1.162	771	921	809	969	497	643	477	6.249
abgebrochene Interviews	2	0	0	2	2	5	2	2	15
nicht Element der Grundgesamtheit	19	16	29	13	38	54	8	20	197

Quelle: Eigene Erhebungen

* = Haupteinkaufsstraße
** = Einkaufsstraße im Altstadtbereich

---

54 Interviewabbrüche erfolgten nur teilweise auf Betreiben der Befragten. Ein Teil der Abbrüche wurzelte in einer zu geringen kognitiven Kompetenz des bzw. der Befragten, sodass eine sinnvolle Durchführung des Interviews nicht möglich war. In diesen Fällen wurde das Interview bewusst abgebrochen, ohne dass dies jedoch für die Probanden erkennbar war.

3.2 Die Untersuchungsstädte Erlangen, Koblenz und Zwickau

Die vorliegende Untersuchung ist als Fallstudienvergleich konzipiert (siehe Kapitel 1.1); Grundlage der Analysen bilden die empirischen Ergebnisse aus den drei Untersuchungsstädten Erlangen, Koblenz und Zwickau. Da den spezifischen strukturellen, ökonomischen und sozio-demographischen Bedingungen in den einzelnen raumbezogenen Analyseeinheiten ein nicht unerheblicher Einfluss auf die jeweiligen Untersuchungsergebnisse unterstellt werden muss, kommt der Auswahl der Untersuchungsstädte eine hohe Bedeutung zu.

3.2.1 Auswahl der Untersuchungsstädte

Die Auswahl der Untersuchungsstädte erfolgte auf Basis mehrerer Kriterien: So sollten alle Untersuchungsstädte eine Einwohnerzahl von etwa 90.000 bis 120.000 Menschen aufweisen; damit handelt es sich um große Mittel- bzw. kleine Großstädte. Diese Größenordnung empfiehlt sich aus mehreren Gründen als räumliche Analysebasis für die Untersuchung: Zum einen kann für diese Städte aufgrund ihrer Größe von einem hinreichend großen Einzelhandels-, Dienstleistungs- und Gastronomieangebot in der Innenstadt ausgegangen werden. Gleichzeitig weisen die Innenstädte großer Mittel- bzw. kleiner Großstädte in der Regel eine gewisse Kompaktheit auf, sodass vor allem im Rahmen der qualitativen und quantitativen Konsumentenbefragungen der Einkaufsstandorttyp „traditionelle innerstädtische Einkaufsstraßen" im Bewusstsein der befragten Konsumenten eine relativ eindeutige und räumlich fassbare Konkretion besitzen dürfte. Zudem konzentriert sich bei Städten dieser Größenordnung das Angebot in Stadtteilzentren üblicherweise auf Waren des täglichen Bedarfs (Nahversorgungsfunktion) und steht damit nicht in Konkurrenz zu den innerstädtischen Einzelhandels-, Dienstleistungs- und Gastronomieangeboten. Nicht zuletzt stellt diese Stadtgröße auch die Grenze der Operationalisierbarkeit unter Berücksichtigung der zur Verfügung stehenden zeitlichen, personellen und finanziellen Ressourcen für die empirischen Erhebungen und speziell für die Kartierung der Innenstädte dar.

Zudem müssen alle Untersuchungsstädte über (mindestens) ein hinreichend attraktives innerstädtisches Shopping Center[55] verfügen, das der dieser Arbeit zugrunde liegenden Definition eines Einkaufszentrums entspricht (vgl. Kapitel 2.2.1). Außerhalb der Innenstadt, d.h. in Stadtteillagen oder „auf der grünen Wiese", sollte jedoch kein weiteres Shopping Center vorhanden sein, um eine davon ausgehende

---

55 Die Einbeziehung eines offensichtlich unattraktiven Shopping Centers mit einer hohen Zahl an Leerständen würde keine belastbaren Erkenntnisse im Hinblick auf die Fragestellung dieser Untersuchung liefern, da unklar bliebe, ob negative Bewertungen der befragten Konsumenten oder geringe Passantenfrequenzen in dem Einkaufszentrum in der Ablehnung dieses speziellen Einkaufszentrums oder in einer grundsätzlichen Aversion gegenüber bestimmten Merkmalen des Einkaufsstandorttyps Shopping Center begründet liegen.

Beeinflussung der Wahrnehmung und Nutzung des innerstädtischen Einkaufszentrums auszuschließen.

Weiterhin sollte die Spannweite bei zentralen strukturellen, ökonomischen und sozio-demographischen Parametern zwischen den Untersuchungsstädten möglichst gering sein, um so den Einfluss dieser Parameter auf mögliche Unterschiede bei den empirischen Ergebnissen zwischen den Untersuchungsstädten gering zu halten und die Erklärungskraft von Struktur und Gestaltung der jeweiligen Einkaufsstandorte für mögliche beobachtbare Unterschiede zwischen den räumlichen Analyseeinheiten zu erhöhen. Beispielsweise kann angenommen werden, dass sich eine weit überdurchschnittliche Arbeitslosenquote wie z.B. in Bremerhaven (2010: 16,8%, vgl. BREMERHAVEN 2012) in nicht unerheblichem Maße auf die Anforderungen und Bedürfnisse der Konsumenten in dieser Stadt niederschlägt. Entscheidend für die Auswahl der Städte waren jedoch in erster Linie die Kriterien „Stadtgröße" und „Vorhandensein eines hinreichend attraktiven innerstädtischen Shopping Centers". Bei der Vergleichbarkeit der strukturellen, ökonomischen und sozio-demographischen Parameter mussten daher gewisse Einschränkungen hingenommen werden.

Nicht zuletzt sollten die Einkaufsstandorte der Untersuchungsstädte ein gewisses Spektrum an strukturellen und gestalterischen Konzeptionsmöglichkeiten wiedergeben, um neben der Ermittlung von Regelhaftigkeiten bei Einstellung und Verhalten der Konsumenten gegenüber unterschiedlichen Einkaufsstandorttypen auch die Wirkung verschiedener konzeptioneller Parameter auf die Akzeptanz eines Einkaufsstandortes durch Konsumenten verschiedener Altersklassen herausarbeiten zu können. In räumlicher Hinsicht schließlich sollte sich eine der Untersuchungsstädte in den neuen Bundesländern befinden, um so den Einfluss der tiefgreifenden Unterschiede in der Entwicklung der Innenstädte und speziell der innerstädtischen Einzelhandelsstandorte zwischen den alten und neuen Bundesländern auf die Wahrnehmung und Nutzung der Einkaufsstandorte seitens der Konsumenten abbilden zu können[56].

Anhand voranstehender Kriterien wurde eine Reihe potenzieller Untersuchungsstädte identifiziert. Eine Überprüfung der Auswahl auf Faktoren, die einer sinnvollen Einbeziehung der einzelnen Städte über die genannten Kriterien hinaus entgegenstehen (z.B. eine ausführliche Berücksichtigung in anderen Studien bzw. Dissertationen mit erheblichem Überschneidungspotenzial), brachte eine weitere Reduzierung der potenziell in Frage kommenden Städte. Die verbliebenen Städte (Erlangen, Heilbronn, Koblenz, Osnabrück, Wolfsburg, Zwickau) wurden anschließend vor Ort auf ihre konkrete Eignung als Untersuchungsstadt begutachtet. Nach Abwägung aller relevanten Aspekte empfahlen sich insbesondere die Städte Erlangen, Koblenz und Zwickau als räumliche Analyseeinheiten für die vorliegende Untersuchung.

---

56 Allerdings schränkte insbesondere das Kriterium, dass sich außerhalb der Innenstadt kein weiteres Shopping Center in der Stadt bzw. in ihrem direkten Umfeld befinden soll, die Auswahl möglicher Untersuchungsstädte in den neuen Bundesländern aufgrund der massiven Expansion nicht-integrierter Einzelhandelsstandorte in den ostdeutschen Städten nach 1989 (vgl. MEYER / PÜTZ 1997: 493) erheblich ein: Unter den großen Mittel- bzw. kleinen Großstädten erfüllte lediglich die Stadt Zwickau dieses Kriterium.

Abb 15: Lage der Untersuchungsstädte

Kartengrundlage: Institut für Geographie und Geologie, Universität Würzburg; Eigene Bearbeitung

3.2.2 Vorstellung der Untersuchungsstädte Erlangen, Koblenz und Zwickau

Trotz einiger grundlegender Ähnlichkeiten weisen die Untersuchungsstädte, vor allem bedingt durch ihre jeweilige historische Entwicklung sowie ihre Lage zu anderen Zentren, in den meisten untersuchungsrelevanten Belangen spezifische Ausprägungen und Merkmale auf.[57]

3.2.2.1 Erlangen

Die mittelfränkische kreisfreie Stadt Erlangen ist Teil des großen Verdichtungsraumes Nürnberg / Fürth / Erlangen und bildet zusammen mit Nürnberg und Fürth ein gemeinsames Oberzentrum (vgl. StMWIVT BY 2006: 17 u. 66). Mit 105.258 Einwohnern stellt Erlangen die kleinste Stadt dieses Oberzentrums dar (Stand 31.12.2010; vgl. STADT ERLANGEN 2011b: 9). Seit dem Jahr 2000 weist die Bevölkerung jedoch ein Wachstum auf, sodass sich die Einwohnerzahl Erlangens bis 2010 um 5,19% erhöhte (eigene Berechnungen nach STADT ERLANGEN 2011b: 22f.).

Die Wirtschaftsstruktur Erlangens wird stark von den beiden größten Arbeitgebern der Stadt, der Siemens AG und der Friedrich-Alexander-Universität einschließlich der Universitätskliniken[58], dominiert. In Erlangen befindet sich der weltweit zweitgrößte Standort der Firma Siemens AG mit rund 23.200 Mitarbeitern (vgl. www.siemens.de; STADT ERLANGEN 2013b), die Friedrich-Alexander-Universität Erlangen-Nürnberg, zweitgrößte Universität Bayerns, beschäftigt in Erlangen etwa 12.800 Mitarbeiter. Hinzu kommen zahlreiche weitere, überwiegend mittelständische Unternehmen sowie private und öffentliche Forschungseinrichtungen, die zu einem erheblichen Teil der Hightech-Branche angehören. Insbesondere entwickelte sich Erlangen zu einem Zentrum im Bereich der Medizin- und Gesundheitstechnik mit der weltweit größten Dichte an medizintechnischer Kompetenz; knapp ein Viertel der Arbeitsplätze in Erlangen ist dem Bereich Medizintechnik und Gesundheit zuzuordnen (vgl. STADT ERLANGEN 2013a, 2013b). Infolge der hohen Arbeitsplatzzentralität weist Erlangen einen sehr hohen Einpendlerüberschuss von 42.600 Erwerbstätigen auf (56.670 Einpendler gegenüber 14.070 Auspendlern). Darüber hinaus ist die Arbeitslosenquote in Erlangen mit 4,2% sowohl im gesamtdeutschen als auch im bayerischen Vergleich (sehr) niedrig (Deutschland: 7,7%; Bayern: 4,5%; Stand 2010; vgl. STADT ERLANGEN 2011b: 54 u. 75).

Die Bevölkerung Erlangens wird hinsichtlich ihrer sozio-demographischen Struktur stark von der Wirtschaftsstruktur der Stadt und speziell von der ansässigen Universität sowie der Firma Siemens AG geprägt. So bedingt insbesondere der hohe Anteil an Studierenden – im Wintersemester 2010/2011 waren in Erlangen 22.249 Studierende eingeschrieben[59] – eine überdurchschnittlich junge Bevölkerung.

---

57 Zeitliche Bezugsbasis der Daten in nachstehender Vorstellung der Untersuchungsstädte bildet nach Möglichkeit das Jahr 2010, da in diesem Jahr der größte Teil der empirischen Erhebungen, insbesondere die qualitativen und quantitativen Konsumentenbefragungen, durchgeführt wurden.
58 Die (Teil-)Standorte der Friedrich-Alexander-Universität verteilen sich auf die Städte Erlangen und Nürnberg, der weit überwiegende Teil der Einrichtungen befindet sich jedoch in Erlangen.
59 Auch unter Berücksichtigung der Tatsache, dass nicht alle in Erlangen eingeschriebenen Studierenden im Stadtgebiet von Erlangen wohnen, stellen Studierende in Erlangen einen nicht unerheblichen Anteil an der Gesamtbevölkerung der Stadt dar.

Der Altersdurchschnitt liegt mit 41,4 Jahren (Stand 2010) deutlich unter dem gesamtdeutschen Durchschnittswert von 43,7 Jahren und unterschreitet auch den Altersdurchschnitt der bayerischen Bevölkerung um 1,6 Jahre (vgl. STBA 2012a: 28). Ein Vergleich des Altersaufbaus der Erlanger Bevölkerung mit der Altersstruktur der gesamtdeutschen Bevölkerung zeigt, dass das niedrigere Durchschnittsalter der Bevölkerung in Erlangen vor allem aus weit überdurchschnittlichen Anteilen bei den 20- bis 34-Jährigen bei gleichzeitig deutlich unterdurchschnittlichen Anteilen der 40- bis 79-Jährigen resultiert.

Abb. 16: Vergleich des Altersaufbaus der Bevölkerung in Deutschland und Erlangen (Stand 31.12.2010)

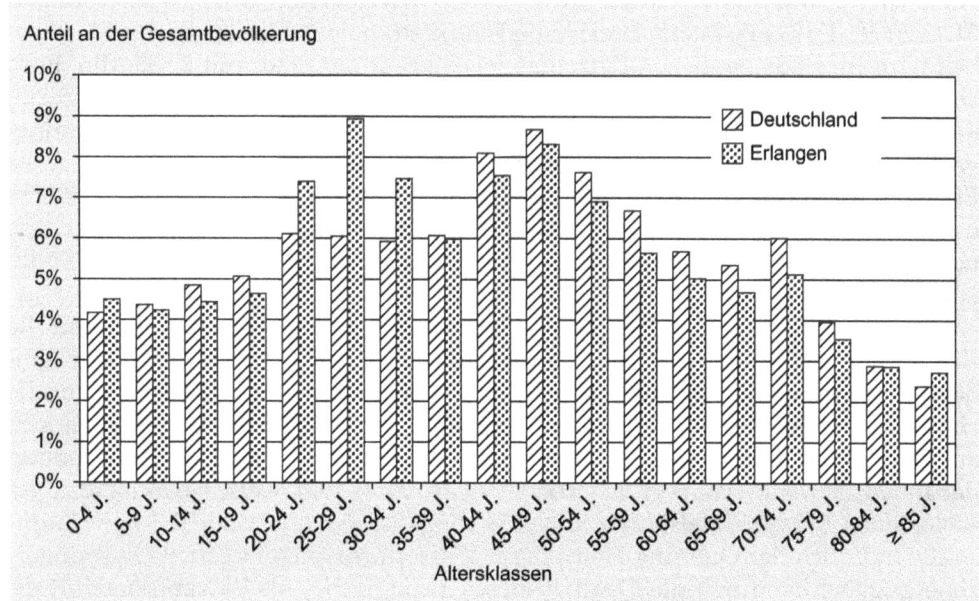

Quelle: Eigene Berechnungen nach STBA – GENESIS (2013), BAYLAST – GENESIS (2013a); Eigene Darstellung

Für die Zukunft wird von einem weiteren Wachstum der Erlanger Bevölkerung ausgegangen; für das Jahr 2025 wird eine Einwohnerzahl von 110.200 Personen prognostiziert (mittlere Variante). Gleichzeitig wird auch in Erlangen – trotz einer hohen Bevölkerungsfluktuation – der Alterungsprozess der Bevölkerung weiter fortschreiten, sodass für 2025 ein Durchschnittsalter von etwa 43,0 Jahren angenommen wird[60] (vgl. STADT ERLANGEN 2010: 5f.). Der Anteil der ≥ 65-Jährigen wird sich dabei von 18,6% (2010) auf 20,9% (2025) erhöhen (vgl. STADT ERLANGEN 2010: 20; STADT ERLANGEN 2011b: 29).

Bemerkenswert ist das weit überdurchschnittliche Bildungsniveau der Erlanger Bevölkerung, das nicht zuletzt in dem hohen Anteil an Arbeitsplätzen im Bereich Forschung und Entwicklung (FuE) begründet liegt. Mehr als ein Viertel (26,3%)

---

60 Anzumerken ist jedoch, dass der in Studenten-, Alten- und Pflegeheimen lebende Teil der Bevölkerung nicht in die Bevölkerungsprognose der Stadt Erlangen einbezogen wurde (vgl. STADT ERLANGEN 2010: 5).

aller sozialversicherungspflichtig Beschäftigten in Erlangen besitzt einen Hochschul- oder Fachhochschulabschluss; damit weist Erlangen den höchsten Anteil an Hochqualifizierten unter den 100 einwohnerstärksten kreisfreien Städten in Deutschland auf (vgl. WiWo 10.12.2010). Auch die Kaufkraft erreicht in Erlangen mit 24.667 Euro je Einwohner einen weit überdurchschnittlichen Indexwert von 125,3[61] (vgl. STADT ERLANGEN 2013b). Die einzelhandelsrelevante Kaufkraft im Stadtkreis Erlangen wird von der GfK mit 6.626 Euro je Einwohner angegeben; dies entspricht einem Einzelhandelskaufkraftindex von 117,5 Punkten (Stand 2011; vgl. o.V. 2011b).

Das gesamte Marktgebiet des Erlanger Einzelhandels umfasst rund 399.200 Personen, davon leben etwa 232.845 Menschen im Kerneinzugsgebiet (Stand 31.12.2009). Das einzelhandelsrelevante Kaufkraftpotenzial im gesamten Marktgebiet wird im städtebaulichen Einzelhandelskonzept der Stadt mit 2.888 Mio. Euro angegeben. Vor allem die hohe räumliche Nähe zu Nürnberg mit seinem breiten und tiefen Einzelhandelsangebot führt jedoch zu einer deutlichen Abschöpfung von Kaufkraftpotenzial aus dem Erlanger Marktgebiet. Dementsprechend weist Erlangen im Vergleich zu anderen Städten mit ähnlicher Einwohnerzahl nur eine durchschnittliche, gegenüber den Nachbarstädten Fürth und Nürnberg sogar eine unterdurchschnittliche Zentralitätskennziffer von 119% auf (vgl. LEUNINGER ET AL. 2011: 31ff.).

Die Innenstadt[62] lässt sich in einen nördlich gelegenen Altstadtbereich und die sich südlich anschließende Neustadt gliedern. Der Schwerpunkt des Einzelhandels konzentriert sich auf den westlichen Teil der Innenstadt, insbesondere auf die Hauptstraße und ihre südliche Fortsetzung Nürnberger Straße. Diese Achse, die sich auf einer Länge von rund 1.500 Metern über die gesamte Nord-Süd-Ausdehnung der Innenstadt erstreckt (vgl. LEUNINGER ET AL. 2011: 157), weist einen nahezu geschlossenen Einzelhandelsbesatz auf. Allerdings ist der nördliche Teil der Hauptstraße (nördlich der Querung Heuwaag- / Wasserturmstraße) nicht als Fußgängerzone gestaltet, wodurch die Qualität dieses Teilbereiches als Einkaufsstandort erheblich eingeschränkt ist. In diesem Bereich sind kleinräumig auch Trading-Down-Prozesse festzustellen (vgl. auch LEUNINGER ET AL. 2011: 159). Insgesamt weist der Altstadtbereich jedoch aufgrund der kleinteiligen historischen Bausubstanz sowie der markgräflichen Schlossanlage überwiegend eine hohe städtebauliche Qualität auf. Die Angebotsstruktur in diesem Bereich wird von inhabergeführten Einzelhandelsgeschäften sowie zahlreichen gastronomischen Angeboten geprägt (siehe auch Kapitel 3.4.3.5).

---

61 Allerdings steht die o.g. GfK-Kaufkraft je Einwohner in Erlangen in deutlichem Widerspruch zu dem vom Bayerischen Landesamt für Statistik und Datenverarbeitung ausgewiesenen verfügbaren Einkommen je Einwohner, das für 2009 auf 19.680 Euro beziffert wird und nach Angabe des Statistischen Bundesamtes „eine vergleichbare Größe zur Kaufkraft" darstelle (DESTATIS 2013a; vgl. STADT ERLANGEN 2011: 9; jüngere Daten liegen nicht vor). In Anbetracht der großen Differenz der Werte erscheint der zeitliche Unterschied zwischen den Datenquellen als alleinige erklärende Variable nicht ausreichend. Es ist anzunehmen, dass die Diskrepanz vor allem in divergierenden Datengrundlagen und Modellannahmen begründet liegt (ähnlich: telefonische Auskunft der Abteilung Wirtschaftsförderung und Arbeit der Stadt Erlangen vom 13.03.2013)

62 Zur Abgrenzung der Innenstadt siehe Kapitel 3.1.2.1.

Abb. 17: Erlangen, Schiffstraße (Altstadt)

Quelle: Eigene Aufnahme 2013

Abb. 18: Erlangen, Hauptstraße (Altstadt)

Quelle: Eigene Aufnahme 2013

Der südliche, jüngere Teil der Innenstadt (Neustadt) weist speziell entlang der Hauptstraße / Nürnberger Straße typische Merkmale einer innerstädtischen Haupteinkaufsstraße auf mit einem hohen Anteil an überregionalen und internationalen Filialisten; in diesem Bereich befindet sich auch der weit überwiegende Teil der großflächigen Magnetbetriebe der Innenstadt (vgl. LEUNINGER ET AL. 2011: 132). Im südlichen Endbereich der Haupteinkaufsstraße, insbesondere im Bereich des Rathausplatzes, sind die städtebauliche sowie die Aufenthaltsqualität erheblich eingeschränkt. Verantwortlich hierfür sind sowohl mehrere Gebäude(komplexe) mit geringer architektonischer Qualität als auch eine unbefriedigende Gestaltqualität des Rathausplatzes (vgl. LEUNINGER ET AL. 2011: 164).

Am östlich der Nürnberger Straße gelegenen Teil des Rathausplatzes befindet sich auch das Einkaufszentrum „Neuer Markt". Dieses ursprünglich aus zwei Gebäudekomplexen bestehende Einkaufszentrum, als Bestandteil eines großen innerstädtischen Einkaufs-, Kultur- und Verwaltungszentrums konzipiert, wurde im Oktober 1970 mit 35 Einzelhandels- und Dienstleistungsbetrieben, darunter einem großen Warenhaus sowie zwei Bekleidungskaufhäusern, eröffnet[63] (vgl. ET 15.10.1970). Zum Zeitpunkt seiner Eröffnung galt das Center sowohl hinsichtlich seiner Konzeption als auch in Bezug auf seine architektonische Gestaltung als hochmodern und wurde als „Zeichen städtischer Lebensweise" (ET 02.02.1971; vgl. ET 15.10.1970) gefeiert. Trotz einer Renovierung und Erweiterung des Gebäudekomplexes in den Jahren 1989/1990, die u.a. einen stärkeren Tageslichteinfall zum Ziel hatte (vgl. EN 08.11.1989), wird die architektonische Gestaltqualität dieses Centers allerdings noch immer stark von der typischen Bauweise der Shopping Center der ersten Generation geprägt (siehe Kapitel 2.2.2). Damit weicht das Center in hohem Maße von der Gestaltqualität moderner Shopping Center ab. Die sehr geringe Passantenfrequenz, die wiederholt in den Verkehrswegen des Neuen Marktes beobachtet werden konnte, legt zudem nahe, dass das Einkaufszentrum von der Mehrzahl der Konsumenten in Erlangen nicht (mehr) als attraktiver Einkaufsstandort wahrgenommen wird. Damit entzieht sich das Einkaufszentrum Neuer Markt einem sinnvollen Vergleich mit modern gestalteten innerstädtischen Einkaufszentren jüngerer Provenienz. Auf eine eingehende Berücksichtigung des Einkaufszentrums Neuer Markt im Rahmen der empirischen Erhebungen dieser Studie wird daher verzichtet. Westlich und insbesondere östlich der Haupteinkaufsstraße schließen sich weitere Einkaufsstraßen an, die allerdings nur zu einem geringen Teil als Fußgängerzone gestaltet sind. In diesen Bereichen dominiert wiederum kleinteiliger, überwiegend inhabergeführter Einzelhandel, wobei kleinräumig auch deutliche Leerstandskonzentrationen zu beobachten sind. Typisches Merkmal Erlangens als Gesamtstadt und mithin der Innenstadt ist schließlich die ausgeprägte Fahrradfreundlichkeit der Stadt mit einem sehr gut ausgebauten Radwegenetz. Rund ein Drittel der Wege werden in Erlangen mit dem Fahrrad zurückgelegt (vgl. GROSCH O.J.: 5). Speziell die starke Frequentierung der Innenstadt durch Fahrradfahrer, die nicht zuletzt durch die teilweise Freigabe der Fußgängerbereiche für den Fahrradverkehr befördert wird (vgl. ebd.: 12), ist jedoch geeignet, erhebliche Nutzungskonflikte zwischen Fußgängern und Fahrradfahrern zu begründen.

---

63 Nach dem Abriss des über mehrere Jahre weitgehend leer stehenden südlichen, kleineren Gebäudekomplexes wurde im Jahr 2005 unter der Bezeichnung „Carrée am Rathausplatz" an gleicher Stelle ein architektonisch ähnlich gestaltetes einstöckiges Ladenzentrum eröffnet (vgl. EN 16.01.2003; EN 02.12.2005).

Abb. 19: Erlangen, Nürnberger Straße

Abb. 20: Erlangen, Nürnberger Straße nähe Rathausplatz

Abb. 21: Innenstadt Erlangen

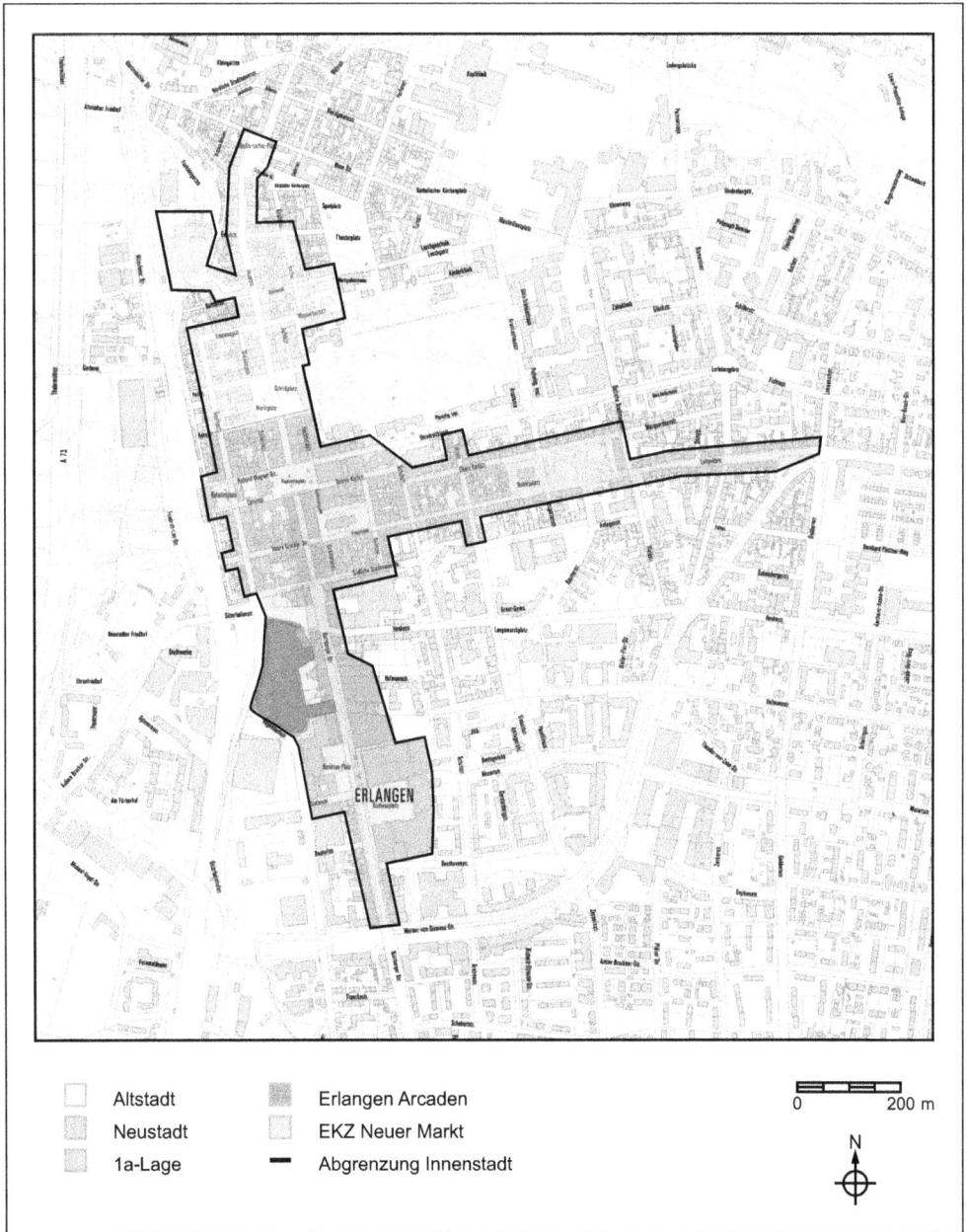

Kartengrundlage: © Landesamt für Vermessung und Geoinformation 2012
Eigene Bearbeitung; zur Abgrenzung der 1a-Lage siehe Kap. 3.4.2

Abb. 22: Erlangen Arcaden (Außenansicht)

Quelle: Eigene Aufnahme 2013

Abb. 23: Erlangen Arcaden

Quelle: Eigene Aufnahme 2012

Im September 2007 eröffnete das Essener Unternehmen mfi Management für Immobilien AG auf dem Gelände der ehemaligen Hauptpost in direkter Anbindung an die Haupteinkaufsstraße Nürnberger Straße die Erlangen Arcaden. Die Nutzung dieser rund 9,64 ha umfassenden Konversionsfläche für die Errichtung eines innerstädtischen Shopping Centers war sowohl politisch als auch gesellschaftlich heftig umstritten; u.a. gingen dem Bau der Erlangen Arcaden zwei Bürgerentscheide voraus, die auch eine deutliche Reduzierung der ursprünglich projektierten Verkaufsfläche erzwangen (vgl. HOPFINGER / SCHMIDT 2010: 20; STADT ERLANGEN 2013c). Realisiert wurden die Erlangen Arcaden mit einer Verkaufsfläche von 17.500 qm (zuzüglich 2.500 qm für Gastronomie und Dienstleistungen), die sich auf 103 Ladenlokale verteilt (vgl. MFI 2008).

Die architektonische Grundkonzeption dieses dreigeschossigen geschlossenen Centers folgt dem Knochenprinzip mit (großen) Magnetbetrieben an beiden Enden einer langgestreckten Verkehrsfläche. Aufgrund der bogenförmigen Anlage des Gebäudes handelt es sich bei den Erlangen Arcaden jedoch um einen „gekrümmten Knochen". An beiden Enden der Verkehrsfläche öffnet sich das Einkaufszentrum mit seinen Eingängen direkt zur Haupteinkaufsstraße; darüber hinaus kann eines der Ladenlokale im Erdgeschoss sowohl vom Centerinneren als auch von der Einkaufsstraße Nürnberger Straße aus direkt betreten werden. Aus architektonischer Perspektive sind die Erlangen Arcaden somit sehr gut in die umgebende Innenstadt integriert. Nicht zuletzt erfuhr das innerstädtische Parkraumangebot durch die 660 Parkplätze des Einkaufszentrums eine erhebliche Ausweitung in sehr zentraler Lage (vgl. MFI 2008).

Abb. 24: Erlangen Arcaden, Erdgeschoss

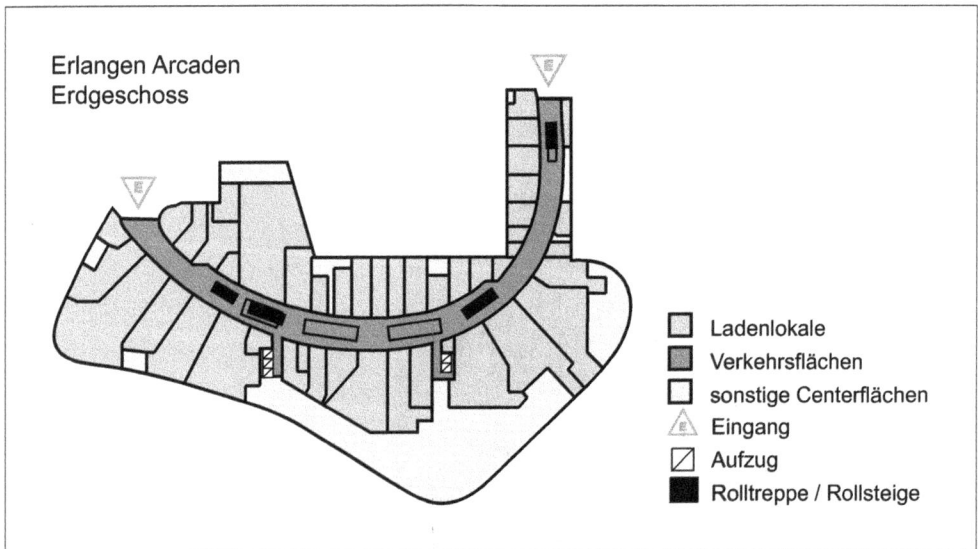

3.2.2.2 Koblenz

Das im nördlichen Rheinland-Pfalz gelegene Oberzentrum Koblenz stellt mit 106.417 Einwohnern (Stand 31.12.2010) die drittgrößte Stadt des Bundeslandes dar (vgl. MARTIN ET AL. 2009: 27; StLARLP 2011a: 5). Allerdings erlebte die Stadt zwischen 1993 und 2006 einen Rückgang der Gesamtbevölkerung um 3,57%; seit 2007 steigt die Bevölkerungszahl wieder leicht an bzw. stagniert auf etwa gleichbleibendem Niveau (eigene Berechnungen nach Angaben des Statistischen Landesamtes Rheinland-Pfalz vom 14.2.2013)[64].

Die Wirtschaftsstruktur von Koblenz wird durch die lange Tradition der Stadt als bedeutender Dienstleistungsstandort geprägt: Im Jahr 2010 waren insgesamt 87,9% der Erwerbstätigen im tertiären Sektor beschäftigt; damit weist Koblenz einen weit überdurchschnittlichen Anteil an Arbeitsplätzen im Dienstleistungssektor auf (der Durchschnittswert der kreisfreien Städte des Bundeslandes Rheinland-Pfalz betrug 2010 78,8%; vgl. STADT KOBLENZ 2011c; StLARLP 2011b). Neben rund 90 Bundes- und Landesbehörden sind in Koblenz zahlreiche privatwirtschaftliche Dienstleistungsunternehmen angesiedelt, darunter viele Kredit- und Versicherungsunternehmen (vgl. STADT KOBLENZ 2011d: 10; o.V. 2011a: 26). Auch die Bundeswehr stellt mit mehreren Einrichtungen, u.a. mit dem Bundesamt für Wehrtechnik und Beschaffung sowie dem Bundesamt für Informationsmanagement und Informationstechnik der Bundeswehr, und rund 8.000 Bediensteten einen wichtigen Wirtschaftsfaktor der Stadt dar (vgl. STADT KOBLENZ 2011d: 32). Weitere bedeutende Wirtschaftsbranchen sind die Autozulieferindustrie, die Gesundheitswirtschaft sowie der Bereich Logistik. In den vergangenen rund zehn Jahren entwickelte sich Koblenz zudem zu einem überwiegend mittelständisch geprägten Cluster der Informationstechnologie- und Multimediabranche (vgl. STADT KOBLENZ 2011d: 8f.; o.V. 2011a: 26). Darüber hinaus ist Koblenz Hochschulstandort mit der Universität Koblenz-Landau mit rund 6.600 Studierenden und über 400 Beschäftigten am Campus Koblenz sowie der Hochschule Koblenz (vgl. UNIVERSITÄT KOBLENZ-LANDAU 2013; STADT KOBLENZ 2011d: 12f.). Aufgrund der naturräumlichen und kulturlandschaftlichen Reize der Stadt und ihrer Umgebung spielt zudem der Tourismus in Koblenz traditionell eine bedeutende Rolle. Im Jahr 2010 besuchten 257.612 Übernachtungsgäste die Stadt, dabei wurden insgesamt 504.611 Übernachtungen registriert; hinzu kommt eine große Zahl an Tagestouristen, darunter zahlreiche Passagiere der in Koblenz anlegenden Ausflugs- und Flusskreuzfahrtschiffe (vgl. STADT KOBLENZ 2011e: 6 u. 18f.; ders. 2011d: 24f.). Die hohe Arbeitsplatzzentralität der Stadt bedingt auch in Koblenz einen deutlichen Einpendlerüberschuss mit einem Saldo von 31.205 Erwerbstätigen (Stand 2010; vgl. STADT KOBLENZ 2011a: 196). Gleichwohl liegt die Arbeitslosenquote in Koblenz mit 7,5% zwar leicht unter dem Bundesdurchschnitt von 7,7%, jedoch deutlich über dem Durchschnitt des Bundeslandes Rheinland-Pfalz (5,7%) (Stand 2010; vgl. STADT KOBLENZ 2011a: 129).

---

64 Die Zahlen basieren auf den Angaben des Statistischen Landesamtes Rheinland-Pfalz. Sie weichen konstant um etwa 300 bis 500 Personen negativ von den Daten des Melderegisters der Stadt Koblenz ab (vgl. auch STADT KOBLENZ 2011b: 13). Sofern nicht anders angegeben, basieren die Darstellungen in der vorliegenden Arbeit aus Konsistenzgründen in der Regel nur auf den amtlichen Daten des Statistischen Landesamtes.

Der Altersdurchschnitt der Koblenzer Bevölkerung ist mit 43,1 Jahren[65] sowohl gegenüber dem Bundesdurchschnitt (43,7 Jahre) als auch gegenüber dem rheinland-pfälzischen Landesdurchschnitt (43,8 Jahre) leicht unterdurchschnittlich (Stand 2010; vgl. STADT KOBLENZ 2011a: 57; StBA 2012a: 28). Ein Vergleich des Altersaufbaus der Koblenzer Bevölkerung mit der Altersstruktur der deutschen Gesamtbevölkerung zeigt den für Universitätsstädte typischen überdurchschnittlichen Anteil der Altersklassen der 20- bis 34-Jährigen. Darüber hinaus finden sich in Koblenz überdurchschnittlich viele ältere und alte Menschen ≥ 70 und speziell ≥ 80 Jahre; unterdurchschnittlich hingegen sind vor allem die Altersgruppen der 40- bis 54-Jährigen sowie die der Kinder und Jugendlichen zwischen 5 und 19 Jahren vertreten.

Abb. 25: Vergleich des Altersaufbaus der Bevölkerung in Deutschland und Koblenz (Stand 31.12.2010)

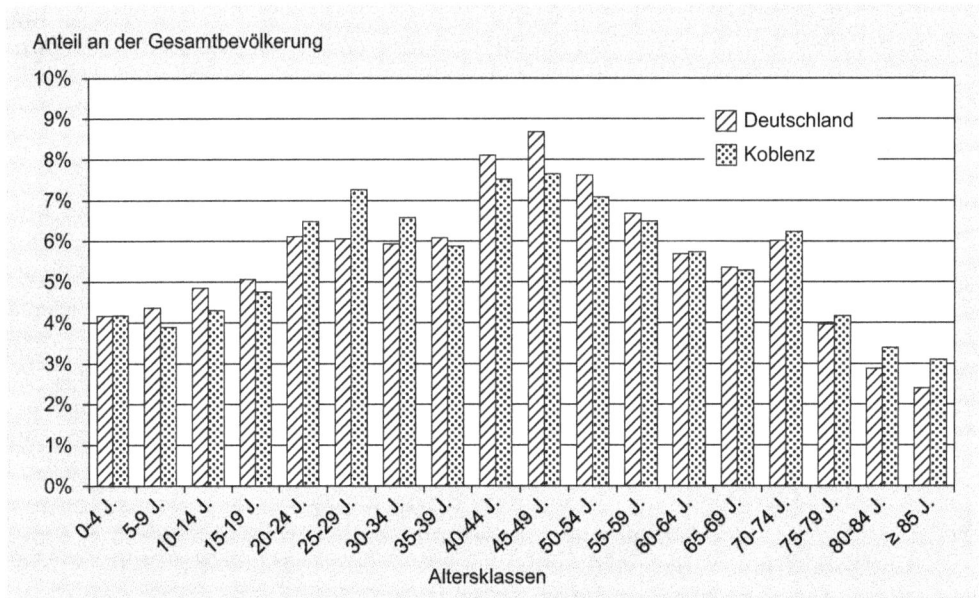

Quelle: Eigene Berechnungen nach StBA – GENESIS (2013) und Angaben des Statistischen Landesamtes Rheinland-Pfalz (schriftliche Auskunft vom 14.02.2013); Eigene Darstellung

Der bereits in der Vergangenheit zu beobachtende fortschreitende Alterungsprozess der Koblenzer Bevölkerung (vgl. STADT KOBLENZ 2011f: 17) wird sich auch in Zukunft fortsetzen: Bei insgesamt rückläufiger Gesamtbevölkerungszahl – bis 2040 wird ein Bevölkerungsrückgang um 10,15% erwartet – wird die Zahl der 65-Jährigen und Älteren bis 2040 konstant zunehmen; ihr relativer Anteil wird sich dabei zwischen 2010 und 2040 von 22,2% auf 29,5% erhöhen (2020: 23,8%; 2030: 27,1%) und auch in der Folgezeit weiter ansteigen (mittlere Variante der Bevölkerungsvorausberechnung; vgl. StLARLP o.J.: 6). Bereits 2010 lebten in mehr als jedem vierten Privathaushalt in Koblenz ausschließlich Personen ≥ 60 Jahre; entsprechend der wachsen-

---

[65] Das angegebene Durchschnittsalter der Koblenzer Bevölkerung basiert auf Daten des Melderegisters der Stadt Koblenz.

den Zahl älterer und alter Menschen wird sich der Anteil dieser Haushaltstypen in Zukunft kontinuierlich erhöhen (Stand 2010; vgl. STADT KOBLENZ 2011b: 71).

Im gesamten Einzugsgebiet der Stadt Koblenz leben zwischen 968.700 und 981.436 Menschen[66]. Dabei weist Koblenz einen im bundesdeutschen Vergleich weit überdurchschnittlichen Reichweitenkoeffizienten[67] von 9,3 auf (Stand 2008; vgl. MARTIN ET AL. 2009: 32 u. 70; LICHTER 2008: 2). Allerdings geht von den Mittelzentren und insbesondere von mehreren großflächigen, nicht integrierten Fachmarktagglomerationen im Umland von Koblenz ein erheblicher Wettbewerbsdruck auf den Koblenzer Einzelhandel aus. Zuvorderst ist hier der nordwestlich an das Koblenzer Stadtgebiet angrenzende Gewerbepark Mülheim-Kärlich zu nennen, in dem auf rund 230 ha Fläche über 300 Unternehmen, darunter viele Einzelhandelsbetriebe, angesiedelt sind (vgl. MARTIN ET AL. 2009: 30; WWW.MUELHEIM-KÄRLICH.DE). Gleichwohl weist die Zentralitätskennziffer der Stadt Koblenz mit 157,7[68] einen im Vergleich zu anderen „kleinen Großstädten" weit überdurchschnittlichen Wert auf (vgl. MARTIN ET AL. 2009: 68ff.; BENDER / GERTH 2009: 18).

Die Kaufkraftkennziffer liegt in Koblenz mit 102,4 Punkten geringfügig über dem Bundesdurchschnitt von 100 Indexpunkten. Damit beläuft sich die einzelhandelsrelevante Kaufkraft in der Stadt Koblenz auf durchschnittlich 5.739 Euro je Einwohner. In den Umlandkreisen hingegen erreicht das Kaufkraftniveau nicht den bundesdeutschen Durchschnitt, die Kaufkraftindizes reichen dort von 94,1 bis 98,8. Für das gesamte Koblenzer Einzugsgebiet ergibt sich somit nach Darstellung des Einzelhandels- und Zentrenkonzepts Koblenz eine Gesamtkaufkraft von rund 5.315,5 Mio. Euro. Hinzu kommen touristische Kaufkraftzuflüsse durch Übernachtungsgäste und Tagesbesucher, die auf ca. 35,3 Mio. Euro geschätzt werden; dies entspricht einem Anteil am Gesamtumsatz des Koblenzer Einzelhandels von etwa 4% (vgl. MARTIN ET AL. 2009: 45 u. 49).

Die Innenstadt von Koblenz lässt sich im Groben in zwei Teilbereiche gliedern, nämlich in einen nördlich gelegenen Altstadtbereich und einen sich im Süden daran anschließenden Bereich der Neustadt. Die Grenze zwischen den beiden Bereichen verläuft nördlich der Achse Pfuhlgasse / Clemensstraße. Der Altstadtbereich besitzt aufgrund des überwiegend attraktiven, teilweise historischen Gebäudebestandes sowie der intensiven Nutzungsmischung aus Einzelhandel, Gastronomie und Wohnnutzung eine hohe städtebauliche Attraktivität. In Verbindung mit der räumlichen Nähe zu Rhein- und Moselufer sowie zahlreichen weiteren touristischen Sehenswürdigkeiten ergibt sich daraus eine große Anziehungskraft für Touristen. Die Aufenthaltsqualität des Altstadtbereiches wird weiterhin dadurch befördert, dass die Straßen überwiegend als Fußgängerzonen oder verkehrsberuhigte Zonen gestaltet sind. Der Einzelhandelsbestand in der Koblenzer Altstadt ist überwiegend

---

66 Im Einzelhandels- und Zentrenkonzept der Stadt wird die Größe des Einzugsgebietes mit 968.700 Einwohnern angegeben, die GfK beziffert die Einwohnerzahl des Marktgebietes mit 981.436 (Stand 2008; vgl. MARTIN ET AL. 2009: 32; LICHTER 2008: 2).

67 Der sog. Reichweitenkoeffizient beschreibt als Maßzahl für die relative Bedeutung einer Stadt als Einzelhandelsstandort das Verhältnis der im gesamten Marktgebiet einer Stadt erreichten Menschen zur Einwohnerzahl der Bezugsstadt (vgl. LICHTER 2008: 2).

68 Die GfK berechnete für Koblenz eine Zentralitätskennziffer von 160,6 Punkten (vgl. MARTIN ET AL. 2009: 68).

Abb. 26: Koblenz, Firmungsstraße (Altstadt)

Abb. 27: Koblenz, Löhrstraße

kleinteilig strukturiert und weist einen hohen Anteil an inhabergeführten Fachgeschäften auf (siehe auch Kapitel 3.4.3.5). Daneben findet sich in der Altstadt, speziell an den zahlreichen Plätzen, ein breites Angebot an Gastronomiebetrieben der Tages-, aber auch der Abendgastronomie (vgl. auch Martin et al. 2009: 94).

Das Einzelhandelsangebot der Neustadt konzentriert sich schwerpunktmäßig auf deren westlichen Bereich. Die als Fußgängerzone gestaltete Löhrstraße nördlich des Löhrrondells weist die höchste Passantenfrequenz sowie den dichtesten Geschäftsbesatz einschließlich zahlreicher Magnetbetriebe in der traditionellen Koblenzer Innenstadt auf. Trotz der Barrierewirkung der stark befahrenen Querung Pfuhlgasse erstreckt sich das nördliche Ende dieser Haupteinkaufsstraße bis in den Altstadtbereich hinein. Östlich der Löhrstraße, vor allem im Bereich Pfuhlgasse und Altlöhrtor, finden sich einige weitere großflächige Einzelhandelsbetriebe mit Magnetwirkung (z.B. *C&A, Sinn Leffers*). Die Aufenthaltsqualität in der Löhrstraße (zwischen Löhrrondell und Pfuhlgasse), im Altlöhrtor und in der Pfuhlgasse ist jedoch vergleichsweise gering. Hierzu trägt zum einen die eingeschränkte architektonische Gestaltqualität zahlreicher Gebäude entlang dieser Straßenzüge bei, zum anderen beeinträchtigt die hohe Pkw-Frequenz im Altlöhrtor und insbesondere in der Pfuhlgasse die atmosphärische Qualität dieser Einkaufsstandorte. Die Aufenthaltsqualität der Löhrstraße wiederum wird auch durch die geringe Zahl gastronomischer Anbieter und insbesondere durch das weitgehende Fehlen von Cafés mit ansprechender Außengastronomie gemindert.

Die west-östlich verlaufende Schloßstraße ist – trotz ihrer Gestaltung als Fußgängerzone bzw. verkehrsberuhigter Bereich – aufgrund zahlreicher struktureller Probleme hinsichtlich ihrer Attraktivität als Einkaufsstandort erheblich eingeschränkt. Strukturwandelprozesse im Einzelhandel und die damit einhergehende Schließung vieler Fachgeschäfte lösten vor allem seit Mitte der 1980er Jahre erhebliche, bis heute andauernde Trading-Down-Prozesse aus. Entsprechend weist die Schloßstraße gegenwärtig eine erhöhte Leerstandsquote sowie mehrere Anbieter des Billigpreissegments auf (vgl. auch Martin et al. 2009: 96ff.). Besonders jedoch der im Nordosten des Neustadtbereiches gelegene Zentralplatz stellte bis zur Eröffnung des Forum Mittelrhein Koblenz ein städtebauliches Problemgebiet dar. Seit Mitte der 1990er Jahre fiel der Platz zunehmend brach. Die unzureichende städtebauliche Qualität dieses Areals in Verbindung mit dem Fehlen attraktiver und niveauvoller Einzelhandels- und Dienstleistungsanbieter in den ihn umgebenden Bereichen der Casino-, Luisen-, Viktoria- und Görgenstraße führten zu einem Downgradingprozess, der mit einem erheblichen Rückgang der Passantenfrequenz in diesem Gebiet einherging (vgl. ebd.: 112ff.; www.koblenz.de/forum). Ab Herbst 2012 wurde als Ergebnis einer Sanierungsplanung an der Stelle des Zentralplatzes in zwei Etappen das Forum Mittelrhein Koblenz eröffnet; neben einem Kulturgebäude (Eröffnung 2013), das auf 12.250 qm Fläche verschiedene kulturelle Angebote wie z.B. das Mittelrhein-Museum beherbergt, eröffnete die ECE Projektmanagement GmbH im September 2012 ein (weiteres) Einkaufszentrum mit einer Verkaufsfläche von rund 20.000 qm. Auch die an den Zentralplatz angrenzenden Bereiche sind in das Sanierungsprojekt einbezogen (vgl. Stadt Koblenz 2012). Da sich das Projekt zum Zeitpunkt der empirischen Erhebungen zur vorliegenden Studie jedoch noch in der Realisierungsphase

Abb. 28: Innenstadt Koblenz

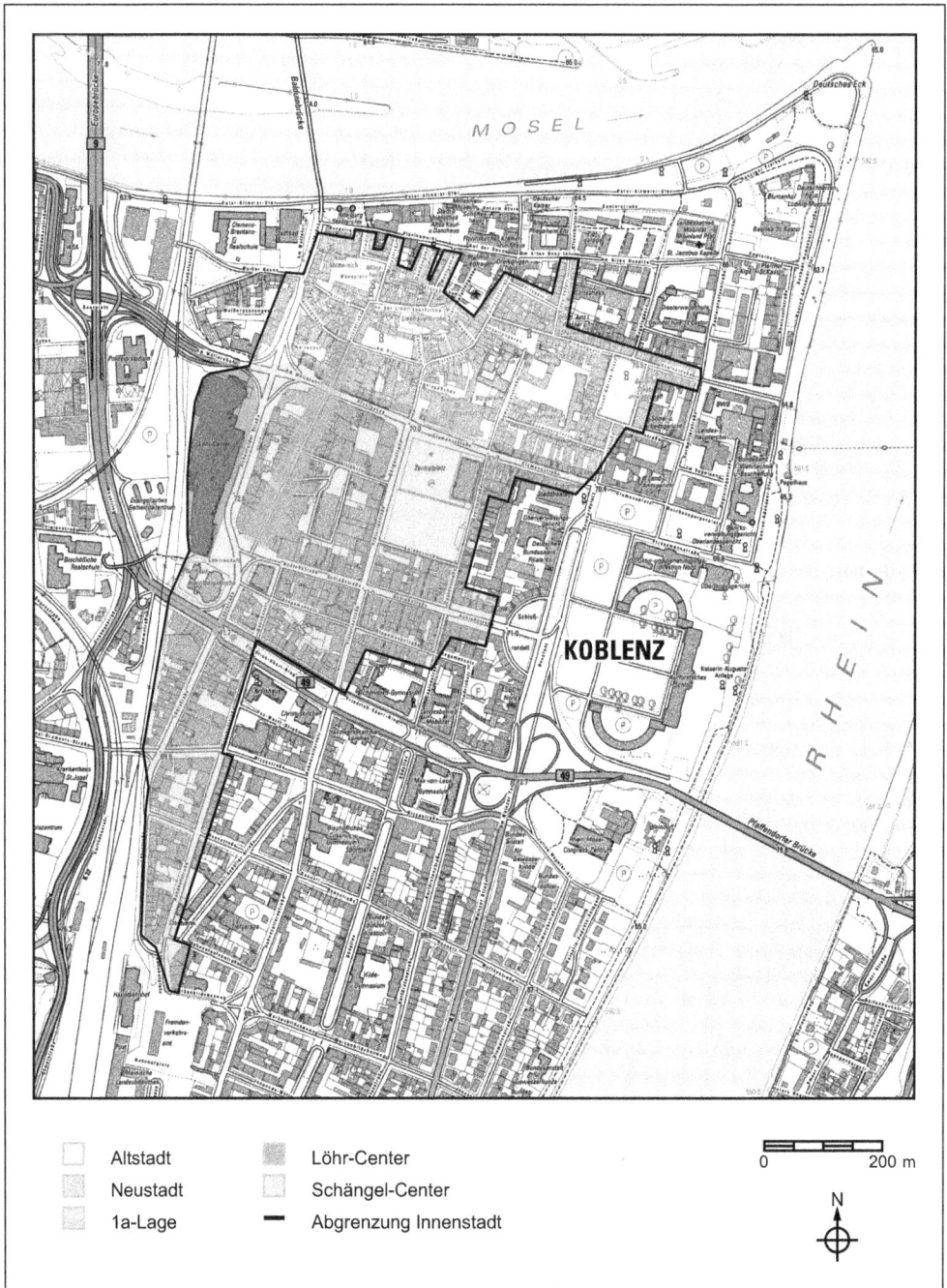

	Altstadt		Löhr-Center
	Neustadt		Schängel-Center
	1a-Lage	—	Abgrenzung Innenstadt

0   200 m

N

KOBLENZ

M O S E L

R H E I N

Kartengrundlage: Landesamt für Vermessung und Geobasisinformation Rheinland-Pfalz 2009
Eigene Bearbeitung; zur Abgrenzung der 1a-Lage siehe Kap. 3.4.2

befand, findet es im Rahmen dieser Arbeit keine weitergehende Berücksichtigung. Der südlich des Friedrich-Ebert-Rings gelegene Teil der Innenstadt besitzt vor allem als Verbindungsachse zwischen dem Hauptbahnhof und den Haupteinkaufsbereichen der Innenstadt Bedeutung[69]. Gleichwohl weist speziell die Löhrstraße (südlich des Friedrich-Ebert-Rings) einen dichten Besatz an Einzelhandels-, Dienstleistungs- und Gastronomiebetrieben auf; mit zwei großen Kinos befinden sich dort zudem bedeutende innerstädtische Freizeiteinrichtungen. Die Aufenthaltsqualität dieses Innenstadtbereiches ist jedoch vor allem aufgrund der hohen Verkehrsbelastung stark eingeschränkt (vgl. auch MARTIN ET AL. 2009: 98f.).

Deutliche Impulse für die Stadtentwicklung gingen von der Ausrichtung der Bundesgartenschau im Jahr 2011 aus und führten u.a. zu umfangreichen Investitionen in die städtische Infrastruktur mit dem Ziel einer Aufwertung des innerstädtischen Stadtbildes. Zu den diesbezüglichen Maßnahmen zählten neben einer umfassenden Umgestaltung der kurfürstlichen Schlossanlagen sowie einer Neugestaltung der Promenaden an Rhein und Mosel auch die Sanierung der innerstädtischen Fußgängerbereiche sowie die Neukonzeption der künstlichen Beleuchtung im öffentlichen Raum (vgl. WILBERT ET AL. 2011). Zum Zeitpunkt der empirischen Erhebungen zu dieser Studie befand sich ein großer Teil der Projekte in der Umsetzungsphase.

Am westlichen Innenstadtrand eröffnete die ECE Projektmanagement G.m.b.H. & Co. KG im Februar 1984 das Einkaufzentrum Löhr-Center. Das nach dem Knochenprinzip konzipierte Center erstreckt sich über drei Verkaufsebenen; an beiden Endpunkten des Centers befinden sich großflächige, teilweise über zwei Ebenen reichende Magnetbetriebe. Hervorzuheben ist hier insbesondere das SB-Warenhaus

Abb. 29: Löhr-Center, Erdgeschoss

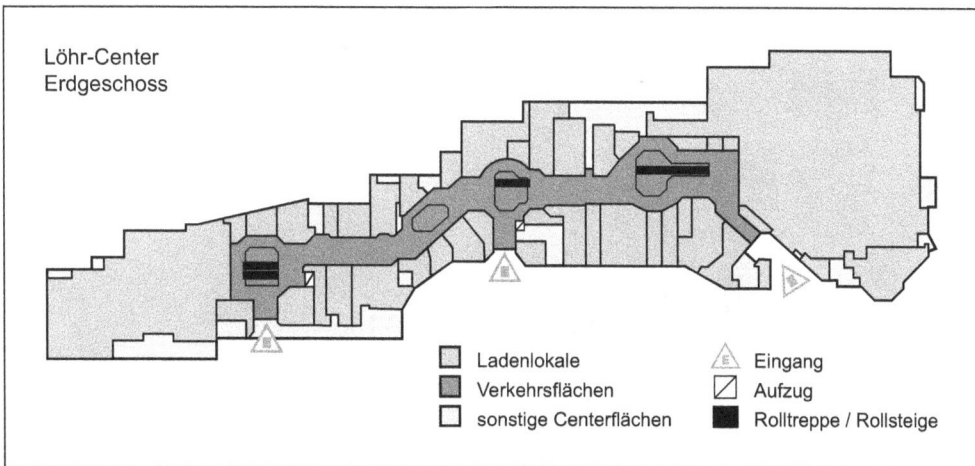

Quelle: ECE (o.J.: 8); Eigene Darstellung und Bearbeitung

---

[69] Es ist davon auszugehen, dass die Bedeutung des südlichen Innenstadtbereiches als Transitachse im Zuge der Eröffnung des an der Westseite des Löhr-Centers gelegenen Schienenhaltepunktes Koblenz Mitte im April 2011 deutlich abnimmt.

Globus, das auf einer Verkaufsfläche von rund 8.500 qm u.a. ein sehr breites und tiefes Sortiment an Lebensmitteln anbietet (vgl. EHI 2008: 379). 1993/1994 wurde das Center umfassend modernisiert und zugleich die Verkaufsfläche um 2.000 qm erweitert, 2007/2008 erfolgte eine Neugestaltung des Beleuchtungskonzepts (vgl. KS 17.06.1993; MARTIN ET AL. 2009: 96; telefonische Auskunft des Centermanagements vom 12.03.2013). Gegenwärtig befinden sich im Löhr-Center rund 130 Einzelhandels-, Gastronomie- und Dienstleistungsanbieter mit einer Gesamtverkaufsfläche von ca. 32.000 qm (vgl. ECE o.J.: 2). Darüber hinaus ist ein Büro- und Ärztehaus mit sieben (Fach-)Arztpraxen sowie einer Rechtsanwaltskanzlei an das Einkaufszentrum angegliedert (Stand 2008). Die Integration mehrerer Arztpraxen könnte dabei einen Wettbewerbsvorteil des Löhr-Centers gegenüber anderen Einkaufsstandorten speziell in Bezug auf ältere und alte Menschen begründen.

Trotz der Revitalisierungsmaßnahmen weist das Center eine im Vergleich zu den meisten Einkaufszentren jüngerer Provenienz geringere architektonische und atmosphärische Gestaltqualität auf. Hierzu tragen maßgeblich sowohl die relativ niedrigen Deckenhöhen als auch der sehr geringe Tageslichteinfall bei.

Das Löhr-Center ist räumlich durch die stark befahrene Hohenfelder Straße von den Haupteinkaufslagen der Innenstadt getrennt. Zwar ist das Center über zwei Passagen bzw. Unterführungen an die 1a-Lage Löhrstraße angebunden, gleichwohl ist die Barrierewirkung der Hohenfelder Straße geeignet, die Kundenaustauschbeziehungen zwischen dem Center und den traditionellen innerstädtischen Einkaufsstraßen einzuschränken (vgl. MARTIN ET AL. 2009: 96). Diesbezüglich ist auch die

Abb. 30: Löhr-Center Koblenz

Quelle: Eigene Aufnahme 2009

134

Abb. 31: Löhr-Center Koblenz

Quelle: Eigene Aufnahme 2010

Abb. 32: Koblenz, Hohenfelder Straße und Löhr-Center

Quelle: Eigene Aufnahme 2009

(sehr) geringe Aufenthaltsqualität der Unterführungen, speziell der Unterführung an der Nordseite des Centers, kritisch zu berücksichtigen. Demgegenüber weist das Löhr-Center durch die Integration eines Busbahnhofes, der Haltepunkt aller örtlichen und regionalen Buslinien ist, eine hervorragende ÖPNV-Anbindung auf. Mit 1.400 Parkplätzen bietet das Löhr-Center zudem das größte innerstädtische Parkraumangebot in Koblenz (vgl. WWW.LOEHR-CENTER.DE; WWW.KOBLENZ.DE/PARKEN).

Abb.33: Unterführung zum Löhr-Center

Quelle: Eigene Aufnahme 2009

3.2.2.3 Zwickau

Mit 93.517 Einwohnern stellt das südwestsächsische Oberzentrum Zwickau die kleinste der drei Untersuchungsstädte dar (Stand 31.12.2010; vgl. SMI SN 2003: 10; Stadt Zwickau 2010: o.S.). Die Stadt erlebte in den vergangenen Jahren bzw. Jahrzehnten einen massiven Rückgang ihrer Einwohnerzahl: Zwischen 1987 und 2010 sank die Bevölkerung Zwickaus um 28,56% (vgl. StLASN – Genesis 2013a).

Die Wirtschaftsstruktur der Region Zwickau wird traditionell durch den Maschinen- und Fahrzeugbau geprägt und verfügt heute über eine der höchsten Industriedichten Ostdeutschlands. Entsprechend weist der Anteil der Beschäftigten im produzierenden Gewerbe mit 30,5% einen gegenüber dem Bundesdurchschnitt (ca. 24,6%) weit überdurchschnittlichen Wert auf; im tertiären Sektor arbeiten in Zwickau etwa 69,5% der sozialversicherungspflichtig Beschäftigten (Stand 2010; vgl. Stadt Zwickau 2011b: 6ff.; eigene Berechnungen nach IAB 2013: 13). Mit etwa 7.000 Beschäftigten im Fahrzeugwerk Zwickau ist die Volkswagen Sachsen GmbH größter Arbeitgeber der Stadt; hinzu kommen zahlreiche weitere Arbeitsplätze in Zulieferfirmen der Automobilbranche mit Sitz in Zwickau wie beispielsweise FES GmbH (Fahrzeugentwicklung Sachsen) oder HQM Sachsenring GmbH (vgl. Stadt Zwickau 2012a). Daneben besitzt Zwickau eine rund 150-jährige Tradition als Hochschulstandort; diese wird heute durch die Westsächsische Hochschule Zwickau, an der gegenwärtig rund 5.000 Studierende eingeschrieben sind, fortgesetzt (vgl. www.fh-zwickau.de). Nicht zuletzt gewann der Tourismus als Wirtschaftsfaktor in Zwickau in den vergangenen Jahren zunehmend an Bedeutung. So wurden im Jahr 2010 bereits 74.290 Übernachtungsgäste in den Zwickauer Beherbergungsbetrieben registriert (vgl. Stadt Zwickau 2012b). Die große regionale Bedeutung Zwickaus als Arbeitsstandort spiegelt sich auch in dem Verhältnis von Ein- zu Auspendlern: 28.811 Einpendlern stehen 12.343 Auspendler gegenüber; dies entspricht einem Pendlerüberschuss von 16.468 Personen (Stand 30.06.2010; vgl. Stadt Zwickau 2011a). Gleichwohl weist Zwickau eine im gesamtdeutschen Vergleich weit überdurchschnittliche Arbeitslosenquote von 11,4% auf; die Quote ist jedoch seit 2001 kontinuierlich rückläufig – zwischen 2001 und 2010 sank sie um 7,6% – und liegt zudem geringfügig unter dem sächsischen Landesdurchschnitt von 11,9% (Stand 2010; vgl. GMA 2011: 6; Stadt Zwickau 2011b: 7).

Mit 47,3 Jahren liegt das Durchschnittsalter der Zwickauer Bevölkerung weit über dem Bundesdurchschnitt (43,7 Jahre) und übersteigt sogar das hohe Niveau des Freistaates Sachsen um 1,1 Jahre (Stand 31.12.2010; vgl. Stadt Zwickau 2011a; StBA 2012a: 28). Grundlage dieses sehr hohen Altersdurchschnitts ist ein kontinuierlicher, massiver Alterungsprozess der Bevölkerung, der sich in Zwickau in den vergangenen Jahren vollzog: Zwischen 2000 und 2010 stieg das Durchschnittsalter der Einwohner Zwickaus um 3,2 Jahre, seit 1990 erhöhte sich das mittlere Alter der Bevölkerung sogar um 7,5 Jahre (vgl. www.demografie.sachsen.de). Gegenüber der deutschen Gesamtbevölkerung zeichnet sich die Altersstruktur der Zwickauer Bevölkerung durch einen weit überdurchschnittlichen Anteil älterer und alter Menschen ≥ 55 Jahre von 40,76% aus (Gesamtbevölkerung: 32,98%). Mit Ausnahme der Gruppe der 20- bis 29-Jährigen sind alle anderen, jüngeren Altersklassen teil-

Abb. 34: Vergleich des Altersaufbaus der Bevölkerung in Deutschland und Zwickau (Stand 31.12.2010)

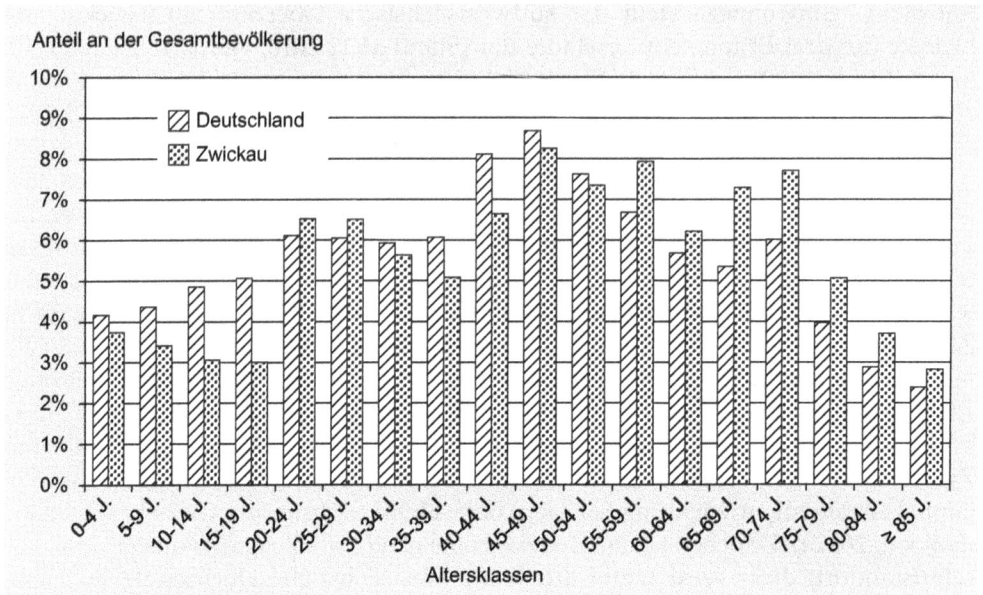

Quelle: Eigene Berechnungen nach StBA – Genesis (2013) und Angaben der kommunalen Statistikstelle der Stadt Zwickau (schriftliche Auskunft vom 08.02.2013); Eigene Darstellung

weise weit unterdurchschnittlich vertreten. Insbesondere Kinder und Jugendliche zwischen 5 und 19 Jahren stellen in Zwickau nur 9,48% der Bevölkerung; in der gesamtdeutschen Bevölkerung liegt der entsprechende Wert bei 14,28% (eigene Berechnungen nach StBA – Genesis 2013 und Angaben der kommunalen Statistikstelle der Stadt Zwickau vom 08.02.2013).

Für die Zukunft wird von einer Fortdauer sowohl des Bevölkerungsrückgangs als auch des Alterungsprozesses der Bevölkerung in Zwickau ausgegangen: Bis 2020 wird ein Rückgang der Einwohnerzahl Zwickaus auf ca. 82.800 bis 84.300 Personen erwartet, für 2025 werden nur noch rund 77.400 bis 79.900 Einwohner prognostiziert. Gleichzeitig wird sich der Anteil der bereits heute überdurchschnittlich stark besetzten Jahrgänge der 55-Jährigen und Älteren bis 2025 auf 49,56% bis 50,90% erhöhen, d.h. etwa jeder zweite Einwohner Zwickaus wird dann ≥ 55 Jahre alt sein (eigene Berechnungen nach StLASN – Genesis 2013b)[70].

Im Einzugsgebiet des Zwickauer Einzelhandels leben ca. 390.570 Personen, d.h. der Anteil der Einwohner Zwickaus an der Gesamtbevölkerung des Einzugsgebietes beträgt knapp ein Viertel. Trotz der starken Konkurrenz durch das Einzelhandels-

---

70 Die Berechnungen der von der Stadt Zwickau erstellten Einwohnerprognose beziehen sich auf die gesamte wohnberechtigte Bevölkerung Zwickaus, d.h. es werden sowohl Einwohner mit Haupt- als auch mit Nebenwohnsitz in Zwickau berücksichtigt (vgl. Stadt Zwickau 2011c: o.S.). Aufgrund der daraus resultierenden Diskrepanz zu den Angaben über den gegenwärtigen und früheren Bevölkerungsbestand basieren die hier angeführten Werte auf den Berechnungen des Statistischen Landesamtes des Freistaates Sachsen.

angebot der Oberzentren Chemnitz und Gera, die sich in rund 40 bis 50 km Entfernung von Zwickau befinden, sowie verschiedener Einzelhandelsagglomerationen im Umland von Zwickau besitzt die Stadt eine überdurchschnittliche Einzelhandelszentralität von 145,5 Punkten. Allerdings liegen die Kaufkraftkoeffizienten sowohl der Stadt Zwickau (88,4 Punkte) als auch der Städte und Gemeinden des weiteren Einzugsgebietes (82,2 bis 92,8 Punkte) deutlich unterhalb des Bundesdurchschnitts. Damit beläuft sich das einzelhandelsrelevante Kaufkraftvolumen im gesamten Einzugsgebiet Zwickaus nach Berechnungen der Gesellschaft für Markt- und Absatzforschung mbH (GMA) auf 1.791,3 Mio. Euro. Jeder Einwohner der Stadt Zwickau verfügt im Durchschnitt über eine einzelhandelsrelevante Kaufkraft von 4.556 Euro (vgl. GMA 2011: 14ff.; STADT ZWICKAU 2011b: 10).

Neben der erheblichen Konkurrenz durch die bereits angesprochenen Einkaufsstandorte Chemnitz und Gera sowie mehrerer Einzelhandelsagglomerationen im Zwickauer Umland steht die Innenstadt von Zwickau auch in starkem Wettbewerb zu mehreren großen Fachmarktagglomerationen im weiteren Stadtgebiet von Zwickau. Zwar wurde in Zwickau – im Gegensatz zu der weit überwiegenden Mehrzahl der ostdeutschen Städte – nach der politischen Wende kein der Definition aus Kapitel 2.2.1 entsprechendes Shopping Center an einem nicht-integrierten Standort errichtet. Insbesondere die autokundenorientierten Fachmarktagglomerationen „Glück-auf-Center" einschließlich des angrenzenden Gewerbegebietes im südlichen Stadtgebiet sowie die Einzelhandelsagglomeration Schubertstraße im Norden stellen sowohl durch ihre Verkaufsflächengröße als auch aufgrund ihres beträchtlichen Anteils an zentrenrelevanten Sortimenten bedeutende Alternativstandorte zur Innenstadt dar, die geeignet sind, in erheblichem Umfang Kaufkraft aus der Innenstadt abzuziehen; beispielsweise bietet das SB-Warenhaus Globus im „Glück-auf-Center" auf rund 8.000 qm Verkaufsfläche neben einem breiten und tiefen Angebot an Lebensmitteln auch ein umfangreiches Sortiment an Waren verschiedenster Branchen (vgl. GMA 2011: 8f.; DONAT ET AL. 2005: 53ff.).

Die Zwickauer Innenstadt wird im Wesentlichen durch den Verlauf des Dr.-Friedrichs-Rings definiert; im Norden und (Nord-)Osten umfasst der Innenstadtbereich darüber hinaus einige jenseits des Dr.-Friedrichs-Rings gelegene Straßen(abschnitte)[71]. Insgesamt zeichnet sich die Innenstadt Zwickaus durch ein hohes Maß an Kompaktheit aus. Eine Differenzierung zwischen Alt- und Neustadt lässt sich nicht vornehmen. Einzelne Bereiche der Innenstadt weisen aber unterschiedliche funktionelle Schwerpunktsetzungen auf; beispielsweise findet sich in der in zentraler Innenstadtlage befindlichen Peter-Breuer-Straße eine ausgeprägte Konzentration gastronomischer Betriebe, sodass diese Straße auch als „Kneipenmeile" bezeichnet wird. Die 1a-Lage der traditionellen Einkaufsstraßen konzentriert sich heute auf die Innere Plauensche Straße, nachdem sich in der Hauptstraße als ehemaliger (weiterer) Haupteinkaufsstraße Zwickaus in den vergangenen Jahren massive Downgradingprozesse vollzogen hatten. Letztere wurden auch durch räumliche Schwerpunktverlagerungen innerhalb der Zwickauer Innenstadt infolge der Ansiedlung der Zwickau Arcaden befördert (vgl. GMA 2011: 67ff.; Aussagen des Centermanagers der Zwickau Arcaden vom 07.10.2009).

---

71 Zur genauen Abgrenzung des Innenstadtbereiches siehe Abbildung 35.

Abb. 35: Innenstadt Zwickau

Kartengrundlage: Stadtverwaltung Zwickau, Bauplanungsamt (2012); Eigene Bearbeitung; zur Abgrenzung der 1a-Lage siehe Kap. 3.4.2

Bis zur deutschen Wiedervereinigung wurde das Stadtbild der Zwickauer Innenstadt in hohem Maße durch die Ablagerungen der Rußemissionen der nahegelegenen Kokerei geprägt („Ruß-Zwicke"), zudem waren viele Gebäude einem zunehmenden Verfall preisgegeben. Nach 1990 führten umfangreiche Investitionen in den Wiederaufbau und die Restaurierung der Innenstadt dazu, dass heute in großen Teilen der Innenstadt ein attraktiver und gut restaurierter Gebäudebestand vorherrscht und maßgeblich zur städtebaulichen Attraktivität der entsprechenden innerstädtischen Teilbereiche beiträgt (vgl. MIKSCH 2008). Insbesondere der Haupt-

140

markt bietet aufgrund eines reizvollen, teilweise historischen Gebäudeensembles sowie mehrerer Gastronomieanbieter mit Außenbestuhlung eine hohe Verweilqualität. Die Aufenthaltsqualität mehrerer innerhalb des Dr.-Friedrichs-Rings gelegenen Einkaufsstraßen sowie der Äußeren Plauenschen Straße wird weiterhin durch deren Ausweisung als Fußgängerzonen gesteigert.

Abb. 36: Zwickau, Innere Plauensche Straße

Quelle: Eigene Aufnahme 2009

Abb. 37: Zwickau, Marktplatz

Quelle: Eigene Aufnahme 2009

Abb. 38: Zwickau, Hauptstraße

Quelle: Eigene Aufnahme 2009

Abb.39: Zwickau, Mariengässchen

Quelle: Eigene Aufnahme 2009

Gleichwohl zeigen verschiedene Bereiche der Innenstadt teilweise deutliche Defizite hinsichtlich der atmosphärischen und gestalterischen Qualität. Dies betrifft insbesondere die (nördliche) Hauptstraße, die infolge der angesprochenen trading-down-Prozesse verbunden mit einer hohen Leerstandsquote nur eine geringe Attraktivität als Einkaufsstandort besitzt. Darüber hinaus weisen vor allem die Eingangsbereiche der einzelnen Einkaufsstraßen eine häufig unzureichende Gestaltqualität auf; auch hier finden sich wiederholt trading-down-Tendenzen sowie leerstehende Ladenlokale. Teilweise erhebliche Defizite bestehen weiterhin in der architektonischen und städtebaulichen Gestaltung kleinerer Neben- und Verbindungsstraßen und damit in der Verbindung verschiedener Einkaufsstraßen bzw. der Anbindung einzelner Einkaufsstraßen bzw. -stätten an die 1a-Lage und deren Seitenstraßen (vgl. auch GMA 2011: 67ff.).

Im August 2000 eröffnete die mfi Management für Immobilien AG im Zentrum der Zwickauer Innenstadt das Einkaufszentrum Zwickau Arcaden. In dem zweigeschossigen Center verteilen sich rund 65 Einzelhandels-, Gastronomie- und Dienstleistungsanbieter auf einer Gesamtverkaufsfläche von rund 13.000 qm (Stand 11/2009).

Abb. 40: Zwickau Arcaden, Außenansicht

Quelle: Eigene Aufnahme 2009

Das im Erdgeschoss sternförmig angelegte Center öffnet sich mit drei Ein- bzw. Ausgängen, die sich an den Endpunkten der drei von einer zentralen Rotunde ausgehenden „Strahlen" befinden, zu den umgebenden Einkaufsstraßen (im Untergeschoss ähnelt die architektonische Grundkonzeption dem Knochenprinzip). Darüber hinaus sind vier Ladenlokale sowohl von der Straßenebene als auch von den Verkehrsflächen im Inneren des Centers aus direkt zugänglich. Das Center ist somit architektonisch sehr gut in die umgebende Innenstadt integriert. Aufgrund der sternförmigen Grundkonzeption der Zwickau Arcaden stellen die Verkehrsflächen des Centers zudem eine weitere Wegebeziehung zwischen den Einkaufsstraßen Innere Plauensche Straße und Marienstraße her. Das Parkhaus der Zwickau Arcaden erweitert das innerstädtische Parkraumangebot um 337 Stellplätze in zentraler Lage (vgl. WWW.MFI.EU)

Abb. 41: Zwickau Arcaden, Erdgeschoss

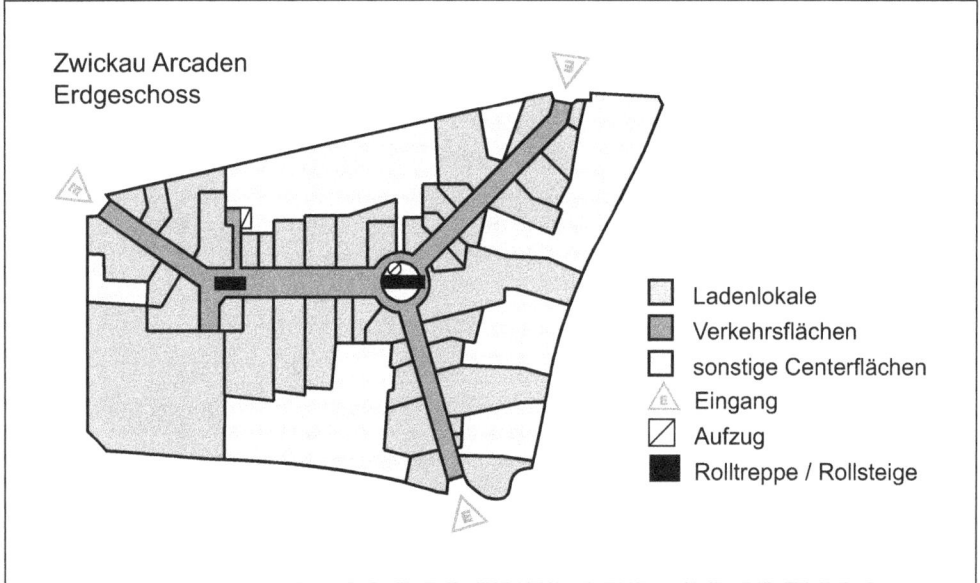

Quelle: WWW.MFI.EU (abgerufen am 26.07.2012); Eigene Darstellung und Bearbeitung

Abb. 42: Zwickau Arcaden

Quelle: Eigene Aufnahme 2011

144

Abb. 43: Zwickau Arcaden

Quelle: Eigene Aufnahme 2011

Trotz einer insgesamt modernen Konzeption weist die architektonische Gestaltqualität des Centers in einzelnen Bereichen Schwächen auf, die vor allem in vergleichsweise niedrigen Deckenhöhen sowie einer Beschränkung des Tageslichteinfalls auf die zentrale Rotunde und einen Abschnitt der Verkehrsfläche in einem der drei „Strahlen" gründen.

3.3   Die Einkaufszentren im Spiegel der medialen Berichterstattung

Obgleich die Reichweitenentwicklung von Tageszeitungen insgesamt seit Jahren rückläufig ist, weisen insbesondere lokale und regionale Tageszeitungen noch immer einen sehr hohen Verbreitungsgrad in der deutschen Bevölkerung auf. Dabei korreliert die Reichweite der Tageszeitungen konstant positiv mit dem Alter, sodass der Anteil der Personen, die täglich eine Tageszeitung in die Hand nehmen, bei den $\geq$ 60-Jährigen gegenüber allen anderen Altersklassen den höchsten Wert aufweist. Dies gilt auch für die regionalen Abonnementzeitungen, die insgesamt eine Reichweite von 55,8%, bei den älteren und alten Menschen $\geq$ 60 Jahre sogar von über 70% erzielen (Stand 2011). Gleichzeitig wird Tageszeitungen allgemein und speziell auch regionalen Tageszeitungen von den Lesern eine sehr hohe Glaubwürdigkeit attestiert (vgl. Pasquay 2011: 30f. u. 35). Aufgrund dieser Beobachtungen kann eine nicht unerhebliche Beeinflussung der öffentlichen Meinung durch die Darstellungen insbesondere in lokalen und regionalen Tageszeitungen angenommen werden, die es bei der Analyse der im Rahmen von qualitativen und quantitativen Interviews geäußerten Ansichten zu berücksichtigen gilt.

Da eine umfassende und belastbare Analyse der medialen Berichterstattung eine möglichst vollständige und idealerweise thematisch gegliederte, zumindest aber strukturierte Archivierung der zu lokalen Themen erschienenen Zeitungsartikel in den jeweiligen Stadtarchiven voraussetzt, war eine Analyse der Presseberichterstattung nur in Erlangen und Koblenz möglich (siehe Kapitel 3.1.1). In beiden Stadtarchiven stand eine umfangreiche Sammlung von Zeitungsartikeln der lokalen Presse zu den für die Fragestellung dieser Arbeit relevanten Themenbereichen zur Verfügung. Gleichwohl zeigte die Analyse der vorhandenen Presseartikel, dass die Sammlungen keine Vollständigkeit in Bezug auf das jeweilige Themengebiet aufwiesen. So verwiesen im Koblenzer Stadtarchiv verschiedene Artikel zum Thema „Löhr-Center" auf eine vorausgehende mediale Diskussion, die sich anhand der zur Verfügung stehenden Presseberichte jedoch nicht exakt nachzeichnen ließ; die Grundzüge des Diskurses konnten allerdings aus den vorhandenen Artikeln abgeleitet werden. Für die Zeit nach 1996 konnte zudem auf das Online-Archiv der lokalen Rhein-Zeitung zurückgegriffen werden. Auch für die Analyse der Presseberichterstattung in Erlangen wurde das Online-Archiv der Lokalzeitung ergänzend herangezogen.

Ein Vergleich der Berichterstattung über die Erlangen Arcaden einerseits und das Löhr-Center Koblenz andererseits, speziell über die Diskussion um die Errichtung der Center sowie über die Meinungen und Reaktionen der Bürger vor und nach deren Eröffnung, zeigt deutliche Unterschiede. Dabei ist allerdings auch der anders geartete zeitliche Kontext der beiden Centereröffnungen zu berücksichtigen: Die Errichtung der Erlangen Arcaden erfolgte in einer Zeit, in der die überwiegende öffentliche Meinung Shopping Centern gegenüber deutlich kritischer eingestellt war als dies zur Zeit der Eröffnung des Löhr-Center Koblenz der Fall war; dies zeigt sich u.a. anhand der Berichterstattung der überregionalen Presse zur Thematik (innerstädtische) Shopping Center (vgl. z.B. FRENKEL 2006; FAZ 02.10.2008). Die Differenzen in der gesellschaftlichen Grundhaltung spiegeln sich freilich auch in der Diskussion um spezielle Shopping Center-Projekte wider.

3.3.1 Berichterstattung über das Löhr-Center Koblenz

Die Planung, Errichtung und schließlich die Eröffnung des Löhr-Center Koblenz wurde von der lokalen Presse mit einer überwiegend sehr gewogenen Berichterstattung begleitet. In zahlreichen Artikeln werden die erwarteten positiven Auswirkungen des Centers auf die Angebotsstruktur der Koblenzer Innenstadt sowie auf die allgemeine Wirtschaftkraft und den Arbeitsmarkt der Stadt betont. Insbesondere werden diesbezüglich die Angeboterweiterung durch die Geschäfte im Löhr-Center sowie die durch das Center ausgelöste Investitionstätigkeit zahlreicher Einzelhändler in den traditionellen innerstädtischen Einkaufsstraßen angeführt (vgl. u.a. RZ 12.08.1982; RZ 22.12.1983). Die damit verbundene Stärkung der Anziehungskraft der Innenstadt und der vermehrte Kaufkraftzufluss werden als Bereicherung und Stärkung für den gesamten innerstädtischen Einzelhandel dargestellt (vgl. u.a. RZ 02.02.1983; RZ 24.02.1984b); in diesem Zusammenhang wird auch wiederholt der große Anteil regionaler Mieter am Branchenmix hervorgehoben (vgl. u.a. RZ 02.09.1982). Ebenso nehmen die mit der Eröffnung des Löhr-Centers einhergehende Vergrößerung des Parkplatzangebotes in der Innenstadt, die gute Erreichbarkeit des Centers und der angrenzenden Innenstadt durch die Integration des zentralen Omnibusbahnhofes sowie die kurzen Wege innerhalb des Centers breiten Raum in den Darstellungen ein (vgl. u.a. RZ 24.02.1984a; RZ 10./11.09.1983). Nicht zuletzt wird wiederholt die Konzeption des Centers als „moderner Marktplatz" (RZ 17.09.1982) herausgestellt, die ein reichhaltiges gastronomisches Angebot ebenso umfasst wie die Veranstaltung von Ausstellungen, Konzerten und Aktionen; auch die Sicherheit, Sauberkeit und Freundlichkeit des Einkaufsambientes im Löhr-Center werden hervorgehoben (vgl. KS 05.05.1983; KS 21.07.1983).

Allerdings entspann sich offensichtlich vor der Eröffnung des Löhr-Centers auch eine sehr kritische öffentliche Diskussion um dieses Projekt. Zwar finden sich in den zur Verfügung stehenden Zeitungsartikeln diesbezüglich nur wenige und überwiegend in allgemeine Darstellungen zum Löhr-Center eingebettete Hinweise; aus diesen sowie aus einzelnen Leserbriefen lässt sich jedoch entnehmen, dass insbesondere die Auswirkungen des Löhr-Centers auf die Entwicklung der Innenstadt und speziell auf den Einzelhandel in den traditionellen innerstädtischen Einkaufsstraßen, aber auch die Mietpreise der Ladenflächen im Löhr-Center „ins Kreuzfeuer von Kritik" (RZ 28.01.1983) geraten waren (vgl. u.a. RZ 02.02.1983; RZ 30.08.1983; RZ 22.12.1983; RZ 23.02.1994a). Auch wurde die Forderung nach einer Nutzung des Areals als Grünfläche anstelle der Errichtung des Löhr-Centers erhoben (vgl. RZ 24.02.1984a). In welchem Ausmaß diese Diskussion Aufnahme in die Berichte der lokalen Presse fand, lässt sich anhand der archivierten Artikel nicht eindeutig beurteilen (siehe oben); im Gegensatz zu der umfangreichen positiven Berichterstattung über das Löhr-Center liegen zumindest keine Artikel vor, die sich ausschließlich bis überwiegend kritisch mit dem Projekt auseinandersetzen.

Auch in den archivierten Presseberichten für die Zeit nach der Eröffnung des Löhr-Centers finden sich nur wenige kritische Darstellungen. Teilweise handelt es sich dabei um Leserbriefe; in diesen wird das Fehlen einer Kinderkrippe, das Verhalten des Ordnungsdienstes gegenüber jugendlichen Breakdancern im Center sowie der Ausschluss gesellschaftlicher „Randgruppen" aus dem Einkaufszentrum bemängelt (vgl. u.a. RZ 29.02.1984; RZ 22.03.1984; RZ 04.10.1985). Außerdem wird aus einem veröffentlichten Interview mit dem damaligen Centermanager ersichtlich, dass von Seiten der Kunden wiederholt über schlechte Luft und zu hohe Temperaturen in den Verkehrswegen des Centers geklagt wurde (vgl. RZ 27.03.1984). Negative Auswirkungen des Löhr-Centers auf den Einzelhandel in den traditionellen innerstädtischen Einkaufsstraßen, speziell die Furcht vor einer zunehmenden Zahl an Geschäftsaufgaben, werden nur vereinzelt kurz angesprochen; zudem wird in den entsprechenden Berichten stets das Bemühen deutlich, die aufgezeigten Befürchtungen zu entkräften (vgl. z.B. RZ 01.03.1985). Von Seiten der ECE sowie des Centermanagements wird in der Presse wiederholt die Bereitschaft zu einer Zusammenarbeit mit dem Einzelhandel in den traditionellen innerstädtischen Einkaufsstraßen betont (vgl. u.a. RZ 24.02.1984b; KS 12.10.1984).

Weitaus häufiger hingegen werden die gute Akzeptanz des Löhr-Centers durch Konsumenten und Anbieter sowie die positive Umsatzentwicklung herausgestellt (vgl. u.a. RZ 21.12.1984; RZ 18.08.1986; RZ 17.08.1990; RZ 03.03.2009). Dies gilt auch für die Berichte in Zusammenhang mit dem Umbau bzw. der Erweiterung des Centers in den Jahren 1993/94 (vgl. u.a. RZ 23.02.1994a). Darüber hinaus werden die Stärkung von Attraktivität und Wirtschaftskraft der Stadt, die Impulse für den Einzelhandel in den traditionellen innenstädtischen Einkaufsstraßen sowie die Verringerung des Kaufkraftabflusses aus Koblenz als positive Effekte des Löhr-Centers betont; auch die „faire Partnerschaft" (RZ 01.06.1994) zwischen Löhr-Center und Stadt wird wiederholt thematisiert (vgl. u.a. RZ 01.03.1985; RZ 27.02.1989; 23.02.1994b; RZ 05.03.2009; RZ 06.03.2009). Schließlich wird regelmäßig ausführlich über Ausstellungen und Aktionen im Löhr-Center berichtet (vgl. u.a. RZ 01.10.2007; RZ 17.09.2008).

Zusammenfassend kann festgestellt werden, dass die Berichterstattung der lokalen Presse in Koblenz ein überwiegend positives Bild des Löhr-Centers sowie seiner Auswirkungen auf verschiedene Aspekte der Innenstadtentwicklung zeichnet, wobei – zumindest in den vorliegenden Presseberichten zu dieser Thematik – der Sichtweise und den Darstellungen der ECE bzw. des Centermanagements breiter Raum eingeräumt wird.

In jüngerer Zeit wird das Thema innerstädtische Einkaufszentren in der Koblenzer Lokalpresse von Berichten über das am 26.09.2012 eröffnete Forum Mittelrhein (siehe Kapitel 3.2.2.2) dominiert, wobei die diesbezügliche öffentliche und mediale Debatte deutlich kritischer geführt wird, als dies in Zusammenhang mit der Eröffnung des Löhr-Centers der Fall war (vgl. z.B. RZ 01.03.2008a; 01.03.2008b). Da sich die empirischen Erhebungen dieser Arbeit jedoch auf das zum Zeitpunkt der Untersuchungen bereits bestehende Löhr-Center konzentrieren, finden die Presseberichte über das Forum Mittelrhein hier keine weitere Berücksichtigung.

3.3.2 Berichterstattung über die Erlangen Arcaden

Die Berichterstattung der lokalen Presse über die Erlangen Arcaden und deren Auswirkungen auf die Struktur der Erlanger Innenstadt ist im Vergleich zu den Berichten in Zusammenhang mit dem Koblenzer Löhr-Center deutlich kritischer. Insgesamt finden sich vor allem für die Zeit der Planungs-, Entwicklungs- und Realisierungsphase der Erlangen Arcaden nur wenige Berichte, die ein ausschließlich positives Bild des (geplanten) Shopping Centers zeichnen.

Die Planungsphase des Projektes und die damit verbundene öffentliche und politische Diskussion, die aufgrund der angestrengten Bürgerbegehren zu den Erlangen Arcaden zusätzliche Aufmerksamkeit erfuhr, wurde im Jahr 2002 von der lokalen Presse mit einer sechsteiligen Serie „Erlanger [sic!] Arcaden – Chancen oder Risiko?" begleitet. Darin werden – neben einer allgemeinen Vorstellung des Projektes sowie der damit verbundenen grundsätzlichen Konfliktlinien (vgl. EN 27.08.2002) – die Argumente sowohl der Befürworter als auch der Gegner ausführlich beleuchtet, wobei die Argumentationslinien der Kritiker des Einkaufszentrums insgesamt leicht dominieren. Zugunsten der Errichtung der Erlangen Arcaden wird im Rahmen dieser

Serie sowie in weiteren Berichten vor allem die damit einhergehende Verbesserung der Angebotsstruktur in der Erlanger Innenstadt angeführt, die einen deutlichen Kaufkraftzufluss aus dem Umland generieren soll (vgl. u.a. EN 29.08.2002). Gestützt wird dieses Argument teilweise durch den Verweis auf Studien, die eine mangelnde Attraktivität des Einzelhandels in der Erlanger Innenstadt – vor allem Angebotsdefizite im Bereich höherwertiger Sortimente, aber auch in Bezug auf die Breite und Tiefe des Sortiments – und als Folge einen hohen Kaufkraftabfluss in benachbarte Städte, allen voran nach Nürnberg, belegen (vgl. u.a. EN 06.12.2001; EN 15.02.2002). Nach Meinung der Befürworter soll der durch die Erlangen Arcaden generierte Kundenzustrom auch die Besucherfrequenz in den umliegenden Geschäften und Cafés erhöhen (vgl. EN 04.09.2002; EN 17.09.2007). Nicht zuletzt werden auch die einheitlichen Öffnungszeiten in innerstädtischen Shopping Centern als vorbildhaft für den gesamten Einzelhandel dargestellt (vgl. EN 07.09.2006).

Den (erwarteten) positiven Effekten wird in einer Reihe von Artikeln insbesondere die „Sorge um ein ‚Ausbluten' der Altstadt" (EN 06.12.2001) als Folge der Errichtung der Erlangen Arcaden gegenübergestellt. Überwiegend wird jedoch nicht gegen das Projekt als Ganzes, sondern vor allem gegen die von der mfi anvisierte Verkaufsflächengröße opponiert (vgl. u.a. EN 25.02.2002; EN 27.08.2002); allerdings findet sich auch der Hinweis, dass ein nicht unerheblicher Teil der Erlanger Bürger einen vollständigen Verzicht auf das Arcaden-Projekt bevorzugen würde (EN 28.08.2002). Weitere Argumentationslinien der Kritiker wie die Befürchtung, dass mit der Errichtung der Erlangen Arcaden „eintönige Ladenketten (…) gewachsene, einheimische Ladenketten verdrängen" würden (EN 28.08.2002) und so das „Erlanger Flair" zerstört würde, sowie der Einwand, dass die hohen Mieten in den Arcaden eine exkludierende Wirkung auf kleinere Einzelhandelsbetriebe hätten, werden ebenfalls ausgiebig referiert (vgl. u.a. EN 30.08.2002). Auch über „Das große Umziehen" (EN 06.07.2007) verschiedener Einzelhandelsanbieter aus Ladenlokalen in den innerstädtischen Einkaufsstraßen in die Erlangen Arcaden wird ausgiebig berichtet. Nicht zuletzt wird der fehlende Bezug der Erlangen Arcaden zur umgebenden Innenstadt ebenso beklagt wie das grundsätzliche Streben vor allem größerer Shopping Center nach Autarkie, d.h. nach Vermeidung von Kopplungsaktivitäten der Konsumenten mit den Anbietern in den traditionellen innerstädtischen Einkaufsstraßen (vgl. EN 12./13.10.2002; EN 30.08.2002).

Allerdings wird auch die Sichtweise der mfi auf das Vorhaben und dessen zu erwartende Auswirkungen auf die Erlanger Innenstadt ausführlich dargelegt; in dem entsprechenden Artikel widerspricht der Investor den gegen das Projekt vorgebrachten Argumenten und betont stattdessen neben der Erweiterung des innerstädtischen Einzelhandels-, Dienstleistungs- und Gastronomieangebotes die mit der veränderten Konkurrenzsituation einhergehende Chance für ein Aufbrechen verkrusteter Strukturen im örtlichen Einzelhandel (vgl. EN 29.08.2002).

Auch die Presseberichte aus der Zeit während und nach der Eröffnung der Erlangen Arcaden zeichnen ein sehr gemischtes Bild des neuen Shopping Centers und seiner Auswirkungen auf die umgebende Innenstadt. Positiv hervorgehoben werden vor allem die starke Frequentierung des Centers durch die Kunden, auch das architektonische Gepräge des Baukörpers wird wiederholt beifällig erwähnt (vgl.

z.B. EN 25.09.2008; EN 12.10.2007; EN 15.09.2007). Ebenso finden erste Eindrücke der Kunden, die sich insbesondere von der Größe des Angebots sowie von der Gestaltqualität des Centers angetan zeigen, Eingang in die Berichterstattung (vgl. EN 22./23.09.2007). Ferner werden Sonderveranstaltungen in den Arcaden regelmäßig positiv herausgestellt (vgl. z.B. EN 05.11.2007; EN 11.05.2010). Darüber hinaus werden die Erlangen Arcaden teilweise als dynamisierendes Element im Hinblick auf die Entwicklung von Innenstadt und innerstädtischem Einzelhandel in Erlangen beschrieben (vgl. EN 17.09.2007). Eine besonders positive Darstellung liefert ein Bericht, der die Ergebnisse einer Untersuchung der Gesellschaft für Konsumforschung (GfK) zu den Erlangen Arcaden vorstellt; darin werden vor allem die gute strukturelle wie architektonische Integration der Arcaden in die Erlanger Innenstadt sowie die mit dem erweiterten Angebot einhergehende Attraktivitätssteigerung der Erlanger Innenstadt vor allem für jüngere Kunden unterstrichen (vgl. EN 11.05.2009). Daneben setzt sich aber auch nach der Eröffnung des Centers die sehr kritische Auseinandersetzung mit verschiedenen Aspekten innerstädtischer Shopping Center allgemein sowie speziell der Erlangen Arcaden fort. In Bezug auf die Erlangen Arcaden manifestiert sich die Kritik vor allem am Eintreten der erwarteten Kaufkraftverlagerungen innerhalb der Erlanger Innenstadt mit der Folge deutlicher Umsatzeinbußen bei den Anbietern in der nördlichen Innenstadt (vgl. u.a. EN 03.03.2008; EN 15.04.2009); zudem wird das Raumklima in den Verkehrswegen der Arcaden bemängelt (vgl. EN 10.06.2008). Über die konkrete Kritik an den Erlangen Arcaden hinaus werden Shopping Center aber auch auf einer allgemeinen Ebene sehr negativ diskutiert, wobei vor allem die Privatisierung öffentlicher Räume sowie die Auswirkungen auf den traditionellen innerstädtischen Einzelhandel in den Mittelpunkt der Betrachtungen gestellt werden (vgl. EN 03./04.10.2007).

Es kann angenommen werden, dass der insgesamt häufig kritische Tenor der Berichterstattung in der Erlanger Lokalpresse eine grundlegende Skepsis in der Erlanger Bevölkerung gegenüber dem Projekt der Erlangen Arcaden widerspiegelt, die ihrerseits wiederum durch die große Zahl an kritischen Artikeln sowohl in der lokalen als auch in der überregionalen Presse genährt wird.

3.4 Angebotsstruktur der innerstädtischen Einkaufsstandorte in qualitativer und quantitativer Perspektive

Wie in Kapitel 3.1.2 dargelegt, wurde zu Beginn der empirischen Untersuchungen das den Konsumenten in den Innenstädten der Untersuchungsstädte zur Verfügung stehende Einzelhandels-, Dienstleistungs- und Gastronomieangebot umfassend kartiert. Neben einer vergleichenden Gegenüberstellung der Angebotsstrukturen in den Einkaufszentren mit denjenigen in den klassischen innerstädtischen Einkaufsstraßen erlauben die Ergebnisse der Kartierung erste, vorsichtige Aussagen über die Ausrichtung der einzelnen Einkaufsstandorte auf bestimmte (Alters-)Zielgruppen der Konsumenten.

3.4.1 Branchengliederung

Grundlage der im Rahmen dieser Arbeit verwendeten Branchengliederung bilden schwerpunktmäßig die Systematiken von POPP (2002) und des EHI (2008: 90f.) sowie die Klassifikation der Wirtschaftszweige des Statistischen Bundesamtes (StBA 2008a); die Grundelemente dieser und weiterer Gliederungen wurden an die Fragestellung der vorliegenden Untersuchung angepasst und entsprechend modifiziert. Beispielsweise wird der Bereich „Gesundheit" entgegen der üblichen Zusammenfassung der Bereiche Körperpflege und Gesundheit als eigene Branche ausgewiesen, da aufgrund der Aussagen der einschlägigen Literatur von einer erhöhten Nachfrage älterer und alter Menschen nach medizinischen bzw. sonstigen gesundheitsfördernden Produkten ausgegangen werden kann (siehe Kapitel 2.5.3.2).

Tabelle 6 zeigt die im Rahmen der empirischen Untersuchungen unterschiedenen Kategorien und Branchen (eine ausführliche Darstellung der einzelnen Branchen findet sich in Anhang A1-1.2).

Tab. 6: Branchensystematik

Einzelhandel	Dienstleistungen[*]
NuG (Nahrungs- und Genussmittel) allgemein	Friseur
NuG Fachgeschäft	Reisebüro
Körperpflege	Reinigung
Gesundheit	Maß-/ Änderungsschneiderei
Bekleidung	Kosmetik, Körperpflege
Schuhe, Lederwaren	Schuh-/ Schlüsseldienst
Uhren, Schmuck	Post, Telekommunikation
Spielwaren, Sportartikel	Bank, Kreditinstitut
Geschenke, Kunst, Antiquitäten	sonstige Dienstleistungen
Medien, Schreib-/ Bürowaren	
Elektro, Telekommunikation	**Gastronomie**
Hausrat, Wohnbedarf	Restaurant
Heimwerker, Blumen, Zoo	SB-Restaurant
Waren verschiedener Art	Café, Eiscafé
sonstiger Einzelhandel	Imbiss
	Bar, Kneipe
	Disco
Sonstiges	**Leerstand**

Quelle: Eigene Zusammenstellung

* Dem Bereich „Dienstleistungen" im Sinne dieser Gliederung werden konsumentenorientierte, überwiegend personenbezogene Dienstleistungen mit einer hohen Innenstadtrelevanz zugeordnet. Weitere Dienstleistungen wie beispielsweise öffentliche oder private Bildungsangebote oder Servicecenter kommunaler oder privater Versorgungsunternehmen werden hingegen unter der Kategorie „Sonstiges" subsummiert. Im Folgenden bezieht sich die Bezeichnung „Dienstleistungen" ausschließlich auf die der Gliederung in Tabelle 6 zugrunde liegende Dienstleistungsdefinition.

3.4.2 Ausweisung innerstädtischer Teilgebiete

Die Innenstädte der drei Untersuchungsstädte und insbesondere die der beiden größeren Städte Erlangen und Koblenz weisen keineswegs ein homogenes Gepräge auf; vielmehr lassen sich in allen Städten Teilräume ausmachen, die sich sowohl hinsichtlich ihrer städtebaulichen Struktur als auch im Hinblick auf den Branchenmix, den Filialisierungsgrad sowie die jeweilige Besucherstruktur deutlich voneinander unterscheiden. Eine undifferenzierte Auswertung des gesamten Einzelhandels-, Gastronomie- und Dienstleistungsbesatzes einer Innenstadt würde diese Unterschiede nivellieren und die Aussagekraft der gewonnenen Ergebnisse erheblich reduzieren. Daher wurden für alle Untersuchungsstädte neben den untersuchten innerstädtischen Shopping Centern Teilräume mit einer größeren internen Homogenität ausgewiesen, wobei in Erlangen und Koblenz jeweils drei, in Zwickau zwei Teilgebiete differenziert wurden; darüber hinaus wurden in allen Untersuchungsstädten evtl. vorhandene weitere Einkaufszentren (Schängel-Center in Koblenz, Einkaufszentrum Neuer Markt in Erlangen) bzw. Markhallenkonzepte (Markthalle in Zwickau) als zusätzliche Lagekategorie definiert. Eine kleinräumigere Abgrenzung der Teilgebiete hätte zwar den Vorteil einer höheren internen Homogenität geboten, gleichzeitig verringerten sich mit abnehmender Gebietsgröße aber auch die Generalisierbarkeit und Vergleichbarkeit der gewonnenen Ergebnisse, sodass eine stärker differenzierte Untergliederung der Innenstadtgebiete im Rahmen dieser Untersuchung nicht sinnvoll erscheint.

In allen Untersuchungsstädten wurde die jeweilige 1a-Lage als eigenständiger innerstädtischer Teilbereich[72] ausgewiesen, da sich dieser Bereich in struktureller und funktioneller Hinsicht von den übrigen Bereichen der Innenstadt unterscheidet und gleichzeitig die im innerstädtischen Vergleich größte Ähnlichkeit mit dem Angebot in innerstädtischen Shopping Centern aufweist (vgl. auch HEINRITZ / KLEIN / POPP 2003: 207ff.). Bislang existiert keine einheitliche Definition für die Abgrenzung der 1a-Lage (vgl. PFEIFFER 2010: 251). Vielmehr werden z.T. divergierende Faktoren in unterschiedlicher Gewichtung für die jeweilige Abgrenzung herangezogen, sodass für eine Stadt teilweise verschieden abgegrenzte 1a-Lagen ausgewiesen werden. Trotz dieser definitorischen Schwäche erscheint eine gesonderte Betrachtung der 1a-Lagen aus oben genannten Gründen sinnvoll. Dabei wurden im Hinblick auf eine möglichst gute Vergleichbarkeit der Ergebnisse aus den drei Untersuchungsstädten eventuell vorhandene Abgrenzungen der jeweiligen 1a-Lage auf Basis der eigenen Beobachtungen vor Ort während der empirischen Erhebungen kritisch überprüft und gegebenenfalls modifiziert; neben der (qualitativ wahrgenommenen) Passantenfrequenz fanden hierbei insbesondere die bei BLOTEVOGEL (2003: 13) aufgeführten Merkmale von 1a-Lagen Berücksichtigung.

Für Erlangen erfolgt die Abgrenzung der 1a-Lage analog zu der Darstellung in dem betreffenden Einzelhandelskonzept (siehe Kapitel 3.2.2.1, Abbildung 21; vgl. LEUNINGER ET AL. 2011: 136; anders JONES LANG LASALLE 2012b: 4). Das Einzelhan-

---

72 Die Bezeichnung 1a-Lage bezieht sich stets auf „Einkaufslagen in den gewachsenen Einkaufs- bzw. Geschäftslagen in den Innenstädten und Stadtteilen" (JONES LANG LASALLE 2012a: 23), d.h. es werden nur die außerhalb der Einkaufszentren befindlichen Bereiche berücksichtigt.

delskonzept der Stadt Koblenz verzichtet auf die explizite Ausweisung einer 1a-Lage; die Ausführungen zur Passantenfrequenz und dem Geschäftsbesatz in den einzelnen innerstädtischen Teilbereichen erlaubten jedoch in Verbindung mit den eigenen Beobachtungen vor Ort die Abgrenzung einer 1a-Lage[73] (siehe Kapitel 3.2.2.2, Abbildung 28; vgl. Martin et al. 2009: 94ff.). Die Stadt Zwickau wiederum weist in ihrem Einzelhandelskonzept zwar eine 1a-Lage aus (vgl. Donat et al. 2005: 18), eigene Beobachtungen während der empirischen Erhebungen zeigten jedoch erhebliche Unterschiede innerhalb der angegebenen 1a-Lage insbesondere hinsichtlich der Passantenfrequenz, aber auch in Bezug auf den Geschäftsbesatz. Da in Erlangen und Koblenz jeweils nur die höchstfrequentierten Lagen der Innenstadt der 1a-Lage zugerechnet werden, wird im Rahmen der vorliegenden Untersuchung nur ein Teil der von der Stadt Zwickau ausgewiesenen 1a-Lage als solche definiert (siehe Kapitel 3.2.2.3, Abbildung 35).

Über die Abgrenzung der 1a-Lage hinaus bot sich in Erlangen und Koblenz eine Differenzierung der Teilgebiete „Altstadt" und „Neustadt" an (jeweils ohne den der 1a-Lage zugerechneten Bereich). Dabei sind die Altstadtbereiche durch eine überwiegend historische Baustruktur und einen daraus resultierenden höheren Anteil an kleinen und sehr kleinen Geschäfts- und Verkaufsflächen, einen überdurchschnittlichen Anteil an inhabergeführten Fach- und Spezialgeschäften sowie einen erhöhten Besatz an höher- und hochwertigen Angeboten im gehobenen Preissegment gekennzeichnet (vgl. auch Martin et al. 2009: 94); die Bereiche der Neustadt weisen typischerweise einen vergleichsweise modernen Baukörper mit einem höheren Anteil an großflächigen Einzelhandelsgeschäften sowie einen hohen Filialisierungsgrad auf.

Während die Abgrenzung des Altstadtbereiches in Koblenz relativ problemlos möglich ist – nicht zuletzt aufgrund der durch die Trennwirkung der Pfuhlgasse weitgehend eindeutigen Begrenzung des Altstadtbereiches zur südlich angrenzenden Neustadt (siehe Kapitel 3.2.2.2, Abbildung 28) –, gestaltet sich die Situation in Erlangen deutlich schwieriger, wie u.a. die zahlreichen parallel bestehenden, teilweise jedoch erheblich differierenden Definitionen des Altstadtbereiches belegen (vgl. z.B. www.altstadt-erlangen.de; www.erlangen.de). Als strittig erweist sich hier insbesondere die Abgrenzung des Gebietes zur Neustadt. Für die in dieser Arbeit getroffene südliche Begrenzung des Altstadtbereiches waren Aussagen von Einzelhändlern und Konsumenten, die während der empirischen Erhebungen gesammelt werden konnten, sowie das Kriterium des Filialisierungsgrades leitend; die resultierende Grenzlinie entspricht der südlichen Begrenzung des Erlanger Projektgebietes des Modellvorhabens „Leben findet Innenstadt" (siehe Kapitel 3.2.2.1, Abbildung 21; vgl. www.lebenfindetinnenstadt.de).

Die Zwickauer Innenstadt weist vor allem aufgrund ihrer geringeren Größe sowie ihrer kompakten Struktur, aber auch infolge ihrer historischen Entwicklung eine im Vergleich zu den anderen beiden Untersuchungsstädten deutlich größere interne Homogenität auf, sodass auf eine über die gesonderte Betrachtung der 1a-Lage hinausgehende Differenzierung räumlicher Teilgebiete verzichtet werden kann.

---

73 Die aus den Erläuterungen im Einzelhandels- und Zentrenkonzept Koblenz abgeleitete Definition der 1a-Lage korrespondiert auch mit der Darstellung im Retail City Profile Koblenz bei Jones Lang LaSalle (2012c: 4).

3.4.3 Angebotsstruktur in den traditionellen innerstädtischen Einkaufsstraßen[74]

Die Zusammensetzung des an einem Einkaufsstandort vorhandenen Einzelhandels-, Gastronomie- und Dienstleistungsangebotes stellt ein zentrales Kriterium für die Beurteilung dieses Standortes aus Konsumentensicht dar. Die Kenntnis der Angebotsstruktur eines Standortes – auch in Relation zu den umgebenden Einkaufsstandorten – ist daher eine wesentliche Voraussetzung, um Aussagen über die absolute wie relative Attraktivität eines Standortes für die Konsumenten insgesamt sowie für einzelne Kundensegmente ableiten zu können.

3.4.3.1 Allgemeine Angebots- und Branchenstruktur

Der Einzelhandel stellt in allen Untersuchungsstädten mit rund 50%[75] (47,32% bis 51,72%) die bei weitem dominierende Angebotsform in den Erdgeschosslagen der traditionellen innerstädtischen Einkaufsstraßen dar. Arrondiert wird dieses Angebot durch verschiedene konsumentenorientierte Dienstleistungsanbieter (20,35% bis 23,57%) sowie ein breites Spektrum an gastronomischen Angeboten (10,98%

Abb. 44: Vergleich der Angebotsverteilung in den Innenstädten

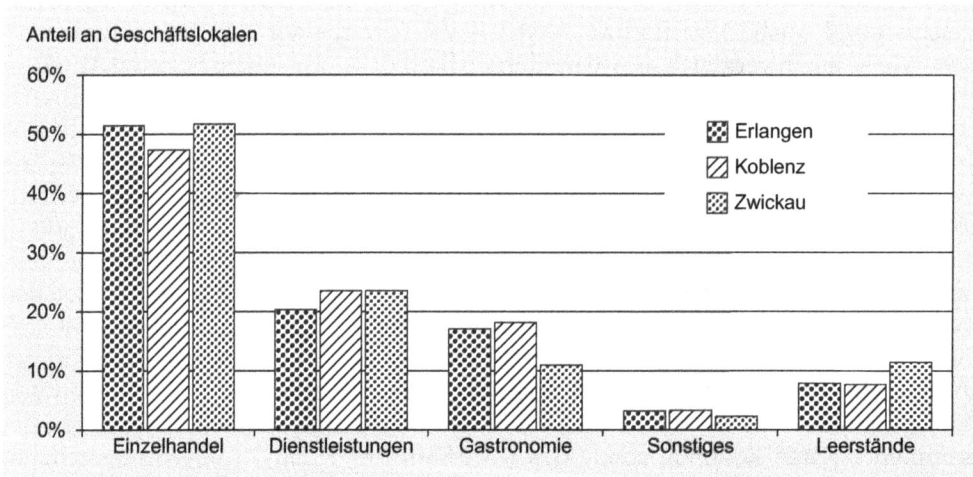

Quelle: Eigene Erhebungen 02-08/2009; Eigene Darstellung

---

74 Im Folgenden wird die Bezeichnung „(traditionelle) innerstädtische Einkaufsstraßen" als Oberbegriff über alle innerstädtischen Teilgebiete außerhalb der untersuchten Shopping Center verwendet. Zugunsten einer besseren Lesbarkeit werden – soweit nicht anders angegeben – auch die kleinen weiteren Einkaufszentren in Erlangen und Koblenz sowie die Markthalle in Zwickau unter dieser Bezeichnung subsumiert (siehe hierzu auch Kapitel 3.4.3.1, Fußnote 77). Diese Vorgehensweise erscheint auch vor dem Hintergrund vertretbar, dass sich in den kleinen weiteren Einkaufszentren bzw. der Markthalle jeweils nur zwischen 4 und 19 Anbieter befinden.
75 Die Grundgesamtheit der vorliegenden Analyse der .Angebots- bzw. Branchenstruktur der Untersuchungsstädte umfasst die Gesamtheit der im Rahmen dieser Untersuchung kartierten Flächen (zur Methodik der Kartierung siehe Kapitel 3.1.2.1). Bezugsgrößen der relativen Angaben zur Angebots- und Branchenstruktur sind – soweit nicht anders angegeben – aus dieser Grundgesamtheit abgeleitete räumliche Teilbereiche oder Angebotssegmente.

bis 18,19%). Dabei wird die jeweilige Bedeutung der einzelnen Angebotskategorien in den Untersuchungsstädten, wie ein Vergleich der Angebotsstruktur in den Innenstädten der drei Untersuchungsstädte zeigt, durch standortspezifische Faktoren beeinflusst. Beispielsweise bedingt die starke touristische Inwertsetzung der Koblenzer Innenstadt einen leicht überdurchschnittlichen Anteil gastronomischer Angebote; ebenso kann angenommen werden, dass die überdurchschnittliche Leerstandsquote in der Zwickauer Innenstadt in hohem Maße sowohl der historischen Entwicklung des innerstädtischen Einzelhandels in den neuen Bundesländern als auch der vergleichsweise geringeren Kaufkraft der Zwickauer Bevölkerung (vgl. Kapitel 3.2.2.3) geschuldet ist.

Zwischen 2,29% und 3,33% der kartierten Flächen werden durch Anbieter genutzt, die keiner der drei Angebotskategorien Einzelhandel / Dienstleistungen / Gastronomie zuzuordnen sind. Zu einem großen Teil handelt es sich dabei um Fremdnutzungen von Ladenlokalen, d.h. offensichtlich für eine Einzelhandelsnutzung konzipierte Geschäftsräume werden durch Anbieter genutzt, die grundsätzlich nicht auf Erdgeschosslagen in Einkaufsstraßen mit Schaufensterflächen angewiesen sind, wie beispielsweise Unternehmensberatungen oder Bildungsangebote. Da als Ursache der Fremdnutzungen in der Regel eine fehlende Nachfrage nach den entsprechenden Flächen seitens der Einzelhandelsanbieter angenommen werden kann, sind diese Fremdnutzungen mehrheitlich als verdeckte Leerstände zu qualifizieren. Hinzu kommen die „echten" Leerstände, deren Quote zwischen 7,61% in Koblenz und 11,44% in Zwickau schwankt. Im Hinblick auf die Attraktivität eines Standortes sind echte wie auch verdeckte Leerstände – sofern sie das Ausmaß der für einen dynamischen Markt erforderlichen Fluktuationsreserve überschreiten – sehr kritisch zu bewerten, da sie ein erster Indikator für trading-down-Prozesse an einem Standort sein können.

Abb. 45: Vergleich der Angebotsverteilung in den 1a-Lagen

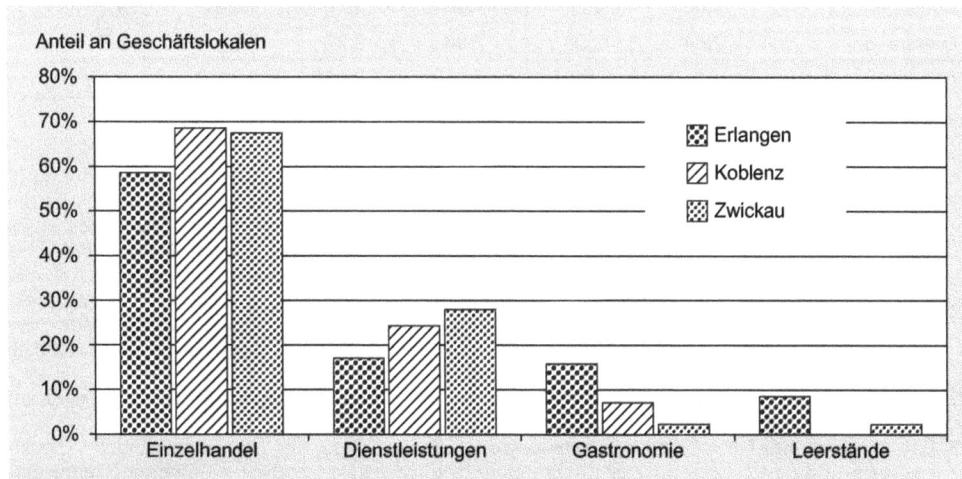

Quelle: Eigene Erhebungen 02-08/2009; Eigene Darstellung

Entsprechend der typischen Merkmale dieses Standorttyps (vgl. BLOTEVOGEL 2003: 13) weisen die 1a-Lagen der Untersuchungsstädte die jeweils höchste Konzentration an Einzelhandelsanbietern im Vergleich der innerstädtischen Teilgebiete auf. Auffällig ist, dass die Angebotsstruktur der 1a-Lagen deutlich stärker zwischen den Untersuchungsstädten differiert als die Struktur des gesamten innerstädtischen Angebotes; insbesondere die Struktur der Erlanger 1a-Lage hebt sich, wie Abbildung 45 verdeutlicht, von derjenigen der anderen beiden Untersuchungsstädte ab.

Allerdings ist zu berücksichtigen, dass die Angebotsstruktur der Erlanger 1a-Lage zum Zeitpunkt der Kartierung, d.h. im Februar / März 2009, durch die vollständige Entmietung und den bevorstehenden Abriss der Grande Galerie sowie weitere umbaubedingte Leerstände stark beeinflusst wurde. Daneben weist die Erlanger 1a-Lage aber auch einen deutlich höheren Anteil an gastronomischen Einrichtungen (15,85%) auf als die Haupteinkaufslagen der Innenstädte in Koblenz (7,14%) und Zwickau (2,33%); der Anteil an Dienstleistungsanbietern hingegen ist bei Weitem geringer. Diese Beobachtungen legen die Vermutung nahe, dass die innerstädtischen Teilgebiete in Zwickau und insbesondere in Koblenz eine deutlich stärkere funktionelle Spezialisierung im Vergleich zur Erlanger Innenstadt aufweisen. Ein Vergleich der Angebotsstrukturen in den innerstädtischen Teilgebieten[76] von Erlangen (ER) und Koblenz (KO) untermauert diese Annahme[77/78]:

Tab. 7: Vergleich der Angebotsstrukturen in den innerstädtischen Teilgebieten von Erlangen und Koblenz

	1a-Lage in %		Neustadt in % (ohne 1a-Lage)		Altstadt in % (ohne 1a-Lage)	
	ER	KO	ER	KO	ER	KO
Einzelhandel	58,54	68,57	49,47	47,80	51,18	43,30
Dienstleistung	17,07	24,29	22,61	27,56	16,59	18,23
Gastronomie	15,85	7,14	15,69	12,20	21,33	27,35
Sonstiges	0,00	0,00	4,26	3,17	2,84	4,27
Leerstand	8,54	0,00	7,98	9,27	8,06	6,84
Gesamt	100	100	100	100	100	100

Quelle: Eigene Erhebungen 02-08/2009

76 Da der Fokus der Fragestellung dieser Untersuchung auf einem Vergleich der Attraktivität der traditionellen innerstädtischen Einkaufsstraßen einerseits und der innerstädtischen Shopping Center (im Sinne der Definition dieser Arbeit) andererseits für bestimmte Altersgruppen liegt, finden die kleinen weiteren Einkaufszentren in Erlangen und Koblenz sowie die Markthalle in Zwickau im Folgenden keine spezielle Berücksichtigung. Allerdings werden die in diesen Einkaufsstandorten befindlichen Anbieter als Teil des gesamten innerstädtischen Einzelhandels-, Dienstleistungs- und Gastronomieangebotes berücksichtigt, nicht zuletzt, da sich im Rahmen der Konsumentenbefragungen gezeigt hatte, dass diese Anbieter zumindest von einem Teil der Konsumenten als Bestandteil der „Innenstadt außerhalb der Arcaden bzw. des Löhr-Centers" wahrgenommen werden.
77 Da in Zwickau keine Differenzierung zwischen Alt- und Neustadt vorgenommen wurde, wird auf eine Einbeziehung Zwickaus in die nachstehende Analyse verzichtet.
78 Eine vergleichende Betrachtung der Verteilung der jeweiligen Gesamtheit der Einzelhandels-, Dienstleistungs- und Gastronomieanbieter auf die unterschiedlichen innerstädtischen Teilräume ist aufgrund der zwischen den Untersuchungsstädten erheblich differierenden relativen Größe der einzelnen Teilgebiete nicht sinnvoll.

Während in Erlangen der Anteil der Einzelhandelsnutzungen zwischen den drei Teilgebieten um lediglich 9,07% differiert, beträgt die Spannweite in Koblenz 25,27%. Ein ähnliches Bild zeigt sich in Bezug auf die Anteile der gastronomischen Angebote; hier liegt die Spannweite in Erlangen bei 5,64% gegenüber 20,21% in Koblenz. Zwar weisen in beiden Städten die Altstadtbereiche den im Vergleich zu den anderen räumlichen Teilbereichen höchsten Anteil an gastronomischen Anbietern auf; die Koblenzer Altstadt wird jedoch in einem weitaus stärkeren Maß durch gastronomische Angebote geprägt. Hier ist die Ursache vor allem in der hohen touristischen Attraktivität der Koblenzer Altstadt (siehe oben) sowie deren Nähe zu den Anlegestellen der Flusskreuzfahrt- und Ausflugsschiffe zu suchen.

3.4.3.2 Einzelhandelsangebot

Tabelle 8 zeigt die Branchenstruktur des Einzelhandelsangebots in den traditionellen innerstädtischen Einkaufsstraßen der drei Untersuchungsstädte, jeweils bezogen auf den gesamten Innenstadtbereich.

Tab. 8: Einzelhandelsangebot in den traditionellen innerstädtischen Einkaufsstraßen

	ER in %	KO in %	ZW in %
NuG allgemein	4,80	3,02	2,21
NuG Fachgeschäft	17,23	9,30	17,26
Körperpflege	3,67	2,51	2,65
Gesundheit	9,32	7,79	7,08
Bekleidung	14,97	22,11	23,89
Schuhe, Lederwaren	5,08	7,54	5,31
Uhren, Schmuck	7,34	8,04	4,87
Spielwaren, Sportartikel	3,67	3,27	3,1
Geschenke, Kunst, Antiquitäten	4,80	6,78	4,87
Medien, Schreib-/ Bürowaren	4,80	4,52	6,19
Elektro, Telekommunikation	4,52	2,76	3,54
Hausrat, Wohnbedarf	6,78	5,78	5,31
Heimwerker, Blumen, Zoo	3,67	2,76	6,19
Waren verschiedener Art	4,80	5,53	5,31
sonstiger Einzelhandel	4,52	8,29	2,21
Gesamt	100	100	100

Quelle: Eigene Erhebungen 02-08/2009

In allen Untersuchungsstädten bestätigen die Ergebnisse die in der Literatur wiederholt beschriebene Textilisierung der Innenstädte (vgl. HEINRITZ / KLEIN / POPP 2003: 211), d.h. einen weit überdurchschnittlichen Anteil an Anbietern der Bekleidungsbranche. Allerdings ist dieser Trend in Erlangen deutlich schwächer ausgeprägt als in Koblenz und Zwickau. Einen großen Stellenwert im innerstädtischen

Einzelhandelsangebot nehmen darüber hinaus Fachgeschäfte der Nahrungs- und Genussmittelbranche (NuG Fachgeschäfte) ein, wobei der Anteil in Koblenz um knapp die Hälfte unter demjenigen in Erlangen und Zwickau liegt. Zu einem großen Teil handelt es sich bei den der Gruppe der NuG-Fachgeschäfte zugeordneten Anbietern um Bäckereien (ER: 37,70%; KO: 35,16%; ZW: 28,21%). Auf die weiteren Branchen entfällt jeweils ein Anteil von unter 10% der Einzelhandelsanbieter. Bemerkenswert ist, dass die – gemäß den Aussagen der Literatur zum Seniorenmarketing (siehe Kapitel 2.5.3.2) – von älteren und alten Menschen besonders häufig aufgesuchten Anbieter der Gesundheitsbranche vergleichsweise stark in den innerstädtischen Einkaufsstraßen vertreten sind (7,08% bis 9,32%). Einen ähnlich hohen Anteil erreicht in Erlangen und Koblenz noch der Bereich Uhren und Schmuck (7,34% bzw. 8,04%). In Zwickau hingegen sind Uhren- und Schmuckanbieter deutlich seltener vertreten (4,87%), und bei den vorhandenen Geschäften handelt es sich zudem zu rund zwei Dritteln um Anbieter aus dem Billig- oder Niedrigpreissegment. Es liegt die Vermutung nahe, dass sowohl der geringere Anteil dieser Branche am gesamten innerstädtischen Einzelhandelsbesatz als auch das mehrheitlich eher niedrige Preisniveau in nicht unerheblichem Maße der im Vergleich zu den beiden westdeutschen Untersuchungsstädten geringeren Kaufkraft der Zwickauer Bevölkerung geschuldet sind.

Abb. 46a: Branchenverteilung des Einzelhandelsangebots in innerstädtischen Teilgebieten – Erlangen

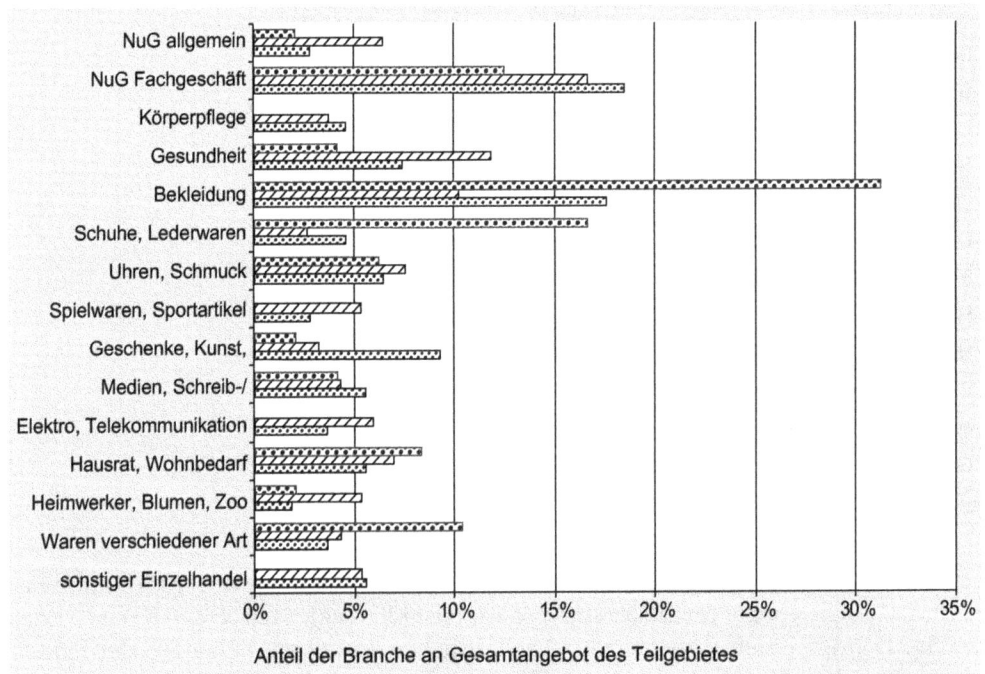

Quelle: Eigene Erhebungen 02-08/2009; Eigene Darstellung

Abb. 46b: Branchenverteilung des Einzelhandelsangebots in innerstädtischen Teilgebieten – Koblenz

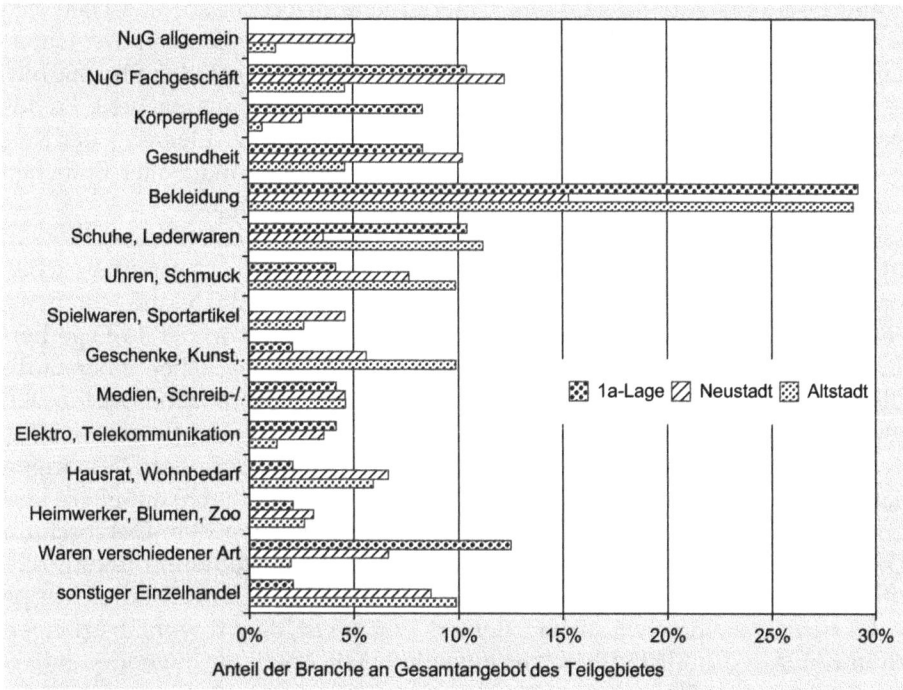

Anteil der Branche an Gesamtangebot des Teilgebietes

Quelle: Eigene Erhebungen 05-08/2009; Eigene Darstellung

Abb. 46c: Branchenverteilung des Einzelhandelsangebots in innerstädtischen Teilgebieten – Zwickau

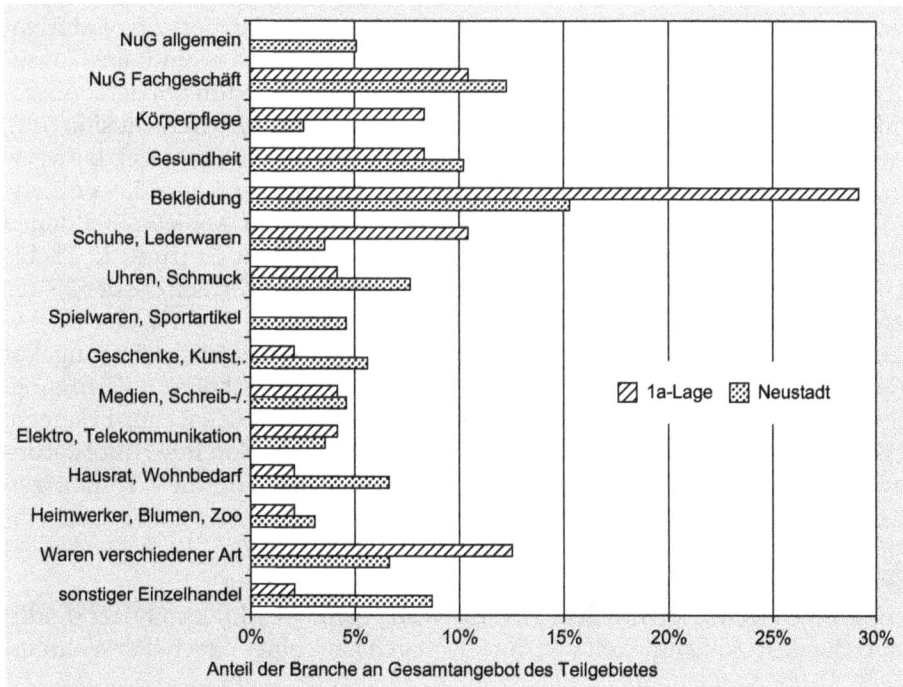

Anteil der Branche an Gesamtangebot des Teilgebietes

Quelle: Eigene Erhebungen 03-04/2009; Eigene Darstellung

159

Eine nach innerstädtischen Teilgebieten differenzierte Betrachtung des Einzelhandelsangebots offenbart interessante Unterschiede insbesondere zwischen den ausgewiesenen Teilbereichen einer Innenstadt, aber auch zwischen den drei Untersuchungsstädten. Über die Darstellungen in den Abbildungen 46a, 46b und 46c hinaus werden im Folgenden jedoch nur einige als besonders relevant erachtete Trends und Spezifika herausgegriffen und unter Einbeziehung weiterer Elemente der Kartierung vertieft betrachtet; eine eingehende Analyse der Merkmale aller Branchen würde hier zu keinem weitreichenden Erkenntnisgewinn beitragen.

Besonders augenfällig ist die ausgeprägte Dominanz des Bekleidungssektors in den 1a-Lagen der Innenstädte. Allerdings findet sich auch in den Altstadtbereichen von Erlangen und Koblenz ein hoher Anteil an Anbietern der Bekleidungsbranche, der in Koblenz sogar annähernd an den entsprechenden Wert in der 1a-Lage heranreicht. Zwischen dem Bekleidungsangebot in den unterschiedlichen innerstädtischen Teilgebieten bestehen jedoch deutliche strukturelle Differenzen: So ist in den 1a-Lagen aller Untersuchungsstädte der Anteil derjenigen Bekleidungsgeschäfte, die sich in ihrer Zielgruppenansprache (auch) an die Gruppe der unter 25-Jährigen richten, klar überdurchschnittlich, wohingegen der Anteil der (auch) auf ältere und alte Konsumenten spezialisierten Geschäfte teilweise weit unter dem Durchschnitt liegt. Demgegenüber findet sich in den Bereichen der Neustädte ein überdurchschnittlicher Anteil an Anbietern, die mit ihrem Angebot gezielt (auch) die Gruppe der ≥ 60-Jährigen anzusprechen suchen. Bemerkenswert ist, dass sowohl in Erlangen als auch in Koblenz die Altstadtbereiche einen höheren Anteil an „jugendorientierten", d.h. (auch) auf die Gruppe der < 25-Jährigen spezialisierten Anbieter aufweisen als die Neustädte. Berücksichtigt werden muss jedoch, dass sich nur ein kleiner Teil der Anbieter auf ausschließlich eine der im Rahmen der Kartierung unterschiedenen Altersgruppen fokussiert (der entsprechende Anteil beträgt bei den „jugendorientierten" Anbietern zwischen 5,66% und 12,96%, bei den auf ältere und alte Konsumenten ausgerichteten Anbietern sogar nur maximal 3,7%; lagedifferenzierte Aussagen sind diesbezüglich aufgrund der geringen absoluten Fallzahlen nicht sinnvoll). Überwiegend richtet sich das Angebot der Bekleidungsgeschäfte an zwei, teilweise auch an drei „benachbarte" Altersklassen (zur Abgrenzung der Altersklassen siehe Kap. 3.1). Dies bedingt, dass – unter Einbeziehung derjenigen Anbieter, bei denen keine Ausrichtung auf bestimmte Alterszielgruppen erkennbar ist (rund 13,2% bis 14,8%) – die Altersklasse der 40- bis 59-Jährigen in knapp zwei Drittel, die der 25- bis 39-Jährigen in knapp zwei Drittel bis drei Viertel (64,81% bis 73,58%) der Bekleidungsgeschäfte ein (zumindest auch) auf ihre Altersklasse ausgerichtetes Angebot vorfindet; damit steht diesen Altersklassen das breiteste Angebot zur Verfügung. Am seltensten, nämlich nur in 38,64% (Koblenz) bis 46,30% (Zwickau; Erlangen: 45,28%) der Geschäfte findet die Gruppe der ≥ 60-Jährigen eine an ihre Anforderungen und Wünsche angepasste Sortimentszusammensetzung vor; die < 25-Jährigen treffen in immerhin 43,18% (Koblenz) bis 56,60% (Erlangen) der Geschäfte auf ein ihrer Altersgruppe entsprechendes Sortiment (jeweils einschließlich der Bekleidungsanbieter ohne alterszielgruppenspezifische Sortimentsgestaltung).

Ebenso zeigen sich hinsichtlich des Preisniveaus der Bekleidungsanbieter deutliche Unterschiede in Abhängigkeit von der jeweiligen Lage eines Geschäfts: Während in den 1a-Lagen hauptsächlich Anbieter des eher niedrigen bis durchschnittlichen Preisniveaus zu finden sind (zusammen zwischen 85,71% und 93,33% der Geschäfte), liegt im Bereich der Neu- und Altstädte der Schwerpunkt der Anbieter im durchschnittlichen bis gehobenen Preissegment; auch die sehr geringe und auf Koblenz beschränkte Zahl der Luxusanbieter findet sich ausschließlich in der Neu- und vor allem in der Altstadt. Insgesamt differiert der Anteil der Geschäfte des gehobenen und luxuriösen Preissegments allerdings erheblich zwischen den Untersuchungsstädten und reicht von 41,51% in Erlangen über 30,68% in Koblenz bis zu 25,93% in Zwickau; damit spiegelt diese Reihung die Unterschiede im durchschnittlichen verfügbaren Haushaltseinkommen zwischen den drei Untersuchungsstädten (vgl. Kapitel 3.2.2). Eine Betrachtung des Geschäftsdesigns der Bekleidungsanbieter ergibt, dass zwar das Gros der Geschäfte in allen Untersuchungsstädten eine durchschnittliche Ladengestaltung aufweist, der Anteil der (sehr) einfach gestalteten Geschäfte in Zwickau mit knapp 30% jedoch deutlich größer ist als in Erlangen oder Koblenz (18,87% bzw. 14,77%). Für alle Untersuchungsstädte gilt, dass sich die Geschäfte mit einem überdurchschnittlich aufwändigen Ladendesign – häufig Korrelat zu einem gehobenen Preisniveau – schwerpunktmäßig in den Altstädten konzentrieren, wohingegen die 1a-Lagen (Erlangen und Zwickau) bzw. die Neustadt (Koblenz) einen deutlich überdurchschnittlichen Anteil an Bekleidungsanbietern mit einer (sehr) einfachen Ladengestaltung aufweisen.

Der Anteil der Schuh- und Lederwarenanbieter am gesamten Einzelhandelsangebot der Innenstädte ist mit rund 5% bis 8% relativ gering, gleichwohl handelt es sich um eine Branche mit einer hohen Innenstadtrelevanz. Ähnlich wie die Bekleidungsbranche erzielt auch dieser Bereich in Erlangen und Koblenz in den 1a-Lagen, aber auch in den Altstadtbereichen teilweise deutlich höhere Anteilswerte als in den Neustädten; auffällig ist hier vor allem der hohe Anteil an Schuh- und Lederwarenanbietern in der Koblenzer Altstadt. In Zwickau hingegen sind Geschäfte dieser Branche in der Neustadt relativ (bezogen auf die Gesamtzahl der Anbieter der jeweiligen Lagekategorie) häufiger vertreten als in der 1a-Lage, wobei das Fehlen eines gesondert ausgewiesenen Altstadtbereiches bei der Einordnung dieses Ergebnisses berücksichtigt werden muss. Hinsichtlich der Ausrichtung der Schuh- und Lederwarenanbieter auf bestimmte Alterszielgruppen zeigt sich zumindest in Bezug auf die Städte Erlangen und Koblenz eine ähnliche Verteilung wie im Bereich Bekleidung, d.h. der relativ größte Teil der Geschäfte richtet sich mit seinem Angebot (auch) an Kunden zwischen 25 und 39 bzw. 40 und 59 Jahren (ER: 94,44% bzw. 88,89%, KO: 67,66% bzw. 83,33%); das geringste Angebot steht den älteren und alten Konsumenten zur Verfügung (ER: 72,22%; KO: 56,67%; jeweils einschließlich der Anbieter ohne altersgruppenspezifische Ausrichtung). Anders in Zwickau: Hier finden die ≥ 60-Jährigen eine größere Auswahl an Geschäften mit einem an ihre Altersgruppe angepassten Sortiment als die < 25-Jährigen sowie die 25- bis 39-Jährigen (83,33% gegenüber 58,33% bzw. 66,67%). Bemerkenswert ist, dass in Zwickau alle Anbieter der Schuh- und Lederwarenbranche ein auf die Gruppe der 40- bis 59-Jährigen ausgerichtetes Angebot in ihrem Sortiment führen. Weitergehende Analysen, die die Verteilung auf die einzelnen Lagekategorien berücksichtigen, würden aufgrund der geringen absoluten Fallzahlen in den einzelnen Feldern der Analysematrix – eine

Folge des im Bereich Schuhe und Lederwaren deutlich höheren Anteils an Geschäften ohne spezifische Alterszielgruppenausrichtung (zwischen 36,66% und 55,56% der Branchenvertreter) in Verbindung mit der insgesamt geringeren absoluten Zahl an Geschäften dieser Branche – keine belastbaren Ergebnisse liefern und werden daher unterlassen.

Uhren- und Schmuckanbieter, die ebenfalls zu den zentrenrelevanten Anbietern zählen (vgl. HEINRITZ / KLEIN / POPP 2003: 174), sind in Koblenz und Zwickau überwiegend außerhalb der 1a-Lage zu finden, nur in Erlangen ist diese Branche in der 1a-Lage mit einem annähernd ebenso großen Anteil vertreten wie in der Neu- und der Altstadt. Eine eindeutige, in allen Untersuchungsstädten zu beobachtende Ausrichtung auf (eine) bestimmte Alterszielgruppe(n) lässt sich im Bereich der Uhren- und Schmuckanbieter nicht erkennen; lediglich die Gruppe der Jugendlichen und jungen Erwachsenen < 25 Jahre wird in allen Städten nur von einem eher geringen Teil der Geschäfte anzusprechen versucht. Ein relativ großer Teil der Anbieter dieser Branche (zwischen 31,25% in Koblenz und 72,73% in Zwickau) verzichtet auf eine altersgruppenspezifische Sortimentsgestaltung. Hinsichtlich des Preisniveaus zeigen die Ergebnisse der Kartierung, dass in allen Städten der relativ größte Anteil der Uhren- und Schmuckanbieter im eher niedrigpreisigen Segment operiert. Luxusanbieter finden sich ebenso wie Anbieter mit einem ausgesprochen billigen Sortiment sehr selten. Wie bereits angedeutet, ist der Anteil der dem eher niedrigen oder billigen Preissegment zuzurechnenden Uhren- und Schmuckgeschäfte in der Zwickauer Innenstadt allerdings insgesamt deutlich höher als in den beiden westdeutschen Städten (63,64% gegenüber 53,13% bzw. 54,70%). Interessanterweise liegt gleichzeitig der Anteil der besonders aufwändig gestalteten Ladenlokale in Zwickau weit über dem in Erlangen und Koblenz.

In Bezug auf die Branche „Geschenke, Kunst, Antiquitäten", zu der auch der häufig anzutreffende Bereich der Wohnaccessoires gezählt wird, lässt sich für Erlangen und Koblenz eine klare Konzentration der Anbieter in den Altstadtbereichen feststellen. Auch in den Bereichen der Neustadt ist diese Branche mit einigen Geschäften vertreten, wenngleich der relative Anteil dort (bezogen auf die Gesamtzahl der Einzelhandelsgeschäfte in dieser Lagekategorie) deutlich geringer ist als in den Altstädten; in den 1a-Lagen findet sich jeweils nur ein Vertreter dieser Branche. In Zwickau hingegen ist der relative Anteil der Anbieter von Geschenkartikeln, Kunst und Antiquitäten in der 1a-Lage deutlich größer als in der umgebenden Neustadt; da dieses Ergebnis jedoch auf einer absoluten Zahl von insgesamt nur elf Geschäften in der gesamten Innenstadt (davon zwei in der 1a-Lage) basiert, ist die Aussagekraft des relativen Anteils erheblich eingeschränkt. Eine einheitliche Schwerpunktsetzung auf bestimmte Alterszielgruppen ist – mit Ausnahme der in allen Städten relativ geringsten Berücksichtigung der < 25-Jährigen bei der Sortimentsgestaltung dieser Branche – weder in Bezug auf die gesamten Innenstädte noch bezogen auf die ausgewiesenen Teilbereiche zu erkennen.

3.4.3.3 Dienstleistungsangebot

Mit rund einem Fünftel bis knapp einem Viertel der (kartierten) Anbieter stellen konsumentenorientierte Dienstleister ein wichtiges Element in der innerstädtischen

Angebotsstruktur dar. Wie Tabelle 9 zeigt, konzentriert sich das Angebot jedoch stark auf eine vergleichsweise geringe Anzahl an Branchen.

Tab. 9: Dienstleistungsangebot in den traditionellen innerstädtischen Einkaufsstraßen

	ER in %	KO in %	ZW in %
Friseur	21,43	17,17	19,42
Reisebüro	9,29	7,58	14,56
Reinigung	3,57	1,01	0,00
Maß-/ Änderungsschneiderei	2,86	7,07	1,94
Kosmetik, Körperpflege	5,71	14,14	8,74
Schuh- und Schlüsseldienst	3,57	2,02	1,94
Post, Telekommunikation	11,43	11,62	17,48
Bank, Kreditinstitut	12,14	12,12	11,65
sonstige Dienstleistungen	30,00	27,27	24,27
Gesamt	100	100	100

Quelle: Eigene Erhebungen 02-08/2009

In allen Untersuchungsstädten stellen Friseure die wichtigste Branche im Dienstleistungsbereich dar. Auch Banken und Kreditinstitute sowie Post- und Telekommunikationsdienstleister sind in allen Städten relativ weit verbreitet. Ihr Anteil am gesamten innerstädtischen Einzelhandels- und Dienstleistungsangebot beträgt jeweils zwischen 3% und 4%, eine Ausnahme bildet lediglich der höhere Anteil an Post- und Telekommunikationsdienstleistern in Zwickau (5,45%).

Eine lagedifferenzierte Betrachtung verweist jedoch auf erhebliche branchenabhängige Unterschiede bei der Verteilung der Dienstleistungsbranchen über die innerstädtischen Teilgebiete. So finden sich Friseure überwiegend außerhalb der 1a-Lagen, lediglich in Koblenz ist der Anteil der Friseure in der 1a-Lage im gesamtstädtischen Vergleich leicht überdurchschnittlich. Demgegenüber sind Post- und Telekommunikationsdienstleister in allen Städten stark auf die 1a-Lagen konzentriert, wobei ihr Anteil am gesamten Einzelhandels- und Dienstleistungsbesatz in den 1a-Lagen allerdings erheblich zwischen den Untersuchungsstädten differiert; er reicht von 4,62% in Koblenz über 9,84% in Erlangen bis zu 19,51% in Zwickau. Banken und Kreditinstitute sind sowohl in den 1a-Lagen als auch in den Neustädten aller Untersuchungsstädte (gemessen an ihrem Anteil in der gesamten Innenstadt) durchschnittlich oder sogar überdurchschnittlich häufig vertreten; in den Altstadtbereichen von Erlangen und Koblenz beträgt ihr Anteil am gesamten dort vorhandenen Einzelhandels- und Dienstleistungsbesatz hingegen nur gut 2%.

3.4.3.4 Gastronomisches Angebot

Neben dem Einzelhandels- und Dienstleistungsangebot stellt das gastronomische Angebot einen weiteren wichtigen Attraktivitätsfaktor einer Innenstadt dar, nicht zuletzt aufgrund der hohen Kopplungsaffinität der Inanspruchnahme gastronomischer Angebote mit weiteren innenstadtrelevanten Aktivitäten. Vor allem aufgrund der wachsenden Erlebnisorientierung der Konsumenten nimmt die Verbindung von Einkaufen in der Innenstadt und einem Café-, Imbiss- oder Restaurantbesuch immer mehr zu (vgl. HEINRITZ / KLEIN / POPP 2003: 147).

Die Zusammensetzung des gastronomischen Angebots stellt sich in den drei Untersuchungsstädten wie in Tabelle 10 widergegeben dar.

Tab. 10: Gastronomisches Angebot in den traditionellen innerstädtischen Einkaufsstraßen

	ER in %	KO in %	ZW in %
Restaurant	39,83	32,68	33,33
SB-Restaurant	4,24	5,88	8,33
Café, Eiscafé	22,03	23,53	18,75
Imbiss	17,80	15,69	25,00
Bar, Kneipe	15,25	20,26	12,50
Disco	0,85	1,96	2,08
Gesamt	100	100	100

Quelle: Eigene Erhebungen 02-08/2009

Klassische Restaurants sind die in allen Untersuchungsstädten am weitesten verbreitete Gastronomieform. Auch Cafés bzw. Eiscafés machen in allen Untersuchungsstädten einen relativ großen Anteil des gastronomischen Angebots aus. Hinzu kommt, dass auch das Angebot von Bäckereien heute mehrheitlich ein (Selbstbedienungs-)Café oder zumindest einen Caféausschank umfasst (Anteil der Bäckereien mit angeschlossenem (SB-)Café oder Caféausschank an der Gesamtzahl der Bäckereien: ER: 65,21%; KO: 69,23%; ZW: 90,91%). Diese häufig sehr ansprechend gestalteten und teilweise mit umfangreichem Sitzplatzangebot ausgestatteten „Bäckereicafés" befinden sich im Grenzbereich zwischen gastronomischen und Einzelhandelsanbietern und stellen eine deutliche Konkurrenz zu den „ordentlichen" Cafés dar (im Rahmen dieser Untersuchung werden Bäckereicafés den NuG Fachgeschäften zugeordnet).

Eine nach innerstädtischen Teilbereichen differenzierte Analyse des Gastronomiebestandes in Erlangen und Koblenz[79] zeigt, dass es sich bei den gastronomischen Angeboten in den Altstadtbereichen schwerpunktmäßig um eher freizeit- und genussorientierte Angebote wie klassische Restaurants, Bars und Kneipen sowie Cafés bzw. Eiscafés handelt; demgegenüber findet sich in den Neustädten und insbesondere in den 1a-Lagen ein deutlich größerer Anteil an „zweckmäßigen" Gastronomieangeboten wie Imbissen und SB-Restaurants. Allerdings darf obige Aussage nur als über die Untersuchungsstädte gemittelter Trend interpretiert werden; im Einzelnen bestehen durchaus Abweichungen, wie der in Koblenz relativ höhere Anteil an (Eis-)Cafés im Bereich der Neustadt gegenüber der Altstadt zeigt[80].

---

79 Da in der Zwickauer 1a-Lage nur ein gastronomischer Anbieter angesiedelt ist, ist eine nach Teilgebieten differenzierte Analyse für diese Untersuchungsstadt nicht sinnvoll.

80 Weitere Abweichungen werden in Tabelle 11 durch die Zusammenfassung der Lagekategorien 1a-Lage und Neustadt verdeckt.

Tab. 11: Vergleich der gastronomischen Angebotsstruktur in den innerstädtischen Teilgebieten von Erlangen und Koblenz

	Neustadt + 1a-Lage* in %		Altstadt in % (ohne 1a-Lage)	
	ER	KO	ER	KO
Restaurant	34,72	29,09	48,89	34,38
SB-Restaurant	5,56	9,09	2,22	4,17
Café, Eiscafé	19,44	25,45	24,44	22,92
Imbiss	25,00	23,64	6,67	11,46
Bar, Kneipe	13,89	10,91	17,78	25,00
Disco	1,39	1,82	0,00	2,08
Gesamt	100	100	100	100

* Eine getrennte Betrachtung des Gastronomiebestandes der Teilgebiete 1a-Lage und Neustadt würde aufgrund der sehr geringen absoluten Zahlen insbesondere in den 1a-Lagen zu keinen belastbaren Aussagen führen.

Quelle: Eigene Erhebungen 02-08/2009

3.4.3.5 Organisationsformen

Wie in Kapitel 3.1.2.1 dargelegt, bestimmt die Organisationsform eines Betriebes (Einzelbetrieb, Filialbetrieb, Franchisenehmer) in hohem Maße dessen Reaktionsfähigkeit auf die konkreten Wünsche und Belange der Konsumenten am jeweiligen Standort. In der öffentlichen Diskussion werden wiederholt „der Verlust des Lokalkolorits … und die Standardisierung des Warenangebots" (LAUX 2012) als Folgen einer zunehmenden Filialisierung beklagt. Es liegt daher die Vermutung nahe, dass zumindest ein Teil der Konsumenten einem hohen Filialisierungsgrad eher ablehnend gegenübersteht. Diese Abneigung könnte dazu führen, dass Einkaufsstandorte mit einem geringeren Anteil an Filialisten und Franchisenehmern[81] solchen mit einem hohen Filialisierungsgrad vorgezogen werden. Gleichzeitig jedoch verfügen Filialisten, speziell überregionale und (inter-)nationale Filialisten, über einen hohen Bekanntheitsgrad, der geeignet ist, bei den Konsumenten ein „Gefühl der Vertrautheit" (GERHARD 1998: 186) zu vermitteln. Mit ihrer Sortiments- und Preisgestaltung, aber auch durch ihren modernen Ladenbau stellen sie in der Regel sehr attraktive Einkaufsstätten dar. Nicht zuletzt resultiert die Professionalität ihres Auftretens in einer überwiegend hohen Kompetenzzuschreibung seitens der Kunden (vgl. POPP 2002: 59f.). Damit kann ein hoher Filialisierungsgrad auch eine starke Anziehungskraft eines Einkaufsstandortes begründen.

Insgesamt handelt es sich bei der Mehrzahl der Einzelhandels- und Dienstleistungsbetriebe um Einzelbetriebsunternehmen (62,61% bis 64,43%), wobei Betriebe mit bis zu drei Niederlassungen als Einzelbetriebe betrachtet werden (vgl. auch POPP 2002: 60). Rund 30% der Geschäfte sind Filialen regionaler, überregionaler oder

---

81 Da es der Mehrzahl der Konsumenten nicht bewusst sein dürfte, ob es sich bei einem konkreten Geschäft um einen Filialbetrieb oder einen Franchisenehmer handelt, werden Filialisten und Franchisenehmer hier nicht differenziert betrachtet (vgl. auch POPP 2002: 60).

(inter-)nationaler Mehrbetriebsunternehmen; Franchisenehmer machen mit 3,64% bis 5,17% nur einen geringen Anteil am Einzelhandels- und Dienstleistungsbestand aus.

Differenziert nach den innerstädtischen Teilgebieten zeigen sich allerdings erhebliche Unterschiede hinsichtlich der jeweils dominierenden Organisationsform (die Prozentwerte beziehen sich auf die jeweilige Lagekategorie; Differenzen auf 100% entstehen durch die Auskunftsverweigerung einzelner Anbieter).

Tab. 12: Organisationsform der Einzelhandels- und Dienstleistungsanbieter nach innerstädtischem Teilgebiet

	1a-Lage in %			Neustadt in % (ohne 1a-Lage)			Altstadt in % (ohne 1a-Lage)	
	ER	KO	ZW	ER	KO	ZW	ER	KO
Einzelbetrieb	16,13	23,08	26,83	67,90	62,14	67,61	74,83	79,63
Filialbetrieb	72,58	69,23	58,54	24,72	32,04	26,06	21,68	16,67
Franchisenehmer	11,29	7,69	14,63	4,06	3,56	3,87	0,00	2,78

Quelle: Eigene Erhebungen 02-08/2009

Die Daten zeigen eine klare Zweiteilung der innerstädtischen Einkaufsstraßen in die von Filialisten und Franchisenehmern dominierten 1a-Lagen einerseits und die überwiegend von einzelbetrieblichen Strukturen geprägten Bereiche der Neu- und insbesondere der Altstädte andererseits.

Bei den gastronomischen Anbietern handelt es sich in allen Untersuchungsstädten weit überwiegend um Einzelbetriebe; die Anteile der filialisierten Anbieter bzw. Franchisenehmer unterscheiden sich aber relativ stark zwischen den Untersuchungsstädten. So werden in Erlangen 5,93% der gastronomischen Betriebe als Filiale bzw. im Franchisesystem geführt, in Koblenz 13,07% und in Zwickau 20,83%; mehrheitlich sind diese Anbieter der Systemgastronomie zuzuordnen. Eine Analyse des Filialisierungsgrades in den einzelnen innerstädtischen Teilgebieten zeigt zwar in der Tendenz einen höheren Anteil an Filialbetrieben und Franchisenehmern in den Neustädten und insbesondere in den 1a-Lagen als in den Altstadtbereichen, aufgrund der sehr geringen zugrunde liegenden absoluten Zahl an Betrieben kann diese Beobachtung jedoch nur als Trendaussage formuliert werden.

3.4.3.6 Barrierefreiheit und Gesundheitsdienstleister

Aufgrund der mit steigendem Alter einhergehenden zunehmenden Einschränkungen des Bewegungsapparates sowie der nachlassenden Leistungsfähigkeit des visuellen Systems, verbunden mit einer erhöhten Sturzprävalenz (siehe Kapitel 2.4.2.2 und 2.4.2.3), kann angenommen werden, dass die baulichen Gegebenheiten eines Ladenlokals bzw. eines Cafés, Restaurants o.ä. dessen Eignung für ältere und insbesondere alte Menschen in nicht unerheblichem Maße mitbestimmen. Zwar dürfte sich die subjektiv empfundene Beeinträchtigung durch Absätze, Stufen oder Treppen für die Kunden im höheren und hohen Lebensalter individuell durchaus unterschiedlich darstellen, in der Tendenz ist jedoch von einer steigenden Belastung durch bauliche „Hürden" mit steigendem Alter auszugehen.

In der Erlanger Innenstadt sind 44,33% der kartierten Einzelhandels- und Dienstleistungsanbieter nur über Stufe(n) bzw. einen Absatz vor dem Eingang erreichbar, wobei der Anteil in der Neustadt 53,14%, in den Altstadtbereichen 46,15% beträgt; in der 1a-Lage sind nur bei 14,52% der Geschäfte Stufe(n) oder ein Absatz vor dem Eingang zu überwinden. In Koblenz ist der Anteil der Einzelhandels- und Dienstleistungsanbieter, die einen Absatz oder Stufe(n) vor dem Eingang aufweisen, mit insgesamt 42,79% ähnlich hoch wie in Erlangen, allerdings sind hier die Altstadtbereiche deutlich stärker betroffen als die Neustadt (61,11% der Ladenlokale in der Altstadt gegenüber 36,24% in der Neustadt); in der Koblenzer 1a-Lage finden sich vor 16,92% der Geschäfte entsprechende Hindernisse. In Zwickau liegt der Anteil der Ladenlokale, die keinen ebenerdigen, stufenfreien Zugang bieten können, sogar bei 62,61%, zudem sind im Unterschied zu Erlangen und Koblenz in Zwickau auch die Geschäfte in der 1a-Lage zu einem großen Teil von Stufen bzw. Absätzen vor dem Eingang betroffen (56,10%); in den übrigen innerstädtischen Einkaufsstraßen Zwickaus (Neustadt) liegt der entsprechende Anteil bei 63,73%. In allen drei Städten versucht jeweils nur ein sehr geringer Teil derjenigen Geschäfte, die nur über Stufe(n) oder einen Absatz zu erreichen sind, dieses Hindernis mit Hilfe einer Rampe auszugleichen (Erlangen 1,37%; Koblenz 5,49%; Zwickau 2,91%). Dies kann

Abb. 47: Stufen vor Geschäftseingang (Erlangen)

Quelle: Eigene Aufnahme 2012

durch sehr restriktive Denkmalschutzauflagen oder (bei angemieteten Ladenlokalen) durch eine fehlende Bereitschaft der Immobilieneigentümer zu baulichen Veränderungen begründet sein. Es liegt jedoch die Vermutung nahe, dass zumindest ein Teil der betroffenen Geschäftsbetreiber die beschriebenen baulichen Hindernisse nicht als beeinträchtigend für seine Kunden wahrnimmt bzw. zumindest von keinen größeren Umsatzeinbußen aufgrund dieser Gegebenheiten ausgeht.

Darüber hinaus weist ein nicht unerheblicher Teil der Ladenlokale – teilweise zusätzlich zu Stufe(n) bzw. einem Absatz vor dem Eingang – Stufen und / oder Treppen im Inneren des Geschäfts auf. In Erlangen finden sich bei 8,10%, in Koblenz bei 12,92% und in Zwickau bei 10,75% der Einzelhandels- und Dienstleistungsanbieter in den innerstädtischen Einkaufsstraßen eine oder mehrere Treppe(n) im Geschäftslokal. Da sich in den 1a-Lagen die relativ größte Zahl an Geschäften konzentriert, die sich über mehr als eine Verkaufsebene erstrecken (Erlangen 29,03%, Koblenz 26,15%, Zwickau 19,51%, jeweils bezogen auf die Gesamtzahl der Einzelhandels- und Dienstleistungsgeschäfte in der jeweiligen 1a-Lage), findet sich hier erwartungsgemäß auch der größte Anteil an Ladenlokalen, die im Inneren über eine Treppe verfügen (zwischen 19,35% in Erlangen und 23,08% in Koblenz). Allerdings bietet ein Teil der mehrstöckigen Ladenlokale in den 1a-Lagen neben der Treppe auch einen Aufzug und eventuell eine Rolltreppe an, wobei der entsprechende Anteil zwischen einem Drittel (Zwickau) und knapp drei Viertel (Erlangen) schwankt. Einige Geschäfte stellen den Kunden sogar ausschließlich einen Aufzug und eventuell eine Rolltreppe zur Nutzung bereit. Anzumerken ist, dass im Hinblick auf die Eignung für Menschen mit Einschränkungen im Bereich des Bewegungsapparates Aufzüge den Rolltreppen klar vorzuziehen sind; diesbezüglich konnte festgestellt werden, dass bei den Geschäften, die ihren Kunden eine elektronische Hilfe zum Erreichen der unterschiedlichen Verkaufsflächenebenen anbieten, stets ein Aufzug vorhanden ist, der ggf. um eine Rolltreppe ergänzt wird. In den anderen Teilbereichen der Innenstadt (außer Markthallen und Einkaufszentren) liegt der Anteil der Ladenlokale, bei denen die Verkaufsebenen über eine Treppe verbunden sind, deutlich niedriger: Den geringsten Wert weist mit 2,80% die Erlanger Altstadt auf; in der Erlanger Neustadt liegt er bei 8,49%, in Koblenz (Alt- und Neustadt) bei 11 bis 12% und in Zwickau bei 9,50%. Allerdings ist außerhalb der 1a-Lagen auch der Anteil der Ladenlokale, die zusätzlich oder ausschließlich über einen Aufzug und / oder eine Rolltreppe verfügen, erheblich geringer.

Bei einer Reihe von Geschäften finden sich – teilweise zusätzlich zu weiteren baulichen Hindernissen (Stufe / Absatz vor dem Eingang, Treppe) – eine oder mehrere Stufe(n) bzw. ein Absatz innerhalb des Ladenlokals. Dies betrifft in Erlangen 11,74%, in Koblenz 7,55% und in Zwickau 10,98% der Einzelhandels- und Dienstleistungsanbieter in den innerstädtischen Einkaufsstraßen. Die 1a-Lagen weisen diesbezüglich relativ geringe Anteile auf (zwischen 4,65% in Zwickau und 8,06% in Erlangen); in den übrigen innerstädtischen Teilgebieten (Neustadt und Altstadt) reicht der Anteil von 5,50% bis 13,28%, wobei kein Zusammenhang mit der jeweiligen Lagekategorie erkennbar ist. Die Zahl der Ladenlokale, in denen etwaige Stufen bzw. Absätze im Inneren des Geschäfts durch Rampen ausgeglichen werden, ist marginal.

Die gastronomischen Anbieter sind zu einem großen Teil nur über Stufe(n) bzw. einen Absatz vor dem Gastraum zu erreichen; in Erlangen betrifft dies rund die Hälfte (49,15%), in Koblenz sogar rund zwei Drittel (66,01%) der gastronomischen Anbieter; in Zwickau liegt der entsprechende Anteil bei 60,42%. Wie bereits bei den Ladenlokalen der Einzelhandels- und Dienstleistungsanbieter weisen auch die in den 1a-Lagen gelegenen Restaurationsbetriebe deutlich seltener bauliche Hindernisse vor dem Lokaleingang auf als in den anderen innerstädtischen Teilgebieten (eine genaue Prozentangabe für die 1a-Lagen verbietet sich aufgrund der geringen absoluten Zahl der Fälle), in denen der Anteil mehrheitlich zwischen 46% und knapp 60% liegt. In der Koblenzer Altstadt wurden sogar bei 80,21% der gastronomischen Anbieter Stufe(n) oder ein Absatz vor dem Eingang kartiert[82].

Insgesamt ist festzustellen, dass in allen Untersuchungsstädten in den traditionellen innerstädtischen Einkaufsstraßen ein erheblicher Teil der Ladenlokale sowie der Restaurationsbetriebe Defizite im Bereich der Barrierefreiheit[83] aufweist. So sind in Erlangen und Koblenz weniger als die Hälfte der Geschäftslokale von Einzelhandels- und Dienstleistungsanbietern als barrierefrei zu qualifizieren (46,15% bzw. 49,32%), in Zwickau sogar nur 29,79%. Noch geringer ist der Anteil barrierefreier Restaurationsbetriebe mit maximal 20% bis 28%[84]. Von den baulichen Hindernissen betroffen sind nicht nur die Altstadtgebiete mit ihrem überwiegend älteren Gebäudebestand, sondern auch die Bereiche der Neustadt und zahlreiche Ladenlokale in den 1a-Lagen. So sind in der 1a-Lage von Erlangen 79,03%, in der Koblenzer 1a-Lage 69,23% der Ladenlokale von Einzelhandels- und Dienstleistungsanbietern barrierefrei gestaltet; in den Neu- und Altstadtbereichen dieser beiden Städte reichen die Anteile von 34,26% bis 54,69%, wobei kein Zusammenhang mit der jeweiligen Lagekategorie erkennbar ist. In Zwickau liegen die Anteile barrierefreier Geschäftslokale in der 1a-Lage bei 34,15% und in den Einkaufsstraßen der Neustadt bei 28,87%. Während sich jedoch in allen Untersuchungsstädten in den Alt- und Neustadtbereichen häufig insbesondere der Zugang zum Geschäft als nicht barrierefrei darstellt, liegt bei den Einzelhandels- und Dienstleistungsanbietern in den 1a-Lagen das Hauptproblem in der Verbindung mehrerer Verkaufsflächenebenen.

Neben den Einschränkungen des Bewegungsapparates treten, wie in Kapitel 2.4.2 dargelegt wurde, mit zunehmendem Alter auch in weiteren physischen und psychischen Bereichen vermehrt Beschwerden auf. Hinzu kommt eine zunehmende Anfälligkeit für Krankheiten, wobei bei einem großen Teil der älteren und alten Menschen Multimorbidität vorliegt (vgl. SIEBER 2006b: 189f.; STEINHAGEN-THIESSEN / BORCHELT 2010: 175). Damit einhergehend nehmen im höheren und hohen Alter die

---

82 Belastbare Aussagen zur Barrierefreiheit im Inneren der gastronomischen Anbieter sind aufgrund der vergleichsweise großen Zahl an Lokalen, die bedingt durch die häufig eingeschränkten Öffnungszeiten von Restaurationsanbietern nicht begangen werden konnten, nicht möglich.

83 Als barrierefrei werden diejenigen Ladenlokale bezeichnet, die entweder keine Stufen, Treppen o.ä. vor bzw. in ihren Verkaufsräumen aufweisen oder die alle vorhandenen Stufen und / oder Treppen durch Rampe(n) und ggf. einen Aufzug kompensieren. Durch Rolltreppen wird aufgrund ihrer mangelhaften Eignung für Menschen mit (schweren) Beeinträchtigungen des Bewegungsapparates und / oder des visuellen Systems keine Barrierefreiheit hergestellt.

84 Genaue Angaben sind hier aufgrund der eingeschränkten Begehbarkeit vieler Restaurationsbetriebe nicht möglich (siehe Fußnote 82); die angegebenen Werte geben daher nur den Anteil derjenigen gastronomischen Anbieter wieder, bei denen eine Barrierefreiheit eindeutig festgestellt werden konnte.

Häufigkeit von Arztbesuchen sowie die Nutzung von Anbietern weiterer Dienstleistungen im Gesundheitswesen (z.B. Krankengymnasten, Logopäden) deutlich zu. Es liegt daher die Vermutung nahe, dass eine hohe räumliche Nähe zwischen Arztpraxen bzw. weiteren Gesundheitsdienstleistern einerseits und Einzelhandels- und Dienstleistungsanbietern (im Sinne obiger Definition) andererseits aufgrund der sich ergebenden Möglichkeit, einen Besuch beim Arzt, einem Physiotherapeuten o.ä. bequem mit Einkäufen und / oder weiteren Erledigungen koppeln zu können, gerade auch von älteren und alten Menschen wertgeschätzt wird. Auch eine problemlose Kopplungsmöglichkeit eines Arztbesuches mit einem Café- oder Restaurantbesuch kann zumindest für einen Teil der älteren und alten Menschen ein interessantes Angebot darstellen. Dies dürfte insbesondere diejenigen Menschen betreffen, für die das Aufsuchen eines Arztes, eines Physiotherapeuten etc. ebenso wie ein Café- bzw. Restaurantbesuch aufgrund verschiedener Mobilitätsbeschränkungen einen erheblichen Aufwand erfordert.

Der „Gesundheitsdienstleisterquotient", d.h. das Verhältnis der Gebäude, in denen sich eine oder mehrere Praxen von Ärzten, Krankengymnasten etc. befinden, zur Gesamtzahl der kartierten Objekte[85], beträgt in Erlangen 0,089, in Koblenz 0,12 und in Zwickau 0,05. In Erlangen und Koblenz weisen jeweils die Altstadtbereiche die geringste Dichte an Ärzten und weiteren Gesundheitsdienstleistern auf. In den 1a-Lagen hingegen ist der Gesundheitsdienstleisterquotient in Erlangen und Zwickau deutlich überdurchschnittlich (0,11 bzw. 0,09), in Koblenz zumindest durchschnittlich (0,10). Insgesamt ist jedoch kein eindeutiger Zusammenhang zwischen der Lage innerhalb der innerstädtischen Einkaufsstraßen und der Dichte des Besatzes mit Ärzten bzw. weiteren medizinischen Dienstleistern erkennbar. Da keine vergleichbaren Analysen des innerstädtischen Medizinpraxen-Bestandes für andere deutsche Städte bekannt sind, ist eine qualitative Bewertung und Einordnung der gefundenen Ergebnisse nicht möglich.

3.4.4 Angebotsstruktur in den innerstädtischen Shopping Centern

Wie in Kapitel 3.2.2 beschrieben, weisen die innerstädtischen Shopping Center der drei Untersuchungsstädte eine sehr unterschiedliche Größe auf. Eine vergleichende Betrachtung der Angebotsstrukturen dieser Einkaufszentren ist daher schwierig. Gleichwohl wird im Folgenden versucht, für alle betrachteten Einkaufszentren gleichermaßen gültige Trends herauszuarbeiten und gleichzeitig wesentliche Spezifika der einzelnen Shopping Center aufzuzeigen.

3.4.4.1 Allgemeine Angebots- und Branchenstruktur

In allen untersuchten Shopping Centern zeigt sich eine klare Dominanz der Angebotsstruktur durch Einzelhandelsnutzungen, deren Anteil sich in jedem der Center auf rund 75% beläuft. Der Anteil der Dienstleistungs- und gastronomischen An-

---

85 In die Kartierung der Arztpraxen bzw. medizinischen Dienstleister wurden auch diejenigen Praxen einbezogen, die in einem Gebäude ohne Ladenlokal oder Räumlichkeiten für gastronomische Anbieter untergebracht sind.

bieter beträgt jeweils etwa 10% bis 11%; in den Erlangen Arcaden liegt der Anteil gastronomischer Anbieter mit 14,56% etwas höher. Damit weisen die drei untersuchten Shopping Center einen im Vergleich zum Durchschnitt der gesamten Shopping Center in Deutschland etwas geringeren Anteil an nicht dem Einzelhandel zuzurechnenden Nutzungen auf (vgl. Kapitel 2.2.2). Auch Leerstände sind in allen untersuchten Einkaufszentren vorhanden, ihr Anteil ist jedoch sehr gering und entspricht einer absoluten Zahl von einem bis maximal vier Ladenlokalen.

Abb. 48: Vergleich der Angebotsverteilung in den Shopping Centern

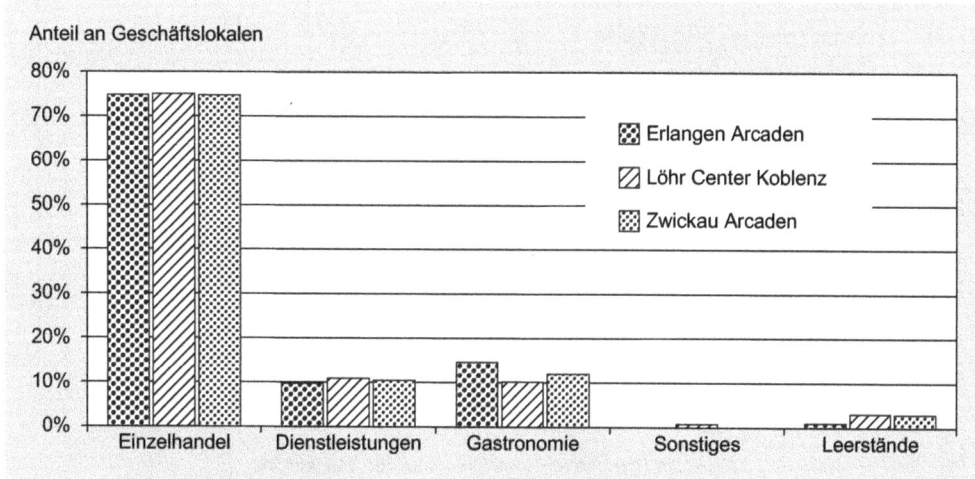

Quelle: Eigene Erhebungen 09-11/2009; Eigene Darstellung

3.4.4.2 Einzelhandelsangebot

Die Branchenzusammensetzung des Einzelhandelsangebotes in den Shopping Centern weicht, wie Abbildung 49 in Verbindung mit Abbildungen 46a bis 46c zeigt, stark von derjenigen in den traditionellen innerstädtischen Einkaufsstraßen ab.

Trotz der erheblichen Größenunterschiede zwischen den drei untersuchten Shopping Centern zeigt ein Vergleich der Branchenverteilung eine in ihren Grundzügen ähnliche Struktur. Auffällig ist zunächst der in allen untersuchten Centern sehr ausgeprägte Textilkern: Der Anteil der Bekleidungsanbieter am gesamten Einzelhandelsangebot der Einkaufszentren reicht von 39,58% in Koblenz bis zu 46,75% in Erlangen, in Zwickau beträgt er 44,00%. Damit werden zwischen 29,69% und 34,95% aller Geschäftslokale in den Shopping Centern von Anbietern aus der Bekleidungsbranche genutzt; dies bedeutet, dass die „Textilisierung" in allen untersuchten Einkaufszentren deutlich stärker ausgeprägt ist als im Durchschnitt der Einkaufszentren in Deutschland (vgl. Kapitel 2.2.2). Allerdings richtet sich das Bekleidungsangebot in den Shopping Centern nicht gleichermaßen an alle Altersgruppen. Vielmehr zielt der Großteil der Bekleidungsanbieter insbesondere auf junge und jüngere Kundengruppen unter 40 Jahre ab: Sowohl die Gruppe der Jugendlichen und jungen Erwachsenen < 25-Jahre als auch die der 25- bis 39-Jährigen findet – unter

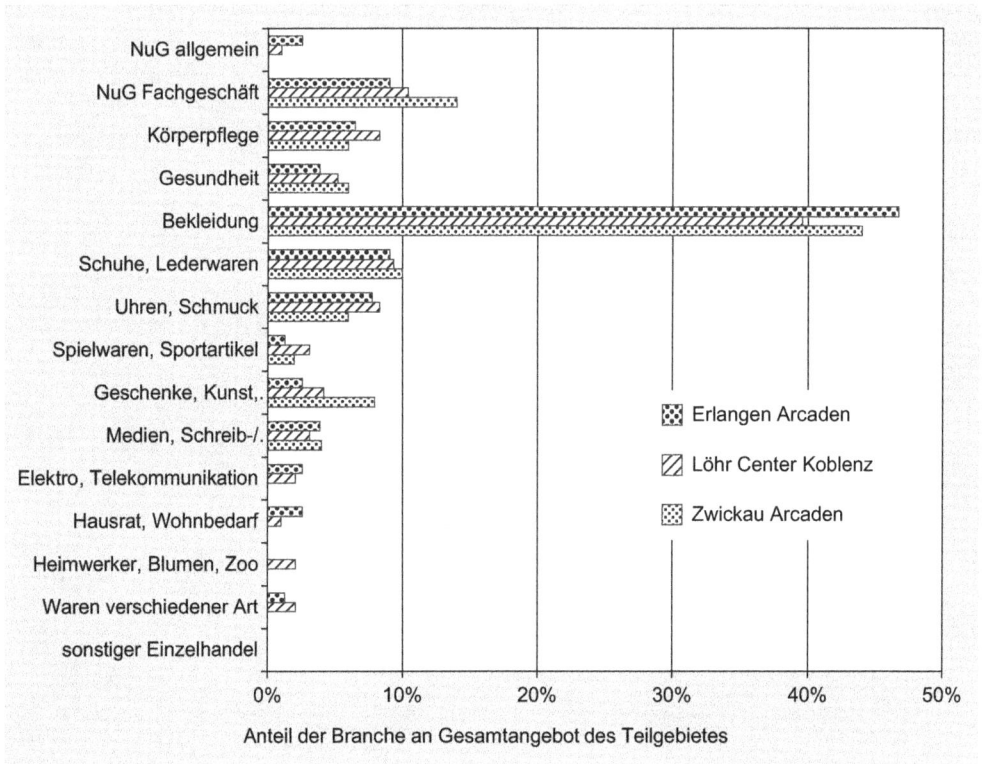

Abb. 49: Branchenverteilung des Einzelhandelsangebots in den Shopping Centern

Quelle: Eigene Erhebung 09-11/2009; Eigene Darstellung

Berücksichtigung derjenigen Anbieter, die mit ihrem Sortiment alle Altersgruppen anzusprechen versuchen – in jeweils knapp zwei Drittel bis gut drei Viertel der Geschäfte ein (auch) an ihre Altersklasse angepasstes Sortiment. Dabei werden sowohl in den Erlangen Arcaden als auch in den Zwickau Arcaden beide Altersgruppen annähernd gleich berücksichtigt (jeweils zwischen rund 67% und 73%); im Löhr-Center Koblenz hingegen findet sich eine etwas stärkere Fokussierung auf die 25- bis 39-Jährigen (78,84% gegenüber 63,16% bei den < 25-Jährigen). Insgesamt zeigen die Ergebnisse der Kartierung, dass sich in den Zwickau Arcaden 81,82%, im Löhr-Center Koblenz und in den Erlangen Arcaden jeweils rund 89% der Bekleidungsanbieter (auch) an zumindest eine der beiden jüngeren Alterszielgruppen richten.

Der Anteil der Geschäfte, deren Sortiment ein (auch) an ältere und alte Kunden angepasstes Angebot umfasst, ist demgegenüber in allen untersuchten Shopping Centern deutlich geringer, wobei den ≥ 60-Jährigen in den Zwickau Arcaden, aber auch im Löhr-Center Koblenz ein (bezogen auf den Anteil der Anbieter) deutlich breiteres Angebot zur Verfügung steht als in den Erlangen Arcaden (30,56% in den Erlangen Arcaden gegenüber 36,84% bzw. 40,91% in den Centern in Koblenz und Zwickau). Auffällig ist die zwischen den untersuchten Centern stark differierende Berücksichtigung der 40- bis 59-Jährigen, die im Löhr-Center Koblenz mit 71,05%

Abb. 50: Auf jüngere Kunden ausgerichteter Bekleidungsanbieter (Erlangen Arcaden)

Quelle: Eigene Aufnahme 2012

der Bekleidungsanbieter deutlich stärker ausgeprägt ist als in den anderen beiden Centern (44,44% bzw. 50,00%). Damit verdeutlicht die vergleichende Analyse des Bekleidungsangebots in den drei untersuchten Shopping Centern, dass zwar in allen Centern die weit überwiegende Mehrzahl der Anbieter bei der Sortimentsgestaltung (zumindest auch) jüngere und junge Konsumenten gezielt berücksichtigt, im Löhr-Center Koblenz der Fokus der Bekleidungsanbieter allerdings vor allem auf den Zielgruppen der 25- bis 59-Jährigen liegt.

Die Mehrheit der Bekleidungsanbieter operiert im durchschnittlichen (52,77% bis 63,64% der Anbieter) oder eher niedrigen Preissegment (21,05% bis 33,33%); Anbieter mit einem gehobenen Preisniveau machen hingegen nur einen geringen Teil des Gesamtangebots aus (8,33% bis 13,16%). Billiganbieter spielen in den untersuchten Shopping Centern keine maßgebliche Rolle; insgesamt wurden lediglich zwei Anbieter dieser Preisklasse in den Einkaufszentren kartiert (beide Erlangen Arcaden). Ein Vergleich der Einkaufszentren zeigt, dass das Preisniveau dieser Branche im Löhr-Center Koblenz insgesamt etwas höher ist als in den Centern in Erlangen und Zwickau.

Auf den Bereich Schuhe und Lederwaren entfällt ein Anteil von etwa 9% bis 10% des gesamten Einzelhandelsbesatzes der Shopping Center. Auch in diesem Bereich richtet sich das Angebot stark an jüngere und junge Kundengruppen. Ältere und alte Konsumenten hingegen finden in der Regel nur in denjenigen Geschäften ein ihrer Altersgruppe entsprechendes Sortiment, die alle Altersklassen gleichermaßen anzusprechen versuchen; deren Anteil an allen Vertretern dieser Branche differiert zwischen 33,33% im Löhr-Center Koblenz und 80,00% in den Zwickau Arcaden. Wie im Bereich der Bekleidungsanbieter bietet die große Mehrzahl der Schuh- und Lederwarenanbieter ein Sortiment im durchschnittlichen, seltener auch im eher niedrigen Preissegment.

Auch das Sortiment der Uhren- und Schmuckanbieter, die mit einem Anteil von 6,00% bis 8,33% des Einzelhandelsbesatzes in den Einkaufszentren vertreten sind, konzentriert sich in hohem Maß auf jüngere und insbesondere auf junge Käufergruppen < 25 Jahre. Das Angebot für ältere und alte Konsumenten hingegen ist nahezu ausschließlich auf das Sortiment derjenigen Anbieter beschränkt, die sich mit ihrem Angebot an alle Altersgruppen richten (deren Anteil beträgt zwischen 33,33% und 66,67% an allen Uhren- und Schmuckanbietern in den Einkaufszentren). Bemerkenswert ist zudem, dass das Angebot dieser Branche ausschließlich dem eher niedrigen bis billigen Preissegment zuzuordnen ist.

Schließlich fallen die vergleichsweise hohen Anteile an Anbietern aus den Bereichen „Nahrungs- und Genussmittel Fachgeschäft" sowie „Geschenke, Kunst, Antiquitäten" in den Zwickau Arcaden auf. Insbesondere in Bezug auf den letztgenannten Bereich muss bei der Einordnung des Ergebnisses allerdings berücksichtigt werden, dass der Wert auf einer geringen absoluten Zahl an Anbietern basiert (vier Anbieter), wodurch die Aussagekraft des relativen Anteils deutlich eingeschränkt ist.

3.4.4.3 Gastronomisches Angebot und Dienstleistungsangebot

Das gastronomische Angebot der untersuchten Shopping Center beschränkt sich im Wesentlichen, wie Tabelle 13 verdeutlicht, auf SB-Restaurants, Cafés bzw. Eiscafés sowie Imbissangebote; klassische Bedienungsrestaurants spielen ebenso wie Bars und Kneipen hingegen kaum eine Rolle.

Damit wird das Gastronomieangebot der Einkaufszentren schwerpunktmäßig von eher zweckmäßigen Angebotsformen (SB-Restaurant, Imbiss) dominiert, die eine schnelle und relativ preiswerte Möglichkeit der Nahrungsaufnahme bieten.

Tab. 13: Gastronomisches Angebot in den Shopping Centern

	ER in %	KO in %	ZW in %
Restaurant	0,00	7,69	0,00
SB-Restaurant	20,00	23,08	37,50
Café, Eiscafé	20,00	30,77	25,00
Imbiss	53,33	38,46	37,50
Bar, Kneipe	6,67	0,00	0,00
Gesamt	100	100	100

Quelle: Eigene Erhebungen 09-11/2009

Es kann angenommen werden, dass diese Angebote überwiegend in Ergänzung zu anderen Aktivitäten im Shopping Center (insbesondere Einkaufsbesuchen) genutzt werden. Ein Teil der vorhandenen SB-Restaurants und Imbissangebote richtet sich allerdings sowohl in Bezug auf die Gestaltung als auch hinsichtlich des Speisen- und Getränkeangebots stark an jüngere und junge Menschen (z.B. *McDonald's, Burger King, Pizza Rossa*), wobei der entsprechende Anteil zwischen 16,66% in den Zwickau Arcaden, 50,00% im Löhr-Center Koblenz und 54,55% in den Erlangen Arcaden schwankt. Insbesondere für diese Restaurationsangebote ist zu vermuten, dass sie speziell für Jugendliche eine hohe eigene Anziehungskraft besitzen und somit für diese Kundengruppe durchaus einen wesentlichen Grund für einen Besuch des Einkaufszentrums darstellen können. Ältere und alte Menschen hingegen werden von keinem der vorhandenen SB-Restaurant- und Imbissanbieter im Rahmen einer gezielten, auf bestimmte Alterszielgruppen hin ausgerichteten Marktbearbeitungsstrategie anzusprechen versucht. Allerdings lässt sich bei einem größeren bis großen Teil der Anbieter (Erlangen Arcaden: 45,45%; Löhr-Center Koblenz: 50,55%; Zwickau Arcaden: 83,33%) keine Ausrichtung auf bestimmte Alterszielgruppen feststellen.

Auch die vorhandenen Cafés bzw. Eiscafés besitzen eine hohe Kopplungsaffinität zu weiteren Aktivitäten im Einkaufszentrum und gegebenenfalls in der umgebenden Innenstadt, sie stellen jedoch in höherem Maße (auch) ein Moment der Freizeitgestaltung dar, sodass die Auswahl eines Cafés häufig bewusster vorgenommen werden dürfte als die eines SB-Restaurants oder Imbissanbieters. Eine gezielte Ansprache bestimmter Altersgruppen lässt sich bei nahezu keinem der in den untersuchten Einkaufszentren befindlichen Cafés feststellen.

Im Bereich der Dienstleistungsanbieter stellen in den Erlangen Arcaden sowie im Löhr-Center Koblenz Post- und Telekommunikationsdienstleister den relativ größten Teil der Anbieter dar (40,00% bzw. 28,57%), wobei sich in Erlangen auch das Hauptpostamt der Stadt in den Erlangen Arcaden befindet. Daneben finden sich in allen untersuchten Einkaufszentren – unabhängig von ihrer Größe – zwei bis drei Friseure, hinzu kommen einzelne Anbieter weiterer Dienstleistungsbranchen.

Tab. 14: Dienstleistungsangebot in den Shopping Centern

	ER in %	KO in %	ZW in %
Friseur	20,00	21,43	42,86
Reisebüro	0,00	14,29	28,57
Maß-/ Änderungsschneiderei	0,00	7,14	0,00
Kosmetik, Körperpflege	10,00	0,00	0,00
Schuh- und Schlüsseldienst	10,00	14,29	0,00
Post, Telekommunikation	40,00	28,57	14,29
Bank, Kreditinstitut	10,00	0,00	14,29
sonstige Dienstleistungen	10,00	14,29	0,00
Gesamt	100	100	100

Quelle: Eigene Erhebungen 09-11/2009

3.4.4.4 Organisationsformen

In allen untersuchten Einkaufszentren handelt es sich bei der Mehrzahl der Anbieter um Filialisten. Der jeweilige Anteil differiert jedoch relativ stark zwischen den drei Shopping Centern und reicht – unter Einbeziehung der Franchisenehmer (siehe hierzu Kapitel 3.4.3.5, Fußnote 83) – von 67,16% in den Zwickau Arcaden bis zu 83,50% in den Erlangen Arcaden; im Löhr-Center Koblenz handelt es sich bei 78,13% der Anbieter um Filialisten.

Daneben bestehen hinsichtlich des Filialisierungsgrades deutliche Unterschiede in Abhängigkeit von der Art des Angebots. In allen untersuchten Einkaufszentren weist der Bereich der Dienstleistungsanbieter den höchsten Anteil an Filialisten und Franchisenehmern auf; er reicht von 71,43% im Löhr-Center Koblenz bis 100% in den Erlangen Arcaden. Auch der Einzelhandelssektor ist im Löhr-Center Koblenz sowie in den Erlangen Arcaden mit Filialisierungsquoten von 82,29% bzw. 89,61% als hochgradig filialisiert zu bezeichnen; in den Zwickau Arcaden hingegen ist der entsprechende Anteil mit 68,00% deutlich niedriger. Zusammengenommen beträgt der Anteil filialisierter Anbieter (Filialisten und Franchisenehmer) im Einzelhandels- und Dienstleistungsbereich in den Erlangen Arcaden rund 91%, im Löhr-Center Koblenz etwa 81% und in den Zwickau Arcaden rund 70%. Damit liegt die Filialisierungsquote im Einzelhandels- und Dienstleistungsbereich in den Einkaufszentren erheblich über derjenigen in den traditionellen innerstädtischen Einkaufsstraßen und übersteigt in Erlangen und Koblenz auch die entsprechenden Anteile in den 1a-Lagen der Untersuchungsstädte; lediglich in der 1a-Lage in Zwickau ist der Anteil an Filialisten etwas höher als in den Zwickau Arcaden.

Bemerkenswerte Ergebnisse liefert ein Vergleich der Filialisierungsquoten in der Bekleidungsbranche als dominierender Branche der Shopping Center: Während es sich in den Zwickau Arcaden bei mehr als einem Drittel (36,36%) der Bekleidungsanbieter um Einzelbetriebsunternehmen handelt, werden im Löhr-Center Koblenz nur 10,53%, in den Erlangen Arcaden sogar nur 5,56% der Bekleidungsgeschäfte von selbständigen Kaufleuten geführt.

Auch im Bereich der Gastronomie stellen Filialisten und Franchisenehmer einen großen, teilweise sogar den größten Teil der Anbieter. In den Erlangen Arcaden halten sich Einzelbetriebe und Filialisten (einschließlich Franchisenehmer) in etwa die Waage, im Löhr-Center Koblenz sowie in den Zwickau Arcaden wird das gastronomische Angebot zu 76,92% bzw. 87,50% von Filialisten und Franchisenehmern dominiert.

3.4.4.5 Ladendesign und Barrierefreiheit

Infolge der zentralen Steuerung wesentlicher Gestaltungsanforderungen durch das jeweilige Centermanagement der Shopping Center weist die weit überwiegende Mehrheit der Anbieter eine (sehr) ansprechende Gestaltung ihres Geschäftslokals auf: Bei rund 90% bis 93% der Einzelhandels-, Dienstleistungs- und Gastronomieanbieter in den Einkaufszentren der Untersuchungsstädte ist das Geschäftsdesign als durchschnittlich zu qualifizieren. (Sehr) einfach gestaltete Ladenlokale finden sich nur bei einer geringen Zahl an Einzelhandelsanbietern (Erlangen Arcaden und Löhr-Center Koblenz rund 3% bis 4%, Zwickau Arcaden 7,46%).

Im Unterschied zur Situation in den traditionellen innerstädtischen Einkaufsstraßen sind die Geschäftslokale fast aller Anbieter in den untersuchten Einkaufszentren barrierefrei zu erreichen und zu betreten, lediglich das Betreten eines in der Mitte der Verkehrsfläche gelegenen kleinen Café-Bistros im Löhr-Center Koblenz erfordert das Übersteigen einer Stufe. Zudem sind bei vier Anbietern im Löhr-Center Koblenz (3,13%) sowie zwei Gastronomiebetrieben in den Zwickau Arcaden (2,99% aller Anbieter) Teile der Verkaufs- bzw. Restaurationsfläche nur über eine Stufe zu erreichen, ein Einzelhandelsbetrieb in den Zwickau Arcaden verfügt im Inneren des Ladens über eine Stufe mit Rampe. Insgesamt sind die baulichen Gegebenheiten für gehbehinderte Menschen bzw. Menschen mit Einschränkungen im Bereich der Motilität jedoch in allen untersuchten Centern als sehr gut zu bezeichnen.

3.5 Innerstädtische Einkaufsstandorte und ihre Konsumenten: die Perspektive der angebotsseitigen Akteure

Voraussetzung für ein erfolgreiches Agieren sowohl einzelner Einzelhandels- und Dienstleitungsbetriebe als auch von Einkaufsstandorten als Ganzes ist eine konsequente Ausrichtung ihrer Handlungsparameter an den Bedürfnissen ihrer Kunden. Infolge der Veränderungen in der Altersstruktur der Bevölkerung in Deutschland werden die Konsumgewohnheiten und -wünsche älterer und alter Menschen die Bedürfnisstruktur der Nachfragerseite in zunehmendem Maße prägen. Dementsprechend ist eine Anpassung der angebotsseitigen Parameter an die – teilweise spezifischen – Anforderungen älterer und alter Kunden erforderlich. deren. Eine adäquate Annäherung an diese Veränderungen setzt allerdings sowohl eine umfassende Kenntnis der Anforderungen und Bedürfnisse des Kundensegments der älteren und alten Menschen als auch das Erkennen von Handlungserfordernissen und -optionen sowie die Bereitschaft, entsprechende Anpassungsmaßnahmen vorzunehmen, voraus. Die Gespräche mit den Centermanagern der in die Untersuchung einbezogenen Shopping Center, mit den Projektentwicklern der jeweiligen Betreibergesellschaften sowie mit kommunalen Vertretern aus den drei Untersuchungsstädten, konkret mit Vertretern des Amtes für Wirtschaftsförderung und – soweit vorhanden – mit den jeweiligen Citymanagern, sollen darüber Aufschluss geben, ob und wenn ja, in welchem Ausmaß einschlägige Maßnahmen bereits ergriffen wurden bzw. inwieweit die Voraussetzungen für eine Anpassung der Einzelhandelsstandorte an die zunehmende Bevölkerungsalterung gegeben sind. Aufgrund der durch das zentrale Management von Shopping Centern deutlich größeren Handlungs- und Steuerungsoptionen der Centermanager bzw. -betreiber liegt der Schwerpunkt der folgenden Analyse auf den Einlassungen der Entscheidungsträger der Einkaufszentren.

3.5.1 Centermanager und Projektentwickler

Die Gespräche mit den Managern der in die Untersuchung einbezogenen Shopping Center sowie mit den Vertretern der zugehörigen Betreibergesellschaften (Projektentwickler von ECE und mfi) zeigten zum einen eine grundsätzliche Aufgeschlossenheit gegenüber älteren und alten Konsumenten, offenbarten aber gleichzeitig vielfach deutliche Unsicherheiten sowohl hinsichtlich der Bedürfnisse dieses Kundensegments als auch hinsichtlich der Frage, wie und in welchem Umfang die – teilweise spezifischen – Anforderungen älterer und alter Konsumenten zu berücksichtigen sind.

Bereits die Ansprache älterer und alter Kunden, einschließlich der Frage, inwieweit ältere und alte Menschen überhaupt als eigenständige Zielgruppe anzusprechen seien, wurde von den Befragten teilweise sehr unterschiedlich beantwortet, wobei auch Inkonsistenzen innerhalb der Aussagen einzelner Gesprächspartner offenbar wurden[86]. So wurde von einem der Centermanager die Definition einer eigenständigen Zielgruppe der älteren und alten Menschen grundsätzlich vehement abgelehnt, da sich die Bedürfnisse und Wünsche eines Menschen anhand von Kriterien bestimmen würden, die nicht (notwendigerweise) mit dem Alter korrelierten. Vielmehr berge eine alterszielgruppenspezifische Ansprache die Gefahr von Schubladendenken. Gleichzeitig beklagte dieser Manager, dass bislang kein Konzept zur Ansprache älterer und alter Kunden existiere, das sich weder Altersstereotype bediene noch versuche, die älteren und alten Kunden als Teenager anzusprechen (CM3). Die anderen Gesprächspartner äußerten sich einer gezielten Ansprache Älterer und Alter gegenüber hingegen deutlich aufgeschlossener, wenngleich die Durchführung speziell an ältere und alte Kunden adressierter Marketingmaßnahmen in allen Centern bisher nur in (sehr) geringem Umfang erfolgt. Die insgesamt schwach ausgeprägte werbliche Ansprache älterer und alter Menschen begründete einer der Centermanager damit, dass „es halt in der Werbung auch nicht unbedingt üblich [sei] (…), dass man die ältere Generation zu sehr in den Vordergrund stellt" (CM1). Es liegt jedoch die Vermutung nahe, dass vor allem die Sorge vor einem Imageverlust bei jüngeren Kundengruppen einer breiteren Bewerbung älterer Kundengruppen entgegensteht. Teilweise wird eine gezielte Ansprache des Segments der älteren und alten Konsumenten über die Veranstaltung besonderer Events, wie z.B. eine Medizinmesse oder einen Tanztee, versucht (CM2; CM3). Vor allem aufgrund des größeren verfügbaren Zeitbudgets älterer und alter Menschen würden diese, aber auch weitere in Shopping Centern dargebotene Veranstaltungen seitens der älteren und alten Konsumenten eine intensive Nutzung sowie eine hohe Wertschätzung erfahren (PE2).

Trotz der intensiven medialen Diskussion der zunehmenden Bevölkerungsalterung in Deutschland und ihrer Auswirkungen auf die verschiedensten gesellschaft-

---

[86] Zur Wahrung der Diskretion gegenüber den Gesprächspartnern werden diese im Folgenden nicht namentlich zitiert, ebenso wird auf die Wiedergabe von Aussagen, die einen direkten Rückschluss auf die Person erlauben, verzichtet. Stattdessen werden die einzelnen Interviewpartner mittels Kurzbezeichnungen, die ihre jeweilige Funktion widerspiegeln, kenntlich gemacht (CM = Centermanager; PE = Projektentwickler).

lichen Bereiche fand eine spezifische, explizite Berücksichtigung der Bedürfnisse älterer und alter Menschen bei der Planung und Gestaltung der Shopping Center bisher nicht bzw. nur in sehr geringem Umfang statt, wie auch die Aussage eines der befragten Projektentwickler zeigt: „(...) es ist nicht so, dass wir jetzt ganz spezifisch für ältere Kunden einen Kriterienkatalog haben" (PE2). Zwar würde durch die Konzeption und Ausgestaltung eines Shopping Centers einigen Bedürfnissen älterer und alter Konsumenten durchaus entsprochen, dies geschehe jedoch „nicht so spezifisch und auch nicht immer so konsequent bewusst, wie man das vielleicht machen könnte" (PE2). Dementsprechend beantworteten fast alle Gesprächspartner die Frage nach dem Stellenwert der Anforderungen älterer und alter Menschen bei der Centergestaltung mit einem Hinweis auf die behindertengerechte, barrierefreie Gestaltung ihrer Shopping Center, betonten dabei jedoch stets, dass es sich bei der behindertengerechten Ausgestaltung zwar auch, jedoch nicht speziell um eine Maßnahme für ältere und alte Menschen handle (CM1; CM2; PE1; PE2). Ebenso wurde die Schaffung einer Wohlfühlatmosphäre mehrfach als Element der Centergestaltung genannt, das geeignet sei, den Bedürfnissen älterer und alter Menschen zu entsprechen (CM2; PE1; PE2). Doch auch Maßnahmen zur Steigerung der Aufenthaltsqualität bzw. zur Erzeugung einer Wohlfühlatmosphäre in einem Shopping Center, wie z.B. die Integration von Ruhezonen oder die Erhöhung des Sicherheitsgefühls mit Hilfe von Wachpersonal, wurden nicht in erster Linie mit dem Ziel einer möglichst weitgehenden Entsprechung der Bedürfnisse älterer und alter Konsumenten ergriffen (CM2; PE1), vielmehr handle es sich dabei um einen „Trend, den alle aufgenommen haben" (PE1). Ein Teil der befragten Vertreter der Shopping Center-Branche räumte aber auch ein, dass hinsichtlich der Berücksichtigung der Bedürfnisse älterer und alter Konsumenten bei der Centergestaltung Verbesserungsbedarf bestehe (CM2; PE1; PE2). So sei auch im Warenangebot „noch viel zu wenig das Potenzial ausgeschöpft, was da vorhanden ist" (PE2).

Der bislang noch immer untergeordneten Bedeutung spezifischer Maßnahmen zur Attraktivitätssteigerung eines Shopping Centers für Menschen im höheren und hohen Lebensalter entspricht auch, dass die sozio-demographische Struktur des jeweiligen Einzugsgebietes – mit Ausnahme des Kriteriums der Kaufkraft – bei der Planung und Entwicklung eines Shopping Centers insgesamt offensichtlich nur wenig Berücksichtigung findet. Als Ursachen dieser geringen Berücksichtigung wurden von den Projektentwicklern unterschiedliche Gründe genannt: So werden von einem Befragten hierfür vor allem externe Faktoren, speziell das Fehlen einer ausreichenden Zahl an Marktanbietern der Bekleidungsbranche mit einem an den Bedürfnissen älterer und alter Menschen ausgerichteten Angebot verantwortlich gemacht (PE1; siehe auch unten), während von Seiten des anderen Projektentwicklers die Vernachlässigung dieses Aspekts seitens der Projektplanung als wesentliche Ursache genannt wird. Seiner Meinung nach lägen in diesem Bereich „riesen Potenziale (...) Gerade vor dem Hintergrund der sogenannten alternden Bevölkerung" (PE2).

Hinsichtlich der Struktur des Angebots in Shopping Centern allgemein sowie speziell in den drei in die Untersuchung einbezogenen Centern in Erlangen, Koblenz und Zwickau bestätigten die Aussagen einiger der befragten Centermanager und Projektentwickler die bereits im Rahmen der Einzelhandels- und Dienstleistungskartierung getroffene Einschätzung, dass das Angebot in den Einkaufszentren, insbesondere im Bereich des Textileinzelhandels, eine deutliche Konzentration auf jüngere Kundengruppen aufweist (CM1; PE1; PE2). So sei das „Warenangebot (…) heute sehr stark auf jung und trendig" (PE2) ausgerichtet, wohingegen das ältere und alte Publikum „eher zu wenig berücksichtigt" (ebd.) sei. Ebenso werde im Ladenbau „alles auf jung gemacht" (CM3). Anbieter mit einer dezidierten Magnetwirkung für ältere und alte Menschen seien den Aussagen der meisten Centermanager zufolge in den Einkaufszentren fast gar nicht vertreten; lediglich dem SB-Verbrauchermarkt im Löhr-Center Koblenz könne eine gewisse Magnetfunktion für das Segment der älteren und alten Menschen zugesprochen werden (CM1; CM2). Zwei der befragten Vertreter der Shopping Center-Branche betonten jedoch wiederholt, dass die Unausgewogenheit des Angebots für die verschiedenen Altersklassen speziell im Textileinzelhandel nicht auf einem fehlenden Willen zur Integration von Angeboten für ältere und alte Menschen seitens der Shopping Center-Betreiber beruhe, sondern vielmehr eine Folge des Fehlens einer ausreichenden Zahl an Marktanbietern mit entsprechenden Konzepten sei (CM1; PE1):

> „Ich glaube, dass die Industrie noch nicht so weit ist. Dass die Industrie noch nicht so weit ist, dass sie wirklich den demographischen Wandel mitbekommen hat und dass sie immer noch (…) die Hoffnung haben, dass sie also auch in den jüngeren Läden auch was für Ältere mit anbieten." (PE1)

Einer der Centermanager erkannte in dem Fehlen einer größeren Zahl an Bekleidungsanbietern, deren Sortiment sich zumindest auch an ältere und alte Menschen richtet, zwar durchaus ein strukturelles Defizit seines Centers („das ist auch was, was durchaus in der Struktur ein bisschen fehlt", CM1), verwies jedoch gleichzeitig auf die Kopplungsmöglichkeiten mit den bestehenden Textilwarenhäusern in der umgebenden Innenstadt, deren Sortiment auch ein Angebot für ältere und alte Menschen umfasse. Für die Angebotsattraktivität des gesamten Innenstadtstandorts sei eine Integration von Anbietern entsprechender Sortimentsbereiche im Shopping Center daher nicht unbedingt erforderlich (ebd.). Allerdings liegt hier die Vermutung nahe, dass dieser Perspektivenwechsel hin zu einer eher altruistischen Betrachtung des gesamten in der betreffenden Innenstadt dargebotenen Angebotes vor allem einer Relativierung des Angebotsdefizits im Shopping Center dient. Auch einer der Projektentwickler war um eine insgesamt positive Deutung der Angebotsstruktur bemüht: Er kam trotz der geringen Zahl an Anbietern, die sich mit ihrem Sortiment (auch) an ältere und alte Menschen richten, zu dem Schluss, dass den angebotsbezogenen Bedürfnissen des älteren und alten Kundensegments in den Einkaufszentren seines Unternehmens insgesamt gut entsprochen werde: „ich glaube, dass wir da ganz gut aufgestellt sind" (PE1). Eine grundsätzlich andere Sichtweise hingegen vertrat der dritte der befragten Centermanager. Er lehnte einen Einfluss des Alters der Konsumenten auf das jeweils bevorzugte Warenangebot klar ab: „die Kunden vom Alter her (…) gehen quer durch das Angebot" (CM3). Dementsprechend ließen sich seiner Ansicht nach grundsätzlich auch keine Angebotskonzepte mit einer höheren Attraktivität für ältere und alte Konsumenten ausmachen.

Auch die Struktur des gastronomischen Angebots im Hinblick auf dessen Attraktivität für verschiedene Altersgruppen wurde von den Befragten teilweise sehr unterschiedlich beurteilt. So erkannte einer der Centermanager auch hier eine Konzentration auf jüngere und mittlere Altersgruppen; er begründete dies damit, dass jüngere Personen Cafébereiche inmitten einer Ladenstraße durchaus wertschätzen würden, während ältere und alte Menschen derartigen Angeboten eher ablehnend gegenüberstünden und stattdessen „kuschelige Caféchen" (CM1) bevorzugten (ebd.). Demgegenüber vertraten beide Projektentwickler die Auffassung, dass sich das Gastronomieangebot in den Shopping Centern durch eine weitgehende Altersunabhängigkeit auszeichne, insbesondere, da auch ältere und alte Menschen heutzutage „sehr aufgeschlossen auch gegenüber jüngeren Konzepten" seien (PE2).

Bemerkenswert ist, dass alle befragten Centermanager die Frage nach Geschäften mit einer besonderen Anziehungskraft für ältere und alte Menschen in dem jeweiligen Center zunächst dahingehend interpretierten, dass es sich hierbei um Anbieter von Waren ausschließlich für ältere und alte Menschen, insbesondere Waren zur prothetischen Kompensation altersbedingter Einbußen der körperlichen Leistungsfähigkeit, handeln müsse. Bei aller gebotenen Vorsicht kann diese Konnotation dahingehend interpretiert werden, dass zumindest unterbewusst Alter noch immer in hohem Maße mit Abbau und Schwäche verbunden wird; diese Sichtweise entspricht der Kernaussage des zwar seit vielen Jahren widerlegten, jedoch noch immer weit verbreiteten sog. Defizitmodells des Alters[87].

Die Darstellungen der Literatur zum Einkaufsverhalten älterer und alter Menschen legen nahe, dass diese Kundengruppe der sozialen Komponente des Einkaufsvorgangs eine hohe Bedeutung beimisst (vgl. Kapitel 2.5.2.4). Neben einer empirischen Überprüfung dieser Annahme im Rahmen der Konsumentenbeobachtungen und -befragungen wurden auch die Vertreter der Shopping Center-Branche um eine Einschätzung gebeten, welchen Stellenwert die Möglichkeit zu sozialer Interaktion in einem Shopping Center für ältere und alte Menschen besitzt oder ob dieses Kundensegment Einkaufszentren schwerpunktmäßig für eine gezielte Erledigung ihrer Einkäufe aufsucht. Die Antworten der Centermanager und Projektentwickler offenbarten teilweise eine gewisse Unsicherheit im Umgang mit dieser Fragestellung, darüber hinaus differierten die Antworten in mancher Hinsicht erheblich: Nach Ansicht eines Teils der Befragten stellt die soziale Komponente für viele ältere und alte Personen einen wichtigen Grund für den Besuch eines Shopping Centers dar; einige Menschen höheren und hohen Alters würden Einkaufszentren sogar nahezu ausschließlich als Raum für soziale Vergesellschaftung und zwischenmenschliche Interaktionen nutzen (CM2; CM3; PE1):

---

87 Grundannahme des sog. Defizitmodells des Alters ist ein genereller, biologisch determinierter und unvermeidbarer Abbau der kognitiven, emotionalen und körperlichen Leistungsfähigkeit des Menschen mit zunehmendem Alter (vgl. z.B. Meier / Schröder 2007: 24f.). Nach Ansicht von Neundorfer (2008) besitzt das Modell trotz seiner wissenschaftlichen Widerlegung noch immer eine prägende Wirkung auf das gesellschaftliche Altersbild und beeinflusst infolgedessen Einstellung und Verhalten der Gesellschaft gegenüber älteren und alten Menschen (vgl. ebd.: 104).

„Also wenn sie mal durch die Ladenstraße gehen, sie werden immer öfter immer die gleichen Gesichter treffen. Das sind also für mich Menschen, die einfach unter Menschen sein wollen, die sich vielleicht zu Hause in ihrer Wohnung einsam fühlen und dann unter Menschen wollen. Und in der Stadt ist es natürlich anstrengend, man muss laufen, und hier kann man sich dann mal gemütlich hinsetzen. Es gibt also Menschen, wie viele das sind, weiß ich nicht, aber es sind doch eine ganze Reihe, die sich tagsüber einfach hier aufhalten, einfach nur um da zu sein." (CM2)

„Ich glaube, dass hier die sozialen Komponenten, um hier reinzugehen, die sind erstmal wesentlich vordergründiger für diese Klientel als jetzt, sagen wir mal, der Konsum an sich." (CM3)

Einer der Centermanager beschrieb zudem, dass sich in einigen Restaurationsangeboten tägliche Stammtische älterer und alter Menschen herausgebildet hätten: „(…) die sitzen da immer eine halbe Stunde, regen sich über alles Mögliche auf, und dann geht es weiter" (CM3). Auch Jugendliche würden Shopping Center häufig als sozialen Treffpunkt nutzen; im Unterschied zu den Sozialkontakten der „Shopping Center-Stammkunden", die häufig einen eher unverbindlichen und teilweise zufälligen Charakter aufwiesen, handle es sich bei den Treffen von Jugendlichen hingegen in der Regel um feste Verabredungen (CM2; CM3). Zudem könne ein deutlicher Tagesgang bei der Nutzung von Shopping Centern aus gesellschaftlich-sozialen Gründen in Bezug auf verschiedene Altersklassen festgestellt werden: Während ältere und alte Personen die Center tagsüber aufsuchen würden, handle es sich bei Jungendlichen um einen „In-Treffpunkt" (CM2) in den Abendstunden (CM3).

Ein anderer Befragter hingegen vertrat die Auffassung, der Nutzung von Shopping Centern als sozialer Treffpunkt (auch) für ältere und alte Menschen käme insgesamt nur eine untergeordnete Bedeutung zu, vielmehr würden auch diese Kundengruppen Einkaufszentren in erster Linie zur gezielten Erledigung von Einkäufen nutzen (PE2).

Besonders bemerkenswert ist die Antwort eines der befragten Centermanager auf die Frage nach der dominierenden Intention älterer und alter Menschen für den Besuch eines Shopping Centers. Seiner Meinung nach seien Ältere ohnehin „nicht unbedingt die, die Center hochleben lassen" (CM1). Als Begründung führte der Manager vor allem Schwierigkeiten vieler älterer und alter Menschen mit den räumlich-sozialen Umfeldbedingungen in einem Shopping Center an: So würden insbesondere die Größe der Center sowie die Verteilung der Geschäfte auf mehrere Ebenen vielfach zu Orientierungsproblemen führen, zudem würden viele Konsumenten dieser Altersklassen die hohe Passantenfrequenz sowie den hohen durchschnittlichen Geräuschpegel in einem Einkaufszentrum als belastend empfinden. Nicht zuletzt stehe auch die typischerweise in Shopping Centern geringe Zahl an Anbietern mit einer intensiven persönlichen Andienung der Kunden im Widerspruch zu dem bei älteren und alten Menschen mehrheitlich sehr ausgeprägten Wunsch nach persönlicher, individueller Ansprache.

Speziell die Orientierungsfähigkeit älterer und alter Menschen in Einkaufszentren erweist sich jedoch als sehr strittig. Die voranstehend wiedergegebene Sichtweise kontrastiert klar mit der Aussage eines anderen Centermanagers, nach dessen Beobachtung Orientierungsprobleme im Shopping Center vor allem bei jüngeren Konsumenten aufträten, ältere und alte Passanten hingegen aufgrund der deutlich höheren Zahl an Besuchen im Einkaufszentrum seit dessen Eröffnung in der Regel keine Schwierigkeiten mit der Orientierung hätten (CM3).

Einigkeit hingegen bestand zwischen den befragten Centermanagern und Projektentwicklern hinsichtlich der Bedeutung der Einkaufsumgebung für verschiedene Altersklassen. Unabhängig von ihrer Einschätzung zum Stellenwert der sozialen Komponente eines Einkaufsbesuchs für ältere und alte Menschen vertraten sie die Auffassung, dass Konsumenten höheren und hohen Alters dem Ambiente einer Einkaufsumgebung größere Bedeutung beimessen als jüngere Kundengruppen. Ursächlich hierfür sei nicht zuletzt die Tatsache, dass den in der Regel nicht mehr berufstätigen Menschen bei einem Einkaufsbesuch mehr Zeit zum Verweilen zur Verfügung stehe (CM3; PE2).

Befragt nach weiteren Spezifika des Verhaltens und der Bedürfnisse älterer und alter Konsumenten wurde von fast allen Befragten eine hohe Affinität zu klassischen Fachgeschäften und Warenhäusern sowie der Wunsch nach umfassender persönlichen Beratung und Betreuung angeführt (CM1; CM2; CM3; PE2):

„(…) die haben dann ihre Läden hier, wo sie reingehen, wo sie bekannt sind und wo sie natürlich auch ein bisschen verwöhnt und betatschelt und betutscht werden." (CM1)

In den Erwartungen in Bezug auf Service und Beratungsintensität liege auch ein deutlicher Unterschied insbesondere zu jüngeren Kundengruppen, die in der Regel keine intensive Beratung und Betreuung wünschten, sondern einen selbständigen Einkauf bevorzugen würden, bei dem sich der Kontakt zum Verkaufspersonal im Wesentlichen auf den Bezahlvorgang beschränke (CM1; CM2; PE2). Auch die Anforderungen an die Qualität der Waren differiere nach Ansicht der meisten der befragten Centermanager und Projektentwickler zwischen älteren und jüngeren Kundengruppen: So würden ältere und alte Konsumenten in der Regel Wert auf eine höhere Qualität der Waren legen und dafür gegebenenfalls auch etwas höhere Preise akzeptieren, während jüngere Menschen dem Qualitätsstandard eines Produktes tendenziell eine eher geringe Bedeutung beimessen würden (CM1; CM3; PE1).

Von einzelnen Befragten wurden darüber hinaus weitere Anforderungen älterer und alter Konsumenten an einen Einkaufsstandort genannt. Hierzu zählten Sicherheit und Sauberkeit sowie eine ausgeprägte Serviceorientierung, Barrierefreiheit einschließlich der Verfügbarkeit von Sitzgelegenheiten, Orientierungsfreundlichkeit bzw. Hilfestellungen zur Orientierung, des Weiteren eine helle und freundliche Gestaltung der Einkaufsumgebung sowie eine insgesamt hohe Aufenthaltsqualität (CM3; PE1; PE2). Weiterhin wurden vereinzelt eine gute äußere und innere Erreichbarkeit[88] des Einkaufsstandortes sowie komfortable Parkmöglichkeiten angeführt

---

88 Die Unterscheidung zwischen äußerer und innerer Erreichbarkeit findet sich u.a. bei MONHEIM (1999: 122): Äußere Erreichbarkeit beschreibt die Erreichbarkeit vom Herkunftsort (i.d.R. Wohnort) des Innenstadtbesuchers, innere Erreichbarkeit hingegen bezieht sich auf die Erreichbarkeit der einzelnen Anbieter bzw. der sonstigen Erledigungsorte, die im Rahmen eines Innenstadtbesuchs aufgesucht werden, vom Ankunftsort in der Innenstadt aus (i.d.R. Parkplatz oder ÖPNV-Haltstelle).

(PE1; PE2). Auch die Bereitstellung eines Angebots an modischer Bekleidung für Menschen höheren und hohen Alters zähle nach Ansicht eines Teils der Befragten zu den Wünschen dieses Kundensegments (CM1; PE1). Insgesamt jedoch überraschte in Anbetracht der großen Zahl an Publikationen zum Thema Seniorenmarketing die teilweise zu beobachtende Unsicherheit einzelner Befragter im Umgang mit dieser Fragestellung. Dies deutet darauf hin, dass zumindest bei einem Teil der Verantwortlichen der Shopping Center-Branche bislang noch keine umfassende Beschäftigung mit dieser Thematik stattgefunden hat.

Wie in Kapitel 2.2.2 dargelegt, hatten innerstädtische Shopping Center in den vergangenen Jahren eine große Verbreitung erfahren, wobei als Standorte zunehmend auch größere Mittel- und kleine Großstädte gewählt wurden. Auch in den drei Untersuchungsstädten bestanden die jeweiligen innerstädtischen Einkaufszentren zum Zeitpunkt der empirischen Untersuchungen bereits seit einiger Zeit[89]. Es stellt sich daher die Frage, ob und wenn ja, inwieweit sich die Einstellung älterer und alter Menschen gegenüber innerstädtischen Einkaufszentren im Zuge eines gewissen „Gewöhnungseffektes" in der Vergangenheit verändert hat. Nach Ansicht der Mehrzahl der befragten Vertreter der Shopping Center-Branche könne bei dem Segment der älteren und alten Kunden mit zunehmender Vertrautheit mit dieser Einkaufsumgebung eine Steigerung der Akzeptanz beobachtet werden (CM1; CM2; PE2).

> „Aber ich glaube schon, dass es doch eben kein ganz neues Konzept mehr ist, und dadurch der Kunde es durchaus mittlerweile kennt, aber ich würde schon sagen, dass es beim Älteren im Vergleich zu jüngeren Kunden, die das wie selbstverständlich betrachten so eine Einkaufsgalerie, schon noch mehr Vorbehalte hat, also das erkennen wir auch. Also das ist einfach für die eine eigene Welt, eine neue Welt, wo sie sich doch erstmal reinfinden müssen. Aber wie gesagt, wenn wir sie dann erstmal gebunden haben, dann sind sie auch treue Kunden." (PE2)

Nach Meinung eines Centermanagers bestünde zudem eine grundsätzliche strukturelle Ähnlichkeit zwischen traditionellen innerstädtischen Einkaufsstraßen und Einkaufszentren. Diese Ähnlichkeit in Verbindung mit dem höheren Einkaufskomfort in Shopping Centern, der beispielsweise durch Wetterunabhängigkeit, ein höheres Sicherheits- und Sauberkeitsgefühl sowie die hohe räumliche Nähe der Angebote geschaffen werde, begünstige die Akzeptanz von Einkaufszentren (auch) durch ältere und alte Konsumenten (CM2):

> „Und so sehr künstlich ist es ja nicht. Das ist ja wie die Innenstadt, nur eben überdacht." (CM2)

---

89 Die geringste Zeitspanne zwischen der Eröffnung des Shopping Centers und der Durchführung der empirischen Untersuchungen bestand in Erlangen. Verschiedene Untersuchungen zeigen jedoch, dass ein erheblicher Teil der Erlanger Bevölkerung (auch) die Einkaufsstandorte in der Nachbarstadt Nürnberg nutzt (vgl. EN 15.02.2002; EN 24.07.2004), in der sich mehrere Shopping Center (teilweise in Stadtteillagen) befinden. Es kann daher davon ausgegangen werden, dass die Mehrzahl der Erlanger Konsumenten (innerstädtische) Shopping Center jüngerer Provenienz bereits vor der Eröffnung der Erlangen Arcaden kannte und nutzte.

Gleichwohl sei die Wertschätzung von Shopping Centern, wie ein Teil der Befragten einräumte, bei jüngeren Altersklassen noch immer höher als bei höheren Altersgruppen; dies liege nicht zuletzt in der geringeren Angebotsbreite und -tiefe für ältere und alte Menschen in Shopping Centern begründet. Doch auch die – häufig medial geschürte – Furcht vor einer mit der Etablierung der Einkaufszentren einhergehenden Zerstörung der Innenstadt einschließlich eines Verlustes der Warenhäuser würde vor allem bei älteren und alten Menschen zu Vorbehalten gegenüber Shopping Centern führen, insbesondere, da speziell diese Konsumentengruppe Warenhäusern noch immer eine sehr hohe Wertschätzung und Kundentreue entgegenbrächten (siehe oben) (CM1; PE1; PE2). Zu beobachten sei aber auch, dass zwar vielfach verbal eine ablehnende Haltung gegenüber Shopping Centern zum Ausdruck gebracht werde, die Passantenfrequenz in Einkaufszentren jedoch gleichzeitig eine intensive Nutzung dieser Einkaufsstandorte belege (PE1).

Neben einer Analyse der Gegebenheiten in Shopping Centern und ihrer Eignung für verschiedene Altersklassen, speziell für die Gruppe der älteren und alten Menschen, sowie der Anforderungen und Wünsche älterer und alter Menschen an einen Einkaufsstandort, stellen sich im Hinblick auf eine der veränderten altersstrukturellen Zusammensetzung der Bevölkerung entsprechenden Gestaltung von Einkaufszentren die Fragen: Welche Anpassungsmaßnahmen werden von Seiten der Shopping Center-Betreiber für notwendig erachtet, um auch den Anforderungen und Bedürfnissen des älteren und alten Kundensegments nach Möglichkeit zu entsprechen? Wurden – und wenn ja, in welchem Ausmaß – entsprechende Maßnahmen bereits getroffen oder sind für die Zukunft bereits konkret geplant? Inwieweit ist bei den Verantwortlichen der Shopping Center-Branche die Bereitschaft vorhanden, gegebenenfalls adäquate Anpassungsmaßnahmen vorzunehmen? Die Gespräche mit den Verantwortlichen der Shopping Center-Branche ergaben diesbezüglich ein gemischtes Bild: Einerseits wurden von einigen Befragten einzelne Maßnahmen zur Steigerung der Attraktivität der Center für ältere und alte Konsumenten genannt – angeführt wurden hier z.B. eine Verbesserung des Beleuchtungskonzepts, eine Optimierung der Ausschilderung, die Integration von Ruhezonen oder die Ausweitung von Rollatoren- oder Rollstuhlverleihservices, aber auch die Integration entsprechender Sortimentsbereiche –, und es wurde auch die grundsätzliche Bereitschaft zur Implementierung derartiger Maßnahmen bekundet (CM1; CM2; PE1):

„(...) durch die demographische Entwicklung wird das unsere Zukunft sein, und wir machen uns tatsächlich auch marketingtechnisch Gedanken: Was können wir tun für diese Best Ager, so nennen wir sie mal, und wie können wir auch baulich uns noch weiter verbessern, uns noch weiterentwickeln? Wie können wir uns servicetechnisch weiter entwickeln, was gibt es da, was brauchen die?" (CM2)

„Alles, was man da für ältere Menschen auch angenehm machen kann, versuchen wir natürlich." (CM1)

Gleichzeitig wurde jedoch auf die Schwierigkeiten verwiesen, die einer Umsetzung verschiedener Maßnahmen entgegenstünden: So würden sich verschiedene bauliche Anpassungsmaßnahmen wie beispielsweise eine Vergrößerung der Aufzüge als nicht finanzierbar oder infolge des verfügbaren Platzangebotes als nicht realisierbar erweisen. Eine Integration weiterer Bekleidungsanbieter mit einem an die Wünsche älterer und alter Menschen angepassten Sortiment wiederum würde an der geringen Zahl entsprechender Marktanbieter scheitern (CM1; CM2).

Andererseits sahen sich die meisten der befragten Centermanager und Projektentwickler den Anforderungen älterer und alter Menschen gegenüber insgesamt gut aufgestellt, wie auch die Aussage eines Centermanagers zeigt:

> „Ansonsten sehe ich nicht so wahnsinnig viel Ansätze, außer vielleicht den Sortimenten, wo man aufbauen könnte." (CM1)

Dementsprechend wurden von den Befragten nur sehr wenige konkret geplante Maßnahmen zugunsten einer (weitergehenden) Anpassung des jeweiligen Shopping Centers an die Bedürfnisse der Konsumenten im höheren und hohen Lebensalter genannt; die aufgezählten Maßnahmen beschränkten sich im Wesentlichen auf eine Modernisierung der Toilettenanlagen, die Erneuerung der Sitzmöblierung (bequemere Bänke) sowie die Integration eines Rollatorenverleihservices (CM2; CM3). Dabei handelt es sich bei den meisten Maßnahmen um Vorhaben, die nicht speziell im Hinblick auf eine Attraktivitätssteigerung für ältere und alte Menschen konzipiert wurden. Auch im Rahmen bisher durchgeführter Revitalisierungsmaßnahmen hätten explizite Anpassungsmaßnahmen an die Bedürfnisse der wachsenden Zahl älterer und alter Konsumenten keine Rolle gespielt (CM2; PE1; PE2).

Mittels einer Stärken-Schwächen-Analyse von innerstädtischen Shopping Centern einerseits und traditionellen innerstädtischen Einkaufsstraßen andererseits wurden die befragten Centermanager und Projektentwickler schließlich um eine relationale Einordnung der Frage gebeten, inwieweit innerstädtische Einkaufszentren und traditionelle Einkaufsstraßen den Anforderungen und Gewohnheiten des Kundensegments der älteren und alten Menschen entsprechen. Erwartungsgemäß dominierten die positiven Aspekte von Shopping Centern in hohem Maß die Aussagen der Gesprächspartner. Insbesondere die Faktoren Freundlichkeit, Sicherheit, Sauberkeit und Helligkeit wurden als Stärken der Shopping Center angeführt, aber auch weitere Aspekte wie die hohe räumliche Konzentration der Angebote und die daraus resultierenden kurzen Wege zwischen den einzelnen Anbietern, die Barrierefreiheit, die Einheitlichkeit der Öffnungszeiten, die Übersichtlichkeit des Angebots oder die Verfügbarkeit geschützter Parkmöglichkeiten wurden hier genannt (CM1; CM2; CM3; PE1; PE2). Explizite Schwächen innerstädtischer Einkaufszentren sahen die meisten der Befragten nicht, jedoch merkte ein Centerbetreiber kritisch an, dass „die moderne Konzeption Shopping Center (…) vielleicht von Älteren nicht so akzeptiert wird" (CM1). Zudem betonten fast alle Befragten die – zumindest bei schönem Wetter – herausragende Aufenthaltsqualität gewachsener Innenstadträume (CM2; CM3; PE1; PE2).

> „ (…) wenn sie eben wirklich eine richtig gewachsene Innenstadt, eine Altstadt haben, dann hat das das ganz besondere Flair und dieses Flair können sie in einer Galerie nicht

abbilden. Also das ist eine ganz besondere Qualität und gerade im Sommer, wenn sie dann eben auf einem schönen Marktplatz sitzen und da ihren Café trinken, auch für ältere Menschen, dann ist das, glaube ich, unschlagbar und dann kommen wir da mit unseren Konzepten auch nicht ran." (PE2)

Auch die in den traditionellen innerstädtischen Einkaufsstraßen deutlich höhere Zahl an alteingesessenen Einzelhändlern mit einer ausgeprägten persönlichen Kundenansprache komme den Bedürfnissen älterer und alter Menschen entgegen (CM1). Diese Vorteile der klassischen Einkaufsstraßen würden jedoch durch eine Reihe von Nachteilen, wie insbesondere durch die uneinheitlichen Öffnungszeiten, die teilweise fehlende Barrierefreiheit sowie den häufig hohen Verschmutzungsgrad erheblich relativiert (CM2; PE2).

Aufschlussreich war schließlich die Frage nach der Bedeutung älterer und alter Menschen als Kunden in den Shopping Centern, insbesondere in Relation zu jüngeren Kundengruppen. Hier zeigten die befragten Centermanager und Projektentwickler mehrheitlich ein eher ausweichendes Antwortverhalten. Alle Befragten verwiesen diesbezüglich auf die hohe Kaufkraft älterer und alter Menschen und ihre daraus resultierende grundsätzliche Relevanz als Käufergruppe. So auch einer der Projektentwickler:

„ (…) ist eine Gruppe mit einer hohen Kaufkraft, ja, und da messen wir denen schon hohe Bedeutung zu." (PE1)

Darüber hinaus vermieden die Vertreter der Shopping Center-Branche jedoch fast ausnahmslos eine konkrete Einordnung des Stellenwertes dieses Kundensegments in Bezug auf die Gesamtzielgruppe des jeweiligen Einkaufszentrums. Die Gruppe der älteren und alten Menschen wurde von keinem der befragten Centerbetreiber als eine der speziellen Zielgruppen des jeweiligen Shopping Centers genannt; hier wurden ausschließlich Kunden jüngeren und mittleren Alters angeführt, was auch der bereits beschriebenen Fokussierung des in den Centern dargebotenen Angebots auf jüngere Altersgruppen entspricht.

Insgesamt zeigten die Gespräche, dass zwar bei allen Gesprächspartnern eine gewisse, wenn auch individuell unterschiedlich ausgeprägte Auseinandersetzung mit dem Alterungsprozess der deutschen Bevölkerung und dessen Auswirkungen auf das Konsumverhalten stattgefunden hat; gleichwohl geben die Aussagen der Centermanager und Projektentwickler zu der Vermutung Anlass, dass die Beschäftigung mit diesem Thema sowie insbesondere die Entwicklung von Handlungsstrategien bislang nur einen eher unterdurchschnittlichen Stellenwert einnehmen. Diese Annahme entspricht auch der selbstkritischen Aussage eines der befragten Projektentwickler:

„Ich glaube, (…) dass das Thema ältere Menschen sowohl in der produktspezifischen Entwicklung, also Produkttyp Center, als auch in der Ausprägung Inhalt, sprich: Mieter, sprich: Branchenmix, sicher noch (…) riesiges Potenzial bietet, was noch vollkommen unzureichend erkannt, geschweige denn gehoben worden ist." (PE2)

3.5.2 Citymanager und Vertreter der Ämter für Wirtschaftsförderung

Im Unterschied zu den Managern von Shopping Centern besitzen Citymanager sowie die Verantwortlichen der kommunalen Wirtschaftsförderung keine Möglichkeit, den Einzelhandels-, Dienstleistungs- und Gastronomiebesatz eines Einkaufsstandortes direkt zu steuern. Gleichwohl stehen ihnen verschiedene Maßnahmen zur Verfügung, die geeignet sind, die Angebotsstruktur eines Standortes durch die Schaffung bestimmter Rahmenbedingungen zu beeinflussen. Zudem kann die Attraktivität eines Einkaufsstandortes durch eine gestalterische Aufwertung der Einkaufumgebung bzw. deren Anpassung an die Bedürfnisse der Nachfragerseite gesteigert werden.

Wie im vorausgehenden Kapitel dargelegt, setzen Maßnahmen zur Steigerung der Attraktivität eines Einkaufsstandortes für die Gruppe der älteren und alten Menschen zum einen das Wissen um die Anforderungen und Bedürfnisse dieses Kundensegments – einschließlich ihrer Erwartungen und Sorgen in Bezug auf die weitere Entwicklung „ihrer" Stadt – und zum anderen die Bereitschaft zur Umsetzung entsprechender Maßnahmen voraus. Die Aussagen der Citymanager und Vertreter des jeweiligen Amtes für Wirtschaftsförderung[90/91] in den drei Untersuchungsstädten offenbaren hinsichtlich beider Aspekte einige Übereinstimmungen, teilweise aber auch deutliche Unterschiede.

Grundsätzliche Einigkeit bestand hinsichtlich der Beurteilung der Auswirkungen des jeweiligen innerstädtischen Shopping Centers auf die Attraktivität des Gesamtstandortes Innenstadt: Sowohl die Citymanager als auch die Wirtschaftsförderer sahen das jeweilige Einkaufszentrum als klare Bereicherung für den Standort Innenstadt an, da die mit dem Shopping Center einhergehende Ausweitung des innerstädtischen Einzelhandelsangebotes, verbunden mit einer Veränderung der Struktur des innerstädtischen Branchenmixes, zu einer deutlichen Zunahme der Einkaufsqualität geführt habe (SM1; SM2; WF1; WF2; WF3).

Einige Befragte vertraten zudem explizit die Auffassung, dass das Shopping Center auch für den Einzelhandel in den umgebenden traditionellen innerstädtischen Einkaufsstraßen überwiegend positive Effekte generieren würde, da dieser in hohem Maße von den Kaufkraftzuflüssen profitieren könne (SM2; WF1; WF2). Zwar räumten alle befragten Wirtschaftsförderer ein, dass es infolge der Errichtung des Einkaufszentrums zu räumlichen Schwerpunktverlagerungen in der Innenstadt gekommen sei – teilweise mit einem nicht unerheblichen Bedeutungsverlust einzelner innerstädtischer Teilbereiche – (WF1; WF2; WF3), ausgeprägte Verdrängungseffekte mit der Folge einer erhöhten Leerstandsquote im Bereich des traditionellen innerstädtischen Einzelhandels seien nach Auffassung fast aller Befragten aber nicht zu beobachten (SM1; SM2; WF1; WF2). Speziell in Bezug auf die Altstädte wirke bereits

---

90 Zugunsten einer sprachlichen Vereinfachung werden die Vertreter des Amtes für Wirtschaftsförderung im Folgenden als Wirtschaftsförderer bezeichnet.

91 Die Zuordnung der Aussagen der einzelnen Interviewpartner erfolgt mit Hilfe der Kurzbezeichnungen SM (Vertreter des Stadtmarketing / Citymanager) und WF (Vertreter des Amtes für Wirtschaftsförderung); siehe auch Kapitel 3.5.1, Fußnote 86. Es wurden sowohl männliche als auch weibliche Vertreter befragt; im Sinne der in Fußnote 86 beschriebenen Diskretion gegenüber den Gesprächspartnern werden im Folgenden beide Geschlechter unter der männlichen Bezeichnung subsumiert.

die Tatsache, dass zwischen den Angeboten in den traditionellen Einkaufsstraßen und denjenigen in den Einkaufszentren kaum direkte Konkurrenz bestehe, einem starken Verdrängungswettbewerb entgegen (SM1; WF1).

> „Alle die inhabergeführten Geschäfte, die gewisse Sortimente haben, sagen natürlich: Die machen uns kaputt. Wenn man das aber genau betrachtet, sind die wenigsten Sortimente, die in (…) [Shopping Center] vorhanden sind, in den Bereichen der anderen inhabergeführten Geschäfte. Also es ist wie immer: Man sucht halt den Schuldigen dafür, dass man selbst vielleicht einige Fehler in der Vergangenheit gemacht hat." (SM1)

Der in der öffentlichen und medialen Diskussion häufig gegenüber den Einkaufszentren vorgebrachte Vorwurf, diese würden ein „Ausbluten" der Innenstadt nach sich ziehen, entbehre dementsprechend einer belastbaren Grundlage (SM1; WF1):

> „Also wenn ich den Leuten immer erzähle, dass da Verdrängung stattfindet, dann glauben das auch viele unreflektiert und wiederholen das einfach, weil ja schon viele vor ihnen gesagt haben, dass da angeblich eine Verdrängung stattfindet. Ohne dass man …, dass tatsächlich einer mal sagen kann, an was sich das alles im Einzelnen festmacht." (WF1)

Auch in Bezug auf die gastronomischen Angebote wurde eine Konkurrenzsituation zwischen den Anbietern in den Shopping Centern und denjenigen in den traditionellen innerstädtischen Einkaufsstraßen von den Befragten mehrheitlich verneint (SM2; WF1; WF2). Im Unterschied zu der überwiegend positiven Beurteilung des in den Einkaufszentren vorhandenen Einzelhandelsangebots wird das Angebot an Cafés und sonstigen Restaurationsbetrieben allerdings als „sehr austauschbar" (SM1) und ohne eigenständige Attraktivität qualifiziert (SM1; CM2; WF1; WF2).

Alle befragten Citymanager und Wirtschaftsförderer betonten die ausgeprägten Kopplungsbeziehungen zwischen dem Einkaufszentrum und der umgebenden Innenstadt. Bei der Frage nach altersspezifischen Unterschieden im Kopplungsverhalten der Konsumenten differierten die Auffassungen der Befragten allerdings erheblich: Teilweise wurde eine höhere Kopplungsaffinität jüngerer Kundengruppen angenommen (SM1), teilweise wurde geäußert, dass insbesondere höhere Altersklassen bei einem Innenstadtbesuch sowohl das Einkaufszentrum als auch die traditionellen innerstädtischen Einkaufsstraßen aufsuchen würden (WF3); von dritter Seite wiederum wurde ein Zusammenhang der Kopplungsintensität mit dem Alter der Konsumenten grundsätzlich verneint (WF2). Das Antwortverhalten der Befragten zeigte einige Unsicherheiten im Umgang mit dieser Frage, sodass vermutet werden kann, dass sich die Divergenzen in den Aussagen der Befragten zumindest teilweise aus Wissensdefiziten heraus erklären.

In Bezug auf den gesamten Innenstadtstandort (traditionelle Einkaufsstraßen und Shopping Center) zeichneten alle Befragten ein grundsätzlich positives Bild der vorhandenen Angebotsstruktur, und dies trotz der im Rahmen der Angebotskartierung ermittelten Unterschiede in der Breite und Tiefe des Angebots zwischen den drei Untersuchungsstädten.

Die positive Bewertung sowohl des innerstädtischen Angebots in seiner Gesamtheit als auch der Auswirkungen des jeweiligen Einkaufszentrums auf die Einzelhandels- und Dienstleistungsstruktur der Innenstadt spiegelt sich auch in der Stärken-Schwächen-Analyse von Einkaufzentrum und innerstädtischen Einkaufsstraßen wider.

In Bezug auf die traditionellen Einkaufsstraßen wurden vor allem deren atmosphärische Vielfalt sowie die hohe Aufenthaltsqualität positiv hervorgehoben (SM2; WF1; WF2):

> „Ein Center ist, meiner Ansicht nach, nach wie vor wie das andere (…). Der Charakter einer Stadt, Mentalität spiegelt sich … sieht man ja eigentlich nur auf der Straße. Das heißt also auch die Einflüsse Architektur, Abwechslung, was ist denn hinter der nächsten Ecke, die Läden sind ganz unterschiedlich zugeschnitten. Dementsprechend gehen auch unterschiedliche Läden da draußen natürlich rein. (…) Das Leben auf der Straße wird keine Mall ersetzen können. Die werden das auch nicht kopieren können." (WF2)

Die hohe atmosphärische Qualität der innerstädtischen Einkaufsstraßen sei nicht zuletzt der im Vergleich zu den Einkaufszentren geringeren Hektik sowie der niedrigeren Geräuschkulisse zu verdanken (WF2; WF3). Darüber hinaus betonte ein Teil der Befragten die größere Individualität der Andienung sowie das allgemein höhere Qualitätsniveau sowohl der Andienung als auch der Produkte in den Geschäften in den traditionellen Einkaufsstraßen; dies entspreche in hohem Maße auch den Anforderungen älterer und alter Menschen an eine attraktive Einkaufsumgebung (SM1; WF3). Die geringere Anonymität der Einkaufsstraßen befördere zudem deren kommunikativen Charakter (WF2). Nach Ansicht eines Wirtschaftsförderers böten die Einkaufsstraßen speziell für höhere und hohe Altersklassen darüber hinaus den Vorteil einer niedrigeren Hemmschwelle beim Betreten eines Ladenlokals (WF3). Diese Annahme überrascht insoweit, als sie in deutlichem Widerspruch zu den Erkenntnissen der im Rahmen dieser Arbeit durchgeführten qualitativen Konsumentenbeobachtungen steht (siehe Kapitel 3.6.1.2). Es stellt sich aber auch die Frage, inwieweit bei den befragten Citymanagern und Wirtschaftsförderern bereits eine (vertiefte) Auseinandersetzung mit der Frage der Attraktivität innerstädtischer Einkaufsstraßen speziell für ältere und alte Menschen stattgefunden hat; einer der befragten Citymanager bekannte offen, sich „auch noch nie wirklich so viel Gedanken drum gemacht" zu haben (SM2). Schwächen innerstädtischer Einkaufsstraßen sahen die Befragten vor allem in einem Defizit an öffentlichen Verweileinrichtungen wie Ruhezonen und / oder Sitzgelegenheiten (WF1; WF2). Des Weiteren wurden vereinzelt das Fehlen einer ausreichenden Zahl an Parkmöglichkeiten, eine gewisse Rückständigkeit mancher Einzelhändler („man macht halt, was man gemacht hat", SM1) sowie das Problem uneinheitlicher Öffnungszeiten als Schwachpunkte ausgemacht (SM1; SM2; WF3). Speziell für ältere und insbesondere alte Menschen erweise sich die häufig fehlende Barrierefreiheit der Ladenlokale sowie die schlechtere Pkw-Erreichbarkeit und das Fehlen direkter Parkmöglichkeiten als problematisch, zudem sei das geringere Sicherheitsempfinden in den Einkaufstraßen geeignet, vor allem bei Menschen im höheren und hohen Alter Stress zu erzeugen (WF2; WF3).

Die Vorteile innerstädtischer Shopping Center resultierten zu einem großen Teil aus den sich aus dem zentralen Management ergebenden Möglichkeiten; dies betreffe sowohl den zentral gesteuerten Branchenmix, den gemeinsamen Werbeauftritt – einschließlich der Durchführung von Veranstaltungen und aufwändiger Dekorationen – sowie die Einheitlichkeit der Öffnungszeiten als auch die Sicherheit und Sauberkeit im Center, die auch die Abwesenheit von Bettlern impliziere. Ebenso wurden die Wetterunabhängigkeit, die starke räumliche Konzentration des Angebots, die Verfügbarkeit sanitärer Anlagen sowie die gute Erreichbarkeit mit öffentlichen und privaten Verkehrsmitteln (einschließlich direkter Parkmöglichkeiten) und nicht zuletzt die Barrierefreiheit als wesentliche Vorzüge von Einkaufszentren herausgestellt (SM1; SM2; WF1; WF2; WF3). Die zentrale Planung und Steuerung sowie der hohe Anteil an Filialisten und Franchisenehmern im Mietermix bedinge auf der anderen Seite aber eine starke Künstlichkeit und Austauschbarkeit dieser Einkaufsumgebungen (SM1; SM2; WF2). Darüber hinaus berge die hohe Passantenfrequenz in Verbindung mit dem hohen Geräuschpegel speziell für ältere und alte Menschen die Gefahr eines Gefühls der Überforderung (SM2; WF1; WF2).

> „Ich denke, dass so der Eindruck eines Centers gerade so einen Älteren auch schon oft überfordert. Es ist hektischer." (SM2)

Hinsichtlich der Attraktivität des innerstädtischen Angebots (traditionelle Einkaufsstraßen und Shopping Center) für verschiedene Altersklassen differieren die Aussagen der befragten Citymanager und Wirtschaftsförderer erheblich: Während das Angebot nach Ansicht eines Teils der Befragten geeignet ist, Menschen aller Altersklassen gleichermaßen anzusprechen (SM2; WF3), bestehen einem anderen Teil der Gesprächspartner zufolge Unterschiede in der Attraktivität der Innenstadt für verschiedene Altersklassen (SM1; WF1). Bemerkenswert ist, dass – sofern grundsätzlich Attraktivitätsunterschiede in Abhängigkeit vom Alter der Konsumenten angenommen werden – stets ein Ungleichgewicht zugunsten jüngerer Kundengruppen beschrieben wurde (ebd.). Speziell in Bezug auf Menschen im hohen Lebensalter entspreche das geringere Angebot für diese Kundengruppe nach Meinung eines Citymanagers jedoch den Konsumgewohnheiten und -wünschen der heutigen Generation alter Menschen:

> „Also die jetzt um die 75 aufwärts sind, die haben nicht mehr das Konsumverhalten. (…) Die haben nicht mehr die Wünsche. Die haben eine andere Phase im Leben hinter sich, die haben die Kriegszeit erlebt als junger Mensch, (…) und sind viel bescheidener in manchen Punkten wie die jetzige Generation. (…) Da haben wir oben wirklich, haben wir wirklich eine Lücke. Die schließen wir momentan nicht. Brauchen wir momentan nicht schließen, das entscheidet ganz einfach der Markt." (SM1)

Nach Ansicht der Mehrzahl der Befragten sind die Innenstädte allerdings nicht homogen in ihrer Attraktivität für bestimmte Altersklassen, vielmehr bestünden innenstädtische Teilräume mit einer je unterschiedlichen Attraktivität für verschiedene Altersgruppen. Dies betreffe zum einen Differenzen zwischen verschiedenen Teilbereichen der traditionellen innerstädtischen Einkaufsstraßen, zum anderen würden Shopping Center einerseits und die Anbieter in den traditionellen innerstädtischen Einkaufsstraßen andererseits unterschiedliche Alterszielgruppen anzusprechen suchen (SM1; SM2; WF2; WF3). Konkret wurde in allen Untersuchungsstädten eine stärkere Ausrichtung der Shopping Center auf jüngere Kundengruppen konstatiert, ältere und alte Menschen hingegen stellten für diese Angebotsform keine Zielgruppe dar (SM1; SM2; WF3).

> „Das Center ist schon sehr jung ausgerichtet. (…) Und die Fachgeschäfte, die Senioren ansprechen, sind da doch geringer." (SM2)

Inwieweit der Branchenmix in den innerstädtischen Einkaufsstraßen den Anforderungen älterer und alter Menschen entspricht, ist hingegen zwischen den Befragten umstritten: Während ein Citymanager eine zumindest im Vergleich zum Einkaufszentrum höhere Attraktivität des Angebotes in den Einkaufsstraßen für diese Zielgruppe bejaht (SM2), gibt es nach Meinung eines anderen Citymanagers in den Einkaufsstraßen „halt einfach nicht diesen Branchenmix für die Älteren" (SM1). Bei der Frage nach der Attraktivität der beiden Einzelhandelsstandorte speziell für ältere und alte Menschen ließen sich bei einem Teil der Gesprächspartner deutliche Unsicherheiten erkennen, die sich u.a. in einem ausweichenden oder inkonsistenten Antwortverhalten ausdrückten, teilweise aber auch offensiv formuliert wurden:

> „Also ich glaube, da hat sich bisher noch niemand mit auseinandergesetzt." (WF1)

Weitgehende Einigkeit bestand zwischen den Befragten, dass das Angebot an Tagesgastronomie und Cafés in den Innenstädten für alle Altersklassen gleichermaßen attraktiv sei. Diese altersübergreifende Attraktivität ergebe sich vor allem aus der Tatsache, dass insbesondere bei Cafés grundsätzlich keine Ausrichtung auf bestimmte Alterszielgruppen zu beobachten sei (SM2; WF1; WF2; WF3):

> „Also ich meine – kennen sie Cafés, die jetzt irgendwie eine große Beschallung machen als Disco? Die machen ihre Bestuhlung, ihr Design irgendwo, und das spricht doch eigentlich jede Altersklasse an. Ich verstehe in der Gastronomie nicht so ganz den Unterschied." (WF2)

Die Ausführungen der Citymanager und Wirtschaftsförderer zum allgemeinen Konsumverhalten älterer und alter Menschen sowie der Anforderungen dieses Kundensegments an einen Einkaufsstandort ergaben ein breites Spektrum an Meinungen. Dies überrascht vor allem aufgrund der weitgehenden Übereinstimmung der Literatur zum Seniorenmarketing in ihren zentralen Thesen.

Etwas häufiger wurden eine gute Erreichbarkeit und hohe atmosphärische Qualität des Einkaufsstandortes, eine gute und feinfühlige Beratung und Betreuung in den Geschäften sowie eine insgesamt ruhige, nicht-hektische Einkaufsatmosphäre als wichtige Bedürfnisse dieses Kundensegments angeführt (SM1; SM2; WF1; WF2; WF3). Demgegenüber wurden weitere Aspekte wie die Vertrautheit und Sicherheit des Einkaufsstandortes, eine kommunikationsfreundliche Umfeldgestaltung, die Verfügbarkeit öffentlicher Sitzmöglichkeiten, ein übersichtliches Warenangebot, eine den Bedürfnissen älterer und alter Menschen angepasste Sortimentsgestaltung (z.B. Mode in größeren Konfektionsgrößen) sowie ein gutes Preis-Leistungsverhältnis bei gleichzeitig hoher Produktqualität von jeweils nur einem der Citymanager bzw. Wirtschaftsförderer genannt (SM1; SM2; WF1; WF2; WF3). Zwei Befragte äußerten zudem die Vermutung, ältere und alte Konsumenten seien Veränderungen und Neuem gegenüber grundsätzlich weniger aufgeschlossen als jüngere Altersklassen; diese Skepsis gegenüber Neuerungen könne auch eine eher ablehnende Haltung gegenüber Shopping Centern begründen (SM1; WF2):

> „(…) Ich weiß nicht, inwiefern die aufgeschlossen zu Neuem sind. Deswegen ist das Gewohnte, glaube ich, eine ganz wichtige Sache. D.h. die gewohnten Läden, die gehen gerne immer beim gleichen einkaufen. ‚Da weiß ich, was ich habe' und so was alles, nicht? (…) Deswegen ist vielleicht auch die Frage, ob eine Shopping Mall, wo ja auch ständig Fluktuation ist irgendwie, ob das so attraktiv ist." (WF2)

Die Mehrzahl der Befragten vertrat grundsätzlich die Auffassung, ältere und alte Menschen würden eine geringere Affinität zu Shopping Centern aufweisen (SM1; SM2; WF1; WF2). Die Ressentiments vieler älterer und alter Menschen gegenüber Einkaufszentren spiegle sich auch in deren geringer Nutzungsfrequenz von Shopping Centern; dort seien „kaum wirklich ältere Konsumenten drin, also sehr wenig" (SM1). Diesbezüglich ist freilich auch ein deutlicher Zusammenhang mit der im Rahmen der Angebotskartierung ermittelten und von Seiten der meisten Gesprächspartner (Vertreter der Shopping Center-Branche und kommunale Vertreter) bestätigten Konzentration des Angebots in Einkaufszentren auf jüngere Kundengruppen anzunehmen.

Des Weiteren hätten ältere und alte Menschen nach überwiegender Meinung der meisten Citymanager und Wirtschaftsförderer aber auch eine insgesamt geringere Konsumneigung und würden deutlich sparsamer einkaufen als jüngere Kundengruppen. Stattdessen besäße ein Einkaufsbesuch in der Innenstadt für das ältere Kundensegment einen starken Eventcharakter, sodass der Erlebniskomponente beim Einkaufen sowie der Bedeutung der Innenstadt als Kommunikationsraum ein hoher Stellenwert beigemessen würde (SM1; SM2; WF2; WF3):

> „Ältere Menschen gehen nicht einkaufen, weil sie einkaufen müssen. Ältere Leute suchen auch ein bisschen Kontakt, sozialen Netzwerk, und, und, und." (SM1)

Nach Ansicht der meisten Befragten konnten aber auch im Konsumverhalten älterer und alter Menschen Veränderungen beobachtet werden. Dies betreffe insbesondere ein zunehmendes Gesundheits- und Markenbewusstsein – auch als Ausdruck einer wachsenden Bedeutung von Geltungskonsum – sowie einen deutlichen Anstieg der Ausgaben für Produkte im Bereich Freizeitgestaltung, einschließlich einer hohen Affinität zu Elektronikartikeln (SM2; WF2; WF3). Grundlage der Veränderungen im Konsumverhalten seien nach Ansicht mehrerer Befragter vor allem Kohorteneffekte, die klar über Alterseffekte dominieren würden (explizit SM1; WF1). Dabei hätten die Ausweitung der Ruhestandsphase, der bessere Gesundheitszustand der heute älteren und alten Menschen sowie die deutlich gestiegene Pkw-Mobilität höherer und hoher Altersgruppen die Konsumgewohnheiten maßgeblich beeinflusst (SM2; WF1).

Teilweise geben die Ausführungen der Befragten allerdings zu der Vermutung Anlass, dass bei einzelnen Gesprächspartnern erhebliche Unsicherheiten hinsichtlich des Konsumverhaltens älterer und alter Menschen bzw. ihrer Anforderungen an einen attraktiven Einkaufsstandort bestehen (WF2; WF3).

„Vielleicht sollten ... können wir nochmal den Kontakt zu unserem Seniorenbeirat knüpfen, ja, der sich dann auch mit solchen Themen auseinandersetzt und dort auch einfach mal Vorschläge macht. Ist mir jetzt nicht so bewusst, dass es da irgendetwas gibt." (WF2)

Zudem können manche Äußerungen bei aller gebotenen Vorsicht dahingehend interpretiert werden, dass die Unsicherheit mit einem eher negativ geprägten Altersbild (siehe Defizitmodell des Alters, Kapitel 3.5.1, Fußnote 89) einhergeht.

„Also wir haben unsere hippen Jugendläden genauso wie klassische Läden und für Senioren, denke ich, auch. Ich meine, was kaufen die? Also das ist natürlich sehr viel Lebensmittel und unter Umständen mal Textil." (WF2)

„Naja, es wird wahrscheinlich so sein, dass durch einen steigenden Anteil an alten Menschen auch vielleicht der Anteil an rezeptfreien Medikamenten oder an typisch für Senioren, also ich weiß nicht, Einlegesohlen, Stützstrümpfe oder gewisse ... nicht Beauty, aber Gesundheitsanteile wie Bäder, Cremes oder so, zugenommen hat." (WF2)

Bereits zu Beginn dieses Kapitels wurde dargelegt, dass die zunehmende Alterung der Bevölkerung neue Herausforderungen an alle Akteure der Anbieterseite stellt, um durch eine möglichst weitgehende Berücksichtigung der Bedürfnisse der Nachfrager im Wettbewerb der Einkaufsstandorte erfolgreich bestehen zu können. Die Notwendigkeit entsprechender Anpassungsmaßnahmen wurde von den befragten Citymanagern und Wirtschaftsförderern jedoch sehr unterschiedlich beurteilt.

Vor allem die Vertreter einer der Untersuchungsstädte zogen sowohl die Erfordernis als auch die Möglichkeit einer weitergehenden Anpassung der Einkaufsstandorte in den traditionellen Einkaufsstraßen an ältere und alte Konsumenten grundsätzlich in Zweifel (SM1; WF1).

„Es wird sich gleichwohl mit dem Thema demographischer Wandel beschäftigt und der ... auch hochrangig beschäftigt und auch breit, aber dass das jetzt schon erkennbar wäre, dass da erkennbar wäre, dass sich dort Handlungsbedarfe und auch schon Handlungsfelder und Maßnahmen herauskristallisieren würden für die Innenstadt, das kann ich momentan nicht erkennen. Also da gibt es Dinge, die sind wesentlich bedeutsamer für die weitere Entwicklung der Stadt [Name der Stadt], vielleicht auch mit Blick auf den demographischen Wandel, als das Thema Einkaufen in der Innenstadt." (WF1)

Die anderen Befragten zeigten demgegenüber eine deutlich höhere Sensibilität für diese Thematik. Ihrer Ansicht nach seien vor allem weitere Verbesserungen im Bereich der Sicherheit und Sauberkeit im Straßenraum, eine „gehfreudige" (WF2) Gestaltung sowie eine gute Ausleuchtung des Straßenraumes sowie eine (weitere) Steigerung der Aufenthaltsqualität erforderlich, um den Bedürfnissen auch der älteren und alten Konsumenten zu entsprechen. In diesen Bereichen befänden sich einzelne Maßnahmen, wie beispielsweise eine Verbreiterung von Gehwegen, die Ausweitung von Fußgängerzonen oder die Ausstattung des Straßenraumes mit weiteren Sitzgelegenheiten, bereits in der Durchführung bzw. bestünden konkrete Pläne zu deren Umsetzung (SM2; WF2; WF3). Einige Befragte berichteten, dass auch ein Teil der innerstädtischen Einzelhändler bereits Maßnahmen im Hinblick auf eine stärkere Berücksichtigung der Bedürfnisse der Kunden im höheren und hohen Alter, wie z.B. eine barrierefreie (Um-)gestaltung ihrer Ladenlokale oder eine Verbesserung der Servicequalität, durchgeführt habe bzw. deren Durchführung plane; mehrheitlich handle es sich dabei um Anbieter mit einem hohen Anteil älterer und alter Kunden (SM1; SM2; WF3).

Insgesamt lassen die Gespräche mit den Citymanagern und Wirtschaftsförderern deutlich erkennen, dass der zunehmenden Bevölkerungsalterung sowie den damit einhergehenden Implikationen und Herausforderungen für die Innenstädte von Seiten der kommunalen Vertreter bisher noch keine große Bedeutung beigemessen wird; dementsprechend unterblieb bislang offensichtlich vielfach eine vertiefte Beschäftigung sowohl mit den Anforderungen, Bedürfnissen und Wünschen älterer und alter Konsumenten als auch mit möglichen Anpassungsmaßnahmen an die wachsende Bedeutung dieses Kundensegments. Zwar betonte ein Teil der Gesprächspartner auf die Frage nach dem Stellenwert älterer und alter Konsumenten, dass diese Gruppe in der jüngeren Vergangenheit einen deutlichen Bedeutungsgewinn erfahren habe, und dies nicht nur aufgrund ihrer quantitative Zunahme, sondern auch infolge des deutlich aktiveren Lebensstils der meisten heutigen älteren und alten Menschen (SM2; WF3). Ein anderer Teil der Befragten hingegen erklärte offen, sie würden älteren und alten Menschen als Innenstadtkonsumenten bisher nur eine geringe Relevanz beimessen und somit auch dem Konsumverhalten sowie den Ansprüchen dieser Kundengruppe kaum Beachtung schenken (SM1; WF1). Bemerkenswert ist hier insbesondere die Aussage eines Citymanagers:

„Also wir haben, da müssen wir ehrlich sagen, wir beschäftigen uns momentan nicht direkt damit. (…) Also wir von der Marketing-Ausrichtung (…), also wir beschäftigen uns nicht mit dieser Zielgruppe. Weder baulich – es gibt ja auch bauliche Situationen, die man … barrierefrei ist da ein Stichwort sicher –, noch von der Marketing-Ausrichtung. Überhaupt nicht. Macht auch wenig Sinn, weil, klar, wenn ich natürlich vorher betont habe, dass schon das Sortiment es nicht in der Gänze hergibt, dann brauche ich es nicht großartig bewerben. Macht jetzt momentan nicht den entscheidenden Sinn für mich. Das wird auf uns zukommen." (SM1)

3.6 Der Konsument in den innerstädtischen Einkaufs-standorten: strukturelle und verhaltensseitige Aspekte

Qualitative Beobachtungen sind in besonderer Weise geeignet, das soziale Verhalten von Menschen in der jeweiligen konkreten Situation zu erfassen, unabhängig von deren Fähigkeit und Bereitschaft zur Teilnahme an einer Befragung. Die Erkenntnisse aus den qualitativen Konsumentenbeobachtungen bieten daher eine wertvolle Ergänzung zu den Ergebnissen der qualitativen und quantitativen Konsumentenbefragungen, insbesondere erlauben sie die Einordnung der Befragungsergebnisse in einen weiteren kontextuellen Zusammenhang (vgl. MEIER KRUKER / RAUH 2005: 57; LAMNEK 2005: 552f.).

3.6.1 Zusammensetzung und Verhalten der Passanten in den traditionellen innerstädtischen Einkaufsstraßen und in den Einkaufszentren

Neben einigen Spezifika bei der strukturellen Zusammensetzung und dem Verhalten der Passanten in den einzelnen Untersuchungsstädten konnten im Rahmen der Passantenbeobachtungen eine Reihe von Verhaltensweisen identifiziert werden, denen zumindest in ihren Grundzügen eine gewisse Verallgemeinerungsfähigkeit unterstellt werden kann.

3.6.1.1 Strukturelle Zusammensetzung des Passantenstroms

In allen drei Untersuchungsstädten zeigten die Konsumentenbeobachtungen deutliche Unterschiede sowohl in Bezug auf die Passantenfrequenz als auch hinsichtlich der Zusammensetzung des Passantenstroms nach Alter und Gruppenform der Passanten in Abhängigkeit von der Tageszeit sowie vom jeweiligen Wochentag. Damit bestätigen die in den Untersuchungsstädten gewonnenen empirischen Befunde in weiten Bereichen die Darstellungen von MONHEIM (1999: 68ff. u. 97ff.) bezüglich der Schwankungen bei Frequenz und struktureller Zusammensetzung von Innenstadtbesuchern. Auch die Zahl der Kunden bzw. Gäste in den Ladenlokalen der Einzelhandels- und Dienstleistungsanbieter sowie in den Cafés und sonstigen Restaurationsbetrieben wies teilweise starke Unterschiede im Tages- und Wochenverlauf auf. Vor allem die Schwankungen der Kundenfrequenz im Tagesverlauf legten zum Teil einen deutlichen Zusammenhang mit der Zielgruppe des jeweiligen Anbieters nahe.

In der Tendenz ließ sich in allen Untersuchungsstädten ein überdurchschnittlicher Anteil an älteren und alten Menschen in den Vormittagsstunden und teilweise auch am frühen Nachmittag beobachten, und zwar sowohl in den traditionellen innerstädtischen Einkaufsstraßen als auch in den Shopping Centern. Demgegenüber wurde der Passantenstrom in den späteren Nachmittags- und in den Abendstunden vor allem in den Haupteinkaufsstraßen sowie in den Einkaufszentren durch Jugendliche und junge Erwachsene, aber auch durch Menschen mittleren Alters dominiert.

Neben dieser zeitlichen Differenzierung der Alterszusammensetzung der Passanten zeigten sich in allen Untersuchungsstädten auch standortspezifische Unterschiede in der Altersstruktur der Passanten, die die oben beschriebenen temporalen Differenzen teilweise überlagerten. So waren insbesondere in einigen Bereichen der Altstädte von Erlangen und Koblenz Jugendliche und junge Erwachsene unabhängig von der Tageszeit kaum anzutreffen. Auch in Kaufhäusern war der Altersdurchschnitt der Passanten über den Tag hinweg überdurchschnittlich hoch: Jugendliche und junge Erwachsene stellten dort nur einen sehr geringen Anteil der Kunden, demgegenüber konnte regelmäßig ein hoher Anteil an Personen mittleren Alters sowie insbesondere an älteren und alten Kunden beobachtet werden. Ebenso wurden Wochenmärkte überwiegend von älteren und alten Menschen sowie von Personen mittleren Alters aufgesucht. Jugendliche und junge Erwachsene hingegen frequentierten in allen Untersuchungsstädten vor allem die 1a-Lagen der Einkaufsstraßen sowie die Einkaufszentren.

Die Altersstruktur der Besucher in den Einkaufszentren der drei Untersuchungsstädte zeigte insgesamt keine signifikanten Abweichungen von der Zusammensetzung der Passanten in den innerstädtischen Einkaufsstraßen und speziell in den 1a-Lagen. Dies entspricht auch den Befunden von POPP (2002: 76), die in ihrer Untersuchung zu dem Schluss kam, dass „eine Polarisierung zwischen Innenstadt und Center nach Altersgruppen nicht pauschal unterstellt werden kann". Allerdings konnten innerhalb der Shopping Center in Erlangen und Koblenz zum Teil Unterschiede in der Altersstruktur der Passanten zwischen verschiedenen Bereichen der Einkaufszentren identifiziert werden. So lag in den Erlangen Arcaden der Altersdurchschnitt im Obergeschoss in der Regel über dem Durchschnittsalter der Passanten im Erdgeschoss sowie im Untergeschoss. Im Löhr-Center Koblenz wiederum ließ sich in Ober- und Erdgeschoss jeweils eine Zunahme des Altersdurchschnitts in nord-südlicher Richtung zwischen den beiden Endpunkten der Verkehrsfläche feststellen. In beiden Centern muss diesbezüglich ein starker Zusammenhang mit den in den jeweiligen Bereichen angesiedelten Geschäften angenommen werden: In den Bereichen, die bevorzugt durch ältere Menschen frequentiert wurden, konzentrieren sich Anbieter vor allem aus der Bekleidungsbranche, die mit ihrem – qualitativ häufig etwas höherwertigen – Angebot zumindest auch ältere und alte Menschen gezielt anzusprechen suchen, wie z.B. Gerry Weber, eterna, Triumph. In Zwickau konnte keine derartige Differenzierung der Passantenstruktur innerhalb des Einkaufszentrums festgestellt werden, was jedoch vor allem der im Vergleich zu den anderen beiden Centern deutlich geringeren Größe, möglicherweise aber auch der sternförmigen Anlage des Einkaufszentrums geschuldet sein dürfte.

Darüber hinaus besitzen offensichtlich sowohl der Supermarkt in den Erlangen Arcaden als auch der SB-Verbrauchermarkt im Löhr-Center Koblenz eine hohe Attraktivität für ältere und alte Menschen. In beiden Märkten waren Konsumenten im höheren und hohen Alter insbesondere vormittags (bis etwa 11:00 Uhr) in der Regel die klar dominierende Kundengruppe. Dabei stellte der Super- bzw. Verbrauchermarkt zumindest für einen Teil der älteren und alten Kunden offensichtlich das einzige Ziel des Shopping Center-Besuchs dar. So konnten beispielsweise im Löhr-

Center Koblenz vor allem vormittags zahlreiche Konsumenten höheren und hohen Alters beobachtet werden, die das Center am Ein-/Ausgang Busbahnhof betraten und sehr zielstrebig und ohne die Auslagen in den Schaufenstern der Geschäfte zu betrachten in Richtung des SB-Verbrauchermarktes liefen. Dieses Verhalten ließ sich ebenso in umgekehrter Richtung, d.h. vom Verbrauchermarkt in Richtung der Ein-/ Ausgänge Busbahnhof oder Fischl-Passage (UG), verfolgen, wobei die Kunden in diesem Fall gefüllte Einkaufstaschen bzw. -trolleys trugen respektive zogen. Auch in den Erlangen Arcaden konnte ein derart zielgerichtetes Aufsuchen des dortigen Lebensmittelsupermarktes durch ältere und alte Menschen beobachtet werden.

Zudem ließen die Beobachtungen ein alterstypisches Gruppierungsverhalten der Passanten erkennen. So traten ältere und alte Menschen überwiegend alleine oder als Paar auf[92], wobei es sich bei älteren und insbesondere alten Passanten ohne Begleitung in der weit überwiegenden Zahl der Fälle um Frauen handelte. Eine weiter differenzierte Betrachtung der Gruppe der älteren und alten Menschen zeigte, dass der Anteil der Paare mit zunehmendem Alter zugunsten des Anteils an Passantinnen ohne Begleitung deutlich abnahm; diesbezüglich kann ein starker Zusammenhang mit dem hohen Anteil alleinlebender Frauen in den höheren und insbesondere hohen Altersklassen angenommen werden (siehe Kapitel 2.4.3.1). Jugendliche hingegen besuchten die Innenstädte häufig in Begleitung weiterer Jugendlicher, d.h. als Gruppe aus zwei, teilweise aber auch aus mehr Jugendlichen. Überwiegend handelte es sich dabei um Gruppen aus ausschließlich weiblichen oder ausschließlich männlichen Jugendlichen; gemischtgeschlechtliche Gruppen waren – mit Ausnahme jugendlicher Paare – deutlich seltener. Während weibliche Jugendliche häufig in Zweiergruppen auftraten, suchten männliche Jugendliche die Innenstädte überwiegend in größeren Gruppen aus vier oder mehr Personen auf. Insbesondere während der Zeit von Schulferien sowie an Samstagen konnten darüber hinaus zahlreiche Gruppen aus einer bzw. einem Jugendlichen (überwiegend weiblich, teilweise auch männlich) in Begleitung einer Frau mittleren Alters beobachtet werden; in der Regel dürfte es sich hierbei um Mutter und Tochter bzw. Sohn gehandelt haben (in einigen Fällen wurde die Gruppe durch ein weiteres Kind komplettiert). Bei jungen Erwachsenen sowie Passanten mittleren Alters war keine allgemein dominante Gruppierungsform zu erkennen. Vielmehr bestand bei diesen Gruppen hinsichtlich ihrer Gruppierungsform eine starke Abhängigkeit von der Tageszeit sowie vom Wochentag, wobei diese Schwankungen überwiegend in den mit der Berufstätigkeit einhergehenden zeitlichen Restriktionen begründet liegen dürften. An Werktagen bewegte sich der größte Teil der Passanten dieser Altersklassen alleine durch die Einkaufsstraßen bzw. durch das jeweilige Shopping Center; samstags hingegen suchten die meisten Passanten die Innenstädte als Paar auf. Dabei konnte speziell bei Paaren mittleren Alters sowie bei älteren Paaren in den Einkaufszentren des Öfteren ein interessantes Verhalten beobachtet werden: Nachdem sich ein Paar zunächst gemeinsam dem Ladenlokal eines Bekleidungsanbieters genähert hatte, betrat nur die Frau das Bekleidungsgeschäft. Der Mann hingegen blieb außerhalb

---

92 Zugunsten einer sprachlichen Vereinfachung wird die Bezeichnung „Paar" im Folgenden – soweit nicht anders angegeben – ausschließlich für gemischtgeschlechtliche Paare, d.h. für eine Gruppe aus Frau und Mann, verwendet.

des Ladenlokals stehen und beobachtete das Geschehen auf den Verkehrsflächen des Einkaufszentrums bzw. innerhalb der umliegenden Ladenlokale, teilweise in Gesellschaft weiterer wartender Männer. Sobald die Frau das Ladenlokal wieder verlassen hatte, setzten die Partner ihren Weg gemeinsam fort. Ebenso werden Cafés offensichtlich speziell von Männern mittleren oder höheren Alters immer wieder als „Warteraum" während der Einkäufe ihrer Partnerinnen genutzt.

Wie GERHARD (1998: 31) darlegt, ist die Durchführung eines Innenstadtbesuchs in Begleitung von Bekannten oder Verwandten ein typisches Merkmal für einen großen Stellenwert der Erlebniskomponente beim Einkaufen. Daher können die empirischen Erkenntnisse zur Gruppierungsform der Passanten als erster und noch mit Vorsicht zu interpretierender Hinweis darauf gewertet werden, dass vor allem Jugendliche sowie ein großer Teil der älteren Passanten die Innenstädte in hohem Maße aufgrund des mit dem Einkaufsbesuch verbundenen Erlebnisaspekts aufsuchen, und dies weitgehend unabhängig vom jeweiligen Wochentag. Bei jungen Erwachsenen sowie Personen mittleren Alters hingegen scheint sich die Nutzung der Innenstädte als Ort für einen Erlebniseinkauf schwerpunktmäßig auf Samstage zu beschränken.

3.6.1.2 Altersspezifische Verhaltensmuster der Passanten

Die Beweggründe für einen Innenstadtbesuch weisen den Ergebnissen der Passantenbeobachtungen zufolge zumindest teilweise altersabhängige Unterschiede auf. Die diesbezüglichen Befunde bestätigen die anhand der Unterschiede im Gruppierungsverhalten getroffenen Annahmen zum jeweiligen Stellenwert des Versorgungs- bzw. Erlebnisaspekts: So zeigten insbesondere Personen mittleren Alters, aber auch junge Erwachsene werktags mehrheitlich ein relativ zweckrationales Verhalten im Hinblick auf eine möglichst rasche Erledigung von Einkäufen und / oder weiteren Erledigungen; samstags hingegen dominierte – zumindest in den Mittags- und Nachmittagsstunden – bei Passanten aller Altersklassen die Erlebniskomponente beim Einkaufen. Demgegenüber konnte vor allem bei Jugendlichen, aber auch bei einem Teil der älteren und insbesondere alten Passanten an allen Wochentagen beobachtet werden, dass der Innenstadtbesuch in erster Linie anderen Zielen als der Versorgung mit Waren oder Dienstleistungen diente. Vielmehr schienen die innerstädtischen Einkaufsstraßen sowie in hohem Maße auch die Einkaufszentren für diese Personengruppen eine wichtige soziale Funktion als Ort für Kommunikation und Sozialkontakte sowie als Möglichkeit zum Sehen und Gesehenwerden zu übernehmen. Die Art der sozialen Nutzung der Innenstädte unterschied sich jedoch deutlich zwischen Jugendlichen einerseits und älteren bzw. alten Passanten andererseits. In allen Untersuchungsstädten konnten schwerpunktmäßig in der Mittagszeit sowie am späteren Nachmittag und in den Abendstunden Gruppen aus vier oder mehr Jugendlichen beobachtet werden, die – oftmals über eine relativ lange Zeitspanne – als Gruppe zusammenstanden und sich dabei lebhaft und in der Regel lautstark unterhielten. Auffällig war eine hohe Konstanz der für diese Zusammenkünfte genutzten Orte, wobei sich diese sowohl innerhalb als auch außerhalb der Einkaufszentren überwiegend in der Nähe von Fast-Food-Anbietern befanden; häufig nutzen die Jugendlichen dabei die „öffentlichen" Bänke in den Einkaufszentren.

Es liegt die Vermutung nahe, dass es sich bei den Treffen oftmals nicht um konkrete Verabredungen handelt, sondern dass die jeweiligen Orte den Jugendlichen vielmehr als „offener Treffpunkt" bekannt sind.

Ein derartiges Gruppierungsverhalten konnte bei älteren und alten Passanten nicht festgestellt werden. In allen Untersuchungsstädten konnten hingegen (überwiegend weibliche) Personen höheren und hohen Alters beobachtet werden, die sich täglich bzw. fast täglich über mehrere Stunden in der jeweiligen Innenstadt – sowohl innerhalb als auch außerhalb der Einkaufszentren – aufhielten und dabei intensiv das Geschehen in ihrer Umgebung beobachteten, wobei sie sehr häufig die öffentlichen bzw. semi-öffentlichen Bänke in den innerstädtischen Einkaufsstraßen und insbesondere in den Einkaufszentren nutzten. Es ist zu vermuten, dass es sich bei diesen Personen zu einem großen Teil um alleinstehende Menschen auf der Suche nach sozialer Vergesellschaftung und Gemeinschaftsbezug (siehe Kapitel 2.4.3.7) handelt. Zudem legen die Beobachtungen nahe, dass die hohe Passantenfrequenz in Verbindung mit der Wetterunabhängigkeit in den Shopping Centern eine besondere Eignung der Einkaufszentren für ältere und alte Menschen auf der Suche nach Gesellschaft und sozialen Kontakten begründet. Ähnliches beschrieb FREHN bereits 1996: „Es werden wieder Orte gesucht, an denen Gesellschaft stattfindet, wo man sehen und gesehen werden kann. Je mehr die Innenstadt oder die Wohnorte aufgrund ihrer monofunktionalen Ausrichtung dies nicht mehr bieten können, desto eher erfolgt die Flucht in diese ‚quasi-öffentlichen Räume'" (ebd.: 327).

Besonders häufig zeigte sich ein derartiges Verhalten in Zwickau, wo insbesondere auf den Sitzbänken an der Rotunde in den Zwickau Arcaden eine Art „Stammpublikum" beobachtet werden konnte. Es muss allerdings berücksichtigt werden, dass sowohl die Zwickauer Innenstadt insgesamt als auch das innerstädtische Einkaufszentrum eine im Vergleich zu den anderen beiden Untersuchungsstädten deutlich geringere Größe aufweisen und somit die Wahrscheinlichkeit für eine wiederholte Beobachtung derselben Personen deutlich erhöht ist.

Nicht zuletzt fielen deutliche alterskorrelierte Unterschiede im Informationsverhalten sowie im Verhalten beim Betreten der Ladenlokale auf. So zeigten Jugendliche und junge Erwachsene in der Regel kein oder nur ein geringes Interesse an den Auslagen in den Schaufenstern der Geschäfte; auch vor den Ladenlokalen aufgestellte Warenständer wurden meist nur flüchtig im Vorbeigehen wahrgenommen. Das Aufsuchen eines Geschäftes erfolgte bei Personen dieser Altersklassen fast immer sehr zielstrebig, die Ladenlokale wurden ohne Zögern betreten – und teilweise nach sehr kurzer Zeit auch wieder verlassen. Demgegenüber ließ sich bei einem großen Teil der älteren und alten Passanten eine deutlich größere Aufmerksamkeit gegenüber Schaufenstern und Warenständern vor den Geschäften erkennen: Häufig verlangsamten die Passanten ihre Laufgeschwindigkeit, teilweise blieben sie auch stehen und betrachteten intensiv die ausgestellten Waren. Dieses Verhalten konnte speziell vor Bekleidungsanbietern – insbesondere vor Anbietern mit einem (auch) auf ältere und alte Konsumenten ausgerichteten Sortiment – sowie vor Uhren- und Schmuckgeschäften beobachtet werden. Allerdings betrat nur ein geringer Teil derjenigen älteren und alten Passanten, die vor einem Geschäft stehen geblieben waren, im Anschluss daran das entsprechende Ladenlokal. Stattdessen konnte vor allem in den innerstädtischen Einkaufsstraßen wiederholt beobachtet werden, dass ältere und alte Passanten (in der Regel Frauen) an der Schwelle des Geschäftes innehielten und von dort aus das Warenangebot im Inneren des Ladenlokals betrachteten. Dabei schienen sie sorgsam darauf bedacht, den Verkaufsraum des Geschäftes nicht zu betreten. Es ist möglich, dass dieses Verhalten aus einer größeren Scheu älterer und alter Menschen vor der vermeintlichen Verbindlichkeit, die sich aus einem Betreten eines Ladenlokals ergeben könnte, resultiert. In den Einkaufszentren zeigte sich dieses Verhalten weniger ausgeprägt. Möglicherweise tragen die in Shopping Centern eher fließenden Übergänge zwischen Verkehrsflächen und Ladenlokalen – die einzelnen Geschäfte haben in Einkaufszentren während der Öffnungszeiten typischerweise keine Eingangstüren, statt dessen weisen viele Ladenlokale eine breite Öffnung zu den Verkehrsflächen auf – und der sich daraus ergebende hindernisfreie, zwanglose Wechsel zwischen Verkehrsfläche und Ladenlokal dazu bei, die empfundene Verbindlichkeit beim Betreten eines Geschäftes zu reduzieren. Andererseits kann nicht ausgeschlossen werden, dass die fließenden Übergänge auch geeignet sind, bei älteren und alten Menschen ein Gefühl der Verunsicherung zu erzeugen.

Speziell in den Einkaufszentren fiel schließlich ein weiterer Aspekt des Verhaltens vor allem älterer und alter Menschen auf: Wiederholt konnte verfolgt werden, wie Paare oder andere Passantengruppen nach dem Verlassen eines Ladenlokals an einer Gabelung der Verkehrsflächen oder vor Schautafeln mit einem Lageplan des jeweiligen Einkaufszentrums stehen blieben und intensiv über die Lage eines bestimmten Geschäftes innerhalb des Centers oder über den Weg zu diesem Geschäft diskutierten. Auch konnten des Öfteren Passanten ohne Begleitung beobachtet werden, die die Verkehrswege in einem der Einkaufszentren mehrfach auf- und abgingen, wobei sie sich offensichtlich auf der Suche nach einem bestimmten Anbieter befanden. Besonders häufig ließen sich die beschriebenen Verhaltensweisen in den Zwickau Arcaden feststellen. Die dichte, kleinteilige und – nicht zuletzt aufgrund der mehrgeschossigen Bauweise bzw. der teilweise sternförmigen Anlage – komplexe Gestaltung der Center führte offensichtlich bei einigen Passanten und insbesondere bei Passanten im höheren und hohen Alter zu Orientierungsschwierigkeiten; bereits in Kapitel 2.4.3.2.2 wurde dargelegt, dass ältere und alte Menschen bei einem hohen Komplexitätsgrad ihrer Umwelt rasch überfordert sind. Auch GRÖPPEL-KLEIN / GERMELMANN (2003: 349f.) legen dar, dass die „subjektiv empfundene Orientierungsfreundlichkeit eine wesentliche Rolle für die kognitive Entlastung der Konsumenten (...) gerade auch beim Einkauf in größeren Shopping-Centern spielt".

3.6.2 Nutzungsverhalten in Bezug auf Cafés und weitere gastronomische Angebotsformen

Cafés und weitere Restaurationsangebote stellen, wie u.a. in Kapitel 2.2.2 gezeigt wurde, einen wichtigen Bestandteil von Shopping Centern dar. Sie stehen jedoch in Konkurrenz zu dem breiten Angebot an gastronomischen Anbietern in den traditionellen innerstädtischen Einkaufsstraßen. Es stellt sich die Frage, welche Altersgruppen welche Anbieter bevorzugt aufsuchen und ob sich Unterschiede im Nutzungsverhalten zwischen den unterschiedlichen Altersklassen beobachten lassen.

3.6.2.1 Nutzungsverhalten älterer und alter Gäste

Einige Cafés und Bäckereicafés[93] besitzen offensichtlich eine hohe Attraktivität für ältere und alte Menschen, und zwar sowohl für Personen alleine ohne Begleitung als auch für ältere und alte Paare als auch für Gruppen aus zwei oder mehr Personen. Bei einigen älteren und alten Gästen handelt es sich offenbar um Stammkunden, die werktags täglich oder zumindest fast täglich „ihr" Café aufsuchen. Dies zeigt auch folgender Dialog, der in einem Café im Löhr-Center Koblenz zwischen einem alten Paar (> 70 Jahre), das nach einem Besuch des Cafés dabei war, das Café zu verlassen, und einer Bedienung des Cafés mitgehört werden konnte:

> Mann: „Bis übermorgen!"
> Frau: „Morgen kommen wir nicht."
> Bedienung: „Morgen kommt ihr nicht? Habt ihr mal was anderes vor?"

Nicht alle Cafés weisen gleichermaßen eine hohe Anziehungskraft für ältere und alte Menschen auf. Die Attraktivität eines Cafés für ältere und alte Menschen bemisst sich jedoch offensichtlich nur in geringem Maße danach, ob sich das Café in einem Shopping Center oder in einer der traditionellen innerstädtischen Einkaufsstraßen befindet. Vielmehr scheinen für viele ältere und alte Menschen andere Kriterien bei der Wahl eines Cafés leitend zu sein. Für einen Teil der Besucher ist offenbar vor allem die Möglichkeit, das Geschehen im Café bzw. in der Umgebung des Cafés beobachten zu können, von entscheidender Bedeutung. Auch weitere Angebote zur Unterhaltung und Ablenkung, wie beispielsweise ein im Café angebrachter Fernseher, werden von einigen älteren und alten Gästen intensiv genutzt. Dieses Verhalten ließ sich insbesondere bei Gästen ohne Begleitung sowie bei Paaren beobachten. Auffällig war diesbezüglich vor allem die „Sprachlosigkeit" bei der Mehrzahl der älteren und alten Paare: Nur bei einem geringen Teil kommunizierten die Partner miteinander; mehrheitlich jedoch fand keine oder kaum Kommunikation statt und die Partner saßen während der meisten Zeit schweigend am Tisch.

Daneben kommt dem Anteil älterer und alter Gäste in einem Café eine nicht unerhebliche Bedeutung zu. Ein hoher Anteil an Gästen im höheren und hohen Alter stellt offenbar für viele ältere und alte Menschen einen wichtigen Pull-Faktor dar, sodass es sich bei der Nutzung eines Cafés durch ältere und alte Gäste auch um einen selbstverstärkenden Prozess handelt. Teilweise bilden sich auch innerhalb eines Cafés Teilbereiche mit einer jeweils unterschiedlichen Zusammensetzung der Gäste nach dem Alter heraus, wobei die gebildeten Teilbereiche und ihre Aneignung durch bestimmte Altersklassen eine hohe Konstanz zeigten.

Insgesamt lassen sich zwei Arten von Cafés unterscheiden, die eine überdurchschnittliche Attraktivität für ältere und alte Menschen besitzen, nämlich „Guck-und-schau-Cafés" sowie „Plüschsesselcafés":

---

93 Zugunsten einer besseren Lesbarkeit werden im Folgenden unter der Bezeichnung „Café" auch die Bäckereicafés subsummiert. Sofern eine Differenzierung zwischen beiden Caféarten erforderlich ist, wird dies explizit angegeben.

Bei den „Guck-und-schau-Cafés" handelt es sich in der Regel um Bäckereicafés, häufig mit Selbstbedienungsprinzip, sowie um Cafés mit einer vergleichbaren Ausstattung. „Guck-und-schau-Cafés" befinden sich ausschließlich in zentralen Lagen der Innenstadt mit einer hohen Passantenfrequenz (i.d.R. Fußgängerzone) sowie in den innerstädtischen Shopping Centern. In den Sommermonaten bieten Cafés dieses Typs außerhalb der Shopping Center häufig eine Außenbestuhlung am Rande der Einkaufsstraße an. Typischerweise weisen die Cafés dieses Typs eine gute Einsehbarkeit sowohl des Gastraumes als auch der angrenzenden Passantenbereiche auf, beispielsweise durch große Schaufenster zur Straßenseite hin. In Shopping Centern ist die Sichtbeziehung nach außen mehrheitlich durch die Öffnung des Cafébereiches zu den Verkehrswegen innerhalb des Centers gegeben, teilweise erlauben große Fensterfronten zudem eine Beobachtung des Geschehens in der angrenzenden Einkaufsstraße. In einigen Cafés befindet sich auch ein Fernsehapparat. Das Preisniveau der angebotenen Speisen und Getränke ist eher niedrig.

Die Gruppierungsform der älteren und alten Gäste in den „Guck-und-schau-Cafés" zeigte sich vielgestaltig. Zahlreiche ältere und alte Gäste besuchten die Cafés als Paar, darüber hinaus waren in den „Guck-und-schau-Cafés" regelmäßig auch Personen ohne Begleitung anzutreffen. Für einen großen Teil sowohl der älteren und alten Paare als auch der älteren und alten Cafébesucher ohne Begleitung schienen vor allem Ablenkung und Zeitvertreib bei einer Tasse Kaffee, die Flucht vor der Sprachlosigkeit zwischen den Partnern (siehe oben) in ein belebtes Umfeld, aber auch die Möglichkeit zu sozialer Interaktion maßgebliche Bestimmungsgründe für den Besuch des Cafés zu sein. Bei diesen Gästen war in der Regel ein starkes Interesse am Geschehen im Café und / oder in der Umgebung des Cafés zu beobachten; sofern ein Fernsehapparat im Café vorhanden war, machten insbesondere Männer zudem häufig von der Möglichkeit des Fernsehschauens Gebrauch. Diese „Guck-und-schau-Funktion" war auch bei einem Teil der sonstigen Restaurationsangebote in den Shopping Centern (v.a. SB-Restaurants Nordsee) sowie vereinzelt bei SB-Restaurants in den innerstädtischen Einkaufsstraßen zu beobachten. Neben dieser Funktion des Sehens und Betrachtens ist für einen Teil der älteren und alten Gäste aber offensichtlich vor allem die Möglichkeit des Gesehenwerdens sowie der sozialen Interaktion bedeutsam. So konnten in allen Untersuchungsstädten in jeweils mehreren Cafés „Stammtische" einer größeren Gruppe älterer und alter Menschen beobachtet werden, die sich teilweise täglich, in der Regel jedoch zumindest mehrmals pro Woche überwiegend am Vormittag trafen. Häufig veränderte sich die Zusammensetzung der Gruppe während der Zeit, die die Gruppe im Café verbrachte: Immer wieder traten offensichtlich bekannte Personen an den Tisch der Gruppe heran und setzten sich dazu; umgekehrt brachen einzelne Mitglieder der jeweiligen Gruppe vorzeitig auf und verließen das Café, während der Rest der Gruppe weiter im Café verblieb. Diese „Stammtische" verbrachten teilweise mehrere Stunden im Café, wobei sich die Mitglieder der Gruppe intensiv und oftmals relativ lautstark unterhielten.

Es ist allerdings anzumerken, dass die den „Guck-und-schau-Cafés" zuzurechnenden Cafés von älteren und alten Menschen auch unabhängig von den oben genannten Funktionen genutzt werden. Insbesondere konnten immer wieder Gruppen

Tab. 15: Cafétypen mit besonderer Attraktivität für ältere und alte Menschen

	Guck-und-schau-Cafés	Plüschsesselcafés
Merkmale des Cafés	• häufig Bäckereicafé mit eher einfacher Ausstattung, teilweise SB-Prinzip • zentrale Lage in Haupteinkaufsstraße oder im Shopping Center • gute Einsehbarkeit des Gastraumes • Sichtbeziehungen nach außen auf innerstädtische Einkaufsstraßen und / oder Verkehrsflächen des Shopping Centers • Fernsehapparat im Gastraum • bei Cafés außerhalb von Shopping Centern im Sommer Außenbestuhlung in bzw. am Rande einer Einkaufsstraße • eher niedrige Preise	• aufwändige Ausstattung des Cafés (gepolsterte Stühle und Bänke, Tischdecken, Teppichboden, Wandlampen etc.) • Lage außerhalb der Shopping Center, häufig am Rand der Fußgängerzone • intensive Betreuung der Gäste durch Bedienung • hohe Raumtemperatur, teilweise schlechte Luftqualität • große Kuchenauswahl • leicht gehobenes Preisniveau
Charakteristika des Nutzungsverhaltens älterer und alter Gäste	• hoher Anteil älterer Gäste zwischen 60 und 75 Jahren, häufig alleine oder als Paar • einige Gruppen aus vier oder mehr älteren Gästen, häufig "Stammtisch" → intensive Unterhaltung, lange Verweildauer im Café, dabei teilweise Veränderung der Gruppenzusammensetzung • häufig nur Getränkekonsum • bei Gästen ohne Begleitung oder Paaren i.d.R. intensive Betrachtung des Geschehens im Café und / oder in umgebenden Passantenbereichen; bei Paaren kaum Kommunikation zwischen den Partnern	• hoher Anteil an Gästen im hohen Alter (≥ 75 Jahre) • sehr starke Frequentierung am frühen Nachmittag • alte Gäste mehrheitlich als Paar oder Gruppe aus zwei oder mehr Personen • mehrheitlich lange Verweildauer im Café • i.d.R. Konsumieren von Kaffee und Kuchen • intensive Kommunikation der Gäste • hoher Geräuschpegel durch lautstarke Unterhaltung • sehr gepflegtes Äußeres der Gäste, teilweise auffälliger Schmuck

Quelle: Eigener Entwurf

aus zwei oder mehr älteren Frauen beobachtet werden, die die Cafés offensichtlich für ein gezieltes Treffen von Freundinnen bzw. ein gemeinsames Kaffeetrinken nutzten; diese Gruppen zeigten in der Regel kein Interesse am Geschehen in ihrer Umgebung, sondern waren in eine intensive Unterhaltung vertieft. Für diese Treffen wurden in allen Untersuchungsstädten (auch) die Cafés im jeweiligen Shopping Center häufig als Ziel gewählt.

„Plüschsesselcafés" unterscheiden sich sowohl hinsichtlich ihrer Ausstattung und des Ambientes als auch im Hinblick auf die Zusammensetzung und das Verhalten der Gäste deutlich von den „Guck-und-schau-Cafés". Sie finden sich in allen Untersuchungsstädten ausschließlich außerhalb der Shopping Center und der 1a-Lagen am Rand der Fußgängerzone. „Plüschsesselcafés" weisen stets eine gediegene und relativ aufwändige Ausstattung mit gepolsterten Sitzflächen, Teppichboden, Wandlampen, Tischdecken etc. auf; ebenso sind eine hohe Raumtemperatur und häufig eine schlechte Luftqualität charakteristisch für diesen Cafétyp. Die Bedienungen sind in der Regel sehr um das Wohl der Gäste besorgt. Typischerweise bieten „Plüschsesselcafés" eine große Kuchen- und Getränkeauswahl bei einem leicht gehobenen Preisniveau.

Der Altersdurchschnitt der Gäste liegt insbesondere in den frühen Nachmittagsstunden deutlich höher als in den anderen Cafés; die weit überwiegende Mehrzahl der Gäste ist der Gruppe der ≥ 75-Jährigen zuzurechnen. Der Anteil an Gästen ohne Begleitung ist relativ gering, mehrheitlich handelt es sich um Gruppen aus drei oder mehr Personen, hinzu kommen einige alte Paare. Die meisten Gäste zeigen ein sehr gepflegtes Äußeres, viele Frauen tragen eine größere Menge an Schmuck. Auffallend ist der hohe Geräuschpegel in den Gasträumen aufgrund der intensiven Unterhaltung der meisten Gäste; insbesondere Gruppen aus vier oder mehr alten, mehrheitlich weiblichen Personen führten in der Regel lebhafte und lautstarke Gespräche.

Tabelle 15 fasst die Merkmale der beiden Cafétypen sowie charakteristische Merkmale des im jeweiligen Typ anzutreffenden Verhaltens der älteren und alten Gäste überblicksartig zusammen.

3.6.2.2 Nutzungsverhalten jüngerer Altersgruppen

Jugendliche, junge Erwachsene, aber auch Personen mittleren Alters zeigen ein von älteren und alten Menschen teilweise deutlich differenziertes Nutzungsverhalten sowohl in Bezug auf die Auswahl und Nutzungsintensität gastronomischer Anbieter als auch hinsichtlich des Verhaltens in einem Café bzw. einem sonstigen Restaurationsbetrieb.

Während Jugendliche offensichtlich eine hohe Affinität zu Fast-Food-Anbietern wie *McDonald's, Burger King* oder „Dönerbuden" besitzen und auch in zahlreichen weiteren SB-Restaurants oder Imbissbuden" regelmäßig einen großen Teil, teilweise sogar die weit überwiegende Mehrheit der Gäste stellen, ist ihr Anteil in „klassischen" Cafés sowie in Bäckereicafés relativ gering. Insbesondere fanden sich in „klassischen" Cafés und Bäckereicafés nur sehr selten Gruppen aus zwei oder mehr Jugendlichen; etwas häufiger konnten Jugendliche in Begleitung von einer oder mehr Person(en) mittleren Alters beobachtet werden, wobei es sich überwiegend um Mütter mit ihrem bzw. ihren (jugendlichen) Kind(ern) gehandelt haben dürfte.

Anders stellte sich die Situation in den sog. Coffee-Shops (z.B. *Starbucks, Mr. Bleck*) dar, die durch ein modernes Ambiente, ein großes Angebot an modischen Kaffee-Mix-Getränken sowie eine gezielte werbliche Ansprache junger Kunden in jüngerer Zeit zu einem „angesagten" Treffpunkt insbesondere für weibliche Jugendliche avancierten. Unabhängig von der Art des gastronomischen Anbieters zeigten Jugendliche regelmäßig kein oder nur ein sehr geringes Interesse am Geschehen in ihrer Umgebung. Dies dürfte nicht zuletzt darin begründet liegen, dass Jugendliche gastronomische Anbieter nahezu ausschließlich in Begleitung weiterer Personen – in der Regel weiterer Jugendlicher – aufsuchen. Insbesondere Gruppen aus zwei oder mehr jugendlichen Gästen zeigten fast immer ein lebhaftes und lautstarkes Kommunikationsverhalten. Der Besuch eines Fast-Food- bzw. SB-Restaurants oder eines Coffee-Shops scheint für diese Altersgruppe – ggf. über die Möglichkeit hinaus, sich mit einem Imbiss zu versorgen – eine wichtige Funktion als Element der Freizeitgestaltung in Gemeinschaft zu übernehmen.

Junge Erwachsene sowie Personen mittleren Alters stellen neben älteren und alten Menschen einen großen Teil der Gäste in Cafés (mit Ausnahme von „Plüschsesselcafés") dar, und auch SB-Restaurants werden häufig von Personen dieser Altersgruppen frequentiert. Bei aller Zurückhaltung, die bei der Ableitung von Motiven aus Beobachtungen geboten ist, scheinen die Nutzungsmotive in Bezug auf Cafés und andere gastronomische Anbieter bei jungen Erwachsenen sowie bei Personen mittleren Alters im Vergleich zu den anderen Altersgruppen allerdings deutlich vielfältiger zu sein: Zum einen nutzen auch Angehörige dieser Altersklassen Cafés als Freizeitort, an dem sie sich mit Freunden oder Bekannten treffen oder einen gemeinsamen Einkaufsbummel unterbrechen. Dabei suchen sie, wie die Beobachtungen erkennen ließen, Cafés nahezu ausschließlich in Gemeinschaft auf. Insbesondere werktags handelt es sich bei diesen Gästegruppen überwiegend um etwa gleichaltrige Frauen, des Öfteren wurden aber auch Gruppen beobachtet, bei denen es sich mehrheitlich um eine Frau mittleren Alters in Begleitung ihrer älteren oder alten Mutter gehandelt haben dürfte. Insbesondere Gästegruppen aus etwa gleichaltrigen Frauen führen typischerweise eine lebhafte Unterhaltung, dabei zeigen sie in der Regel kein Interesse am Geschehen in ihrer Umgebung. Samstags wiederum dominieren in zahlreichen Cafés vor allem Paare mittleren Alters – teilweise in Begleitung von einem oder mehreren Kind(ern) – die Zusammensetzung der Gäste. Neben dieser Freizeitfunktion nutzen Personen zwischen 20 und 60 Jahren die innerstädtischen Gastronomieangebote innerhalb und außerhalb der Einkaufszentren aber offensichtlich häufig auch aufgrund ihrer Versorgungsfunktion. Insbesondere während der Mittagszeit konnten in den meisten Cafés, SB-Restaurants sowie Imbissangeboten gut gekleidete Gäste – alleine oder in Begleitung – beobachtet werden, die zügig einen Imbiss zu sich nahmen und das Café o.ä. danach rasch wieder verließen. Auch diese Gäste zeigten in der Regel kein oder nur ein geringes Interesse an ihrem Umfeld.

Auffällig ist, dass Personen mittleren Alters, d.h. etwa zwischen 40 und 60 Jahren, in sehr unterschiedlichen Arten von Cafés – sowohl innerhalb als auch außerhalb der Shopping Center – beobachtet werden konnten, und dies sowohl bei einer freizeitorientierten Nutzung als auch bei einer eher zweckmäßigen Nutzung als Versorgungsmöglichkeit. Demgegenüber wählten junge Erwachsene zwischen 20 und 40 Jahren für Treffen mit Freunden oder Bekannten überwiegend Cafés, die sowohl durch ein „stylisches" Ambiente als auch durch die Auswahl an Speisen und Getränken, wie z.B. ein breites Angebot an Coctails, vor allem jüngere Gäste anzusprechen suchen, und die auch nur in geringem Umfang von älteren und alten Gästen frequentiert werden. Diese Cafés befanden sich in allen Untersuchungsstädten jedoch ausschließlich außerhalb der Shopping Center[94].

Zusammenfassend kann festgestellt werden, dass Cafés und weitere gastronomische Anbieter von Jugendlichen und einem Großteil der älteren und alten Menschen vor allem aufgrund des Erlebnischarakters sowie aufgrund der Möglichkeit zu sozialen Kontakten aufgesucht werden. Auch junge Erwachsene sowie Personen mittleren Alters nutzen Cafés als Ort für Geselligkeit und Freizeitvergnügen; von diesen Altersklassen werden Cafés, SB-Restaurants und Imbissanbieter häufig aber auch primär aufgrund ihrer Versorgungsfunktion aufgesucht. Weiterhin zeigte sich, dass sich die Präferenz der einzelnen Altersklassen für bestimmte gastronomische Anbieter offensichtlich weniger nach der Lage des Anbieters in einem Shopping Center oder in den traditionellen innerstädtischen Einkaufsstraßen, als vielmehr nach der Art und der Gestaltung des konkreten Anbieters bemisst.

3.7 Innerstädtische Einkaufsstandorte und Konsum: vertiefte Einblicke in die Perspektive der Nachfrager

Die voranstehenden Analysen, bei denen die Struktur des Einzelhandels-, Dienstleistungs- und Gastronomieangebotes in den drei Untersuchungsstädten sowie die Nutzung dieser Angebote in ihrer raum-zeitlichen Spezifität durch Konsumenten verschiedener Altersklassen „von außen", d.h. durch Kartierung und Beobachtung, zu erfassen versucht wurden, ergaben speziell im Hinblick auf die innerstädtischen Einkaufszentren kein eindeutig konsistentes Bild: Zwar zeigte das Einzelhandels- und Gastronomieangebot in den Shopping Centern eine teilweise deutlich stärkere Ausrichtung auf Konsumenten junger bzw. jüngerer und mittlerer Altersklassen, die altersstrukturelle Zusammensetzung des Passantenstroms in den Einkaufszentren wies aber keine signifikanten Unterschiede zur Altersstruktur der Passanten in den innerstädtischen Einkaufsstraßen und speziell in den 1a-Lagen auf.

Die Ergebnisse der qualitativen Konsumentenbefragungen sollen erste und gleichzeitig vertiefte Erkenntnisse über die Einstellungen von Konsumenten gegenüber den verschiedenen Einkaufsstandorten in der Erlanger bzw. Zwickauer Innenstadt (zur Beschränkung der Befragungen auf die Städte Erlangen und Zwickau siehe Kapitel 3.1.5.2) sowie über die individuelle Nutzung der jeweiligen Einkaufs-

---

94 In den Erlangen Arcaden wurde jedoch wenige Wochen nach Durchführung der qualitativen Beobachtungen eine Filiale der Coffee-Shop-Kette *Starbucks* eröffnet. Die Filialen dieser Kaffeehaus-Kette besitzen nicht nur für Jugendliche (siehe oben), sondern auch für junge Erwachsene eine hohe Attraktivität.

standorte liefern. Entsprechend dem qualitativen Design der Befragungen wird keine statistische Repräsentativität angestrebt; vielmehr wurde mit den qualitativen Interviews das Ziel verfolgt, die Gründe für diese Einstellungen und Verhaltensweisen unter Berücksichtigung der individuellen Konsumhaltungen und -präferenzen der Befragten ohne „Beeinflussung der Befragten durch Antwortalternativen geschlossener Fragen" (HILLMANN 2001: 28) zu eruieren. Bei der Analyse der Untersuchungsergebnisse wird besonderes Augenmerk auf das Aufdecken etwaiger alterskorrelierter Unterschiede zwischen den Aussagen der Befragten gelegt. Divergenzen zwischen zentralen Einstellungen und Präferenzen von Konsumenten verschiedener Altersklassen könnten erste Hinweise darauf geben, warum sich die vergleichsweise geringe Ausrichtung des Angebots auf ältere und alte Konsumentengruppen in den Shopping Centern nicht in einem klar unterdurchschnittlichen Anteil älterer und alter Passanten in den Einkaufszentren abbildet. Allerdings zielt die nachstehende Analyse nicht in erster Linie darauf ab, die Einstellungen, Bedürfnisse und Verhaltensweisen der Befragten nach Altersklassen gegliedert summarisch zu betrachten. Da die im Rahmen der Leitfadeninterviews gewonnenen Aussagen gleichzeitig die Grundlage des quantitativen Fragebogens bilden, kann angenommen werden, dass eine solche Vorgehensweise zu starken Überschneidungen mit den Ergebnissen der quantitativen Konsumentenbefragung ohne weiterreichenden Erkenntnisgewinn führen würde. Aufgrund dessen wird im Folgenden der Fokus auf einzelne Ausführungen gelegt, die geeignet erscheinen, die jeweiligen Einstellungen, Bedürfnisse und Verhaltensweisen zu erklären bzw. in einen weiteren Kontext zu stellen[95].

3.7.1 Allgemeine Konsumeinstellungen und untersuchungsrelevante Aspekte des Konsumverhaltens

Insgesamt äußerten die meisten Befragten eine positive oder zumindest „neutrale" Einstellung zum Einkaufen (Lebensmitteleinkäufe wurden in der Frage explizit ausgenommen). Als ausschließlich lästige Pflichtübung wurde Einkaufen nur von einzelnen, in der Regel männlichen Befragten bezeichnet. Zusammenhänge zwischen der grundsätzlichen Einstellung zum Einkaufen und dem Alter der Befragten sind nicht erkennbar. Ebenso korreliert die Affinität zu Einkaufstätigkeiten offensichtlich nicht mit der Herkunft bzw. dem Wohnort der Befragten (Erlangen bzw. Zwickau)[96]. Auch gegenüber „Bummeln" zeigte sich der weit überwiegende Teil der Befragten grundsätzlich aufgeschlossen, vielfach wurde sogar explizit eine ausgeprägte Affinität gegenüber dieser Form der Freizeitgestaltung artikuliert. Wie bereits in Bezug auf die allgemeine Einstellung zum Einkaufen ließen sich hinsichtlich der Affinität zu (Einkaufs-)Bummeln keine Zusammenhänge mit dem Alter der Befragten erkennen; stattdessen fand sich auch unter denjenigen Befragten, die Bummeln ab-

---

95 Analog zur Vorgehensweise in Kapitel 3.5 werden im Folgenden die einzelnen Gesprächspartner mittels Kurzbezeichnungen gekennzeichnet (siehe auch Kapitel 3.5.1, Fußnote 86); die Bezeichnungen verweisen dabei auf die Herkunft des / der jeweiligen Befragten (ER = Erlangen; ZW = Zwickau).

96 Zu berücksichtigen ist jedoch, dass die geringe Zahl an Befragungsteilnehmern aus Zwickau die Belastbarkeit dieses Vergleichs einschränkt.

lehnend gegenüberstanden, ein weit überdurchschnittlicher Anteil an männlichen Befragten. Die insgesamt mehrheitlich positive bis neutrale Haltung der Gesprächspartner gegenüber Einkaufstätigkeiten allgemein sowie die grundsätzliche Affinität der meisten Befragten zu einem (Einkaufs-)Bummel durch die Innenstadt kann aber zumindest teilweise auch in einer Selektivität der Stichprobenzusammensetzung begründet liegt, da Menschen mit einer starken Abneigung gegenüber Einkaufen und Konsum möglicherweise eine deutlich geringere Bereitschaft zur Teilnahme an einer Untersuchung zu dieser Thematik besitzen als Menschen mit einer hohen Einkaufsaffinität.

Trotz einer mehrheitlich positiven Einstellung zum Einkaufen bzw. zu Innenstadtbesuchen allgemein bestehen zwischen den Befragten der höchsten Altersklasse (≥ 75-Jahre) jedoch große Unterschiede in der Häufigkeit von Einkaufsbesuchen in der Innenstadt. So gaben mehrere Befragte an, aufgrund gesundheitlicher Einschränkungen – vornehmlich im Bereich des Bewegungsapparates – nur noch selten Einkaufsbesuche in der Innenstadt durchführen zu können, wobei dieser Umstand teilweise stark bedauert wurde.

„(…) weil ich ja auch nun das vermisse, dass ich selber danach gehe. Das … ich kann das nicht mehr selbst." (ZW8: männlich, 82 Jahre)

„Ich komme jetzt wenig … Ich habe schwere Spondylarthrose und kann schlecht zu Fuß gehen. (…) Ich kann 100 Schritte mehr gehen, dann muss ich mich wieder setzen. Ich gehe nicht mehr viel in die Stadt." (ER31: weiblich, 82 Jahre)

Für andere Befragte im hohen Alter stellt der (Einkaufs-)besuch in der Innenstadt hingegen ein wesentliches Element der Tagesgestaltung dar, das ihnen die Möglichkeit sowohl zu außerhäuslichen Aktivitäten als auch zu Vergesellschaftung und sozialen Kontakten bietet. Dementsprechend werden Innenstadtbesuche von diesen Personen sehr häufig, oftmals sogar nahezu täglich, durchgeführt.

„(…) ich teile mir das so ein, dass ich schon alle Tage irgendwas zu machen habe (…) Erstens, dass man raus kommt und dann da mal durch die Stadt läuft, ja. (…) Kann man dann alles mit erledigen und sieht was und … dass man was mitkriegt noch." (ER30: weiblich, 83 Jahre)

Unabhängig von ihrer grundsätzlichen Einstellung zum Einkaufen betonte ein Teil der älteren und insbesondere der alten Befragten aber auch den im höheren und hohen Alter deutlich reduzierten Konsumbedarf:

„Wenn man in ein bestimmtes Alter kommt, muss man sowieso nicht so viel kaufen wie früher. Ich meine, Möbel haben wir, Kleider haben wir, so, die Wohnung ist übervoll und Bücher habe ich auch genug." (ER21: männlich, 67 Jahre)

„Außerdem: Ich brauche ja praktisch auch nichts mehr, nicht. In meinem Alter hat man das, was man braucht. Und das ist noch zu viel." (ER32: weiblich, 86 Jahre)

Schließlich darf nicht übersehen werden, dass die Möglichkeit für einen Einkaufsbesuch in der Innenstadt auch hoch mit der individuellen Kaufkraft korreliert. Bereits die Kosten für die Distanzüberwindung zwischen Wohnstandort und Innenstadt und / oder die Parkgebühren können die Besuchsfrequenz der Innenstadt (stark) einschränken. Es ist zu vermuten, dass dieser Aspekt vor allem in der Untersuchungsstadt Zwickau aufgrund der geringeren durchschnittlichen Kaufkraft der Einwohner das Konsumverhalten allgemein sowie speziell die Nutzung der Innenstadt als Einkaufs- und Freizeitort in nicht unerheblichem Maße prägt.

> „Also ich muss einmal so sagen: Ich … die Innenstadt … ich sammel dann. Dass sich dann … entweder wir fahren mal mit dem Auto rein, dass sich die Parkgebühren lohnen, oder dann mit der Straßenbahn, aber ich will mal sagen: Nicht wenn mir jetzt plötzlich was einfällt, renne ich los. Dann sammel ich und erledige mehreres auf einem Weg." (…) „Ja, ich sehe es eigentlich unter dem Aspekt: Ich bezahle entweder Fahrgeld, Straßenbahnfahrgeld oder Bus, oder ich bezahle Parkgebühren. Und das muss sich ja irgendwie rechnen, dass ich sage: Ich kaufe drei, vier Sachen, und dann kann ich das aufrechnen." (ZW5: weiblich, 63 Jahre)

3.7.2 Anforderungen an einen Einkaufsstandort

Im Hinblick auf die wesentlichen Anforderungen an eine Einkaufsumgebung ergaben die Befragungen ein breites Spektrum an individuellen Bedürfnissen. Dabei konnten neben den direkt artikulierten Erwartungen an einen Einkaufsstandort weitere als wichtig erachtete Anforderungen aus den Aussagen zu positiven oder negativen Aspekten der jeweiligen Innenstadt bzw. dem Shopping Center abgeleitet werden. Trotz der relativ großen Bandbreite an Anforderungen und Bedürfnissen kristallisierten sich acht Themenbereiche heraus, denen von einem großen Teil der Befragten eine hohe Bedeutung beigemessen wurde:

* Andienung / Personal (Freundlichkeit, Hilfsbereitschaft, Kompetenz, Verfügbarkeit)
* Angebot (Geschäftsbesatz, Sortimentsbreite und -tiefe)
* äußere und innere Erreichbarkeit (einschließlich Parkmöglichkeiten)
* Aufenthaltsqualität (Atmosphäre, Komfort, Sauberkeit, Ordnung)
* Kundenorientierung (Service, Öffnungszeiten, Kundentoilette)
* architektonische Gestaltung (Gestaltqualität, Nutzungsfreundlichkeit, Übersichtlichkeit)
* Wetterexposition (Wetterunabhängigkeit, Aufenthalt an frischer Luft)
* Kundenfrequenz

Viele Befragte führten die Andienung und dabei insbesondere die Freundlichkeit, Hilfsbereitschaft und Kompetenz des Personals sowie dessen hinreichende Verfügbarkeit als einen der zentralen Aspekte bei der Beurteilung einer Einkaufsstätte an. Dabei besitzt das Thema Andienung für alle Altersklassen eine hohe Relevanz. Unterschiede zeigten sich jedoch hinsichtlich der konkreten Anforderungen an eine gute Andienung: Während jüngere Konsumenten sowie Personen mittleren Alters häufig angaben, diejenigen Einkaufsstätten zu bevorzugen, in denen sie das Angebot des jeweiligen Geschäftes zunächst selbständig und ohne ungebetene Ansprache durch das Personal betrachten, bei Bedarf jedoch auf freundliches und kompetentes Personal zurückgreifen können, zeigten ältere und alte Menschen in der Regel eine deutlich höhere Affinität zu unaufgeforderten Beratungs- und Serviceleistungen des Personals:

„Also so diese kleinen Läden, da fühle ich mich überhaupt nicht wohl, wenn ich da in solche Läden reingehe und dann gleich angesprochen werde, weil ich schaue mich lieber in Ruhe alleine irgendwie um und irgendwie … ich fühle mich dann ein bisschen beobachtet irgendwie." (ER3: männlich, 16 Jahre)

„Weil, ich lasse mich gerne bedienen in dem Sinne." (ER29: männlich, 79 Jahre)

„Ich will bedient werden. Ich will mir das … die Sachen nicht in die Garderobe bringen, mitnehmen, mich … und dann gefällt es mir nicht, dann … oder das ist zu groß oder zu klein, und da fehlt dann die Verkäuferin, die mich bedient, die mir das andere, größere, kleinere bringt, nicht?" (ER 32: weiblich, 86 Jahre)

Wie in Kapitel 3.1.6.1.2 dargelegt, fand der Aspekt der Andienung sowohl aufgrund der sehr geringen Möglichkeiten, „von außen", d.h. auch von Seiten eines Centermanagements, Einfluss auf die einzelbetriebliche Personalpolitik und -schulung zu nehmen, als auch aufgrund der starken Abhängigkeit diesbezüglicher Bewertungen von situativen Momenten sowie von individueller Sympathie bzw. Antipathie keinen Eingang in die quantitative Konsumentenbefragung. Die qualitativ gewonnenen Ergebnisse unterstreichen jedoch die große Bedeutung freundlichen, zuvorkommenden und hilfsbereiten Personals in ausreichender Anzahl für den Erfolg eines Einzelhandelsunternehmens, insbesondere im Hinblick auf die Verschiebungen in der Altersstruktur der Konsumenten im Zuge des demographischen Wandels.

Darüber hinaus wurden von einzelnen Befragten weitere Faktoren genannt, die deren individuelle Wahrnehmung und Nutzung einer Einkaufsstätte bzw. eines Einkaufsstandortes maßgeblich mit beeinflussen. Dies betrifft beispielsweise die Berechenbarkeit des Angebots, die Präsentation des Angebots, die Schaufenstergestaltung, den Verzicht auf künstliche Düfte, Barrierefreiheit, eine insgesamt nichthektische Atmosphäre, das Vorhandensein einer Fußgängerzone, das Wissen um eine soziale Geschäftspolitik, die Erwartbarkeit eines angenehmen Publikums sowie die individuelle Vertrautheit mit dem Geschäft bzw. der Einkaufsumgebung. Da aber mit Ausnahme des Aspekts der Andienung alle Faktoren, die von zwei oder mehr Befragten als relevante Anforderungen an eine Einkaufsstätte bzw. einen Einkaufsstandort genannt wurden, Aufnahme in den Fragebogen der quantitativen Konsumentenbefragung fanden, erfolgt die Überprüfung möglicher Zusammenhänge dieser Faktoren mit dem jeweiligen Alter der Konsumenten erst im Rahmen der Analyse der quantitativen Konsumentenbefragung.

Bemerkenswert ist, dass auf die Frage nach den individuellen Anforderungen an einen Einkaufsstandort mehrheitlich Anforderungen an eine konkrete Einkaufsstätte genannt wurden – und dies, obwohl in allen Gesprächen die Ausrichtung der Frage nicht nur auf einzelne Ladenlokale, sondern vor allem auf Geschäftsagglomerationen betont wurde. Dies korreliert mit den Ausführungen von KRELLER (2000: 49), in denen die „enge Verbindung zwischen Einkaufsstättenwahl [i.S.v. Einkaufsstandortwahl, Anm. d. Verf.[97]] und Geschäftswahl" hervorgehoben wird. Der weiteren Auffassung KRELLERS (ebd.), wonach „sich alle mit der Einkaufsstättenwahl verbundenen Entscheidungen implizit mit den an der Einkaufsstätte lokalisierten Geschäften auseinander[setzen]" würden (ebd.), kann jedoch auf Grundlage der Ergebnisse der qualitativen Konsumentenbefragungen zumindest in dieser stark verallgemeinerten Form nicht gefolgt werden. Zwar spielt – wie die Ausführungen mehrerer Befragter zeigen – die Zusammensetzung der Anbieter an einem Standort für viele Konsumenten eine große Rolle:

> „Also, wenn ich shoppen gehe oder was einkaufen muss, dann ist das ja alles nur in diesem neuen Teil, denke ich mal, und, ja, in dem alten Teil, da sind dann vielleicht ein paar schöne Cafés, aber da bin ich nicht so oft, also da gibt es nichts, was ich irgendwie bräuchte." (ER2: weiblich, 18 Jahre)

> „Ehemalige Flaniermeile, die Hauptstraße, meide ich, weil dort Auswüchse des Kapitalismus vorhanden sind. Das war die schönste Straße von Zwickau, und jetzt sind nur noch Billig-Ramsch-Läden, und damit verkommt diese Straße zu einer Ramsch-Straße." (ZW7: männlich, 60 Jahre)

Anhand einzelner Äußerungen von Befragten zeigt sich aber, dass neben der Struktur und Zusammensetzung des Geschäftsbesatzes eines Einkaufsstandortes sowie der Ausgestaltung der Angebotsparameter durch die individuellen Einkaufsstätten teilweise auch Handlungs- und / oder Gestaltelemente des gesamten Einkaufsstandortes dessen Wahrnehmung und Beurteilung prägen; Wahrnehmung und Beurteilung eines konkreten Einkaufsstandortes können dabei als Ausdrucksformen der allgemeinen persönlichen Anforderungen an einen Einkaufsstandort interpretiert werden.

> „Wenn die Werbung für ihr neues Geschäft [= Erlangen Arcaden, Anm. d. Verf.] hat machen wollen, dann dürfen sie ja nicht nur eine bestimmte Gruppe Leute ansprechen, die auf so etwas reinfallen. Sie müssen doch ... sie wollen doch auf jeden Fall Ältere, Jüngere und Jugendliche, und aber auch Mittelalterliche erreichen für ihr Angebot. (…) Und dann habe ich gedacht: Nein, also wer es nötig hat, mit solch einer schlechten Reklame auf sich aufmerksam zu machen, da brauche ich nicht hingehen." (ER27: weiblich, 86 Jahre)

---

97 Zur Verwendung des Begriffs „Einkaufsstätten" bei KRELLER (2000) siehe Kapitel 2.5.1.1, Fußnote 32.

„Ich finde es [in den traditionellen Einkaufsstraßen, Anm. d. Verf.] auch angenehmer, weil einfach die Straßen viel breiter sind. Da kommen die Leute einfach auch besser durch und es ist nicht so dieses Gedränge." (ER4: weiblich, 22 Jahre)

In den Kapiteln 3.4.3.5 und 3.4.4.4 wurde aufgezeigt, dass es sich bei den Einzelhandels- und Dienstleistungsanbietern in den Alt- und Neustädten (ohne 1a-Lagen) der Untersuchungsstädte mehrheitlich um Einzelbetriebe handelt, wohingegen in den 1a-Lagen und insbesondere in den Shopping Centern Filialisten und Franchisenehmer klar dominieren. Es erscheint daher möglich, dass die Bevorzugung innerstädtischer Einkaufsstraßen (außerhalb der 1a-Lagen) oder Shopping Center zumindest teilweise auch in der jeweils dominierenden Organisationsform wurzelt (zur gemeinsamen Betrachtung von Filialisten und Franchisenehmern siehe Kapitel 3.4.3.5, Fußnote 81). Die Analyse der qualitativen Konsumentenbefragungen deutet auf einen gewissen Zusammenhang zwischen der Präferenz für eine bestimmte Organisationsform und dem Alter der Konsumenten hin: So gaben die Befragten der jüngeren und mittleren Altersklassen mehrheitlich an, dass die Organisationsform eines Geschäftes für sie keinen wesentlichen Faktor bei der Wahl einer Einkaufsstätte darstelle; speziell in der Altersgruppe der 14- bis 24-Jährigen berichteten aber auch mehrere Gesprächspartner, grundsätzlich eher filialisierte Anbieter zu bevorzugen, und dies vor allem aufgrund des niedrigeren Preisniveaus, der größeren Berechenbarkeit des Angebots sowie der größeren Freiheit und Selbständigkeit bei der Betrachtung der Waren im Ladenlokal.

„Also deswegen bin ich da schon fast eher ein Freund von diesen großen Einkaufsketten, weil eben da mehr Leute drin sind, also (…) wenn man da so alleine ist und so die Verkäuferin so voll auf dich fixiert ist, gefällt mir nicht. Weil irgendwie, da fühlt man sich so ein bisschen gezwungen, dass man da noch was kauft." (ER3: männlich, 16 Jahre)

Demgegenüber dominierten in der Gruppe der ≥ 60-Jährigen und insbesondere bei den ≥ 75-Jährigen diejenigen Befragten, die erklärten, selbständige Einzelhandelsgeschäfte filialisierten Betrieben nach Möglichkeit vorzuziehen. Als Gründe für diese Präferenz wurden hauptsächlich das höhere Qualitätsniveau der angebotenen Produkte sowie die bessere und kompetentere Beratung in Einzelbetriebsunternehmen genannt.

„Also ich bevorzuge, sagen wir mal, von der Qualität her halt bessere Sachen, und die gibt es oft in den Kettenläden nicht." (ER22: weiblich, 70 Jahre)

„Also ich würde sagen, wenn ich inhabergeführte Geschäfte finde, dann ist das schon sehr gut." (Ehefrau von ER29: 71 Jahre)

„Und ich bin gerne in kleinere Geschäfte gegangen, wo man persönlich angesprochen wird, wo einer persönlich beraten wird. Wo die Auswahl vielleicht nicht so groß ist, aber dafür besser." (ER31: weiblich, 82 Jahre)

Damit stützt die voranstehende Analyse den bereits im Rahmen der Kartierung der Anbieterseite ermittelten Trend, dass die Struktur von Anbietern und Angebot in den innerstädtischen Shopping Centern im Durchschnitt deutlich stärkere Übereinstimmungen mit den Anforderungen von Konsumenten mittlerer und insbesondere jüngerer Altersklassen aufweist als mit den Bedürfnissen von Konsumenten im höheren und hohen Alter.

3.7.3 Wahrnehmung und Nutzung der innerstädtischen Einkaufsstraßen und der Shopping Center als Einkaufsstandorte

Der Erfolg eines Einkaufsstandortes bemisst sich danach, inwieweit er geeignet ist, den Anforderungen und Bedürfnissen der Konsumenten zu entsprechen. Entscheidend für die Beurteilung eines Einkaufsstandortes aus Nachfragersicht ist jedoch nicht die „objektive" Übereinstimmung der Gegebenheiten mit den Anforderungen der Konsumenten, sondern vielmehr die subjektive Wahrnehmung der Einkaufsumgebung durch die Nachfrager. WOLF (1982: 114) weist diesbezüglich darauf hin, dass „die Wertungen dieser Wahrnehmungen und Erfahrungen durch den möglichen Kunden (…), gemessen an den objektiven Maßstäben, durchaus falsch sein" können.

3.7.3.1 Wahrnehmung und Nutzung der innerstädtischen Einkaufsstraßen

Die Innenstädte von Erlangen und Zwickau außerhalb des jeweiligen innerstädtischen Einkaufszentrums wurden von der Mehrzahl der Befragten überwiegend positiv wahrgenommen, wobei neben funktionalen und strukturellen Aspekten insbesondere städtebaulichen Faktoren eine wichtige Rolle bei der Beurteilung beigemessen wurde. Besonders die hohe räumliche Nähe der Einzelhandels- und Dienstleistungsanbieter stellt sowohl für die Befragten in Erlangen als auch für die Probanden aus Zwickau einen großen Vorzug ihrer jeweiligen Innenstadt dar. Des Weiteren lobte ein großer Teil der befragten Konsumenten das angenehme Flair und speziell die familiäre und gemütliche Atmosphäre in „ihrer" Innenstadt; in Erlangen wurde mehrfach zudem die Lebendigkeit in den innerstädtischen Einkaufsstraßen positiv herausgestellt. Auch die bauliche Gestaltung, insbesondere der hohe Besatz an alten Gebäuden, wurde sowohl in Erlangen als auch in Zwickau von mehreren Befragten als wesentlicher Vorzug der jeweiligen Innenstadt hervorgehoben und trägt nach Ansicht dieser Befragten entscheidend zur hohen atmosphärischen Qualität der Innenstadt bei. Einige Gesprächspartner aus Erlangen betonten außerdem, dass die Aufenthaltsqualität in der Innenstadt nicht zuletzt durch die vorhandenen Bäume und floralen Gestaltungselemente maßgeblich befördert werde. In beiden Untersuchungsstädten äußerten sich darüber hinaus mehrere Befragte positiv über die ihrer Ansicht nach gelungene Integration des jeweiligen Einkaufszentrums in die umgebende Innenstadt. Speziell in Erlangen stellte zudem die Fahrradfreundlichkeit der Innenstadt für viele Befragte einen wesentlichen Gunstfaktor dar.

In funktioneller Hinsicht wurde insbesondere das – vor allem im Vergleich zur Größe der (Innen-)Stadt – insgesamt breite und tiefe Waren- und Dienstleistungsangebot positiv hervorgehoben. Einige Befragte führten auch das Vorhandensein zahlreicher kleiner, individueller Geschäfte als Vorzug der innerstädtischen Einkaufsstraßen an.

„Es sind viele kleine Geschäfte, so inhabergeführte Geschäfte ja, und das finde ich, macht ja eigentlich auch den Flair aus." (ER13: männlich, 33 Jahre)

Die an den innerstädtischen Einkaufsstraßen vorgebrachte Kritik manifestierte sich vor allem in der – zumindest in der Wahrnehmung der Befragten – starken Zunahme an Leerständen bzw. einem Downgradingprozess bestimmter Innenstadtbereiche und dem damit einhergehenden Attraktivitätsverlust der jeweiligen Innenstadt; dies betreffe insbesondere die Nebenlagen der innerstädischen Einkaufsstraßen. Dabei wurde(n) häufig das innerstädtische Einkaufszentrum, in Zwickau darüber hinaus auch große Einkaufs- bzw. Fachmarktzentren „auf der grünen Wiese", als zentrale Ursache(n) für den Anstieg der Leerstandsquote benannt; nach Ansicht eines Teils der Befragten in Zwickau hingegen wurzeln diese Entwicklungen in erster Linie in den Veränderungen des Wirtschaftssystems im Zuge der deutschen Wiedervereinigung.

„Auch in der Fußgängerzone sieht man immer wieder Leerstand, weil halt alles in die Arcaden abwandert." (ER33: weiblich, 33 Jahre)

„Ich meine, die kleinen Geschäfte sind dann hopps gegangen. (…) Das war ja in Zwickau … war schön, du konntest … war Geschäft an Geschäft, die Innenstadt. (…) Und das ist eben jetzt durch den … durch die Arcaden konzentriert und die … alles, was rings um die Arcaden ist, gut, das nimmst du noch mit, wenn du rein gehst. Aber was so ein bisschen weiter weg ist, die Hauptstraße z.B., die ist … die streifst du schon gar nicht mehr. Was früher eigentlich die schönste Straße war, die Hauptstraße. Und da bist du auch viel in die Geschäfte und so, das war … dort war Leben. Wenn du jetzt durchgehst, ist kein Leben mehr da." (ZW5: weiblich, 63 Jahre)

„Das ist das Ergebnis des kapitalistischen Systems: viele traditionsreiche Zwickauer Unternehmen sind durch den Finanzdruck kaputtgegangen." (ZW7: männlich, 60 Jahre)

Darüber hinaus wurden teilweise das Fehlen von Lebensmittelsupermärkten sowie die Uniformität der Geschäfte bzw. die insgesamt zu geringe Zahl individueller Einzelhändler als Defizite der innerstädtischen Einkaufsstraßen ausgemacht. Zudem beanstandeten mehrere Befragte das Parkraumangebot, und zwar sowohl hinsichtlich der ihrer Meinung nach zu geringen Anzahl an Parkmöglichkeiten in räumlicher Nähe zu den innerstädtischen Einkaufsstraßen als auch in Bezug auf die Höhe der Parkgebühren. Ein Befragter stellte zudem die Problematik uneinheitlicher Öffnungszeiten bei den Einzelhändlern und Dienstleistern in den Einkaufsstraßen in den Mittelpunkt seiner Kritik:

„Die Öffnungszeiten sind teilweise von vier Uhr … oder die Schließzeiten sind von vier Uhr nachmittags teilweise bis acht Uhr abends. Öffnungszeiten sind ganz ähnlich verteilt. (…) Also am Wochenende fällt es ganz speziell auf, aber es ist auch unter der Woche einfach zu uneinheitlich, um sich darauf einstellen zu können." (ER14: männlich, 30 Jahre)

Speziell in Erlangen beklagten einige (wenige) Befragte – entgegen der überwiegend positiven Beurteilung der Gestaltqualität der Innenstädte – die insgesamt geringe bis fehlende atmosphärische Qualität der Innenstadt. Bemängelt wurden dabei insbesondere das weitgehende Fehlen ästhetischer Reize sowie eine gewisse Langweiligkeit der Einkaufsstraßen. Auch die Breite und Tiefe des Warenangebotes kritisierten einzelne Befragte als zu gering. Des Weiteren beeinträchtigt in Erlangen nach Ansicht mehrerer Befragter der intensive Fahrradverkehr die Aufenthaltsqualität in den Einkaufsstraßen; dies gelte in besonderem Maße für Personen mit kleinen Kindern, da letztere permanent beobachtet werden müssten. Nicht unerwähnt bleiben darf jedoch, dass mehrere Erlanger Befragte angaben, keine negativen Aspekte der innerstädtischen Einkaufsstraßen feststellen zu können. In Zwickau wiederum wurden vereinzelt das ungepflegte Publikum in einigen Geschäften in den Einkaufsstraßen sowie die Beeinträchtigung der städtebaulichen Qualität durch viele (noch) nicht restaurierte Gebäude beklagt.

Während die voranstehend angeführten Kritikpunkte an den innerstädtischen Einkaufsstraßen zwar grundsätzlich von Angehörigen aller Altersklassen, schwerpunktmäßig jedoch von den Befragten jüngeren und mittleren Alters vorgebracht wurden, konzentrierte sich die Kritik der ≥ 60-jährigen und insbesondere der ≥ 75-jährigen Befragten überwiegend auf das zu geringe bzw. weitgehend fehlende Angebot für Menschen im höheren und hohen Lebensalter, insbesondere im Bereich Bekleidung:

„Ich habe im Moment kein Geschäft, wo ich so rein kann und denke … wenn ich was brauche, sagen wir mal, mal ein Kleid für eine Hochzeit oder so, wo ich da hingehe. Habe ich nicht. (…) Ich gucke halt so reihum, wenn ich was sehe, dann kaufe ich es, aber ich habe nicht mehr so ein Geschäft, wo ich immer gerne, ja, wo ich zuerst reingehe und gucke, ob ich da was ist." (ER22: weiblich, 70 Jahre)

„Es gibt ja sehr viele so ganz kleine Geschäftchen hier in Erlangen, nicht, so ganz winzige, ja, in der Altstadt. Das ist auch ganz nett, nicht? Aber die haben zum Teil dann auch wieder ein … sagen wir, gleich ein Kleidungsangebot, was natürlich jetzt für meine Generation nicht mehr so in Frage … Das sind dann so diese Schlabberdinger, nicht, und so. Also, sagen wir mal, ja, das ist dann auch wieder … für die Jugend gibt es hier vielleicht viel, ja, also für junge Leute kann ich mir vorstellen, aber sagen wir mal, jetzt unsere Altersklasse, die dann mal schon auf die … also die 80 überschritten haben und so, also da kann man sich ja nicht mehr so flotte Kleidchen mit offenem Bauch und Bauchpiercing da zeigen, nicht?" (ER26: weiblich, 83 Jahre)

„Naja, die ganzen ursprünglichen Geschäfte, die guten Geschäfte, die gibt es halt nicht mehr. Das sind alles nur diese Boutiquen, ja, wo man nichts Gescheites einkaufen kann, ja, das sind alles nur Sachen, die sie kaufen, anziehen, bis sie schmutzig sind, und dann wegschmeißen und dann neu kaufen. Und für mich zum Beispiel, in meinem Alter, kriegen sie gar nichts, ja, also in Erlangen. Außer sie kaufen im … per Katalog." (ER32: weiblich, 86 Jahre)

Ein gehbehinderter und auf den Rollstuhl angewiesener Befragter beklagte zudem die fehlende Barrierefreiheit vieler Ladenlokale, insbesondere in der Altstadt. Darüber hinaus berichtete er von den Schwierigkeiten, die sich für ihn in denjenigen Einkaufsstraßen ergeben, die nicht als Fußgängerzonen gestaltet sind:

„Wenn ich mit dem Rollstuhl da unterwegs bin, da habe ich Schwierigkeiten teilweise, auf dem Bürgersteig zu bleiben, ich muss dann auf die Straße runter, weil die Wagen so parken, dass auf dem Bürgersteig kein Platz mehr ist, dass ich durch kann." (ER29: männlich, 79 Jahre)

Ein auffällig großer Teil der Befragten thematisierte zudem Kaufhäuser als eigene Kategorie von Einkaufsstandorten. Sowohl in Erlangen als auch in Zwickau überwog dabei eine positive Beurteilung von Kaufhäusern – teilweise wurden Kaufhäuser sogar explizit gegenüber innerstädtischen Shopping Centern favorisiert. Hervorgehoben wurde vor allem die in Kaufhäusern anzutreffende große Breite des Sortiments aus verschiedenen Branchen innerhalb eines Geschäftes:

„Ja, ich meine einfach praktisch, halt irgendwie im Kaufhof durchgehen kann und alles halt so da ist, was man braucht." (ER20: weiblich, 47 Jahre)

„(…) mehrere Kaufhäuser haben ein größeres Angebot als diese einzelnen Läden, die man hat. Und da ist auch so ein bisschen, wissen sie, wenn ich noch an die Heka denke, das war ja kein tolles Kaufhaus, aber sie kriegten alles." (Ehefrau von ER29: 71 Jahre)

„Wären sie [= Erlangen Arcaden, Anm. d. Verf.] nicht da, dann würden wir was anderes machen. Da würden wir vielleicht mehr im Kaufhof oder in so großen Kaufhäusern oder so sein. Die sind ja auch sehr praktisch. Also Kaufhof ist ja auch, da hat man auch alles auf einem Fleck und so, nicht?" (ER10: weiblich, 26 Jahre)

„Da gehe ich lieber in ein Kaufhaus (…). Das ist eigentlich für mich die reellste Einkaufsstätte hier im Zentrum für solche Dinge. Die haben ja auch sehr weit gefächertes Sortiment." (ZW8: männlich, 82 Jahre)

Speziell in Erlangen wurde in diesem Zusammenhang von zahlreichen Befragten der starke Rückgang der Zahl an Kaufhäusern beklagt:

„Naja, es gibt nur noch ein Kaufhaus. Finde ich auch ein bisschen schade." (ER16: weiblich, 43 Jahre)

„(…) die fehlenden Einkaufsmöglichkeiten, und zwar extrem, also dass in nahezu in den letzten, würde ich jetzt einmal sagen, gut 10 Jahren und so weiter eins nach dem anderen zugemacht hat. Das waren also … wir hatten früher Heka, Kaufhof, Quelle, Horten, waren also vier große Einkaufshäuser da. Da ist jetzt gerade noch Kaufhof (…), ansonsten ist also alles, die Innenstadt stirbt also so langsam aus" (ER25: männlich, 60 Jahre)

Einzelne Befragte äußerten sich aber auch kritisch zu Kaufhäusern, wobei sich die Kritik vor allem in der (architektonischen) Gestaltung dieser Betriebsform manifestiert:

„Aber ich meine, ich gehe eigentlich nicht so gerne in Kaufhäuser. Also so Kaufhäuser mag ich eigentlich nicht so gerne. (…) Aber ich finde schon allein, wenn man so durch … über mehrere Etagen muss, irgendwie weiß ich nicht. Also ich gehe schon eigentlich tendenziell lieber in kleinere Läden, also wo einfach größere Übersichtlichkeit auch irgendwo existiert." (ER7: weiblich, 38 Jahre)

„(…) so ein normales Kaufhaus, (…) die sind ja sowas von 60er Jahre, ja? Und das kommt auch nicht zuletzt durch diese braven Rolltreppen da so in der Mitte." (ER15: weiblich, 51 Jahre)

Eindeutige Zusammenhänge zwischen der Beurteilung von Kaufhäusern als Einkaufsstätte (bzw. Einkaufsstandort, siehe oben) und sozio-demographischen Merkmalen der Befragten – insbesondere ihrem jeweiligen Alter – sind nicht zu erkennen. Allerdings wurden die Vorzüge von Kaufhäusern bzw. das Bedauern über deren stark rückläufige Verbreitung vermehrt von Angehörigen höherer und hoher Altersklassen artikuliert.

3.7.3.2 Wahrnehmung und Nutzung der innerstädtischen Shopping Center

Insgesamt wertete die Mehrzahl der Befragten aller Altersklassen die Erlangen Arcaden bzw. die Zwickau Arcaden als Bereicherung für die jeweilige Innenstadt. Ebenso wurden in allen Altersklassen sowohl positive als auch negative Aspekte der Einkaufszentren vorgebracht. Unterschiede zeigten sich teilweise jedoch hinsichtlich der in den einzelnen Altersgruppen dominierenden Kritikpunkte. Zudem fällt auf, dass die Einkaufszentren speziell bei den ≥ 75-Jährigen stark polarisierend wirken: Während ein Teil der Befragten dieser Altersklasse ein sehr positives Urteil über das innerstädtische Shopping Center abgab und (fast) keine Kritikpunkte benannte, bewertete ein anderer Teil diesen Einkaufsstandort nahezu ausschließlich negativ.

Einen wesentlichen Vorteil der Einkaufszentren bildet für die Mehrzahl der Befragten besonders der hohe praktische Nutzen dieser Einkaufsstandorte, verbunden mit der Möglichkeit zur Zeitersparnis. So wurde – weitgehend unabhängig vom Alter der Befragten – vor allem die große Auswahl an Geschäften und Produkten bzw. Marken, durch die das Angebot in der jeweiligen Innenstadt eine deutliche Verbreiterung und Vertiefung erfahren habe, als sehr positiver Aspekt des jeweiligen Einkaufszentrums benannt. Besondere Relevanz erlangt dieser Aspekt nach Ansicht der

Befragten aufgrund der gleichzeitig hohen räumlichen Konzentration der Anbieter und der damit einhergehenden kurzen Wege zwischen den einzelnen Ladenlokalen.

„Ja also dieses breite Spektrum. Also dass ich halt wirklich nicht irgendwie durch die halbe Stadt laufen muss, um meine Sachen zu kriegen, sondern wenn ich da halt einmal durchlaufe, kann ich Kaffee trinken mit Klamotten kaufen mit was-weiß-ich Software für den Laptop kaufen und so weiter, kann ich halt alles verbinden. Und habe das in einem Aufwasch in, weiß ich nicht, einer, eineinhalb Stunden rum, oder zwei. Und habe einen relativ geringen Aufwand dabei." (ER5: männlich, 21 Jahre)

„Das Schöne ist bei den Zwickau Arcaden, dass du da im Großen und ... viele Sachen mit einem Mal verbinden kannst. (…) Also man kann eigentlich im Großen und Ganzen fast alles kaufen da drin." (ZW1: männlich, 20 Jahre)

„Naja, das ist so eine ambivalente Sache. Also weil eigentlich mag ich die Arcaden nicht, und ich war auch im Vorfeld eigentlich eher eine Gegnerin, die gesagt: Wir brauchen das nicht, und eigentlich bin ich auch immer noch der Ansicht, das brauchen wir eigentlich nicht (…) Aber bin jetzt natürlich doch relativ häufig in den Arcaden, weil es gerade mit Kind wieder einfach sehr praktisch ist, alle Geschäfte auf einem Haufen zu haben." (ER10: weiblich, 26 Jahre)

Speziell in Erlangen resultiert darüber hinaus für einige Befragte ein Teil der Attraktivität des Einkaufszentrums aus der Integration eines kleineren Lebensmittelsupermarktes, der eine Lücke im Branchenmix des Einzelhandelsangebotes in diesem Bereich der Innenstadt schließt. Während jedoch von jüngeren Befragten angegeben wurde, diesen Supermarkt in der Regel nur für einzelne, dringend benötigte Produkte zu nutzen, stellt er für eine 86-jährige Befragte – vor allem aufgrund der direkten ÖPNV-Anbindung der Erlangen Arcaden –die Haupteinkaufsstätte dar.

„Und der [= Supermarkt Konsum, Amn. d. Verf.] ist da unten sehr schön, also sehr ... Es gibt wirklich alles, was man braucht. Und nebendran ist gleich ein Drogeriemarkt im selben Souterrain da unten, und da kriegt man auch alles, was man braucht." (ER27: weiblich, 86 Jahre)

„(…) kann auch mal den Supermarkt benutzen, wenn ich noch irgendwas auf die Schnelle brauche." (ER11: weiblich, 33 Jahre)

Daneben spielte vor allem der Conveniance-Faktor der Einkaufszentren bei der Beurteilung der Befragten eine große Rolle. Dies betrifft zum einen die Wetterunabhängigkeit, die speziell für die Wintermonate von einem großen Teil der Befragten als entscheidender Vorzug der Einkaufszentren gegenüber den Einkaufsstraßen herausgestellt wurde.

„Ich finde es eigentlich schon, dass man (…) im Winter oder wenn es kein schönes Wetter ist, dass man halt dann doch eigentlich sehr angenehm einkaufen kann, ich fahre mit dem Auto direkt rein, bin trocken." (ER11: weiblich, 33 Jahre)

„Ich muss sagen, die Atmosphäre ist schön. Die Tatsache, dass man durch diese Galerie ziehen kann, witterungsunabhängig, im Vergleich zu Verkaufsstraßen, wo es viel Wind und Regen gibt oder zu heiß ist." (ER21: männlich, 67 Jahre)

Zum anderen empfindet eine Reihe von Befragten die Verfügbarkeit (vermeintlich) öffentlicher und nicht direkt an einen gastronomischen Anbieter gebundener Sitzmöglichkeiten als sehr angenehm. Bemerkenswert ist, dass dieser Aspekt nicht nur von älteren und alten Befragten, sondern gleichermaßen auch von Gesprächspartnern jüngeren und mittleren Alters angeführt wurde. Auch das Angebot an Sanitäranlagen trägt nach Ansicht einiger Befragter zur Attraktivität eines Einkaufszentrums bei.

„Und die Sitzmöglichkeiten in der Mitte dann so, zwischendrin, das ist halt auch schön." (ER2: weiblich, 18 Jahre)

„Und dann stehen da auch so Sofas rum, da saß ich auch schon und habe den Paul [= Sohn, Anm. d. Verf.] dann gefüttert und so, also das ist echt wirklich alles sehr praktisch." (ER10: weiblich, 26 Jahre)

Auch die einheitlichen und langen Öffnungszeiten – in Erlangen nicht zuletzt auch in Bezug auf die in den Erlangen Arcaden befindliche Hauptpost – tragen zu einer Erhöhung des Einkaufskomforts bei und stellen für mehrere Befragte eine der großen Stärken des Shopping Centers dar.

„(…) vieles auf einem Fleck und einheitlich geregelt, also gerade bei den Öffnungszeiten (…), das ist einer der ganz großen Vorteile." (ER14: männlich, 30 Jahre)

Des Weiteren wurde wiederholt das Parkraumangebot der Einkaufszentren sehr positiv hervorgehoben, und dies sowohl hinsichtlich der großen Anzahl an Parkplätzen als auch in Bezug auf die zentrale Lage. Dabei schätzen die Befragten neben den kurzen Wegen zu den Ladenlokalen und gastronomischen Anbietern im jeweiligen Einkaufszentrum auch die hohe räumliche Nähe der Parkmöglichkeiten zu den Anbietern in den zentralen Lagen der Innenstädte. Teilweise wurden auch die als vergleichsweise niedrig empfundenen Parkgebühren beifällig erwähnt. In Bezug auf die äußere Erreichbarkeit wurde in Erlangen darüber hinaus die direkte Anbindung an den ÖPNV als sehr vorteilhaft dargestellt.

„Ja, aber das ist halt nun mal praktisch, nicht, (…) da sind ja auch Parkplätze, die haben alles außenrum. Und du parkst halt dein Auto und dann, ja, brauchst du mal eine halbe Stunde oder in eine Stunde, gehst du mal schnell rein, alles erledigen." (ER9: weiblich, 25 Jahre)

Auch die Gestaltqualität des jeweiligen Einkaufszentrums wurde von einigen Befragten anerkennend herausgestellt. Neben der architektonischen Gestaltung zeigte sich ein großer Teil der Befragten vor allem von der Dekoration in den Verkehrsbereichen des Centers, insbesondere zu Weihnachten und Ostern, begeistert. Auch die Durchführung themenbezogener Sonderausstellungen wird von einigen Befragten als Bereicherung der Aufenthaltsqualität im Shopping Center und damit auch in der Innenstadt insgesamt empfunden.

„Ich meine, das ist freundlich, es ist hell, ist modern eingerichtet, ist klar, es ist ja eine neue Angelegenheit. Ist schon ansprechend." (ZW6: männlich, 69 Jahre)

„(…) die ganze Optik, so licht und luft und schön bunt und viele Leute und so und einfach angenehm." (ER15: weiblich, 51 Jahre)

„Das finde ich eigentlich ganz gut, dass so ein Geschäft auch mal ein bisschen was macht, wo es bestimmt, ja, indirekt draufzahlt. Ich meine, man versucht damit natürlich die Leute auch anzulocken, aber dass halt solche Sachen da auch mal laufen. Oder auch irgendwie der verzweifelte Versuch gemacht wird, irgendwas mit Kunst auszustellen, glaube ich, oder irgendwie so Aktions- … Ob das dann gelungen ist, das ist die andere Frage, aber man bemüht sich. Also das finde ich an Arcaden eigentlich positiv, dass da so was gemacht wird." (ER12: männlich, 32 Jahre)

Neben der ästhetischen Qualität der Gestaltung schätzen einige Befragte die Einkaufszentren insbesondere wegen ihrer funktionellen Gestaltqualität; dies betrifft vor allem die nahezu vollständige Barrierefreiheit innerhalb der Shopping Center. Dabei wurde der Aspekt der Barrierefreiheit sowohl von Personen mit starken Beeinträchtigungen des Bewegungsapparates und deren Angehörigen als auch von jungen Müttern bzw. Familien mit kleinen Kindern im Kinderwagen als besonders positives Moment der Einkaufszentren betont. Besonders diejenigen Befragten, die entweder selbst auf einen Rollstuhl angewiesen sind oder als Angehörige häufig Rollstuhlfahrer begleiten, legten dar, dass ihnen die barrierefreie Zugänglichkeit aller Bereiche des Centers – einschließlich der Parkmöglichkeiten – erlaubt, alle Angebote innerhalb des Einkaufszentrums zu nutzen.

„Weil ich da [= Erlangen Arcaden, Anm. d. Verf.] mit dem Rollstuhl überall gut zurechtkomme, mit dem Aufzug rauf und runter, oben ist alles glatt, die Geschäfte haben keine Treppen am Eingang, und dann komme ich da überall rein." (ER29: männlich, 79 Jahre)

„Und dann ist noch ein großer Vorteil von den Arcaden: Das ist alles behindertengerecht. Ich habe einen Enkel, der ist schwerstbehindert. Dort kann ich mit ihm hingehen. Aber so, die Geschäfte hier auf den Straßen: ist meistens eine Stufe oder so. Da kannst du mit einem Rollstuhl nicht rein und es ist auch drinnen eng, also … Da ist überall Aufzug, ich kann in jede Etage, ich kann in jedes Geschäft reinfahren, ja, und das ist ganz großartig." (ZW5: weiblich, 63 Jahre)

Nicht zuletzt gab ein Teil der befragten Konsumenten an, die Atmosphäre bzw. das Ambiente in dem Einkaufszentrum als sehr angenehm zu empfinden. Es fällt auf, dass die Atmosphäre vor allem von Konsumenten im mittleren und speziell im höheren Alter positiv bewertet wurde. Bemerkenswert ist zudem, dass teilweise die in den Geschäften der Einkaufszentren herrschende „Anonymität" (ER3), die es erlaubt, das Angebot selbständig und ohne Ansprache durch das Verkaufspersonal zu betrachten, als wesentlicher Faktor der Einkaufsqualität in den Shopping Centern ausgemacht wurde.

> „Die Atmosphäre ist, würde ich sagen, ja, es ist angenehm. Man fühlt, da ist etwas Leben in dem Laden und man kommt auch nicht unter Druck. Also es ist nicht so wie im orientalischen Bazar, wo bei jedem Türeingang einer steht und zu … irgendwie Zwang, zwingen will, etwas zu kaufen." (ER21: männlich, 67 Jahre)

Vereinzelt wurden darüber hinaus die intensive räumliche Verzahnung von Einzelhandel, Dienstleistern und Gastronomie, das insgesamt niedrigere Preisniveau der Geschäfte, die Sauberkeit und Ordentlichkeit innerhalb des Einkaufszentrums, die ansprechende Schaufenstergestaltung, die zeitweise Angebotspräsentation einzelner Geschäfte auf Sonderverkaufsflächen in der Mitte der Verkehrsflächen des Centers sowie das insgesamt angenehme Publikum als Vorzüge des jeweiligen Einkaufszentrums genannt.

Negativ hingegen bewerteten die meisten Befragten vor allem die sehr hohe Passantenfrequenz und die daraus resultierende räumliche Enge in den Einkaufszentren, die in besonderer Weise an Samstagen sowie in der Vorweihnachtszeit zu beobachten seien. In Verbindung mit der teilweise als zu gering erachteten Breite der Verkehrswege führe dies zu einem Passantenstau, der die Aufenthaltsqualität im Einkaufszentrum erheblich beeinträchtige. Auch die bauliche Gestaltung lasse nach Meinung einzelner Befragter ein Gefühl der Enge und Beklemmung entstehen. Darüber hinaus bedinge vor allem die hohe Passantenfrequenz einen unangenehm hohen Geräuschpegel.

> „Dass manchmal zu viele Leute drin sind. Das finde ich schrecklich." (ZW1: männlich, 20 Jahre)

> „Die Laufwege sind nicht geschickt geplant, durch das, dass man in der Mitte diesen Lichtraum hat und dann an der Seite an den Wegen noch die Säulen fast in die Mitte pflanzt, wird es teilweise schon sehr eng, und nicht nur zur Weihnachtszeit." (ER14: männlich, 30 Jahre)

> „Ich finde, in den Arcaden ist es sehr gedrückt durch die Wände und – klar ist es sehr offen gehalten durch die, ich glaube oben ist so eine Glaskuppel und so weiter, aber ich finde es irgendwie sehr bedrückend und beengend eigentlich zum Bummeln jetzt. Also finde ich nicht so schön." (ER6: weiblich, 24 Jahre)

> „Ich fühle mich da nicht wohl. Also die … falsch gebaut, würde ich mal sagen. Ich fühle mich da, wenn ich da durchlaufe, beengt und ich fühle mich nicht wohl und ich will da wieder raus." (ER18: weiblich, 51 Jahre)

„Es ist natürlich sehr laut dadurch, dass es sehr voll ist." (ER16: weiblich, 43 Jahre)

Einige Befragte berichteten zudem von Orientierungsproblemen innerhalb des Einkaufszentrums, für die sie vor allem die teilweise unübersichtliche architektonische Gestaltung des Centers verantwortlich machten.

„(…) Orientierungsproblem, weil man nie weiß, in welche Richtung man gerade muss, obwohl man wirklich schon oft dort unterwegs war. Und dann fährt man runter und rauf und hierhin und dahin, und dann weiß man wieder nicht, in welche Richtung man jetzt muss." (ER1: weiblich, 24 Jahre)

„Ich muss gestehen, dass ich heute noch in die falsche Richtung laufe." (ER22: weiblich, 70 Jahre)

Des Weiteren wird die hohe räumliche Konzentration einer (relativ) großen Zahl an Einzelhandels-, Dienstleistungs- und Gastronomiebetrieben, der die Mehrzahl der Befragten – wie oben gezeigt – sehr positiv gegenüber steht, von einem Teil der befragten Konsumenten als unangenehm empfunden. Besonders die hohe Zahl an Imbissständen stößt bei einigen Befragten auf Ablehnung.

„Ich bin, wie gesagt, eigentlich jetzt nicht so der Freund von den Arcaden, weil es ist einfach viel zu viel, finde ich, also viel zu viel auf einmal, ich finde es … fand es davor auch viel schöner, also wo man die ganze Straße entlang gehen konnte und da ist es einfach so viel auf einmal, dazwischen so viel Ess-Stände, so schlechte Luft, so viele Leute. (…) Naja, ja wie gesagt, diese extrem vielen Essensstände gefällt mir auch nicht, wenn einfach jeder zweite Stand irgendwas zum Essen ist, das ist auch irgendwie ein bisschen viel." (ER3: männlich, 16 Jahre)

„Das ist, dass es zu viel gibt. (…) da ein Laden, Textil, dann mal da und mal da, auf einer Etage drei Stück, ja. Sie sind ja nur immer am suchen. (…) Na, und das mag ich nicht." (ZW4: männlich, 47 Jahre)

Einige der befragten Konsumenten kritisierten zudem die fehlende atmosphärische Qualität innerhalb der Shopping Center; als Ursachen dieses Defizits wurden vor allem die Hektik sowie die Anonymität des Einkaufsambientes ausgemacht.

„Also die Arcaden finde ich jetzt, ja, die sind einfach zu laut, zu anonym." (ER25: männlich, 60 Jahre)

„(…) so, von der Atmosphäre, ist mir es echt, ehrlich gesagt, zu hektisch." (ZW4: männlich, 47 Jahre)

Als weiterer Schwachpunkt geschlossener innerstädtischer Einkaufszentren allgemein und damit auch der Einkaufszentren in Erlangen bzw. Zwickau identifizierten einige Befragte die Abgeschlossenheit des Gebäudekomplexes und die daraus resultierende fehlende Möglichkeit, sich bei einem Besuch dieses Einkaufsstandortes zumindest zeitweise an der frischen Luft aufhalten zu können. Vor allem in Erlangen wurde in diesem Zusammenhang darüber hinaus wiederholt das Problem einer schlechten Luftqualität innerhalb der Erlangen Arcaden thematisiert. Die Kritik bezog sich dabei sowohl auf die als häufig zu warm empfundene Temperaturregelung als auch auf die Luftqualität; letztere werde nicht zuletzt auch durch die von den Gastronomieanbietern emittierten Essensgerüche erheblich beeinträchtigt.

„Aber ansonsten hat es halt natürlich die … ein bisschen das Grundproblem jedes Einkaufszentrums quasi: Man ist erstmal in so einem abgeschirmten Raum, kommt zwischendurch eben nicht an die frische Luft." (ER7: weiblich, 38 Jahre)

„Das ist im Winter äußerst unangenehm, weil es da zu warm ist. Und im Sommer ist die Belüftung auch nicht so gut, da hat man immer Angst, man kriegt keine Luft." (ER30: weiblich, 83 Jahre)

Eine Reihe von Befragten betonte in ihren Ausführungen zudem die bereits in Kapitel 3.7.3.1 angesprochenen negativen Auswirkungen der innerstädtischen Shopping Center auf die Struktur und den Besatz in den traditionellen Einkaufsstraßen der Innenstadt. Ihrer Ansicht nach zeichnen die Einkaufszentren maßgeblich für die zunehmende Zahl an Leerständen in den Einkaufsstraßen, insbesondere in den Nebenlagen, sowie für massive Downgrading-Prozesse in Teilbereichen der Innenstadt verantwortlich. Zudem würden innerstädtische Einkaufszentren durch ihre sehr ähnliche und weitgehend standortunabhängige Innengestaltung in hohem Maße zum Verlust der Individualität einer Innenstadt beitragen. Die Problematik negativer Auswirkungen des Shopping Centers auf die umgebenden Einkaufsstraßen wurde vor allem von Angehörigen der Altersklassen 25 bis 39 Jahre sowie (in etwas geringerem Umfang) 40 bis 59 Jahre zur Sprache gebracht[98].

„Ich war eigentlich am Anfang sehr kritisch dazu [= Erlangen Arcaden, Anm. d. Verf.] eingestellt, bin es eigentlich immer noch, weil ich es sehr schade finde, dass sehr viele Geschäfte jetzt leer stehen in Erlangen, in der Hauptstraße vor allem." (ER6: weiblich, 24 Jahre)

„Es sind ja auch wirklich sehr viele kleine Geschäfte kaputtgegangen dadurch [= Erlangen Arcaden, Anm. d. Verf.]. Und das finde ich dann immer schade." (ER27: weiblich, 86 Jahre)

„Der einzige Nachteil ist, dass eben sehr viel durch gerade, durch solche Bauten wie Arcaden eben der Innenstadtcharakter kaputtgemacht ist." (ZW4: männlich, 47 Jahre)

---

98 Auffällig war weiterhin der sehr hohe Akademikeranteil unter den Befragten, die diese Thematik anschnitten. Inwieweit jedoch ein Zusammenhang zwischen der Kritik an den Auswirkungen innerstädtischer Einkaufszentren auf die umgebenden Einkaufsstraßen und dem Bildungsstand der Befragten angenommen werden kann, kann aufgrund des insgesamt weit überdurchschnittlichen Anteils an Akademikern, die zu einer Teilnahme an der qualitativen Haushaltsbefragung bereit waren, nicht festgestellt werden.

„Ja, halt auch im Prinzip, dass eigentlich die … das Spezielle eigentlich verloren geht. Ich meine, ich könnte mich in diesen Arcaden genauso gut in München, Nürnberg, Fürth, Würzburg, Hamburg, ich meine, im Prinzip weiß man nie, wo man ist. Das finde ich ein bisschen schade." (ER11: weiblich, 33 Jahre)

Vereinzelt wurden weitere Aspekte der Einkaufszentren kritisiert, so beispielsweise die Dominanz filialisierter Betriebe, die permanente Überfüllung des Parkhauses, die zu geringe Zahl an Aufzügen, das unzureichende Angebot an Sitzmöglichkeiten, die niedrige soziale Herkunft der meisten Besucher sowie die starke Betonung des Konsums bzw. die Augenfälligkeit der Überflussgesellschaft.

Speziell in Erlangen wurden darüber hinaus mehrfach die – trotz der hohen räumlichen Konzentration der Anbieter – weiten Wege innerhalb des Einkaufszentrums kritisiert, die nach Ansicht einiger Befragter nicht zuletzt in der teilweise relativ weit von den Eingängen entfernten Lage der Rolltreppen begründet liegen. In diesem Zusammenhang führten einige Befragte auch an, dass die Grundkonzeption geschlossener innerstädtischer Einkaufszentren kein Abstellen eines Fahrrads direkt vor dem Eingang eines konkreten Ladenlokals erlaubt, wodurch der Aufwand zum Erreichen eines Geschäftes erhöht sei.

„Aber ich bin schon genervt, wenn ich da einfach nur durch das halbe Einkaufszentrum laufen muss, um da irgendwo hinzugehen. Weil normalerweise kann ich da irgendwie, wie hier, vorher [mit dem Fahrrad, Anm. d. Verf.] parken vorm Gebäude (…) und kann reingehen. Und da muss ich erst noch einmal komplett durchlaufen, bis ich da irgendwo bin." (ER4: weiblich, 22 Jahre)

Im Hinblick auf die Fragestellung dieser Untersuchung ist insbesondere von Belang, worin sich die Kritik älterer und alter Konsumenten an den Einkaufszentren im Besonderen manifestiert. Die meisten der voranstehend wiedergegebenen Kritikpunkte ließen keinen Zusammengang mit dem Alter der Befragten erkennen und wurden dementsprechend auch von Angehörigen der beiden ältesten Altersgruppen vorgebracht. Schwerpunktmäßig richtete sich die Kritik der befragten Konsumenten höheren und insbesondere hohen Alters allerdings auf das ihrer Ansicht nach für Menschen ihrer Altersklasse unzureichende bis fehlende Angebot in den Einkaufszentren. Dies betreffe insbesondere den Bereich Bekleidung, dessen Angebot weit überwiegend auf junge Menschen ausgerichtet sei. Aber auch das zu geringe Angebot an Fach- und Spezialgeschäften anderer Branchen, wie z.B. Haushaltswaren oder Bastelbedarf, sowie allgemein an höherwertigen Sortimenten wurde in diesem Zusammenhang bemängelt. Die Fokussierung auf jüngere Kundengruppen zeige sich darüber hinaus auch in der werblichen Ansprache, deren Art und Gestaltung geeignet sei, ältere und alte Menschen von einem Besuch des Einkaufszentrums abzuhalten.

„Das Angebot ist eigentlich … für uns Ältere ist es nicht da." (ER22: weiblich, 70 Jahre)
„(…) alles nach 08/15, überhaupt nichts Besonderes." (ER31: weiblich, 82 Jahre)

„Dann hatten sie ja so große Holzwände um die Baugrube gemacht, das mussten sie ja, und haben die beklebt mit einer so abscheulichen Reklame. Also habe ich gesagt, wenn diese Leute, die da bauen, keinen anderen Geschmack haben, wie diesen Mist, den sie da hinkleben, also … Und dann haben sie auch so dumme Sprüche (…), die waren aber so – Entschuldigung: saublöd –, dass ich gedacht habe: Also wenn die keinen besseren Geschmack haben, dann kann es ja nachher drin, wenn man dann einkaufen soll, wahrscheinlich auch nicht besser sein." (ER27: weiblich, 86 Jahre)

Zwar beklagten auch einzelne Befragte jüngeren und mittleren Alters, dass das Einzelhandels- und Dienstleistungsangebot in dem jeweiligen Einkaufszentrum nicht ihren persönlichen Bedürfnissen entspreche; der relative Anteil der Befragten, die das Angebot überwiegend negativ beurteilten, ist in diesen Altersklassen jedoch weitaus geringer als bei den Gesprächspartnern im höheren und hohen Alter. Einige Befragte der jüngeren und mittleren Altersgruppen betonten sogar explizit die starke Übereinstimmung des Angebots im Shopping Center mit ihren individuellen Bedürfnissen.

„Und ich find, die Läden sprechen mich jetzt nicht so an. Also, da gibt es ja viele diese Modeläden für so eher so Jüngere, also so Schüler eben, also, das ist, ich weiß nicht, ich glaube das Pimkie oder so. Das ist halt … spricht mich halt nicht wirklich an." (ER4: weiblich, 22 Jahre)

„Also ich gehe eigentlich meistens in die Arcaden, weil da sind eben auch Geschäfte, wo ich dann weiß, da finde ich Klamotten, die mir passen oder auch gefallen." (ER2: weiblich, 18 Jahre)

Bemerkenswert ist, dass in Zwickau die meisten Befragten deutlich weniger Kritik an dem Shopping Center in ihrer Innenstadt übten als die Gesprächspartner aus Erlangen; mehrere Zwickauer Befragte gaben sogar an, keine negativen Aspekte des Einkaufszentrums benennen zu können. Möglicherweise liegt die damit im Durchschnitt deutlich positivere Bewertung des Einkaufszentrums in Zwickau zumindest auch in der zeitlichen Überlagerung der von allen Befragten sehr positiv beschriebenen Aufwertung der Zwickauer Innenstadt nach der deutschen Wiedervereinigung und der Errichtung der Zwickau Arcaden begründet. Es ist denkbar, dass die Zwickau Arcaden von vielen Konsumenten als genuiner Bestandteil dieses allgemeinen Aufwertungsprozesses wahrgenommen werden.

Trotz der zahlreichen gegenüber den innerstädtischen Einkaufzentren vorgebrachten Kritikpunkte gaben fast alle Befragten an, das Shopping Center bei Einkaufsbesuchen in der Innenstadt zu nutzen, teilweise bei nahezu jedem Innenstadtbesuch; lediglich in der Gruppe der ≥ 75-Jährigen erklärten zwei Befragte, das Einkaufszentrum nach einmaligem Besuch nicht erneut aufsuchen zu wollen[99]. Für einige Befragte stellt das Einkaufszentrum sogar regelmäßig die erste Anlaufstelle

---

99 In beiden Fällen handelte es sich allerdings um Personen, die angaben, aufgrund starker Beeinträchtigungen des Bewegungsapparates nur noch sehr selten Einkaufsbesuche in der Innenstadt durchführen zu können.

für Einkäufe in der Innenstadt dar; ein Zusammenhang mit dem Alter der Befragten ist diesbezüglich nicht erkennbar. Allerdings werden die in den Shopping Centern angesiedelten Dienstleistungsbetriebe von der Mehrzahl der Befragten nicht oder nur in sehr geringem Umfang genutzt; eine Ausnahme stellt diesbezüglich lediglich die Hauptpost in den Erlangen Arcaden dar, die – nicht zuletzt mangels Alternativen – von einem großen Teil der Befragten aufgesucht wird. Als Gründe für die Nichtnutzung der meisten Dienstleistungsanbieter nannten die Befragten vor allem die Treue zu den bereits vor Eröffnung des Einkaufszentrums genutzten Anbietern sowie ein höheres Preisniveau der Dienstleister in den Einkaufszentren.

Bemerkenswert ist schließlich, dass die überwiegende Zahl der Befragten – unabhängig vom Alter und weiteren sozio-demographischen Faktoren – trotz der insgesamt überwiegend positiven Bewertung der architektonischen und atmosphärischen Gestaltqualität des Shopping Centers in „ihrer" Stadt angab, das Einkaufszentrum nur für gezielte Einkäufe, nicht jedoch zum Bummeln zu nutzen. Offensichtlich werden im Hinblick auf die Eignung eines Einkaufsstandortes zum Bummeln eine große Breite und Tiefe des Angebots sowie ein relativ hoher Einkaufskomfort, die als entscheidende Vorteile der Einkaufszentren benannt wurden, nachrangig gegenüber anderen Faktoren wie insbesondere der (zu) hohen Passantenfrequenz und der daraus resultierenden räumlichen Enge, dem fehlenden Flair traditioneller innerstädtischer Einkaufsstraßen sowie der Abgeschlossenheit gegenüber der natürlichen Umwelt bewertet.

3.7.4 Allgemeine Anforderungen an Cafés sowie Wahrnehmung und Nutzung der Cafés und weiterer gastronomischer Anbieter in innerstädtischen Shopping Centern

Die von den Gesprächspartnern vorgebrachten Anforderungen an ein Café legen auf den ersten Blick zumindest hinsichtlich zweier zentraler Aspekte eine weitgehende Unabhängigkeit vom Alter der Befragten nahe: So wurden in allen Altersgruppen das Ambiente des Cafés sowie die Auswahl und Qualität des Getränke- und Kuchenangebotes als wichtige Kriterien für die Beurteilung eines Cafés benannt, wobei vor allem dem Ambiente bzw. der Atmosphäre eines Cafés von der weit überwiegenden Zahl der Befragten eine herausragende Bedeutung beigemessen wurde. Bei genauerer Betrachtung zeigt sich jedoch, dass die relativ unspezifischen Begriffe „Ambiente" und „Atmosphäre" von einzelnen Befragten teilweise durchaus unterschiedlich interpretiert wurden: Während vor allem jüngere Befragte häufig eine moderne Gestaltung, verbunden mit einer jugendlichen Atmosphäre bevorzugen, gaben die meisten älteren und alten Befragte an, das stilvolle Ambiente in „Plüschsesselcafés" (siehe Kapitel 3.6.2.1) bzw. ein „altehrwürdiges Ambiente" (ZW7) zu präferieren. Dementsprechend wurden Coffeeshops wie *Starbucks, Mr.Bleck* u.ä. nur von einigen Befragten der beiden jüngsten Altersklassen als bevorzugte Cafés genannt. Befragte mittleren und höheren Alters hingegen brachten teilweise explizit ihre Abneigung gegenüber dieser Caféform zum Ausdruck (allerdings artikulierten auch einige jüngere Befragte ihre grundsätzliche Abneigung gegenüber Coffeeshops).

„Also was eben überhaupt nicht geht, das sind diese Ketten, also so McIrgendwas, Coffee to go. (…) Ich lehne schon das Konzept ab, ja. (…) Also das muss ich gar nicht haben, irgendwelche amerikanischen Café-Ketten." (ER18: weiblich, 51 Jahre)

„Naja Coffeeshop, nein, da brauche ich nicht rein. Wenn ich zum Café gehe, Kaffeetrinken kann ich daheim auch, wenn ich bloß so eine Tasse will." (ER30: weiblich, 83 Jahre)

Speziell die Befragten der jüngeren und mittleren Altersgruppen legen darüber hinaus mehrheitlich großen Wert auf das Angebot von Sitzmöglichkeiten im Freien; für ältere und alte Cafébesucher hingegen spielt dieser Aspekt den Ergebnissen der qualitativen Befragungen zufolge in der Regel keine wichtige Rolle. Auch das Preisniveau bzw. das Preis-/Leistungsverhältnis wurde in erster Linie von jüngeren Befragten als wichtiges Kriterium bei der Wahl eines Cafés genannt. Demgegenüber messen ältere und alte Befragte der Freundlichkeit der Bedienung mehrheitlich einen deutlich höheren Stellenwert bei als Angehörige der jüngeren Altersgruppen.

Mehrere Befragte verschiedener Altersgruppen nannten zudem die Möglichkeit, vom Café aus Passanten beobachten zu können und eventuell zufällig Bekannte oder Freunde zu treffen, als wichtigen Faktor bei der Auswahl eines Cafés.

„Dann setze ich mich gerne dorthin, wo etwas los ist, wo ich was sehe. (…) Dann sieht man auch mal jemand Bekanntes und so. Das ist alles da hinten nicht, weil das tote Zone ist." (ZW5: weiblich, 63 Jahre)

Weiterhin wurden ein niedriger Geräuschpegel einschließlich des Verzichts auf laute Hintergrundmusik, eine großzügige architektonische Gestaltung mit ausreichend Raum zwischen den einzelnen Tischen bzw. Sitzgruppen, eine bequeme Bestuhlung, Sauberkeit, die Berücksichtigung der Bedürfnisse junger Mütter (z.B. Kinderspielecke, Wickelmöglichkeit), räumliche Nähe zu Parkmöglichkeiten, eine nicht zu große Zahl an Gästen sowie ein insgesamt angenehmes Publikum als Anforderungen an ein attraktives Café genannt.

Die in den Einkaufszentren angesiedelten Cafés wurden unabhängig vom Alter der Befragten überwiegend negativ beurteilt. Besonders bemerkenswert ist, dass in Zwickau von keinem der Befragten positive Eigenschaften der Cafés in den Zwickau Arcaden benannt wurden. Auch in Erlangen erklärte ein großer Teil der Befragten, in Bezug auf die Cafés in den Erlangen Arcaden keine positiven Aspekte angeben zu können. Darüber hinaus beschränkten sich die positiv bewerteten Eigenschaften der Cafés auf wenige Aspekte: Einige Befragte führten diesbezüglich das ihrer Meinung nach ansprechende Ambiente und insbesondere die moderne Gestaltung an, von anderer Seite wurde die gute Eignung zur Beobachtung vorbeilaufender Passanten als Vorteil der Cafés in den Erlangen Arcaden herausgestellt. Auch die Breite sowie die Qualität des Getränke- und Speisenangebotes wurden teilweise lobend erwähnt, ein Befragter hob zudem die räumliche Nähe zu den Parkmöglichkeiten in den Arcaden hervor.

„Also was mir gut gefällt, ist das Ambiente oder die Optik. Das sind doch diese drei-
farbigen Sitzgruppen – schaut ... schön fürs Auge." (ER16: weiblich, 43 Jahre)

Kritik äußerten die Befragten demgegenüber vor allem an der fehlenden räum-
lichen Abgrenzung vieler Cafébereiche von den Verkehrsflächen des Centers. Ihrer
Ansicht nach werde die Aufenthaltsqualität in den Cafés durch den direkt an den
Sitzflächen der Cafés vorbeiziehenden Passantenstrom erheblich beeinträchtigt.

„Da bist du dann so nah am Stress, da kann man nicht wirklich ... sich nicht wirklich
gemütlich hinsetzen, wenn 20 Meter von dir entfernt der Stress ist und schon ziemlich
viele Leute die ganze Zeit herumlaufen, finde ich jetzt. Also gefällt mir nicht." (ER3:
männlich, 16 Jahre)

„Vor allem am Wochenende, wenn viele Personen unterwegs sind, die dann wirklich an
dir vorbeilaufen mit den Einkauftüten, finde ich jetzt da nicht so schön von der Atmosphäre her. Also gehe ich ehrlich gesagt ungerne in so ein Café." (ER6: weiblich, 24 Jahre)
„Ist natürlich nicht überwältigend. Man sitzt halt zwischen all den Massen, die links
und rechts an einem vorbeilaufen." (ER19: weiblich, 57 Jahre)

„Also zu dem Italiener unten nicht, weil das ist mir dann zu viel. Weil da sitzt du dann
voll auf dem Präsentierteller, nicht, und das finde ich nicht so schön. Also wenn du
dann ... sitzt ja genau ganz unten, und da kann ja eigentlich jeder auf dich draufgucken,
wenn man es so nimmt, also das ist nicht so schön, finde ich." (ZW1: männlich, 20 Jahre)

Des Weiteren trügen der hohe Geräuschpegel, die räumliche Enge, die vor allem
am Wochenende zu beobachtende Überfüllung der Cafés sowie die Hektik der Umgebung, die auf die Atmosphäre in den Cafés ausstrahle, zu einer insgesamt geringen atmosphärischen Qualität der Cafés bei.

„Und dann auch durch die Mengen ist es meistens so laut, dass man sich dann sogar
schlechter versteht wie in einem kleineren Ding, wo auch Leute sind." (ER12: männlich,
32 Jahre)

„Weil es zu laut ist, dann hetzen alle vorbei, also da hat man nicht so die Ruhe. Also
wenn ich schon mal ins Café gehe, mir einen Eisbecher gönne und was dazu, dann
möchte ich das auch in Ruhe haben." (ZW3: weiblich, 44 Jahre)

„Also zum gemütlich hinsetzen ist es mir unter der Woche zu laut und zu voll." (ER16:
weiblich, 43 Jahre)

Darüber hinaus bezeichneten einige Befragte die Lage der Cafés in einem geschlossenen Shopping Center und die damit fehlende Möglichkeit, einen Sitzplatz
im Freien einzunehmen, vor allem im Sommer als entscheidenden Nachteil der Cafés in Shopping Centern. Auch das überwiegend hohe Preisniveau in den Cafés der
Einkaufszentren wurde kritisiert. Einzelne Befragte äußerten sich zudem negativ
über die Qualität des Speisen- und Getränkeangebotes.

„Das sieht schon so teuer aus, wenn man da vorbeikommt irgendwie." (ER2: weiblich, 16 Jahre)

Hinsichtlich der Nutzung der gastronomischen Angebote und speziell der Cafés in den innerstädtischen Shopping Centern verweisen die Ergebnisse der Haushaltsbefragungen auf eine insgesamt geringe Inanspruchnahme; speziell für gemeinsame Cafébesuche mit Freunden oder Verwandten werden die Einkaufszentren nur von wenigen Befragten genutzt. Allerdings lässt sich in Bezug auf die Caféangebote der Einkaufszentren in der Tendenz eine etwas stärkere Nutzung bei den Befragten der mittleren bis hohen Altersklassen erkennen. Zu berücksichtigen ist jedoch, dass die Befragten dieser Altersklassen im Vergleich zu den jüngeren Gesprächspartnern eine insgesamt höhere Affinität zu Cafés aufweisen. Neben diesen altersabhängigen Unterschieden in der allgemeinen Cafénutzung zeigen sich aber auch klare standortabhängige Differenzen. So bekundeten die Befragten aus Zwickau eine insgesamt deutlich geringere Affinität zu Cafébesuchen als die Gesprächspartner aus Erlangen: Die Hälfte der Zwickauer Befragten erklärte, nur in seltenen Ausnahmefällen ein Café aufzusuchen und Kaffee grundsätzlich bevorzugt zu Hause zu konsumieren[100].

„Ich trinke meinen Kaffee lieber zu Hause." (ZW2: männlich, 51 Jahre)

„Ich bin kein Café-Gänger. Nie und auch ganz gleich wohin. (…) Das ist nicht meine Welt." (ZW8: männlich, 82 Jahre)

In Erlangen gaben einzelne Befragte allerdings an, speziell das Brunchangebot eines der Cafés in den Erlangen Arcaden sehr zu schätzen und häufiger zu nutzen; diesbezüglich wurde auch die Öffnung der Cafés an Sonntagen lobend erwähnt.

„Also wir sind hier so ein kleiner Freundeskreis, wir gehen öfters einfach mal frühstücken. Und dafür ist eigentlich die ein … man sitzt droben und kann die Leute wirklich ein bisschen angucken und was es gibt. Prima Auswahl an Frühstück. Und dafür finde ich es eigentlich ganz nett dann." (ER19: weiblich, 57 Jahre)

Die in den Shopping Centern befindlichen Angebote der Schnellgastronomie werden den Ergebnissen der Haushaltsbefragung zufolge nahezu ausschließlich von Personen der jungen bzw. jüngeren und mittleren Altersklassen genutzt; unter den älteren und alten Befragten hingegen gab nur ein Gesprächspartner an, die Angebote der Schnellgastronomie im Einkaufszentrum in Anspruch zu nehmen. Allerdings berichteten einzelne weitere Befragte der beiden höchsten Altersklassen, des

---

100 Inwieweit diesbezüglich ein Zusammenhang mit dem Alter der Befragten besteht, kann an dieser Stelle aufgrund der geringen Zahl an Gesprächspartnern aus Zwickau nicht ermittelt werden; hier sei auf die Analyse der quantitativen Konsumentenbefragung verwiesen (siehe Kapitel 3.8.8).

Öfteren die in den Shopping Centern befindlichen Bäckereicafés für einen Imbiss zu nutzen.

3.7.5 Allgemeine Werte und Konsumnormen

In Kapitel 2.4.4 wurde gezeigt, dass Einstellungen, Werte und Normen einen hohen Einfluss auf das allgemeine Verhalten und die Meinungsbildungsprozesse eines Menschen haben. Dementsprechend muss auch in Bezug auf die individuelle Konsumneigung und das Konsumverhalten eine Beeinflussung durch diese Aspekte angenommen werden.

Um etwaige Korrelationen des individuellen Werte- und Normensystems mit den jeweiligen Konsumeinstellungen und -präferenzen sowie der konkreten Bewertung und Nutzung der unterschiedlichen Einkaufsstandorte aufdecken zu können, wurden alle Gesprächspartner in einem letzten thematischen Block nach denjenigen Werten gefragt, die auf ihrer individuellen Werteskala besonders hohe Ränge einnehmen. Im Bewusstsein, dass „eine direkte Erfragung der individuellen Wertstruktur nur schwer durchführbar ist" (Jansen / Rabe 2003: 168), wurde der entsprechende Themenblock in allen Interviews sehr vorsichtig eingeführt und mit Fragen nach der persönlichen Beurteilung der allgemeinen Werteentwicklung in der Gesellschaft und der Entwicklung von Konsumnormen eingeleitet.

Trotz dieser methodischen Bemühungen zeigten viele der Gesprächspartner teilweise erhebliche Unsicherheiten im Umgang mit diesem Themenkomplex und speziell mit der Begrifflichkeit „Wert"; diese Unsicherheit war weitgehend unabhängig von den sozio-demographischen Parametern Alter, Geschlecht und Ausbildungsabschluss zu beobachten. Beispielhaft sei hier die Aussage einer 26-jährigen Studentin angeführt:

> „Werte … das ist so ein großes Wort auch. Was würdest du, also nur mal so beispielshalber, was würdest du als Wert, also …" (ER10)

Aufgrund der Schwierigkeiten vieler Befragter mit der Beantwortung von Fragen nach Werten und Normen erscheint der Versuch einer auf diesen Aussagen basierenden Überprüfung von Zusammenhängen zwischen Werte- und Normensystemen einerseits und Konsumeinstellungen und -präferenzen andererseits problematisch. Des Weiteren stand zu befürchten, dass Fragen nach Werten und (Konsum)normen im Rahmen der quantitativen Konsumentenbefragung von einem noch größeren Anteil der Befragten nicht hätten beantwortet werden können, da ein quantitativ orientiertes Untersuchungsdesign keine Explikationen zu einzelnen Fragen erlaubt (vgl. Mayer 2006: 100). Aus diesen Gründen wird auf eine weitergehende Analyse des Themenkomplexes „Werte und Normen" ebenso verzichtet wie auf die Einbeziehung dieses Aspektes in den der quantitativen Konsumentenbefragung zugrunde liegenden Fragebogen (siehe Anhang A1-2).

3.8 Alles eine Frage des Alters? Die Reichweite des Alters als Erklärung für Perzeptions- und Nutzungsdifferenzen bei innerstädtischen Einkaufsstandorten

Die im Rahmen der qualitativen Haushaltsbefragung gesammelten Äußerungen deuten in einigen Bereichen auf alterskorrelierte Unterschiede in der Wahrnehmung und Nutzung der innerstädtischen Einkaufsstandorte hin; dies betrifft beispielsweise die Häufigkeit von Innenstadtbesuchen, die Bewertung des Angebots an den unterschiedlichen Einkaufsstandorten im Lichte der individuellen Bedürfnisse oder die Beurteilung des Ambientes im jeweiligen Einkaufszentrum. Andere Aspekte wiederum, darunter die grundsätzliche Affinität zu einer großen und vielfältigen Auswahl an Geschäften, Produkten und Marken sowie die Wertschätzung des hohen Convenience-Faktors in Shopping Centern, wurden von Befragten aller Altersklassen gleichermaßen artikuliert. Anhand der Ergebnisse der quantitativen Konsumentenbefragung gilt es nun zu überprüfen, inwieweit diese ersten Erkenntnisse einer quantitativen Analyse Stand halten.

3.8.1 Zusammensetzung der Stichprobe der quantitativen Passantenbefragung

Insgesamt konnten im Rahmen der quantitativen Konsumentenbefragungen in den Innenstädten sowie in den innerstädtischen Shopping Centern der drei Untersuchungsstädte 917 erfolgreiche Interviews durchgeführt werden, davon 365 in Erlangen, 309 in Koblenz und 243 in Zwickau. In allen Untersuchungsstädten sind weibliche Befragungsteilnehmer deutlich überrepräsentiert; ihr Anteil schwankt zwischen 60,84% in Koblenz und 65,02% in Zwickau (Erlangen: 61,92%). Die Beobachtungen von MONHEIM (1999: 103) und NUTHMANN / WAHL (2010: 68), wonach „Frauen schwerer als Männer für eine Beteiligung zu gewinnen" seien (NUTHMAN / WAHL: ebd.), finden in der vorliegenden Studie somit keine Bestätigung[101]. Allerdings wurden die Befragungen zu vorliegender Studie ausschließlich durch die (weibliche) Verfasserin durchgeführt; ein leicht verzerrender Einfluss dieses Umstands auf die Stichprobenzusammensetzung kann nicht ausgeschlossen werden. Wie Abbildung 51 veranschaulicht, weicht auch die altersstrukturelle Zusammensetzung der Stichproben in allen Städten deutlich von der Altersstruktur der deutschen Gesamtbevölkerung ab[102].

---

101 Bemerkenswert ist, dass es sich bei der Untersuchung MONHEIMS (1999), auf die sich o.g. Aussage stützt, ebenfalls um eine Passantenbefragung in der Innenstadt handelte.

102 Die Grundgesamtheit der Untersuchung umfasst alle Personen ≥ 14 Jahre, die die Innenstadt einer der Untersuchungsstädte häufiger als zwei Mal pro Jahr aus anderen als ausschließlich beruflichen Gründen aufsuchen (siehe Kapitel 3.1.6.1.2). Da die Grundgesamtheit weder hinsichtlich ihrer Größe noch im Hinblick auf ihre Struktur präzise bekannt ist, werden die (Teil-)Stichproben näherungsweise der deutschen Gesamtbevölkerung vergleichend gegenübergestellt. Ein Vergleich der Stichprobenzusammensetzungen mit der Struktur der Bevölkerung der einzelnen Untersuchungsstädte erscheint hingegen nicht sinnvoll, da zwischen 34,57% (ZW) und 52,10% (KO) der Befragten von außerhalb des Stadtgebietes stammen und anzunehmen ist, dass die strukturelle Zusammensetzung der Bevölkerung im (weiteren) Einzugsbereich der Innenstädte in nicht unerheblichem Maße von der Bevölkerungsstruktur der Untersuchungsstädte abweicht.

Abb. 51: Vergleich Altersaufbau der deutschen Gesamtbevölkerung mit Alterszusammensetzung der Stichproben

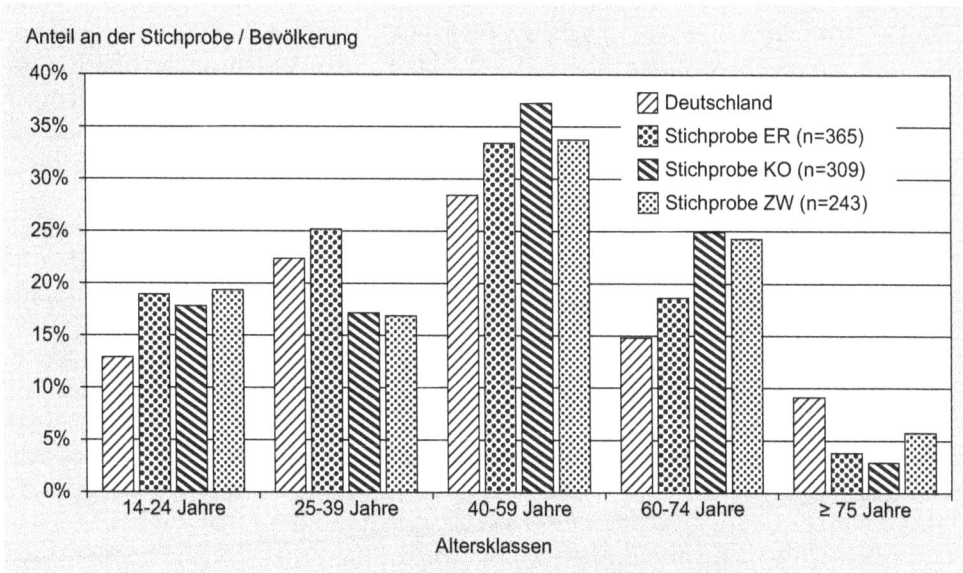

Quelle: Eigene Berechnungen nach StBA – Genesis (2013); Eigene Erhebungen; Eigene Darstellung

In allen drei Städten sind die jüngste Altersklasse (14 bis 24 Jahre) sowie die Gruppen der 40- bis 74-Jährigen (stark) überrepräsentiert, während der jeweilige Anteil der ≥ 75-Jährigen in den Stichproben deutlich unter dem entsprechenden Wert für die Gesamtbevölkerung liegt. In Koblenz und Zwickau ist auch die Gruppe der 25- bis 39-Jährigen in den Stichproben klar unterdurchschnittlich vertreten, wohingegen in Erlangen ein höherer Anteil an Passanten dieser Altersklasse an der Befragung teilnahm, als es ihrem Anteil an der Gesamtbevölkerung entspricht (diesbezüglich ist freilich die starke Beeinflussung der Bevölkerungsstruktur Erlangens durch die große Zahl an Studierenden der ansässigen Universität zu berücksichtigen, siehe Kapitel 3.2.2.1).

Nach Berekoven / Eckert / Ellenrieder (2009: 45) ist eine Stichprobe als repräsentativ für die Grundgesamtheit anzusehen, „wenn sie in der Verteilung aller relevanten Merkmale der Gesamtmasse entspricht". Für die vorliegende Fragestellung besitzt vor allem das Merkmal Alter herausragende Relevanz. Mittels einer Gewichtung der Stichproben könnte die Altersstruktur der Stichproben künstlich an die altersstrukturelle Zusammensetzung der Grundgesamtheiten angeglichen werden. Da jedoch die Grundgesamtheiten für die einzelnen Untersuchungsstädte nicht präzise bekannt sind (siehe Fußnote 102), ist eine Gewichtung der Stichproben entsprechend der Verteilung der Altersklassen in den Grundgesamtheiten nicht möglich. Eine näherungsweise an der deutschen Gesamtbevölkerung orientierte Gewichtung würde regionale Unterschiede in der altersstrukturellen Zusammensetzung der Bevölkerung unberücksichtigt lassen, eine auf die Altersstruktur der Bevölkerung der Untersuchungsstädte ausgerichtete Gewichtung wiederum würde Spezifika der jeweiligen „Stadtbevölkerung" überbetonen, insbesondere, da zwischen etwa einem Drittel (34,57% in Zwickau) und rund der Hälfte (52,10% in Koblenz) der Befragten nicht der Bevölkerung der jeweiligen Stadt angehören. Hinzu kommt, dass jede Gewichtung das grundsätzliche Problem einer Überhöhung der Aussagen von Probanden aus schwach besetzten (Alters-)klassen birgt. Nicht zuletzt ist die Repräsentativität der Stichproben in Bezug auf das Merkmal Alter nur für diejenigen Aussagen eingeschränkt, die sich auf die jeweilige Stichprobe als Ganzes beziehen; altersklassendifferenzierte Analysen sind in ihrer Aussagekraft nicht beeinträchtigt. Auf eine Gewichtung der Stichproben wird daher verzichtet.

In allen Untersuchungsstädten weisen die Stichproben einen weit über dem bundesweiten Durchschnitt von 13,58% liegenden Akademikeranteil auf (Stand 2010; vgl. Destatis 2013b): In Zwickau besaß etwas mehr als ein Viertel der Befragten (27,57%) einen (Fach-)Hochschulabschluss, in Erlangen und Koblenz sogar jeweils (rund) ein Drittel (33,70% bzw. 33,33%)[103]; 1,65% der Hochschulabsolventen in Zwickau sowie jeweils etwas über 5% der Akademiker in Erlangen und Koblenz waren darüber hinaus promoviert oder habilitiert. Diesbezüglich ist jedoch zu berücksichtigen, dass alle Untersuchungsstädte Standort einer Hochschule bzw. Fachhochschule sind (siehe Kapitel 3.2.2) und somit davon ausgegangen werden kann, dass bereits die Grundgesamtheiten einen über dem Bundesdurchschnitt liegenden Akademikeranteil aufweisen dürften. Auch in den hier besonders interessierenden Altersklassen der ≥ 60-Jährigen sind Akademiker in den Stichproben überproportional stark vertreten (ER: 40,24%; KO: 31,4%; ZW: 27,4%). Dies deutet darauf hin, dass Akademiker zudem eine grundsätzlich höhere Bereitschaft zur Teilnahme an der vorliegenden Untersuchung aufwiesen als andere Bevölkerungsgruppen. Zwischen 43,01% (ER) und 59,67% (ZW; KO: 51,45%) der Befragten hatten eine beruflich-betriebliche oder beruflich-schulische Ausbildung abgeschlossen, waren Absolventen von Fach-, Meister- oder Technikerschulen bzw. von Berufs- oder Fachakademien oder hatten eine sonstige Berufsausbildung, z.B. eine Ausbildung im öffentlichen Dienst, absolviert. (Noch) keinen Berufsabschluss besaßen in Zwickau 12,76% und in Koblenz 14,56% der Befragten, in Erlangen lag der entsprechende Wert mit 23,01% deutlich höher; größtenteils handelte es sich dabei um noch in der Ausbildung befindliche Probanden aus den beiden jüngsten Altersklassen.

Jeweils etwas über 30% der Befragten (30,41% bis 33,74%) arbeiteten als Angestellte oder Beamte in Vollzeit, 10,29% (ZW) bis 12,88% (ER) waren teilzeitbeschäftigt. Selbständige sind in den Stichproben mit einem Anteil zwischen 4,53% (ZW) und 6,47% (KO) vertreten. Der Anteil der in der vorliegenden Arbeit besonders interessierenden Gruppe der im (Vor-)Ruhestand befindlichen Personen an den Stichproben beträgt in Erlangen 20,0%, in Koblenz 23,95% und in Zwickau 27,57%. Entsprechend dem prägenden Einfluss der Universität Erlangen-Nürnberg auf die Bevölkerungsstruktur Erlangens (siehe Kapitel 3.2.2.1) sind Schüler und Studenten in der Erlanger Stichprobe mit insgesamt 19,18% stark vertreten, während ihre Anteile an den Stichproben in Koblenz und insbesondere in Zwickau mit 11,65% bzw. 5,76% deutlich geringer sind. Zwischen 3,24% (KO) und 7,82% (ZW; ER: 4,11%) der Probanden befanden sich zum Zeitpunkt der Befragung in einer sonstigen Ausbil-

---

103 Drei Befragte aus Koblenz machten zu ihrem höchsten Ausbildungsabschluss sowie zu ihrer beruflichen Stellung keine Angaben.

dung. Weiterhin gaben in Erlangen und Koblenz jeweils rund 4% bis 5% der Interviewpartner an, als Hausfrau bzw. -mann tätig zu sein, in Zwickau hingegen liegt der entsprechende Wert nur bei 0,82%. Arbeitslose schließlich sind in den Stichproben aller Städte mit einem Anteil von 1,10% (ER) bis 3,30% (ZW) deutlich unterrepräsentiert.

Hinsichtlich der Herkunft der Befragten fällt auf, dass der Anteil der Befragten, die aus dem Stadtgebiet der jeweiligen Untersuchungsstadt stammten, erheblich zwischen den drei Städten differiert[104]. In Erlangen kamen rund 58% der Probanden aus dem Stadtgebiet Erlangen[105], 5,48% stammten aus den südlich gelegenen Nachbarstädten Nürnberg oder Fürth. Etwa 20,5% der Befragten kamen aus dem an das Erlanger Stadtgebiet angrenzenden Landkreis (LKR) Erlangen-Höchstadt. Der Anteil der aus den nicht direkt an Erlangen grenzenden (Land-)Kreisen Neustadt a.d. Aisch - Bad Windsheim, Bamberg (Stadt und LKR), Forchheim, Nürnberger Land und Fürth (LKR) stammenden Probanden beträgt 12,88%. Die übrigen Befragten (2,47%) waren aus anderen Regionen in die Erlanger Innenstadt gekommen; zwei Befragte machten keine Angabe zu ihrem Herkunftsort. In Koblenz liegt der Anteil der Probanden aus dem Koblenzer Stadtgebiet deutlich niedriger, nämlich bei 48,22%. Rund ein Drittel der Befragten stammte aus den direkt an Koblenz angrenzenden Landkreisen Mayen-Koblenz, Westerwaldkreis und Rhein-Lahn-Kreis. Aus den sich daran anschließenden Landkreisen Cochem-Zell, Vulkaneifel, Ahrweiler, Neuwied, Altenkirchen, Limburg-Weilburg und Rhein-Hunsrück-Kreis kamen etwa 16% der Probanden. Eine noch weitere Distanz zwischen ihrem Wohnort und der Koblenzer Innenstadt hatten rund 3,5% der Befragten zurückgelegt. Drei Befragte verweigerten in Koblenz die Angabe ihrer Postleitzahl. Den höchsten direkt aus dem Stadtgebiet der Untersuchungsstadt stammenden Befragtenanteil weist mit rund zwei Drittel der Probanden (66,25%) Zwickau auf. 20,99% der interviewten Passanten kamen aus dem weiteren Landkreis Zwickau[106], 7,41% der Probanden waren aus den sich südlich anschließenden Landkreisen Vogtlandkreis und Erzgebirgskreis in die Zwickauer Innenstadt gekommen. Bemerkenswert ist, dass aus den Kreisen Greiz und Altenburger Land, die ebenfalls direkt an den Landkreis Zwickau

---

104 Die Herkunft der Befragten wurde auf Basis der Postleitzahlengebiete erhoben, da die Kenntnis der Postleitzahl des persönlichen Wohnstandortes als allgemein bekannt vorausgesetzt werden konnte. Die angegebenen Postleitzahlen wurden den entsprechenden Landkreisen bzw. kreisfreien Städten zugeordnet. Da sich die Einteilung der Postleitzahlengebiete in Deutschland jedoch nicht konsequent an den administrativen Verwaltungseinheiten orientiert, bestand hierbei das Problem, dass einzelne Postleitzahlengebiete nicht eindeutig einem Landkreis bzw. einer kreisfreien Stadt zuzuordnen sind, sondern sich über zwei oder sogar drei Kreise erstrecken. Die daraus resultierende Unschärfe hinsichtlich der Herkunft der Befragten wurde jedoch als vertretbar erachtet, zumal unterstellt werden kann, dass der exakten Kreiszugehörigkeit des jeweiligen Wohnstandortes kein relevanter Einfluss auf die Wahrnehmung und Nutzung innerstädtischer Einkaufsstandorte zukommt.

105 Eine eindeutige Bestimmung des Anteils der aus dem Stadtgebiet Erlangen stammenden Befragten ist anhand der Postleitzahlangaben nicht möglich, da sich ein Postleitzahlengebiet sowohl über einen Teil des Erlanger Stadtgebietes als auch über eine Gemeinde des Landkreises Erlangen-Höchstadt erstreckt. Die Einwohnerzahl dieser Gemeinde ist mit 3.323 Personen jedoch relativ gering (3,16% der Bevölkerung Erlangens; Stand 31.12.2010, vgl. BayLASt – Genesis 2013b), sodass der verzerrende Einfluss eher schwach ausgeprägt sein dürfte.

106 Zwar handelt es sich bei Zwickau nicht um eine kreisfreie Stadt; zugunsten einer besseren Vergleichbarkeit mit den anderen Untersuchungsstädten wird an dieser Stelle gleichwohl zwischen dem Stadtgebiet und dem weiteren Landkreis Zwickau differenziert.

angrenzen, lediglich vier der Befragten stammten (1,65%). Drei Probanden waren aus Chemnitz in die Zwickauer Innenstadt gekommen (1,23%), weitere vier Befragungsteilnehmer kamen aus weiter entfernten Regionen. Zwei Personen konnten bzw. wollten die Frage nach ihrer Postleitzahl nicht beantworten.

In der Gruppe der ≥ 60-Jährigen liegen die Anteile der aus dem jeweiligen Stadtgebiet der Untersuchungsstädte stammenden Befragten in allen drei Städten deutlich über den Durchschnittswerten der altersklassenübergreifenden Stichproben: In Erlangen kamen knapp 64% der ≥ 60-jährigen Probanden aus dem Stadtgebiet der Untersuchungsstadt, in Koblenz 54,65% und in Zwickau lag der entsprechende Wert sogar bei 83,56%.

Die durchschnittliche Haushaltsgröße in den Stichproben beträgt in allen Untersuchungsstädten rund 2,4 Personen, wobei die Standardabweichung in Koblenz mit s=1,612 deutlich höher liegt als in Erlangen (s=1,306) und Zwickau (s=1,147). Die Stichproben weisen somit sowohl im Vergleich zur deutschen Gesamtbevölkerung als auch zur Bevölkerung der jeweiligen Bundesländer, in denen sich die Untersuchungsstädte befinden, klar überdurchschnittliche mittlere Haushaltsgrößen auf (vgl. StBA 2011c: 46). Aufgrund der typischen Veränderungen der Haushaltszusammensetzung im Lebenszyklus bildet eine altersklassenübergreifende Betrachtung der durchschnittlichen Haushaltsgröße die tatsächlichen Lebensbedingungen der Probanden jedoch nur unzureichend ab. Daher sind in nachstehender Tabelle 16 die mittleren Haushaltsgrößen der Befragten sowie die jeweiligen Standardabweichungen nach Altersklassen differenziert aufgeführt.

Tab. 16: Mittlere Haushaltsgrößen der Befragten nach Altersklassen

	Erlangen			Koblenz			Zwickau		
	n	$\bar{x}$	s	n	$\bar{x}$	s	n	$\bar{x}$	s
14-24 J.	69	3,07	1,692	55	3,60	2,819	46	3,15	1,490
25-39 J.	92	2,03	1,063	51	2,06	1,085	41	2,61	1,137
40-59 J.	122	2,75	1,300	115	2,39	1,219	81	2,38	0,995
60-74 J.	68	1,90	0,602	77	1,82	0,506	59	1,75	0,544
≥ 75 J.	14	1,57	0,852	9	1,67	0,500	14	1,50	0,519
Gesamt	365	2,43	1,306	307	2,39	1,612	241	2,36	1,147

Quelle: Eigene Erhebungen und Berechnungen

Insgesamt zeigt sich in der Tendenz eine deutliche Abnahme der durchschnittlichen Haushaltsgröße mit steigendem Alter der Befragten. Während die Probanden der jüngsten Altersklasse (14- bis 24 Jahre) im Durchschnitt in Haushalten mit mehr als drei Personen lebten, gehörten den Haushalten der 25- bis 39-Jährigen sowie der 40- bis 59-Jährigen durchschnittlich zwischen zwei und drei Personen an. Allerdings stieg in Erlangen und Koblenz die durchschnittliche Haushaltsgröße von der Gruppe der 25- bis 39-Jährigen zur nächstälteren Altersklasse – im Falle Erlangens sogar deutlich – an. Speziell in Bezug auf Erlangen ist diesbezüglich der hohe Anteil an häufig in Ein-Personen-Haushalten lebenden Studierenden zu berücksichtigen (siehe Kapitel 3.2.2.1). Demgemäß stellten Ein-Personen-Haushalte in Erlangen bei den 25- bis 39-jährigen Befragungsteilnehmern die vorherrschende Haushaltsform dar. Auch der Anteil der Befragten, in deren Haushalten Kinder bzw. Jugendliche unter 18 Jahren lebten, differierte stark zwischen den Untersuchungsstädten: Bei den 25- bis 39-Jährigen reichte der Anteil (bezogen auf Mehrpersonenhaushalte) von 21,21% in Koblenz bis 45,45% in Zwickau (ER: 29,63%); in der Gruppe der 40- bis 59-Jährigen handelte es sich bei den Mehrpersonenhaushalten in Erlangen zu 53,06%, in Koblenz zu 32,93% und in Zwickau zu 19,12% um Haushalte mit Kindern und / oder Jugendlichen. Bei den ≥ 60-Jährigen dominierten in hohem Maße Ein- und Zwei-Personen-Haushalte. Entsprechend liegt die durchschnittliche Haushaltsgröße in den beiden ältesten Altersgruppen bei unter zwei Personen, bei den ≥ 75-Jährigen beträgt sie sogar nur 1,5 (ZW) bis 1,7 (KO) Mitglieder je Haushalt. Jeweils zwei Befragte in Koblenz und Zwickau machten keine Angabe zur Zusammensetzung ihres Haushaltes.

Über alle Altersklassen betrachtet waren zwischen 42,74% (ER) und 47,25% (KO; ZW: 45,27%) der Befragten verheiratet. Dabei steigt der Anteil der Verheirateten in den Stichproben bis zur Gruppe der 60-bis 74-Jährigen kontinuierlich an und stellt in dieser Altersklasse den klar dominierenden Familienstand dar (62,71% in ZW, jeweils rund 71% in ER und KO). Erst in der höchsten Altersklasse weist der Anteil Verheirateter einen niedrigeren Wert als in der vorausgehenden Altersklasse auf, und dies vor allem zugunsten eines im Vergleich zu den jüngeren Altersgruppen deutlich höheren Anteils an verwitweten Befragten. Allerdings schwanken die Anteile verwitweter Probanden erheblich zwischen den Untersuchungsstädten: Bei den ≥ 75-Jährigen hatten in Erlangen 35,71%, in Koblenz 11,11% und in Zwickau 42,86% der Befragten ihren Ehepartner überlebt[107], bei den 60- bis 74-Jährigen gaben zwischen 6,49% (KO) und 22,03% (ZW; ER: 8,82%) an, verwitwet zu sein. Die Anteile lediger Personen beliefen sich in den Stichproben auf Werte zwischen 25,51% (ZW) und 32,68% (KO; ER: 28,42%); dabei handelte es sich größtenteils um Angehörige der beiden jüngsten Altersgruppen. 8% bis 9% der Befragten lebten zum Zeitpunkt der Befragung in Partnerschaft, wobei dieser Familienstand in der Gruppe der 25- bis 39-Jährigen am häufigsten genannt wurde. Zwischen 6,30% (ER) und 10,70% (ZW; KO: 8,74%) der befragten Passanten waren geschieden oder lebten von ihrem Ehepartner getrennt. Drei Befragte aus Koblenz sowie ein Proband aus Zwickau verweigerten die Angabe ihres Familienstandes.

Tabelle 17 gibt die Verteilung der Einkommensklassen in den Stichproben, bezogen auf das monatliche Haushaltsnettoeinkommen, wieder; neben den altersklassenübergreifenden Verteilungen sind aufgrund ihrer besonderen Relevanz für die vorliegende Fragestellung zusätzlich die Einkommensverteilungen der beiden höchsten Altersklassen aufgeführt. Aufgrund der sehr unterschiedlichen Antwortausfallquoten in den einzelnen Altersklassen beziehen sich die Anteilswerte der einzelnen Einkommensklassen auf die Summe der gültigen Antworten[108].

---

107 Zu berücksichtigen ist hier jedoch die insbesondere in der Koblenzer Stichprobe schwache Besetzung der höchsten Altersklasse (9 Probanden; in Erlangen und Zwickau 14 Befragte).

108 Prozentuale Häufigkeiten, die auf einer absoluten Zahl von < 3 Nennungen basieren, sind hier wie im Folgenden mit * gekennzeichnet.

Tab. 17: Einkommensverteilung der Stichproben in Erlangen, Koblenz und Zwickau (in Auswahl)

	Erlangen in %			Koblenz in %			Zwickau in %		
	Gesamt	60-75 J.	≥ 75 J.	Gesamt	60-75 J.	≥ 75 J.	Gesamt	60-75 J.	≥ 75 J.
< 500€	4,09	0,00	*9,09	0,88	0,00	0,00	2,65	0,00	0,00
500€ – < 1.000€	8,92	5,17	*9,09	6,19	6,15	0,00	18,52	20,37	*8,33
1.000€ – < 2.000€	14,87	8,62	27,27	17,70	12,31	*25,00	30,69	48,15	66,67
2.000€ – < 3.000€	24,91	36,21	36,36	24,34	33,85	*25,00	26,46	18,52	*16,67
3.000€ – < 4.000€	20,07	22,41	*18,18	27,43	29,23	*25,00	14,29	9,26	*8,33
4.000€ – < 5.000€	12,27	12,07	0,00	15,49	15,38	*25,00	6,35	*3,70	0,00
≥ 5.000€	14,87	15,52	0,00	7,96	*3,08	0,00	1,06	0,00	0,00
Gesamt	100	100	100	100	100	100	100	100	100
Quote Antwort-ausfall	26,30	14,71	21,43	26,86	15,58	11,11	22,22	8,47	14,29

Quelle: Eigene Erhebungen

Trotz des in allen Untersuchungsstädten hohen Anteils an Probanden, die das monatliche Nettoeinkommen ihres Haushaltes nicht angeben konnten oder wollten, verweisen die Daten eindrucksvoll auf die großen Unterschiede in der Einkommensverteilung zwischen den drei Untersuchungsstädten und speziell zwischen den beiden westdeutschen Städten Erlangen und Koblenz einerseits und der ostdeutschen Stadt Zwickau andererseits. Während in Erlangen und Koblenz die Einkommensklassen von 2.000 Euro bis unter 4.000 Euro die höchsten Befragtenanteile aufweisen, entfällt in Zwickau knapp ein Drittel der gültigen Antworten auf ein monatliches Haushaltsnettoeinkommen zwischen 1.000 Euro und 2.000 Euro; 21,17% der in Zwickau Befragten, die Angaben zu ihrem Haushaltseinkommen machten, lebten in Haushalten mit einem Einkommen von unter 1.000 Euro. Darüber hinaus sind die Einkommensklassen ≥ 4.000 Euro in Zwickau gegenüber den Stichproben aus Erlangen und Koblenz deutlich schwächer vertreten. Insgesamt verfügen die Haushalte der Stichproben in Erlangen und Koblenz im Vergleich zur Einkommensschichtung der Gesamtheit der deutschen Haushalte über ein im Durchschnitt klar überdurchschnittliches Einkommen, wohingegen das Einkommensniveau der Zwickauer Stichprobe unter dem Durchschnitt der deutschen Haushalte liegt (vgl. StBA 2012b: 41). Die Analyse der Einkommensverteilung bei den älteren und alten Befragten verweist in den Stichproben in Erlangen und Koblenz auf ein gegenüber den altersklassenübergreifenden Stichproben überdurchschnittlich hohes Niveau speziell bei den 60- bis 74-Jährigen; erst in der höchsten Altersgruppe ist das Einkommensniveau der Haushalte tendenziell rückläufig. In Zwickau sind (eher) niedrige Einkommensklassen bei den älteren und alten Befragten insgesamt stärker vertreten als in der altersklassenübergreifenden Stichprobe[109]. Bei der Interpretation dieser Ergebnisse ist allerdings auch die geringere durchschnittliche Haushaltsgröße in den höheren Altersgruppen und speziell in der Gruppe der ≥ 75-Jährigen zu berücksichtigen, sodass den einzelnen Haushaltsmitgliedern ein größerer Teil des Haushaltseinkommens zur Verfügung steht.

3.8.2 Besuchsfrequenz von Innenstadt und Einkaufszentrum sowie Verkehrsmittelwahl[110]

In allen Untersuchungsstädten gab eine deutliche Mehrheit der Befragten an, die jeweilige Innenstadt mindestens einmal pro Woche aufzusuchen (ausschließlich berufsbedingte Innenstadtbesuche waren in der Frage ausgenommen, siehe Anhang A1-2, Frage Q1); dabei wurde eine mindestens wöchentliche Besuchsfrequenz in Erlangen allerdings weitaus häufiger genannt als in Koblenz und insbesondere in Zwickau (ER: 76,44%; KO: 67,64%; ZW: 60,08%). Zwischen 12,33% (ER) und 15,53% (KO) der Befragten erklärten, sogar häufiger als fünfmal pro Woche in die Innenstadt zu kommen. Ein- bis dreimal pro Monat besuchten in Erlangen 19,18%, in Koblenz 23,62% und in Zwickau 30,45% der Probanden die Innenstadt. Rund 9% bzw. 10% der Befragten in Koblenz und Zwickau sowie etwas über 4% der Probanden in Erlangen gaben an, seltener als einmal pro Monat in die jeweilige Innenstadt zu kommen.

Eindeutige und über alle Untersuchungsstädte konsistente Zusammenhänge zwischen der Häufigkeit des Innenstadtbesuchs und der Altersklasse der Befragten sind nicht zu erkennen. Ältere und alte Befragte (≥ 60 Jahre)[111] gaben in allen Untersuchungsstädten am häufigsten eine Besuchsfrequenz von ein- bis zweimal pro Woche an (ER: 36,58%; KO: 39,53; ZW: 32,88%). Daneben ist der Anteil an Befragten dieser Altersgruppe(n), die die Innenstadt dreimal pro Woche oder häufiger besuchen, in Erlangen und Koblenz leicht überdurchschnittlich, nämlich um 3,72% bzw. 3,49%. In diesen beiden Städten zeigen aber auch die beiden jüngsten Altersgruppen (< 40 Jahre) eine hohe Affinität zu häufigen Innenstadtbesuchen. So liegen die Anteile an Befragten, die dreimal oder häufiger pro Woche in die Innenstadt kamen, auch in diesen Altersklassen über dem Durchschnitt der jeweiligen Stichprobe (ER: 50,93%

---

109 Ein Vergleich der Einkommensschichtung der älteren und alten Probanden mit der Einkommensverteilung bei älteren und alten Menschen in Deutschland insgesamt ist aufgrund der unterschiedlichen Abgrenzung der Altersklassen nicht möglich.

110 Die nachstehend angegebenen Prozentwerte beziehen sich – sofern nicht anders angegeben – auf die Summe der gültigen Antworten. Zur Diskussion über den Umgang mit fehlenden Daten vgl. Toutenburg / Heumann (2008): 259-286.

111 Eine gesonderte Betrachtung der Gruppe der ≥ 75-Jährigen ist aufgrund der relativ niedrigen Zahl von 9 bzw. 14 Fällen bei 7 Merkmalsausprägungen und der daraus resultierenden geringen absoluten Zahl an Nennungen, die den meisten Anteilswerten zugrunde liegen, nicht sinnvoll.

vs. 43,84%; KO: 37,96% vs. 31,39%). Die Gruppe der 40- bis 59-Jährigen hingegen weist sowohl in Erlangen als auch in Koblenz deutlich unterdurchschnittliche Anteile an Probanden mit einer Innenstadt-Besuchsfrequenz von mindestens dreimal pro Woche auf. In Zwickau zeigen sich diese Unterschiede zwischen der mittleren und den beiden jüngsten Altersklassen nicht[112].

Anhand von Korrelationskoeffizienten lassen sich die Stärke sowie die Art der Zusammenhänge zwischen den Variablen „Häufigkeit des Innenstadtbesuchs" und „Altersklasse der Befragten" quantifizieren und in ihrer Gesamtheit beurteilen. Da beide Variablen Ordinalskalenniveau aufweisen, empfiehlt sich hierbei zum einen das Assoziationsmaß[113] Kendall τ, wobei aufgrund nicht-quadratischen Form der Kontingenztabelle der Koeffizient Kendall τ_c gegenüber Kendall τ_b vorzuziehen ist (vgl. CLEFF 2011: 122ff.). Zum anderen kommt der Rangkorrelationskoeffizient nach Spearman (Spearman Rho r_s) in Betracht, eine Modifikation des Produkt-Moment-Korrelationskoeffizienten von Bravais und Pearson für Rangdaten (vgl. BAHRENBERG / GIESE / NIPPER 1999: 206; FAHRMEIR ET AL. 2007: 142). Zwar ist bei der Interpretation des Spearman'schen Korrelationskoeffizienten grundsätzlich zu berücksichtigen, dass der Berechnung des Koeffizienten r_s die Annahme gleicher Abstände zwischen aufeinanderfolgenden Rangplätzen zugrunde liegt (vgl. BENNINGHAUS 2007: 184); CLEFF (2011: 119) betont diesbezüglich sogar, dass bei einer Anwendung von Spearmans Rangkorrelation „inhaltlich immer gerechtfertigt werden können [muss], dass aufeinanderfolgende Ränge äquidistante Positionen auf dem Untersuchungsmerkmal abbilden". MARX (1981/82) zeigt jedoch die Zulässigkeit der Spearman'schen Statistik für ordinalskalierte Variablen. Nicht zuletzt die Tatsache, dass die Werte des Rangkorrelationskoeffizienten nach Spearman in quantitativer Hinsicht analog zu denen des Korrelationskoeffizienten nach Bravais und Pearson zu interpretieren sind (vgl. u.a. ECKEY / KOSFELD / TÜRCK 2008: 185), verleiht dem Spearman'schen Rangkorrelationskoeffizienten eine besondere Attraktivität. Um die jeweiligen Vorteile beider Assoziationsmaße ausschöpfen zu können, werden im Folgenden beide Koeffizienten angegeben.

Sowohl die Werte des Assoziationsmaßes Kendall τ_c mit $\tau_{c\,ER}$ = ,029, $\tau_{c\,KO}$ = ,011 und $\tau_{c\,ZW}$ = -,031 als auch die des Spearman'schen Rangkorrelationskoeffizienten r_s mit $r_{s\,ER}$ = ,038, $r_{s\,KO}$ = ,016 und $r_{s\,ZW}$ = -,039 verweisen für alle Untersuchungsstädte auf eine sehr geringe bis marginale Korrelation zwischen den beiden Merkmalen „Häufigkeit des Innenstadtbesuchs" und „Altersklasse der Befragten" (vgl. BÜHL 2012: 420; BROSIUS 2011: 523). Bei der Interpretation dieser Werte ist jedoch zu berücksichtigen, dass die Besuchsfrequenz der Innenstadt neben der Altersklasse der Konsumenten von einer Reihe weiterer Faktoren bestimmt werden dürfte;

---

112 Die Ergebnisse der Kontingenztabelle der Variablen „Häufigkeit des Innenstadtbesuchs" (Q1) und „Altersklasse" (Q23) sind in Tabelle 18 wiedergegeben. Da bei einer Differenzierung aller erhobenen Merkmalsausprägungen jedoch eine 7x5-Felder-Tafel resultiert, wurden für die kreuztabulierte Darstellung zugunsten einer besseren Übersichtlichkeit bei beiden Variablen jeweils die beiden an den oberen und unteren Enden der Skalen befindlichen Merkmalsausprägungen zu einer Kategorie zusammengefasst. Die Merkmalsausprägungen der Variable „Altersklasse" beispielsweise wurden somit zu den Kategorien 14-39 Jahre, 40-59 Jahre sowie ≥ 60 Jahre verdichtet.

113 Hinsichtlich der Terminologie wird der Auffassung von BENNINGHAUS (2007) gefolgt, der die Begriffe „Kontingenz, Assoziation und Korrelation als sinngleich und austauschbar" erachtet (ebd.: 67).

dies impliziert, dass in Bezug auf den Zusammenhang dieser beiden Merkmale grundsätzlich keine hohen Werte der Koeffizienten zu erwarten sind. Bemerkenswert ist jedoch, dass die Vorzeichen der Koeffizienten und damit die Richtung des Zusammenhangs zwischen den drei Städten differieren: Während die positiven Werte für Erlangen und Koblenz unter Berücksichtigung der Variablenkodierung auf eine leichte Abnahme der Innenstadt-Besuchsfrequenz mit zunehmendem Alter der Befragten hinweisen, nimmt die Besuchshäufigkeit in Zwickau mit steigendem Alter geringfügig zu. Bei der Bewertung dieses Befundes ist jedoch nochmals auf die sehr niedrigen Beträge der Koeffizienten hinzuweisen. Schließlich sind die Zusammenhänge, wie die Ergebnisse eines approximativen t-Tests zeigen (vgl. JANSSEN / LAATZ 2007: 280), für alle Untersuchungsstädte bei einem Signifikanzniveau von α = 0,05 nicht signifikant[114]; die Nullhypothese H_0, wonach in der Grundgesamtheit zwischen der Häufigkeit von Innenstadtbesuchen und der Altersklasse der Konsumenten kein Zusammenhang besteht, kann somit für die drei Untersuchungsstädte nicht zurückgewiesen werden.

Für das Erreichen der innerstädtischen Einkaufsstandorte kommt vor allem dem eigenen Pkw eine dominierende Bedeutung zu: Über alle Altersklassen betrachtet gaben in Koblenz und Zwickau jeweils mehr als die Hälfte der Befragten (57,00% bzw. 52,67%) an, am häufigsten das eigene Auto für den Weg in die Innenstadt zu nutzen. In Erlangen ist der entsprechende Wert allerdings deutlich geringer (34,25%) bei einem gleichzeitig weit überdurchschnittlichen Anteil an Befragten, die hauptsächlich mit dem Fahrrad in die Innenstadt gelangten (ca. 30%; siehe hierzu auch Kapitel 3.2.2.1). Bezieht man das am zweithäufigsten genutzt Verkehrsmittel mit ein, steigt der Anteil derjenigen, die häufig mit dem eigenen Pkw in die Innenstadt fahren, auf rund 60% bis 64% in Zwickau und Koblenz und etwa 47% in Erlangen. Am häufigsten mit dem Bus erreichten in Erlangen und Zwickau jeweils rund 20% der Befragten die Innenstadt; in Koblenz wurde der Bus hingegen nur von 13,60% als meistgenutztes Verkehrsmittel genannt. Der Anteil an Probanden, die die jeweilige Innenstadt in der Regel zu Fuß aufsuchten, reicht von 11,78% in Erlangen bis 22,22% in Zwickau (KO: 17,80%). Andere Verkehrsmittel spielten für das Erreichen der innerstädtischen Einkaufsstandorte keine relevante Rolle.

Differenziert man die Verkehrsmittelnutzung nach dem Alter der Befragten, so zeigt sich ein deutlicher Zusammenhang zwischen der Bedeutung des eigenen Pkw bzw. des ÖPNV (Bus) als meistgenutztes Verkehrsmittel zum Erreichen der Innenstadt und der jeweiligen Altersklasse[115]: Wie Abbildung 52 verdeutlicht[116], steigt in

---

114 Im Einklang mit der gängigen Konvention wird für die Signifikanzprüfungen in der vorliegenden Arbeit ein Signifikanzniveau von α = 0,05 festgelegt (vgl. BORTZ / SCHUSTER 2010: 11; KÄHLER 2011: 252).

115 In allen Städten gab ein großer Anteil an Befragten an, stets das gleich Verkehrsmittel für den Weg in die Innenstadt zu nutzen; entsprechend ist die non-response-Quote bei der Frage nach dem am zweithäufigsten genutzten Verkehrsmittel sehr hoch (ER: 50%, KO: 68%; ZW: 79%). Daher entzieht sich diese Frage einer aussagekräftigen altersklassendifferenzierten Analyse, sodass letztere nur auf Basis des am häufigsten genutzten Verkehrsmittels durchgeführt wird.

116 Aus der Konzeption der vorliegenden Untersuchung als Vergleichsstudie zwischen zwei Einkaufsstandorten und mehreren Altersklassen sowie gleichzeitig als Fallstudienvergleich von drei Untersuchungsstädten resultieren vielfach differenzierte Betrachtungen. Zur Reduzierung der Komplexität der Darstellungen wird daher hier wie im Folgenden auf die Angabe der Anzahl der Beobachtungseinheiten (n) in der Regel verzichtet.

allen Untersuchungsstädten der Anteil derjenigen, die überwiegend das eigene Auto nutzen, von der jüngsten zur mittleren Altersklasse zunächst an (in Zwickau wird das Maximum bereits in der Gruppe der 25- bis 39-Jährigen erreicht, in Erlangen und Koblenz bei den 40- bis 59-Jährigen) und nimmt dann mit zunehmendem Alter konstant ab; die Anteile der „Busfahrer" weisen hingegen eine genau entgegengesetzte Entwicklung auf. Dieses Ergebnis unterstreicht die hohe Bedeutung einer guten ÖPNV-Erreichbarkeit eines Einkaufsstandortes insbesondere für ältere und alte Menschen. Speziell in Erlangen steigt der Stellenwert sowohl des eigenen Pkw als auch des ÖPNV in den höheren und hohen Altersklassen zusätzlich durch den mit zunehmendem Alter deutlich rückläufigen Anteil an Probanden, die die Innenstadt in der Regel mit dem Fahrrad aufsuchen (der „Radfahreranteil" geht von 38% bei 25- bis 39-Jährigen auf etwa 14% bei den ≥ 75-Jährigen zurück). Die Bedeutung des „Verkehrsmittels" zu Fuß hingegen zeigt keine über alle Untersuchungsstädte hinweg konsistente Altersabhängigkeit.

Abb. 52: Verkehrsmittelwahl (Pkw, Bus) in die Innenstadt nach Altersklassen

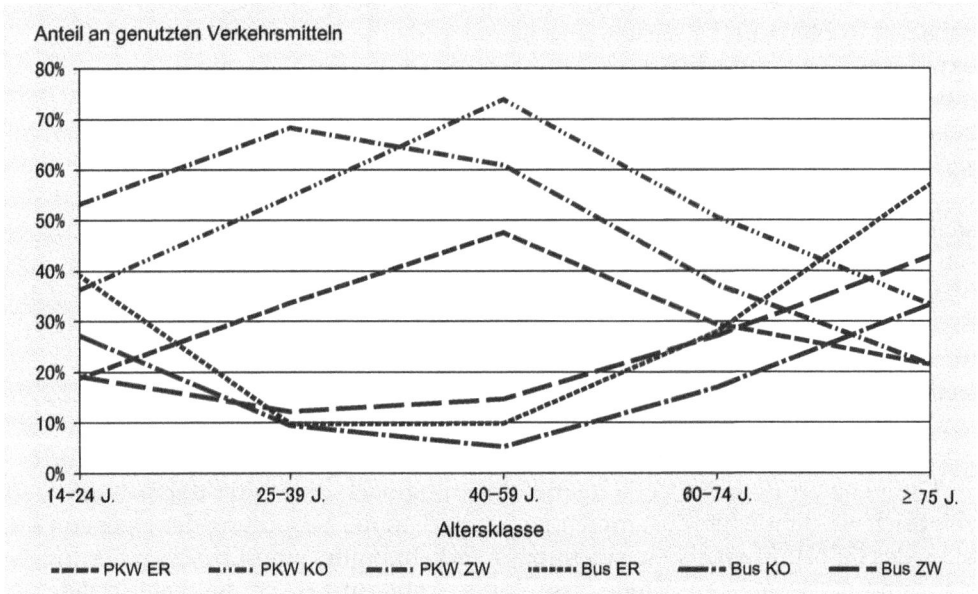

Quelle: Eigene Erhebungen; Eigene Darstellung

Wie in Kapitel 3.2.2 ausgeführt wurde, erfuhr das innerstädtische Parkraumangebot in allen Untersuchungsstädten durch das dem jeweiligen Einkaufszentrum angeschlossene Parkhaus eine erhebliche Erweiterung. Von besonderem Interesse im Hinblick auf die Themenstellung dieser Untersuchung ist daher die Frage, in welchem Umfang das Parkhaus des Shopping Centers von den mit dem Pkw in die Innenstadt kommenden Passanten genutzt wird und ob diesbezüglich alterskorrelierte Unterschiede bestehen. Die als Mehrfachantwort konzipierte Frage Q2c wurde hierzu zunächst in eine dichotome Variable mit den Merkmalsausprägungen „Nutzung des Shopping Center-Parkhauses" und „keine Nutzung des Shopping Center-Parkhauses" überführt und somit einer Prüfung auf statistische Zusammenhänge und Signifikanz zugänglich gemacht. Nach Bühl (2012: 302) können dichotome Variablen als quasi-ordinalskaliert betrachtet werden und stehen daher Analyseverfahren, die Ordinalskalenqualität der Daten voraussetzen, offen.

Über alle Altersklassen betrachtet fallen zunächst die deutlichen Unterschiede in der Nutzungsintensität zwischen den Parkhäusern der Erlangen Arcaden und der Zwickau Arcaden einerseits und dem Löhr-Center-Parkhaus in Koblenz andererseits auf: Während die Parkhäuser in Erlangen und Zwickau von 36,26% bzw. 37,33% der häufig mit dem Pkw in die Innenstadt kommenden Befragten regelmäßig genutzt werden, liegt der entsprechende Anteil im Löhr-Center Koblenz bei 55,72%. Dieses Ergebnis überrascht insbesondere deshalb, da der Anteil derjenigen Probanden, die angaben, bei einem Innenstadtbesuch häufig oder gelegentlich ausschließlich das jeweilige Shopping Center aufzusuchen und den Besuch des Einkaufszentrums nicht mit einem Besuch der innerstädtischen Einkaufsstraßen zu koppeln, über alle Untersuchungsstädte nahezu konstant ist, sodass die beschriebenen Nutzungsdifferenzen nicht durch einen höheren Anteil an Nur-Shopping-Center-Besuchern in Koblenz erklärt werden können. Allerdings könnten situative Aspekte diesbezüglich eine nicht unerhebliche Rolle gespielt haben, da das innerstädtische Parkraumangebot in Koblenz zum Zeitpunkt der quantitativen Konsumentenbefragung infolge intensiver Baumaßnahmen in Zusammenhang mit der Bundesgartenschau 2011 (siehe Kapitel 3.2.2.2) erheblich reduziert war. Die Prüfung, ob und wenn ja, inwieweit das Alter der Konsumenten in signifikantem Zusammenhang mit der Nutzung des jeweiligen Shopping Center-Parkhauses steht, erfolgte aufgrund des ordinalen Skalenniveaus beider Variablen mittels des Assoziationsmaßes Kendall τ_c sowie des Spearman'schen Rangkorrelationskoeffizienten r_s. Die Ergebnisse zeigen für alle Stichproben, dass die Altersklasse der Befragten nur sehr schwach (Erlangen und Koblenz) oder sogar nahezu gar nicht (Zwickau) mit der Nutzung des jeweiligen Shopping Center-Parkhauses korreliert ($\tau_{c\,ER}$ = -,119; $r_{s\,ER}$ = -,113; $\tau_{c\,KO}$ = ,055; $r_{s\,KO}$ = ,051; $\tau_{c\,ZW}$ = ,009; $r_{s\,ZW}$ = ,008). Zudem differieren die Stichproben aus Erlangen und Koblenz hinsichtlich der Richtung des Zusammenhangs[117]: Während in Erlangen der Anteil der Befragten, die das Parkhaus der Erlangen Arcaden nutzen, in Richtung der höheren Altersklassen leicht abnimmt, ist die Korrelation in Koblenz positiv gerichtet. Da die Ergebnisse jedoch bei einem Signifikanzniveau von α = 0,05 in allen drei Städten nicht signifikant sind (ER: p_τ = ,118; p_r = ,129; KO: $p_{\tau,r}$ = ,47; ZW: $p_{\tau,r}$ = ,92), kann die Nullhypothese H_0, wonach in der jeweiligen Grundgesamtheit kein Zusammenhang zwischen den beiden Variablen besteht, für keine der Untersuchungsstädte zurückgewiesen werden.

Nahezu alle Befragten hatten das in der jeweiligen Untersuchungsstadt befindliche Shopping Center bereits mindestens einmal aufgesucht; lediglich in Zwickau und Erlangen gaben ein bzw. zwei Proband(en) an, noch nie in den Zwickau bzw. Erlangen Arcaden gewesen zu sein. Als Gründe für den Nichtbesuch wurden eine generelle Ablehnung von Einkaufszentren, fehlendes Interesse sowie die Vertraut-

---

117 Für die Zwickauer Stichprobe wäre eine Analyse der Richtung des Zusammenhangs aufgrund der marginalen Beträge der Koeffizienten nicht sinnhaft.

heit mit dem traditionellen Einzelhandel genannt; eine Befragte erklärte, das Einkaufszentrum trotz regelmäßiger Innenstadtbesuche bislang noch nie wahrgenommen zu haben.

Die Frequenzanalyse der Shopping Center-Besuche (Q4) lässt erkennen, dass zwischen 45,30% (ER) und 54,55% (ZW; KO: 50,16%) der Befragten das jeweilige Einkaufszentrum mindestens einmal pro Woche aufsuchen. Der Anteil an Befragten, die eine mindestens wöchentliche Besuchsfrequenz angaben, liegt somit für die Einkaufszentren in allen Untersuchungsstädten deutlich niedriger als für die Innenstadt als Ganzes (siehe oben), wobei in Bezug auf die Einkaufszentren in Erlangen und Koblenz eine Nutzungsfrequenz von ein- bis zweimal pro Woche klar gegenüber einer mindestens dreimal wöchentlichen Besuchshäufigkeit dominiert (in Zwickau ist diese Tendenz weit schwächer ausgeprägt). Eine Besuchsfrequenz von dreimal pro Monat und seltener hingegen wurde in allen Untersuchungsstädten für die Einkaufszentren von einem (teilweise erheblich) höheren Anteil an Befragten genannt als in Bezug auf die Innenstadt, wobei dieser Unterschied in Zwickau wiederum weniger markant ist als in den beiden westdeutschen Städten. Im Durchschnitt werden Shopping Center somit in allen Untersuchungsstädten – zum Teil deutlich – seltener von den Befragten aufgesucht als die Innenstadt als Ganzes. Anhand einer Kontingenztabelle der Variablen „Besuchsfrequenz der Innenstadt" und „Besuchsfrequenz des Einkaufszentrums" lassen sich darüber hinaus die individuellen Korrelationen zwischen diesen beiden Variablen überprüfen. Die Ergebnisse zeigen, dass in allen Untersuchungsstädten ein teilweise erheblicher Teil der Befragten für die Innenstadt als Ganzes eine höhere Besuchsfrequenz angab als für das jeweilige Einkaufszentrum[118]. Allerdings differieren die entsprechenden Anteile sehr stark zwischen den drei Städten: In Erlangen gaben 59,12% der Befragten eine geringere Nutzungsfrequenz für das Einkaufszentrum an, in Koblenz lag der Anteil bei 40,13%; in Zwickau hingegen suchen nur 16,12% der Probanden das Shopping Center seltener auf als die Innenstadt insgesamt. Auffällig ist, dass die Differenzen in der Besuchsfrequenz zwischen der Innenstadt insgesamt und dem Shopping Center in allen Untersuchungsstädten mit zunehmender Häufigkeit der Innenstadtbesuche tendenziell wachsen.

Differenziert man die Häufigkeiten der Shopping Center-Besuche nach den Altersklassen der Befragten und stellt diese den Nutzungsfrequenzen der Innenstadt gegenüber, ergibt sich nachstehende Tabelle 18; zur Verbesserung der Übersichtlichkeit der Darstellung wurden die Merkmalsausprägungen der beiden Variablen zu drei bzw. fünf Kategorien zusammengefasst (siehe oben, Fußnote 112).

Zum einen bestätigen die tabellarische Gegenüberstellung der altersspezifischen Nutzungsfrequenzen sowie die nach Altersgruppen differenzierten Kontingenztabellen der beiden Frequenzvariablen (Innenstadt als Ganzes und Shopping Center) in der Tendenz die altersklassenübergreifend beschriebenen Ergebnisse auch für die einzelnen Altersklassen. Zum anderen zeigt die Tabelle, dass auch in Bezug auf die Einkaufszentren keine über alle Untersuchungsstädte konsistenten Zusam-

---

118 Insgesamt vier Befragte wiesen eine dahingehende Inkonsistenz auf, dass für das Einkaufszentrum eine höhere Besuchsfrequenz angegeben wurde als für die Innenstadt als Ganzes (einschließlich des Einkaufszentrums).

Tab. 18: Besuchshäufigkeit in Innenstädten und Shopping Centern nach Altersklassen

		14-39 Jahre in %		40-59 Jahre in %		≥ 60 Jahre in %		Gesamt in %	
		IS	SC	IS	SC	IS	SC	IS	SC
≥ dreimal pro Woche	ER	50,93	13,13	31,97	9,92	47,56	17,28	43,84	12,98
	KO	37,96	21,30	22,61	7,83	34,88	20,93	31,39	16,18
	ZW	31,82	19,32	30,49	23,46	32,88	28,77	31,69	23,55
ein- bis zweimal pro Woche	ER	27,33	43,13	36,89	23,97	36,59	23,46	32,60	32,32
	KO	33,33	32,41	36,52	34,78	39,53	34,88	36,25	33,98
	ZW	27,27	32,95	25,61	24,69	32,88	35,62	28,40	30,99
zwei- bis dreimal pro Monat	ER	10,56	20,00	16,39	25,62	7,32	24,69	11,78	22,93
	KO	12,96	15,74	20,00	20,00	15,12	22,09	16,18	19,09
	ZW	19,32	21,59	24,39	27,16	16,44	16,44	20,16	21,90
einmal pro Monat	ER	7,45	10,63	8,20	23,14	6,10	16,05	7,40	16,02
	KO	8,33	17,59	9,57	15,65	3,49	10,47	7,44	14,89
	ZW	13,64	15,91	9,76	16,05	6,85	9,59	10,29	14,05
≤ einmal in 2 Monaten	ER	3,73	13,13	6,56	17,36	*2,44	18,52	4,38	15,75
	KO	7,41	12,96	11,30	21,74	6,98	11,63	8,74	15,86
	ZW	7,95	10,23	9,76	8,64	10,96	9,59	9,47	9,50
Gesamt je Stadt		100	100	100	100	100	100	100	100

Quelle: Eigene Erhebungen

menhänge zwischen der Besuchsfrequenz und dem Alter der Befragten zu erkennen sind. Während in Erlangen die Gruppe der ≥ 60-Jährigen durchschnittlich eine gegenüber den 14- bis 39-Jährigen geringere Nutzungsfrequenz angab, suchten in Zwickau ältere und alte Befragte die Zwickau Arcaden im Durchschnitt häufiger auf als die unter 40-Jährigen; in Koblenz lässt sich kein entsprechender Zusammenhang herausarbeiten.

Da sowohl die Häufigkeit von Shopping Center-Besuchen als auch die Altersklasse der Befragten auf Ordinalskalenniveau erhoben wurden, lassen sich die Stärke sowie die Richtung der Zusammenhänge zwischen den beiden Variablen anhand der Kontingenzkoeffizienten Kendall τ_c und Spearman r_s ermitteln (siehe oben). Für Erlangen verweisen sowohl das Assoziationsmaß Kendall $\tau_{c\,ER}$ = ,105 als auch der Spearman'sche Rangkorrelationskoeffizient $r_{s\,ER}$ = ,133 auf eine sehr schwache Korrelation zwischen den beiden Variablen (vgl. BÜHL 2012: 420; BROSIUS 2011: 523). Da allerdings davon auszugehen ist, dass die Besuchsfrequenz eines Shopping Centers – ähnlich wie die einer Innenstadt als Ganzes (siehe oben) – multifaktoriell bedingt ist, kann nicht erwartet werden, dass die Besuchsfrequenz maßgeblich durch die Variable „Altersklasse" erklärt wird. Die Korrelation ist zudem gleichgerichtet; unter Berücksichtigung der Antwortcodierungen bedeutet dies, dass die Besuchsfrequenz der Erlangen Arcaden mit steigendem Alter der Konsumenten abnimmt. Das Ergebnis des approximativen t-Tests zeigt schließlich, dass der Zusammenhang zwischen den beiden Variablen für Erlangen auf dem Niveau α = 0,05 signifikant ist.

Für Zwickau und insbesondere für Koblenz erreichen die Assoziationsmaße deutlich geringere sowie negativ gerichtete Werte ($\tau_{c\,KO}$ = -,009, $r_{s\,KO}$ = -,010; $\tau_{c\,ZW}$ = -,065, $r_{s\,ZW}$ = -,083). Speziell für Koblenz ist das Ergebnis dahingehend zu interpretieren, dass zwischen der Altersklasse der Befragten und der Besuchshäufigkeit des Löhr-Centers praktisch kein Zusammenhang besteht (vgl. KUCKARTZ ET AL. 2010: 195). Die Ergebnisse der Korrelationskoeffizienten sind jedoch für beide Städte bei einem Signifikanzniveau von α = 0,05 nicht signifikant.

Anhand der Kombination der Fragen Q1 und Q4 (siehe Anhang A1-2) konnte bereits gezeigt werden, dass insbesondere in Erlangen und Koblenz ein erheblicher Teil der Befragten nicht bei jedem Innenstadtbesuch auch das jeweilige Shopping Center aufsucht. Daneben interessiert nun die Frage, in welchem Umfang die Angehörigen der einzelnen Altersklassen bei einem Innenstadtbesuch ausschließlich das Shopping Center aufsuchen, d.h. wie häufig Shopping Center-Besuche nicht mit einem Besuch der weiteren Innenstadt gekoppelt werden. Hohe Anteile an Probanden, die einen Innenstadtbesuch häufig auf einen Besuch des Shopping Centers reduzieren, können ein Hinweis auf eine in Relation zu anderen innerstädtischen Einkaufsstandorten weit überdurchschnittliche Attraktivität des Einkaufszentrums für die betreffende Altersklasse sein.

In allen Untersuchungsstädten gab jeweils mehr als die Hälfte der Befragten – zwischen 56,31% in Koblenz und 61,60% in Erlangen (ZW: 58,6%) – an, noch nie bei einem Innenstadtbesuch nur das Einkaufszentrum aufgesucht zu haben

Abb. 53: Häufigkeit von Shopping Centern-Besuchen ohne Kopplung mit weiterer Innenstadt

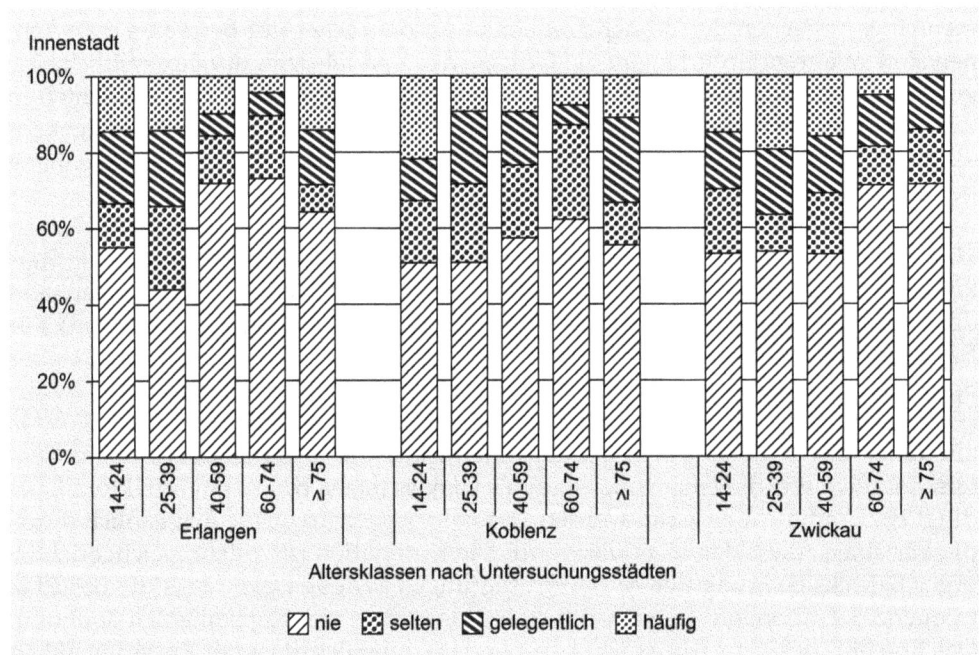

Quelle: Eigene Erhebungen; Eigene Darstellung

(„Nur-Koppler"). Die Dominanz der Nur-Koppler zeigt sich dabei nicht nur in Bezug auf die Stichproben als Ganzes, sondern auch bei einer altersklassendifferenzierten Betrachtung; lediglich bei den 25- bis 39-Jährigen in Erlangen lag der entsprechende Wert unter 50% (43,95%). Darüber hinaus zeigt sich eine schwache Tendenz in Richtung eines mit zunehmendem Alter der Probanden steigenden Anteils an Nur-Kopplern, wenngleich in der höchsten Altersklasse, d.h. bei den ≥ 75-Jährigen, in Erlangen und Koblenz im Vergleich zu den zwei vorausgehenden Altersgruppen geringere Anteile an Nur-Kopplern bei gleichzeitig höheren Anteilen an Befragten, die zumindest gelegentlich bei einem Innenstadtbesuch nur das Shopping Center aufsuchen, bestehen (bei der Bewertung dieses Ergebnisses müssen allerdings die relativ geringen Besetzungen dieser Alterskategorie berücksichtigt werden). Zur Überprüfung der Stärke sowie der Art des Zusammenhangs zwischen den beiden Merkmalen wurden aufgrund des Ordinalskalenniveaus der Variablen das Assoziationsmaß Kendall τ_c sowie der Rangkorrelationskoeffizient nach Spearman berechnet. Beide Korrelationskoeffizienten verweisen ebenfalls für alle Untersuchungsstädte auf einen nur sehr schwach ausgeprägten Zusammenhang zwischen der Häufigkeit ausschließlicher Shopping Center-Besuche bei einem Innenstadtbesuch und der Altersklasse der Befragten, wobei die positive Richtung der Korrelationen unter Berücksichtigung der Antwortcodierung als mit zunehmendem Alter steigende Kopplungshäufigkeit zu interpretieren ist (ER: $\tau_{c\,ER}$ = ,149, $r_{s\,ER}$ = ,198; KO: $\tau_{c\,KO}$ = ,088, $r_{s\,KO}$ = ,114; ZW: $\tau_{c\,ZW}$ = ,115, $r_{s\,ZW}$ = ,151). Die Korrelationen sind in allen drei Städten auf dem Niveau α = 0,05 signifikant, für Erlangen zeigen die Ergebnisse der Signifikanztests sogar einen höchst signifikanten Zusammenhang ($p_{\tau,\,r}$ < ,001). Es kann daher angenommen werden, dass in allen Untersuchungsstädten auch in der Grundgesamtheit ein statistisch signifikanter Zusammenhang zwischen der Kopplungshäufigkeit und der Altersklasse der Passanten besteht.

3.8.3 Stellenwert und Gestaltung von Einkaufsbesuchen in der Innenstadt

Die Beurteilung und Nutzung der Einkaufsstandorte „traditionelle innerstädtische Einkaufsstraßen" und „innerstädtische Shopping Center" könnte auch durch die individuelle Affinität der Befragten zu Einkaufen allgemein bzw. Einkaufsbesuchen in der Innenstadt beeinflusst werden. Daher wurden die Probanden in Frage Q8 gebeten, mit Hilfe einer 10-stufigen Rating-Skala anzugeben, ob „Einkaufen" für sie eher eine angenehme Freizeitbeschäftigung (=10) oder ein notweniges Übel (=1) darstellt. Da angenommen werden kann, dass Lebensmitteleinkäufe von den meisten Menschen grundsätzlich eher als lästige Pflicht wahrgenommen werden, und somit zu befürchten war, dass von diesen ein verzerrender Einfluss auf die Beantwortung der Frage ausgehen könnte, wurden Lebensmitteleinkäufe in der Fragestellung ausgenommen. Tabelle 19 zeigt die nach Altersklassen und Untersuchungsstädten differenzierten Mittelwerte $\bar{x}$[119] sowie die Standardabweichungen s.

---

119 Nach Brosius (2011: 479) kann eine fein abgestufte Skala, wie sie im Falle der hier angewendeten 10-Punkte-Skala vorliegt, im Sinne einer Intervallskala interpretiert werden.

Tab. 19: Wahrnehmung von „Einkaufen"

	Erlangen			Koblenz			Zwickau		
	n	x̄	s	n	x̄	s	n	x̄	s
14-24 J.	69	7,48	2,530	55	7,51	2,962	46	8,72	2,029
25-39 J.	91	6,58	2,574	53	6,38	2,897	41	6,12	3,051
40-59 J.	121	6,69	2,649	115	6,56	3,193	81	6,91	2,847
60-74 J.	68	6,71	2,743	77	7,14	3,157	59	7,24	2,667
≥ 75 J.	14	5,79	3,446	9	5,89	3,408	14	7,43	2,821
Gesamt	363	6,78	2,672	309	6,82	3,112	241	7,23	2,801

Quelle: Eigene Erhebungen und Berechnungen

In allen Untersuchungsstädten sowie in allen Altersklassen wird „Einkaufen" weder eindeutig als notwendiges Übel noch als ausschließlich angenehme Freizeitbeschäftigung angesehen; im Durchschnitt zeigte sich über alle differenzierten Gruppen eine leichte Tendenz in Richtung einer eher positiven Wahrnehmung des Einkaufens, wobei die Bewertung in Zwickau etwas stärker zugunsten einer Wahrnehmung als angenehme Freizeitgestaltung tendiert als in den beiden westdeutschen Städten.

Zwischen den einzelnen Altersklassen verweisen die Mittelwerte wie auch die Standardabweichungen insbesondere in Erlangen und Koblenz auf eher geringe Unterschiede in der Wahrnehmung von Einkaufstätigkeiten. In allen Untersuchungsstädten zeigt die jüngste Altersgruppe (14-24 Jahre) die größte Wertschätzung von Einkaufstätigkeiten. Bei den 25- bis 39-Jährigen wird „Einkaufen" in deutlich stärkerem Maße als Belastung empfunden, jedoch steigt die positive Beurteilung in Richtung der Gruppe der 60- bis 74-Jährigen wieder konstant an, sodass bei den älteren Befragten zwischen 60 und 74 Jahren eine durchschnittliche oder sogar überdurchschnittlich positive Einstellung zum Einkaufen konstatiert werden kann. In der höchsten Altersklasse differieren die Werte dann deutlich zwischen den einzelnen Untersuchungsstädten: Während in Erlangen und Koblenz erneut ein Rückgang in der Wertschätzung von Einkaufstätigkeiten festzustellen ist, steigt in Zwickau das Wohlwollen gegenüber Einkaufen in Richtung der höchsten Altersgruppen weiter an.

Da sowohl die Ergebnisse des Kolmogorov-Smirnov-Tests auf Normalverteilung als auch graphische Auswertungen die Annahme einer Normalverteilung für die Variable Q8 nicht zulassen, war die Durchführung einer einfaktoriellen ANOVA zur Überprüfung der statistischen Signifikanz der Mittelwertsunterschiede nicht möglich. Die Prüfung, ob die Stichproben der unterschiedlichen Altersklassen derselben Grundgesamtheit entstammen, erfolgte daher anhand des nicht-parametrischen Kruskal-Wallis-H-Tests (vgl. BÜHNER / ZIEGLER 2009: 382; BROSIUS 2011: 500 u. 857ff.)[120].

---

[120] Neben dem hier angewandten H-Test nach Kruskal / Wallis steht als weiterer nicht-parametrischer Test für den Vergleich der zentralen Tendenz von mehreren unabhängigen Stichproben der erweiterte Mediantest zur Verfügung. Dieser weist jedoch, wie u.a. BORTZ / LIENERT (2008: 158) betonen, gegenüber dem Kruskal-Wallis-H-Test eine niedrigere Teststärke auf (vgl. auch BÜHL 2012: 395).

Die Ergebnisse erlauben für die Städte Erlangen und Koblenz keine Zurückweisung der Nullhypothese H_0, die besagt, dass die mittleren Rangwerte der Altersklassen der Konsumenten in der Grundgesamtheit gleich verteilt sind. In Zwickau hingegen lassen die Testergebnisse den Schluss zu, dass hinsichtlich der Frage, ob Einkaufen eher als notwendiges Übel oder als angenehme Freizeitbeschäftigung empfunden wird, signifikante Unterschiede in Abhängigkeit vom Alter der Konsumenten bestehen (Testergebnis siehe Anhang A2-1). Allerdings erlaubt der Kruskal-Wallis-Test keine Aussagen darüber, welche der Gruppen sich signifikant voneinander unterscheiden (vgl. BÜHL 2012: 397). Für vorliegende Fragestellung interessiert diesbezüglich in besonderer Weise, ob ältere und alte Menschen eine signifikant andere Einstellung zum Einkaufen aufweisen als Konsumenten jüngeren und mittleren Alters. Die fünf differenzierten Altersklassen wurden daher zu zwei Klassen zusammengeführt, nämlich zur Gruppe der älteren und alten Menschen ≥ 60 Jahre sowie zur Vergleichsgruppe der 14- bis 59-Jährigen. Im Anschluss wurde mittels des Mann-Whitney-U-Tests überprüft, ob sich die Bewertungen dieser beiden Gruppen in ihrer zentralen Tendenz unterscheiden (vgl. JANSSEN / LAATZ 2007: 571). Das Ergebnis zeigt deutlich, dass die Nullhypothese H_0, die Einstellungen von Menschen ≥ 60 Jahren und von Personen zwischen 14 und 59 Jahren würden der gleichen Grundgesamtheit entstammen, nicht zurückgewiesen werden kann.

Tab. 20: Mann-Whitney-U-Test für Variable Q8 (Zwickau)

Ränge			
	Altersklasse	n	mittlerer Rang
Wahrnehmung Einkaufen	14-59 Jahre	168	121,26
	≥ 60 Jahre	73	120,40
	Gesamt	241	

Statistik für Test [a,b]	
	Bekleidung
Mann-Whitney-U	6088,500
Wilcoxon-W	8789,500
Z	-,090
Asymptotische Signifikanz (2-seitig)	,928

a. Kruskal-Wallis-Test

b. Gruppenvariable: Altersklasse

Quelle: Eigene Erhebungen und Berechnungen

Die Wahrnehmung eines innerstädtischen Einkaufsstandortes könnte auch dadurch beeinflusst werden, ob der Innenstadtbesuch in der Regel alleine oder in Begleitung von Freunden oder Familienmitgliedern durchgeführt wird. So lieferten die Aussagen der Probanden im Rahmen der qualitativen Konsumentenbefragungen Hinweise darauf, dass der Erlebniskomponente einer Einkaufsumgebung eine höhere Bedeutung beigemessen wird bzw. die entsprechenden Angebote (z.B. Cafés) eher oder sogar ausschließlich dann genutzt werden, wenn der Innenstadtbesuch gemeinsam mit bekannten oder verwandten Personen erfolgt. Entsprechend könnte der Erlebniskomponente eines Einkaufsstandortes in Abhängigkeit von der jeweiligen „Vergesellschaftungsform" eine unterschiedliche Bedeutung beigemessen werden. Gleichzeitig legen die Darstellungen in der Literatur nahe, dass Einkaufsaktivitäten für zumindest einen Teil der älteren und alten Menschen infolge der mit zunehmendem Alter häufig einhergehenden allgemeinen Abnahme der sozialen Kontakte eine vermittelnde Funktion in Bezug auf soziale Beziehungen und gesellschaftliche Partizipation zukommt (vgl. BURGARD / KISS / WITTMANN 2006: 201; siehe auch Kapitel 2.4.3.7). Speziell für ältere und alte Menschen, die alleine in die Innenstadt kommen, könnten somit kommunikationsfördernde Merkmale einer Einkaufsumgebung, wie z.B. (semi-)öffentliche Sitzgelegenheiten oder Cafés mit einer möglichst großen Nähe zu den Passantenströmen, von besonderer Bedeutung sein.

In Frage Q9 wurden die Probanden daher gebeten, die von ihnen bei einem Einkaufsbesuch in der Innenstadt überwiegend genutzte „Vergesellschaftungsform" (alleine, mit Familienmitgliedern, mit Freunden / Bekannten, sowohl alleine als auch in Begleitung) zu benennen. Da allerdings ein Teil der Befragten (zwischen 4,5% in Koblenz und 7% in Zwickau) angab, Innenstadtbesuche zu gleichen Teilen mit Familienmitgliedern sowie mit Freunden bzw. Bekannten durchzuführen, wurde die Frage – entgegen der ursprünglichen Konzeption – im Sinne einer Mehrfachantwort behandelt und ausgewertet. Die in Tabelle 21 aufgeführten Prozentwerte beziehen sich jeweils auf die Summe der Befragten einer Altersgruppe (berücksichtigt wurden nur gültige Antworten).

Tab. 21: Vergesellschaftungsformen bei Innenstadtbesuchen

		14-24 J. in %	25-39 J. in %	40-59 J. in %	60-74 J. in %	≥ 75 J. in %	Gesamt in %
alleine	ER	24,64	45,05	55,37	63,24	71,43	49,04
	KO	29,09	41,51	46,96	46,75	44,44	42,72
	ZW	19,15	41,46	56,79	47,46	71,43	45,45
mit Familienmitgliedern	ER	14,49	14,29	16,53	17,65	21,43	15,98
	KO	12,73	24,53	28,70	33,77	33,33	26,54
	ZW	29,79	26,83	23,46	28,81	*7,14	25,62
mit Freunden / Bekannten	ER	46,38	19,78	4,96	4,41	0,00	16,25
	KO	58,18	15,09	5,22	6,49	0,00	16,50
	ZW	59,57	17,07	3,70	*3,39	0,00	16,53
alleine und in Begleitung	ER	27,54	27,47	25,62	14,71	*7,14	23,69
	KO	12,73	22,64	22,61	14,29	*22,22	18,77
	ZW	17,02	19,51	17,28	23,73	21,43	19,42
Gesamt je Stadt		100	100	100	100	100	100

Quelle: Eigene Erhebungen

Die Ergebnisse zeigen in allen Untersuchungsstädten eine nahezu konstant positive Korrelation zwischen dem Alter und dem Anteil an Probanden, die die jeweilige Innenstadt in der Regel alleine aufsuchen. Allerdings sind die altersabhängigen Unterschiede in Erlangen und Zwickau deutlich stärker ausgeprägt als in Koblenz: Während der Anteil der Befragten ohne Begleitung zwischen der jüngsten und der ältesten Altersgruppe in Erlangen um 46,79% und in Zwickau um 52,28% differiert, liegt der entsprechende Unterschied in Koblenz nur bei 15,35%; jedoch weist Koblenz bei den ≥ 75-Jährigen den höchsten Anteil an Probanden auf, die angaben, die Innenstadt gleichermaßen alleine und in Begleitung aufzusuchen. Innenstadtbesuche in Begleitung von Freunden bzw. Bekannten spielen vor allem bei den 14- bis 24-Jährigen eine Rolle. Bereits in der nächstfolgenden Altersklasse (24-39 Jahre) werden Einkaufsbesuche in der Innenstadt von einem bedeutend kleineren Teil der Probanden überwiegend in Begleitung von Freunden bzw. Bekannten durchgeführt; bei den ≥ 40-Jährigen wurde diese Gruppierungsform nur noch vereinzelt als Regelfall genannt. Bemerkenswert ist schließlich, dass Innenstadtbesuche mit Familienmitgliedern (als überwiegend bzw. sehr häufig genutzte Gruppierungsform) in Erlangen und Koblenz eine leicht positive Tendenz mit zunehmendem Alter aufweisen, wohingegen in Zwickau die Bedeutung von Familienmitgliedern als Begleitpersonen speziell zwischen der Gruppe der 60- bis 74-Jährigen und den ≥ 75-Jährigen massiv zurückgeht; allerdings ist diesbezüglich erneut auf die vergleichsweise geringen Fallzahlen in der höchsten Altersklasse hinzuweisen.

Verdichtet man die unterschiedlichen Vergesellschaftungsformen beim Einkaufen auf zwei Gruppen, nämlich diejenigen, die Einkaufsbesuche in der Innenstadt in der Regel alleine durchführen, und die Konsumenten, die überwiegend oder zumindest teilweise die Innenstadt in Begleitung von Freunden bzw. Bekannten und / oder Familienmitgliedern aufsuchen, so resultiert eine dichotome und damit ordinalskalierte Variable (vgl. BÜHL 2012: 302), für die die Art und Stärke der Korrelation mit dem Merkmal „Altersklasse der Befragten" bestimmt und quantifiziert werden können[121]. Die Ergebnisse der Korrelationskoeffizienten Kendall τ_c und Spearman Rho (r_s) bestätigen den auf Basis der Kontingenztabelle beschriebenen positiven Zusammenhang zwischen der Durchführung von Innenstadtbesuchen überwiegend ohne Begleitung und der Altersklasse der Befragten. Die Werte der Korrelationskoeffizienten verdeutlichen jedoch, dass die beiden Variablen in allen drei Stichproben nur gering bis sehr gering korrelieren, wobei sich in den Stichproben aus Erlangen und Zwickau ein deutlich stärkerer Zusammenhang erkennen lässt als in der Koblenzer Stichprobe (ER: $\tau_{c\,ER}$ = ,295, $r_{s\,ER}$ = ,264; KO: $\tau_{c\,KO}$ = ,118, $r_{s\,KO}$ = ,108; ZW: $\tau_{c\,ZW}$ = ,255, $r_{s\,ZW}$ = ,229). Da die Signifikanzprüfungen für Erlangen und Zwickau höchst signifikante Ergebnisse zeigen ($p_{\tau,\,r}$ < ,001), kann in beiden Städten auch für die Grundgesamtheit von einem Zusammenhang der beiden Variablen ausgegangen werden. In Koblenz ist das Ergebnis der zweisei-

---

121 Aufgrund der Aufnahme der Merkmalsausprägung „sowohl alleine als auch in Begleitung" als eigenständige Antwortkategorie in Frage Q9 waren Mehrfachantworten für die Dichotomisierung der Variablen in die beiden genannten Antwortkategorien nicht relevant.

tigen Signifikanzprüfung[122] bei einem Signifikanzniveau von α = 0,05 nur knapp nicht signifikant (p_τ = ,054; p_r = ,059).

Im Rahmen der Nutzungsanalyse erlebnisorientierter Komponenten der Einkaufsstandorte wird zu überprüfen sein, ob und wenn ja, inwieweit die Vergesellschaftungsform die Nutzung entsprechender Angebote in den einzelnen Altersklassen beeinflusst (siehe Kapitel 3.8.7).

3.8.4 Kopplungsaktivitäten bei Einkaufsbesuchen in der Innenstadt

Neben Einzelhandels-, Gastronomie- und Dienstleistungsangeboten findet sich in den Innenstädten typischerweise auch eine hohe räumliche Konzentration von Verwaltungseinrichtungen sowie von Ärzten und weiteren Gesundheitsdienstleistern; letztgenannter Aspekt wurde für die drei Untersuchungsstädte im Rahmen der Innenstadtkartierungen empirisch belegt (siehe Kapitel 3.4.3.6). Dabei befinden sich diese Einrichtungen mehrheitlich in oder am Rande der traditionellen Einkaufsstraßen, wenngleich, wie in Kapitel 3.2.2.2 beschrieben, in Koblenz ein Büro- und Ärztehaus dem Löhr-Center räumlich unmittelbar angeschlossen ist. Sofern Einkaufsbesuche in den innerstädtischen Einkaufsstandorten häufig mit einem Arzt- und / oder Behördenbesuch gekoppelt werden, könnte sich hieraus ein diesbezüg-

Tab. 22: Kopplungsintensität Einkaufsbesuch – Arzt-/Behördenbesuch

		14-24 J. in %	25-39 J. in %	40-59 J. in %	60-74 J. in %	≥ 75 J. in %	Gesamt in %
ja, häufig	ER	*2,90	6,59	6,61	10,29	*14,29	6,89
	KO	10,91	13,21	12,17	17,11	33,33	13,96
	ZW	6,38	7,32	7,41	11,86	0,00	7,85
ja, gelegentlich	ER	18,84	17,58	19,01	23,53	35,71	20,11
	KO	25,45	9,43	26,96	22,37	0,00	21,75
	ZW	29,79	12,20	16,05	22,03	28,57	20,25
ja, selten	ER	34,78	36,26	29,75	25,00	21,43	31,13
	KO	20,00	28,30	20,87	19,74	*22,22	21,75
	ZW	12,77	12,20	20,99	16,95	*14,29	16,53
nein	ER	43,48	39,56	44,63	41,18	28,57	41,87
	KO	43,64	49,06	40,00	40,79	44,44	42,53
	ZW	51,06	68,29	55,56	49,15	57,14	55,37
Gesamt je Stadt		100	100	100	100	100	100

Quelle: Eigene Erhebungen

122 Eine einseitige Signifikanzprüfung war aufgrund der theoretischen Vorüberlegungen nicht zu rechtfertigen: Einerseits könnte der Anteil der Konsumenten, die die Innenstadt überwiegend alleine aufsuchen, aufgrund der mit steigendem Alter abnehmenden durchschnittlichen Haushaltsgröße (vgl. Kapitel 2.4.1.4) in Richtung der höheren und hohen Altersklassen zunehmen. Andererseits ist es nicht unplausibel, dass aufgrund des größeren frei verfügbaren Zeitbudgets der im Ruhestand befindlichen Menschen gerade in den höheren und hohen Altersklassen Innenstadtbesuche in der Regel mit dem (Ehe-)Partner oder Freunden / Bekannten durchgeführt werden (können).

licher Attraktivitätsvorsprung derjenigen Standorte ableiten, die eine hohe räumliche Nähe zu den entsprechenden Einrichtungen aufweisen. Aufgrund der in Kapitel 2.4.2 referierten Zunahme gesundheitlicher Beeinträchtigungen mit steigendem Lebensalter kann beispielsweise von einer wachsenden Häufigkeit von Arztbesuchen speziell in den höheren und hohen Altersklassen ausgegangen werden, sodass die räumliche Nähe eines Einkaufsstandortes zu Arztpraxen mit steigendem Alter an Bedeutung gewinnen könnte. In Frage Q12 wurde daher erhoben, ob und wenn ja, in welchem Umfang die befragten Konsumenten Einkaufsbesuche in der Innenstadt mit einem Arzt- bzw. Behördenbesuch verbinden.

Die Ergebnisse lassen erkennen, dass Einkaufsbesuche in der Innenstadt von der großen Mehrzahl der Befragten nicht oder nur selten mit einem Arzt- oder Behördenbesuch verbunden werden, wobei die Befragten in Koblenz insgesamt eine deutlich höhere Kopplungsintensität zum Ausdruck brachten als die Probanden aus den anderen beiden Untersuchungsstädten: Während in Zwickau und Erlangen rund 72% bzw. 73% angaben, die beiden Aktivitäten nicht oder nur selten zu verbinden, liegt der entsprechende Anteil in Koblenz bei 64,28%. Eine altersklassendifferenzierte Betrachtung zeigt für Erlangen in der Tendenz eine mit steigendem Alter deutliche Zunahme des Anteils an Befragten, die häufig oder zumindest gelegentlich innerstädtische Einkaufsbesuche mit einem Arzt- bzw. Behördenbesuch verbinden. Umgekehrt weist der Anteil an Befragten, die Einkaufen in der Innenstadt nicht oder nur selten mit einem Arzt- oder Behördenbesuch verbinden, für Erlangen auf einen tendenziell negativen Zusammenhang mit dem Alter der Befragten hin. Die Assoziationsmaße Kendall τ_c sowie der Spearman'sche Rangkorrelationskoeffizient, die aufgrund des ordinalen Skalenniveaus der beiden hier betrachteten Merkmale zur Ermittlung der Stärke und Richtung der Korrelation herangezogen wurden, zeigen jedoch nur einen sehr geringen Zusammenhang in Richtung einer mit zunehmendem Alter abnehmenden Kopplungsintensität ($\tau_{c\,ER}$ = -,055; $r_{s\,ER}$ = -,069), der zudem nicht signifikant ist (p_τ = ,199; p_r = ,189). In Bezug auf Koblenz und Zwickau sind bereits bei einer rein deskriptiven Betrachtung der Kontingenztabelle keine eindeutigen und konsistenten Zusammenhänge zwischen der Kopplungsintensität und der Altersklasse der Befragten erkennbar. Zwar weisen in beiden Städten die Anteile an Befragten der beiden höchsten Altersklassen, die gelegentlich oder sogar häufig Einkaufsbesuche in der Innenstadt mit Arzt- oder Behördenbesuchen koppeln, überwiegend überdurchschnittliche Werte auf; fasst man jedoch die beiden Kategorien „ja, häufig" und „ja, gelegentlich" zusammen, resultieren speziell für die ≥ 75-Jährigen nur durchschnittliche bzw. sogar leicht unterdurchschnittliche Werte. Auch die Assoziationsmaße Kendall τ_c und Spearman r_s verweisen für Koblenz und insbesondere für Zwickau auf eine sehr schwache Korrelation in Richtung einer geringfügigen Abnahme der Kopplungsintensität mit zunehmendem Alter der Befragten (KO: $\tau_{c\,KO}$ = -,052; $r_{s\,KO}$ = -,063; ZW: $\tau_{c\,ZW}$ = -,029; $r_{s\,ZW}$ = -,036). Zudem sind die Korrelationen auch für Koblenz und Zwickau mit $p_{\tau,\,r}$ = ,27 (KO) bzw. $p_{\tau,\,r}$ = ,58 (ZW) nicht signifikant, sodass die Nullhypothese H_0 in beiden Fällen nicht zurückgewiesen werden kann. In allen Untersuchungsstädten steht die Altersklasse der Konsumenten demzufolge nicht in signifikantem Zusammenhang mit der Kopplungsintensität von Einkaufsbesuchen in der Innenstadt und Arzt- bzw. Behördenbesuchen.

3.8.5 Vergleichende Bewertung der traditionellen innerstädtischen Einkaufsstraßen und der innerstädtischen Shopping Center

Gemäß dem Ansatz des adequacy-importance-Modells bemisst sich die Gesamtein-stellung einer Person gegenüber einem Einkaufsstandort aus der Summe einer Viel-zahl von Eindruckswerten gegenüber verschiedenen Eigenschaften dieses Standor-tes. Die Eindruckswerte werden ihrerseits aus der Multiplikation der subjektiven Bewertung der einzelnen Eigenschaften in Bezug auf den konkreten Einkaufsstand-ort mit der individuell wahrgenommenen Wichtigkeit der entsprechenden Eigen-schaften bestimmt, wobei im Rahmen dieser Untersuchung die nach Altersklassen und Untersuchungsstädten differenzierten Mittelwerte für die Bestimmung der Ein-druckswerte herangezogen wurden (siehe hierzu ausführlich Kapitel 3.1.6.1.1).

3.8.5.1 Gesamteinstellungen gegenüber den Einkaufsstandorten

In Tabelle 23 sind für die drei Untersuchungsstädte die summierten Eindruckswerte für die Einkaufsstandorte „traditionelle innerstädtische Einkaufsstraßen" (IS) und „Shopping Center" (SC) sowie die Differenzen zwischen den Gesamteinstellungen nach Altersklassen differenziert aufgeführt. Da das adequacy-importance-Modell für alle Komponenten (motivationale und kognitive Komponente) eine identische Zahl an abhängigen Variablen (Eigenschaften) voraussetzt, konnten die Fragen Q6q, Q6r, Q6v sowie Q7t bei der Berechnung der Gesamteinstellungen nicht berücksich-tigt werden; sie werden daher einer gesonderten Betrachtung unterzogen.

Tab. 23: Gesamteinstellungen gegenüber den Einkaufsstandorten auf Basis des adequacy-importance-Modell

	Erlangen			Koblenz			Zwickau		
	IS	SC	Diff.	IS	SC	Diff.	IS	SC	Diff.
14-24 J.	528,96	587,44	-58,48	553,33	631,75	-78,42	553,33	642,58	-89,25
25-39 J.	536,77	569,84	-33,08	487,86	545,90	-58,04	538,51	617,81	-79,30
40-59 J.	545,23	575,45	-30,22	527,89	603,70	-75,81	569,86	676,59	-106,73
60-74 J.	540,77	574,10	-33,33	570,61	651,15	-80,54	635,90	715,20	-79,30
≥ 75 J.	580,04	606,85	-26,81	557,84	684,67	-126,83	571,93	672,01	-100,08
Gesamt	540,49	577,56	-37,07	536,69	612,36	-75,67	577,02	668,36	-91,34

Quelle: Eigene Erhebungen und Berechnungen

Bemerkenswert ist zunächst, dass in allen Untersuchungsstädten über alle Alters-klassen hinweg die Einkaufszentren positiver bewertet werden als die traditionellen Innenstädte, wobei die Differenz zwischen den summierten Eindruckswerten der beiden Einkaufsstandorte in Koblenz und insbesondere in Zwickau deutlich grö-ßer ist als in Erlangen. Weiterhin fällt auf, dass die Unterschiede in der Einstellung gegenüber den beiden Einkaufsstandorten in Erlangen mit zunehmendem Alter tendenziell abnehmen: Die Überlegenheit der Erlangen Arcaden gegenüber den traditionellen innerstädtischen Einkaufsstraßen wird in der Gruppe der ≥ 75-Jährigen deutlich schwächer wahrgenommen als durch die 14- bis 24-Jährigen. In Koblenz hingegen ist die Differenz bei den 25- bis 39-Jährigen am geringsten und erreicht bei den älteren und alten Befragten und hier speziell bei den ≥ 75-Jährigen ihre höchsten Werte. In Zwickau wiederum wird das Einkaufszentrum von den 40- bis 59-Jährigen im Vergleich zu den umgebenden Einkaufsstraßen am positivsten bewertet; auch die höchste Altersklasse, d.h. die ≥ 75-Jährigen, nimmt die Zwickau Arcaden überdurchschnittlich positiv wahr. In allen anderen Altersklassen wird der Unterschied zwischen traditionellen Einkaufsstraßen und Einkaufszentren etwas geringer beurteilt.

Mit Ausnahme der traditionellen Einkaufsstraßen in Erlangen ist für nahezu alle untersuchten Einkaufsstandorte zunächst ein Rückgang der Gesamteinstellung von der jüngsten zur nächsthöheren Altersklasse zu beobachten. Von der Gruppe der 25- bis 39-Jährigen an lassen die Einstellungswerte dann allerdings eine mit zunehmendem Alter der Befragten (teilweise deutlich) steigende Tendenz erkennen. Obgleich in Bezug auf beide Einkaufsstandorte in Zwickau sowie hinsichtlich der innerstädtischen Einkaufsstraßen in Koblenz ein erneuter Rückgang des Gesamteinstellungswertes zwischen den 60- bis 74-Jährigen und den ≥ 75-Jährigen festzustellen ist, liegen die Gesamteinstellungswerte der höchsten Altersklasse gegenüber allen untersuchten Einkaufsstandorten über den Werten der jüngsten Altersgruppe. Somit lässt sich in allen Untersuchungsstädten unabhängig vom jeweiligen Einkaufsstandort eine leichte Tendenz in Richtung eines Anstiegs der Gesamteinstellungswerte mit zunehmendem Alter der Befragten identifizieren. Diese positive Tendenz der Einstellungswerte mit steigendem Alter könnte zum einen ein Hinweis darauf sein, dass beide innerstädtischen Einkaufsstandorte über alle Eigenschaften betrachtet den Anforderungen älterer und alter Menschen in höherem Maße entsprechen als jüngeren Altersgruppen. Zum anderen könnte dieser Trend aber auch auf eine kritischere Grundeinstellung speziell bei den 25- bis 39-jährigen und – in abgeschwächter Form – bei den 40- bis 59-jährigen Befragten hindeuten. Auch kann nicht ausgeschlossen werden, dass ältere Befragte grundsätzlich zur Abgabe höherer Bewertungen tendieren. Diese Überlegungen gelten analog auch für Unterschiede im allgemeinen Niveau der Einstellungswerte zwischen den drei Untersuchungsstädten. Schließlich muss bei der Interpretation der mittels des adequacy-importance-Modells ermittelten Einstellungswerte stets berücksichtigt werden, dass die Gesamteinstellung gegenüber einem Objekt, respektive einem Einkaufsstandort, stets eine Funktion nicht nur der subjektiven Bewertung, sondern auch der individuellen Wichtigkeit ist, sodass beide Komponenten einen höheren Gesamtwert bedingen können (siehe auch Kapitel 3.1.6.1.1). So werden auch die im Vergleich zu den Ergebnissen in Erlangen und Koblenz tendenziell höheren Gesamtbewertungen in Zwickau zu einem erheblichen Teil durch die Komponente „Wichtigkeit" erklärt: Das arithmetische Mittel der Wichtigkeitsbewertungen über alle Variablen und Altersklassen liegt in Erlangen bei 5,05, in Koblenz bei 5,19 und in Zwickau bei 5,39; der Mittelwert der Bewertungen speziell der innerstädtischen Einkaufsstraßen hingegen differiert deutlich schwächer, nämlich zwischen 4,69 in Koblenz und 4,89 in Zwickau (Erlangen: 4,82).

Sofern jedoch die Gesamteinstellungswerte in Bezug auf die traditionellen Einkaufsstraßen einerseits und die Shopping Center andererseits vergleichend einander gegenübergestellt werden, ist die Frage, inwieweit etwaige Differenzen in den Einstellungswerten zwischen unterschiedlichen Altersgruppen durch allgemeine altersabhängige Unterschiede im Antwortverhalten oder differierende Wichtigkeitsbeurteilungen erklärt werden, nicht von Belang.

3.8.5.2 Einstellungen in Bezug auf Teilaspekte der Einkaufsstandorte

In Anbetracht der altersklassen- und städteübergreifend zu konstatierenden Höherbewertung der Einkaufszentren sowie der Differenzen in der Gesamteinstellung gegenüber den innerstädtischen Einkaufsstandorten zwischen den einzelnen Altersklassen stellt sich die Frage, welcher Anteil den einzelnen Eigenschaftsdimensionen an der Gesamteinstellung gegenüber den beiden Einkaufsstandorten zukommt, respektive in welchen Bereichen die jeweiligen Einkaufsstandorte in der Wahrnehmung der Befragten besondere Stärken bzw. Schwächen aufweisen. Hierzu wurden

Tab. 24: Zuordnung der Eigenschaftsdimensionen der Einkaufsstandorte zu Kategorien

Kategorie	Variablen
Versorgung	• große Auswahl an Geschäften
	• große Auswahl an verschiedenen Marken
	• viele Geschäfte mit qualitativ hochwertigem Angebot
	• viele Geschäfte mit eher niedrigem Preisniveau
Erreichbarkeit	• Parkmöglichkeiten in der Nähe
	• gute Erreichbarkeit mit öffentlichen Verkehrsmitteln
Conveniance	• lange Öffnungzeiten der Geschäfte
	• Barrierefreiheit
	• Verfügbarkeit gepflegter öffentlicher Toiletten
	• Sitzmöglichkeiten
	• Übersichtlichkeit / Orientierungsfreundlichkeit
	• breite öffentliche Wege
	• Möglichkeit, alle Erledigungen in kurzer Zeit durchzuführen
	• kurze Wege zwischen den Geschäften
Aufenthaltsqualität / Erlebnis	• allgemein hohe Aufenthaltsqualität
	• Sauberkeit
	• attraktive Schaufenstergestaltung
	• schöne Dekoration des öffentlichen Raumes
	• kein Menschengedränge
	• niedriger Lärmpegel
	• lebendiges Treiben
	• angenehmes Publikum

Quelle: Eigene Zusammenstellung

die einzelnen Eigenschaftsdimensionen in vier Kategorien eingeteilt: Versorgung, Erreichbarkeit, Conveniance und Aufenthaltsqualität / Erlebnis (siehe hierzu auch Kapitel 2.2.3.1[123]). In der Kategorie Aufenthaltsqualität / Erlebnis verdichten sich konsumtive, in den anderen drei Kategorien instrumentelle Motive. Tabelle 24 zeigt die Zuordnung der einzelnen Eigenschaften zu den Kategorien.

Nachfolgend (Kapitel 3.8.5.2.1 bis 3.8.5.2.4) werden die Einstellungen der befragten Konsumenten gegenüber den beiden innerstädtischen Einkaufsstandorten in Bezug auf die einzelnen Kategorien auf Basis der summierten Eindruckswerte der in den jeweiligen Kategorien zusammengefassten Eigenschaftsdimensionen betrachtet und im Hinblick auf etwaige altersklassen- und / oder untersuchungsstadtspezifische Unterschiede analysiert.

3.8.5.2.1 Versorgung

Tab. 25: Summierte Eindruckswerte für die Kategorie Versorgung

| | Erlangen | | | Koblenz | | | Zwickau | | |
	IS	SC	Diff.	IS	SC	Diff.	IS	SC	Diff.
14-24 J.	89,26	96,11	-6,85	106,18	106,38	-0,20	97,46	108,23	-10,77
25-39 J.	91,82	92,13	-0,31	93,60	94,56	-0,96	90,45	97,40	-6,95
40-59 J.	89,53	88,14	1,40	97,23	96,73	0,50	91,90	99,84	-7,94
60-74 J.	85,92	84,69	1,23	93,86	97,62	-3,76	100,51	104,87	-4,36
≥ 75 J.	91,14	91,77	-0,62	94,01	95,36	-1,34	75,10	87,89	-12,79
Gesamt	89,38	90,33	-0,95	97,42	98,30	-0,88	93,73	101,43	-7,70

Quelle: Eigene Erhebungen und Berechnungen

Die Berechnungen für den Teilbereich Versorgung zeigen, dass die Einstellungswerte der älteren und alten Befragten ≥ 60 Jahre (in Zwickau ≥ 75 Jahre) in Bezug auf das Geschäfts- und Warenangebot für beide Einkaufsstandorte mehrheitlich unter dem jeweiligen altersklassenübergreifenden Durchschnittswert liegen (davon abweichend finden sich geringfügig überdurchschnittliche Werte nur bei den ≥ 75-Jährigen in Erlangen). Demgegenüber demonstrieren die Werte der Jugendlichen und jungen Erwachsenen zwischen 14 und 24 Jahren eine mehrheitlich weit überdurchschnittliche Einstellung gegenüber beiden innerstädtischen Einkaufsstandorten (wobei in Koblenz und Zwickau bereits in der nächsthöheren Altersklasse ein deutlicher

---

123 Abweichend von der in Kapitel 2.2.3.1 referierten Einteilung von BASTIAN (1999) wird hier der Faktor „Erreichbarkeit" nicht als Teil der Kategorie Conveniance angesehen, sondern als eigenständige Kategorie definiert. Diese Vorgehensweise erscheint insbesondere im Hinblick auf das Aufspüren von altersabhängigen Einstellungsunterschieden gegenüber den hier differenzierten Einkaufsstandorten geboten. Zwar ist die Zuordnung speziell der Variablen „lange Öffnungszeiten der Geschäfte", „Barrierefreiheit" sowie „kurze Wege zwischen den Geschäften" zu den Kategorien nicht vollkommen eindeutig, da die drei Eigenschaften sowohl mit dem Aspekt der Erreichbarkeit (innere Erreichbarkeit) als auch mit dem Aspekt „Conveniance" Berührungspunkte aufweisen. Trotz dieser Zuordnungsprobleme überwiegen nach Ansicht der Verfasserin die Vorteile einer differenzierten Betrachtung der beiden Kategorien. Die Aussagen der Befragten im Rahmen der qualitativen Konsumentenbefragungen legen nahe, dass die betreffenden Eigenschaften von den meisten Konsumenten als Elemente zur Steigerung des Komfortaspekts beim Einkaufen wahrgenommen werden.

Abfall der Einstellungswerte zu konstatieren ist). Berücksichtigt man zusätzlich die im vorausgehenden Kapitel (3.8.5.1) beschriebene Tendenz, wonach die Gesamtein- stellungswerte gegenüber den Einkaufsstandorten positiv mit dem Alter der Befrag- ten korrelieren, lässt sich aus diesen Befunden ableiten, dass das Geschäfts- und Warenangebot beider innerstädtischer Einkaufsstandorte den Anforderungen jun- ger Konsumenten in weitaus höherem Maße entspricht als den Erwartungen älterer und alter Menschen. Eine Sonderstellung nimmt die Gruppe der 60- bis 74-Jährigen in Zwickau ein, die gegenüber dem Geschäfts- und Warenangebot beider Einkaufs- standorte, besonders jedoch gegenüber dem der innerstädtischen Einkaufsstraßen, eine deutlich überdurchschnittliche Einstellung erkennen lässt.

Daneben verweisen die Ergebnisse darauf, dass über alle Altersklassen betrach- tet in Erlangen und Koblenz nur geringe Unterschiede hinsichtlich der Auswahl an Geschäften und Marken sowie im Hinblick auf die Größe des Angebots an Geschäf- ten mit qualitativ hochwertigem Angebot einerseits und preiswerten Einkaufsmög- lichkeiten andererseits zwischen den traditionellen Einkaufsstraßen und dem jewei- ligen Shopping Center wahrgenommen werden. In Zwickau hingegen ist die dies- bezügliche Diskrepanz in der Perzeption der Befragten deutlich stärker ausgeprägt. Hier wird das Geschäfts- bzw. Warenangebot in den Zwickau Arcaden als deutlich besser empfunden als das in den traditionellen innerstädtischen Einkaufsstraßen anzutreffende Angebot. Eine weiter differenzierte Betrachtung der in der Kategorie „Versorgung" zusammengefassten Items zeigt, dass in allen Untersuchungsstädten nach Ansicht der befragten Konsumenten die Einkaufszentren den traditionellen Einkaufsstraßen vor allem hinsichtlich der Aspekte „große Auswahl an Geschäften" und „große Auswahl an verschiedenen Marken" überlegen sind; in Koblenz und Zwickau trifft dies auch für die Variable „viele Geschäfte mit qualitativ hochwerti- gem Angebot" zu. Demgegenüber liegen in Bezug auf die Variable „viele Geschäfte mit eher niedrigem Preisniveau" die für die traditionellen Einkaufsstraßen ermittel- ten Eindruckswerte in allen Städten über denen für die Einkaufszentren.

Weitere interessante Ergebnisse werden bei einer altersdifferenzierten Analyse sichtbar: So weisen in Erlangen junge Konsumenten zwischen 14 und 24 Jahren dem Einkaufszentrum in Bezug auf das Geschäfts- und Warenangebot deutlich höhere Bewertungen zu als den umgebenden Einkaufsstraßen; diese Gruppe wird offen- sichtlich durch das Angebot in den Erlangen Arcaden in besonderer Weise ange- sprochen. Geringfügig positiver als in der traditionellen Innenstadt wird das Ange- bot in den Erlangen Arcaden auch durch die 25- bis 39-Jährigen sowie die ≥ 75-Jäh- rigen beurteilt. Die Befragten zwischen 40 und 74 Jahren hingegen offenbaren eine leichte Bevorzugung des Angebots in den traditionellen Einkaufsstraßen. Im Unter- schied dazu werden (insgesamt geringe) Angebotsdifferenzen zwischen den beiden Einkaufsstandorten in Koblenz vor allem von den ≥ 60-Jährigen ausgemacht, wobei das Löhr-Center eine positivere Beurteilung erfährt als die traditionellen Einkaufs- straßen. Die 40- bis 59-Jährigen in Koblenz hingegen werden geringfügig stärker durch das Angebot in den Einkaufsstraßen als durch das Angebot des Einkaufs- zentrums angesprochen. Bemerkenswert ist jedoch insbesondere, dass die jüngste Altersgruppe, d.h. die 14- bis 29-Jährigen, das Löhr-Center und die traditionellen Einkaufsstraßen im Hinblick auf das Angebot bzw. Sortiment nahezu identisch bewerten. In Zwickau schließlich erhält das Shopping Center von den Befragten aller Altersklassen in Bezug auf das Angebot deutlich bessere Beurteilungen als die Einkaufsstraßen. Dabei fällt vor allem der sehr hohe Diskrepanzwert in der Gruppe der ≥ 75-Jährigen auf, der eine weit überdurchschnittliche Wertschätzung des Geschäfts- und Warenangebots in den Zwickau Arcaden seitens dieser Altersklasse zum Ausdruck bringt. Dies überrascht umso mehr, als in den vorausgehenden Altersklassen eine nahezu konstante Abnahme der Bewertungsunterschiede zwischen traditionellen Einkaufsstraßen und Shopping Center mit zunehmendem Alter der Befragten festgestellt werden kann.

3.8.5.2.2 Erreichbarkeit

Tab. 26: Summierte Eindruckswerte für die Kategorie Erreichbarkeit

	Erlangen			Koblenz			Zwickau		
	IS	SC	Diff.	IS	SC	Diff.	IS	SC	Diff.
14-24 J.	47,04	57,24	-10,20	50,21	63,25	-13,04	52,66	57,54	-4,88
25-39 J.	41,37	49,53	-8,16	40,07	52,32	-12,25	47,95	55,36	-7,42
40-59 J.	47,47	54,87	-7,40	47,13	60,05	-12,92	53,01	60,24	-7,23
60-74 J.	47,02	57,31	-10,29	49,21	59,90	-10,70	51,90	58,07	-6,18
≥ 75 J.	43,57	54,16	-10,59	42,52	68,01	-25,49	55,53	62,45	-6,92
Gesamt	45,67	54,44	-8,77	46,84	59,49	-12,65	51,99	58,44	-6,45

Quelle: Eigene Erhebungen und Berechnungen

In Bezug auf den Aspekt der Erreichbarkeit erreichen die Einkaufszentren in allen Untersuchungsstädten sowie in allen Altersklassen deutlich höhere Bewertungen als die traditionellen Einkaufsstraßen. Allerdings zeigen sich zwischen den drei Untersuchungsstädten deutliche Unterschiede im Ausmaß der wahrgenommenen Diskrepanz. Am stärksten differiert die Erreichbarkeit zwischen traditionellen Einkaufsstraßen und Einkaufszentren den Beurteilungen der Befragten zufolge in Koblenz, wobei insbesondere der sehr hohe Bewertungsunterschied in der Gruppe der ≥ 75-Jährigen ins Auge fällt. Die geringsten Unterschiede wurden von den Befragten in Zwickau zum Ausdruck gebracht; gleichzeitig differieren die Werte hier relativ schwach zwischen den Altersklassen. In Erlangen wurden die Unterschiede in der Erreichbarkeit vor allem von den 14- bis 24-Jährigen sowie von den ≥ 60-Jährigen herausgestellt; die 25- bis 39-jährigen Befragten nehmen die Erreichbarkeit der beiden Einkaufsstandorte als etwas weniger ausgeprägt wahr.

Eine differenzierte Betrachtung der Eindruckswerte der beiden in der Kategorie „Erreichbarkeit" zusammengefassten Variablen „Parkmöglichkeiten in der Nähe" sowie „gute Erreichbarkeit mit öffentlichen Verkehrsmitteln" zeigt, dass die Höherbewertung der Einkaufszentren maßgeblich in der Bewertung der Variable „Parkmöglichkeiten in der Nähe" wurzelt (Differenzen der Eindruckswerte für Parkmöglichkeiten: ER -7,11; KO -11,08; ZW -6,69; Differenzen für ÖPNV-Erreichbarkeit: ER -1,66; KO -1,57; ZW 0,34). Betrachtet man diese Befunde im Lichte der jeweiligen Größe der Innenstädte, so liegt die Vermutung nahe, dass die Wertschätzung direkter Parkmöglichkeiten in einem Einkaufszentrum in allen Altersklassen mit zunehmender Größe der umgebenden Innenstadt steigt. Daneben zeugen in Bezug auf Erlangen und Koblenz die negativen Differenzen bei den Bewertungen der ÖPNV-Erreichbarkeit von einer als (relativ) gut wahrgenommenen Anbindung des jeweiligen Einkaufszentrums an das Netz des ÖPNV; gleichwohl überrascht speziell für Koblenz in Anbetracht der direkten Integration des großen Busbahnhofes in das Löhr-Center (siehe Kapitel 3.2.2.2) der diesbezüglich eher geringe Differenzbetrag zwischen den Eindruckswerten für die traditionellen Einkaufsstraßen und das Einkaufszentrum.

3.8.5.2.3 Conveniance

Tab. 27: Summierte Eindruckswerte für die Kategorie Conveniance

	Erlangen			Koblenz			Zwickau		
	IS	SC	Diff.	IS	SC	Diff.	IS	SC	Diff.
14-24 J.	194,19	234,75	-40,57	196,32	242,44	-46,12	199,98	244,57	-44,59
25-39 J.	193,75	233,44	-39,69	169,08	209,66	-40,58	193,04	238,58	-45,54
40-59 J.	196,64	231,98	-35,34	179,26	226,37	-47,12	206,79	263,77	-56,98
60-74 J.	192,18	222,36	-30,18	199,77	242,34	-42,58	232,28	272,59	-40,31
≥ 75 J.	215,04	237,95	-22,91	210,07	270,96	-60,88	210,02	259,33	-49,32
Gesamt	195,33	231,44	-36,11	186,26	231,46	-45,20	209,45	257,44	-47,99

Quelle: Eigene Erhebungen und Berechnungen

Auch in der Kategorie Conveniance zeigen sich die Einkaufszentren in allen Untersuchungsstädten unabhängig vom Alter der Befragten gegenüber den traditionellen Einkaufsstraßen in der Bewertung der Konsumenten deutlich überlegen, wobei in Erlangen der Betrag der Differenz geringer ist als in Koblenz und Zwickau. Besonders bemerkenswert ist jedoch, dass in Erlangen die wahrgenommene Überlegenheit des Einkaufszentrums in Bezug auf den Conveniance-Aspekt konstant negativ mit dem Alter der Befragten korreliert. Dies überrascht insbesondere deshalb, als die Kategorie „Conveniance" mehrere Eigenschaften wie z.B. „Barrierefreiheit" oder „kurze Wege zwischen den Geschäften" umfasst, bei denen eine gegenüber den traditionellen Einkaufsstraßen bessere Passung der Einkaufszentren an die Bedürfnisse bzw. körperlichen Restriktionen älterer und alter Menschen (siehe Kapitel 2.4.2.3) angenommen werden könnte. Eine differenzierte Betrachtung der summierten Eindruckswerte für die beiden Einkaufsstandorte offenbart aber, dass die Differenz der Eindruckswerte zwischen den traditionellen Einkaufsstraßen und dem Einkaufszentrum in Bezug auf die motilitätsrelevanten Dimensionen „Barrierefreiheit" und „Sitzmöglichkeiten" mit zunehmendem Alter der Befragten deutlich ansteigt (zugunsten höherer Werte für das Einkaufszentrum), dieser Anstieg jedoch durch andere Teilaspekte dieser Kategorie überkompensiert wird.

In Koblenz und Zwickau lassen sich keine eindeutigen Tendenzen hinsichtlich der wahrgenommenen Differenzen zwischen den innerstädtischen Einkaufsstraßen und dem jeweiligen Einkaufszentrum in Abhängigkeit vom Alter der Befragten erkennen. Allerdings wird das Löhr-Center Koblenz von den ≥ 75-jährigen Befragten deutlich positiver bewertet als die umgebende Innenstadt; in Zwickau differiert die Bewertung am stärksten bei den 40- bis 59-Jährigen.

Die (teilweise deutlich) überdurchschnittlichen Einstellungswerte der älteren und alten Befragten ≥ 60 Jahre (in Erlangen ≥ 75-Jahre) gegenüber beiden Einkaufsstandorten legen nahe, dass sowohl die innerstädtischen Einkaufsstraßen als auch das jeweilige Einkaufszentrum den Anforderungen älterer und alter Menschen in Bezug auf den Conveniance-Aspekt beim Einkaufen in stärkerer Weise entsprechen als dies bei jüngeren Altersgruppen der Fall ist. Diese Beobachtung wird auch dadurch gestützt, dass in Koblenz und Zwickau die Einstellungswerte für beide Einkaufsstandorte von der Gruppe der 25- bis 39-Jährigen an mit zunehmendem Alter konstant steigen; lediglich bei den ≥ 75-Jährigen in Zwickau ist ein erneuer Abfall der summierten Eindruckswerte zu konstatieren. In Erlangen hingegen zeigt sich zumindest in Bezug auf die Erlangen Arcaden ein gegenläufiger Trend: Hier findet der voranstehend diskutierte alterskorrelierte Rückgang in der Differenz der Einstellungswerte zwischen innerstädtischen Einkaufsstraßen und Shopping Center auch in einer bis zur Gruppe der 60- bis 74-Jährigen konstant negativen Entwicklung der Einstellungswerte gegenüber den Erlangen Arcaden seinen Niederschlag.

Da es sich bei den untersuchten Shopping Centern sämtlich um geschlossene Einkaufszentren handelt, bieten diese den Konsumenten im Unterschied zu den traditionellen Einkaufsstraßen die Möglichkeit eines von Wettereinflüssen unabhängigen Aufenthalts. Die Beurteilung des Komfortaspektes der beiden Einkaufsstandorte könnte daher auch dadurch beeinflusst werden, ob ein geschlossener, wetterunabhängiger Einkaufsstandort oder eine Einkaufsumgebung, die zumindest zwischenzeitlich einen Aufenthalt an der frischen Luft erlaubt, bevorzugt wird. Da die Frage nach der subjektiven Bewertung dieser Eigenschaften für die beiden Einkaufsstandorte nicht sinnvoll gewesen wäre (in den Einkaufsstraßen ist die Eigenschaft „Aufenthalt an der frischen Luft" regelmäßig vollständig erfüllt, gleiches gilt für die Wetterunabhängigkeit in den Einkaufszentren), wurde für diese Eigenschaften nur die individuell wahrgenommene Wichtigkeit erhoben (Q6q und Q6r). In Tabelle 28 sind die jeweiligen Mittelwerte sowie das arithmetische Mittel der Wichtigkeitsbe-

Tab. 28: Wichtigkeit Wetterunabhängigkeit / Aufenthalt an frischer Luft

	Ø Wichtigkeit Wetterunabhängigkeit			Ø Wichtigkeit Aufenthalt an frischer Luft			Durchschnitt Wichtigkeitsbewertungen		
	ER	KO	ZW	ER	KO	ZW	ER	KO	ZW
14-24 J.	4,45	4,82	5,34	4,47	4,31	4,68	4,98	5,19	5,31
25-39 J.	4,19	3,96	4,73	5,08	4,40	4,80	4,95	4,99	5,16
40-59 J.	4,07	4,08	4,79	5,10	5,15	4,95	5,09	5,19	5,42
60-74 J.	4,38	4,77	5,15	5,26	5,10	5,61	5,13	5,31	5,60
≥ 75 J.	4,36	5,56	4,43	4,86	4,11	5,57	5,29	5,43	5,27
Gesamt	4,24	4,40	4,95	5,00	4,83	5,07	5,05	5,19	5,39

Quelle: Eigene Erhebungen und Berechnungen

wertungen über alle Variablen nach Altersklassen und Untersuchungsstädten differenziert wiedergegeben.

Die Ergebnisse zeigen, dass die Möglichkeit, sich bei einem Einkaufsbesuch in der Innenstadt zumindest teilweise an der frischen Luft aufhalten zu können, bis zur Gruppe der 60- bis 74-Jährigen in allen Untersuchungsstädten mit zunehmendem Alter konstant an Bedeutung gewinnt; erst in der höchsten Altersklasse wird die Wichtigkeit dieses Aspekts einer Einkaufsumgebung geringer bewertet als in der vorausgehenden Altersgruppe. Vergleicht man die Mittelwerte der Wichtigkeitsbeurteilungen für die Variablen „Aufenthalt an der frischen Luft" und „Wetterunabhängigkeit", wird darüber hinaus deutlich, dass unabhängig von der jeweiligen Untersuchungsstadt der Möglichkeit eines Aufenthaltes an der frischen Luft in den meisten Altersklassen eine höhere Bedeutung beigemessen wird als der Wetterunabhängigkeit eines Einkaufsstandortes. In diesem Bereich zeigt sich somit ein klarer Vorteil der traditionellen Einkaufsstraßen. Ein Vergleich der Mittelwerte dieser beiden Variablen mit dem Durchschnitt aller Wichtigkeitsbeurteilungen belegt aber auch, dass beide Aspekte mehrheitlich als unterdurchschnittlich wichtig wahrgenommen werden.

In Bezug auf die traditionellen Einkaufsstraßen wurde zudem der Einstellungswert für die Eigenschaft „keine Behinderung durch Auto- und / oder Fahrradverkehr" gemessen; da in den Einkaufszentren kein Auto- bzw. Fahrradverkehr vorhanden ist, war für diesen Einkaufsstandort eine sinnvolle Messung der kognitiven Komponente nicht möglich. Im Ergebnis weisen die Eindruckswerte der Variable „keine Behinderung durch Auto- und / oder Fahrradverkehr" für die traditionellen Einkaufsstraßen keinen eindeutigen Zusammenhang mit dem Alter der Befragten auf. Bemerkenswert ist jedoch, dass das Niveau der in Zwickau gemessenen Werte deutlich höher liegt als das Werteniveau in Koblenz und insbesondere in Erlangen. Eine differenzierte Betrachtung der motivationalen und der kognitiven Komponente zeigt, dass diese Differenz vor allem einer weit unterdurchschnittlichen kognitiven Komponente in Erlangen geschuldet ist, wobei diesbezüglich ein klarer Zusammenhang mit dem hohen Fahrradaufkommen in der Erlanger Innenstadt angenommen werden kann (siehe Kapitel 3.2.2.1). Schließlich dokumentieren die Untersuchungsergebnisse auch, dass die wahrgenommene Wichtigkeit einer Nicht-Behinderung durch Auto- bzw. Fahrradverkehr in allen Untersuchungsstädten tendenziell mit zunehmendem Alter steigt, wenngleich dieser Anstieg in Erlangen weitaus stärker ausgeprägt ist als in den anderen beiden Untersuchungsstädten.

3.8.5.2.4 Aufenthaltsqualität / Erlebnis

Bei Betrachtung der Einstellungswerte für die Kategorie Aufenthaltsqualität / Erlebnis sind in besonderer Weise die erheblichen Unterschiede zwischen den Untersuchungsstädten hinsichtlich der wahrgenommenen Diskrepanz zwischen den beiden Einkaufsstandorten augenfällig: Während in Koblenz und Zwickau die Befragten aller Altersklassen die Aufenthaltsqualität des jeweiligen Einkaufszentrums teilweise deutlich höher bewerteten als die der traditionellen Einkaufsstraßen, besteht bei der Erlanger Stichprobe nur in der jüngsten Altersklasse eine geringfügige Bevorzugung der Erlangen Arcaden hinsichtlich des Aspekts der Aufenthaltsqualität. In

Tab. 29: Summierte Eindruckswerte für die Kategorie Aufenthaltsqualität / Erlebnis

	Erlangen			Koblenz			Zwickau		
	IS	SC	Diff.	IS	SC	Diff.	IS	SC	Diff.
14-24 J.	198,47	199,34	-0,87	200,62	219,68	-19,06	203,23	232,25	-29,02
25-39 J.	209,82	194,74	15,09	185,12	189,36	-4,24	207,07	226,47	-19,39
40-59 J.	211,58	200,46	11,12	204,27	220,54	-16,27	218,16	252,75	-34,58
60-74 J.	215,65	209,74	5,90	227,78	251,28	-23,51	251,21	279,67	-28,46
≥ 75 J.	230,29	222,98	7,31	211,24	250,36	-39,12	231,29	262,34	-31,05
Gesamt	210,11	201,35	8,77	206,18	223,12	-16,94	221,85	251,05	-29,21

Quelle: Eigene Erhebungen und Berechnungen

allen anderen Altersklassen und in besonderer Weise in den mittleren Altersgruppen (25 bis 59 Jahre) entspricht die Aufenthalts- und Gestaltqualität in den traditionellen Einkaufsstraßen den individuellen Ansprüchen offensichtlich in deutlich höherem Maße als dies in den Erlangen Arcaden der Fall ist. In Koblenz wiederum ist in der Tendenz ein deutlicher Anstieg der wahrgenommenen Differenz zwischen den beiden Einkaufsstandorten zugunsten des Löhr-Centers mit zunehmendem Alter der Befragten zu konstatieren. Besonders auffällig ist hier, dass die 25- bis 39-Jährigen den Unterschied zwischen den traditionellen Einkaufsstraßen und dem Löhr-Center für weitaus geringer erachten als die übrigen Altersklassen; gleichzeitig weist diese Altersgruppe beiden Einkaufsstandorten weit unterdurchschnittliche Einstellungswerte zu. In leicht abgeschwächter Form bestätigt sich diese Beobachtung auch für die Zwickauer Stichprobe. In allen Untersuchungsstädten gilt somit, dass die 25- bis 39-Jährigen die Innenstadt gegenüber dem jeweiligen Einkaufszentrum in Bezug auf die Kategorie „Aufenthaltsqualität" relativ positiver wahrnehmen als die übrigen Altersklassen bei gleichzeitig unterdurchschnittlichen Einstellungswerten gegenüber beiden Einkaufsstandorten.

Hinsichtlich der Entwicklung der Einstellungswerte für die einzelnen Einkaufsstandorte im Altersverlauf der Befragten fällt auf, dass die Einstellungswerte der beiden jüngsten Altersgruppen in allen Untersuchungsstädten sowohl in Bezug auf die traditionellen Einkaufsstraßen als auch gegenüber den Einkaufszentren stets unterhalb des altersklassenübergreifenden Durchschnittswertes für den jeweiligen Einkaufsstandort liegen. Von der Gruppe der 25- bis 39-Jährigen an ist ein nahezu konstanter Anstieg des Einstellungswertes mit zunehmendem Alter der Befragten festzustellen, wobei in Koblenz und Zwickau – weitgehend analog zur Entwicklung des Gesamteinstellungswertes – ein erneuter Rückgang des Einstellungswertes von der Gruppe der 60- bis 74-Jährigen zur Altersklasse der ≥ 75-Jährigen beobachtet werden kann. Gleichwohl deuten die überdurchschnittlichen Einstellungswerte der ≥ 60-Jährigen gegenüber beiden Einkaufsstandorten auf eine im Durchschnitt grundsätzliche Zufriedenheit älterer und alter Menschen mit der Aufenthaltsqualität sowohl in den traditionellen Einkaufsstraßen als auch in den innerstädtischen Einkaufszentren hin.

3.8.6 Präferenzvergleich zwischen innerstädtischen Einkaufszentren und Kaufhäusern

Während der qualitativen Konsumentenbefragungen legten mehrere Probanden dar, dass die Kaufhäuser in den innerstädtischen Einkaufsstraßen ihrer Ansicht nach eine gute und häufig überlegene Alternative zu den Einkaufszentren darstellen würden, da diese wesentliche Vorteile der Shopping Center, wie beispielsweise die Integration verschiedener Branchen „unter einem Dach" oder die hohe räumliche Konzentration des Angebots, gleichermaßen böten, viele als negativ empfundene Aspekte der Einkaufszentren, wie z.B. eine Überbetonung des Kommerzes oder eine zu dominante Ausrichtung auf die Bedürfnisse junger Kundengruppen, in den Kaufhäusern hingegen nicht oder nur in schwächerer Ausprägung anzutreffen seien. Im Rahmen der quantitativen Konsumentenbefragungen galt es daher zu überprüfen, inwieweit die Bevorzugung von Kaufhäusern gegenüber Shopping Centern eine quantitative Bestätigung erfährt bzw. in welchem Umfang umgekehrt Shopping Center gegenüber Kaufhäusern präferiert werden oder keine Präferenz zugunsten einem der beiden Einkaufsorte vorliegt. Im Speziellen war hier auch die Frage von Belang, ob sich bezüglich etwaiger Präferenzen für Kaufhäuser oder Shopping Center sowie der dahinter stehenden Gründe altersabhängige Unterschiede aufzeigen lassen. Tabelle 30 gibt die Präferenzen der Befragten in Abhängigkeit von der jeweiligen Altersklasse der Probanden wieder.

Tab. 30: Präferenzvergleich Kaufhaus – Shopping Center

		14-24 J. in %	25-39 J. in %	40-59 J. in %	60-74 J. in %	≥ 75 J. in %	Gesamt in %
Kaufhaus	ER	14,49	20,88	38,84	48,53	64,29	32,51
	KO	*3,64	22,64	27,83	20,78	*22,22	20,71
	ZW	*2,13	12,20	8,64	11,86	0,00	8,26
Shopping Center	ER	66,67	54,95	24,79	20,59	*7,14	38,84
	KO	89,09	47,17	33,91	42,86	55,56	48,87
	ZW	85,11	70,73	49,38	55,93	42,86	61,16
keine Präferenz	ER	18,84	24,18	36,36	30,88	28,57	28,65
	KO	7,27	30,19	38,26	36,36	*22,22	30,42
	ZW	12,77	17,07	41,98	32,20	57,14	30,58
Gesamt je Stadt		100	100	100	100	100	100

Quelle: Eigene Erhebungen

Die Kontingenztafel zeigt zum einen deutliche Unterschiede hinsichtlich der Bevorzugung eines Kaufhauses bzw. des Shopping Centers zwischen den drei Untersuchungsstädten: Während in Erlangen der Anteil der Befragten, die angaben, die Erlangen Arcaden zu präferieren, nur um 6,33% über dem Anteil derjenigen liegt, die dem Kaufhaus den Vorzug geben, übersteigen in Koblenz die Anteilswerte für das Shopping Center die Werte für das Kaufhaus um mehr als das Doppelte

(28,16%); in Zwickau schließlich divergieren die entsprechenden Anteile sogar um 52,90%. Die Anteile an Befragten, die keine Präferenz für eine(n) der beiden Einkaufsstätten bzw. -standorte zeigt, differieren hingegen nur gering zwischen den Untersuchungsstädten und liegen bei jeweils rund 30%.

Zum anderen lässt die Kontingenztabelle eine von der jüngsten zur mittleren Altersklasse (in Zwickau nur zwischen der jüngsten und der nächstälteren Altersklasse) deutlich steigende Präferenz für ein traditionelles Kaufhaus erkennen. Im Gegenzug nimmt die Bevorzugung eines Shopping Centers von der jüngsten in Richtung der mittleren Altersgruppe in allen Untersuchungsstädten konstant ab. In Erlangen setzt sich diese Entwicklung auch in die beiden höchsten Altersklassen hinein fort, in Koblenz und teilweise auch in Zwickau zeigt sich in diesen Altersgruppen hingegen eine Trendumkehr in Richtung einer abnehmenden Kaufhaus-Präferenz bei einem gleichzeitig erneuten Anstieg des Anteils an Befragten, die das Shopping Center einem Kaufhaus vorziehen. Der Anteil an Befragten, die anführten, keinen der beiden Einkaufsorte zu präferieren, nimmt in allen Untersuchungsstädten mit zunehmendem Alter der Befragten zunächst deutlich zu, um anschließend von der mittleren zur ältesten Altersklasse wieder leicht abzusinken (Ausnahme: ≥ 75-Jährige in Zwickau). Eine Überprüfung der Abhängigkeit bzw. Unabhängigkeit der beiden Variablen mittels des χ^2-Tests auf Unabhängigkeit brachte aufgrund eines Anteils von > 20% an Zellen mit einer erwarteten Häufigkeit < 5 in der Zwickauer Stichprobe zunächst kein zuverlässiges Ergebnis (vgl. BROSIUS 2011: 425). Nach einer Verdichtung der Merkmalsausprägungen der Variable „Altersklasse", bei der analog zu der in Kapitel 3.8.2, Fußnote 112 beschriebenen Vorgehensweise in allen Stichproben die beiden jüngsten sowie die beiden ältesten Altersklassen jeweils zu einer Kategorie zusammengefasst wurden (es resultieren die Kategorien 14-39 Jahre, 40-59 Jahre sowie ≥ 60 Jahre; vgl. ebd.: 428ff.), verweist der χ^2-Unabhängigkeitstest für alle Untersuchungsstädte auf einen höchst signifikanten (p < ,001) Zusammenhang zwischen einer Präferenz für ein Kaufhaus, einer Präferenz für das innerstädtische Shopping Center und keinem Vorliegen einer diesbezüglichen Präferenz auf der einen Seite und der Altersklasse der Konsumenten auf der anderen Seite. Zur Messung der Stärke des Zusammenhangs wurde aufgrund des nominalen Skalenniveaus der Variable Q11 für alle Untersuchungsstädte der korrigierte bzw. normierte Kontingenzkoeffizient C_{korr} berechnet[124]. Die Werte spannen sich zwischen $C_{korr\,ZW}$ = ,329 und $C_{korr\,ER}$ = ,458 ($C_{korr\,KO}$ = ,353); sie weisen damit für alle Städte auf einen mäßigen Zusammenhang zwischen den beiden Variablen hin (vgl. MEIER KRUKER / RAUH 2005: 142). Gleichwohl wird die Frage, ob ein Kaufhaus oder das Shopping Center bevorzugt wird oder keine entsprechende Präferenz besteht, in Erlangen deutlich stärker von der Altersklasse der Befragten beeinflusst als in den beiden anderen Untersuchungsstädten.

---

124 Der „normale" Kontingenzkoeffizient C nach Pearson, der auch von SPSS ausgewiesen wird, strebt bei maximaler Abhängigkeit der Variablen nur dann gegen den Maximalwert 1, wenn die Felderzahl der Kontingenztabelle gegen unendlich strebt, seine Werte sind somit von der Größe der Kontingenztabelle abhängig (vgl. BORTZ / SCHUSTER 2010: 180). Der korrigierte Kontingenzkoeffizient C_{korr} hingegen berücksichtigt die Größe der Kontingenztafel, sodass sein Wertebereich stets zwischen 0 und 1 liegt; er besitzt damit „alle wünschenswerten Eigenschaften einer Maßzahl" (TOUTENBURG / HEUMANN 2008: 115; vgl. FAHRMEIR ET AL. 2007: 124f.).

Um speziell die altersklassenkorrelierten Unterschiede hinsichtlich einer konkreten Präferenz für das Shopping Center bzw. für ein Kaufhaus besser herausarbeiten und quantifizieren zu können, wurden in einem weiteren Analyseschritt ausschließlich diejenigen Antworten berücksichtigt, in denen eine Präferenz für einen der beiden Einkaufsorte geäußert wurde. Aufgrund der Beschränkung auf zwei Antwortkategorien resultiert für die Frage nach der Präferenz für ein Kaufhaus bzw. für das innerstädtische Shopping Center eine dichotome und mithin quasi-ordinalskalierte Variable (vgl. BÜHL 2012: 302), sodass die Voraussetzungen für die Anwendung der Koeffizienten Kendall τ_c sowie Spearman Rho (r_s) erfüllt sind[125]. Für alle Stichproben bestätigen die Vorzeichen der Koeffizienten die bereits anhand der Kontingenztabelle beschriebene negativ gerichtete Korrelation zwischen der Altersklasse der Befragten und der Bevorzugung des Einkaufszentrums gegenüber einem klassischen Kaufhaus. Im Umkehrschluss bedeutet dies, dass mit steigender Altersklasse der Befragten einem Kaufhaus zunehmend häufiger der Vorzug gegenüber dem Shopping Center gegeben wird. Deutliche Unterschiede zwischen den Untersuchungsstädten bestehen jedoch in der Stärke des Zusammenhangs, wobei die Differenzen weit ausgeprägter zu Tage treten als bei Einbeziehung derjenigen Befragten, die angaben, keinen der beiden Einkaufsorte zu bevorzugen (siehe oben): Während in Erlangen mit $\tau_{c\ ER}$ = -,493 und $r_{s\ ER}$ = -,442 eine mittlere Korrelation zwischen den beiden Variablen gemessen wurde, steht die Präferenzentscheidung für ein Kaufhaus bzw. ein Shopping Center in der Koblenzer Stichprobe nur in geringem ($\tau_{c\ KO}$ = -,228; $r_{s\ KO}$ = -,223), in der Zwickauer Stichprobe sogar nur in sehr geringem Zusammenhang ($\tau_{c\ ZW}$ = -,089; $r_{s\ ZW}$ = -,123) mit der Altersklasse der Befragten. Zudem sind die Ergebnisse beider Koeffizienten für Erlangen und Koblenz höchst signifikant ($p_{\tau,\ r} \leq$,001), sodass auch für die Grundgesamtheit von einem Zusammenhang zwischen den beiden Variablen ausgegangen werden kann; für Zwickau hingegen kann die Nullhypothese H_0, wonach in der Grundgesamtheit kein Unterschied zwischen den Präferenzen der unterschiedlichen Altersklassen besteht, wegen p > α = 0,05 nicht verworfen werden (p_τ = ,067; p_r = ,113).

Als Gründe für die Bevorzugung eines traditionellen Kaufhauses bzw. des Shopping Centers (Q11a) wurden von den Befragten verschiedenste Aspekte angeführt[126]. Gleichwohl zeigen einige Faktoren diesbezüglich eine besondere Relevanz. Diejenigen Aspekte, die – nach Untersuchungsstädten und Altersklassen differenziert – eines der drei am häufigsten genannten Merkmale darstellen, sind in den Tabellen 31a und 31b zusammenfassend dargestellt.

---

125 Für die Bestimmung der Assoziationsmaße Kendall τ_c und Spearman Rho (r_s) wurden die fünf in Frage Q23 erhobenen Merkmalsausprägungen der Variable „Altersklasse" differenziert berücksichtigt.

126 Die in Frage Q11a genannten Begründungen wurden zunächst nach Einzelaspekten differenziert codiert und anschließend im Sinne einer Mehrfachantwort ausgewertet. Die angegebenen Prozentwerte beziehen sich auf die Zahl der Befragten einer Altersklasse, die eine Präferenz des Kaufhauses oder des Shopping Centers (siehe Tabelle 30) geäußert hatten. Sofern sich ein Aspekt in einer Altersklasse in mindestens einer Untersuchungsstadt unter den drei am häufigsten genannten Merkmalen befindet, werden die relativen Häufigkeiten seiner Nennung auch für die anderen Altersklassen sowie für die anderen Untersuchungsstädte ausgewiesen, um so dessen Bedeutung altersklassen- und untersuchungsstädteübergreifend betrachten zu können.

Tab. 31a: Gründe für Präferenz von Kaufhäusern

	14-39 Jahre in %			40-59 Jahre in %			≥ 60 Jahre in %			Gesamt in %		
	ER	KO	ZW	ER	KO	ZW	ER	KO	ZW	ER	KO	ZW
"alles unter einem Dach / keine Einzelgeschäfte"	28,57	36,36	*40,00	21,43	24,14	33,33	10,00	23,53	*33,33	18,45	26,32	35,29
"Gewohnheit"	14,29	0,00	*40,00	14,29	24,14	0,00	25,00	17,65	*33,33	18,45	17,54	23,53
"angenehmeres Ambiente"	14,29	27,27	*20,00	11,90	*6,90	*16,67	12,50	*11,76	0,00	12,62	12,28	11,76
"übersichtlicher"	*4,76	*18,18	0,00	9,52	0,00	*16,67	15,00	29,41	0,00	10,68	12,28	*5,88
"kürzere Wege"	*9,52	27,27	0,00	9,52	13,79	0,00	12,50	0,00	*16,67	10,68	12,28	*5,88
"größeres Angebot für mittleres und höheres Alter"	0,00	0,00	0,00	9,52	6,90	*16,67	12,50	0,00	*33,33	8,74	*3,51	11,76
"nicht so voll"	14,29	9,09	0,00	9,52	*3,45	0,00	*5,00	0,00	0,00	8,74	*3,51	0,00

Quelle: Eigene Erhebungen

Tab. 31b: Gründe für Präferenz von Shopping Centern

	14-39 Jahre in %			40-59 Jahre in %			≥ 60 Jahre in %			Gesamt in %		
	ER	KO	ZW	ER	KO	ZW	ER	KO	ZW	ER	KO	ZW
"größere Auswahl allgemein"	44,32	52,17	55,38	44,44	36,11	32,26	33,33	28,13	29,73	43,08	42,34	42,86
"breiteres Sortiment / größere Angebotsvielfalt"	9,09	13,04	12,31	14,81	33,33	19,35	0,00	31,25	18,92	9,23	22,63	15,79
"größere Markenauswahl"	5,68	7,25	*1,54	0,00	*2,78	0,00	0,00	0,00	0,00	3,85	4,38	0,75
"besseres Angebot"	0,00	0,00	4,62	0,00	0,00	12,90	0,00	0,00	*2,70	0,00	0,00	6,02
"Zusammensetzung des SC aus Einzelgeschäften"	12,50	28,99	15,38	*3,70	8,33	9,68	6,67	9,38	*5,41	10,00	18,98	11,28
"moderner"	19,32	*1,45	*1,54	11,11	*5,56	0,00	*6,67	*6,25	*5,41	16,15	3,65	2,26
"übersichtlicher"	7,95	5,80	6,15	*7,41	*5,56	12,90	20,00	*3,13	8,11	9,23	5,11	8,27
"angenehmeres Ambiente"	4,55	4,35	7,69	11,11	*5,56	9,68	20,00	*6,25	13,51	7,69	5,11	9,77
"alles unter einem Dach"	0,00	4,35	7,69	0,00	*2,78	0,00	0,00	*6,25	13,51	0,00	4,38	7,52
"niedrigeres Preisniveau"	*2,27	4,35	4,62	*3,70	8,33	3,23	0,00	*6,25	*2,70	2,31	5,84	3,76

Quelle: Eigene Erhebungen

267

Die Präferenz eines traditionellen Kaufhauses wurde in allen Untersuchungsstädten am häufigsten damit begründet, dass es sich bei einem Kaufhaus im Gegensatz zu einem Einkaufszentrum nicht um eine Agglomeration von Einzelgeschäften handele; die Bevorzugung des Kaufhauses definiert sich somit maßgeblich aus der Kritik an der „Aufteilung" eines Shopping Centers in viele kleine Einzelgeschäfte heraus. Dieses Argument wurde von Befragten aller Altersklassen angeführt, wenngleich eine leicht rückläufige Tendenz mit zunehmendem Alter zu erkennen ist. Daneben wurde die Bevorzugung des Kaufhauses von einem größeren Teil der Befragten mit dem Argument „Gewohnheit" begründet. Bemerkenswert ist, dass dieser Aspekt zwar in besonderer Weise von älteren und alten Befragten ($\geq$ 60 Jahre) genannt wurde, aber auch bei Befragten der mittleren und teilweise sogar der jüngeren Altersgruppen eine Rolle spielt. Gleiches gilt für die wahrgenommene größere Übersichtlichkeit eines Kaufhauses, die ebenfalls bei älteren und alten Menschen offensichtlich einen höheren Stellenwert einnimmt als bei jüngeren Altersgruppen. Ein wichtiges Argument zugunsten eines traditionellen Kaufhauses stellt für die Gruppe der $\geq$ 60-Jährigen darüber hinaus das breitere und tiefere Sortiment für Menschen höheren und hohen Alters in den traditionellen Kaufhäusern bzw. die zu starke Angebotsausrichtung der Einkaufszentren auf junge Menschen dar. Demgegenüber schätzen vor allem Befragte der jüngeren und mittleren Altersgruppe ein traditionelles Kaufhaus auch aufgrund der geringeren Passantenfrequenz sowie der kürzeren Wege innerhalb der Einkaufsstätte. Weitgehend unabhängig vom Alter der Befragten zeigte sich schließlich das Argument eines angenehmeren Ambientes in einem Kaufhaus.

Hinsichtlich der Gründe für die Bevorzugung des Einkaufszentrums zeigt sich in allen Untersuchungsstädten eine eindeutige Dominanz derjenigen Faktoren, die auf die Größe und Zusammensetzung des Angebots rekurrieren. Diese Erkenntnis korrespondiert auch mit den Ergebnissen der vergleichenden Analyse der beiden Einkaufsstandorte „traditionelle Einkaufsstraßen" und „Shopping Center" auf Basis des adequcy-importance-Modells, die eine deutliche Höherbewertung der Shopping Center in Bezug auf angebotsbezogene Faktoren dokumentierte. Ein über alle angebotsbezogenen Aspekte konsistenter Zusammenhang zwischen einer angebotsbezogenen Begründung für die Bevorzugung des Einkaufszentrums und dem Alter der Befragten ist nicht erkennbar: Zwar nehmen die Bedeutung einer allgemein größeren Auswahl sowie speziell einer größeren Auswahl an verschiedenen Marken als Gründe für eine Bevorzugung des Einkaufszentrums mit zunehmendem Alter tendenziell ab, gleichzeitig gaben Probanden im mittleren und insbesondere höheren bzw. hohen Alter vermehrt an, das breitere Sortiment bzw. die größere Angebotsvielfalt eines Shopping Centers einem Kaufhaus vorzuziehen. Offensichtlich wird das Angebot in den Einkaufszentren im Vergleich zu dem in den Kaufhäusern dargebotenen Sortiment innerhalb der Gruppe der älteren und alten Konsumenten durchaus unterschiedlich bewertet: Während ein Teil dieser Gruppe das Angebot in den Einkaufszentren verglichen mit dem der traditionellen Kaufhäuser hinsichtlich der Anforderungen ihrer Altersklasse als defizitär erachtet, stellt das Angebot in den Einkaufszentren für einen anderen Teil ein wesentliches Argument zugunsten der Shopping Center dar. Weiterhin fällt auf, dass vor allem ältere und alte Befragte angaben, das Einkaufszentrum insbesondere aufgrund des dort als angenehmer empfundenen Ambientes zu bevorzugen; fasst man jedoch die Aussagen „angenehmeres Ambiente" und „moderner" (als Teilaspekt eines als angenehmer empfundenen Ambientes) zusammen, so zeigt sich, dass vor allem in Erlangen und Koblenz dem Argument einer angenehmeren Atmosphäre im Einkaufszentrum in allen Altersklassen eine ähnliche Bedeutung zukommt. Auch die Faktoren „alles unter einem Dach", „niedrigeres Preisniveau" sowie „übersichtlicher" weisen keine über alle Untersuchungsstädte konsistenten alterskorrelierten Tendenzen auf. Eine Reihe von Befragten, insbesondere jüngere Befragte < 40 Jahren, begründeten ihre Präferenz des Shopping Centers schließlich (auch) damit, dass es sich bei einem Einkaufszentrum im Gegensatz zu einem Kaufhaus nicht um ein großes Geschäft, sondern um eine Agglomeration zahlreicher Einzelgeschäfte handele; dies ist insofern bemerkenswert, als dieser Aspekt auch von Angehörigen eben dieser Altersgruppe als eines der zentralen Argumente zugunsten von Kaufhäusern vorgebracht wurde.

3.8.7 Nutzung der innerstädtischen Einkaufsstandorte

In den vorausgehenden Kapiteln 3.8.4 bis 3.8.6 wurde untersucht, wie Konsumenten verschiedener Altersklassen die unterschiedlichen Einkaufsstandorte in der jeweiligen Innenstadt wahrnehmen und bewerten. Dabei zeigte sich u.a., dass die Einkaufszentren von den Befragten aller Altersklassen insgesamt positiver beurteilt werden als die traditionellen Einkaufsstraßen, in Bezug auf einzelne Teilaspekte wie beispielsweise die Aufenthaltsqualität oder die Erlebniskomponente zumindest teilweise aber auch den traditionellen Einkaufsstraßen eine höhere Kompetenz zugeschrieben wird. Es stellt sich die Frage, inwieweit sich die Bewertungen der Befragten in ihrem jeweiligen Nutzungsverhalten in Bezug auf die unterschiedlichen Einkaufsstandorte widerspiegeln. In Frage Q10 wurden die Befragten daher um die Angabe ihres jeweils bevorzugten Einkaufsstandortes für den Kauf bestimmter Warengruppen sowie für die Nutzung bestimmter Dienstleistungs- und Serviceangebote gebeten (siehe auch Kapitel 3.1.6.1.2), wobei der Schwerpunkt auf der Differenzierung der beiden innerstädtischen Einkaufsstandorte „traditionelle Einkaufsstraßen" und „Einkaufszentrum" liegt. Die relative Nutzung dieser beiden Standorte wurde mittels einer fünfstufigen Skala erfasst, die sich zwischen den beiden Endpunkten „Nutzung ausschließlich der traditionellen Einkaufsstraßen" (= 1) und „Nutzung ausschließlich des Einkaufszentrums" (= 5) aufspannt. Zur Ermittlung der altersspezifischen innerstädtischen Einkaufsstandortorientierungen wurden zunächst für jede Aktivität die arithmetischen Mittelwerte der Einkaufsorientierungen nach Altersklassen differenziert bestimmt.

Die Berechnung arithmetischer Mittelwerte setzt voraus, dass die zugrunde liegenden Daten mindestens intervallskaliert sind. Grundsätzlich gilt für Ratingskalen, dass es sich „solange die Annahme gleicher Skalenabstände unbestätigt ist, (…) strenggenommen um eine Ordinalskala" handelt (Backhaus et al. 2008: 9). Inwieweit für mittels Ratingskalen erhobene Daten gleichwohl Intervallskalenniveau angenommen werden kann, ist insbesondere für eher grob abgestufte Skalen in der Literatur heftig umstritten: „Ein Aspekt der Ratingskalen hinsichtlich dem besonders Uneinigkeit besteht, um nicht zu sagen über den Ungewißheit herrscht, ist der Skalentyp, der aufgrund von Rating-Verfahren erzielt wird bzw. erzielt werden kann" (JÄPEL 1985: 132; vgl. u.a. BROSIUS 2011: 479; STIER 1999: 72f.; BAUR 2008). Die in der Literatur diskutierten Ansätze zur empirischen Überprüfung des Skalenniveaus einer konkreten Ratingskala sind, wie STIER (1999: 74) anmerkt, „aufwändig und (…) aus praktischen Gründen undurchführbar". Für die Beurteilung der Skalenqualität der Ratingskalen in der vorliegenden Arbeit und speziell der in Frage Q10 angewandten Skala wird der Auffassung von BORTZ / DÖRING (2006: 181f.) gefolgt, die sich für einen eher pragmatischen und am konkreten Einzelfall orientierten Umgang mit der Interpretation des Skalenniveaus von Ratingskalen aussprechen: „Messen und insbesondere das Messen mit Ratingskalen bleibt damit – was die Skalenqualität der Messungen anbelangt – ein auf Hypothesen gründendes Unterfangen. Die Hypothese der Intervallskalenqualität von Ratingskalen und die damit verbundene Interpretierbarkeit der Messungen wird in jeder konkreten Untersuchung neu zu begründen sein" (ebd.: 182).

Für die Annahme, dass die mittels der fünfstufigen Ratingskala in Frage Q10 erhobenen Daten Intervallskalenniveau besitzen, sprechen vor allem zwei Gründe: Zum einen wurde durch das Layout der Frage, insbesondere durch den die beiden Endpunkte verbindenden Pfeil (siehe Anhang A1-2), optisch der Eindruck eines Kontinuums erzeugt. Zwar spielt die optische Fragengestaltung bei mündlichen Befragungen in der Theorie nur eine untergeordnete Rolle; in der konkreten Erhebungssituation der quantitativen Konsumentenbefragungen baten jedoch nahezu alle Probanden darum, die Fragen und Antwortalternativen auch visuell durch Einblick in den Fragebogen erfassen zu können. Zum zweiten gehen der Frage Q10 nahezu unmittelbar die umfangreichen Itembatterien der Fragen Q6 und Q7a/b voraus, für die – wie bereits in Kapitel 3.1.6.1.1 dargelegt – Intervallskalenniveau unterstellt wird; es kann angenommen werden, dass der Eindruck der intervallskalierten Antwortschemata der Fragen Q6 und Q7a/b auf die Beantwortung der Frage Q10 nachwirkt. Diese Annahme wird auch durch Äußerungen von Befragten während der empirischen Erhebungen gestützt („Ach, schon wieder eine Skala. Nur jetzt von eins bis fünf statt von eins bis sieben.").

Weiterhin wurden für die Analyse der Einkaufsstandortorientierungen die fünf in der Erhebung differenzierten Altersklassen der Befragten zu zwei Klassen zusammengeführt. Entsprechend der zentralen Ausrichtung der Fragestellung dieser Studie auf die Wahrnehmungen und Verhaltensweisen älterer und alter Konsumenten wurde der Gruppe der älteren und alten Menschen ≥ 60 Jahre die Gruppe aller Befragten jüngeren und mittleren Alters zwischen 14 und 59 Jahren gegenübergestellt. Zwar geht diese starke Verdichtung der Altersklassen mit einem erheblichen Verlust von Detailinformationen einher; eine Analyse der 18 (ZW) bzw. 20 (ER, KO) unterschiedenen Aktivitäten für jeweils fünf Altersklassen hätte jedoch insgesamt 290 Einzelergebnisse hervorgebracht, eine Differenzierung von drei Altersklassen immerhin noch 174 Einzelergebnisse. Für jede Aktivität hätte – nach Untersuchungsstädten differenziert – bei Vorliegen signifikanter Unterschiede zwischen den Altersklassen weiterhin überprüft werden müssen, zwischen welchen der Altersgruppen mögliche signifikante Unterschiede in der Einkaufsstandortorientierung bestehen. Eine derart kleinteilige Analyse läuft stets Gefahr, anstelle des Aufspürens zentraler Tendenzen stark in Einzelergebnissen verhaftet zu bleiben. Die Vorteile einer Beschränkung auf zwei Altersklassen werden daher als überwiegend erachtet.

In nachstehender Tabelle 32 sind die Mittelwerte x̄ sowie die Standardabweichungen s für die einzelnen Aktivitäten, differenziert nach den drei Untersuchungsstädten sowie nach den beiden Altersklassen, vergleichend gegenübergestellt. Sofern die Einkaufsstandortorientierungen für einzelne Branchen nur in einem Teil der Untersuchungsstädte abgefragt wurden[127], sind diejenigen Städte, in denen die betreffende Branche in Frage Q10 eingebunden war, in der Auflistung der Aktivitäten angegeben.

Insbesondere in Anbetracht der insgesamt positiveren Bewertungen, die die befragten Konsumenten den Shopping Centern im Vergleich zu den traditionellen Einkaufsstraßen zuwiesen (Q7b), erstaunen die Ergebnisse auf die Frage nach den Einkaufsstandortorientierungen: Für die weit überwiegende Zahl der Aktivitäten suchen die Probanden im Durchschnitt eher die traditionellen Einkaufsstraßen auf; dies gilt sowohl für die Gruppe der älteren und alten Konsumenten als auch für die Vergleichsgruppe der 14- bis 59-Jährigen. In Bezug auf einzelne Nutzungsbereiche, wie z.B. Friseurbesuche oder die Nutzung von Banken bzw. Sparkassen, deuten Mittelwerte unterhalb des Wertes 2 auf einen hohen Anteil an Befragten hin, die für die entsprechenden Aktivitäten ausschließlich die Angebote in den traditionellen Einkaufsstraßen in Anspruch nehmen. Die Zahl der Aktivitäten, für die die Probanden im Durchschnitt der jeweiligen Altersklasse eine (geringfügig) stärkere Orientierung in Richtung des Shopping Centers angaben, ist vergleichsweise gering; über alle Untersuchungsstädte betrachtet werden Shopping Center vor allem für den Erwerb von Elektroartikeln sowie für die Toilettennutzung bevorzugt. In Koblenz fallen zudem die in beiden Altersgruppen relativ hohen Werte in Bezug auf den Einkauf von Lebensmitteln auf. Die darin zum Ausdruck kommende diesbezügliche Nutzungspräferenz des Einkaufszentrums spiegelt die hohe Bedeutung des Löhr-Centers respektive des darin befindlichen SB-Warenhauses *Globus* als Einkaufsmöglichkeit für Lebensmittel in der Innenstadt wider. Bemerkenswert ist weiterhin, dass hinsichtlich der Einkaufsstandortorientierung bei zielgerichteten Einkäufen (ohne weitere Spezifizierung) in fast allen Untersuchungsstädten die Angaben sowohl der älteren und alten Befragten als auch die der Probanden < 60 Jahren auf eine etwas stärkere Nutzung des jeweiligen Shopping Centers hinweisen; eine Ausnahme bildet hier nur die Gruppe der ≥ 60-Jährigen in Erlangen. Diese Tendenz spiegelt sich jedoch – von einzelnen Abweichungen wie beispielsweise dem Einkauf von Dekorations- und Geschenkartikeln in Zwickau – mehrheitlich nicht in den angegebenen Einkaufsstandortorientierungen für die einzelnen Warengruppen wider. Darüber hinaus erreicht das arithmetische Mittel der Einkaufsstandortorientierungen nur in insgesamt drei Fällen einen Wert von ≥ 4, der auf einen erhöhten Anteil an Probanden hinweist, die für die betreffende Aktivität (nahezu) ausschließlich das Shopping Center wählen.

---

127 Zu den Gründen der Unterschiede in der Konzeption von Frage Q10 in Abhängigkeit von der jeweiligen Untersuchungsstadt siehe Kapitel 3.1.6.1.2, Fußnote 52.

Tab. 32: Einkaufsstandortorientierungen der befragten Konsumenten

		Erlangen			Koblenz			Zwickau		
		n	x̄	s	n	x̄	s	n	x̄	s
Bummeln / Flanieren	14-59 J.	254	2,50	1,051	209	2,30	,870	158	3,01	,878
	≥ 60 J.	65	2,09	,964	80	2,44	1,089	68	2,90	,949
zielgerichteter Einkauf	14-59 J.	271	3,02	1,050	218	3,12	,953	163	3,21	,835
	≥ 60 J.	78	2,13	,931	83	3,02	,937	71	3,03	,894
Einkauf von Bekleidung	14-59 J.	253	3,02	1,221	213	2,60	,893	158	3,34	,935
	≥ 60 J.	72	1,75	,868	79	2,46	,903	67	2,91	1,083
Einkauf von Schuhen / Lederwaren	14-59 J.	236	2,65	1,192	197	2,52	1,023	147	3,38	,995
	≥ 60 J.	70	1,69	,986	75	2,25	1,001	71	3,00	1,121
Einkauf von Uhren / Schmuck	14-59 J.	155	2,32	1,216	166	2,43	1,081	119	2,62	1,033
	≥ 60 J.	52	1,71	1,073	61	2,00	1,065	46	2,15	1,010
Einkauf von Dekorations- und Geschenkartikeln	14-59 J.	228	2,79	1,171	199	2,72	1,021	157	3,46	1,035
	≥ 60 J.	63	1,94	1,076	71	2,75	1,130	63	3,24	1,118
Einkauf von Elektroartikeln (ER, KO)	14-59 J.	174	4,01	1,240	136	3,63	1,310	–	–	–
	≥ 60 J.	51	3,39	1,601	49	3,29	1,323	–	–	–
Einkauf von Lebensmitteln	14-59 J.	110	1,40	,880	99	3,49	1,480	91	2,07	1,218
	≥ 60 J.	37	1,41	,896	43	3,93	1,298	35	2,09	1,121
Einkauf von Kosmetik / Drogeriewaren / Arzneimitteln / Augenoptik	14-59 J.	212	2,32	1,331	169	2,69	1,239	138	2,43	1,164
	≥ 60 J.	65	1,74	1,149	64	2,72	1,386	64	2,13	1,202
Einkauf von Büchern / Zeitschriften / Schreibwaren / CDs / DVDs	14-59 J.	236	2,09	1,222	195	2,59	1,204	145	2,19	,979
	≥ 60 J.	73	1,56	,943	77	2,27	1,439	56	2,29	1,461
Einkauf von Spielwaren (ER, KO) / Sportartikeln (KO, ZW)	14-59 J.	135	2,21	1,218	140	2,80	1,207	116	2,89	1,284
	≥ 60 J.	36	1,83	1,231	46	2,57	1,377	38	2,45	1,267

Fortsetzung Tab. 32

		Erlangen			Koblenz			Zwickau		
		n	x̄	s	n	x̄	s	n	x̄	s
Einkauf von Haushaltswaren (ER, KO)	14-59 J.	166	1,71	,947	118	2,56	1,195	-	-	-
	≥ 60 J.	52	1,33	,760	51	2,41	1,283	-	-	-
Nutzung von Bank / Sparkasse	14-59 J.	204	1,82	1,232	145	1,79	1,130	122	1,71	1,087
	≥ 60 J.	50	1,20	,728	54	1,41	,981	46	1,09	,412
Nutzung von Post (ER) / Telekommunikationsdienstleister	14-59 J.	179	3,03	1,637	114	2,09	1,430	107	1,51	,894
	≥ 60 J.	53	3,08	1,828	45	1,87	1,517	36	1,19	,577
Nutzung sonstiger Dienstleister	14-59 J.	146	1,75	1,105	129	2,37	1,281	67	1,85	1,209
	≥ 60 J.	53	1,28	,744	45	1,73	1,176	43	1,44	1,007
Friseurbesuch	14-59 J.	129	1,45	1,046	104	1,95	1,430	87	1,82	1,325
	≥ 60 J.	39	1,13	,469	35	1,60	1,355	32	1,75	1,586
Nutzung von Imbiss oder SB-Restaurant	14-59 J.	238	2,72	1,417	172	2,71	1,143	149	3,13	1,215
	≥ 60 J.	50	2,32	1,477	46	2,22	1,534	47	3,26	1,375
Cafébesuch (mit Sitzplatz)	14-59 J.	263	2,00	1,293	209	1,92	1,078	145	2,64	1,347
	≥ 60 J.	67	1,82	1,205	74	2,16	1,405	56	2,70	1,426
Nutzung von Sitzgelegenheiten (nicht kommerziell)	14-59 J.	208	2,20	1,214	128	2,61	1,324	115	2,86	1,206
	≥ 60 J.	39	2,08	1,222	40	2,63	1,334	44	2,66	1,098
Nutzung öffentlicher Toiletten	14-59 J.	209	4,02	1,170	162	3,90	1,145	147	4,33	,968
	≥ 60 J.	45	3,20	1,646	58	3,62	1,387	59	3,97	1,174

Quelle: Eigene Erhebungen und Berechnungen

Vergleicht man die Mittelwerte der beiden hier differenzierten Altersklassen, zeigt sich, dass in allen Untersuchungsstädten bei der großen Mehrzahl der Nutzungsarten die Orientierung in Richtung der traditionellen Einkaufsstraßen bei der Gruppe der 14- bis 59-Jährigen teilweise deutlich schwächer ausgeprägt ist als bei den älteren und alten Befragten ≥ 60 Jahren. Eine Ausnahme stellt diesbezüglich vor allem der Einkauf von Lebensmitteln dar: In Erlangen und Zwickau zeigen die Einkaufsorientierungen der beiden Altersgruppen nahezu identische Mittelwerte, in Koblenz lässt sich unter denjenigen Befragten, die Lebensmittel zumindest auch in der Innenstadt einkaufen, bei den ≥ 60-Jährigen sogar eine deutlich stärkere Nutzung des Löhr-Centers feststellen als in der Gruppe der 14- bis 59-Jährigen. Darüber hinaus weicht der Vergleich der Mittelwerte zwischen den beiden Altersklassen in Bezug auf einzelne Nutzungsarten sowie beschränkt auf einzelne Untersuchungsstädte von der voranstehend beschriebenen grundlegenden Tendenz einer vermehrten Nutzung der Shopping Center durch Konsumenten jüngeren und mittleren Alters bzw. einer stärkeren Hinwendung zu den traditionellen Einkaufsstraßen bei älteren und alten Menschen ab; dies betrifft den Einkauf von Kosmetik (KO), den Erwerb von Produkten aus der Warengruppe Bücher / Zeitschriften / Schreibwaren / CDs (ZW), die Nutzung von Post- bzw. Telekommunikationsdienstleistungen (ER), die Nutzung von Imbiss- bzw. SB-Restaurants (ZW), Cafébesuche (KO, ZW) sowie die Inanspruchnahme öffentlicher Sitzmöglichkeiten (KO).

In Anbetracht der voranstehend beschriebenen Unterschiede in der relativen Nutzung der beiden Einkaufsstandorte zwischen den beiden Altersgruppen stellt sich die Frage, inwieweit zwischen der innerstädtischen Einkaufsstandortorientierung und dem Alter der Konsumenten ein signifikanter Zusammenhang besteht. Da sowohl der Kolmogorov-Smirnov-Test als auch graphische Darstellungen die Annahme einer Normalverteilung für mehrere Variablen der Frage Q10 nicht erlauben, wurde zur Prüfung auf Zusammenhänge zwischen der Einkaufsstandortorientierung in der Innenstadt und der Altersklasse der Konsumenten anstelle des t-Tests der Mann-Whitney-U-Test herangezogen (vgl. JANSSEN / LAATZ 2007: 571). Zwar zeigt der t-Test eine gewisse Robustheit gegenüber Verletzungen in Bezug auf das Vorliegen einer Normalverteilung (vgl. BROSIUS 2011: 479), dies gilt jedoch nur bei annähernd gleich großen und zudem nicht zu kleinen Gruppen, d.h. bei Vorliegen von $n_1 = n_2 > 30$ (vgl. RASCH ET AL. 2010: 59). Die Abweichungen erschienen im vorliegenden Fall jedoch zu groß, um die Anwendung des t-Tests rechtfertigen zu können. Tabelle 33 zeigt die mittleren Ränge der Altersklassen sowie die 2-seitige asymptotische Signifikanz für die einzelnen Variablen[128], differenziert nach Untersuchungsstädten (auf dem Niveau α = 0,05 signifikante Ergebnisse sind in roter Schrift hervorgehoben); die vollständigen Testergebnisse des Mann-Whitney-U-Tests sind in Anhang A2-2 aufgeführt.

Die Prüfung auf signifikante Zusammenhänge hinsichtlich der Einkaufsstandortorientierung in der jeweiligen Innenstadt und dem Alter der Konsumenten offenbart große Unterschiede zwischen den drei Untersuchungsstädten: Während in Erlangen aufgrund der Ergebnisse des Mann-Whitney-U-Tests für die Mehrzahl der

---

128 Zugunsten einer besseren Übersichtlichkeit der Tabelle wurden die Variablenbezeichnungen abgekürzt; die vollständigen Bezeichnungen finden sich in Tabelle 32.

Tab. 33: Mann-Whitney-U-Test (Signifikanzen) für Variable Q10

		Erlangen		Koblenz		Zwickau	
		mittlerer Rang	asympt. Sig. (2-seitig)	mittlerer Rang	asympt. Sig. (2-seitig)	mittlerer Rang	asympt. Sig. (2-seitig)
Bummeln / Flanieren	14-59 J.	166,80	,007	141,97	,294	115,39	,467
	≥ 60 J.	133,42		152,91		109,10	
zielgerichteter Einkauf	14-59 J.	193,02	,000	154,17	,278	122,13	,090
	≥ 60 J.	112,38		142,66		106,87	
Bekleidung	14-59 J.	183,54	,000	150,07	,207	119,81	,011
	≥ 60 J.	90,83		136,89		96,94	
Schuhe / Lederwaren	14-59 J.	169,81	,000	141,78	,061	116,75	,011
	≥ 60 J.	98,51		122,64		94,49	
Uhren / Schmuck	14-59 J.	111,69	,001	120,90	,007	88,42	,014
	≥ 60 J.	81,07		95,21		68,97	
Dekorations-/ Geschenk-artikel	14-59 J.	158,49	,000	135,47	,992	113,86	,195
	≥ 60 J.	100,79		135,58		102,13	
Elektroartikel (ER, KO)	14-59 J.	118,31	,016	96,85	,093	--	--
	≥ 60 J.	94,87		82,31		--	
Lebensmittel	14-59 J.	73,71	,845	68,00	,108	62,88	,745
	≥ 60 J.	74,86		79,56		65,11	
Kosmetik / Drogerie / Arzneimittel / Augenoptik	14-59 J.	147,37	,001	116,80	,939	106,89	,046
	≥ 60 J.	111,69		117,53		89,88	
Bücher / Zeitschriften / Schreib-waren / CD / DVD	14-59 J.	164,02	,001	143,08	,024	101,75	,757
	≥ 60 J.	125,85		119,82		99,05	
Spielwaren (ER, KO) / Sportartikel (KO, ZW)	14-59 J.	89,56	,054	95,96	,262	80,94	,085
	≥ 60 J.	72,65		86,02		66,99	
Haushaltswaren (ER, KO)	14-59 J.	115,90	,002	86,95	,416	--	--
	≥ 60 J.	89,06		80,48		--	
Bank / Sparkasse	14-59 J.	134,88	,000	105,75	,006	92,09	,000
	≥ 60 J.	97,41		84,56		64,37	
Post (ER) / Telekommu-nikationsdienstleister	14-59 J.	115,78	,756	82,66	,188	75,32	,030
	≥ 60 J.	118,92		73,27		62,14	
sonstige Dienstleister	14-59 J.	106,19	,003	94,34	,001	59,94	,030
	≥ 60 J.	82,94		67,90		48,58	
Friseur	14-59 J.	86,99	,066	72,81	,090	61,76	,258
	≥ 60 J.	76,26		61,66		55,22	
Imbiss / SB-Restaurant	14-59 J.	148,47	,067	115,51	,005	96,81	,441
	≥ 60 J.	125,60		87,02		103,86	
Café	14-59 J.	168,18	,263	139,90	,433	100,40	,810
	≥ 60 J.	154,97		147,94		102,54	
öffentliche Sitzgelegen-heiten	14-59 J.	125,23	,512	84,38	,951	81,84	,398
	≥ 60 J.	117,46		84,90		75,19	
öffentliche Toiletten	14-59 J.	133,52	,003	113,17	,276	108,80	,025
	≥ 60 J.	99,56		103,03		90,30	

Quelle: Eigene Erhebungen und Berechnungen

275

Aktivitäten signifikante Unterschiede zwischen der Gruppe der älteren und alten Konsumenten einerseits und Konsumenten jüngeren und mittleren Alters andererseits anzunehmen sind, kann in Zwickau und insbesondere in Koblenz in Bezug auf die meisten Aktivitäten davon ausgegangen werden, dass kein signifikanter Unterschied in der zentralen Tendenz zwischen den beiden Altersgruppen vorliegt. Bemerkenswert ist insbesondere, dass sich nur in Bezug auf drei Aktivitäten in allen Untersuchungsstädten gleichermaßen signifikante Unterschiede zwischen den beiden Altersklassen zeigen; dies betrifft den Einkauf von Uhren und Schmuck, die Nutzung von Bank oder Sparkasse sowie die Nutzung sonstiger Dienstleister. Speziell in Bezug auf die Bank- bzw. Sparkassennutzung wird die Signifikanz dieses Ergebnisses zudem dadurch eingeschränkt, dass Banken bzw. Sparkassen in allen drei Einkaufszentren nur in Form von reinen Selbstbedienungsfilialen vertreten sind, sodass nicht ausgeschlossen werden kann, dass die unterschiedlichen diesbezüglichen Standortorientierungen in nicht unerheblichem Maß in den unterschiedlichen Filialtypen wurzeln. Andere Variablen zeigen nur in zwei Städten einen signifikanten Unterschied zwischen den Altersklassen, in der dritten Untersuchungsstadt hingegen erlauben die Testergebnisse keine Zurückweisung der Nullhypothese H_0, nach der die beiden Altersklassen der gleichen Grundgesamtheit entstammen (z.B. Einkauf von Kosmetik / Drogeriewaren / Arzneimitteln / Augenoptik).

Insgesamt lassen die Ergebnisse der Konsumentenbefragungen in Bezug auf die Einkaufsstandortorientierungen der beiden Altersklassen 14 bis 59 Jahre und ≥ 60 Jahre somit zum einen eine in der Tendenz insgesamt stärkere Orientierung in Richtung der traditionellen Einkaufsstraßen erkennen, wobei diese Tendenz bei den 14- bis 59-jährigen Befragten teilweise deutlich schwächer ausgeprägt ist als bei der Gruppe der älteren und alten Befragten ≥ 60 Jahren. Zum anderen zeigen die Ergebnisse aber auch, dass die Einkaufsstandortorientierungen der Konsumenten zwischen traditionellen Einkaufsstraßen und Shopping Center nicht grundsätzlich in signifikantem Zusammenhang mit der Frage stehen, ob es sich bei den Konsumenten um ältere und alte Menschen oder um Personen jungen bzw. jüngeren und mittleren Alters handelt. Vielmehr legen die Untersuchungsergebnisse nahe, dass sich das Vorliegen bzw. Nicht-Vorliegen signifikanter Unterschiede in der Einkaufsstandortorientierung der beiden Altersklassen in hohem Maße sowohl nach der Art der jeweiligen Aktivität bzw. Nutzung als auch nach der konkreten Ausgestaltung der einzelnen Standorte in Bezug auf die jeweilige Aktivität bemisst.

Wie in den Kapiteln 2.2.2 und 3.4.4.2 dargelegt, wird der Mietermix in Shopping Centern allgemein und auch in den drei hier untersuchten Einkaufszentren in hohem Maße durch Anbieter der Bekleidungsbranche dominiert. Auch in den traditionellen Einkaufsstraßen der Innenstädte und speziell in den 1a-Lagen lässt sich in jüngerer Zeit eine zunehmende Tendenz zur „Textilisierung" erkennen (HEINRITZ / KLEIN / POPP 2003: 211). Gleichzeitig legen die Ergebnisse der qualitativen Konsumentenbefragung jedoch nahe, dass sich speziell ältere und alte Menschen häufig nicht durch das in den Einkaufszentren dargebotene Bekleidungsangebot angesprochen fühlen (siehe Kapitel 3.7.3.2). Aufgrund der aus diesen Feststellungen resultierenden hohen Relevanz des Bekleidungssektors für die Fragestellung dieser Untersuchung werden die diesbezüglichen innerstädtischen Einkaufsorientierungen von Konsumenten unterschiedlichen Alters einer näheren Betrachtung unterzogen.

Tab. 34: Einkaufsstandortorientierungen bei Bekleidung

	Erlangen			Koblenz			Zwickau		
	n	x̄	s	n	x̄	s	n	x̄	s
14-24 J.	64	3,67	1,085	53	2,83	,826	45	3,58	,917
25-39 J.	83	3,18	1,139	50	2,68	,868	40	3,43	,903
40-59 J.	106	2,51	1,148	110	2,45	,915	73	3,14	,933
60-74 J.	59	1,86	,899	72	2,42	,868	56	2,98	1,087
≥ 75 J.	13	1,23	,439	7	2,86	1,215	11	2,55	1,036
Gesamt	325	2,74	1,267	292	2,56	,897	225	3,21	,998

Quelle: Eigene Erhebungen und Berechnungen

Tabelle 34 zeigt zunächst für die fünf Altersklassen die Mittelwerte 0 sowie die Standardabweichungen s der angegebenen Einkaufsstandortorientierungen in Bezug auf den Einkauf von Bekleidung.

In allen Städten zeigt sich eine mit steigendem Alter nahezu kontinuierliche Verlagerung der Einkaufsstandortorientierung für Bekleidung in Richtung einer zunehmenden Bedeutung der traditionellen Einkaufsstraßen; lediglich in Koblenz wird das Shopping Center von den Befragten der höchsten Altersklasse häufiger für Bekleidungseinkäufe genutzt als von den 60- bis 74-jährigen Probanden. Das Ausmaß der alterskorrelierten Verlagerung differiert jedoch erheblich zwischen den drei Untersuchungsstädten: Die stärkste Verschiebung findet sich in Erlangen, in Koblenz hingegen ist sie relativ schwach ausgeprägt. Weiterhin lässt sich erkennen, dass die Befragten der beiden jüngsten Altersgruppen in Erlangen und Zwickau im Durchschnitt das jeweilige Einkaufszentrum etwas häufiger für den Einkauf von Bekleidung nutzen als die Geschäfte in den traditionellen Einkaufsstraßen, wohingegen in Koblenz auch bei den 14- bis 39-jährigen Befragten eine etwas stärkere Orientierung in Richtung der traditionellen Einkaufsstraßen auszumachen ist. Bemerkenswert ist schließlich auch, dass speziell in der höchsten Altersklasse in Koblenz und Zwickau die Einkaufsstandortorientierung nur geringfügig bis mäßig in Richtung der traditionellen Einkaufsstraßen tendiert, während in Erlangen das Shopping Center für die ≥ 75-Jährigen in Bezug auf den Einkauf von Bekleidung nahezu keine Rolle spielt.

Voranstehend wurde anhand des Mann-Whitney-U-Tests bereits gezeigt, dass zwischen der Gruppe der ≥ 60-Jährigen und der Vergleichsgruppe der 14- bis 59-Jährigen in Erlangen und Zwickau ein signifikanter Unterschied hinsichtlich der Einkaufsstandortorientierung bei Bekleidungseinkäufen besteht, wohingegen für Koblenz bei diesen zwei Altersklassen kein Zusammenhang zwischen der Altersklasse und der Wahl des Einkaufsstandortes anzunehmen ist. Mittels des Kruskal-Wallis-Tests gilt es nun zu überprüfen, inwieweit bei Unterscheidung der fünf in der Erhebung differenzierten Altersklassen diese der gleichen Grundgesamtheit entstammen (H_0). Die Ergebnisse lassen für Erlangen und Zwickau höchst bzw. hoch signifikante ($p_{ER} < ,001$; $p_{ZW} = ,005$) Unterschiede zwischen den Altersklassen annehmen; für Koblenz hingegen ist das Ergebnis knapp nicht signifikant ($p_{KO} = ,054$; siehe

Anhang A2-3). Bei einem signifikanten Testergebnis erlaubt der Kruskal-Wallis-Test gleichwohl keine Aussagen darüber, zwischen welchen der untersuchten Gruppen signifikante Unterschiede bestehen (vgl. BÜHL 2012: 397). Daher wurden im Anschluss für Erlangen und Zwickau Paarvergleiche zwischen allen Altersklassen mittels des Mann-Whitney-U-Tests durchgeführt. Tabelle 35 zeigt die mittleren Ränge sowie die zweiseitige asymptotische Signifikanz für die einzelnen Paarvergleiche; die vollständigen Testergebnisse finden sich in Anhang A2-4.

Bei der Entscheidung über die Annahme bzw. Ablehnung der Nullhypothese H_0 für die einzelnen Paarvergleiche ist allerdings zu berücksichtigen, dass die Wahrscheinlichkeit, einen α-Fehler zu begehen, d.h. die Nullhypothese fälschlicherweise zurückzuweisen, bei multiplen Tests in derselben Stichprobe erheblich steigt. Bei zehn unabhängigen Tests steigt die Wahrscheinlichkeit, mindestens eine Nullhy-

Tab. 35: Mann-Whitney-U-Test (Signifikanzen) für Variable Q10c (Bekleidung)

	Erlangen		Zwickau	
	mittlerer Rang	asympt. Sig. (2-seitig)	mittlerer Rang	asympt. Sig. (2-seitig)
14-24 J.	83,84	,011	44,51	,522
25-39 J.	66,41		41,30	
14-24 J.	113,16	,000	68,72	,015
40-59 J.	68,80		53,82	
14-24 J.	84,53	,000	59,04	,009
60-74 J.	37,56		44,54	
14-24 J.	45,06	,000	31,39	,005
≥ 75 J.	9,15		16,68	
25-39 J.	111,97	,000	63,86	,079
40-59 J.	81,71		53,24	
25-39 J.	89,39	,000	54,73	,050
60-74 J.	46,33		44,05	
25-39 J.	53,96	,000	28,60	,011
≥ 75 J.	13,65		16,55	
40-59 J.	92,33	,000	66,44	,598
60-74 J.	66,23		63,13	
40-59 J.	64,14	,000	44,23	,076
≥ 75 J.	26,27		31,05	
60-74 J.	39,04	,017	35,31	,193
≥ 75 J.	24,96		27,32	

Quelle: Eigene Erhebungen und Berechnungen

pothese fälschlicherweise abzulehnen, auf rund 40%[129]. Um diesem Problem zu begegnen, werden in der Literatur vor allem zwei Ansätze diskutiert, nämlich die Bonferroni-Korrektur sowie die modifizierte Bonferroni-Korrektur nach Holm. Beide Methoden basieren auf einer Korrektur der Irrtumswahrscheinlichkeit unter Berücksichtigung der Anzahl der Paarvergleiche. Bei einer Irrtumswahrscheinlichkeit für die Gesamtheit der Vergleiche von $\alpha = 0{,}05$ ergibt sich nach der Bonferroni-Korrektur als neue kritische Irrtumswahrscheinlichkeit $\alpha' = \alpha / m = 0{,}005$ mit m = Anzahl der Paarvergleiche. Diese Methode führt jedoch zu sehr konservativen Ergebnissen. Eine etwas höhere Wahrscheinlichkeit für signifikante Ergebnisse besteht bei der sequenziellen Bonferroni-Holm-Prozedur, bei der alle p-Werte zunächst ihrer Größe nach geordnet und anschließend schrittweise unter Verwendung wachsender Irrtumswahrscheinlichkeiten auf Signifikanz geprüft werden[130] (vgl. Bortz / Schuster 2010: 231f.; Victor et al. 2010: 52ff.).

Die Ergebnisse der Mann-Whitney-U-Tests bestätigen für Erlangen die anhand der Mittelwerte beschriebenen deutlichen Unterschiede zwischen den einzelnen Altersklassen hinsichtlich der Einkaufsstandortorientierung bei Bekleidungseinkäufen in der Innenstadt. Bei Anwendung der Bonferroni-Holm-Korrektur kann die Nullhypothese H_0 für alle Paarvergleiche zurückgewiesen werden; die Einkaufsstandortorientierung jeder Altersklasse unterscheidet sich in Erlangen somit signifikant von den Einkaufsstandortorientierungen aller anderen Altersklassen. In Zwickau hingegen zeigen fast alle Paarvergleiche ein nicht-signifikantes Ergebnis; lediglich zwischen der jüngsten (14-24 Jahre) und der ältesten ($\geq$ 75 Jahre) der unterschiedenen Altersklassen verweisen die Ergebnisse auf einen signifikanten Unterschied hinsichtlich der Wahl des Einkaufsstandortes für Bekleidung.

Insgesamt zeigt sich somit auch in Bezug auf den Einkauf von Bekleidung kein allgemein signifikanter Zusammenhang zwischen der Wahl des innerstädtischen Einkaufsstandortes und der jeweiligen Altersklasse der Konsumenten. Vielmehr deuten die Ergebnisse darauf hin, dass die Entscheidung zugunsten des Einkaufszentrums bzw. der traditionellen Einkaufsstraßen in hohem Maße von der konkreten Ausgestaltung bzw. dem Angebot der jeweiligen Einkaufsstandorte abhängt. Darüber hinaus könnten auch weitere standortspezifische Faktoren der einzelnen Untersuchungsstädte auf die Wahl des Einkaufsstandortes einwirken; deren Einflussstärke kann im Rahmen dieser Arbeit jedoch nicht vertieft berücksichtigt werden.

Nicht übersehen werden darf jedoch, dass bei einigen Aktivitäten ein erheblicher, teilweise sogar der überwiegende Teil der Befragten angab, die entsprechende Tätigkeit nicht oder nur teilweise in der Innenstadt der jeweiligen Untersuchungsstadt durchzuführen und stattdessen diesbezüglich häufig oder sogar ausschließlich andere Einkaufsstandorte zu nutzen. Dies betrifft in besonderer Weise den Einkauf von Lebensmitteln, bei dem zwischen 47,93% (ZW) und 58,13% (ER; KO:

---

129 $\alpha_{gesamt} = 1 - (1 - \alpha_{einzel})^{10} = 1 - (1 - 0{,}05)^{10} = 0{,}40$.
130 Eine umfassende Vorstellung der Bonferroni-Holm-Prozedur kann an dieser Stelle nicht erfolgen; hier sei auf die einschlägigen Darstellungen in der Literatur verwiesen, z.B. bei Bortz / Schuster (2010: 231f.).

53,40%) der Befragten angaben, hierfür ausschließlich Einkaufsstandorte außerhalb der jeweiligen Innenstadt zu nutzen, sowie Friseurbesuche (45,45% bis 49,51%)[131], den Einkauf von Elektroartikeln (32,78% bis 37,22%) sowie die Nutzung von Banken bzw. Sparkassen (29,34% bis 34,95%). Auch für die Nutzung von Post- bzw. Telekommunikationsdienstleistungen (16,53% bis 31,13%), sonstigen Dienstleistungen wie z.B. Reisebüros (ER: 14,88; KO, ZW jeweils rund 27%), den Einkauf von Kosmetika, Drogeriewaren, Arzneimitteln und augenoptischen Produkten (15,70% bis 23,30%), den Erwerb von Spiel- und Sportwaren (v.a. KO: 25,57%) sowie von Haushaltswaren (ER: 24,79%; KO: 34,63%) werden von einem großen Teil der Befragten ausschließlich Einkaufsstandorte außerhalb der Innenstadt in Anspruch genommen. Dabei spielen vor allem die jeweiligen Wohnstandorte der Befragten sowie Gewerbegebiete und Fachmarkt(zentren) eine bedeutende Rolle, teilweise wurden für die entsprechenden Aktivitäten auch andere Städte aufgesucht. Speziell für Post- und Telekommunikationsdienstleitungen, in Zwickau auch verstärkt für die Nutzung von Banken bzw. Sparkassen sowie Reisebüros, stellt zudem das Internet für einen nicht unerheblichen Teil der Befragten den bevorzugten „Einkaufsstandort" dar[132].

Da sich überwiegend jedoch kein statistisch signifikanter Zusammenhang zwischen der Nutzung bzw. Nicht-Nutzung der Innenstadt der jeweiligen Untersuchungsstadt und der Altersklasse der Befragten zeigte[133] und zudem die Frage der Nutzungspräferenz in Bezug auf alternative Einkaufsstandorte für die Themenstellung der vorliegenden Untersuchung von nachrangiger Bedeutung ist, wird auf eine weitergehende Analyse der relativen Nutzungsintensität sowie des Typs und der Lage der alternativ aufgesuchten Einkaufsstandorte verzichtet.

Weiterhin erklärte bei den meisten Aktivitäten jeweils ein Teil der Befragten, die entsprechende Tätigkeit gar nicht auszuüben, wobei die Anteile der Nicht-Nutzer in Abhängigkeit sowohl von der jeweiligen Tätigkeit als auch von der Untersuchungsstadt stark differieren. Relativ hohe Anteile an Nicht-Nutzern finden sich vor allem in Bezug auf öffentliche Sitzgelegenheiten (31,68% bis 45,31%), den Einkauf von Spielwaren bzw. Sportartikeln (KO: 14,88%; ZW: 25,21%; ER: 47,38%), öffentliche

---

131 Die angegebenen Prozentwerte beziehen sich – differenziert nach Untersuchungsstädten – auf diejenigen Anteile an Befragten, die erklärten, für die jeweilige Tätigkeit ausschließlich Einkaufsstandorte außerhalb der Innenstadt der jeweiligen Untersuchungsstadt zu nutzen. Bei Mehrfachangaben (gleichermaßen bevorzugte Nutzung von innerstädtischen Einkaufsstandorten und Standorten außerhalb der betreffenden Innenstadt) findet – entsprechend dem zentralen Forschungsinteresse dieser Arbeit – nur die innerstädtische Einkaufsstandortorientierung Berücksichtigung; diese Vorgehensweise wird nicht zuletzt dadurch bestärkt, dass alle in Frage Q10 erfassten Aktivitäten von jeweils nur einem (sehr) geringen Teil der Befragten als Mehrfachantwort beantwortet wurden (in der Regel <3%, selten zwischen 3% und <5%, in Einzelfällen zwischen 5% und 8,5%).

132 Eine exakte Analyse der relativen Bedeutung der unterschiedlichen Einkaufsstandorte außerhalb der jeweiligen Innenstadt ist aufgrund der fehlenden Eindeutigkeit der Angaben der Befragten nicht sinnvoll; beispielsweise kann die Angabe „Fachmarkt(zentrum)" sowohl für einen Standort „auf der grünen Wiese" als auch für eine Einkaufsstätte am Wohnstandort des Befragten stehen

133 Gemäß den Ergebnissen des X^2-Unabhängigkeitstests besteht nur bei drei Variablen in Erlangen (Einkauf von Uhren / Schmuck, Einkauf von Haushaltswaren sowie Nutzung von Bank / Sparkasse) sowie bei zwei Variablen in Zwickau (Einkauf von Schuhen / Lederwaren sowie Nutzung sonstiger Dienstleister, d.h. im Falle Zwickaus Nutzung von Reisebüros) ein auf dem Niveau $\alpha = 0,05$ signifikanter Zusammenhang zwischen der Nutzung bzw. Nicht-Nutzung der jeweiligen Innenstadt und der Altersklasse der Befragten.

Toiletten (14,88% bis 29,75%), die Inanspruchnahme sonstiger Dienstleister (17,15% bis 30,30%) sowie den Einkauf von Uhren und Schmuck (15,58% bis 29,20%). In etwas geringerem Umfang gilt dies auch für die Nutzung von Imbissangeboten bzw. SB-Restaurants (17,36% bis 21,38%) sowie für den Einkauf von Haushaltswaren (ER: 15,15%; KO: 10,68%), in Koblenz darüber hinaus für die Nutzung von Telekommunikationsdienstleistern (25,57%). Hinsichtlich des Erwerbs bestimmter Warengruppen ist allerdings zu vermuten, dass die Nicht-Ausübung der entsprechenden Einkaufstätigkeit nur zu einem Teil in einer generellen Nicht-Nutzung der Warengruppe wurzelt; teilweise dürfte die Angabe, dass Produkte der jeweiligen Warengruppe nicht gekauft werden, auch in der Zuständigkeitsaufteilung für den Einkauf bestimmter Waren innerhalb eines Haushalts begründet liegen.

Wie gezeigt wurde, werden ergänzende Serviceleistungen der Anbieterseite bzw. der Kommunen wie nicht-kommerzielle Sitzmöglichkeiten oder (semi-)öffentliche Toiletten, die zur Steigerung des Komfortaspekts bei einem Besuch des jeweiligen Einkaufsstandortes beitragen sollen, von einem relativ großen Teil der Konsumenten nicht in Anspruch genommen. Es stellt sich die Frage, ob sich diesbezüglich alterskorrelierte Unterschiede aufzeigen lassen. In Anbetracht der hohen Bedeutung der Erlebniskomponente speziell bei der Konzeption von Shopping Centern ist weiterhin die Frage von Belang, ob hinsichtlich der generellen Nutzung bzw. Nicht-Nutzung der entsprechenden Angebote – hier im Speziellen der gastronomischen Angebote – signifikante Unterschiede zwischen den einzelnen Altersklassen bestehen. Es ist zu vermuten, dass Menschen, die Einkaufsstandorte generell nicht zum Bummeln oder Flanieren nutzen, der Erlebnis- und Freizeitkomponente eines Einkaufsstandortes eine geringere Bedeutung beimessen als „bummelaffine" Konsumenten; entsprechend gilt es, auch diesen Aspekt auf mögliche Alterskorrelationen hin zu prüfen.

Tabelle 36 zeigt die Anteile derjenigen Befragten, die – nach Altersklassen und Untersuchungsstädten differenziert – angaben, die genannten Aktivitäten weder in der jeweiligen Innenstadt noch an einem anderen Einkaufsstandort zu unternehmen. Im Hinblick auf eine bessere Übersichtlichkeit der Tabelle wurden die Antwortkategorien der Variable „Altersklasse" auch für diese Darstellung zu drei Merkmalsausprägungen zusammengefasst.

Die Ergebnisse lassen in allen Untersuchungsstädten bei allen Aktivitäten einen mit zunehmendem Alter nahezu kontinuierlichen Anstieg des Anteils an Probanden erkennen, die angaben, die jeweilige Aktivität überhaupt nicht an einem Einkaufsstandort durchzuführen, wenngleich die jeweiligen Anteilswerte teilweise erheblich zwischen den einzelnen Untersuchungsstädten differieren. Auffällig ist der speziell in Zwickau hohe Anteil an Befragten mittleren und höheren bzw. hohen Alters, der zumindest in Innenstädten oder an anderen Einkaufsstandorten grundsätzlich keine Cafés besucht. Darüber hinaus zeigen die Ergebnisse u.a. auch, dass trotz der in der Literatur vielfach beschriebenen zunehmenden Einschränkungen im Bereich der motorischen Leistungsfähigkeit in den höheren und hohen Altersklassen (siehe Kapitel 2.4.2.3) sowie der Beobachtung mehrerer älterer und alter Menschen, die täglich bzw. fast täglich die (semi-)öffentlichen Bänke in den Shopping Centern und/oder in den traditionellen Einkaufsstraßen frequentierten (siehe Kapitel 3.6.1.2),

Tab. 36: Nicht-Nutzer ausgewählter Aktivitäten an Einkaufsstandorten

		14-39 J. in %	40-59 J. in %	≥ 60 J. in %	Gesamt in %
kein Bummeln / Flanieren	ER	2,50	8,26	18,29	7,99
	KO	4,63	4,35	6,98	5,18
	ZW	4,55	4,94	6,85	5,37
keine Nutzung von Imbiss oder SB-Restaurant	ER	6,25	22,31	35,37	18,18
	KO	8,33	20,87	38,37	21,36
	ZW	6,82	13,58	34,25	17,36
kein Cafébesuch	ER	3,13	5,79	17,07	7,16
	KO	4,63	4,35	10,47	6,15
	ZW	5,68	22,22	20,55	15,70
keine Nutzung von Sitz-möglichkeiten	ER	17,50	36,36	52,44	31,68
	KO	31,48	52,17	53,49	45,31
	ZW	28,41	35,80	39,73	34,30
keine Nutzung öffentlicher Toiletten	ER	20,63	31,40	45,12	29,75
	KO	21,30	32,17	32,56	28,48
	ZW	11,36	14,81	19,18	14,88
Gesamt je Stadt		100	100	100	100

Quelle: Eigene Erhebungen und Berechnungen

öffentliche Sitzmöglichkeiten in Einkaufsstandorten von einem großen, teilweise sogar von dem überwiegenden Teil der älteren und alten Menschen grundsätzlich nicht in Anspruch genommen werden. Dies ist nicht zuletzt deshalb erstaunlich, als der Verfügbarkeit öffentlicher Sitzmöglichkeiten im Rahmen der Wichtigkeitsanalyse in Frage Q6 in allen Altersklassen, speziell aber bei den ≥ 60-Jährigen, eine sehr hohe Bedeutung beigemessen wurde: Zwischen 53,66% (ER) und 69,86% (ZW; KO: 65,12%) der ≥ 60-Jährigen bewerteten diese Frage auf der unipolaren Sieben-Punkte-Ratingskala mit 6 oder 7 Punkten.

Die vergleichende Gegenüberstellung der prozentualen Anteile der Befragten verschiedener Altersklassen, die angaben, die betreffenden Angebote nicht zu nutzen, lassen zwar grundlegende Tendenzen erkennen, sie erlaubt jedoch keine Aussagen über die Stärke der Zusammenhänge zwischen der Nutzung bzw. Nicht-Nutzung der genannten Aktivitäten und der Altersklasse der Befragten. Um die Art und die Enge der Korrelationen beurteilen und vergleichend betrachten zu können, wurden daher die Assoziationsmaße Kendall τ_c sowie Spearman Rho (r_s) berechnet. Diese setzen jedoch – wie bereits mehrfach erwähnt – mindestens ordinalskalierte Variablen voraus. Daher wurden die relevanten Variablen der Frage Q10 in dichotome Variablen mit den Merkmalsausprägungen „Nutzung" (Antwortkategorien 1-6) und „Nicht-Nutzung" (Antwortkategorie 7) überführt. Da dichotome Variablen als quasi-ordinalskaliert betrachtet werden können (siehe Kapitel 3.8.2), sind die Voraussetzungen für eine Anwendung von Zusammenhangmaßen für ordinalskalierte Variablen somit gegeben.

Für Erlangen verweisen die Werte der Assoziationsmaße für alle hier betrachteten Aktivitäten auf schwache bis sehr schwache Zusammenhänge; die relativ stärksten Korrelationen bestehen in Bezug auf die Nutzung von Imbissmöglichkeiten bzw. SB-Restaurants ($\tau_{c\,ER}$ = ,266, $r_{s\,ER}$ = ,309) sowie von öffentlichen Sitzmöglichkeiten ($\tau_{c\,ER}$ = ,305, $r_{s\,ER}$ = ,294), besonders schwach zeigt sich der Zusammenhang hinsichtlich der Nutzung von Cafés ($\tau_{c\,ER}$ = ,115, $r_{s\,ER}$ = ,200). Die positiven Vorzeichen sämtlicher Koeffizienten offenbaren unter Berücksichtigung der Antwortcodierung, dass bei allen Aktivitäten der Anteil der Nicht-Nutzer mit zunehmendem Alter steigt. Alle Korrelationen sind zudem höchst signifikant ($p \leq$,001), sodass für die Grundgesamtheit von einem Zusammenhang zwischen der Nicht-Nutzung der hier betrachteten Angebote und der Altersklasse der Konsumenten ausgegangen werden kann. In Koblenz und Zwickau zeichnen die Ergebnisse hingegen ein etwas differenzierteres Bild, wenngleich die Richtung der Zusammenhänge auch hier in allen Fällen auf einen steigenden Anteil an Nicht-Nutzungen mit zunehmendem Alter verweist. In Koblenz offenbaren die in Bezug auf die Variablen „Bummeln / Flanieren" sowie „Cafébesuche" sehr niedrigen Werte der beiden Assoziationsmaße ($\tau_{c\,KO}$ und $r_{s\,KO}$ jeweils < ,100), dass die Altersklasse der Befragten nur sehr schwach mit der grundsätzlichen Durchführung der beiden Aktivitäten korreliert. Zudem zeigen die Signifikanztests in beiden Fällen ein nicht-signifikantes Ergebnis; die Nullhypothesen H_0, wonach zwischen den beiden Variablen in der Grundgesamtheit kein Zusammenhang besteht, können somit nicht zurückgewiesen werden. Hinsichtlich der Nutzung öffentlicher Toiletten ist der Betrag der Assoziationsmaße zwar nur geringfügig höher ($\tau_{c\,KO}$ = ,124, $r_{s\,KO}$ = ,123), die Korrelation ist jedoch auf dem Niveau α = 0,05 signifikant. Wie in Erlangen weisen die Koeffizienten bezüglich der Nutzung von Imbissmöglichkeiten ($\tau_{c\,KO}$ = ,277, $r_{s\,KO}$ = ,305) sowie nicht-kommerzieller Sitzmöglichkeiten ($\tau_{c\,KO}$ = ,225, $r_{s\,KO}$ = ,204) die relativ höchsten Werte auf. Die Signifikanztests verweisen zudem für beide Variablen auf einen höchst signifikanten Zusammenhang ($p_{\tau,r}$ < ,001). In Zwickau schließlich liegen die Werte der Assoziationsmaße Kendall τ_c und Spearman Rho (r_s) für fast alle hier betrachteten Variablen < 0,2, in Bezug auf Bummeln / Flanieren sowie die Nutzung öffentlicher Toiletten sogar $\leq$ 0,1; die Zusammenhänge sind somit sehr schwach. Lediglich die Nutzung bzw. Nicht-Nutzung von Imbissanbietern bzw. SB-Restaurants korreliert – wie auch in den anderen beiden Untersuchungsstädten – etwas stärker mit dem Alter der Befragten ($\tau_{c\,ZW}$ = ,245, $r_{s\,ZW}$ = ,290). Die Überprüfung der Signifikanz der gefundenen Zusammenhänge zeigt nur für die Nutzung von Imbissangeboten / SB-Restaurants ein höchst signifikantes ($p_{\tau,r}$ < ,001) sowie für die Nutzung von Cafés ein hoch signifikantes (p_τ = ,003 bzw. p_r = ,006) Ergebnis; alle anderen Korrelationen erweisen sich bei einem Signifikanzniveau von α = 0,05 als nicht signifikant, sodass hinsichtlich dieser Variablen kein Zusammenhang zwischen der jeweiligen Aktivität und der Altersklasse der Konsumenten in der Grundgesamtheit angenommen werden kann. Insgesamt betrachtet zeigt sich somit, dass in allen Untersuchungsstädten die Nutzung bzw. Nicht-Nutzung von Imbissmöglichkeiten bzw. SB-Restaurants unter allen hier speziell betrachteten Variablen eine der relativ höchsten Korrelationen mit der Altersklasse der Befragten aufweist (in Richtung einer mit steigendem Alter abnehmenden Nutzung) und zudem lediglich die Nutzung bzw. Nicht-Nutzung von Imbissangeboten in allen Untersuchungsstädten (höchst-)signifikant mit der Altersklasse der Konsumenten korreliert.

In Kapitel 3.6.1.2 wurde die Vermutung geäußert, dass es sich bei denjenigen älteren und alten Passanten, die nahezu täglich die (semi-)öffentlichen Sitzmöglichkeiten in den innerstädtischen Einkaufsstandorten aufsuchen, zu einem großen Teil um alleinstehende Menschen auf der Suche nach sozialer Vergesellschaftung und Gemeinschaftsbezug handelt. Zwar kann auch bei älteren und alten Befragten aus der Aussage, dass die Innenstadt in der Regel ohne Begleitung aufgesucht wird, keinesfalls pauschal auf eine geringe Anzahl an Sozialkontakten geschlossen werden; gleichwohl erscheint die Frage interessant, ob sich speziell in den beiden höchsten Altersklassen Unterschiede hinsichtlich der grundsätzlichen Inanspruchnahme von öffentlichen Sitzmöglichkeiten in Abhängigkeit von der Vergesellschaftungsform beim Innenstadtbesuch zeigen. Sofern sich diesbezügliche Unterschiede aufzeigen lassen, stellt sich weiterhin die Frage, ob auch in jüngeren Altersklassen Unterschiede bezüglich der Inanspruchnahme öffentlicher Sitzmöglichkeiten zwischen denjenigen Passanten, die in der Regel alleine in die Innenstadt kommen, und denjenigen, die die Innenstadt üblicherweise in Begleitung von Freunden und / oder Familienmitgliedern aufsuchen, bestehen.

Tabelle 37 zeigt die Anteile derjenigen Passanten, die angaben, öffentliche Sitzmöglichkeiten grundsätzlich zu nutzen bzw. nicht zu nutzen, in Abhängigkeit von

Tab. 37: Nutzung öffentlicher Sitzmöglichkeiten nach Vergesellschaftungsform beim Innenstadtbesuch

Alters-klasse			IS-Besuch in Begleitung in %	IS-Besuch alleine in %	Gesamt in %
60-74 J.	keine Nutzung von Sitzmöglichkeiten	ER	52,00	55,81	54,41
		KO	43,90	55,56	49,35
		ZW	41,94	46,43	44,07
	Nutzung von Sitzmöglichkeiten	ER	48,00	44,19	45,59
		KO	56,10	44,44	50,65
		ZW	58,06	53,57	55,93
	Gesamt je Stadt		100	100	100
≥ 75 J.	keine Nutzung von Sitzmöglichkeiten	ER	75,00	30,00	42,86
		KO	100,00	75,00	88,89
		ZW	0,00	30,00	21,43
	Nutzung von Sitzmöglichkeiten	ER	*25,00	70,00	57,14
		KO	0,00	*25,00	*11,11
		ZW	100,00	70,00	78,57
	Gesamt je Stadt		100	100	100

Quelle: Eigene Erhebungen und Berechnungen

der jeweiligen Vergesellschaftungsform der Passanten (Innenstadtbesuch alleine bzw. überwiegend in Begleitung von Familienmitgliedern / Bekannten) sowie kontrolliert für die Altersklassen 60- bis 74 Jahre sowie ≥ 75 Jahre.

Für die Altersklasse der 60- bis 75-Jährigen lassen die Ergebnisse der Kontingenztabelle insbesondere für die Stichproben aus Erlangen und Zwickau nur geringe Unterschiede bezüglich der Inanspruchnahme (semi-)öffentlicher Sitzmöglichkeiten zwischen denjenigen Befragten, die in der Regel alleine in die Innenstadt kommen und denjenigen, die mehrheitlich in Begleitung von Familienmitgliedern und / oder Bekannten die Innenstadt aufsuchen, erkennen. In allen drei Untersuchungsstädten nutzen die überwiegend in Begleitung kommenden Befragten die öffentlichen Sitzangebote jedoch zu einem etwas größeren Teil als die üblicherweise alleine kommenden Passanten. In Zwickau gilt dies auch bei den ≥ 75-jährigen Befragten, wohingegen sich in Erlangen und Koblenz in der höchsten Altersklasse (> 75 Jahre) ein entgegengesetztes Bild zeigt: Hier ist der Anteil an Befragten, die angaben, die öffentlichen Sitzmöglichkeiten in Anspruch zu nehmen, unter den überwiegend alleine in die Innenstadt kommenden Befragten (deutlich) höher als bei den Befragten, die die Innenstadt mehrheitlich in Begleitung aufsuchen.

Da es sich bei den Kontingenztabellen der dichotomisierten Variablen „Vergesellschaftungsform beim Innenstadtbesuch" und „Nutzung öffentlicher Sitzmöglichkeiten" um (geschichtete) 2x2-Tabellen mit teilweise, speziell bei den Tabellen für die Gruppe der ≥ 75-Jährigen, sehr geringen Stichprobenumfängen handelt, ist die Aussagekraft von Pearson's χ^2-Unabhängigkeitestest deutlich eingeschränkt. Die Prüfung auf Vorliegen eines statistischen Zusammenhangs zwischen den beiden Variablen erfolgt daher anhand von Fischers exaktem Test, der bei kleinen Stichprobengrößen sowie bei Tabellen mit einer Felderzahl < 5 sowohl gegenüber Pearson's χ^2-Unabhängigkeitestest als auch gegenüber Signifikanzschätzungen, deren Werte mittels der Yates-Korrektur modifiziert wurden, in der Regel zuverlässigere Ergebnisse liefert (vgl. BROSIUS 2011: 429).

In allen Untersuchungsstädten zeigen die exakten zweiseitigen Signifikanzwerte sowohl für die Gruppe der 60- bis 74-Jährigen als auch für die der ≥ 75-Jährigen bei einem Signifikanzniveau von α = 0,05 keine signifikanten Ergebnisse, sodass die Nullhypothese H_0, wonach in der Grundgesamtheit zwischen der Vergesellschaftungsform beim Innenstadtbesuch und der Inanspruchnahme öffentlicher Sitzmöglichkeiten kein Zusammenhang besteht, nicht zurückgewiesen werden kann; die entsprechenden Irrtumswahrscheinlichkeiten reichen für die 60- bis 74-Jährigen von p = ‚365 (KO) bis p = ‚805 (ER) und für die ≥ 75-Jährigen von p = ‚245 (ER) bis p = ‚505 (ZW). Eine Kontrolle der Kontingenztabelle für die jüngeren Altersklassen offenbart allerdings, dass auch für diese Gruppen die Nullhypothese H_0 bei einem Signifikanzniveau von α = 0,05 in keiner der Untersuchungsstädte zurückgewiesen werden kann. Es muss daher angenommen werden, dass die grundsätzliche Inanspruchnahme (semi-)öffentlicher Sitzmöglichkeiten in allen Altersklassen unabhängig von der Frage ist, ob die Innenstadt normalerweise alleine oder in Begleitung von Familienmitgliedern bzw. Bekannten / Freunden aufgesucht wird.

3.8.8 Wahrnehmung und Nutzung gastronomischer Angebote in Shopping Centern

In Kapitel 2.2.3.1 wurde dargelegt, dass gastronomische Angebote in Shopping Centern eine wichtige Rolle spielen, insbesondere im Hinblick auf ihre Funktion als zentrale Elemente der Erlebnis- und Freizeitkomponente der Einkaufszentren. Entsprechend findet sich in Shopping Centern allgemein wie auch in den hier betrachteten Centern ein breites Angebot an Cafés sowie Imbissangeboten und SB-Restaurants. Doch auch in den traditionellen Einkaufsstraßen und hier insbesondere im Bereich der Altstädte stehen den Konsumenten zahlreiche Cafés, Schnellrestaurants, Bistros etc. zur Verfügung (siehe auch Kapitel 3.4.3.4), die zudem zu einem großen Teil über eine Außengastronomie verfügen. Im Rahmen der qualitativen Konsumentenbefragungen legten mehrere der befragten Konsumenten dar, dass speziell das Angebot von Sitzmöglichkeiten „unter freiem Himmel" ihrer Ansicht nach einen wesentlichen Vorteil der Cafés etc. in den traditionellen Einkaufsstraßen gegenüber dem Angebot in den Einkaufszentren darstelle.

Gastronomische Angebote stellen somit einen wichtigen und integralen Bestandteil beider innerstädtischer Einkaufsstandorte dar. Im Hinblick auf die Fragestellung dieser Untersuchung gilt es nun zu überprüfen, in welchem Umfang diese Angebote genutzt werden und ob diesbezüglich altersabhängige Unterschiede bestehen. Darüber hinaus stellt sich die Frage, wie die Konsumenten das gastronomische Angebot in den Einkaufszentren beurteilen. Da der Aufenthaltsqualität bei Cafébesuchen in der Regel eine größere Bedeutung zukommt als bei der Nutzung von Imbissangeboten oder SB-Restaurants, wurde diese Frage auf die in den Einkaufszentren befindlichen Cafés beschränkt.

Im vorausgehenden Kapitel wurde bereits dargelegt, dass die Nutzung bzw. Nicht-Nutzung von Imbissanbietern bzw. SB-Restaurants in allen Untersuchungsstädten höchst signifikant mit der Altersklasse der Konsumenten korreliert; in Bezug auf Erlangen und Zwickau konnten darüber hinaus hoch signifikante Zusammenhänge zwischen der Nutzung bzw. Nicht-Nutzung von Cafés und der Altersklasse von Konsumenten nachgewiesen werden. Tabelle 38 zeigt die Nutzungshäufigkeiten der Befragten in Bezug auf Imbissanbieter bzw. SB-Restaurants sowie Cafés (Q14 und Q15), wobei sich die Fragen jeweils auf die Gesamtheit der innerstädtischen Angebote beziehen. Um die Übersichtlichkeit der Darstellung zu erhöhen, wurden auch hier die Altersklassen zu drei Gruppen zusammengefasst (siehe Kapitel 3.8.2, Fußnote 112).

In Bezug auf die Nutzung von Imbissangeboten bzw. SB-Restaurants lassen die Angaben der Befragten in allen Untersuchungsstädten in der Tendenz eine deutlich sinkende Besuchsfrequenz mit zunehmendem Alter der Befragten erkennen, wobei der stärkste Rückgang in der Besuchsfrequenz zwischen der jüngsten und der mittleren Altersklasse zu beobachten ist. Sowohl bei den 40- bis 59-Jährigen als auch bei den ≥ 60-Jährigen sind die Anteile derjenigen Befragten, die angaben, einen Imbiss oder ein SB-Restaurant höchstens einmal in zwei Monaten aufzusuchen, weit überdurchschnittlich. Demgegenüber erklärten bei den 14- bis 39-Jährigen zwischen rund 30% bzw. 31% (ZW; KO) und 45,91% (ER), mindestens einmal pro Wo-

Tab. 38: Nutzungsfrequenzen bei Imbissen / SB-Restaurants und Cafés

		Imbiss / SB-Restaurant in %				Café in %			
		14-39 J.	40-59 J.	≥ 60 J.	Gesamt	14-39 J.	40-59 J.	≥ 60 J.	Gesamt
≥ dreimal pro Woche	ER	16,35	3,31	*2,44	8,84	10,69	5,79	15,85	10,22
	KO	12,04	2,61	*2,35	5,84	10,19	11,30	8,24	10,06
	ZW	9,20	6,17	*2,74	6,22	4,55	4,94	*2,74	4,13
ein- bis zweimal pro Woche	ER	29,56	9,09	14,63	19,34	31,45	21,49	19,51	25,41
	KO	18,52	18,26	7,06	15,26	37,96	20,00	23,53	27,27
	ZW	20,69	17,28	4,11	14,52	25,00	13,58	5,48	15,29
zwei- bis dreimal pro Monat	ER	18,24	16,53	9,76	15,75	25,79	29,75	12,20	24,03
	KO	26,85	7,83	8,24	14,61	19,44	27,83	15,29	21,43
	ZW	26,44	20,99	8,22	19,09	26,14	20,99	8,22	19,01
einmal pro Monat	ER	18,24	18,18	9,76	16,30	14,47	12,40	10,98	12,98
	KO	17,59	20,00	11,76	16,88	13,89	11,30	18,82	14,29
	ZW	22,99	12,35	30,14	21,58	22,73	12,35	26,03	20,25
≤ einmal in 2 Monaten	ER	17,61	52,89	63,41	39,78	17,61	30,58	41,46	27,35
	KO	25,00	51,30	70,59	47,40	18,52	29,57	34,12	26,95
	ZW	20,69	43,21	54,79	38,59	21,59	48,15	57,53	41,32
Gesamt je Stadt		100	100	100	100	100	100	100	100

Quelle: Eigene Erhebungen und Berechnungen

che einen Imbissanbieter bzw. ein SB-Restaurant zu nutzen. Allerdings zeigen sich hinsichtlich der Nutzungsfrequenz von Imbissangeboten auch Unterschiede zwischen den einzelnen Untersuchungsstädten: Die Befragten mittleren Alters weisen in Zwickau eine insgesamt etwas höhere Nutzungsintensität auf als die Probanden dieser Altersklasse in den beiden westdeutschen Untersuchungsstädten. Umgekehrt lässt sich bei den 14- bis 39-jährigen Befragen in Erlangen eine höhere Besuchsfrequenz in Bezug auf Imbissanbieter erkennen als bei den gleichaltrigen Probanden in Koblenz und Zwickau.

Das ordinale Skalenniveau der Variablen „Nutzungsfrequenz von Imbissangeboten / SB-Restaurants" und „Altersklasse der Befragten" erlaubt zur Quantifizierung der Zusammenhänge zwischen den beiden Merkmalen die Bestimmung der Korrelationskoeffizienten Kendall τ_c sowie Spearman Rho (r_s). Die Werte der Koeffizienten zeigen für alle Untersuchungsstädte eine mittlere Stärke des Zusammenhangs zwischen den beiden Merkmalen (ER: $\tau_{c\,ER}$ = ,373, $r_{s\,ER}$ = ,451; KO: $\tau_{c\,KO}$ = ,325, $r_{s\,KO}$ = ,406; ZW: $\tau_{c\,ZW}$ = ,322, $r_{s\,ZW}$ = ,400; zur Interpretation der Werte vgl. KUCKARTZ ET AL. 2010: 195; BROSIUS 2011: 523); bemerkenswert ist hierbei der hohe Grad an Übereinstimmung zwischen den Werten für Koblenz und Zwickau; in der Erlanger Stichprobe korreliert die Nutzungshäufigkeit von Imbissangeboten etwas stärker mit der Altersklasse der Befragten. Die positiven Werte der Koeffizienten bestätigen unter Berücksichtigung der Antwortcodierung die aufgrund der Kontingenztabelle erwartete Richtung des Zusammenhangs, nämlich einer mit zunehmendem Alter abnehmenden Nutzungshäufigkeit von Imbissangeboten und SB-Restaurants. In allen drei Städten sind die Ergebnisse beider Korrelationskoeffizienten zudem höchst signifikant (p < ,001), sodass auch für die Grundgesamtheit angenommen werden kann, dass die Häufigkeit der Nutzung von Imbissangeboten in signifikantem Zusammenhang mit der Altersklasse der Konsumenten steht.

Auch in Bezug auf Cafébesuche lässt sich anhand der Kontingenztabelle (Tabelle 38) in der Tendenz eine abnehmende Nutzungshäufigkeit mit steigendem Alter der Befragten identifizieren. Der Rückgang ist jedoch in Erlangen und Koblenz schwächer ausgeprägt als bei der Nutzungsfrequenz von Imbissangeboten, zudem ist der Rückgang zwischen der jüngsten und der mittleren Altersgruppe in diesen Städten weitaus weniger markant. Auffällig ist, dass in Erlangen und Koblenz der Anteil derjenigen Befragten, die mindestens einmal pro Woche ein Café in der jeweiligen Innenstadt aufsuchen, in der Gruppe der 40- bis 59-Jährigen im Vergleich zu den beiden anderen Altersklassen den relativ geringsten Wert aufweist (27,27% bzw. 31,30%). In Zwickau hingegen zeigt sich ein deutlicher Abfall sehr häufiger Besuchsfrequenzen zwischen der mittleren und der höchsten Altersklasse.

Die positiven Werte des Assoziationsmaßes Kendall τ_c sowie des Rangkorrelationskoeffizienten nach Spearman r_s bestätigen in Anbetracht der Antwortcodierungen für alle Untersuchungsstädte einen Rückgang der Nutzungsfrequenz von Cafés mit steigendem Alter der Befragten. Die Stärke der Zusammenhänge ist jedoch vor allem in Erlangen und Koblenz sehr gering und erheblich schwächer als in Bezug auf die Nutzungshäufigkeit von Imbissangeboten (ER: $\tau_{c\,ER}$ = ,142, $r_{s\,ER}$ = ,176; KO: $\tau_{c\,KO}$ = ,130, $r_{s\,KO}$ = ,161). In Zwickau liegen die Werte der Korrelationskoeffizienten mit $\tau_{c\,ZW}$ = ,258 und $r_{s\,ZW}$ = ,327 zwar auch unterhalb der in Bezug auf die Nutzungsfrequenz von Imbissangeboten ermittelten Werte, gegenüber den beiden westdeutschen Untersuchungsstädten zeigt sich jedoch ein deutlich stärkerer Zusammenhang zwischen der Besuchshäufigkeit von Cafés und der Altersklasse der Befragten. Die Signifikanzanalysen zeigen sämtlich ein hoch bzw. höchst signifikantes Ergebnis (KO: $p_{\tau,\,r}$ = ,005; ER, ZW: $p_{\tau,\,r}$ < ,001), sodass die Nullhypothese H_0, wonach in der Grundgesamtheit kein Zusammenhang zwischen der Nutzungsfrequenz von Cafés und der Altersklasse der Konsumenten besteht, für alle Untersuchungsstädte mit einer Irrtumswahrscheinlichkeit von ≤ 0,5% zurückgewiesen werden kann.

In Kapitel 3.8.3 wurde die Vermutung formuliert, dass die „Vergesellschaftungsform" bei Innenstadtbesuchen (Q9) die Wahrnehmung und Nutzung einer Einkaufsumgebung speziell hinsichtlich ihrer Erlebniskomponente(n) beeinflussen kann. Die Darstellungen in der Literatur geben in Verbindung mit den Ergebnissen der qualitativen Konsumentenbefragungen Hinweise darauf, dass die Vergesellschaftungsform – vor allem hinsichtlich der Unterscheidung zwischen denjenigen, die die Innenstadt überwiegend alleine aufsuchen, und denjenigen, die mehrheitlich oder zumindest häufig in Begleitung von bekannten oder verwandten Personen in die Innenstadt kommen – die Nutzung entsprechender Angebote in verschiedenen Altersklassen in unterschiedlicher Weise beeinflussen könnte. Es kann unterstellt werden, dass sich diesbezügliche Unterschiede in differierenden Nutzungsfrequenzen von Cafés niederschlagen[134]. Daher wurde in einem weiteren Schritt überprüft, ob und wenn ja, inwieweit die Nutzungsfrequenz von Cafés mit der Vergesellschaftungsform der Befragten (Innenstadtbesuch überwiegend alleine oder mehrheitlich / häufig in Begleitung) korreliert. Aufgrund des ordinalen Skalenniveaus beider Variablen[135] erfolgte die Analyse mittels der Korrelationskoeffizienten Kendall τ_c und Spearman Rho (r_s). Die Ergebnisse zeigen für alle Untersuchungsstädte einen schwachen, positiv gerichteten Zusammenhang zwischen der Häufigkeit von Cafébesuchen und der Vergesellschaftungsform der Befragten bei Innenstadtbesuchen (siehe unten, Tabelle 39). Unter Berücksichtigung der Antwortcodierung lässt dieses Ergebnis erkennen, dass diejenigen Befragten, die in der Regel alleine in die Innenstadt kommen, seltener ein Café besuchen als Befragte, die die Innenstadt normalerweise oder zumindest häufig in Begleitung aufsuchen. Bemerkenswert ist hierbei die relativ hohe Homogenität der Werte der Koeffizienten zwischen den drei Untersuchungsstädten. Die Ergebnisse der Signifikanzprüfungen verweisen für Erlangen und Koblenz zudem auf signifikante Korrelationen, sodass auch für die Grundgesamtheit ein Zusammenhang zwischen der Besuchshäufigkeit von Cafés und der Vergesellschaftungsform bei Innenstadtbesuchen angenommen werden kann; in Zwickau ist das Ergebnis bei einem Signifikanzniveau von $\alpha = 0,05$ nur knapp nicht signifikant.

Kontrolliert man das Assoziationsmaß Kendall τ_c sowie den Spearman'schen Rangkorrelationskoeffizienten r_s jedoch für das Merkmal „Altersklasse", zeigen sich im Wesentlichen keine über alle Untersuchungsstädte konsistenten Ergebnisse; zudem sind die Zusammenhänge in nahezu allen Altersklassen nicht signifikant. In Tabelle 39 sind die Korrelationskoeffizienten sowie die Ergebnisse der Signifikanzprüfungen für die einzelnen Altersklassen wiedergegeben.

Bemerkenswert ist allerdings, dass für die Altersklasse der ≥ 75-Jährigen die Beträge der Koeffizienten und somit die Stärke der Zusammenhänge zwar erheblich zwischen Koblenz auf der einen und Erlangen und Zwickau auf der anderen Seite differieren, die Werte in den Stichproben aller Untersuchungsstädte aber negativ gerichtet sind und somit darauf verweisen, dass in der höchsten Altersklasse diejenigen Befragten, die überwiegend alleine in die Innenstadt kommen, (etwas) häufiger eines der innerstädtischen Cafés besuchen als Befragte, die die Innenstadt mehrheitlich oder häufig in Begleitung von bekannten oder verwandten Personen aufsuchen. Unterstellt man, dass unter denjenigen Befragten ≥ 75 Jahren, die die Innenstadt in der Regel alleine aufsuchen, der Anteil an Personen mit einer eher geringen Zahl an sozialen Kontakten höher ist als unter den Befragten, die überwiegend in Begleitung in die Innenstadt kommen, stützt dieses Ergebnis – bei aller Vorsicht einer dahingehenden Interpretation, die nicht zuletzt aufgrund der geringen Beträge der Assoziationskoeffizienten für die Stichproben

---

134 Da in allen Städten mehr als ein Drittel der älteren und alten Befragten ≥ 60 Jahre angab, grundsätzlich keine Imbissangebote oder SB-Restaurants zu nutzen (siehe Tabelle 36), wird die Kontrolle des Zusammenhangs zwischen der Nutzungsfrequenz gastronomischer Anbieter und der Altersklasse der Befragten für das Merkmal „Vergesellschaftungsform bei Innenstadtbesuchen" auf Cafébesuche beschränkt.

135 Zur Klassifizierung der auf zwei Merkmalsausprägungen reduzierten Variable „Vergesellschaftungsform" als ordinalskalierte Variable siehe Kapitel 3.8.2.

Tab. 39: Korrelation Besuchsfrequenz Cafés – Vergesellschaftungsform bei Innenstadtbesuchen, kontrolliert für Altersklassen

Altersklasse		Erlangen		Koblenz		Zwickau	
		Wert	näherg. Sig.*	Wert	näherg. Sig.*	Wert	näherg. Sig.*
14-24 J.	Kendall τ_c	,046	,687	,063	,643	,096	,426
	Spearman Rho r_s	,048	,700	,062	,653	,109	,465
25-39 J.	Kendall τ_c	,224	,052	-,001	,992	,198	,265
	Spearman Rho r_s	,199	,058	-,001	,993	,177	,269
40-59 J.	Kendall τ_c	,002	,983	,143	,172	-,027	,831
	Spearman Rho r_s	,002	,983	,126	,179	-,024	,833
60-74 J.	Kendall τ_c	,093	,503	,389	,001	,080	,581
	Spearman Rho r_s	,085	,493	,345	,002	,072	,589
≥ 75 J.	Kendall τ_c	-,061	,799	-,543	,163	-,061	,851
	Spearman Rho r_s	-,060	,837	-,482	,188	-,060	,838
Gesamt	Kendall τ_c	,132	,026	,159	,012	,138	,055
	Spearman Rho r_s	,116	,027	,142	,013	,122	,058

Quelle: Eigene Erhebungen und Berechnungen   * näherungsweise Signifikanz

aus Erlangen und Zwickau geboten ist – die Annahme, dass innerstädtische Cafés für einen Teil der alten Befragten und dabei insbesondere für diejenigen mit einer eingeschränkten Zahl an Sozialkontakten eine wichtige Funktion im Hinblick auf gesellschaftliche Partizipation besitzen. Allerdings sind die Ergebnisse der Assoziationsmaße in Bezug auf die Altersklasse der ≥ 75-Jährigen für keine der drei Untersuchungsstädte signifikant; für die entsprechenden Grundgesamtheiten kann somit bei einem Signifikanzniveau von α = 0,05 nicht von einem Zusammenhang zwischen der Besuchsfrequenz von Cafés und der üblichen Vergesellschaftungsform bei Innenstadtbesuchen ausgegangen werden.

Neben der absoluten Nutzungsfrequenz innerstädtischer Cafés ist auch die Frage von Belang, inwieweit Cafébesuche von den Konsumenten verschiedener Altersklassen als ergänzende Aktivität im Rahmen eines Einkaufsbesuches der Innenstadt durchgeführt werden, d.h. wie häufig Einkaufsbesuche mit einem Cafébesuch gekoppelt werden. Es ist zu vermuten, dass der Beurteilung der an einem Einkaufsstandort vorhandenen Cafés speziell bei Vorliegen einer hohen Kopplungsaffinität eine nicht unerhebliche Bedeutung im Hinblick auf die Gesamtbeurteilung sowie die Nutzungsintensität des jeweiligen Standortes zukommt.

In Frage Q13 wurden die Probanden danach gefragt, ob und wenn ja, wie häufig sie Einkaufsbesuche in der Innenstadt mit einem Cafébesuch verbinden. Die Ergebnisse sind in Tabelle 40 dargestellt. Dabei finden hier wie im Folgenden nur die Antworten derjenigen Probanden Berücksichtigung, die auf die Frage nach der Einkaufsstandortorientierung bei Cafébesuchen (Q10) keine „Nicht-Nutzung"

Tab. 40: Kopplungsintensität Einkaufsbesuch – Cafébesuch

		14-24 J. in %	25-39 J. in %	40-59 J. in %	60-74 J. in %	≥ 75 J. in %	Gesamt in %
ja, häufig	ER	30,88	39,08	37,72	39,66	*20,00	36,50
	KO	43,40	38,00	47,27	47,83	85,71	46,02
	ZW	52,27	30,77	25,40	18,75	40,00	31,37
ja, gelegentlich	ER	47,06	35,63	28,07	22,41	*20,00	32,64
	KO	24,53	36,00	26,36	23,19	0,00	26,30
	ZW	29,55	38,46	33,33	33,33	0,00	31,86
ja, selten	ER	8,82	20,69	21,05	20,69	50,00	19,29
	KO	20,75	16,00	17,27	14,49	0,00	16,61
	ZW	15,91	17,95	28,57	22,92	60,00	24,02
nein	ER	13,24	4,60	13,16	17,24	*10,00	11,57
	KO	11,32	10,00	9,09	14,49	*14,29	11,07
	ZW	*2,27	12,82	12,70	25,00	0,00	12,75
Gesamt je Stadt		100	100	100	100	100	100

Quelle: Eigene Erhebungen

angegeben hatten[136], um so eine Verzerrung der Ergebnisse durch diejenigen Befragten, die Cafés grundsätzlich nicht nutzen, zu vermeiden.

Insgesamt ist in allen Untersuchungsstädten eine hohe Kopplungsaffinität der Befragten zwischen Einkaufsbesuchen in der Innenstadt und dem Besuch eines Cafés zu beobachten: Zwischen 63,23% (ZW) und 72,32% (KO) gaben an, einen Einkaufsbesuch häufig oder zumindest gelegentlich mit dem Besuch eines Cafés zu verbinden; umgekehrt erklärten nur etwas mehr als 10% der Probanden, Einkaufs- und Cafébesuche grundsätzlich als eigenständige Aktivitäten auszuführen. Eine altersklassendifferenzierte Betrachtung hingegen zeigt sehr heterogene Ergebnisse, die keine über alle Untersuchungsstädte gültige Trendaussage erlauben. Allerdings lässt sich in allen Städten speziell bei den 60- bis 74-Jährigen ein teilweise deutlich überdurchschnittlicher Anteil an Probanden ausmachen, die Einkaufsbesuche grundsätzlich nicht mit einem Cafébesuch verbinden. Bemerkenswert ist schließlich der sehr hohe Anteil der ≥ 75-jährigen Befragten in Koblenz, die erklärten, Einkaufsbesuche in der Innenstadt häufig mit dem Besuch eines Cafés zu kombinieren (85,71%).

Analog zur Vorgehensweise in Kapitel 3.8.4 wurde mittels der Assoziationsmaße Kendall τ_c und Spearman Rho (r_s) überprüft, ob zwischen der Häufigkeit der Kopplung von Einkaufsbesuchen in der Innenstadt mit Cafébesuchen und der Altersklasse der Befragten statistische Zusammenhänge bestehen, und wenn ja, welcher Art und

---

136 Ein Befragter aus Erlangen sowie vier Probanden aus Zwickau, die bei der Frage nach der Einkaufs-standortorientierung bei Cafébesuchen (Q10) „keine Nutzung" angegeben hatten, antworteten auf Frage Q13 mit „ja, aber nur selten". Aufgrund ihrer Angabe in Frage Q10 werden die Antworten dieser Befragten nicht in die weitere Analyse von Frage Q13 einbezogen.

Stärke diese Zusammenhänge sind. Dabei lassen sich bemerkenswerte Unterschiede zwischen Zwickau einerseits und den beiden westdeutschen Untersuchungsstädten erkennen: Während in Erlangen und Koblenz die Korrelationen ausgesprochen gering (ER: $\tau_{c\,ER}$ = ,051, $r_{s\,ER}$ = ,063; KO: $\tau_{c\,KO}$ = -,048, $r_{s\,KO}$ = -,060) und darüber hinaus nicht signifikant sind – die Irrtumswahrscheinlichkeiten $p_{\tau,\,r}$ liegen in Erlangen über 25%, in Koblenz sogar über 30% –, weisen die Werte der Koeffizienten in Zwickau mit $\tau_{c\,ZW}$ = ,220 und $r_{s\,ZW}$ = ,263 auf eine mittlere Korrelation hin. Im Unterschied zu Erlangen und Koblenz ist das Ergebnis in Zwickau zudem höchst signifikant ($p_{\tau,\,r}$ < ,001). Auch die Richtung des Zusammenhangs unterscheidet sich zwischen den Untersuchungsstädten: So verweisen die positiven Werte der Korrelationskoeffizienten in Verbindung mit der Antwortcodierung der Fragen für Erlangen und Zwickau auf eine abnehmende Kopplungsintensität mit steigendem Alter der Befragten, wohingegen in Koblenz die Häufigkeit der Kopplung eines Einkaufsbesuchs in der Innenstadt leicht positiv mit dem Alter der befragten Konsumenten korreliert. Die Unterschiede in der Richtung der Zusammenhänge zwischen Koblenz auf der einen und Erlangen und Zwickau auf der anderen Seite müssen jedoch vor dem Hintergrund der sehr geringen Stärke der Korrelation in Koblenz interpretiert werden, wodurch die Aussagekraft dieses Ergebnisses in nicht unerheblichem Maße eingeschränkt wird.

In Kapitel 3.8.7 wurde bereits gezeigt, dass sich ältere und alte Menschen ≥ 60 Jahre hinsichtlich der Wahl des innerstädtischen Einkaufsstandortes für Cafébesuche in keiner der drei Untersuchungsstädte von der Standortwahl der Konsumenten zwischen 14 und 59 Jahren signifikant unterscheiden. Betrachtet man die Mittelwerte der Einkaufsstandortorientierungen bei Cafébesuchen (Q10p bzw. Q10r) aller fünf differenzierten Altersklassen, ergibt sich das in Tabelle 41 dargestellte Bild.

Tab. 41: Einkaufsstandortorientierungen bei Cafébesuchen

	Erlangen			Koblenz			Zwickau		
	n	x̄	s	n	x̄	s	n	x̄	s
14-24 J.	67	2,31	1,438	53	2,00	1,074	44	2,73	1,353
25-39 J.	85	1,72	1,140	48	1,79	,898	39	2,18	1,275
40-59 J.	111	2,03	1,275	108	1,94	1,154	62	2,87	1,337
60-74 J.	58	1,81	1,191	67	2,06	1,347	46	2,63	1,404
≥ 75 J.	9	1,89	1,364	7	3,14	1,676	10	3,00	1,563
Gesamt	330	1,96	1,276	283	1,98	1,174	201	2,66	1,366

Quelle: Eigene Erhebungen und Berechnungen

Der Vergleich der nach Altersklassen differenzierten arithmetischen Mittelwerte zwischen den drei Untersuchungsstädten lässt nur wenige für alle Untersuchungsstädte gültige Tendenzen hinsichtlich der Einkaufsstandortwahl bei Cafébesuchen erkennen. Auch eine konsistent gerichtete Entwicklung der Einkaufsstandortorientierung mit zunehmendem Alter kann nicht identifiziert werden. Allerdings zeigt sich in allen Untersuchungsstädten, dass in der Gruppe der 25- bis 39-Jährigen die Wahl des Einkaufsstandortes für einen Cafébesuch im Vergleich zu allen anderen Altersklassen seltener zugunsten des jeweiligen Einkaufszentrums ausfällt, vielmehr ist bei dieser Altersklasse eine klar überdurchschnittliche Orientierung in Richtung der traditionellen Einkaufsstraßen zu beobachten. Demgegenüber nutzen die ≥ 75-jährigen Befragten in Koblenz im Durchschnitt als einzige der untersuchten Altersgruppen die Cafés in dem jeweiligen Shopping Center häufiger als die Cafés in den traditionellen Einkaufsstraßen; in Erlangen wiederum bestätigt sich diese Beobachtung nicht[137]. Insgesamt zeigt sich in Zwickau in Bezug auf Cafébesuche eine deutlich stärkere Orientierung in Richtung der Anbieter im Einkaufszentrum als in den anderen beiden Untersuchungsstädten; am seltensten entscheiden sich die Befragten in Erlangen bei der Wahl eines Cafés für einen Anbieter im Einkaufszentrum.

Mittels des Kruskal-Wallis-Tests wurden die zentralen Tendenzen der Einkaufsstandortwahl bei Cafébesuchen auf signifikante Zusammenhänge mit der Altersklasse der Konsumenten hin überprüft (siehe Anhang A2-5). Die Ergebnisse des H-Tests erlauben in keiner der drei Untersuchungsstädte eine Zurückweisung der Nullhypothese H_0, wenngleich das Testergebnis in Erlangen nur knapp nicht signifikant ist (ER: p = ,058; KO: p = ,298; ZW: p = ,134). Es muss daher angenommen werden, dass in allen Untersuchungsstädten kein Zusammenhang zwischen der Wahl des Einkaufsstandortes bei Cafébesuchen und der Altersklasse der Konsumenten besteht.

Ebenso lassen sich hinsichtlich der Frage, ob bereits mindestens einmal eines der Cafés in dem Einkaufszentrum der jeweiligen Untersuchungsstadt aufgesucht wurde, nur sehr geringe Zusammenhänge mit der Altersklasse der Befragten erkennen. In allen Untersuchungsstädten hatte die große Mehrzahl der Befragten mindestens einmal eines der Cafés in dem jeweiligen Einkaufszentrum aufgesucht; allerdings liegt der Anteil derjenigen Befragten, die angaben, noch nie eines der Cafés im Shopping Center besucht zu haben, in Erlangen deutlich über den entsprechenden Anteilswerten in Koblenz und Zwickau.

Die sehr niedrigen Beträge der Assoziationsmaße Kendall τ_c und Spearman Rho (r_s)[138], die sämtlich < ,100 liegen, bestätigen den sehr geringen Zusammenhang zwischen der Angabe, dass zumindest einmal eines der Cafés in dem jeweiligen Einkaufszentrum besucht wurde, und der Altersklasse der Befragten. Während jedoch, wie die Vorzeichen der Werte der Korrelationskoeffizienten unter Berücksichtigung der Antwortcodierung von Frage Q17 erkennen lassen, in Koblenz und Zwickau ein mindestens einmaliger Cafébesuch in dem jeweiligen Shopping Center (geringfügig) negativ mit dem Alter der Befragten korreliert, besteht in Erlangen ein (sehr schwacher) positiver Zusammenhang zwischen einem bereits erfolgten Cafébesuch in den Erlangen Arcaden und dem Alter der befragten Konsumenten. Allerdings sind die Ergebnisse in allen Untersuchungsstädten bei einem Signifikanzniveau von $\alpha = 0,05$ nicht signifikant, sodass die Nullhypothese H_0, wonach in der Grundgesamtheit kein Zusammenhang zwischen den beiden Variablen besteht, für keine der drei Städte verworfen werden kann.

---

137 Zu berücksichtigen sind hier jedoch die geringen Zahlen an absoluten Nennungen speziell in Erlangen und Koblenz, die die Aussagekraft dieser Beobachtung einschränken.

138 Zur Anwendbarkeit des Assoziationsmaßes von Kendall sowie des Rangkorrelationskoeffizienten nach Spearman für dichotome Variablen siehe Kapitel 3.8.2.

Tab. 42: Bereits erfolgter Cafébesuch im Shopping Center

		14-24 J. in %	25-39 J. in %	40-59 J. in %	60-74 J. in %	≥ 75 J. in %	Gesamt in %
mindestens einmaliger Cafébesuch im SC	ER	80,65	67,86	69,52	62,75	62,50	70,00
	KO	77,55	79,17	84,31	82,46	100,00	82,13
	ZW	90,48	77,78	91,38	95,35	88,89	89,36
kein Cafébesuch im SC	ER	19,35	32,14	30,48	37,25	25,00	30,00
	KO	22,45	20,83	15,69	17,54	0,00	17,87
	ZW	9,52	22,22	8,62	*4,65	11,11	10,64
Gesamt je Stadt		100	100	100	100	100	100

Quelle: Eigene Erhebungen

Hinsichtlich der Gründe für den bisherigen Nicht-Besuch eines der Cafés in dem jeweiligen Einkaufszentrum lassen sich keine eindeutigen Zusammenhänge mit dem Alter der Befragten erkennen. In allen Untersuchungsstädten wurde die Vermeidung der Shopping Center-Cafés vor allem mit der nach Ansicht der Befragten unattraktiven Atmosphäre dieser Cafés begründet, insbesondere mit einem (zu) hohen Geräuschpegel (ER, KO: 14,96% bzw. 16,92%; ZW: keine Nennung), der Lage der Cafés inmitten der Verkehrswege (ER: 8,66%; KO: 10,77%; ZW: 17,39%) sowie mit den allgemeinen Angaben „ungemütlich" (ER: 8,66%; KO: 10,77%; ZW: 13,04%) bzw. „unschönes Ambiente" (3,08% bis 8,66%). Auch die große Hektik innerhalb des Einkaufszentrums sowie die Menschenfülle wurden diesbezüglich häufiger angeführt. Zudem stellt die fehlende Möglichkeit, „unter freiem Himmel" zu sitzen, in allen Untersuchungsstädten ein wichtiges Argument gegen den Besuch eines der Cafés in dem Einkaufszentrum dar (11,81% bis 13,85%); speziell in Koblenz wurde außerdem von einigen Befragten die Abschottung von der „Außenwelt" aufgrund der nicht vorhandenen Fenster als Begründung angeführt (9,23%).

Ebenso wie die Nutzung der Shopping Center-Cafés insgesamt steht auch die Zahl der in dem jeweiligen Shopping Center bereits besuchten Cafés in keinem signifikanten Zusammenhang mit der Altersklasse der Konsumenten. Die Mehrzahl der Befragten, die bereits mindestens einmal eines der Cafés in dem Einkaufszentrum aufgesucht hatten, hatte zum Zeitpunkt der Befragung nur eines der vorhandenen Shopping Center-Cafés besucht (55,09% in ER bis 69,19% in ZW), rund 22% bzw. 24% (ZW, KO) bis 34,26% (ER) hatten zwei Cafés aufgesucht; die übrigen Befragten gaben an, bereits drei und mehr der Caféanbieter besucht zu haben.

Es stellt sich die Frage, ob sich die bisherigen Befunde in Bezug auf die Wahl des Einkaufsstandortes bei Cafébesuchen in den Gesamteinstellungswerten der einzelnen Altersklassen gegenüber den in den Shopping Centern vorhandenen Cafés widerspiegeln. Die Messung der Gesamteinstellungen der befragten Konsumenten erfolgte analog zur Vorgehensweise bei den Fragen Q6/Q7 nach dem adequacy-importance-Modell, jedoch beschränkt auf die Cafés in den Einkaufszentren der Untersuchungsstädte (siehe hierzu Kapitel 3.1.6.1.2). Da nicht ausgeschlossen werden kann, dass sich die Beurteilungen der Wichtigkeit der einzelnen Eigenschaften zwischen denjenigen Befragten, die bereits zumindest einmal eines der Cafés in dem betreffenden Shopping Center aufgesucht hatten, und den Probanden, die zum Zeitpunkt der Befragung noch keines der Shopping Center-Cafés besucht hatten, unterscheiden, werden zur Ermittlung der Gesamteinstellungswerte nur die Angaben der erstgenannten Gruppe herangezogen. Aufgrund der dem adequacy-importance-Modell inhärenten Voraussetzung einer identischen Zahl an abhängigen Variablen für die motivationale und die kognitive Komponente, wurde Frage Q16d nicht in die Berechnung der Gesamteinstellung einbezogen, sondern wird im Anschluss gesondert betrachtet.

Tab. 43: Gesamteinstellungen der Probanden in Bezug auf die Cafés in dem jeweiligen Shopping Center

	ER	KO	ZW
14-24 J.	323,12	222,53	246,48
25-39 J.	220,49	187,21	214,61
40-59 J.	229,45	198,88	255,83
60-74 J.	243,48	247,76	260,97
≥ 75 J.	214,14	260,47	279,29
Gesamt	250,17	213,55	248,91

Quelle: Eigene Erhebungen und Berechnungen

Vergleicht man die Gesamteinstellungswerte der einzelnen Altersklassen, so zeigt sich in allen Untersuchungsstädten ein deutlicher Rückgang der Werte zwischen der jüngsten und der nächstälteren Altersklasse. Mit weiter zunehmendem Alter lässt sich in allen Städten dann ein Anstieg der Werte feststellen, wobei dieser Anstieg in Koblenz und Zwickau konstanter und deutlich stärker verläuft als in Erlangen. Sowohl für Koblenz als auch für Zwickau lassen sich bei den älteren (60-74 Jahre) und insbesondere bei den alten Konsumenten (≥ 75 Jahre) klar überdurchschnittliche Einstellungswerte in Bezug auf die Cafés im jeweiligen Einkaufszentrum feststellen. In Erlangen dagegen weist die Gruppe der ≥ 75-jährigen Befragten den niedrigsten Gesamteinstellungswert aller Altersklassen auf. Offensichtlich entspricht das Angebot an Cafés im Löhr-Center sowie in den Zwickau Arcaden somit in besonderer Weise den Anforderungen der älteren und alten Befragten, wohingegen das Caféangebot in den Erlangen Arcaden vor allem die jungen Befragten anspricht. Dabei zeichnet die Entwicklung der Einstellungswerte im Altersverlauf in ausgeprägter Weise die altersklassenabhängigen Veränderungen bei den Einkaufsstandortorientierungen der Befragten in Bezug auf Cafébesuche nach (siehe Tabelle 41). Nicht zuletzt lässt sich erkennen, dass über alle Altersklassen betrachtet das Caféangebot im Löhr Center deutlich niedrigere Gesamteinstellungswerte erzielt als das Angebot in den Erlangen und den Zwickau Arcaden.

Da eine Betrachtung ausschließlich der über alle Eigenschaften ermittelten Gesamteinstellungswerte die Bedeutung der einzelnen Eigenschaftsdimensionen für die Gesamteinstellung gegenüber den Shopping Center-Cafés unberücksichtigt lässt, wurden die einzelnen Eigenschaften drei Kategorien zugewiesen, die nachfolgend vergleichend betrachtet werden.

Tab. 44: Zuordnung der Eigenschaftsdimensionen der Shopping Center-Cafés zu Kategorien

Kategorie	Variablen
Aufenthaltsqualität	• gemütliches Ambiente • allgemein niedriger Geräuschpegel • Sitzmöglichkeiten abseits des Passantenstroms • Sitzmöglichkeiten im Freien • großzügige Gestaltung / breite Gänge zwischen Tischen • moderne Gestaltung • bequeme Sitzmöglichkeiten • keine Überfüllung des Cafés
Sozialfunktion	• hohe Wahrscheinlichkeit, zufällig Bekannte / Freunde im Café zu treffen • Möglichkeit, vom Café aus Passanten zu beobachten
Preisniveau	• eher niedriges Preisniveau

Eigene Zusammenstellung

Tab. 45: Einstellungswerte zu Cafés in den Einkaufszentren nach Kategorien

	Aufenthaltsqualität			Sozialfunktion			Preisniveau		
	ER	KO	ZW	ER	KO	ZW	ER	KO	ZW
14-24 J.	273,45	163,19	182,00	33,35	40,88	42,36	16,32	18,45	22,12
25-39 J.	169,85	129,94	154,05	36,73	41,40	43,21	13,92	15,87	17,35
40-59 J.	179,41	145,27	192,71	35,93	39,23	44,15	14,11	14,38	18,97
60-74 J.	187,62	182,00	200,93	37,95	48,75	40,86	17,92	17,00	19,17
≥ 75 J.	164,75	186,67	205,96	34,52	54,79	53,18	14,88	19,00	20,15
Gesamt	199,14	155,03	186,17	35,92	42,40	43,30	15,10	16,12	19,44

Quelle: Eigene Erhebungen und Berechnungen

Die Einstellungswerte der Kategorie „Aufenthaltsqualität" folgen im Wesentlichen sowohl hinsichtlich der Entwicklung der Einstellungen zwischen den Altersklassen der Befragten als auch in Bezug auf die Unterschiede zwischen den Untersuchungsstädten der Verteilung der Gesamteinstellungswerte gegenüber den Shopping Center-Cafés. In Bezug auf die Sozialfunktion fällt auf, dass – abweichend von der Gesamteinstellung – die Cafés in den Einkaufszentren den Anforderungen der jüngsten Altersklasse in geringerem Maße entsprechen als denen der Gruppe der 25- bis 39-Jährigen. Eine differenzierte Betrachtung der motivationalen und der kognitiven Komponenten zeigt jedoch, dass die niedrigeren Werte in der jüngsten Altersgruppe vor allem in stark unterdurchschnittlichen Wichtigkeitsbeurteilungen der Eigenschaft „Möglichkeit, vom Café aus Passanten beobachten zu können" wurzeln. Darüber hinaus lassen sich jedoch keine über alle Untersuchungsstädte konsistenten Entwicklungen der Einstellungswerte in Bezug auf die Sozialfunktion in Abhängigkeit von der Altersklasse der Befragten identifizieren. Demgegenüber folgen die Eindruckswerte in Bezug auf ein niedriges Preisniveau in allen Städten einem annähernd U-förmigen Verlauf, wobei bemerkenswert ist, dass sich dieser Verlauf gleichermaßen auch in der motivationalen wie in der kognitiven Komponente zeigt.

Wie bereits gezeigt, stellt das Fehlen von Sitzmöglichkeiten im Freien für einige Konsumenten einen entscheidenden Grund dafür dar, noch nie eines der Cafés in dem jeweiligen Shopping Center aufgesucht zu haben. Stellt man die Wichtigkeitsbeurteilungen in Bezug auf den Aspekt „Sitzmöglichkeiten im Freien" von denjenigen Befragten, die bereits eines der Shopping Center-Cafés besucht hatten, dem Durchschnitt aller Wichtigkeitsbewertungen aus Frage Q16 gegenüber, so lässt sich erkennen, dass das Angebot einer Außengastronomie auch von diesen Befragten als überdurchschnittlich wichtig erachtet wird, und dies (weitgehend) unabhängig von der Altersklasse der Befragten sowie von der jeweiligen Untersuchungsstadt. Mit dem Angebot von Sitzmöglichkeiten im Freien entsprechen viele Cafés in den traditionellen Einkaufsstraßen somit einem der zentralen Bedürfnisse der Cafébesucher, sodass hier ein entscheidender Wettbewerbsvorteil der „Straßencafés" gegenüber den Anbietern in den Einkaufszentren liegt.

Tab. 46: Wichtigkeit Sitzmöglichkeiten im Freien

	Ø Wichtigkeit Sitzmöglichkeiten im Freien			Durchschnitt Wichtigkeitsbewertungen		
	ER	KO	ZW	ER	KO	ZW
14-24 J.	5,81	5,62	5,26	5,05	5,25	5,28
25-39 J.	5,99	6,13	5,81	5,07	5,10	5,11
40-59 J.	6,09	6,16	5,83	5,19	5,21	5,30
60-74 J.	6,10	6,07	5,87	5,23	5,53	5,43
≥ 75 J.	5,75	6,43	5,70	5,42	5,17	5,55
Gesamt	6,00	6,04	5,70	5,14	5,27	5,31

Quelle: Eigene Erhebungen und Berechnungen

3.8.9 Gesamtbewertung der Shopping Center

Nachdem in den Fragen Q1 bis Q18 die Einstellungen der Befragten gegenüber den beiden hier differenzierten innerstädtischen Einkaufsstandorten unter verschiedenen Gesichtspunkten thematisiert wurden sowie die konkrete Nutzung des jeweiligen Shopping Centers einerseits und der traditionellen Einkaufsstraßen andererseits ermittelt wurde, zielen die Fragen Q19 bis Q21 zum Abschluss des thematischen Teils des Fragebogens auf eine summarische Beurteilung des jeweiligen Shopping Centers ab. Die offene Struktur der Fragen Q19 und Q20 ist dabei geeignet, die im persönlichen Referenzsystem der Befragten maßgeblichen push- und pull-Faktoren in Bezug auf das jeweilige Einkaufszentrum zu ermitteln. Die beiden Fragen stellen somit eine wertvolle Ergänzung zu den in Frage Q6 erhobenen Wichtigkeitsbeurteilungen dar: Zum einen erlauben sie, auch denjenigen Faktoren nachzuspüren, die im Rahmen der geschlossenen Fragen nicht erfasst wurden, zum anderen können speziell anhand von Frage Q19 weitergehende Abstufungen hinsichtlich der relativen Wichtigkeit der Faktoren abgeleitet werden; dies gilt insbesondere, als in Frage Q6 häufig eine große Zahl an Faktoren als wichtig bzw. sehr wichtig eingestuft wurden. Nicht zuletzt kommt Frage Q19 auch die Funktion einer Kontrollvariablen in Bezug auf die vorausgehenden Angaben der Befragten, speziell in Bezug auf die Ergebnisse aus den Fragen Q6 und Q17, zu.

Schließlich erlaubt bereits die Zahl der von den Befragten genannten positiven und negativen Aspekte des jeweiligen Einkaufszentrums bzw. deren Relation zueinander in gewissem Umfang Rückschlüsse darauf, ob die Beurteilung des jeweiligen Shopping Centers insgesamt positiv oder negativ geprägt ist. Allerdings birgt eine entsprechende Analyse ein hohes Risiko für Fehlinterpretationen, da sie zum einen die Gewichtung der einzelnen Faktoren durch die Probanden unberücksichtigt lässt und zum anderen in der Frageformulierung grundsätzlich die Zahl der anzugebenden positiven (Q19) bzw. negativen (Q20) Aspekte vorgegeben war (drei Eigenschaften, siehe Anhang A1-2). Sofern Probanden jedoch angaben, keinen einzigen positiven oder negativen Aspekt des Einkaufszentrums benennen zu können, deutet dies gleichwohl auf eine überwiegend wohlwollende respektive ablehnende Bewertung des Shopping Centers hin[139].

Die Antworten der befragten Konsumenten auf die Fragen Q19 und Q20 wurden im Rahmen der Auswertung zunächst codiert und somit einer quantitativen Auswertung zugänglich gemacht. Im Hinblick auf die Validität der quantitativen Analyse kommt dabei der Bildung adäquater Kategorien eine entscheidende Bedeutung zu. So müssen die Kategorien einerseits hinreichend differenziert gewählt werden, um den Grad der Abstraktion und damit der „Verfälschung“ der Befragtenaussagen möglichst gering zu halten und gleichzeitig eine möglichst große interne Homogenität der in einer Klasse zusammengefassten Aussagen zu gewährleisten. Andererseits gilt es, die Vielzahl von Einzelaussagen dergestalt zusammenzufassen, dass belastbare und aussagekräftige Ergebnisse erzielt werden können. Speziell bei einer quantifizierenden Analyse ist schließlich zu berücksichtigen, dass das relationale Abstraktionsniveau, d.h. die „Größe“ der einzelnen Kategorien in Bezug auf den Grad der Differenziertheit der anderen Kategorien, das Ergebnis der Analyse in hohem Maße determiniert. So kann die Subsumtion von zwei inhaltlich nahestehenden Aussagen unter eine gemeinsame Oberkategorie eine von einem hohen Anteil an Befragten genannte Kategorie hervorbringen, wohingegen bei einer Differenzierung dieser beiden Aussagen in zwei getrennte Kategorien die relative Bedeutung der einzelnen Kategorien eher gering ist und folglich die Gefahr besteht, dass die entsprechenden Aspekte als weniger bedeutsam eingeschätzt werden. Entsprechend ist bei Bildung der Antwortkategorien eine möglichst einheitliche inhaltliche

---

139 Dies gilt insbesondere, als in allen Untersuchungsstädten jeweils nur zwischen einem (ER) und vier (ZW) Probanden weder einen besonders positiven noch einen besonders negativen Aspekt des jeweiligen Shopping Centers anführen konnten bzw. wollten. Die Nicht-Nennung einer besonders positiven (bzw. negativen) Eigenschaft gewinnt aus der gleichzeitigen Angabe eines besonders negativen (bzw. positiven) Aspektes besondere Relevanz.

Spannweite der einzelnen Klassen anzustreben. Leider wird dem methodischen Aspekt der Kategorienbildung in der einschlägigen Literatur kaum Beachtung zuteil (siehe z.B. Bortz / Schuster 2010); das Fehlen einer vertieften Auseinandersetzung mit dieser Thematik erstaunt insbesondere in Anbetracht des erheblichen Einflusses der im Rahmen einer nachträglichen Codierung gebildeten Kategorien auf das Analyseergebnis.

Die unter Berücksichtigung der voranstehend ausgeführten Anforderungen codierten Antworten wurden anschließend nach Altersklassen und Untersuchungsstädten differenziert ausgewertet. Da aufgrund der Erfahrungen während der Passantenbefragung angenommen werden kann, dass bei der großen Mehrzahl der Passanten die Reihenfolge der genannten Antworten nicht mit Abstufungen in der persönlichen Wichtigkeit der einzelnen Aspekte korreliert, konnten die Antworten der Befragten im Sinne einer Mehrfachantwort analysiert werden. Einige Probanden gaben an, sich hinsichtlich der besonders positiven und / oder negativen Aspekte nicht auf drei Merkmale beschränken zu können, da vier oder fünf Aspekte für sie von identischer Relevanz seien. Eine künstliche Beschränkung der Angaben dieser Befragten auf drei Aspekte wäre unweigerlich mit einer willkürlichen Auswahl einhergegangen und hätte somit eine Verfälschung der Befragtenaussagen zur Folge gehabt. Daher wurden in diesen Fällen alle genannten Aspekte in die Analyse aufgenommen.

Tabelle 47 gibt für jede der differenzierten Gruppen die fünf am häufigsten genannten Antworten auf die Frage nach besonders positiven Aspekten des jeweiligen Einkaufszentrums (Q19) sowie den jeweiligen Anteil an Befragten, von denen der entsprechende Aspekt angeführt wurde[140], wieder[141]. Um untersuchungsstädteübergreifende Tendenzen visuell zu verdeutlichen, wurden diejenigen Aspekte, die innerhalb einer Altersklasse in zwei oder drei Städten unter den fünfthäufigsten Merkmalen genannt wurden, farblich gekennzeichnet, wobei den in Kapitel 3.8.5.2 differenzierten Kategorien jeweils eine eigene Farbklasse zugewiesen wurde (z.B. blaue Farbklasse = der Kategorie „Erreichbarkeit" zuzuordnende Aspekte).

Die Aufstellung der Tabelle 47 lässt in der Tendenz eine mit zunehmendem Alter der Befragten nachlassende Wertschätzung angebotsbezogener Aspekte und speziell des Kriteriums einer großen Auswahl an Geschäften und / oder Produkten erkennen: Während eine große Auswahl an Geschäften und / oder Produkten in der Gruppe der 14- bis 24-Jährigen in allen Untersuchungsstädten – trotz großer Unter-

---

140 Da auch die Angabe, keine besonders positive bzw. keine besonders negative Eigenschaft des jeweiligen Einkaufszentrums benennen zu können, eine qualitativ bedeutsame Antwort darstellt, beziehen sich die Prozentangaben jeweils auf die (nach Untersuchungsstädten differenzierte) Gesamtheit der Befragten der entsprechenden Altersklasse, die das Einkaufszentrum der jeweiligen Untersuchungsstadt bereits mindestens einmal besucht hatten (siehe Anhang Q3).

141 Teilweise ergibt sich aus der Tatsache, dass zwei oder mehr Kategorien von einem identischen Anteil an Befragten genannt wurden und somit eine Abgrenzung der fünf am häufigsten genannten Kategorien nicht möglich ist, eine höhere Zahl an angegebenen Kategorien. Umgekehrt besteht speziell in der höchsten Altersklasse das Problem, dass in allen Untersuchungsstädten jeweils eine große Bandbreite an Faktoren angeführt wurde, dabei jedoch auf die Mehrzahl der Merkmale nur eine Nennung entfiel. Diese nur einmal belegten Aspekte wurden unabhängig von ihrer relativen Häufigkeit nicht in die Aufstellung von Tabelle 47 aufgenommen, um die Gefahr einer Überbewertung von Partikularmeinungen zu reduzieren.

Tab. 47: Positive Eigenschaften des jeweiligen Shopping Centers

Erlangen		Koblenz		Zwickau	
14-24 Jahre					
große Auswahl	(33,33%)	große Auswahl	(56,36%)	große Auswahl	(42,55%)
kurze Wege	(15,94%)	kurze Wege	(20,00%)	viele Geschäfte auf engem Raum	(19,15%)
viele Geschäfte auf engem Raum	(14,49%)	gutes / direktes Parken	(18,18%)	Übersichtlichkeit	(14,89%)
zentrale Lage	(13,04%)	zentrale Lage	(12,73%)	breites / gutes Imbissangebot	(14,89%)
Sauberkeit	(13,04%)	Sauberkeit	(12,73%)	zentrale Lage	(12,77%)
ansprechende, helle / freundl. Gestaltung	(13,04%)				
Elektronikmarkt	(13,04%)				
25-39 Jahre					
Wetterunabhängigkeit	(26,37%)	gutes / direktes Parken	(30,19%)	viele Geschäfte auf engem Raum	(26,83%)
große Auswahl	(19,78%)	Wetterunabhängigkeit	(20,75%)	gutes / direktes Parken	(26,83%)
kurze Wege	(19,78%)	große Auswahl	(18,87%)	große Auswahl	(21,95%)
gutes / direktes Parken	(16,48%)	viele Geschäfte auf engem Raum	(16,98%)	Angebotsvielfalt	(21,95%)
zentrale Lage	(13,19%)	Möglichkeit zur Aktivitätskopplung	(15,09%)	zentrale Lage	(14,63%)
viele Geschäfte auf engem Raum	(13,19%)				
40-59 Jahre					
Wetterunabhängigkeit	(33,88%)	Wetterunabhängigkeit	(40,00%)	viele Geschäfte auf engem Raum	(28,40%)
gutes / direktes Parken	(27,27%)	gutes / direktes Parken	(35,65%)	Wetterunabhängigkeit	(18,52%)
viele Geschäfte auf engem Raum	(14,88%)	viele Geschäfte auf engem Raum	(20,00%)	Sauberkeit	(16,05%)
große Auswahl	(14,88%)	große Auswahl	(17,39%)	schöne Dekoration	(16,05%)
ansprechende, helle / freundl. Gestaltung	(12,40%)	Sauberkeit	(12,17%)	große Auswahl	(14,81%)
60-74 Jahre					
Wetterunabhängigkeit	(27,94%)	Angebotsvielfalt	(41,56%)	Angebotsvielfalt	(23,73%)
Sauberkeit	(17,65%)	Sauberkeit	(33,77%)	Sauberkeit	(23,73%)
gutes / direktes Parken	(14,71%)	Wetterunabhängigkeit	(18,18%)	Wetterunabhängigkeit	(18,64%)
Angebotsvielfalt	(14,71%)	viele Geschäfte auf engem Raum	(16,88%)	viele Geschäfte auf engem Raum	(18,64%)
viele Geschäfte auf engem Raum	(14,71%)	schöne Dekoration	(14,29%)	schöne Dekoration	(13,56%)
≥ 75 Jahre					
gut zum Bummeln	(21,43%)	gutes / direktes Parken	(44,44%)	freundliches Personal	(28,57%)
		Angebotsvielfalt	(*22,22%)	Wetterunabhängigkeit	(21,43%)
		schöne Dekoration	(*22,22%)	schöne Dekoration	(21,43%)
				ansprechende, helle / freundl. Gestaltung	(21,43%)
				gut zum Bummeln	(*14,28%)

Farbgebung der Kategorien:

☐ Kategorie Versorgung
☐ Kategorie Erreichbarkeit
☐ Kategorie Conveniance
☐ Kategorie Aufenthaltsqualität / Erlebnis

Quelle: Eigene Erhebungen; Eigene Darstellung

300

schiede in der relativen Häufigkeit, mit der dieser Aspekt in den einzelnen Städten angeführt wurde – bei Weitem am häufigsten als positive Eigenschaft des jeweiligen Shopping Centers genannt wurde und auch in der nächsthöheren Altersklasse (25-39 Jahre) für einen großen Teil der Befragten (18,87% bis 21,95%) zu den besonders positiven Merkmalen des Einkaufszentrums zählt, findet sich dieser Aspekt bei den älteren und alten Befragten ≥ 60 Jahren nur in Erlangen unter den fünf am häufigsten genannten positiven Aspekten des Shopping Centers. Allerdings betonte in Zwickau und Koblenz ein erheblicher Teil der älteren, in Koblenz auch der alten Befragten die Vielfältigkeit des Angebots im Shopping Center als besonderen Vorteil dieses Einkaufsstandortes[142]. Bei aller gebotenen Vorsicht legt dies die Interpretation nahe, dass viele ältere und alte Befragte grundsätzlich die Breite des Angebots im jeweiligen Einkaufszentrum schätzen, jedoch nicht den Eindruck haben, dass ihnen persönlich ein großes Angebot zur Verfügung steht. Auch die zentrale Lage der Einkaufszentren in der jeweiligen Innenstadt stellt nur in den beiden jüngsten Altersklassen für einen großen Teil der Befragten einen ausgeprägten Pull-Faktor dieses Einkaufsstandortes dar; in den mittleren und höheren Altersklassen hingegen wurden vor allem die guten und direkten Parkmöglichkeiten des Shopping Centers lobend hervorgehoben, wobei auffällig ist, dass dieser Aspekt in Zwickau deutlich seltener als eine der besonders positiven Eigenschaften des Einkaufszentrums erwähnt wird, als dies in den beiden anderen Untersuchungsstädten der Fall ist. Insgesamt jedoch findet sich zumindest in Erlangen und Koblenz in fast allen Altersklassen mindestens ein Aspekt der äußeren Erreichbarkeit unter den fünf am häufigsten als besonders positives Merkmal des Einkaufszentrums angeführten Aspekten (eine Ausnahme bilden hier nur die ≥ 75-Jährigen in Erlangen). Auch die hohe räumliche Nähe der in dem jeweiligen Shopping Center lokalisierten Anbieter bzw. die kurzen Wege zwischen den einzelnen Ladenlokalen werden in fast allen Altersklassen und dabei meist in allen Untersuchungsstädten sehr häufig als ausgesprochen positive Eigenschaft des Einkaufszentrums gewürdigt; lediglich in der höchsten Altersklasse findet sich dieser Aspekt in keiner der Untersuchungsstädte unter den fünf am häufigsten genannten Pull-Faktoren. Im Unterschied zu den voranstehend genannten Aspekten verweisen die Analyseergebnisse bei denjenigen Faktoren, die der Dimension Aufenthaltsqualität / Erlebnis zuzuordnenden sind, auf eine mit steigendem Alter der Befragten wachsende Wertschätzung seitens der Probanden. So wurden von vielen Befragten der höheren und hohen Altersklassen (≥ 60 Jahre) sowie in etwas geringerem Umfang von Angehörigen der Gruppe der 40- bis 59-Jährigen die Sauberkeit und die schön gestaltete Dekoration des jeweiligen Einkaufszentrums lobend hervorgehoben, wobei das Argument der ansprechenden dekorativen Gestaltung vor allem in Bezug auf die Zwickau Arcaden angeführt wurde; in Erlangen und Zwickau spielte zudem für einige ≥ 75-jährige Probanden die Eignung der Er-

---

142 Freilich besteht zwischen den Aspekten „große Auswahl" und „Angebotsvielfalt" eine vergleichsweise große inhaltliche Nähe; während jedoch das Merkmal „Angebotsvielfalt" schwerpunktmäßig auf die Verschiedenartigkeit respektive die Breite des Angebots abstellt, betont der Aspekt „große Auswahl" vor allem die große Zahl an Geschäften und mithin an angebotenen Produkten (entsprechend wurde unter diesen Punkt auch die Antwort „viele Geschäfte" subsumiert). Allerdings verdeutlicht der schmale Grat dieser Differenzierung das Problem der unvermeidlichen Unschärfe einer nachträglichen Kategorienbildung.

langen Arcaden bzw. der Zwickau Arcaden zum Bummeln eine wichtige Rolle. Auffällig ist schließlich, dass die allgemeine Gestaltqualität des Einkaufszentrums vor allem von den Befragten in Erlangen positiv herausgestellt wurde. Offensichtlich entspricht die architektonische Gestaltung des Innenraums der Erlangen Arcaden und insbesondere der hohe Tageslichteinfall in besonderem Maße den Ansprüchen der Konsumenten – und dies weitgehend unabhängig vom jeweiligen Alter der befragten Personen. Bemerkenswert ist schließlich, dass der Conveniance-Faktor „Wetterunabhängigkeit" in allen Untersuchungsstädten vor allem von Befragten der mittleren und höheren Altersklassen als besonders günstige Eigenschaft der Shopping Center herausgestellt wurde und in diesen Altersklassen überwiegend sogar den am häufigsten oder zweithäufigsten genannten Aspekt darstellt; sowohl in der jüngsten als auch in der ältesten Altersklasse hingegen zeigt diese Eigenschaft der Shopping Center über alle Untersuchungsstädte hinweg betrachtet eine deutlich geringere Relevanz für die befragten Konsumenten.

Betrachtet man die Antworten der Befragten auf die Fragen Q19 und Q20 im Spiegel der übrigen Analyseergebnisse und insbesondere der Erkenntnisse aus den Fragen Q6 / Q7, so finden dort zahlreiche der festgestellten Befunde zur Wahrnehmung des jeweiligen Shopping Centers durch Konsumenten verschiedener Altersklassen Bestätigung. Dies betrifft beispielsweise den Aspekt direkter Parkmöglichkeiten: Die in allen Untersuchungsstädten deutlich höhere Bewertung des jeweiligen Shopping Centers im Vergleich zu den traditionellen innerstädtischen Einkaufsstraßen hinsichtlich des Kriteriums „Parkmöglichkeiten in der Nähe" (Q7ai / Q7bi) korrespondiert mit der vor allem in den mittleren und höheren Altersklassen sehr häufigen Nennung dieses Aspekts als eine der wesentlichen positiven Eigenschaften des Shopping Centers im Rahmen der offenen Frage Q19. Gleichzeitig jedoch ist festzustellen, dass es sich bei einzelnen in Frage Q19 besonders häufig genannten Kriterien um Aspekte handelt, bei denen die Einstellungswerte zwischen innerstädtischen Einkaufsstraßen und Shopping Center (Fragen Q6 / Q7) keine besonders hohen Differenzen zugunsten des Shopping Centers aufweisen. So erhielten zwar alle untersuchten Shopping Center in Bezug auf den Aspekt „große Auswahl", der – wie Tabelle 47 zeigt – bei Frage Q19 vor allem in den jüngeren und in etwas geringerem Umfang auch in den mittleren Altersklassen sehr häufig als einer der besonders positiven Aspekte des Einkaufszentrums angeführt wurde, auch im Rahmen der Fragen Q7aa / Q7ba sowie Q7ab / Q7bb in allen Untersuchungsstädten in nahezu allen Altersklassen eine bessere Bewertung als die traditionellen Einkaufsstraßen; die Differenzen zwischen den Beurteilungen der Shopping Center und der traditionellen Einkaufsstraßen sind jedoch im Vergleich zu den bei anderen Kriterien gemessenen Beträgen eher gering. Umgekehrt findet sich beispielsweise das Argument „Verfügbarkeit gepflegter öffentlicher Toiletten", bei dem die Differenz zwischen Innenstadt und Shopping Center innerhalb der Itembatterie von Frage Q7 in allen Untersuchungsstädten sowie in allen Altersklassen die höchsten Werte zugunsten des Shopping Centers aufweist, in keiner Altersklasse unter den fünf am häufigsten genannten positiven Eigenschaften des jeweiligen Shopping Centers. Die Wertschätzung des innerstädtischen Einkaufszentrums bemisst sich demnach offensichtlich nur zu einem Teil aus der Relation der einzelnen Eigenschaften dieses Einkaufsstandortes zur Ausprägung dieser Eigenschaften in den traditionellen Einkaufsstraßen.

Analog zur Vorgehensweise in Tabelle 47 gibt nachstehende Tabelle 48 die von den Befragten der einzelnen Altersklassen am häufigsten genannten negativen Aspekte der innerstädtischen Shopping Center in den drei Untersuchungsstädten wieder (Q20). Auch hier wurden diejenigen Aspekte, die innerhalb einer Altersklasse in zwei oder drei Städten unter den fünfthäufigsten Merkmalen genannt wurden, farblich gekennzeichnet, wobei die Farbgebung die Zuweisung der einzelnen Aspekte zu den in Kapitel 3.8.5.2 differenzierten Kategorien berücksichtigt.

Wie die Aufstellung in Tabelle 48 deutlich erkennen lässt, manifestiert sich untersuchungsstädteübergreifend die Kritik vor allem der Befragten der jüngeren und mittleren Altersklassen – in etwas abgeschwächter Form aber auch die der 60- bis 74-jährigen Probanden – schwerpunktmäßig in Aspekten, die der Kategorie Aufenthaltsqualität / Erlebnis zuzuordnen sind. Insbesondere die große Menschenmenge bzw. Überfüllung in den Einkaufszentren[143], der hohe Geräuschpegel sowie die Luftqualität bieten nach Ansicht eines nicht unerheblichen Teils der Befragten Anlass zur Kritik. In weit größerem Maß als bei der Frage nach den besonders positiven Aspekten des innerstädtischen Einkaufszentrums ist die Kritik der Befragten am Shopping Center der jeweiligen Innenstadt dabei auf bestimmte Aspekte konzentriert; diese Aspekte jedoch zeigen eine weitgehend standortunabhängige Relevanz. Bei den 60- bis 74-jährigen Befragten allerdings stehen zumindest in Erlangen und Zwickau angebotsbezogene Faktoren im Zentrum der Kritik: In beiden Städten wurden von den Probanden dieser Altersklasse am häufigsten die starke Ausrichtung des Warenangebotes auf junge Menschen sowie das unzureichende Angebot für Menschen im höheren Lebensalter bemängelt. In Bezug auf die Gruppe der ≥ 75-Jährigen schließlich fällt auf, dass in den Stichproben aus Koblenz und Zwickau keiner der angeführten Aspekte von mehr als einem Befragten genannt wurde. Neben einer breiten Streuung der Antworten liegt dies vor allem in einer insgesamt relativ geringen Zahl an Kritikpunkten begründet, die von den Probanden dieser Altersklasse vorgebracht wurden; letztgenannter Aspekt wird auch durch den hohen Anteil an Befragten befördert, die angaben, keine besonders negative Eigenschaft des jeweiligen Einkaufszentrums anführen zu können (siehe unten). Ursächlich für das niedrige Ausmaß an vorgebrachter Kritik könnte zum einen eine insgesamt geringe Unzufriedenheit mit dem Einkaufszentrum in der jeweiligen Innenstadt sein. Zum anderen könnten hier aber auch die bereits im Rahmen der Analyse der Gesamteinstellungen gegenüber den beiden innerstädtischen Einkaufsstandorten formulierte Vermutung, ältere und alte Menschen wiesen mehrheitlich eine gegenüber jüngeren Altersgruppen weniger kritische Grundeinstellung auf (siehe Kapitel 3.8.5.1), bzw. eine grundsätzlich geringere Neigung von Menschen höheren und hohen Alters zur Artikulierung von Kritik zum Tragen kommen. Auch MEYER-HENTSCHEL (1990: 241) mutmaßt in Anlehnung an McGHEE (1983) in ihrer Studie zum allgemeinen Konsumverhalten älterer und alter Menschen, dass diese „möglicherweise ungern über ihre Konsumprobleme [sprechen]" (vgl. ebd.: 241).

---

143 Die Aspekte „Menschenfülle" und „Überfüllung" weisen zweifellos eine sehr hohe inhaltliche Nähe auf. Da jedoch ein nicht unerheblicher Teil der Probanden während der Passantenbefragung ausdrücklich auf einer Differenzierung dieser beiden Aspekte insistierte, werden diese Kritikpunkte auch im Rahmen dieser Analyse als zwei eigenständige Aspekte berücksichtigt.

Tab. 48: Negative Eigenschaften des jeweiligen Shopping Centers

14-24 Jahre

Erlangen		Koblenz		Zwickau	
Menschenfülle	(23,19%)	Menschenfülle	(20,00%)	geringe Auswahl	(8,51%)
Überfüllung	(20,29%)	Überfüllung	(20,00%)	zu hochpreisig	(8,51%)
hoher Geräuschpegel	(17,39%)	Unübersichtlichkeit	(9,09%)	Überfüllung	(8,51%)
schlechte Luftqualität	(13,04%)	schlechte Luftqualität	(7,27%)	wenige Sitzmöglichkeiten	(8,51%)
enge Verkehrswege	(11,59%)	unsaubere Toiletten	(7,27%)	Fehlen bestimmter Geschäfte	(6,38%)
		hohe Parkgebühren	(7,27%)	Menschenfülle	(6,38%)
				hohe Parkgebühren	(6,38%)

25-39 Jahre

Erlangen		Koblenz		Zwickau	
Überfüllung	(21,98%)	schlechte Luftqualität	(16,98%)	Menschenfülle	(9,76%)
Menschenfülle	(18,68%)	Überfüllung	(11,32%)	hoher Geräuschpegel	(7,32%)
hoher Geräuschpegel	(14,29%)	Unübersichtlichkeit	(9,43%)	schlechte Luftqualität	(7,32%)
schlechte Luftqualität	(7,69%)	hoher Geräuschpegel	(9,43%)	enge Verkehrswege	(4,88%)
wenige Sitzmöglichkeiten	(7,69%)	Menschenfülle	(7,55%)	Unübersichtlichkeit	(4,88%)
abgeschlossenes Gebäude	(7,69%)	unsaubere Toiletten	(7,55%)	wenig ansprechende Gestaltung	(4,88%)
		wenige Sitzmöglichkeiten	(7,55%)	zu warm	(4,88%)
		kein Tageslicht	(7,55%)	wenige Toiletten	(4,88%)
				hohe Parkgebühren	(4,88%)
				viele Leerstände	(4,88%)
				viele branchengleiche Geschäfte	(4,88%)
				Fehlen von Lebensmittel-Supermarkt	(4,88%)

Fortsetzung Tab. 48

40-59 Jahre

hoher Geräuschpegel (19,83%)	schlechte Luftqualität (20,87%)	Menschenfülle (4,94%)
schlechte Luftqualität (13,22%)	hoher Geräuschpegel (19,13%)	hoher Geräuschpegel (4,94%)
Menschenfülle (12,40%)	kein Tageslicht (8,70%)	starke Ausrichtung auf junge Menschen (3,70%)
Überfüllung (9,92%)	abgeschlossenes Gebäude (6,09%)	schlechte Luftqualität (3,70%)
enge Verkehrswege (9,09%)	Menschenfülle (6,09%)	wenige Sitzmöglichkeiten (3,70%)

60-74 Jahre

starke Ausrichtung auf junge Menschen (20,59%)	hohe Fluktuationsrate (10,39%)	starke Ausrichtung auf junge Menschen (10,17%)
fehlende Angebote für höheres Alter (16,18%)	schlechte Luftqualität (9,09%)	fehlende Angebote für höheres Alter (10,17%)
Geruchsbelästigung durch Imbissanbieter (13,24%)	Menschenfülle (5,19%)	Fehlen bestimmter Geschäfte (6,78%)
schlechte Luftqualität (10,29%)	Unübersichtlichkeit (5,19%)	Fehlen von Lebensmittel-Supermarkt (5,08%)
Menschenfülle (7,35%)	hoher Geräuschpegel (5,19%)	Geschäftsschließungen in der Innenstadt (5,08%)
	zu warm (5,19%)	
	Hektik (5,19%)	

≥ 75 Jahre

schlechte Luftqualität (28,57%)	--	
hoher Geräuschpegel (21,43%)	--	
Menschenfülle (14,29%)	--	
Toiletten nur im Obergeschoss (14,29%)		
Geschäftsschließungen in der Innenstadt (14,29%)		

Farbgebung der Kategorien

	Kategorie Versorgung
	Kategorie Erreichbarkeit
	Kategorie Conveniance
	Kategorie Aufenthaltsqualität / Erlebnis

Quelle: Eigene Erhebungen und Berechnungen; Eigene Darstellung

Nicht zuletzt zeigen die in den Tabellen 47 und 48 ausgewiesenen Befragtenanteile auch, dass speziell in Koblenz und Zwickau die am häufigsten genannten negativen Eigenschaften des jeweiligen Shopping Centers die Aussagen eines deutlich geringeren Anteils an Befragten repräsentieren, als dies bei den meistgenannten positiven Aspekten der Fall ist. Wie bereits zu Beginn dieses (Unter-)Kapitels dargelegt, ist der Versuch, aus einem Vergleich der Anzahl der von den Befragten angeführten positiven und negativen Eigenschaften des jeweiligen Shopping Centers Erkenntnisse über die grundlegende Einstellung der Konsumenten zu den innerstädtischen Einkaufszentren abzuleiten, mit einem hohen Risiko für Fehlinterpretationen behaftet. Demgegenüber erlaubt die Angabe, keinen besonders positiven (Q19) respektive besonders negativen Aspekt (Q20) des jeweiligen Einkaufszentrums benennen zu können, Rückschlüsse auf die grundsätzliche Einstellung der Befragten gegenüber dem betreffenden Shopping Center. Daher wurden die Antworten auf die Fragen Q19 und Q20 in zwei dichotome Variablen mit den Merkmalsausprägungen „keine Angabe einer positiven / negativen Eigenschaft" (= 0) und „Nennung mindestens einer positiven / negativen Eigenschaft" (= 1) überführt. Durch ihre Dichotomisierung standen die resultierenden Variablen auch Analyseverfahren offen, die mindestens Ordinalskalenqualität der Variablen voraussetzen (vgl. Bühl 2012: 302; siehe auch Kapitel 3.8.2). Somit konnten neben der Prüfung auf Vorliegen eines Zusammenhangs zwischen der Angabe, keine besonders positive bzw. negative Eigenschaft des jeweiligen Shopping Centers benennen zu können, und der Altersklasse der Befragten auch Art und Stärke einer möglichen Korrelation bestimmt und quantifiziert werden.

Tabelle 49 zeigt den jeweiligen Anteil an Befragten einer Altersklasse, die angaben, keine besonders positive bzw. keine besonders negative Eigenschaft des Shopping Centers in „ihrer" jeweiligen Innenstadt benennen zu können; die Prozentangaben beziehen sich auf die Gesamtzahl der Befragten einer Altersklasse, die auf die Fragen Q19 bzw. Q20 eine gültige Antwort gaben, wobei die Antwort „keine Angabe" als gültige Antwort im Sinne dieser Frage interpretiert wurde.

Tab. 49: Nicht-Nennung besonders positiver / negativer Eigenschaften des Shopping Centers

		14-24 J. in %	25-39 J. in %	40-59 J. in %	60-74 J. in %	≥ 75 J. in %	Gesamt in %
keine positive Eigenschaft	ER	2,90	3,30	9,92	16,18	50,00	9,64
	KO	1,82	5,66	2,61	3,90	0,00	3,24
	ZW	2,13	2,44	2,47	1,69	7,14	2,48
keine negative Eigenschaft	ER	10,14	7,69	14,88	16,18	0,00	11,85
	KO	16,36	22,64	17,39	31,17	55,56	22,65
	ZW	27,66	26,83	46,91	45,76	78,57	41,32

Quelle: Eigene Erhebungen

Bereits die Kontingenztabelle (Tabelle 49) lässt erneut deutliche Unterschiede zwischen den drei Untersuchungsstädten sichtbar werden: Während in Erlangen der Anteil an Befragten, die den Erlangen Arcaden keine besonders positive Eigenschaft zuschreiben konnten oder wollten, von der jüngsten zur ältesten Altersklasse kontinuierlich zunimmt, lassen sich in Koblenz und Zwickau keine entsprechenden Effekte erkennen. Diese rein deskriptive Beobachtung findet auch in den Werten der Korrelationskoeffizienten Kendall τ_c sowie Spearman Rho (r_s) Bestätigung: Während die Koeffizienten für Erlangen mit $\tau_{c\,ER}$ = -,162 und $r_{s\,ER}$ = -,245 auf einen (unter Berücksichtigung der Antwortcodierung) schwach positiven Zusammenhang zwischen der Nicht-Nennung einer positiven Eigenschaft der Erlangen Arcaden und der Altersklasse der Befragten hinweisen, der zudem höchst signifikant ist ($p_{\tau,\,r}$ < ,001), sodass auch für die Grundgesamtheit in Erlangen ein Zusammenhang zwischen diesen beiden Variablen angenommen werden kann, belegen die marginalen Werte der Koeffizienten für die Stichprobe aus Koblenz, dass dort praktisch kein Zusammenhang zwischen den beiden Variablen besteht ($\tau_{c\,KO}$ = -,001; $r_{s\,KO}$ = -,002). Auch in Zwickau sind die Beträge der Koeffizienten sehr gering ($\tau_{c\,ZW}$ = -,008; $r_{s\,ZW}$ = -,022); die Nicht-Nennung einer positiven Eigenschaft der Zwickau Arcaden korreliert somit nur extrem schwach positiv mit der Altersklasse der Befragten. Die hohen Irrtumswahrscheinlichkeiten von p_τ = ,975 bzw. p_r = ,976 (KO) und p_τ = ,751 bzw. p_r = ,735 (ZW) verweisen zudem darauf, dass die Nullhypothese H_0, wonach in der Grundgesamtheit kein Zusammenhang zwischen den beiden Variablen besteht, in Bezug auf Koblenz und Zwickau nicht zurückgewiesen werden kann. Weiterhin lassen die Befragungsergebnisse erkennen, dass der Anteil an Befragten, nach deren Ansicht das Shopping Center ihrer jeweiligen Innenstadt keine besonders positive Eigenschaft aufweist, in Erlangen speziell bei den ≥ 40-Jährigen deutlich höher ist als in den anderen beiden Untersuchungsstädten. Gleichzeitig liegt der Anteil an Befragten, die angaben, keine besonders negative Eigenschaft des jeweiligen Einkaufszentrums anführen zu können, in der Erlanger Stichprobe in allen Altersklassen deutlich unterhalb der entsprechenden Werte in der Koblenzer und insbesondere in der Zwickauer Stichprobe. Bemerkenswert ist weiterhin, dass in Koblenz und Zwickau der Anteil an Befragten, die auf die Frage nach drei besonders negativen Eigenschaften des Einkaufszentrums keine Antwort geben konnten oder wollten, von der jüngsten zur ältesten Altersklasse nahezu kontinuierlich und erheblich ansteigt; die Korrelationskoeffizienten Kendall τ_c sowie Spearman Rho (r_s) zeigen für beide Untersuchungsstädte einen unter Berücksichtigung der Antwortcodierung positiv gerichteten Zusammenhang zwischen den beiden Variablen, wenngleich die Korrelation nur von geringer (Zwickau) bzw. sehr geringer (Koblenz) Stärke ist ($\tau_{c\,ZW}$ = -,243; $r_{s\,ZW}$ = -,220; $\tau_{c\,KO}$ = -,127; $r_{s\,KO}$ = -,137). Die Zusammenhänge sind jedoch in beiden Städten auf dem Niveau α = 0,05 signifikant (in Bezug auf Koblenz zeigen die Signifikanztests sogar ein höchst signifikantes Ergebnis mit $p_{\tau,\,r}$ ≤ ,001). Es kann daher angenommen werden, dass in Koblenz und Zwickau auch in der Grundgesamtheit ein Zusammenhang zwischen der Nicht-Nennung einer negativen Eigenschaft des jeweiligen Einkaufszentrums und der Altersklasse der Konsumenten besteht. In der Erlanger Stichprobe hingegen ist die Korrelation zwischen den beiden Variablen deutlich schwächer ausgeprägt ($\tau_{c\,ER}$ = -,041; $r_{s\,Er}$ = -,057), zudem sind die Ergebnisse nicht signifikant (p_τ = ,264; p_r = ,282), sodass für die Erlanger Grundgesamtheit kein Zusammenhang zwischen der Angabe, keine besonders negative Eigenschaft des Shopping Centers anführen zu können, und der Altersklasse der Konsumenten angenommen werden kann.

Zum Abschluss des thematischen Teils des Fragebogens wird in Erlangen und Zwickau schließlich der Frage nachgegangen, ob und wenn ja, inwieweit die Erlangen Arcaden bzw. die Zwickau Arcaden nach Ansicht der Probanden für sie persönlich eine Bereicherung der jeweiligen Innenstadt darstellen. Das Ausmaß, in dem die befragten Konsumenten das Einkaufszentrum als Bereicherung für die jeweilige Innenstadt wahrnehmen, stellt einen weiteren Indikator für die Gesamteinstellung der Befragten gegenüber dem betreffenden Shopping Center dar. Da in Erlangen und Zwickau die zeitliche Distanz zwischen der Eröffnung der Erlangen Arcaden bzw. der Zwickau Arcaden und der Durchführung der Befragung relativ gering war, ist davon auszugehen, dass einem großen Teil der Befragten die Situation der Innenstadt vor Errichtung des jeweiligen Einkaufszentrums als „Referenzwert" noch präsent ist. In Koblenz hingegen bestand das Löhr-Centers zum Zeitpunkt der Befragung bereits seit über 26 Jahren. Daher kann unterstellt werden, dass dieses Center mittlerweile mehrheitlich als integraler Bestandteil der Koblenzer Innenstadt wahrgenommen wird und darüber hinaus ein nicht unerheblicher Teil der heute in Koblenz einkaufenden Konsumenten die Innenstadt nicht ohne das Löhr-Center kennengelernt hat. Infolge der unterschiedlichen Ausgangssituation in Erlangen und Zwickau einerseits und in Koblenz andererseits wurde die Fragestellung von Frage Q21 für die Befragung in Koblenz dahingehend modifiziert, dass anstelle des Löhr-Centers das geplante und in der Koblenzer Öffentlichkeit intensiv diskutierte Einkaufszentrum „Forum Mittelrhein" (siehe Kapitel 3.2.2.2) in den Fokus der Betrachtungen gestellt wurde (siehe Anhang A1-2). Dabei wird unterstellt, dass eine positive Grundeinstellung gegenüber innerstädtischen Shopping Centern in der Tendenz auch mit der Erwartung einer Attraktivitätssteigerung der Koblenzer Innenstadt durch das Forum Mittelrhein einhergeht bzw. sich eine negativ dominierte Einstellung gegenüber innerstädtischen Einkaufszentren in einer eher ablehnenden Haltung gegenüber dem Forum Mittelrhein niederschlägt. Allerdings darf eine derartige Interpretation nur als grobe Tendenz gewertet werden, nicht zuletzt, da nicht ausgeschlossen werden kann, dass trotz der eindeutigen Ausrichtung der Fragestellung auf die individuelle Nachfragerperspektive auch stadtentwicklungstheoretische Erwägungen in die Beantwortung einflossen („Ein Einkaufszentrum ist für eine Stadt wie Koblenz genug"). Freilich entzieht sich Frage Q21 aufgrund ihrer unterschiedlichen Konzeption in Erlangen und Zwickau auf der einen und Koblenz auf der anderen Seite einem direkten Vergleich zwischen den drei Untersuchungsstädten; im Hinblick auf die Validität der Ergebnisse sowie eine möglichst hohe Aussagekraft der Befunde aus den einzelnen Untersuchungsstädten erscheint die gewählte Vorgehensweise jedoch geboten.

Die Antworten der Befragten wurden in allen Untersuchungsstädten mittels einer fünfstufigen Skala mit den Ausprägungen „ja" (=1) – „eher ja" – „teils, teils" – „eher nein" – „nein" (=5) gemessen. Da die Annahme gleicher Abstände zwischen den einzelnen Kategorien dieser Skala nicht vertretbar ist, weisen die erhobenen Daten Ordinalskalenniveau auf (vgl. BROSIUS 2011: 479). Entsprechend dient der Median als Maßzahl für die zentrale Tendenz der Antworten in den einzelnen Altersklassen (vgl. KÄHLER 2011: 44).

Tab. 50: Bereicherung der Innenstadt durch das Shopping Center (Medianwerte)

	ER	ZW
14-24 J.	1,0	1,0
25-39 J.	2,0	1,0
40-59 J.	2,0	1,0
60-74 J.	3,0	1,0
≥ 75 J.	5,0	1,0
Gesamt	2,0	1,0

Quelle: Eigene Erhebungen und Berechnungen

Augenfällig sind auch bei dieser Analyse zunächst die großen Unterschiede zwischen den beiden Untersuchungsstädten Erlangen und Zwickau: Während die Erlangen Arcaden mit steigendem Alter der Befragten zunehmend weniger als Bereicherung der Erlanger Innenstadt im Hinblick auf die individuelle Bedürfnisbefriedigung wahrgenommen werden und in der Altersklasse der ≥ 75-Jährigen sogar mehr als jeder zweite Befragte erklärte, die Erlangen Arcaden stellten für ihn persönlich keine Aufwertung der Erlanger Innenstadt dar, bezeichneten in Zwickau in allen Altersklassen über die Hälfte der Befragten die Zwickau Arcaden als eindeutige Bereicherung der Zwickauer Innenstadt.

Im Hinblick auf die Thematik der vorliegenden Untersuchung interessiert vor allem die Frage, ob das Ausmaß der Wahrnehmung des Shopping Centers als Bereicherung für die jeweilige Innenstadt in signifikantem Zusammenhang mit den Altersklassen der Konsumenten steht (H_0). Aufgrund des Ordinalskalenniveaus von Variable Q21 erfolgte die Prüfung, ob die Stichproben der unterschiedlichen Altersklassen derselben Grundgesamtheit entstammen, mittels des Kruskal-Wallis-H-Tests (vgl. BÜHL 2012: 281f.). Danach erlaubt die hohe Irrtumswahrscheinlichkeit von p = ,465 für Zwickau keine Zurückweisung der Nullhypothese H_0. Für Erlangen zeigt sich hingegen ein höchst signifikantes Ergebnis (p = ,001); es kann somit angenommen werden, dass sich in der Erlanger Grundgesamtheit einzelne Altersklassen hinsichtlich des Ausmaßes, in dem die Erlangen Arcaden als Bereicherung für die Erlanger Innenstadt wahrgenommen werden, signifikant von anderen Altersklassen unterscheiden (vollständige Testergebnisse siehe Anhang A2-6).

Zur Klärung der Frage, zwischen welchen Altersgruppen im einzelnen signifikante Unterschiede bestehen, wurden im Anschluss Paarvergleiche zwischen allen Altersklassen mittels des Mann-Whitney-U-Tests durchgeführt (zur Methodik siehe Kapitel 3.8.7). Tabelle 51 zeigt die mittleren Ränge sowie die zweiseitige asymptotische Signifikanz für die einzelnen Paarvergleiche; die vollständigen Testergebnisse finden sich in Anhang A2-7.

Unter Berücksichtigung der Bonferroni-Holm-Korrektur (siehe Kapitel 3.8.7) ergibt sich, dass sich die beiden jüngsten Altersklassen, nämlich die 14- bis 24-Jährigen und die 25- bis 39-Jährigen, sowie die mittlere Altersklasse (40-59 Jahre) jeweils signifikant von der ältesten Konsumentengruppe unterscheiden (die Anwendung der einfachen Bonferroni-Korrektur führt hier zu gleichem Ergebnis), d.h. speziell die ≥ 75-Järhigen beurteilen die Frage, ob die Erlangen Arcaden aus persönlicher Per-

Tab. 51: Mann-Whitney-U-Test für Variable
Q21 (Erlangen)

	mittlerer Rang	asympt. Sig. (2-seitig)
14-24 J.	73,56	,137
25-39 J.	83,87	
14-24 J.	83,10	,024
40-59 J.	100,81	
14-24 J.	59,49	,011
60-74 J.	75,51	
14-24 J.	36,67	,000
≥ 75 J.	61,71	
25-39 J.	102,07	,341
40-59 J.	109,83	
25-39 J.	74,97	,129
60-74 J.	85,66	
25-39 J.	49,13	,001
≥ 75 J.	78,18	
40-59 J.	92,17	,410
60-74 J.	98,72	
40-59 J.	64,69	,003
≥ 75 J.	96,64	
60-74 J.	38,37	,020
≥ 75 J.	53,61	

Quelle: Eigene Erhebungen und Berechnungen

Tab. 52: Mann-Whitney-U-Test für Variable
Q21 (Koblenz)

	mittlerer Rang	asympt. Sig. (2-seitig)
14-24 J.	48,91	,144
25-39 J.	57,17	
14-24 J.	65,65	,002
40-59 J.	87,86	
14-24 J.	50,92	,001
60-74 J.	70,39	
14-24 J.	28,35	,007*
≥ 75 J.	46,79	
25-39 J.	74,47	,238
40-59 J.	82,69	
25-39 J.	56,48	,127
60-74 J.	65,23	
25-39 J.	28,61	,090*
≥ 75 J.	40,36	
40-59 J.	87,60	,604
60-74 J.	91,14	
40-59 J.	56,50	,144
≥ 75 J.	72,86	
60-74 J.	38,14	,204
≥ 75 J.	47,57	

Quelle: Eigene Erhebungen und Berechnungen

spektive eine Bereicherung für die Erlanger Innenstadt darstellen, signifikant anders als die Konsumenten jüngeren und mittleren Alters. Bei allen anderen Paarvergleichen hingegen zeigen sich keine signifikanten Ergebnisse. Somit lässt sich in Erlangen ein eingeschränkter, nämlich auf die Gruppe der alten und sehr alten Konsumenten beschränkter Zusammenhang zwischen dem Ausmaß, in dem das innerstädtische Einkaufszentrum als Bereicherung für die Innenstadt wahrgenommen wird, und dem Alter der Konsumenten erkennen.

Betrachtet man die Medianwerte der Antworten auf Frage Q21 für die einzelnen Altersklassen der Koblenzer Stichprobe, so fällt auf, dass diese in nahezu allen Altersgruppen höher liegen als die entsprechenden Werte in den Stichproben aus Erlangen und Zwickau. Zudem ist auch in Koblenz ein Anstieg der Medianwerte mit zunehmendem Alter der Befragten zu erkennen, wobei der stärkste Anstieg zwischen der jüngsten und der nächstälteren Altersgruppe verläuft: Während sich der Median in der Gruppe der 14- bis 24-Jährigen bei 3,0 befindet, liegt er bei den 25-

bis 39-Jährigen bereits bei 4,5. In allen weiteren, älteren Altersgruppen (40-59 Jahre, 60-74 Jahre sowie ≥ 75 Jahre) gaben jeweils mehr als die Hälfte der Befragten an, von dem geplanten Einkaufszentrum „Forum Mittelrhein" für sich persönlich keine Steigerung der Attraktivität der Koblenzer Innenstadt zu erwarten, d.h. die Medianwerte liegen in diesen Altersgruppen bei 5,0. Insgesamt dominiert somit bei den Befragten ≥ 25 Jahre die Annahme, dass das neue Einkaufszentrum keine positiven Effekte für die Attraktivität der Koblenzer Innenstadt zeigen werde. Insbesondere die sehr positive Einstellung, die die Befragten im Rahmen der Fragen Q6 und Q7 gegenüber dem Löhr-Center zum Ausdruck brachten, lässt jedoch vermuten, dass die wenig positive Erwartungshaltung gegenüber dem Forum Mittelrhein Koblenz nur zu einem geringen Teil in einer generellen Ablehnung innerstädtischer Shopping Center, sondern überwiegend in der konkreten Kritik an der Errichtung eines weiteren großen innerstätischen Einkaufszentrums in Koblenz begründet liegt.

Gleichwohl interessiert die Frage, ob die einzelnen Altersklassen in der Koblenzer Grundgesamtheit hinsichtlich der Erwartungshaltung gegenüber dem Forum Mittelrhein Koblenz der gleichen Grundgesamtheit entstammen (H_0) oder sich in ihrer zentralen Tendenz unterscheiden (H_1). Das hoch signifikante Ergebnis des Kruskal-Wallis-Tests (p = ,002) erlaubt eine Zurückweisung der Nullhypothese H_0, sodass angenommen werden kann, dass sich die Konsumenten mindestens einer Altersklasse von den Konsumenten der anderen Altersklassen in ihrer zentralen Tendenz unterscheiden (vgl. Bühner / Ziegler 2009: 383f.; genaue Testergebnisse siehe Anhang A2-6).

Prüft man anhand von Mann-Whitney-U-Tests, welche der Altersgruppen sich im einzelnen paarweise voneinander unterscheiden (siehe Tabelle 52[144], genaue Testergebnisse siehe Anhang A2-7; vgl. Bühl 2012: 397), zeigen die Ergebnisse, dass – unter Anwendung der Bonferroni-Holm-Korrektur (siehe Kapitel 3.8.7; allerdings führt auch hier die einfache Bonferroni-Korrektur zu gleichem Ergebnis) – bei der Mehrzahl der Paarvergleiche keine signifikanten Unterschiede zwischen den Altersklassen bestehen. Lediglich die jüngste Altersklasse differiert hinsichtlich ihrer zentralen Tendenz signifikant von der Gruppe der 40- bis 59-Jährigen sowie von den 60- bis 74-Jährigen und zeigt eine deutlich positivere Erwartungshaltung gegenüber einem zweiten Shopping Center in der Koblenzer Innenstadt.

---

144 Sofern eine hinreichend geringe Besetzung der Altersklassen eines Paarvergleichs die Berechnung der exakten Signifikanz erlaubt (vgl. Kähler 2011: 417), wird diese anstelle der asymptotischen Signifikanz angegeben; exakte Signifikanzwerte sind mit * gekennzeichnet.

4 Synthese

Die vorliegende Untersuchung liefert eine Vielzahl detaillierter Einzelerkenntnisse. Bei aller Differenziertheit der Ergebnisse lassen sich einige grundlegende Handlungsempfehlungen für die Anbieterseite, d.h. speziell für die Akteure der Shopping Center-Branche sowie für die verantwortlichen kommunalen Akteure, ableiten. Sie werden nach einer Zusammenschau der wichtigsten Befunde dieser Studie vorgestellt.

4.1 Zusammenfassung der theoretischen und empirischen Befunde

Die demographische Alterung der deutschen Bevölkerung schreitet kontinuierlich fort. Wie in Kapitel 2.3.2.3 gezeigt wurde, stellen ältere und alte Menschen (≥ 60 Jahre) bereits heute mehr als ein Viertel der Gesamtbevölkerung in Deutschland. Mit dem sich in den kommenden Jahren vollziehenden Vorrücken der stark besetzten Jahrgänge der sog. Baby-Boomer-Generation, d.h. der etwa zwischen 1957 und 1969 Geborenen, in die höheren und hohen Altersklassen wird sich der Anteil der Gruppe der ≥ 60-Jährigen mit wachsender Dynamik weiter erhöhen. Die stärkste absolute wie relative Zunahme ist dabei bei den alten und sehr alten Menschen ≥ 75 Jahre zu erwarten, deren Anteil in den nächsten Jahren nahezu exponentiell steigen wird.

Die Ausführungen in Kapitel 2.4, die hier nicht erneut umfassend zu referieren sind, zeigen deutlich auf, dass sich die Lebenssituation älterer und alter Menschen in mehrfacher Hinsicht von derjenigen jüngerer Altersklassen unterscheidet. Dies betrifft zum einen die ökonomische Situation: Zwar stellt sich die wirtschaftliche Lage der älteren und alten Menschen insgesamt überdurchschnittlich gut dar und unterliegen die heutigen Kohorten der Rentner und Pensionäre in Deutschland als Ganzes nur einem unterdurchschnittlichen Armutsrisiko, wenngleich den guten Durchschnittswerten teilweise große Einkommens- und Vermögensunterschiede innerhalb der Gruppe der ≥ 65-Jährigen zugrunde liegen. Gleichwohl liegen sowohl die individuelle Kaufkraft als auch das verfügbare Einkommen der Menschen im höheren und hohen Lebensalter im Durchschnitt unterhalb der entsprechenden Werte von Personen mittleren Alters. Zum anderen unterscheiden sich ältere und alte Menschen in der Regel hinsichtlich der körperlichen und teilweise auch der kognitiven Leistungsfähigkeit von Personen jüngeren Alters. Dabei beeinflussen und beeinträchtigen die im höheren und insbesondere im hohen Alter regelmäßig auftretenden Einschränkungen im Bereich der physischen und in Teilen der kognitiven Funktionsfähigkeit auch die Alltagskompetenz älterer und alter Menschen, wie beispielsweise die individuelle Mobilität oder die Möglichkeiten zu sozialer Teilhabe im Alltag. Besondere Bedeutung kommt diesbezüglich Leistungseinbußen bei den sensorischen und sensomotorischen Systemen und dabei vor allem bei der

Seh- und Hörkraft sowie dem Gleichgewichtssinn, im Bereich des Bewegungsapparates (Beweglichkeit und Muskelkraft) sowie im kognitiven Bereich zu. Es muss angenommen werden, dass insbesondere im höheren und hohen Lebensalter ein guter Passungsgrad zwischen den individuellen Kompetenzen einerseits und den Bedingungen bzw. der Anforderungsqualität der umgebenden Umwelt andererseits eine maßgebliche Determinante sowohl des Aktivitätsniveaus als auch des Wohlbefindens der Menschen darstellt. Entsprechend wird im Hinblick auf die Schaffung einer altersfreundlichen, die Aufrechterhaltung der Alltagskompetenz fördernden physischen Umwelt in der Literatur wiederholt postuliert, die altersbezogenen Veränderungen umweltrelevanter Fähigkeiten sowohl durch kompensatorische als auch durch stimulierende Maßnahmen zu berücksichtigen.

Neben den Ungleichheiten in Bezug auf die ökonomische und gesundheitliche Situation lassen sich auch im gesellschaftlichen Bereich einige Aspekte identifizieren, hinsichtlich derer sich ältere und alte Menschen in der Regel von jungen Menschen sowie von Personen mittleren Alters unterscheiden. Da das individuelle Handeln ebenso wie der Lebensverlauf als Ganzes maßgeblich dem Einfluss gesellschaftlicher Normen unterliegen, kommt diesbezüglich sowohl der Normbildung innerhalb der jeweiligen Kohorte als auch normativen Rollenbildern, die den einzelnen Kohorten von der Gesellschaft als Ganzes zugeschrieben werden, eine erhebliche Bedeutung zu. Allerdings führt die hohe Persistenz gesellschaftlicher Altersrollen dazu, dass die Rollenvorstellungen in Bezug auf ältere und alte Menschen gegenwärtig häufig nicht mit den sich rasch wandelnden Fähigkeiten und Bedürfnissen dieser Altersgruppe in Einklang stehen. Einen zentralen Einschnitt im Lebensverlauf mit einer hohen Lebensstil-Relevanz begründet vor allem das Ausscheiden aus dem Berufsleben; u.a. führt das „Mehr" an frei verfügbarer Zeit in der Regel zu Veränderungen in der Alltagsgestaltung, die mit Zunahme der körperlichen Beeinträchtigungen weitere Modifizierungen erfährt. Gleichzeitig reduzieren sich mit dem Eintritt in den Ruhestand aber auch die Möglichkeiten für soziale Integration und mithin die Größe des sozialen Netzwerkes ebenso wie die Intensität gesellschaftlicher Beteiligung. Zur Befriedigung des gleichwohl bestehenden Bedürfnisses nach Mitteilung, Kontakt und Gemeinschaftsbezug kommt daher auch Freizeit- und Konsumaktivitäten eine vermittelnde Funktion in Bezug auf soziale Beziehungen zu. Nicht zuletzt weisen – trotz einer in den vergangenen Jahren und Jahrzenten zu beobachtenden erheblichen Verbesserung der Mobilität älterer und alter Menschen – vor allem alte Menschen aufgrund der mit steigendem Alter einhergehenden physischen Funktionsbeeinträchtigungen in der Regel eine erhöhte Distanzempfindlichkeit auf. Darüber hinaus zeigen verschiedene Studien deutliche alterskorrelierte Differenzen des sog. Modal Split; insbesondere die Bedeutung des eigenen Pkw zur Distanzüberwindung geht danach mit zunehmendem Alter zugunsten einer Fortbewegung zu Fuß, in der Gruppe der ≥ 75-Jährigen auch zugunsten der Nutzung des ÖPNV, stark zurück. Verschiedentlich werden schließlich auch im Bereich der Wertvorstellungen Unterschiede zwischen den Angehörigen verschiedener Altersklassen beschrieben bei allerdings hoher interindividueller Variabilität; dies betreffe insbesondere eine mit steigendem Alter wachsende Bedeutung von Pflicht- und Akzeptanzwerten sowie des Wertes „Sparsamkeit".

In zahlreichen Studien und Abhandlungen zum sog. „Seniorenmarketing" wird vielfach die Annahme vertreten, dass zwar grundsätzlich eine hohe interindividuelle Variabilität des Verhaltens sowie der Bedürfnisse älterer und alter Menschen bestehe, dass insbesondere Einschränkungen im Bereich der individuellen Mobilität sowie sensorischer Fähigkeiten, aber auch ein Wandel der sozialen Lebenslage Veränderungen sowohl des allgemeinen Konsumverhaltens und der Konsumeinstellung als auch der Anforderungen an eine Einkaufsstätte begründen würden. Allerdings werden im Rahmen dieser Publikationen nahezu ausschließlich das Konsumverhalten sowie das Einkaufsstättenwahlverhalten in Bezug auf einzelne Einkaufsstätten betrachtet. Im Unterschied dazu stellt die vorliegende Studie die Maßstabsebene der innerstädtischen Einkaufsstandorte „traditionelle Einkaufsstraßen" und „Shopping Center" in den Fokus der Betrachtungen.

Shopping Center stellen heute in vielen Städten Deutschlands einen integralen Bestandteil der (innerstädtischen) Einzelhandelslandschaft dar, wobei sich die Ausbreitungsdynamik dieser Einkaufsstandorte in jüngerer Zeit stark auf die Innenstadtlagen der Mittelstädte fokussiert. Während die ersten Einkaufszentren in Deutschland geringe architektonische und gestalterische Qualität aufwiesen, handelt es sich bei den meisten Shopping Centern jüngerer Provenienz um perfekt gestaltete Kunstwelten mit einer hohen Aufenthaltsqualität. Dabei stellt die Versorgung mit Waren nur einen Aspekt dieser Einkaufsstandorte dar; ein erheblicher Teil ihrer Attraktivität resultiert aus ihrem hohen Conveniencefaktor sowie aus ihrer ausgeprägten Erlebnis- und Freizeitfunktion, die sich besonders augenfällig in der großen Zahl gastronomischer Anbieter in Shopping Centern zeigt. Die Analyse des in den Einkaufszentren anzutreffenden Mietermixes offenbart jedoch, dass es sich bei der Mehrzahl der am häufigsten anzutreffenden Filialisten um Anbieter handelt, die sich mit ihrem Angebot schwerpunktmäßig an junge bzw. jüngere Kundengruppen richten; dies betrifft in besonderer Weise Anbieter aus der Bekleidungsbranche, die den Branchenmix von Einkaufszentren dominiert (z.B. *New Yorker, Pimkie, H&M, Esprit*; vgl. EHI 2008: 54f.). Diese Erkenntnis findet auch in den innerstädtischen Shopping Centern der drei Untersuchungsstädte dieser Studie Bestätigung: In allen untersuchten Centern zeigt sich eine ausgeprägte Dominanz des Textilsektors; während jedoch sowohl die < 25-Jährigen als auch die 25- bis 39-Jährigen in jeweils knapp zwei Drittel bis gut drei Viertel der Geschäfte ein (auch) an ihre Altersklasse angepasstes Bekleidungssortiment vorfinden, liegt der Anteil der Geschäfte, deren Angebot sich zumindest (auch) an ältere und alte Kunden richtet, deutlich niedriger. Auch das Sortiment der in den Einkaufszentren relativ stark vertretenen Anbieter aus den Bereichen Schuhe und Lederwaren sowie Uhren und Schmuck konzentriert sich stark auf junge und jüngere Kundengruppen. Nicht zuletzt besitzt die Mehrzahl der Imbissanbieter bzw. SB-Restaurants offensichtlich vor allem für Jugendliche eine hohe Anziehungskraft. Somit orientiert sich das Angebot in Shopping Centern in hohem Maße an einer Zielgruppe, deren Anteil an der Gesamtbevölkerung konstant rückläufig ist, wohingegen der großen und stark wachsenden Gruppe der älteren und alten Menschen angebotsseitig offensichtlich in erheblich geringerem Umfang zu entsprechen versucht wird. Allerdings findet die Gruppe der ≥ 60-Jährigen auch in den traditionellen Einkaufsstraßen bei den Anbietern der Bekleidungsbranche, die auch außerhalb der Einkaufszentren eine Leitbranche des Einzelhandels darstellt (vgl. HEINRITZ / KLEIN / POPP 2003: 174), unter allen Altersklassen am seltensten eine an ihre Anforderungen und Wünsche angepasste Sortimentszusammensetzung vor, wobei die Breite des Angebots für ältere und alte Menschen erheblich zwischen den verschiedenen innerstädtischen Teilgebieten differiert: Vor allem in den 1a-Lagen finden sich nur wenige Geschäfte mit einer an die Anforderungen und Wünsche der Menschen im höheren und hohen Lebensalter angepassten Sortimentszusammensetzung, während in den Bereichen der Neustädte ein überdurchschnittlicher Anteil an Anbietern mit ihrem Angebot gezielt (auch) die Gruppe der ≥ 60-Jährigen anzusprechen sucht. Die Kartierungen zeigen aber auch, dass die Einkaufszentren hinsichtlich der äußeren wie inneren Erreichbarkeit, einschließlich des Aspekts der Barrierefreiheit, den traditionellen Einkaufsstraßen in der Regel klar überlegen sind. Es kann angenommen werden, dass dieser Aspekt vor allem für Menschen mit Mobilitäts- und / oder Motilitätseinschränkungen bedeutsam ist.

Entgegen der relativ großen Eindeutigkeit, welche ein nicht unerheblicher Teil der Publikationen zum Seniorenmarketing hinsichtlich des Konsumverhaltens älterer und alter Menschen sowie ihrer Anforderungen an eine Einkaufsstätte nahelegt, zeichnen die empirischen Befunde der vorliegenden Studie zur Wahrnehmung und Nutzung der traditionellen innerstädtischen Einkaufsstraßen sowie der innerstädtischen Shopping Center durch die Konsumenten verschiedener Altersklassen ein sehr komplexes und wenig konsistentes Bild. Dabei konnte weder eine klare Präferenz einzelner Altersgruppen für einen der beiden Einkaufsstandorte identifiziert werden, noch zeigten sich über alle Untersuchungsstädte hinweg gültige Nutzungsmuster der beiden Einkaufsstandorte und der darin befindlichen Angebote.

So ergaben die qualitativen Beobachtungen – trotz des im Rahmen der Kartierung festgestellten Ungleichgewichts zwischen Shopping Centern und traditionellen Einkaufsstraßen hinsichtlich der Breite des den einzelnen Altersklassen zur Verfügung stehenden Angebots – keinen Hinweis auf eine eindeutige altersklassenkorrelierte Bevorzugung eines der beiden innerstädtischen Einkaufsstandorte. Die Altersstruktur der Besucher in den Einkaufszentren der drei Untersuchungsstädte ließ insgesamt keine signifikanten Abweichungen von der Zusammensetzung der Passanten in den innerstädtischen Einkaufsstraßen und speziell in den 1a-Lagen erkennen. Allerdings zeigten sich innerhalb der innerstädtischen Einkaufsstraßen deutliche Differenzen in der altersstrukturellen Zusammensetzung der Passanten, wobei vor allem in Kaufhäusern, auf Wochenmärkten sowie allgemein in den Altstadtbereichen von Erlangen und Koblenz der Altersdurchschnitt der Passanten hoch war. Doch auch innerhalb der Shopping Center in Erlangen und Koblenz konnten in Abhängigkeit von der Verteilung der Geschäfte innerhalb des Centers Unterschiede in der Altersstruktur der Passanten zwischen verschiedenen Bereichen der Einkaufszentren identifiziert werden. Dabei war auch eine starke Attraktivität des Lebensmittelsupermarktes in den Erlangen Arcaden bzw. des SB-Verbrauchermarktes im Löhr-Center gerade für ältere und insbesondere alte Menschen erkennbar.

Weiterhin legen die Passantenbeobachtungen nahe, dass vor allem für Jugendliche, aber auch für einen Teil der älteren und insbesondere alten Passanten die innerstädtischen Einkaufsstraßen und insbesondere die Shopping Center eine wichtige soziale Funktion als Ort für Kommunikation und Sozialkontakte sowie als Möglichkeit zum Sehen und Gesehen-werden übernehmen, wobei sich in Bezug auf alte Menschen ein entsprechendes Verhalten besonders häufig in den innerstädtischen Einkaufsstandorten in Zwickau zeigte. Neben SB-Restaurants und Cafés kommt dabei offensichtlich auch den (semi-)öffentlichen Sitzmöglichkeiten in den innerstädtischen Einkaufsstraßen und insbesondere in den Einkaufszentren eine hohe Bedeutung als Ort für außerhäusliche Vergesellschaftung und Gemeinschaftsbezug zu.

In Bezug auf Cafés ließen vor allem zwei Arten von Cafés eine hohe Attraktivität für ältere und alte Menschen erkennen, nämlich zum einen klassische „Plüschsesselcafés" und zum anderen „Guck-und-schau-Cafés" mit einer guten Einsehbarkeit des Gastraumes sowie möglichst unbehinderten Sichtbeziehungen nach außen. Allerdings deuten sowohl die in den Cafés durchgeführten Beobachtungen als auch die Aussagen der Befragten während der qualitativen Haushaltsbefragungen darauf hin, dass es sich bei den (Stamm-)gästen der Plüschsesselcafés und denjenigen älteren und alten Menschen, die häufig eines der sog. Guck-und-schau-Cafés frequentieren, überwiegend um divergente Personengruppen handelt. Entsprechend kann, da in keinem der untersuchten Shopping Center ein klassisches „Plüschsesselcafé" integriert ist, angenommen werden, dass ein Teil vor allem der alten Konsumenten durch das Caféangebot der Einkaufszentren nicht angesprochen wird. Junge Erwachsene hingegen bevorzugen überwiegend Cafés, die sich durch ein modernes und „stylisches" Ambiente, aber auch durch eine Speisen- und Getränkeauswahl jenseits des klassischen Kaffee- und Kuchenangebots vor allem an jüngere Gäste richten. Bemerkenswert ist, dass sich entsprechende Anbieter in allen Untersuchungsstädten zum Erhebungszeitpunkt ausschließlich außerhalb der Shopping Center befanden. Grundsätzlich jedoch scheint die Frage, ob sich ein Café oder sonstiger gastronomischer Anbieter in einem Shopping Center oder in einer der traditionellen Einkaufsstraßen befindet, in allen Altersklassen von nachrangiger Bedeutung zu sein; vielmehr bemisst sich die Präferenz für ein bestimmtes Lokal offensichtlich maßgeblich nach der Art und der Gestaltung des konkreten Anbieters. Vor allem für ältere und alte Menschen, aber auch für junge Erwachsene legen die empirischen Befunde zudem nahe, dass ein hoher Anteil an Cafébesuchern der eigenen Altersklasse einen weiteren wichtigen Pull-Faktor darstellt; somit handelt es sich bei der Attraktivität eines Cafés für bestimmte Altersklassen auch um einen selbstverstärkenden Prozess.

Die qualitativen und insbesondere die quantitativen Konsumentenbefragungen liefern ein breites Spektrum äußerst differenzierter Ergebnisse. Dabei verweisen die aus den qualitativen Haushaltsbefragungen gewonnenen Erkenntnisse zunächst auf eine grundsätzlich positive Einstellung eines großen Teils der Konsumenten sowohl gegenüber den traditionellen Einkaufsstraßen als auch gegenüber den innerstädtischen Shopping Centern. Gleichwohl wurden von Befragten aller Altersklassen verschiedene Aspekte beider Einkaufsstandorte kritisiert. Besonders bemerkenswert ist, dass sich die Kritik der ≥ 60-Jährigen und insbesondere der ≥ 75-Jährigen nicht nur in Bezug auf die Shopping Center, sondern auch im Blick auf die innerstädtischen Einkaufsstraßen maßgeblich in dem als zu gering bzw. als sogar weitgehend fehlend wahrgenommenen Angebot für Menschen im höheren und hohen Lebensalter, insbesondere im Bereich Bekleidung, manifestiert. In einigen Bereichen kristallisieren sich jedoch auch spezifische Vorzüge bzw. Nachteile der einzelnen Standorte heraus. Dies betrifft beispielsweise die funktionelle Gestaltqualität und dabei insbesondere die nahezu vollständige Barrierefreiheit, die von einigen Befragten, darunter von Personen mit starken Beeinträchtigungen des Bewegungsapparates bzw. deren Angehörigen ebenso wie von jungen Müttern bzw. Familien mit kleinen Kindern, als wesentlicher Vorteil der Einkaufszentren gegenüber den traditionellen Einkaufsstraßen benannt wurden. Auch in Bezug auf weitere Convenience-Aspekte wie z.B. die Wetterunabhängigkeit heben sich die Einkaufszentren nach Ansicht eines großen Teils der befragten Konsumenten positiv von den traditionellen Einkaufsstraßen ab. Auf der anderen Seite reiche, wie zahlreiche Befragte aus den verschiedensten Altersklassen darlegten, beispielsweise die Atmosphäre der Cafés im Inneren der Shopping Center in keiner Weise an das Flair eines ansprechenden Cafés in den Einkaufsstraßen heran.

Als zentrale Erkenntnis aus den quantitativen Konsumentenbefragungen ist die Tatsache zu werten, dass die Mehrzahl der abgefragten Variablen bzw. Dimensionen nur sehr geringe Zusammenhänge mit der Altersklasse der Befragten aufweist und viele der Zusammenhänge zudem statistisch nicht signifikant sind. Weiterhin differiert bei einem großen Teil der Variablen die Stärke der Korrelation mit der Altersklasse der Befragten deutlich zwischen den drei Untersuchungsstädten, in einigen Fällen unterscheidet sich sogar die Richtung der Zusammenhänge. Auch die Signifikanzprüfungen zeigen teilweise für eine Variable sehr unterschiedliche Ergebnisse zwischen den drei Untersuchungsstädten. Bei einigen Dimensionen wiederum lassen sich in allen Untersuchungsstädten in Art und Stärke relativ ähnliche Zusammenhänge mit der Altersklasse der Befragten feststellen, die zudem statistisch signifikant sind. Dies betrifft beispielsweise die Kopplungshäufigkeit von Shopping Center-Besuchen mit einem Besuch der weiteren Innenstadt oder die Nutzungsfrequenz von Imbissangeboten bzw. SB-Restaurants.

Ein wesentliches Element der quantitativen Passantenbefragung stellt die Bestimmung der Gesamteinstellungswerte der Konsumenten gegenüber den beiden innerstädtischen Einkaufsstandorten auf Basis des adequacy-importance-Modells dar. Zwar lassen sowohl die Aussagen der Konsumenten während der qualitativen Haushaltsbefragung als auch die Antworten der Probanden auf Fragen nach einer summarischen Beurteilung des jeweiligen Shopping Centers im Rahmen der quantitativen Passantenbefragung erkennen, dass das jeweilige innerstädtische Shopping Center von den meisten Befragten, insbesondere von denjenigen unter 75 Jahren, grundsätzlich als Bereicherung für die betreffende Innenstadt wahrgenommen wird. Vor allem in Anbetracht der starken Fokussierung des in den Einkaufszentren vorhandenen Angebots auf jüngere Kundengruppen überrascht zunächst gleichwohl das Ergebnis, dass in allen Untersuchungsstädten über alle Altersklassen hinweg die Einkaufszentren positiver bewertet werden als die traditionellen Einkaufsstraßen. Eine vertiefte Betrachtung der Ergebnisse zeigt jedoch, dass sich über die grundsätzlich positivere Bewertung der Einkaufszentren hinaus kaum konsistente Zusammenhänge zwischen dem Alter der Befragten und den Gesamteinstellungen gegenüber den beiden Einkaufsstandorten über alle Untersuchungsstädte hinweg identifizieren lassen: Während die Unterschiede in der Einstellung gegenüber den beiden Einkaufsstandorten in Erlangen mit zunehmendem Alter der Konsumenten tendenziell abnehmen, erreichen sie in Koblenz bei den älteren und alten Befragten und hier speziell bei den über 75-Jährigen ihre höchsten Werte. In Zwickau wiederum wird das Einkaufszentrum von den 40- bis 59-Jährigen im Vergleich zu den umgebenden Einkaufsstraßen am positivsten bewertet. Weiter differenzierte Analysen, anhand derer der Anteil der einzelnen Eigenschaftsdimensionen bzw. -kategorien an den Gesamteinstellungswerten ermittelt wurde, lassen zudem erkennen, dass in Bezug auf einzelne Teilaspekte wie beispielsweise die Aufenthaltsqualität bzw. die Erlebniskomponente zumindest teilweise auch den Einkaufsstraßen eine höhere Kompetenz zugeschrieben wird. Konsistente und in allen Untersuchungsstädten gleichermaßen geltende Zusammenhänge mit dem Alter können allerdings auch hier nicht festgestellt werden.

Die hohen Einstellungswerte, welche den Einkaufszentren im Vergleich zu den traditionellen Einkaufsstraßen von den Befragten aller Altersklassen mehrheitlich zugesprochen wurden, spiegeln sich jedoch nicht in den konkreten Einkaufsstandortorientierungen der befragten Konsumenten wider. Wie die Angaben zum jeweils bevorzugten Einkaufsstandort für den Kauf bestimmter Warengruppen sowie für die Nutzung bestimmter Dienstleistungs- und Serviceangebote zeigen, suchen die Probanden für die weit überwiegende Zahl der Aktivitäten im Durchschnitt eher die traditionellen Einkaufsstraßen auf; dies gilt sowohl für die Gruppe der älteren und alten Konsumenten ≥ 60 Jahre als auch für die Vergleichsgruppe der 14- bis 59-Jährigen. Allerdings ist in allen Untersuchungsstädten bei der großen Mehrzahl der Nutzungsarten die Orientierung in Richtung der Einkaufsstraßen bei den 14- bis 59-Jährigen teilweise deutlich schwächer ausgeprägt als bei den ≥ 60-Jährigen. Die Prüfung auf signifikante Zusammenhänge zwischen der innerstädtischen Einkaufsstandortorientierung und dem Alter der Konsumenten lässt erneut große Unterschiede zwischen den drei Untersuchungsstädten erkennen. Darüber hinaus zeigen sich nur in Bezug auf drei der 18 bzw. 20 abgefragten Aktivitäten in allen Untersuchungsstädten gleichermaßen signifikante Unterschiede zwischen der Gruppe der älteren und alten Konsumenten ≥ 60 Jahre und der Gruppe der jüngeren Kunden zwischen 14 und 59 Jahren. Entsprechend kann angenommen werden, dass sich das Vorliegen bzw. Nicht-Vorliegen signifikanter Unterschiede in der Einkaufsstandortorientierung zwischen den 14- bis 59-Jährigen einerseits und den ≥ 60-Jährigen andererseits offensichtlich in hohem Maße sowohl nach der Art der jeweiligen Aktivität bzw. Nutzung als auch nach der konkreten Ausgestaltung der einzelnen Standorte in Bezug auf die jeweilige Aktivität bemisst.

Einen wichtigen Pull-Faktor der traditionellen Einkaufsstraßen stellen den Ergebnissen der Konsumentenbefragungen zufolge zumindest in Erlangen und Koblenz die klassischen Kaufhäuser dar. Dabei steht eine hohe Affinität gegenüber Kaufhäusern in beiden Untersuchungsstädten in signifikantem Zusammenhang mit der Altersklasse der Konsumenten: Während in der jüngsten Altersklasse der weit überwiegende Anteil der Konsumenten das Einkaufszentrum klar gegenüber einem traditionellen Kaufhaus präferiert, wird von den Konsumenten im mittleren und höheren bzw. hohen Alter dem Kaufhaus häufig der Vorzug gegenüber dem Shopping Center gegeben.

Entgegen den teilweise erheblichen Unterschieden, die in Bezug auf die Einstellung der Konsumenten gegenüber dem innerstädtischen Shopping Center zwischen den drei Untersuchungsstäten sichtbar werden, zeigt die konkret geäußerte Kritik der befragten Passanten am jeweiligen Einkaufszentrum eine vergleichsweise hohe Homogenität über die Untersuchungsstädte hinweg: Sie manifestiert sich in den jüngeren und mittleren Altersklassen schwerpunktmäßig in Aspekten, die der Dimension Aufenthaltsqualität / Erlebnis zuzuordnen sind. Auch von Seiten der Befragten im höheren Alter werden diese Aspekte häufig bemängelt. Im Zentrum der Kritik stehen in dieser Altersgruppe allerdings – zumindest in Erlangen und Zwickau – angebotsbezogene Faktoren, nämlich die starke Ausrichtung des Warenangebotes auf junge Menschen sowie das unzureichende Angebot für Menschen im höheren Lebensalter. Einen maßgeblichen Vorzug der Shopping Center sehen die älteren Passanten hingegen neben der Wetterunabhängigkeit sowie den guten bzw. direkten Parkmöglichkeiten vor allem in der Sauberkeit dieses Einkaufsstandortes. Von den ≥ 75-Jährigen wiederum wurden besonders die ansprechende Dekoration im Inneren der Einkaufszentren sowie deren gute Eignung zum Bummeln positiv hervorgehoben.

Die qualitativen wie quantitativen Konsumentenbefragungen offenbaren aber auch eine im Vergleich zu den Konsumenten aus Koblenz und insbesondere aus Zwickau im Durchschnitt deutlich kritischere Einstellung der Erlanger Befragten gegenüber dem innerstädtischen Shopping Center. Teilweise könnte dies in den Besonderheiten in der sozio-demographischen Struktur der Erlanger Bevölkerung begründet liegen. Darüber hinaus erscheint aber auch ein nicht unerheblicher Einfluss der teilweise sehr kritischen Berichterstattung über die Erlangen Arcaden in der lokalen Presse plausibel, wenngleich das Ausmaß der Beeinflussung auf Basis der vorhandenen Daten nicht quantifiziert werden kann.

Auf Seiten der Anbieter scheinen die verantwortlichen Akteure den Erkenntnissen aus den Leitfadeninterviews zufolge bislang keinen Handlungsdruck im Hinblick auf eine entsprechende Adjustierung ihrer Handlungsstrategien zu empfinden, und dies, obwohl das Thema „demographischer Wandel" bereits seit einigen Jahren breiten Raum in der öffentlichen wie medialen Diskussion einnimmt. Zwar zeigen die Interviews mit den Projektentwicklern der Betreiberfirmen sowie den Centermanagern der untersuchten Shopping Center, dass bei allen Gesprächspartnern eine gewisse, wenn auch individuell unterschiedlich ausgeprägte Auseinandersetzung mit dem Alterungsprozess der deutschen Bevölkerung und dessen Auswirkungen auf das Konsumverhalten stattgefunden hat; gleichwohl geben die Aussagen der Centermanager und Projektentwickler zu der Vermutung Anlass, dass die Beschäftigung mit diesem Thema sowie insbesondere die Entwicklung von Handlungsstrategien bislang nur einen eher unterdurchschnittlichen Stellenwert einnehmen. Die Aussagen der kommunalen Vertreter, d.h. der Citymanager und Wirtschaftsförderer der Untersuchungsstädte, wiederum lassen deutlich erkennen, dass der zunehmenden Bevölkerungsalterung sowie den damit einhergehenden Implikationen und Herausforderungen für die Innenstädte von ihrer Seite bisher noch keine große Bedeutung beigemessen wird; dementsprechend unterblieb bislang offensichtlich vielfach eine vertiefte Beschäftigung sowohl mit den Anforderungen,

Bedürfnissen und Wünschen älterer und alter Konsumenten als auch mit möglichen Anpassungsmaßnahmen an die wachsende Bedeutung dieses Kundensegments. Ein Teil der Befragten erklärte sogar offen, älteren und alten Menschen als Innenstadtkonsumenten bisher nur eine geringe Relevanz beizumessen und somit auch dem Konsumverhalten sowie den Ansprüchen dieser Kundengruppe kaum Beachtung zu schenken.

4.2 Handlungsempfehlungen

Welche Empfehlungen ergeben sich aus den theoretischen und insbesondere den empirischen Befunden dieser Studie für eine demographiefeste Gestaltung der innerstädtischen Einkaufsstandorte, die den Bedürfnissen aller Altersklassen möglichst gleichermaßen gerecht wird?

Wie die Untersuchungsergebnisse zeigen, wird eine schwerpunktmäßig auf jüngere Kundengruppen ausgerichtete Marktbearbeitung, wie sie heute in den innerstädtischen Einkaufsstandorten vielfach anzutreffen ist (vgl. auch BONSTEIN / THEILE 2006: 30), den Anforderungen vieler älterer und alter Menschen nicht gerecht. Speziell durch das Sortiment der Bekleidungsanbieter, die sowohl in den Shopping Centern als auch im Branchenmix der traditionellen Einkaufsstraßen eine führende Rolle einnehmen, fühlt sich ein großer Teil der Konsumenten im höheren und hohen Lebensalter nicht angesprochen. Eine direkte Einflussnahme auf den Branchenmix in den traditionellen Einkaufsstraßen entzieht sich freilich den Kompetenzen der kommunalen Akteure. Gleichwohl sollte durch entsprechende Anreizmittel sowie durch Gespräche mit den Immobilieneigentümern ebenso wie mit den ansässigen Einzelhandelsanbietern versucht werden, auf eine Ausweitung des Angebotes, speziell des Bekleidungsangebotes, für ältere und alte Menschen hinzuwirken; dies betrifft die Auswahl an Geschäften ebenso wie die Sortimentsgestaltung der einzelnen Anbieter. Betreiber und Centermanager innerstädtischer Shopping Center hingegen können aufgrund des zentralen Managements den Einzelhandelsbesatz in ihren Centern direkt steuern. Sofern dieser Wettbewerbsvorteil (auch) für eine Steigerung der Attraktivität der angebotenen Sortimente für Menschen im höheren und hohen Alter genutzt wird, könnte dies wiederum Rückkopplungseffekte auf das Angebot in den traditionellen Einkaufsstraßen induzieren.

Auch die häufig wenig altersfreundliche architektonische Gestaltung eines Teils der öffentlichen Räume sowie zahlreicher Geschäftslokale von Einzelhandels-, Gastronomie- und Dienstleistungsanbietern in den traditionellen Einkaufsstraßen lässt vermuten, dass den Bedürfnissen eines nicht unerheblichen Teils vor allem alter Menschen nur nachrangige Bedeutung beigemessen wird. Dabei kommt beispielsweise eine möglichst weitgehend barrierefreie Gestaltung eines Einkaufsstandortes nicht nur älteren und alten Menschen zugute, sondern erleichtert auch jüngeren Altersgruppen den Einkaufsbesuch. Hier ist der Auffassung von MEYER-HENTSCHEL (2008: 43) zuzustimmen, wonach „bei Konzentration auf eine anspruchsvolle und sensible Kundengruppe Bedürfnisse sichtbar werden, die auch bei Jüngeren existieren". Freilich unterliegen Maßnahmen zugunsten einer barrierefreien oder zumindest barrierearmen Gestaltung der einzelnen Einkaufsstätten in den traditionellen Einkaufsstraßen der einzelbetrieblichen Entscheidungskompetenz, sodass die diesbezüglichen Handlungsmöglichkeiten der kommunalen Akteure auf Informations- und Beratungstätigkeiten beschränkt bleiben. Hinsichtlich der öffentlichen Räume bzw. Verkehrsflächen sollten jedoch die Möglichkeiten einer möglichst barrierefreien Gestaltung bzw. Umgestaltung konsequent genutzt werden.

Darüber hinaus lassen die empirischen Befunde erkennen, dass beiden innerstädtischen Einkaufsstandorten je unterschiedliche Kompetenzen zugeschrieben werden, wobei hinsichtlich der als besonders positiv herausgestellten Eigenschaften teilweise deutliche Unterschiede zwischen den einzelnen Altersklassen bestehen. Diese Kompetenzen gilt es zu erkennen, zu fördern und nach Möglichkeit weiter auszubauen. So sollte beispielsweise die Erkenntnis, dass zumindest in den beiden westdeutschen Untersuchungsstädten traditionelle Kaufhäuser von vielen Konsumenten speziell der mittleren und höheren Altersklassen eine hohe Wertschätzung erfahren, dazu führen, dass seitens der verantwortlichen kommunalen Akteure einem weiteren „Kaufhaussterben" mit geeigneten Anreizmitteln intensiv entgegenzuwirken versucht wird.

Die hochgradig differenzierten und sehr komplexen Ergebnisse verweisen aber auch darauf, dass es insgesamt keine einfachen und allgemeingültigen Handlungsstrategien gibt. Die Erkenntnis, dass in einigen Bereichen der Wahrnehmung und Nutzung der beiden innerstädtischen Einkaufsstandorte größere Differenzen zwischen den Untersuchungsstädten als zwischen unterschiedlichen Altersklassen der Konsumenten bestehen, verdeutlicht die Notwendigkeit individueller und kleinräumiger Lösungsansätze. Entsprechend muss stets auf Basis kleinräumiger Analysen sehr genau für den jeweiligen Standort geprüft werden, welchen Faktoren dort eine besondere Bedeutung zukommt, die es dann bei der Ausgestaltung der Handlungsparameter zu berücksichtigen gilt. Diesbezüglich kommt den verantwortlichen Akteuren sowohl auf Seite der Kommunen als auch auf Seite der Shopping Center-Betreiber die Aufgabe einer noch weitaus intensiveren und differenzierteren Beschäftigung mit dem Segment der älteren und alten Konsumenten zu. Eine einmalige Auseinandersetzung mit dieser Thematik ist dabei freilich nicht ausreichend. Dies gilt insbesondere, als angenommen werden muss, dass „die zukünftigen Alten wohl andere Konsummuster zeigen als die derzeitigen" (KNIGGE / GRUBER / HOFMANN 2003: 5). In zahlreichen Publikationen v.a. aus dem Bereich des Seniorenmarketings wird betont, dass „Beobachtungen über bisherige Generationen älterer Menschen (…) nicht für Prognosen über das Kauf- und Konsumverhalten der älteren Menschen von morgen verwendet werden" dürfen (GASSMANN / REEPMEYER 2006: 154; ähnlich u.a. KALBERMATTEN 2008: 85). Diese durchaus berechtigte Annahme, dass künftige Generationen älterer und alter Menschen ein anderes Konsumverhalten zeigen werden als die jeweils gegenwärtigen Kohorten älterer und alter Personen, wird jedoch aller Voraussicht nach in 10, 20 oder 30 Jahren nichts von ihrer Gültigkeit eingebüßt haben. Entsprechend darf diese Aussage nicht als vermeintliche Legitimation für eine Strategie des permanenten Abwartens und einer Beibehaltung des status quo missbraucht werden.

4.3   Kritische Reflexion des Untersuchungsdesigns

Das Untersuchungsdesign der vorliegenden Studie basiert auf einer Verknüpfung mehrerer Vergleichsebenen: Zum einen handelt es sich um eine Vergleichsstudie zwischen den beiden Einkaufsstandorten „traditionelle innerstädtische Einkaufsstraßen" einerseits und „innerstädtische Shopping Center" andererseits. Zum anderen werden die Konsumenten unterschiedlicher Altersklassen hinsichtlich ihrer jeweiligen Perzeption und Nutzung der beiden Einkaufsstandorte vergleichend betrachtet. Schließlich ist die vorliegende Untersuchung als Fallstudienvergleich zwischen drei räumlichen Analyseeinheiten konzipiert. Die parallele Analyse verschiedener Vergleichsebenen begründet allerdings eine hohe Komplexität und Differenziertheit der einzelnen Analyseschritte wie der gesamten Untersuchung. Dieses hohe Maß an Differenziertheit wiederum bedingt, dass die Kontrolle weiterer, über die Variable „Alter" hinausgehender Einflussfaktoren – auch in Anbetracht der zeitlichen, personellen und nicht zuletzt finanziellen Restriktionen dieser Studie – nicht oder nur in sehr geringem Umfang möglich war. Eine Beschränkung der empirischen Erhebungen auf eine Untersuchungsstadt hätte tiefergehende Analysen erlaubt. Insbesondere die erheblichen Unterschiede, die sich in zahlreichen Analysen zwischen den drei Untersuchungsstädten offenbarten, bestätigen jedoch die Notwendigkeit einer vergleichenden Betrachtung mehrerer räumlicher Analyseeinheiten; eine Konzentration auf nur eine Untersuchungsstadt hätte der räumlichen Verhaftung vieler Ergebnisse in keiner Weise Rechnung getragen. Unzweifelhaft besteht weiterer Forschungsbedarf: Vor dem Hintergrund des Wissens um die teilweise erheblichen Differenzen zwischen verschiedenen räumlichen Analyseeinheiten hinsichtlich der Wahrnehmung und Nutzung der beiden innerstädtischen Einkaufsstandorte „traditionelle innerstädtische Einkaufsstraßen" und „innerstädtische Shopping Center" gilt es, die Reichweite des Faktors Alter sowie die Erklärungskraft weiterer Einflussfaktoren auf das Einkaufsstandortwahlverhalten zu identifizieren.

Die mit der Wahl von drei Untersuchungsstädten einhergehende Erfordernis, (nahezu) alle Untersuchungsschritte in drei Städten durchzuführen, führte zu einer erheblichen zeitlichen Ausdehnung der Erhebungsphase sowie des gesamten Forschungsprojektes. Hinzu kam, dass für die Datenerhebung keine Hilfskräfte zur Verfügung standen und somit sämtliche Erhebungen ausschließlich von der Verfasserin durchgeführt wurden. Eine zeitgleiche Durchführung der einzelnen Analyseschritte in den drei Untersuchungsstädten war daher nicht möglich. Zwar wurde stets eine möglichst zeitnahe Erhebung in den drei Städten angestrebt, die Unterschiede bei den Erhebungszeiträumen hatten gleichwohl zur Folge, dass die Rahmenbedingungen der Erhebungen teilweise leicht differierten; dies betraf insbesondere die jeweils herrschenden Wetterbedingungen. Eine gewisse Beeinflussung sowohl der Ergebnisse der qualitativen Beobachtungen als auch insbesondere einzelner Angaben der Befragten im Rahmen der qualitativen und quantitativen Konsumentenbefragungen durch unterschiedliche Wetterbedingungen kann somit nicht ausgeschlossen werden (z.B. Beurteilung der Wichtigkeit des Aspektes Wetterunabhängigkeit). Da jedoch die Beobachtungen wie auch die Befragungen stets über einen längeren Zeitraum durchgeführt wurden und dadurch in allen Städten verschiedene Wettersituationen während der Erhebungszeiträume anzutreffen waren, ist davon auszugehen, dass das Gesamtergebnis der Untersuchung durch die unterschiedlichen Erhebungszeiträume nicht maßgeblich beeinflusst wurde. Leichte Unschärfen ergaben sich außerdem aus dem zeitlichen Auseinanderfallen der einzelnen Untersuchungsschritte: Vereinzelt hatten sich zwischen der Innenstadtkartierung und der Durchführung der Passantenbefragungen infolge von Geschäftsschließungen bzw. -eröffnungen Veränderungen im Einzelhandels-, Gastronomie- und / oder Dienstleistungsbesatz ergeben. Da jedoch der Gesamtcharakter des an den beiden innerstädtischen Einkaufsstandorten vorherrschenden Angebots durch diese geringumfänglichen Änderungen keine wesentliche Modifikation erfuhr, können die Auswirkungen dieser Veränderungen der Angebotsstruktur als vernachlässigbar angesehen werden.

Anzumerken ist weiterhin, dass die empirischen Ergebnisse der vorliegenden Studie die konkrete Situation der Innenstädte der drei Untersuchungsstädte zum Zeitpunkt der Erhebungen widerspiegeln und darüber hinaus auch weiteren zeitgebundenen Kontextbedingungen (z.B. ökonomische Gesamtsituation) verhaftet sind. Sowohl Innenstädte als auch ökonomische, gesellschaftliche, politische etc. Rahmenbedingungen besitzen jedoch eine starke Veränderungsdynamik, sodass sich die Situation heute (2013) in Teilen anders darstellt als im Erhebungszeitraum. Besonders augenfällig zeigt sich dies am Beispiel der Innenstadt von Koblenz, in der es in Vorbereitung auf die Bundesgartenschau 2011 zu umfangreichen Umgestaltungsmaßnahmen im Bereich der (inner-)städtischen Infrastruktur kam (siehe Kapitel 3.2.2.2).

Einen berechtigten Kritikpunkt stellt schließlich die Anlage der Untersuchung als Querschnittstudie dar. Die Durchführung einer aussagekräftigen Längsschnittstudie würde jedoch mehrere Jahrzehnte in Anspruch nehmen und steht somit im Rahmen einer Dissertation nicht zur Diskussion. Ein querschnittlich angelegter Vergleich zwischen Altersgruppen erlaubt „keine Aussagen über intraindividuelle Veränderungen" (KOTTER-GRÜHN ET AL. 2010: 659); eine eindeutige Differenzierung der festgestellten Einstellungen und Verhaltensweisen in Alters- und Kohorteneffekte ist somit nicht möglich (siehe Exkurs Kapitel 2.4.4). Entsprechend wären ausschließlich aus den empirischen Befunden dieser Untersuchung abgeleitete Prognosen über die künftige Entwicklung des innerstädtischen Einkaufsstandortwahlverhaltens von Menschen verschiedener Altersklassen und speziell von älteren und alten Konsumenten sowie über deren Anforderungen an einen Einkaufsstandort wenig belastbar. Eine Betrachtung der empirischen Erkenntnisse auf der Folie der theoretischen Ausführungen erlaubt jedoch in einigen Bereichen eine gewisse über den Tag hinausreichende Generalisierung der Ergebnisse. In anderen Bereichen wäre die Reichweite auch längsschnittlich konzipierter Untersuchungen als Grundlage für Prognosen über das Einkaufsstandortwahlverhalten sowie die zugrunde liegenden Bedürfnisstrukturen der Konsumenten kritisch zu hinterfragen: So können Veränderungen altersspezifischer Anforderungen und Handlungsmuster sowohl durch erfahrungsunabhängige Mechanismen als auch durch Veränderungen der Umweltbedingungen einschließlich der Ausgestaltung der Einkaufsstandorte sowie der einzelnen Einkaufsstätten erfolgen (vgl. WEINERT 1994: 185). „Extrapolationen in die Zukunft hinein können also leicht irreführend sein, da Veränderungen der äußeren natürlichen und gesellschaftlichen Umwelt, aber auch Ressourcen und Orientierungen der zukünftigen Alten sich rasch wandeln" (MAYER ET AL. 2010: 653f.). Anstelle langfristig orientierter Prognosen sollte das Augenmerk daher vor allem auf einer kontinuierlichen, kleinräumig angelegten Analyse der Wahrnehmung und Nutzung der unterschiedlichen innerstädtischen Einkaufsstandorte durch die Konsumenten verschiedener Altersklassen liegen.

Literaturverzeichnis

Zugunsten einer besseren Lesbarkeit des laufenden Textes wird bei einigen Quellenangaben der Name des Verfassers / des Herausgebers / der herausgebenden Institution verkürzt bzw. als Akronym wiedergegeben. Diese verkürzte Zitierform ist im Literaturverzeichnis am Ende der jeweiligen Literaturangabe in eckigen Klammern vermerkt.

ACKERMANN, Andreas (^{3}2006): Selbständigkeit und Kompetenz. In: Oswald, W. D. et al. (Hg.): Gerontologie. Medizinische, psychologische und sozialwissenschaftliche Grundbegriffe, Stuttgart, S. 322-327.

ACKERS, Walter (2006): Ein autistisches System ist nicht wirklich integrierbar. In: cimadirekt. Zeitschrift für Stadtentwicklung und Marketing (4), S. 24.

ALBERS, Meike (2004): Shopping-Center in der Innenstadt. In: cimadirekt. Zeitschrift für Stadtentwicklung und Marketing (4), S. 11-13.

ALDERSON, Wroe (1957): Marketing Behavior and Executive Action. A Functionalist Approach to Marketing Theory, Homewood.

ALT, Christian (2004): Lebenswelt der Kinder. In: Frevel, B. (Hg.): Herausforderung demografischer Wandel (= Perspektiven der Gesellschaft), Wiesbaden, S. 75-87.

ARNDT, Renate / Silke BORGSTEDT (2008): Senioren-Marketing ist in – Senioren sind out! In: planung & analyse (4), S. 30-32.

ARNOLD, Gunnar / Stephanie KRANCIOCH (2008): Current Strategies in the Retail-Strategy for Best-Agers. In: Kohlbacher, F. / C. Herstatt (Hg.): The Silver Market Phenomenon. Business Opportunities in an Era of Demographic Change, Berlin / Heidelberg, S. 173-183.

ARNOLD, Karen (1992): Gesundheitserleben und -verhalten älterer Menschen. In: Kaiser, H. J. (Hg.): Der ältere Mensch – wie er denkt und handelt, Bern, S. 117-137.

ASCHEMEIER, Rainer (Bearbeiter) (2007): Zahlen und Fakten zum demographischen Wandel. In: Geographische Rundschau 59 (2), S. 62-65.

ATTESLANDER, Peter (^{12}2008): Methoden der empirischen Sozialforschung, Berlin.

AUER, Sarah / Roman KOIDL (1997): Conveniance Stores. Handelsform der Zukunft. Praxis, Konzepte, Hintergründe, Frankfurt a. M.

BÄCKER, Gerhard ET AL. (^{5}2010): Sozialpolitik und soziale Lage in Deutschland. Band 2: Gesundheit, Familie, Alter und Soziale Dienste, Wiesbaden.

BACKES, Gertrud M. (^{3}2006): Gerontosoziologie. In: Oswald, W. D. et al. (Hg.): Gerontologie. Medizinische, psychologische und sozialwissenschaftliche Grundbegriffe, Stuttgart, S. 215-219.

BACKES, Gertrud M. / Wolfgang CLEMENS (^{3}2008): Lebensphase Alter. Eine Einführung in die sozialwissenschaftliche Alternsforschung, Weinheim / München.

BACKHAUS, Klaus ET AL. (^{12}2008): Multivariate Analysemethoden. Eine anwendungsorientierte Einführung, Berlin / Heidelberg.

BAHRENBERG, Gerhard / Ernst GIESE / Josef NIPPER (^{4}1999): Statistische Methoden in der Geographie. Band 1. Univariate und bivariate Statistik (= Teubner Studienbücher der Geographie), Stuttgart / Leipzig.

BALTES, Margret M. ET AL. (^{3}2010): Alltagskompetenz im Alter: Theoretische Überlegungen und empirische Befunde. In: Lindenberger, U. et al. (Hg.): Die Berliner Altersstudie, Berlin, S. 549-566.

BALTES, Paul B. ET AL. (^{3}2010): Die Berliner Altersstudie (BASE): Überblick und Einführung. In: Lindenberger, U. et al. (Hg.): Die Berliner Altersstudie, Berlin, S. 25-58.

BÄR, Sören (2000): Gestaltung von Handels- und Dienstleistungsagglomerationen, untersucht am Beispiel von Einkaufszentren (= Edition Wirtschaftswissenschaften, Band 19), Frankfurt / Oder.

BAREIS, Ellen (2003): Überdachte, überwachte Straßenecken. Jugendliche im städtischen Konsumraum „Mall". In: Mitteilungen des Instituts für Sozialforschung Frankfurt 15, S. 63-90.

BARKHOLDT, Corinna et al. (1999): Das Altern der Gesellschaft und neue Dienstleistungen für Ältere. In: Mitteilungen aus der Arbeitsmarkt- und Berufsforschung 32 (4), S. 488-498.

BARTENBACH, Dieter (2009): Licht- und Raumlichtmilieugestaltung – Tages- und Kunstlicht. In: Falk, B. / W. R. Bays (Hg.): Shopping-Center-Handbuch. Development – Management – Marketing, Starnberg, S. 647-655.

BASTIAN, Antje (1999): Erfolgsfaktoren von Einkaufszentren. Ansätze zur kundengerichteten Profilierung, Wiesbaden.

BAUR, Nina (^{2}2008): Das Ordinalskalenproblem. In: Baur, N. / S. Fromm (Hg.): Datenanalyse mit SPSS für Fortgeschrittene. Ein Arbeitsbuch, Wiesbaden, S. 279-289.

BAYERISCHES LANDESAMT FÜR STATISTIK UND DATENVERARBEITUNG – GENESIS ONLINE (2013a): Bevölkerung: Kreis, Geschlecht, Altersjahre (75) / Altersjahre (88), Stichtag. Im Internet unter: https://www.statistikdaten.bayern.de/genesis/online (abgerufen am 01.02.2013). [BayLASt – GENESIS]

BAYERISCHES LANDESAMT FÜR STATISTIK UND DATENVERARBEITUNG – GENESIS ONLINE (2013b): Bevölkerung: Gemeinden, Stichtage (letzten 6). Im Internet unter: https:// www.statistikdaten.bayern.de/genesis/online (abgerufen am 02.04.2013). [BayLASt – GENESIS]

BAYERISCHES STAATSMINISTERIUM FÜR WIRTSCHAFT, INFRASTRUKTUR, VERKEHR UND TECHNOLOGIE (Hg.) (2006): Landesentwicklungsprogramm Bayern 2006, München. [StMWIVT BY]

BAYS, Wolfgang R. (2009): Projektentwicklung von Shopping-Centern – Entwicklungsphasen. In: Falk, B. / W. R. Bays (Hg.): Shopping-Center-Handbuch. Development – Management – Marketing, Starnberg, S. 274-283.

BECK, Alexandra (2003): Die Einkaufsstättenwahl von Konsumenten unter transaktionskostentheoretischen Gesichtspunkten – Theoretische Grundlegung und empirische Überprüfung mittels der Adaptiven Conjoint-Analyse, Passau.

BECKER, Walter (1998): Konsum- und Freizeitverhalten im Alter. Theoretische Grundlagen für die Verbraucherpolitik, Aachen.

BECKMANN, Klaus J. ET AL. (2005): Mobilität älterer Menschen – Analysen und verkehrsplanerische Konsequenzen. In: Stadt Region Land 78, S. 97-113.

BEHR, Pamela (2006): Management von Shopping-Centern. Grundlagen, Erfolgsstrategien, Trends, Saarbrücken.

BENDER, Hanno / Steffen GERTH (2009): Die besten Handelsstandorte Deutschlands. In: Der Handel (12), S. 14-21.

BENGTSON, Vern L. (1989): The Problem of Generations: Age Group Contrasts, Continuities, and Social Change. In: Bengtson, V. L. / K. W. Schaie (Hg.): The Course of Later Life. Research and Reflections, New York, S. 25-54.

BENGTSON, Vern L. / Yvonne SCHÜTZE (1992): Altern und Generationenbeziehungen: Aussichten für das kommende Jahrhundert. In: Baltes, P. B. / J. Mittelstraß (Hg.): Zukunft des Alterns und gesellschaftliche Entwicklung (= Akademie der Wissenschaften zu Berlin, Forschungsbericht 5), Berlin / New York, S. 492-517.

BENNINGHAUS, Hans ([11]2007): Deskriptive Statistik. Eine Einführung für Sozialwissenschaftler, Wiesbaden.

BEREKOVEN, Ludwig / Walter ECKERT / Peter ELLENRIEDER ([12]2009): Marktforschung. Methodische Grundlagen und praktische Anwendung, Wiesbaden.

BERGER-STÜSSGEN, Sylvia (1982): Verschleißerscheinungen im Shopping-Center. In: Falk, B. (Hg.): Einkaufszentren: Planung, Entwicklung, Realisierung und Management, Landsberg am Lech, S. 169-179.

BEROIZ, Jorge (2009): Entwicklungstrends im Einzelhandel – Konsequenzen für Shopping-Center. In: Falk, B. / W. R. Bays (Hg.): Shopping-Center-Handbuch. Development – Management – Marketing, Starnberg, S. 1045-1055.

BESEMER, Simone (2004): Shopping-Center der Zukunft. Planung und Gestaltung, Wiesbaden.

BESEMER, Simone (2009): Shopping-Center der Zukunft – Planungs- und Gestaltungsapekte. In: Falk, B. / W. R. Bays (Hg.): Shopping-Center-Handbuch. Development – Management – Marketing, Starnberg, S. 1056-1064.

BETTGES, Ralf (2006): Shopping-Center können keine Citys [sic!] ersetzen – Stadtplanung nur noch durch Centerentwickler? In: Brune, W. / R. Junker / H. Pump-Uhlmann (Hg.): Angriff auf die City. Kritische Texte zur Konzeption, Planung und Wirkung von integrierten und nicht integrierten Shopping-Centern in zentralen Lagen, Düsseldorf, S. 85-91.

BEYERLE, Thomas (2009): Regionalforschung im Teilmarkt Einzelhandel und Shopping-Center. In: Falk, B. / W. R. Bays (Hg.): Shopping-Center-Handbuch. Development – Management – Marketing, Starnberg, S. 298-312.

BIENERT, Sven (2010): Nachhaltigkeit macht sich bezahlt. In: mfi management für immobilien AG / F.A.Z.-Institut für Management-, Markt- und Medieninformationen GmbH (Hg.): Nachhaltige Shopping-Center, Frankfurt / Main, S. 10-12.

BIRG, Herwig (2004): Zur aktuellen Lage der Weltbevölkerung. In: Informationen zur politischen Bildung Nr. 282, S. 16-35.

BLEYER, Burkhard (2002): Die Einzelhandelsakteure im Spannungsfeld des Wettbewerbs und öffentlicher Vorgaben. Die Problematik, innenstadtverträgliche großflächige Einzelhandelsstandorte zuzulassen – mit bayerischen Bezügen. In: Standort – Zeitschrift für Angewandte Geographie (1), S. 21-27.

BLOTEVOGEL, Hans H. (2003): Vorlesung „Handels- und Dienstleistungsgeographie" WS 2003/04. Kap. 03: Einzelhandel (= Skript zur Vorlesung). Im Internet unter: http://www. uni-due.de/geographie/vvz_duisburg/WS2003_2004/Blotevogel/HandelDienstleistungs geographie/03Einzelhandel.pdf (abgerufen am 25.07.2012).

BÖCKER, Franz / Martin BRINK (1987): Images und Präferenzen für Einkaufszentren und einzelne Einzelhandelsgeschäfte im Wechselspiel. In: Trommsdorff, V. (Hg.): Handelsforschung 1987, Heidelberg, S. 161-179.

BÖNING, Matthias (2010): Dreiklang der Nachhaltigkeit. In: mfi management für immobilien AG / F.A.Z.-Institut für Management-, Markt- und Medieninformationen GmbH (Hg.): Nachhaltige Shopping-Center, Frankfurt / Main, S. 4-5.

BONSTEIN, Julia / Merlind THEILE (2006): Methusalems Märkte. In: Spiegel Spezial (8), S. 28-30.

BORCHELT, Markus ET AL. (^{3}2010): Zur Bedeutung von Krankheit und Behinderung im Alter. In: Lindenberger, U. et al. (Hg.): Die Berliner Altersstudie, Berlin, S. 473-498.

BÖRSCH-SUPAN, Axel (2007): Gesamtwirtschaftliche Folgen des demographischen Wandels. In: Geographische Rundschau 59 (2), S. 48-52.

BORTZ, Jürgen / Christof SCHUSTER (^{7}2010): Statistik für Human- und Sozialwissenschaftler, Berlin / Heidelberg / New York.

BORTZ, Jürgen / Gustav A. LIENERT (^{3}2008): Kurzgefasste Statistik für die klinische Forschung. Leitfaden für die verteilungsfreie Analyse kleiner Stichproben, Heidelberg.

BORTZ, Jürgen / Nicola DÖRING (^{4}2006 [2009]): Forschungsmethoden und Evaluation für Human- und Sozialwissenschaftler, Heidelberg.

BÖSSOW, Oliver / Julia URBAHN (2008): Typen statt Etiketten. Qualitative Erkenntnisse für ein Themenmanagement im Seniorenmarkt. In: planung & analyse (4), S. 50-55.

BÖTTCHER, Dirk (2009): Stress in der City. In: Brand Eins (10), S. 112-117.

BRANDENBURG, Uwe / Jörg-Peter DOMSCHKE (2007): Die Zukunft sieht alt aus. Herausforderungen des demografischen Wandels für das Personalmanagement, Wiesbaden.

BRIEGLEB, Till (2011): Unnötiger Aufenthalt ist nicht gestattet. In: Süddeutsche Zeitung vom 12.08.2011.

BROCKHOFF, Eckhard (2006): Wie viele Zentren verträgt die Stadt? In: Brune, W. / R. Junker / H. Pump-Uhlmann (Hg.): Angriff auf die City. Kritische Texte zur Konzeption, Planung und Wirkung von integrierten und nicht integrierten Shopping-Centern in zentralen Lagen, Düsseldorf, S. 93-103.

BROSIUS, Felix (2011): SPSS 19, Heidelberg u.a.

BRUNE, Walter (1998): Architektonische Konzeption von Shopping-Centern und Stadtgalerien. In: Falk, Bernd (Hg.): Das große Handbuch Shopping-Center. Einkaufspassagen, Factory-Outlet-Malls, Urban-Entertainment-Center, Landsberg am Lech, S. 165-181.

BRUNE, Walter (2006a): Integriert oder nicht integriert? Ein bedeutender Unterschied. In: Brune, W. / R. Junker / H. Pump-Uhlmann (Hg.): Angriff auf die City. Kritische Texte zur Konzeption, Planung und Wirkung von integrierten und nicht integrierten Shopping-Centern in zentralen Lagen, Düsseldorf, S. 55-63.

BRUNE, Walter (2006b): Innenstadtentwicklung durch Shopping-Center? In: Brune, W. / R. Junker / H. Pump-Uhlmann (Hg.): Angriff auf die City. Kritische Texte zur Konzeption, Planung und Wirkung von integrierten und nicht integrierten Shopping-Centern in zentralen Lagen, Düsseldorf, S. 65-71.

BRUNE, Walter / Rolf JUNKER / Holger PUMP-UHLMANN (Hg.) (2006): Angriff auf die City. Kritische Texte zur Konzeption, Planung und Wirkung von integrierten und nicht integrierten Shopping-Centern in zentralen Lagen, Düsseldorf.

BRÜNNER, Björn O. (1997): Die Zielgruppe Senioren. Eine interdisziplinäre Analyse der älteren Konsumenten, Frankfurt / Main u.a.

BUCHER, Hansjörg (2006): Demographische Trends und Herausforderungen: nationale, regionale und lokale Aspekte in Deutschland. In: Deutsch-Französisches Institut, Wüstenrot Stiftung (Hg.): Demographie und Stadtentwicklung. Beispiele aus Deutschland und Frankreich, Ludwigsburg, S. 55-72.

BUCHER, Hansjörg / Claus SCHLÖMER (2007): Der Blick in die Zukunft. Sensitivitätsanalysen zum demographischen Wandel in den Regionen Deutschlands. In: Geographische Rundschau 59 (2), S. 14-23.

BUCHER, Hansjörg / Claus SCHLÖMER / Gregor LACKMANN (2004): Die Bevölkerungsentwicklung in den Kreisen der Bundesrepublik Deutschland zwischen 1990 und 2020. In: Informationen zur Raumentwicklung (3/4), S. 107-126.

BÜHL, Achim ([13]2012): SPSS 20. Einführung in die moderne Datenanalyse, München.

BÜHLER, Thomas (1990): City-Center. Erfolgsfaktoren innerstädtischer Einkaufszentren, Wiesbaden.

BÜHNER, Markus / Matthias ZIEGLER (2009): Statistik für Psychologen und Sozialwissenschaftler, München.

BUNDESINSTITUT FÜR BEVÖLKERUNGSFORSCHUNG (Hg.) (2009): Verlauf der demographischen Alterung. Im Internet unter: http://www.bib-demografie.de (abgerufen am 27.02.2011). [BIB]

BUNDESINSTITUT FÜR BEVÖLKERUNGSFORSCHUNG (Hg.) (2011): Geschlechtsproportion nach Altersgruppen in Deutschland, 1881 bis 2060. Im Internet unter: http://www.bib-demografie.de (abgerufen am 27.02.2011). [BIB]

BUNDESMINISTERIUM DES INNEREN (Hg.) (2011): Demografiebericht. Bericht der Bundesregierung zur demografischen Lage und künftigen Entwicklung des Landes, Berlin. [BMI]

BUNDESMINISTERIUM FÜR ARBEIT UND SOZIALES (Hg.) (o.J.): Ergänzender Bericht der Bundesregierung zum Rentenversicherungsbericht 2008 gemäß § 154 Abs. 2 SGB VI (Alterssicherungsbericht 2008), o.O. [BMAS]

BUNDESMINISTERIUM FÜR FAMILIE, SENIOREN, FRAUEN UND JUGEND (Hg.) (2005): Fünfter Bericht zur Lage der älteren Generation in der Bundesrepublik Deutschland. Potenziale des Alters in Wirtschaft und Gesellschaft. Der Beitrag älterer Menschen zum Zusammenhalt der Generationen. Bericht der Sachverständigenkommission, Berlin. [BMFSFJ]

BUNDESMINISTERIUM FÜR FAMILIE, SENIOREN, FRAUEN UND JUGEND (Hg.) (2001): Dritter Bericht zur Lage der älteren Generation in der Bundesrepublik Deutschland: Alter und Gesellschaft und Bericht der Sachverständigenkommission (= Deutscher Bundestag, Drucksache 14/5130), Berlin. [BMFSFJ]

BUNDESMINISTERIUM FÜR FAMILIE, SENIOREN, FRAUEN UND JUGEND (Hg.) (2006): Familie zwischen Flexibilität und Verlässlichkeit. Perspektiven für eine lebenslaufbezogene Familienpolitik. Siebter Familienbericht (= Deutscher Bundestag, Drucksache 16/1360), Berlin. [BMFSFJ]

BUNDESMINISTERIUM FÜR VERKEHR, BAU UND STADTENTWICKLUNG (Hg.) (2010): Mobilität in Deutschland 2008. Ergebnisbericht. Struktur – Aufkommen – Emissionen – Trends (Durchführung der Studie durch infas Institut für angewandte Sozialwissenschaften GmbH und DLR Deutsches Zentrum für Luft- und Raumfahrt e.V.), Bonn / Berlin. [BMVBS]

BUNDESMINISTERIUM FÜR VERKEHR, BAU UND STADTENTWICKLUNG (Hg.) (2011): Weißbuch Innenstadt. Starke Zentren für unsere Städte und Gemeinden, Berlin / Bonn. [BMVBS]

BUNDESVERBAND DES DEUTSCHEN VERSANDHANDELS (Hg.) (2011): Bedeutende Umsatzsteigerungen in 2010 – interaktiver Handel weiter auf Erfolgskurs, Boom dauert an (Pressemitteilung). Im Internet unter: http://www.bvh.info (abgerufen am 11.09.2013). [BVH]

BURGARD, Esther / Miklós KISS / Marc WITTMANN (³2006): Gerontotechnik. In: Oswald, W. D. et al. (Hg.): Gerontologie. Medizinische, psychologische und sozialwissenschaftliche Grundbegriffe, Stuttgart, S. 199-204.

BUSLEI, Hermann / Erika SCHULZ / Viktor STEINER (2007): Auswirkungen des demographischen Wandels auf die private Nachfrage nach Gütern und Dienstleistungen in Deutschland bis 2050. Endbericht (= DIW Berlin: Politikberatung kompakt 26), Berlin.

CASPI, Avshalom / Daryl J. BEM (1990): Personality Continuity and Change Across the Life Course. In: Pervin, L. A. (Hg.): Handbook of Personality. Theory and Research, New York / London, S. 549-575.

CESARZ, Michael (2009): Im Einklang mit der Umwelt – Shopping-Center und Nachhaltigkeit. In: Falk, B. / W. R. Bays (Hg.): Shopping-Center-Handbuch. Development – Management – Marketing, Starnberg, S. 957-965.

CIRKEL, Michael (2009): Von der Last zur Chance – Das Altern der Gesellschaft im Paradigmenwechsel. In: Seniorenwirtschaft 1 (1), S. 4-10.

CIRKEL, Michael / Josef HILBERT / Christa SCHALK (2004): „Produkte und Dienstleistungen für mehr Lebensqualität im Alter". Expertise, Gelsenkirchen.

CLEFF, Thomas (²2011): Deskriptive Statistik und moderne Datenanalyse. Eine computergestützte Einführung mit Excel, PASW (SPSS) und STATA, Wiesbaden.

CLEMENS, Wolfgang (1993): Soziologische Aspekte eines „Strukturwandels des Alters". In: Naegele, G. / H. P. Tews (Hg.): Lebenslagen im Strukturwandel des Alters. Alternde Gesellschaft – Folgen für die Politik, Opladen, S. 61-81.

COHEN, Joel B. / Martin FISHBEIN / Olli T. AHTOLA (1972): The Nature and Uses of Expectancy-Value Models in Consumer Attitude Research. In: Journal of Marketing Research, S. 456-460.

CRESCENTI, Marcelo (2005): Rosige Aussichten. In: Lebensmittel Zeitung Spezial 1: Generation 50+. Strategien für die Mehrheit von morgen, S. 14-15.

DE BRUWER, Johan W. (1997): Solving the ideal tenant mix puzzle for a proposed shopping centre: a practical research methodology. In: Property Management 15 (3), S. 160-172.

DEUTSCHE RENTENVERSICHERUNG BUND (Hg.) (2011): Rentenversicherung in Zahlen 2011, Berlin. [DRV BUND]

DIEKMANN, ANDREAS (¹⁹2008): Empirische Sozialforschung. Grundlagen, Methoden, Anwendungen, Reinbeck.

DOERR, Thomas (2006): Innerstädtische, großflächige Einzelhandelszentren – > Sargnägel < oder Bereicherung für gewachsene Innenstädte? In: Brune, W. / R. Junker / H. Pump-Uhlmann (Hg.): Angriff auf die City. Kritische Texte zur Konzeption, Planung und Wirkung von integrierten und nicht integrierten Shopping-Centern in zentralen Lagen, Düsseldorf, S. 75-83.

DONAT, Eddy ET AL. (2005): Einzelhandelskonzept für die Stadt Zwickau, Leipzig / München.

DÖRHÖFER, Kerstin (2007): Passagen und Passanten, Shopping Malls und Konsumentinnen. In: Wehrheim, J. (Hg.): Shopping Malls. Interdisziplinäre Betrachtungen eines neuen Raumtyps (= Stadt, Raum und Gesellschaft, Band 24), Wiesbaden, S. 54-73.

DÖRHÖFER, Kerstin (2008): Shopping Malls und neue Einkaufszentren. Urbaner Wandel in Berlin, Berlin.

DUNCKER, Christian (1998): Dimensionen des Wertewandels in Deutschland. Eine Analyse anhand ausgewählter Zeitreihen, Frankfurt / Main u.a.

DÜTHMANN, Christiane (2005): Die Zukunft hat begonnen. In: Lebensmittel Zeitung Spezial (1): Generation 50+. Strategien für die Mehrheit von morgen, S. 66-69.

ECE PROJEKTMANAGEMENT G.M.B.H. & CO. KG (Hg.) (o.J.): Löhr-Center Koblenz, Hamburg. [ECE]

ECKEY, Hans-Friedrich / Reinhold KOSFELD / Matthias TÜRCK ([5]2008): Deskriptive Statistik. Grundlagen – Methoden – Beispiele, Wiesbaden.

ECKSTEIN, Aline / Kai HUDETZ / Eva STÜBER (2012): Wie weit ist der Handel? In: Kurtz, A. / S. Bohrenfeld / M. Heiermann (Hg.): Factbook Einzelhandel 2013, Neuwied, S. 21-26.

EHI RETAIL INSTITUTE (2009): Shopping-Center: Beliebte Einkaufsparadiese mit Potenzial. Im Internet unter: http://www.ehi.org (abgerufen am 05.04.2011). [EHI]

EHI (Hg.) (2013): Gesamtumsatz und Online-Umsatz im interaktiven Handel 2006 bis 2012 in Deutschland mit Prognose für 2013 (in Milliarden Euro). Im Internet unter: http:// www.handelsdaten.de (abgerufen am 10.09.2013).

EHI RETAIL INSTITUTE E.V. (Hg.) (2008): Shopping-Center 2009. Fakten, Hintergründe und Perspektiven in Deutschland, Köln. [EHI]

EITNER, Carolin (2008): Die Reaktionsfähigkeit des deutschen Einzelhandels auf den demographischen Wandel. Eine quantitative und qualitative Analyse unter zielgruppen- und netzwerkspezifischen Gesichtspunkten, Bochum.

EITNER, Carolin (2011): Einzelhandel. In: Heinze, R. G. / G. Naegele / K. Schneiders: Wirtschaftliche Potenziale des Alters (= Grundriss Gerontologie, Band 11), Stuttgart, S. 121-131.

ENGSTLER, Heribert / Sonja MENNING (2003): Die Familie im Spiegel der amtlichen Statistik. Lebensformen, Familienstrukturen, wirtschaftliche Situation der Familien und familiendemographische Entwicklung in Deutschland, Berlin.

ENSTE, Peter / Gerhard NAEGELE / Verena LEVE (2008): The Discovery and Development of the Silver Market in Germany. In: Kohlbacher, F. / C. Herstatt (Hg.): The Silver Market Phenomenon. Business Opportunities in an Era of Demographic Change, Berlin / Heidelberg, S. 325-339.

ENSTE, Peter (2009): Wirtschaftskraft Alter – finanzielle Potenziale von Senioren. In: Seniorenwirtschaft 1 (1), S. 18-22.

EPPLE, Manfred (1990): An der Schwelle der neunziger Jahre – Finanzverhalten im Wandel. In: Szallies, R. / G. Wiswede (Hg.): Wertewandel und Konsum. Fakten, Perspektiven und Szenarien für Markt und Marketing, Landsberg / Lech, S. 417-436.

ERLANGER NACHRICHTEN: „Arcaden" sollen Kaufkraft in Erlangen binden (06.12.2001). [EN]

ERLANGER NACHRICHTEN: 2000 kamen zur Party in die „Erlangen Arcaden" (05.11.2007). [EN]

ERLANGER NACHRICHTEN: Auch die Stadt springt ab (16.01.2005). [EN]

ERLANGER NACHRICHTEN: Bei einem Tässchen Espresso der Affen-Kapelle zuschauen (11.05.2010). [EN]

ERLANGER NACHRICHTEN: Bekommt das Klima in den Arcaden nicht jedem? (10.06.2008). [EN]

ERLANGER NACHRICHTEN: Das große Umziehen (06.07.2007). [EN]

ERLANGER NACHRICHTEN: Das Ladenzentrum „Carrée" als neuer Magnet am Rathausplatz (02.12.2005). [EN]

ERLANGER NACHRICHTEN: Der Einzelhandel sucht Verbündete (03.03.2008). [EN]

ERLANGER NACHRICHTEN: Die Erlanger Altstadt verödet allmählich immer weiter (15.04.2009). [EN]

ERLANGER NACHRICHTEN: Eine Trumpfkarte im Wettbewerb der Städte (15.02.2002). [EN]

ERLANGER NACHRICHTEN: Erlangens Händler fürchten um ihre Existenz (30.08.2002). [EN]

ERLANGER NACHRICHTEN: Erlanger Läden haben unterschiedliche Öffnungszeiten (07.09.2006). [EN]

ERLANGER NACHRICHTEN: GfK-Untersuchung zu Erlangen Arcaden (11.05.2009). [EN]

ERLANGER NACHRICHTEN: Lauter reizarme Konsumtempel? (15.09.2007). [EN]

ERLANGER NACHRICHTEN: Mehr Platz und Licht am Neuen Markt (08.11.1989). [EN]

ERLANGER NACHRICHTEN: Neue „Mall" soll bald viele Kunden anlocken (27.08.2002). [EN]

ERLANGER NACHRICHTEN: Nürnberg behält seine Zugkraft (24.07.2004). [EN]

ERLANGER NACHRICHTEN: Positives Miteinander (17.09.2007). [EN]

ERLANGER NACHRICHTEN: Riesentorte zum „Geburtstag" der Arcaden (25.09.2008). [EN]

ERLANGER NACHRICHTEN: Sorgen um die Altstadt (25.04.2002). [EN]

ERLANGER NACHRICHTEN: Tödliche Konkurrenz? (29.08.2002). [EN]

ERLANGER NACHRICHTEN: Viel Schrott im neuen Shopping-Center (12.10.2007). [EN]

ERLANGER NACHRICHTEN: Viel Zuspruch und leise Kritik (22./23.09.2007). [EN]

ERLANGER NACHRICHTEN: Von den Kunden ist viel Zuspruch zu hören (28.08.2002). [EN]

ERLANGER NACHRICHTEN: Wenn Fiktion auf Realität prallt (03./04.10.2007). [EN]

ERLANGER NACHRICHTEN: Wichtige Zugnummer (04.10.2002). [EN]

ERLANGER NACHRICHTEN: Zentrum ohne Leitbild (12./13.10.2002). [EN]

ERLANGER TAGBLATT: Dem Neuen Markt fehlt ein Hauch von Wärme (02.02.1971). [ET]

ERLANGER TAGBLATT: Gestern Festakt mit viel Prominenz. Heute Eröffnung der Ladengeschäfte (16.10.1970). [ET]

ERLANGER TAGBLATT: Hochmoderne City für Erlangen (15.10.1970). [ET]

ETRILLARD, Stéphane (2008): Best-Selling – Verkaufen an die jungen Alten. Bedarfsermittlung, Verkaufspsychologie, Abschlusstechniken, Göttingen.

FAHLE, Bernd / Hannes BARK / Stefanie BURG (2008): Fokus Innenstadt. Innenstadtentwicklung in baden-württembergischen Innenstädten (herausgegeben von Würstenrot Stiftung), Ludwigsburg.

FAHRMEIR, Ludwig ET AL. (^{6}2007): Statistik. Der Weg zur Datenanalyse, Berlin / Heidelberg / New York.

FALK, Bernd (1982): Entwicklungsstand und Zukunftsaussichten der Shopping-Center. In: Falk, B. (Hg.): Einkaufszentren. Planung, Entwicklung, Realisierung und Management, Landsberg am Lech, S. 59-76.

FALK, Bernd (1988): Das Shopping-Center als Einkaufs- und Freizeitzentrum. In: Dynamik im Handel, Sonderausgabe „50 Jahre Selbstbedienung" (Oktober), S. 92-102.

FALK, Bernd (1998): Shopping-Center – Grundlagen, Stand und Entwicklungsperspektiven. In: Falk, B. (Hg.): Das große Handbuch Shopping-Center. Einkaufspassagen, Factory-Outlet-Malls, Urban-Entertainment-Center, Landsberg am Lech, S. 13-48.

FALK, Bernd (2007a): Shopping-Center in Deutschland – expansive Entwicklung. In: Ernst & Sohn Special 2: Einkaufszentren. Planen – Bauen – Umbauen – Instandsetzen, S. 6-8.

FALK, Bernd (2007b): Shopping-Center-Revitalisierungen. In: Ernst & Sohn Special 2: Einkaufszentren. Planen – Bauen – Umbauen – Instandsetzen, S. 64-68.

FALK, Bernd (2009a): Shopping-Center – Erscheinungsformen, Besonderheiten und Erfolgskriterien. In: Falk, B. / W. R. Bays (Hg.): Shopping-Center-Handbuch. Development – Management – Marketing, Starnberg, S. 21-37.

FALK, Bernd (2009b): Innerstädtische Shopping-Center im Spannungsfeld. In: Falk, B. / W. R. Bays (Hg.): Shopping-Center-Handbuch. Development – Management – Marketing, Starnberg, S. 153-165.

FALK, Bernd / Wolfgang R. BAYS (Hg.) (2009): Shopping-Center-Handbuch. Development – Management – Marketing, Starnberg.

FALK, Bernd R. (1973a): Vorwort des Herausgebers. In: Falk, B. R. (Hg.): Shopping Center Handbuch, München, S. 9.

FALK, Bernd R. (1973b): Die Entwicklung der regionalen Shopping-Center in der Bundesrepublik Deutschland. In: Falk, B. R. (Hg.): Shopping Center Handbuch, München, S. 11-26.

FALK, Bernd R. (1975): Methodische Ansätze und empirische Ergebnisse der Kundenforschung in Einkaufszentren (shopping-center) unter besonderer Berücksichtigung der Beobachtungsmethode (= Betriebswirtschaftliche Schriften, Heft 79), Berlin.

FALK, Bernd R. (1980): Zur gegenwärtigen Situation und künftigen Entwicklung der Shopping-Center in den westeuropäischen Ländern. In: Heineberg, H. (Hg.): Einkaufszentren in Deutschland. Entwicklung, Forschungsstand und –probleme mit einer annotierten Auswahlbibliographie (= Münstersche Geographische Arbeiten 5), Paderborn, S. 47-61.

FALK, Bernd R. / Jakob WOLF ([11]1992): Handelsbetriebslehre, Landsberg am Lech.

FASSHAUER, Stephan (2005): Die Folgen des demographischen Wandels für die gesetzliche Rentenversicherung. In: Kerschbaumer, J. / W. Schroeder (Hg.): Sozialstaat und demographischer Wandel. Herausforderungen für Arbeitsmarkt und Sozialversicherung, Wiesbaden, S. 67-95.

FEDERSEL-LIEB, Cornelia (1992): Kommunikationspolitik im Seniorenmarkt, Bayreuth.

FEINBERG, Richard A. ET AL. (1989): There's Something Social Happening at the Mall. In: Journal of Business and Psychology 4 (1), S. 49-63.

FICHTNER, Brigitte (1990): Wertewandel bei Textilien? In: Szallies, R. / G. Wiswede (Hg.): Wertewandel und Konsum. Fakten, Perspektiven und Szenarien für Markt und Marketing, Landsberg / Lech, S. 357-375.

FILIPP, Sigrun-Heide / Anne-Kathrin MAYER (2005): Zur Bedeutung von Altersstereotypen. In: Aus Politik und Zeitgeschichte (49-50), S. 25-31.

FLICK, Uwe (1996): Psychologie des technisierten Alltags. Soziale Konstruktion und Repräsentation technischen Wandels in verschiedenen kulturellen Kontexten (= Beiträge zur psychologischen Forschung, Band 28), Opladen.

FLICK, Uwe ([4]2011): Qualitative Sozialforschung. Eine Einführung, Reinbeck.

FRANCK, Jochen (2000): Erfolgsfaktor Entertainment. In: Jones Lang LaSalle (Hg.): Shopping Center im neuen Millennium, Frankfurt / Main, S. 10-11.

FRANK, Susanne (2007): Das Öffentliche im Privaten. Bürgerschaftliches Engagement im Shopping Center. In: Wehrheim, J. (Hg.): Shopping Malls. Interdisziplinäre Betrachtungen eines neuen Raumtyps (= Stadt, Raum und Gesellschaft, Band 24), Wiesbaden, S. 119-133.

FRANKE, Martin (2007): Lokaler Einzelhandel und Shopping-Center. Eine Betrachtung zu den Auswirkungen eines integrierten Shopping-Centers, Saarbrücken.

FRANKFURTER ALLGEMEINE ZEITUNG: Auch innerstädtische Einkaufszentren in der Kritik (02.10.2008). [FAZ]

FREHN, Michael (1996): Erlebniseinkauf in Kunstwelten und inszenierten Realkulissen. Raum- und mobilitätsstrukturelle Auswirkungen sowie planerische Handlungsansätze. In: Informationen zur Raumentwicklung (6), S. 317-330.

FREIBERGER, Ellen ([3]2006): Stürze. In: Oswald, W. D. et al. (Hg.): Gerontologie. Medizinische, psychologische und sozialwissenschaftliche Grundbegriffe, Stuttgart, S. 368-373.

FRENKEL, Rainer (2006): Innenstadt zu verkaufen. In: DIE ZEIT (44) vom 26.10.2006.

FREVEL, Bernhard (2004): Schicksal? Chance? Risiko? – Herausforderung demographischer Wandel!. In: Frevel, B. (Hg.): Herausforderung demografischer Wandel (= Perspektiven der Gesellschaft), Wiesbaden, S. 7-13.

FRICK, Joachim R. / Markus M. GRABKA (2010): Alterssicherungsvermögen dämpft Ungleichheit – aber große Vermögenskonzentration bleibt bestehen. In: Wochenbericht des DIW Berlin (3), S. 2-13.

334

Friedrichs, Jürgen ([14]1990): Methoden empirischer Sozialforschung (= VW Studium, Band 28), Opladen.

Gans, Paul (2006): Herausforderungen des demographischen Wandels für die Entwicklung der Agglomerationen. In: Gans, P. / A. Priebs / R. Wehrhahn (Hg.): Kulturgeographie der Stadt (= Kieler Geographische Schriften 111), S. 97-110.

Gans, Paul / Ansgar Schmitz-Veltin (2004): Räumliche Muster des demographischen Wandels in Europa. Geburtenrückgang und Verlängerung der Lebensphase. In: Raumforschung und Raumordnung (2), S. 83-95.

Gans, Paul / Ansgar Schmitz-Veltin (2006): Grundzüge der demographischen Entwicklung in Europa. In: Gans, P. / A. Schmitz-Veltin (Hg.): Demographische Trends in Deutschland. Folgen für Städte und Regionen (= Forschungs- und Sitzungsberichte der ARL: Räumliche Konsequenzen des demographischen Wandels, Teil 6), Hannover, S. 35-54.

Gans, Paul / Tim Leibert (2007): Zweiter demographischer Wandel in den EU-15-Staaten. In: Geographische Rundschau 59 (2), S. 4-13.

Gassmann, Oliver / Gerrit Reepmeyer (2006): Wachstumsmarkt Alter. Innovationen für die Zielgruppe 50+, München / Wien.

Gatzweiler, Hans-Peter / Martina Kocks (2004): Demographischer Wandel. Modellvorhaben der Raumordnung als Handlungsfeld des Bundes. In: Raumforschung und Raumordnung (2), S. 133-148.

Gerbich, Marcus (1998): Shopping-Center Rentals: An Empirical Analysis of the Retail Tenant Mix. In: Journal of Real Estate Research 15 (3), S. 283-296.

Gerhard, Ulrike (1998): Erlebnis-Shopping oder Versorgungseinkauf? Eine Untersuchung über den Zusammenhang von Freizeit und Einzelhandel am Beispiel der Stadt Edmonton, Kanada (= Marburger Schriften, Heft 133), Marburg / Lahn.

Gerhard, Ulrike / Monika Popp (2009): Historische Entwicklung der Shopping-Center. In: Falk, B. / W. R. Bays (Hg.): Shopping-Center-Handbuch. Development – Management – Marketing, Starnberg, S. 38-47.

Germelmann, Claas Christian (2003): Kundenorientierte Einkaufszentrengestaltung, Wiesbaden.

Gerok, Wolfgang / Jochen Brandtstädter (1992): Normales, krankhaftes und optimales Altern: Variations- und Modifikationsspielräume. In: Baltes, P. B. / J. Mittelstraß (Hg.): Zukunft des Alterns und gesellschaftliche Entwicklung (= Akademie der Wissenschaften zu Berlin, Forschungsbericht 5), Berlin / New York, S. 356-385.

Gestring, Norbert / Ute Neumann (2007): Von Mall Rats und Mall Bunnies. Jugendliche in Shopping Malls. In: Wehrheim, J. (Hg.): Shopping Malls. Interdisziplinäre Betrachtungen eines neuen Raumtyps (= Stadt, Raum und Gesellschaft, Band 24), Wiesbaden, S. 134-151.

Geyer, Johannes / Viktor Steiner (2010): Künftige Altersrenten in Deutschland: Relative Stabilität im Westen, starker Rückgang im Osten. In: Wochenbericht des DIW Berlin (11), S. 2-12.

Giese, Ernst (2003): Auswirkungen integrierter großflächiger Shopping-Center auf den innerstädtischen Einzelhandel in Mittelstädten Westdeutschlands. In: Bischoff, C. A. / Chr. Krajewski (Hg.): Beiträge zur geographischen Stadt- und Regionalforschung. Festschrift für Heinz Heineberg (= Münstersche Geographische Arbeiten 46), Münster, S. 125-136.

GILLIS, Jaap C. (2009): Nachhaltigkeit von Shopping-Centern und Einzelhandelsimmobilien. In: Falk, B. / W. R. Bays (Hg.): Shopping-Center-Handbuch. Development – Management – Marketing, Starnberg, S. 945-956.

GLASZE, Georg (2001): Privatisierung öffentlicher Räume? Einkaufszentren, Business Improvement Districts und geschlossene Wohnkomplexe. In: Berichte zur deutschen Landeskunde 75 (2/3), S. 160-177.

GMA GESELLSCHAFT FÜR MARKT- UND ABSATZFORSCHUNG MBH (Hg.) (2011): Einzelhandels- und Zentrenkonzept der Stadt Zwickau, Dresden. [GMA]

GREIPL, Erich (2007): Der Einzelhandel als Treiber der Stadtentwicklung. In: Greipl, E. / S. Müller (Hg.): Zukunft der Innenstadt. Herausforderungen für ein erfolgreiches Stadtmarketing. 7. Kolloquium an der Fakultät Wirtschaftswissenschaften der Technischen Universität Dresden, Wiesbaden, S. 21-32.

GRÖPPEL-KLEIN, Andrea / Claas Christian GERMELMANN (2002): Die Bedeutung von Wahrnehmungs- und Gedächtnisbildern von Einkaufszentren. In: Möhlenbruch, D. / M. Hartmann (Hg.): Der Handel im Informationszeitalter. Konzepte – Instrumente – Umsetzung, Wiesbaden, S. 511-534.

GRÖPPEL-KLEIN, Andrea / Claas Christian GERMELMANN (2009): Vom „Mall-Walking" bis zu „Blitzeinkäufen" – wie verhalten sich Konsumenten in einem Shopping-Center? In: Falk, B. / W. R. Bays (Hg.): Shopping-Center-Handbuch. Development – Management – Marketing, Starnberg, S. 347-355.

GROSCH, Martin (o.J.): Erlangen Erfahren. Radeln in Bayerns Fahrradhauptstadt (herausgegeben von Stadt Erlangen, Amt für Stadtentwicklung und Stadtplanung), Erlangen.

GRUNDMANN, Lutz (2009): Technisches Gebäudemanagement und Architektur bei der Revitalisierung von Shopping-Centern. In: Falk, B. / W. R. Bays (Hg.): Shopping-Center-Handbuch. Development – Management – Marketing, Starnberg, S. 574-587.

GURATSCH, Dankwart (2007): Shopping auf Kosten der City. Göttinger Diskussion über die Auswirkungen großer Einkaufstempel. In: Die Welt vom 30.11.2007.

HAHN, Barbara (2002): 50 Jahre Shopping Center in den USA. Evolution und Marktanpassung (= Geographische Handelsforschung 7), Passau.

HAHN, Barbara (2007): Shopping Center als internationales Phänomen. In: Wehrheim, J. (Hg.): Shopping Malls. Interdisziplinäre Betrachtungen eines neuen Raumtyps (= Stadt, Raum und Gesellschaft, Band 24), Wiesbaden, S. 15-33.

HANSER, Peter (1996): asw-Fachgespräch mit Dr. Regine Kalka über Marketingziele im Facheinzelhandel. Wenig Ziele, die den Kunden berücksichtigen. In: Absatzwirtschaft (10), S. 82-85.

HANTSCHEL, Roswitha / Elka THARUN (1980): Anthropogeographische Arbeitsweisen, Braunschweig.

HÄRTL-KASULKE, Claudia (1998): Marketing für Zielgruppen ab 50. Kommunikationsstrategien für 50plus und Senioren, Neuwied.

HARTWIG, Ralf (1990): Erfolgsfaktoren von regionalen Einkaufszentren. In: Jahrbuch der Absatz- und Verbrauchsforschung 36(4), S. 400-417.

HATZFELD, Ulrich (1998): Malls und Mega-Malls. Globale Investitionsstrategien und lokale Verträglichkeit. In: Hennings, G. / S. Müller (Hg.): Kunstwelten. Künstliche Erlebniswelten und Planung, Dortmund, S. 32-50.

HÄUSEL, Hans-Georg (2008a): Brain View. Warum Kunden kaufen, Freiburg u.a.

HÄUSEL, Hans-Georg (2008b): Brainsights: Was das Senioren-Marketing von der Hirnforschung lernen kann. In: Meyer-Hentschel, H. / G. Meyer-Hentschel (Hg.): Jahrbuch Seniorenmarkting 2008/2009. Unternehmensführung – Forschung – Praxis, Frankfurt / Main, S. 139-154.

HEIDEL, Bernhard (2008): Lexikon Konsumentenverhalten und Marktforschung, Frankfurt / Main.

HEIDENREICH, Klaus (⁴1995): Entwicklung von Skalen. In: Roth, E. (Hg., unter Mitarbeit von K. Heidenreich): Sozialwissenschaftliche Methoden. Lehr- und Handbuch für Forschung und Praxis, München / Wien, S. 407-439.

HEINEMANN, Michael (1976): Einkaufsstättenwahl und Firmentreue des Konsumenten (= Unternehmensführung und Marketing, Band 6), Wiesbaden.

HEINRITZ, Günter (2009): Shopping-Center und Stadtentwicklung. Integration und ökonomische Verträglichkeit. In: Falk, B. / W. R. Bays (Hg.): Shopping-Center-Handbuch. Development – Management – Marketing, Starnberg, S. 136-143.

HEINRITZ, Günter / Frank SCHRÖDER (2001): Geographische Visionen von Einzelhandel der Zukunft. In: Berichte zur deutschen Landeskunde 75 (2/3), S. 178-187.

HEINRITZ, Günter / Kurt E. KLEIN / Monika POPP (2003): Geographische Handelsforschung, Berlin / Stuttgart.

HEINZE, Rolf G. / Gerhard NAEGELE / Katrin SCHNEIDERS (2011): Wirtschaftliche Potenziale des Alters (= Grundriss Gerontologie, Band 11), Stuttgart.

HELMCHEN, Hanfried et al. (³2010): Psychische Erkrankungen im Alter. In: Lindenberger, U. et al. (Hg.): Die Berliner Altersstudie, Berlin, S. 209-243.

HELTEN, Frank (2007): Die Sicherheit der Shopping Mall: Überwachung und Kontrolle des postmodernen Konsums. In: Wehrheim, J. (Hg.): Shopping Malls. Interdisziplinäre Betrachtungen eines neuen Raumtyps (= Stadt, Raum und Gesellschaft, Band 24), Wiesbaden, S. 241-260.

HESSE, Gerhard / Armin LAUBERT (2005): Hörminderung im Alter – Ausprägung und Lokalisation. In: Deutsches Ärzteblatt 102 (42), S. A2864-A2868.

HILLMANN, Karl-Heinz (2001): Zur Wertewandelforschung: Einführung, Übersicht und Ausblick. In: Oesterdiekhoff, G. W. / N. Jegelka (Hg.): Werte und Wertewandel in westlichen Gesellschaften. Resultate und Perspektiven der Sozialwissenschaften, Opladen, S. 15-39.

HOCHSTADT, Stefan (2008): Stadt für alle! Einige Anmerkungen über den demographischen Wandel hinaus. In: Kreuzer, V. / Th. Scholz / Chr. Reicher (Hg.): Zukunft Alter. Stadtplanerische Ansätze zur altersgerechten Quartiersentwicklung, Dortmund, S. 27-43.

HOGUE, Carol C. (1984): Falls and Mobility in Late Life: An Ecological Model. In: Journal of the American Geriatrics Society 32 (11), S. 858-861.

HOPF, Christel (1978): Die Pseudo-Exploration – Überlegungen zur Technik qualitativer Interviews in der Sozialforschung. In: Zeitschrift für Soziologie 7 (2), S. 97-115.

HOPFINGER, Hans / Anke SCHMIDT (2010): Innerstädtische Standorte für Einkaufszentren – Bedrohung oder Bereicherung? Das Beispiel Erlangen Arcaden. In: Standort (34), S. 20-26.

HORN, Peter (2007): Weiter auf Wachstumskurs. In: Süddeutsche Zeitung vom 16.02.2007.

HULLEN, Gert (2004): Bevölkerungsentwicklung in Deutschland. Die Bevölkerung schrumpft, altert und wird heterogener. In: Frevel, B. (Hg.): Herausforderung demografischer Wandel (= Perspektiven der Gesellschaft), Wiesbaden, S. 15-25.

HUNKE, Reinhard / Guido GERSTNER (Hg.) (2006): 55plus Marketing. Zukunftsmarkt Senioren, Stuttgart.

HUPP, Oliver (2000): Seniorenmarketing. Informations- und Entscheidungsverhalten älterer Konsumenten, Hamburg.

INSTITUT FÜR ARBEITSMARKT- UND BERUFSFORSCHUNG (Hg.) (2013): Daten zur kurzfristigen Entwicklung von Wirtschaft und Arbeitsmarkt, Nürnberg. [IAB]

INSTITUT FÜR GEWERBEZENTREN (2011): Shopping-Center – die Expansion geht weiter. Im Internet unter: http://www.shoppingcenters.de/de/marktsituation/deutschland.html (abgerufen am 07.04.2011). [IFG]

JAECK, Horst-Joachim (1982): Zur Geschichte der Shopping-Center. In: Falk, B. (Hg.): Einkaufszentren: Planung, Entwicklung, Realisierung und Management, Landsberg am Lech, S. 29-36.

JANSEN, Torben / Christina RABE (2003): Wertewandel bei den neuen Alten – eine kohortenanalytische Untersuchung. In: Rabe, Chr. / J. Lieb (Hg.): Zukunftsperspektiven des Marketing – Paradigmenwechsel und Neuakzentuierungen. Festschrift anlässlich der Emeritierung von Prof. Dr. Dr. h.c. Hans Hörschgen, Berlin, S. 163-179.

JANSSEN, Jürgen / Wilfried LAATZ ([6]2007): Statistische Datenanalyse mit SPSS für Windows. Eine anwendungsorientierte Einführung in das Basissystem und das Modul Exakte Tests, Berlin / Heidelberg / New York.

JÄPEL, Werner (1985): Die Qualität alternativer Rating-Formen und ihre Einflußgrößen, Regensburg (Univ. Diss.).

JONES LANG LASALLE (Hg.) (2012a): Immobilienmarkt – Definitionen, o.O.

JONES LANG LASALLE (Hg.) (2012b): Retail City Profile Erlangen 2011, o.O.

JONES LANG LASALLE (Hg.) (2012c): Retail City Profile Koblenz 2011, o.O.

JUNKER, Rolf (2006): Center statt Stadt? – Die Rolle der Stadtplaner. Für einen sorgfältigeren Umgang mit der Innenstadt. In: Brune, W. / R. Junker / H. Pump-Uhlmann (Hg.): Angriff auf die City. Kritische Texte zur Konzeption, Planung und Wirkung von integrierten und nicht integrierten Shopping-Centern in zentralen Lagen, Düsseldorf, S. 107-117.

JUNKER, Rolf (2007): Genug ist ihnen nicht genug. Vom unaufhaltsamen Vordringen von Shopping-Centern, deren Folgen für die Städte und den Steuerungsaufgaben der Stadtplanung. In: Wehrheim, J. (Hg.): Shopping Malls. Interdisziplinäre Betrachtungen eines neuen Raumtyps (= Stadt, Raum und Gesellschaft, Band 24), Wiesbaden, S. 209-222.

JUNKER, Rolf (2009): Lebendige Innenstädte durch Einkaufscenter. Trends, Einschätzungen und Perspektiven. In: Kieler Arbeitspapiere zur Landeskunde und Raumordnung 48, S. 5-11.

JUNKER, Rolf / Gerd KÜHN / Holger PUMP-UHLMANN (2011): Zum Umgang mit großen innerstädtischen Einkaufzentren. Arbeitshilfe, Düsseldorf.

JÜRGENS, Ulrich (2009a): Editorial: Innenstädte zu Einkaufszentren? In: Jürgens, U. (Hg.): Innerstädtische Einkaufszentren – Perspektiven und Probleme (= Kieler Arbeitspapiere zur Landeskunde und Raumordnung 48), S. 1-3.

JÜRGENS, Ulrich (2009b): Innerstädtisches Einkaufszentrum versus „Rest-City" am Beispiel Siegen. In: Jürgens, U. (Hg.): Innerstädtische Einkaufszentren – Perspektiven und Probleme (= Kieler Arbeitspapiere zur Landeskunde und Raumordnung 48), S. 35-46.

JUST, Tobias (2009): Kurz- und langfristige ökonomische Perspektiven von Shopping-Centern. In: Falk, B. / W. R. Bays (Hg.): Shopping-Center-Handbuch. Development – Management – Marketing, Starnberg, S. 52-63.

KAAPKE, Andreas ET AL. (2005): Perfect Ager 2010 – Senioren am POS. Studie. Empirische Erhebung und branchenspezifische Handlungsempfehlungen für die Zielgruppe 50+, Köln / Wiesbaden.

KÄHLER, Gert (2006): Hollywood goes Stadt oder: Der Verkauf des Öffentlichen. In: Brune, W. / R. Junker / H. Pump-Uhlmann (Hg.): Angriff auf die City. Kritische Texte zur Konzeption, Planung und Wirkung von integrierten und nicht integrierten Shopping-Centern in zentralen Lagen, Düsseldorf, S. 37-41.

KÄHLER, Wolf-Michael (⁷2011): Statistische Datenanalyse. Verfahren verstehen und mit SPSS gekonnt einsetzen, Wiesbaden.

KAISER, Heinz J. (³2006): Verkehrsteilnahme und Mobilität. In: Oswald, W. D. et al. (Hg.): Gerontologie. Medizinische, psychologische und sozialwissenschaftliche Grundbegriffe, Stuttgart, S. 387-391.

KALBERMATTEN, Urs (2008): Seniorenmarketing und Identität im Alter – Anforderungen und Chancen für anspruchsvolles Marketing. In: Meyer-Hentschel, H. / G. Meyer-Hentschel (Hg.): Jahrbuch Seniorenmarkting 2008/2009. Unternehmensführung – Forschung – Praxis, Frankfurt / Main, S. 73-98.

KARL, Fred (1993): Strukturwandel des Alters und Handlungspotenziale. In: Naegele, G. / H. P. Tews (Hg.): Lebenslagen im Strukturwandel des Alters. Alternde Gesellschaft – Folgen für die Politik, Opladen, S. 259-270.

KARSTEN, Martin / Ina WAGNER (2006): Demographischer Wandel als Herausforderung kommunaler Stadtpolitik. In: Deutsch-Französisches Institut, Wüstenrot Stiftung (Hg.): Demographie und Stadtentwicklung. Beispiele aus Deutschland und Frankreich, Ludwigsburg, S. 73-96.

KEMPER, Franz-Josef (2006): Komponenten des demographischen Wandels und die räumliche Perspektive. In: Raumforschung und Raumordnung (3), S. 195-199.

KETCHAM, Caroline J. / George E. STELMACH (⁵2001): Age-Related Declines in Motor Control. In: Birren, J. E. / K. W. Schaie (Hg.): Handbook of the Psychology of Aging, San Diego u.a., S. 313-348.

KILPER, Heiderose / Bernhard MÜLLER (2005): Demographischer Wandel in Deutschland. Herausforderung für die nachhaltige Raumentwicklung. In: Geographische Rundschau 57 (3), S. 36-41.

KIRSCH, Jürgen (2003): Senioren – Marktsegment der Zukunft. In: Rabe, Chr. / J. Lieb (Hg.): Zukunftsperspektiven des Marketing – Paradigmenwechsel und Neuakzentuierungen. Festschrift anlässlich der Emeritierung von Prof. Dr. Dr. h.c. Hans Hörschgen, Berlin, S. 181-196.

KLAGES, Helmut (1985): Empirische Bestandsaufnahme des Wertewandels. In: Bertelsmann Stiftung / Institut für Wirtschafts- und Gesellschaftspolitik e.V. (Hg.): Unternehmensführung vor neuen gesellschaftlichen Herausforderungen. Ergebnisse einer gemeinsamen Arbeitstagung der Bertelsmann Stiftung, Gütersloh, und des Instituts für Wirtschafts- und Gesellschaftspolitik e.V. – IWG –, Bonn, am 23. und 24. April 1985 in Hamburg, Gütersloh, S. 24-41.

KLEE, Andreas (2010): Räumliche Konsequenzen des demographischen Wandels – Worüber reden wir? In: Breu, Chr. (Hg.): Demographischer Wandel und Raumentwicklung in Bayern (= Arbeitsmaterial der ARL: Räumliche Konsequenzen des demographischen Wandels, Teil 12), Hannover, S. 4-21.

KLINKE, Rainer (⁶2010): Hören und Sprechen: Kommunikation des Menschen. In: Klinke, R. et al. (Hg.): Physiologie, Stuttgart / New York, S. 675-693.

KLUGE, Susann (2001): Strategien zur Integration qualitativer und quantitativer Erhebungs- und Auswertungsverfahren. Ein methodischer und methodologischer Bericht aus dem Sonderforschungsbereich 186 „Statuspassagen und Risikolagen im Lebenslauf". In: Kluge, S. / U. Kelle (Hg.): Methodeninnovation in der Lebenslaufforschung. Integration qualitativer und quantitativer Verfahren in der Lebenslauf- und Biographieforschung (= Statuspassagen und Lebenslauf, Band 4), Weinheim / München.

KLUMPP, Guido / Carsten KLEIN / Heike FELSCHER (2007): BAGSO-Verbraucherform [sic!]. Bericht zur Befragung Supermarkt – gut und bequem einkaufen?, o.O.

KNAPPE, Eckhard / Sonja OPTENDRENK (1999): Der Einfluss des demographischen Wandels auf die Kranken- und Pflegeversicherung. In: Grünheid, E. / C. Höhn (Hg.): Demographische Alterung und Wirtschaftswachstum. Seminar des Bundesinstituts für Bevölkerungsforschung 1998 in Bingen (= Schriftenreihe des Bundesinstituts für Bevölkerungsforschung, Band 29), Opladen, S. 157-178.

KNIGGE, Mathias / Karin GRUBER / Jan HOFMANN (2003): Auf dem Prüfstand der Senioren. Alternde Kunden fordern Unternehmen auf allen Ebenen (= Deutsche Bank Research, Aktuelle Themen 278), Frankfurt / Main.

KOCH, Reinhold (2010): Der demographische Wandel in Bayern. In: Breu, Chr. (Hg.): Demographischer Wandel und Raumentwicklung in Bayern (= Arbeitsmaterial der ARL: Räumliche Konsequenzen des demographischen Wandels, Teil 12), Hannover, S. 22-44.

KOCKS, Martina (2003): Der demographische Wandel in Deutschland und Europa. In: Informationen zur Raumentwicklung (12), S. I-V.

KOHLI, Martin (1985): Die Institutionalisierung des Lebenslaufs. Historische Befunde und theoretische Argumente. In: Kölner Zeitschrift für Soziologie und Sozialpsychologie 37, S. 1-29.

KOHLI, Martin (1992): Altern in soziologischer Perspektive. In: Baltes, P. B. / J. Mittelstraß (Hg.): Zukunft des Alterns und gesellschaftliche Entwicklung (= Akademie der Wissenschaften zu Berlin, Forschungsbericht 5), Berlin / New York, S. 231-259.

KÖLZER, Brigitte (1995): Senioren als Zielgruppe. Kundenorientierung im Handel, Wiesbaden.

KÖLZER, Brigitte (2007): Marketingstrategien für ältere Kundensegmente. In: Holz, M. / P. Da-Cruz (Hg.): Demographischer Wandel in Unternehmen. Herausforderung für die strategische Personalplanung, Wiesbaden, S. 263-275.

KOTT, Kristina / Sylvia BEHRENDS (2011): Einnahmen und Ausgaben privater Haushalte. Ergebnisse der Einkommens- und Verbrauchsstichprobe 2008. In: Wirtschaft und Statistik (5), S. 465-483.

KOTTER-GRÜHN, Dana ET AL. (³2010): Veränderungen im hohen Alter: Zusammenfassung längsschnittlicher Befunde der Berliner Altersstudie. In: Lindenberger, U. et al. (Hg.): Die Berliner Altersstudie, Berlin, S. 659-689.

KREIMER, Tim ET AL. (2012): Consumer Markets. Trends im Handel 2020, o.O.

KRELLER, Peggy (2000): Einkaufsstättenwahl von Konsumenten. Ein präferenztheoretischer Erklärungsansatz (= Gabler Edition Wissenschaft: Schriftenreihe der Handelshochschule Leipzig), Wiesbaden.

KRIEB, Christine / Andreas REIDL (1999): Senioren Marketing. So erreichen Sie die Zielgruppe der Zukunft, Wien.

KROEBER-RIEL, Werner / Peter WEINBERG / Andrea GRÖPPEL-KLEIN (⁹2009): Konsumentenverhalten, München.

KRÜGER, Thomas / Monika WALTHER (2007): Auswirkungen Innerstädtischer Shopping Center. In: Wehrheim, J. (Hg.): Shopping Malls. Interdisziplinäre Betrachtungen eines neuen Raumtyps (= Stadt, Raum und Gesellschaft, Band 24), Wiesbaden, S. 191-208.

KRUSE, Andreas (1994a): Alter im Lebenslauf. In: Baltes, P. B. / J. Mittelstraß / U. M. Staudinger (Hg.): Alter und Altern: ein interdisziplinärer Studientext zur Gerontologie (= Sonderausgabe des 1992 erschienenen 5. Forschungsberichts der Akademie der Wissenschaften zu Berlin), Berlin, S. 331-355.

KRUSE, Andreas (1994b): Altersfreundliche Umwelten: Der Beitrag der Technik. In: Baltes, P. B. / J. Mittelstraß / U. M. Staudinger (Hg.): Alter und Altern: ein interdisziplinärer Studientext zur Gerontologie (= Sonderausgabe des 1992 erschienenen 5. Forschungsberichts der Akademie der Wissenschaften zu Berlin), Berlin, S. 668-694.

KRUSE, Andreas (³2006): Psychologische Alternstheorien. In: Oswald, W. D. et al. (Hg.): Gerontologie. Medizinische, psychologische und sozialwissenschaftliche Grundbegriffe, Stuttgart, S. 31-36.

KUCKARTZ, Udo ET AL. (2010): Statistik. Eine verständliche Einführung, Wiesbaden.

KÜHN, Gerd (2006): Innerstädtische Einkaufszentren: Entwicklungen – Strukturen – Perspektiven. In: Brune, W. / R. Junker / H. Pump-Uhlmann (Hg.): Angriff auf die City. Kritische Texte zur Konzeption, Planung und Wirkung von integrierten und nicht integrierten Shopping-Centern in zentralen Lagen, Düsseldorf, S. 17-27.

KULS, Wolfgang / Franz-Josef KEMPER (³2000): Bevölkerungsgeographie. Eine Einführung, Stuttgart / Leipzig.

LAMNEK, Siegfried (⁴2005): Qualitative Sozialforschung, Weinberg / Basel.

LANGGUTH, Sebastian / Heinz KOLZ (2007): Der ältere Konsument – Marktchancen im demographischen Wandel. In: Jäckel, M. (Hg.): Ambivalenzen des Konsums und der werblichen Kommunikation, Wiesbaden, S. 261-274.

LANGHAGEN-ROHRBACH, Christian / Sandra GRETSCHEL (2005): Westdeutsche Kommunen und der demographische Wandel. Ergebnisse einer Kurzbefragung und ihre Konsequenzen. In: Raumforschung und Raumordnung (3), S. 223-231.

LAURIN, Stefan (2011): Einkaufszentren erobern Innenstädte an der Ruhr. Die Entwicklungsgesellschaften mfi und ECE liefern sich ein Rennen um die besten Standorte. In: Die Welt vom 12.02.2011.

LAURINKARI, Juhani (1988): Alte Menschen als Konsumenten. In: GfK-Nürnberg (Hg.): Jahrbuch der Absatz- und Verbrauchsforschung 34 (2), S. 154-163.

LAUX, Hanns-Peter (2012): Filialisierung im Einzelhandel steigt an. Im Internet unter: http://www.frankfurt-main.ihk.de/branchen/handel/themen/filialisierung/index.html (abgerufen am 15.08.2012).

LEBOK, Uwe / Karen DÖRING (2005): Auswirkungen der demographischen Alterung auf Kaufverhalten und Markenbindung. In: Zeitschrift für Bevölkerungswissenschaft 30 (1), S. 81-108.

LEHR, Ursula (2006): Langlebigkeit verpflichtet: Vorsorge in einer Gesellschaft des langen Lebens. In: Hunke, R. / G. Gerstner (Hg.): 55plus Marketing. Zukunftsmarkt Senioren, Stuttgart, S. 23-39.

LEUNINGER, Stefan ET AL. (2011): Städtebauliches Einzelhandelskonzept (SEHK) für die Stadt Erlangen, München / Kaiserslautern.

LICHTER, Cornelia (2008): Provinz punktet bei der Reichweite. Ergebnisse des GfK-Standortatlas Deutschland 2008 (= Pressemitteilung GfK Geo Marketing vom 02.07.2008), Nürnberg.

LOKALANZEIGER KOBLENZER SCHÄNGEL: Flagge zeigen für Standort Koblenz (17.06.1993). [KS]

LOKALANZEIGER KOBLENZER SCHÄNGEL: Kommen eines Tages Kunden aus Bonn? (21.07.1983). [KS]

LOKALANZEIGER KOBLENZER SCHÄNGEL: Löhr-Center: Bilanz nach sieben Monaten (12.10.1984). [KS]

LOKALANZEIGER KOBLENZER SCHÄNGEL: Schlemmerland im Löhr-Center wird einmalig in Deutschland (05.05.1983). [KS]

LOSSKARN, Peter / Florian SPITRA (2009): Finanzierungskonzepte für Shopping-Center. In: Falk, B. / W. R. Bays (Hg.): Shopping-Center-Handbuch. Development – Management – Marketing, Starnberg, S. 446-462.

LÜHRMANN, Dirk (2006): Die City braucht kein Center. In: Brune, W. / R. Junker / H. Pump-Uhlmann (Hg.): Angriff auf die City. Kritische Texte zur Konzeption, Planung und Wirkung von integrierten und nicht integrierten Shopping-Centern in zentralen Lagen, Düsseldorf, S. 221-223.

LÜTTGAU, Thomas (2009): Genehmigungs- und Planungsrecht. In: Falk, B. / W. R. Bays (Hg.): Shopping-Center-Handbuch. Development – Management – Marketing, Starnberg, S. 374-381.

MAAS, Ineke / Ursula M. STAUDINGER (³2010): Lebensverlauf und Altern: Kontinuität und Diskontinuität der gesellschaftlichen Beteiligung, des Lebensinvestments und ökonomischer Ressourcen. In: Lindenberger, U. et al. (Hg.): Die Berliner Altersstudie, Berlin, S. 567-596.

MAAS, Peter / Achim SCHÜLLER (1990): Arbeit und Konsum – Wertewandel in zwei zentralen Bereichen des Lebens. In: Szallies, R. / G. Wiswede (Hg.): Wertewandel und Konsum. Fakten, Perspektiven und Szenarien für Markt und Marketing, Landsberg / Lech, S. 87-107.

MÄDING, Heinrich (2004): Demographischer Wandel: Herausforderungen an eine künftige Stadtpolitik. In: Stadtforschung und Statistik (1), S. 63-72.

MÄDING, Heinrich (2006): Demographischer Wandel und Stadtentwicklung. In: Stiftung Lebendige Stadt (Hg.): Stadtumbau – Chancen nutzen für die Stadt von morgen (= Schriftenreihe Lebendige Stadt, Band 5), S. 17-23.

MAGISTRAT DER STADT BREMERHAVEN (Hg.) (2012): Bremerhaven in Zahlen, Ausgabe Nr. 9, Bremerhaven. [BREMERHAVEN]

MAIER, Jens-Ulrich (2009): Nachhaltige Shopping-Center. Mehrwert schaffen durch Lebenszyklusbetrachtung! In: Facility Management (5), S. 30-31.

MALANOWSKI, Norbert (2008): Matching Demand and Supply: Future Technologies for Active Ageing in Europe. In: Kohlbacher, F. / C. Herstatt (Hg.): The Silver Market Phenomenon. Business Opportunities in an Era of Demographic Change, Berlin / Heidelberg, S. 41-53.

MANDAC, Lovro (2006): Zielgruppe 55plus – Chance und Herausforderung für Stadt und Handel. In: Hunke, R. / G. Gerstner (Hg.): 55plus Marketing. Zukunftsmarkt Senioren, Stuttgart, S. 249-264.

MARETZKE, Steffen (2004 [2001]): Altersstruktur und Überalterung. In: Gans, P. / F.-J. Kemper (Hg.): Nationalatlas Bundesrepublik Deutschland – Unser Land in Karten, Texten und Bildern. Bevölkerung (Sonderausgabe 2004), München, S. 46-49.

MARSISKE, Michael ET AL. (³2010): Sensorische Systeme im Alter. In: Lindenberger, U. et al. (Hg.): Die Berliner Altersstudie, Berlin, S. 403-427.

MARTIN, Mike / Matthias KLIEGEL (²2008): Psychologische Grundlagen der Gerontologie, Stuttgart.

MARTIN, Niklas ET AL. (2009): Einzelhandels- und Zentrenkonzept Koblenz, Berlin.

MARX, Wolfgang (1981/82): Spearmans Rho: Eine „unechte" Rangkorrelation? In: Archiv für Psychologie 134, S. 161-164.

MAYER, Horst O. (³2006): Interview und schriftliche Befragung. Entwicklung, Durchführung und Auswertung, München / Wien.

MAYER, Karl Ulrich / Michael WAGNER (³2010): Lebenslagen und soziale Ungleichheit im Alter. In: Lindenberger, U. et al. (Hg.): Die Berliner Altersstudie, Berlin, S. 275-299.

MAYER, Karl Ulrich ET AL. (1994): Gesellschaft, Politik und Altern. In: Baltes, P. B. / J. Mittelstraß / U. M. Staudinger (Hg.): Alter und Altern: ein interdisziplinärer Studientext zur Gerontologie (= Sonderausgabe des 1992 erschienenen 5. Forschungsberichts der Akademie der Wissenschaften zu Berlin), Berlin, S. 721-757.

MAYER, Karl Ulrich ET AL. (³2010): Wissen über das Alter(n): Eine Zwischenbilanz der Berliner Altersstudie. In: Lindenberger, U. et al. (Hg.): Die Berliner Altersstudie, Berlin, S. 623-657.

MAYR, Alois (1980): Entwicklung, Bedeutung und planungsrechtliche Problematik der Shopping-Center in der Bundesrepublik Deutschland. In: Heineberg, H. (Hg.): Einkaufszentren in Deutschland. Entwicklung, Forschungsstand und –

probleme mit einer annotierten Auswahlbibliographie (= Münstersche Geographische Arbeiten 5), Paderborn, S. 9-46.

Mazis, Michael B. / Olli T. Ahtola / R. Eugene Klippel (1975): A Comparison of Four Multi-Attribute Models in the Prediction of Consumer Attitudes. In: Journal of Consumer Research (2), S. 38-52.

Mc Ghee, Jerrie L. (1983): The vulnerability of elderly consumers. In: Aging and Human Development 17 (3), S. 223-246.

Meffert, Heribert / Christoph Burmann / Manfred Kirchgeorg ([10]2008): Marketing. Grundlagen marktorientierter Unternehmensführung. Konzepte – Instrumente – Praxisbeispiele, Wiesbaden.

Meier Kruker, Verena / Jürgen Rauh (2005): Arbeitsmethoden der Humangeographie, Darmstadt.

Meier, Bernd / Christoph Schröder (2007): Altern in der modernen Gesellschaft. Leistungspotenziale und Sozialprofile der Generation 50-Plus, Köln.

Meuser, Michael / Ulrike Nagel (2009): Das Experteninterview – konzeptionelle Grundlagen und methodische Anlage. In: Pickel, S. et al. (Hg.): Methoden der vergleichenden Politik- und Sozialwissenschaft. Neue Entwicklungen und Anwendungen, Wiesbaden, S. 465-479.

Mey, Günter (1999): Adoleszenz, Identität, Erzählung. Theoretische, methodologische und empirische Erkundungen, Berlin.

Meyer, Günter / Robert Pütz (1997): Transformation der Einzelhandelsstandorte in ostdeutschen Großstädten. In: Geographische Rundschau 49 (9), S. 492-498.

Meyer, Thomas (2004): Die Familie im demographischen Wandel. In: Frevel, B. (Hg.): Herausforderung demografischer Wandel (= Perspektiven der Gesellschaft), Wiesbaden, S. 58-73.

Meyer-Hentschel, Gundolf (2008): Demografischer Wandel als Treibergröße für den Unternehmenserfolg. Strategische Ansätze und Optionen. In: Meyer-Hentschel, H. / G. Meyer-Hentschel (Hg.): Jahrbuch Seniorenmarkting 2008/2009. Unternehmensführung – Forschung – Praxis, Frankfurt / Main, S. 19-49.

Meyer-Hentschel, Hanne (1990): Produkt- und Ladengestaltung im Seniorenmarkt. Ein verhaltenswissenschaftlicher Ansatz, Saarbrücken (Diss. maschinenschriftl.).

Meyer-Hentschel, Hanne / Gundolf Meyer-Hentschel (2004): Seniorenmarketing. Generationsgerechte Entwicklung und Vermarktung von Produkten und Dienstleistungen, Göttingen. [Meyer-Hentschel H. u. G.]

Meyer-Hentschel, Hanne / Gundolf Meyer-Hentschel (Hg.) (2010): Jahrbuch Senioren-Marketing 2010/2011. Strategien und Innovationen, Frankfurt / Main. [Meyer-Hentschel H. u. G.]

mfi Management für Immobilien AG (Hg.) (2008): Erlangen Arcaden. Zentraler Handelsplatz, regionaler Umsatzschwerpunkt, Essen. [mfi]

Mieg, Harald A. / Beat Brunner (2004): Experteninterviews. Reflexionen zur Methodologie und Erhebungstechnik. In: Swiss Journal of Sociology 30 (2), S. 199-222.

Miksch, Ulrich (2008): Der Wandel von ‚Russ-Zwicke' stößt an neue Kreis-Grenzen. In: Neue Züricher Zeitung vom 15.09.2008.

Mollenkopf, Heidrun et al. (2004): Räumlich-soziale Umwelten älterer Menschen: Die ökogerontologische Perspektive. In: Kruse, A. / M. Martin (Hg.): Enzyklopädie der Gerontologie, Bern u.a., S. 343-361.

MONHEIM, Rolf (1999): Methodische Gesichtspunkte der Zählung und Befragung von Innenstadtbesuchern. In: Heinritz, G. (Hg.): Die Analyse von Standorten und Einzugsbereichen. Methodische Grundfragen der Geographischen Handelsforschung (= Geographische Handelsforschung, Band 2), Passau, S. 65-131.

MONHEIM, Rolf (2003): Auswirkungen eines integrierten Einkaufszentrums auf die Innenstadt – das Beispiel des Rotmain-Centers in Bayreuth. In: Bayerisches Staatsministerium für Landesentwicklung und Umweltfragen (StMLU) (Hg.): Stadt-Umland-Management – zur Zukunft von Einzelhandel und Flächennutzung. Dokumentation der 2. Rosenheimer Stadt-Umland-Gespräche am 27. November 2002, S. 33-60.

MONHEIM, Rolf (2006): Das Rotmain-Center in Bayreuth: Chancen und Risiken eines innenstadt-integrierten Einkaufszentrums. In: Brune, W. / R. Junker / H. Pump-Uhlmann (Hg.): Angriff auf die City. Kritische Texte zur Konzeption, Planung und Wirkung von integrierten und nicht integrierten Shopping-Centern in zentralen Lagen, Düsseldorf, S. 225-253.

MOSCHIS, George P. (2003): Marketing to older adults: an updated overview of present knowledge and practice. In: Journal of Consumer Marketing 20 (6), S. 516-525.

MOTEL-KLINGEBIEL, Andreas / Heribert ENGSTLER (2008): Einkommensdynamiken beim Übergang in den Ruhestand. In: Künemund, H. / K.R. Schroeter (Hg.): Soziale Ungleichheiten und kulturelle Unterschiede in Lebenslauf und Alter. Fakten, Prognosen und Visionen, Wiesbaden, S. 141-159.

MÜLLER-HAGEDORN, Lothar (1984): Die Erklärung von Käuferverhalten mit Hilfe des Lebenszykluskonzeptes. In: Wirtschaftswissenschaftliches Studium 13 (11), S. 561-598.

MÜLLER-HAGEDORN, Lothar (^{3}2002): Handelsmarketing, Stuttgart / Berlin / Köln.

MÜNNICH, Margot (2001): Zur wirtschaftlichen Lage von Rentner- und Pensionärshaushalten. In: Wirtschaft und Statistik (7), S. 546-571.

MURATA, Hiroyuki (2008): The Business of Aging: Ten Successful Strategies for a Diverse Market. In: Kohlbacher, F. / C. Herstatt (Hg.): The Silver Market Phenomenon. Business Opportunities in an Era of Demographic Change, Berlin / Heidelberg, S. 309-324.

NAEGELE, Gerhard (2008): Demographischer Wandel und demographisches Altern in Deutschland: Probleme, Chancen und Perspektiven. In: Kreuzer,V. / Th. Scholz / Chr. Reicher (Hg.): Zukunft Alter. Stadtplanerische Ansätze zur altersgerechten Quartiersentwicklung, Dortmund, S. 13-25.

NEUGARTEN, Bernice L. (1974): Age Groups in American Society and the Rise of the Young-Old. In: The ANNALS of the American Academy of the Political and Social Science 415, S. 187-198.

NEUNDORFER, Lisa (2008a): Die Durchbrechung des Alterstabus. Qualitative Marktforschung auf der Spur zu einer „schwierigen Zielgruppe". In: Meyer-Hentschel, H. / G. Meyer-Hentschel (Hg.): Jahrbuch Seniorenmarkting 2008/2009. Unternehmensführung – Forschung – Praxis, Frankfurt / Main, S. 99-117.

NEUNDORFER, Lisa (2008b): Zwischen Resignation im Lehnstuhl und Forever-Young-Diktat. Die Entdeckung neuer Altersidentitäten durch qualitative Forschung. In: planung & analyse (4), S. 22-24.

NIEMANN, Mechthild (1989): Felduntersuchungen an Freizeitorten von Berliner Jugendlichen. In: Aster, R. / H. Mertens / M. Repp (Hg.): Teilnehmende Beobachtung. Werkstattberichte und methodische Reflexionen, Frankfurt / Main / New York, S. 71-83.

NUTHMANN, Reinhard / Hans-Werner WAHL (^{3}2010): Methodische Aspekte der Erhebungen der Berliner Altersstudie. In: Lindenberger, U. et.al. (Hg.): Die Berliner Altersstudie, Berlin, S. 59-87.

o.V. (2000): König Kunde, was wünschest Du? In: Jones Lang LaSalle (Hg.): Shopping Center im neuen Millennium, Frankfurt / Main, S. 8-9.

o.V. (2004): Wachsende Umsatzpotenziale bei Frauen ab 40. In: TextilWirtschaft (16), S. 20.

o.V. (2006): Fünf Fragen zu City-Centern an …. In: cimadirekt – Magazin für Stadtentwicklung und Marketing (4), S. 10-16.

o.V. (2008a): Effizientes Seniorenmarketing – Eine Benchmarkanalyse. In: planung & analyse (4), S. 12.

o.V. (2008b): GfK Kaufkraft nach Altersklassen 2008 – Marktchancen leicht erkannt. In: GfK GeoMarketing News (2), S. 6-8. Im Internet unter: http://www.gfk-geomarketing.de/ kundenzeitschrift_enews/gfk_geomarketing_magazin (abgerufen am 05.02.2012).

o.V. (2011a): Koblenz kommt. In: Wirtschaftsblatt. Standortmagazin für Rhein – Main – Saar 1 (2), S. 24-27.

o.V. (2011b): Im Schnitt 5.329 Euro Kaufkraft für den Einzelhandel. In: Markenartikel (Online-Ausgabe) vom 07.06.2011. Im Internet unter: http://www.markenartikelmagazin.de (abgerufen am 04.04.2013).

ÖCHSNER, Thomas (2011): Arme Rentner. In: Süddeutsche Zeitung vom 05.07.2011.

OLBRICH, Rainer / Dirk BATTENFELD / Carl-Christian BUHR (2012): Marktforschung. Ein einführendes Lehr- und Arbeitsbuch, Berlin / Heidelberg.

OPASCHOWSKI, Horst W. (1990): Freizeit, Konsum und Lebensstil. In: Szallies, R. / G. Wiswede (Hg.): Wertewandel und Konsum. Fakten, Perspektiven und Szenarien für Markt und Marketing, Landsberg / Lech, S. 109-133.

OSWALD, Wolf D. (^{3}2006): Gedächtnis. In: Oswald, W. D. et al. (Hg.): Gerontologie. Medizinische, psychologische und sozialwissenschaftliche Grundbegriffe, Stuttgart, S. 178-182.

OTTO, Alexander (2009): Fakten statt Vorurteile – wie sind Shopping-Center heute wirklich und wie können sie zur Belebung der Innenstädte beitragen? In: Falk, B. / W. R. Bays (Hg.): Shopping-Center-Handbuch. Development – Management – Marketing, Starnberg, S.166-174.

PASQUAY, Anja (2011): Die deutschen Zeitungen in Zahlen und Daten. Auszug aus dem Jahrbuch „Zeitungen 2011/12" (herausgegeben vom Bundesverband deutscher Zeitungsverleger e.V.), Berlin.

PASTALAN, Leon A. / L. Gregory PAWLSON (1985): Importance of the Physical Environment for Older People. In: Journal of the American Geriatrics Society, S. 874.

PAUL, Jochen (2002): Wie viel Gestaltung vertragen Shopping Malls? In: Bauwelt 4, S. 16-19.

PETERSEN, Olaf (2009): Entwicklung der Shopping-Center in Deutschland – Keineswegs am Ende. In: Falk, B. / W. R. Bays (Hg.): Shopping-Center-Handbuch. Development – Management – Marketing, Starnberg, S. 114-134.

PETTIGREW, Simone (2008): Older Consumers' Customer Service Preferences. In: Kohlbacher, F. / C. Herstatt (Hg.): The Silver Market Phenomenon. Business Opportunities in an Era of Demographic Change, Berlin / Heidelberg, S. 257-268.

PFAFFENBACH, Carmella (2009): Der „zweite demographische Wandel" in Deutschland. Prozesse und Folgen in räumlicher Differenzierung. In: Popp, H. / G. Obermaier (Hg.): Raumstrukturen und aktuelle Entwicklungsprozesse in Deutschland (= Bayreuther Kontaktstudium Geographie, Band 5), Bayreuth, S. 37-52.

PFEIFFER, Elmar (2010): Rating von Einzelhandelsimmobilien. In: Soethe, R. / W. Rohmert (Hg.): Einzelhandelsimmobilien. Stand – Entwicklung – Perspektiven. Grundlagen für ein erfolgreiches Investment und Marketing, Freiburg / Berlin / München, S. 249-258.

PHAM, Michel Thuan (1998): Representativeness, Relevance, and the Use of Feelings in Decision Making. In: Journal of Consumer Research 25 (September), S. 144-159.

PITTROFF, Rainer (1998): Innenstadt-Center im Aufwind. In: Dynamik im Handel (5), S. 60-64.

PITTROFF, Rainer (2009): Trend zur Innenstadt hält an. In: Stores + Shops Spezial: Shopping-Center 2009 (= Supplement zu Heft 5/2009), S. 6-13.

PLATTIG, Karl-Heinz ([2]1991): Sinnesorgane. In: Oswald, W. D. et al. (Hg.): Gerontologie. Medizinische, psychologische und sozialwissenschaftliche Grundbegriffe, Stuttgart / Berlin / Köln, S. 511-522.

PLEUS, Rüdiger (2009): Gastronomie in Shopping-Centern. In: Falk, B. / W. R. Bays (Hg.): Shopping-Center-Handbuch. Development – Management – Marketing, Starnberg, S. 365-372.

POMPE, Hans-Georg (2007): Marktmacht 50plus. Wie Sie Best Ager als Kunden gewinnen und begeistern, Wiesbaden.

POMPE, Hans-Georg (Hg.) (2012): Boom-Branchen 50plus. Wie Unternehmen den Best-Ager-Markt für sich nutzen können, Wiesbaden.

POPP, Monika (2002): Innenstadtnahe Einkaufszentren. Besucherverhalten zwischen neuen und traditionellen Einzelhandelsstandorten, Passau.

POPP, Monika (2009): Die Integration von Einkaufszentren. Anmerkungen zu den aktuellen Positionspapieren. In: Jürgens, U. (Hg.): Innerstädtische Einkaufszentren – Perspektiven und Probleme (= Kieler Arbeitspapiere zur Landeskunde und Raumordnung 48), S. 13-33.

PÖTSCH, Olga (2012): Geburten in Deutschland. Ausgabe 2012 (herausgegeben vom Statistischen Bundesamt), Wiesbaden.

PROSKE, Matthias (2010): Auswirkungen des demographischen Wandels auf die Daseinsvorsorge. In: Breu, Chr. (Hg.): Demographischer Wandel und Raumentwicklung in Bayern (= Arbeitsmaterial der ARL: Räumliche Konsequenzen des demographischen Wandels, Teil 12), Hannover, S. 45-69.

PRZYBORSKI, Aglaja / Monika WOHLRAB-SAHR ([3]2010): Qualitative Sozialforschung. Ein Arbeitsbuch, München.

RABE, Christina (2003): Anwendungspotenziale traditioneller und neuerer Ansätze zur Messung von Einstellungen. In: Rabe, Chr. / J. Lieb (Hg.): Zukunftsperspektiven des Marketing – Paradigmenwechsel und Neuakzentuierungen. Festschrift anlässlich der Emeritierung von Prof. Dr. Dr. h.c. Hans Hörschgen, Berlin, S. 233-248.

RADERMACHER, Franz Josef (2010): Handelsimmobilien der Zukunft. In: mfi management für immobilien AG / F.A.Z.-Institut für Management-, Markt- und Medieninformationen GmbH (Hg.): Nachhaltige Shopping-Center, Frankfurt / Main, S. 8-9.

RAGER, Günther / Gregor HASSEMEER (2004): Mediennutzung und –gestaltung in einer alternden Gesellschaft. In: Frevel, B. (Hg.): Herausforderung demografischer Wandel (= Perspektiven der Gesellschaft), Wiesbaden, S. 180-190.

RASCH, Björn ET AL. ([3]2010): Quantitative Methoden Band 1. Einführung in die Statistik für Psychologen und Sozialwissenschaftler, Berlin / Heidelberg.

RAUH, Jürgen / Julia WETTEMANN (2010): Die Auswirkungen des demographischen Wandels auf Konsumentenverhalten und Einzelhandel – Beispiele aus Unterfranken. In: Breu, C. (Hg.): Demographischer Wandel und Raumentwicklung in Bayern (= Arbeitsmaterial der Akademie für Raumforschung und Landesplanung, Nr. 356), Hannover, S. 85-107.

RAUTERBERG, Hanno (2007): Kaufen wie bei Königs. In: DIE ZEIT 14/2007.

REDWITZ, Gunter (1990): Handelsentwicklung. Wertewandel-Perspektiven für die Handelslandschaft. In: Szallies, R. / G. Wiswede (Hg.): Wertewandel und Konsum. Fakten, Perspektiven und Szenarien für Markt und Marketing, Landsberg / Lech, S. 257-283.

REED, Richard (2009): Nachhaltigkeit von Handelsimmobilien. In: Falk, B. / W. R. Bays (Hg.): Shopping-Center-Handbuch. Development – Management – Marketing, Starnberg, S. 933-944.

REINK, Michael (2012): Die dritte Dimension. In: Kurtz, A. / S. Bohrenfeld / M. Heiermann (Hg.): Factbook Einzelhandel 2013, Neuwied, S. 182-185.

REINMOELLER, Patrick (2008): Service Innovation: Towards Designing New Business Models for Aging Societies. In: Kohlbacher, F. / C. Herstatt (Hg.): The Silver Market Phenomenon. Business Opportunities in an Era of Demographic Change, Berlin / Heidelberg, S. 157-169.

REISCHIES, Friedel M. / Ulman LINDENBERGER ([3]2010): Grenzen und Potenziale kognitiver Leistungsfähigkeit im Alter. In: Lindenberger, U. et al. (Hg.): Die Berliner Altersstudie, Berlin, S. 345-401.

REUBER, Paul / Carmella PFAFFENBACH (2005): Methoden der empirischen Humangeographie. Beobachtung und Befragung, Braunschweig.

RHEIN-ZEITUNG: „Der Kuchen ist insgesamt größer geworden" (27.02.1989). [RZ]

RHEIN-ZEITUNG: „Die Stadt und das Center waren immer faire Partner" (01.06.1994). [RZ]

RHEIN-ZEITUNG: „Moderner Marktplatz" für Koblenz (24.02.1984a). [RZ]

RHEIN-ZEITUNG: 25 Jahre Löhr-Center Koblenz (03.03.2009). [RZ]

RHEIN-ZEITUNG: Die rege Bautätigkeit am Cityrand hat „angesteckt" (12.08.1982). [RZ]

RHEIN-ZEITUNG: Doppelt so groß wie die „Queen Elisabeth" (10./11.09.1983). [RZ]

RHEIN-ZEITUNG: Eine Klinik mitten im Löhr-Center (01.10.2007). [RZ]

RHEIN-ZEITUNG: Forum Mittelrhein: Wer wird gewinnen? (01.03.2008a). [RZ]

RHEIN-ZEITUNG: Im Frühjahr 1984 soll das Löhr-Center eröffnet werden (28.01.1983). [RZ]

RHEIN-ZEITUNG: Im Löhr-Center annähernd 200 Millionen umgesetzt (21.12.1984). [RZ]

RHEIN-ZEITUNG: Kein Kinderhort (27.03.1984). [RZ]

RHEIN-ZEITUNG: Leserbrief: Für „Randgruppen" kein Platz mehr (04.10.1985). [RZ]

RHEIN-ZEITUNG: Leserbrief: Lediglich eine Umverteilung (30.08.1983). [RZ]

RHEIN-ZEITUNG: Leserbrief: Spaß verdorben (22.03.1984). [RZ]

RHEIN-ZEITUNG: Leserbrief: Warum keine Kinderkrippe? (29.02.1984). [RZ]

RHEIN-ZEITUNG: Löhr-Center belebt den Koblenzer Handel (02.02.1983). [RZ]

RHEIN-ZEITUNG: Löhr-Center entführt die Besucher in die Welt der Tropen (17.09.2008). [RZ]

RHEIN-ZEITUNG: Löhr-Center hat Grund zum Feiern (05.03.2009). [RZ]

RHEIN-ZEITUNG: Löhr-Center im Erfolg (18.08.1986). [RZ]

RHEIN-ZEITUNG: Löhr-Center setzt seinen Erfolgskurs weiter fort (17.08.1990). [RZ]

RHEIN-ZEITUNG: Löhr-Center wichtig für Region (06.03.2009). [RZ]

RHEIN-ZEITUNG: Magnet zieht Millionen an (23.02.1994a). [RZ]

RHEIN-ZEITUNG: Meilenstein zu Oberzentrum am Mittelrhein (17.09.1982). [RZ]

RHEIN-ZEITUNG: Oberzentrum Koblenz wirtschaftlich gestärkt (24.02.1984b). [RZ]

RHEIN-ZEITUNG: Politische Diskussion um Löhr-Center endlos (22.12.1983). [RZ]

RHEIN-ZEITUNG: Starker Akzent für City (23.02.1994b). [RZ]

RHEIN-ZEITUNG: Steine sollen „verrückte" Aktionen ins Rollen bringen (02.09.1982). [RZ]

RHEIN-ZEITUNG: Vieles in Bewegung gebracht (01.03.1985). [RZ]

RHEIN-ZEITUNG: Zentralplatz: Kippt die Stimmung? (01.03.2008b). [RZ]

RILEY, Matilda White / John W. RILEY JR. (1992): Individuelles und gesellschaftliches Potential des Alterns. In: Baltes, P. B. / J. Mittelstraß (Hg.): Zukunft des Alterns und gesellschaftliche Entwicklung (= Akademie der Wissenschaften zu Berlin, Forschungsbericht 5), Berlin / New York, S. 437-459.

RINGEL, Johannes (2009): Shopping-Center und Stadtentwicklung. Integration und Auswirkungen. In: Falk, B. / W. R. Bays (Hg.): Shopping-Center-Handbuch. Development – Management – Marketing, Starnberg, S. 144-152.

ROBATON, Anna (2004): Malls Woo Back Older Shoppers. In: Shopping Centers Today (7) (online-Ausgabe).

RÖSSEL, Gottfried (1998): Die Alterung der Belegschaften aus betriebswirtschaftlicher Sicht. In: Internationales Institut für Empirische Sozialökonomie (INIFES Stadtbergen) / Institut für Sozialwissenschaftliche Forschung e.V. (ISF München) / Institut für Sozialökonomische Strukturanalysen e.V. (SÖSTRA Berlin) (Hg.): Erwerbsarbeit und Erwerbsbevölkerung im Wandel. Anpassungsprobleme einer alternden Gesellschaft, Frankfurt / New York, S. 47-64.

RÖSSING, André (2008): Senioren als Zielgruppe des Handels, o.O.

Rothermund, Klaus (2009): Altersstereotype – Struktur, Auswirkungen, Dynamiken. In: Ehmer, J. / O. Höffe (Hg., unter Mitarbeit von D. Brantl / W. Lausecker): Bilder des Alterns im Wandel. Historische, interkulturelle, theoretische und aktuelle Perspektiven (= Nova Acta Leopoldina NF Nr. 363, Band 99), Halle (Saale), S. 139-149.

Rothgang, Heinz (2005): Demographischer Wandel und Pflege(ver)sicherung. In: Kerschbaumer, J. / W. Schroeder (Hg.): Sozialstaat und demographischer Wandel. Herausforderungen für Arbeitsmarkt und Sozialversicherung, Wiesbaden, S. 119-146.

Roth-Lindeck, Isabelle (1992): Shopping als immer neues Erlebnis. In: Immobilien-Manager (1), S. 44-49.

Rürup, Bert (³2006): Rentenversicherung. In: Oswald, W. D. et al. (Hg.): Gerontologie. Medizinische, psychologische und sozialwissenschaftliche Grundbegriffe, Stuttgart, S. 351-356.

Rutishauser, Franziska (2005): Seniorenmarketing – Theoretische Grundlagen – Empirische Untersuchung, Hamburg.

Sabin, Thomas D. (1982): Biological Aspects of Falls and Mobility Limitations in the Elderly. In: Journal of the American Geriatrics Society 30 (1), S. 51-58.

Sächsisches Staatsministerium des Inneren (Hg.) (2003): Landesentwicklungsplan Sachsen 2003, Dresden. [SMI SN]

Saup, Winfried (1993): Alter und Umwelt. Eine Einführung in die Ökologische Gerontologie, Stuttgart / Berlin / Köln.

Schaffnitt-Chatterjee, Claire (2007): Wie werden ältere Deutsche ihr Geld ausgeben? Wie demographische Entwicklungen, Wachstum und sich ändernde Verbraucherpräferenzen zusammenspielen (= Deutsche Bank Research, Aktuelle Themen 385), Frankfurt / Main.

Schaible, Stefan et al. (2007): Wirtschaftsmotor Alter. Endbericht (herausgegeben vom Bundesministerium für Familie, Senioren, Frauen und Jugend), Berlin.

Scharla, Stephan (2001): Altersbedingte Veränderungen des Bewegungsapparates – eine Übersicht. In: Journal für Menopause 8 (2), S. 27-31.

Schenk, Michael (2000): Zielgruppen 50plus: Wie die Alten jünger werden. Medien- und Konsumverhalten einer beweglichen Generation. In: GfK-Nürnberg (Hg.): Jahrbuch der Absatz- und Verbrauchsforschung 46 (4), S. 386-403.

Schmitt, Eric (³2010): Altersbilder. In: Oswald, W. D. et al. (Hg.): Gerontologie. Medizinische, psychologische und sozialwissenschaftliche Grundbegriffe, Stuttgart, S.43-46.

Schmitz, Claudius A. / Brigitte Kölzer (1996): Einkaufsverhalten im Handel. Ansätze zu einer kundenorientierten Handelsmarketingplanung, München.

Schnell, Rainer / Paul B. Hill / Elke Esser (⁷2005): Methoden der empirischen Sozialforschung, München / Wien.

Schubert, Herbert / Katja Veil (2011): Ältere Menschen im Stadtteil – Perspektiven zur Vermittlung zwischen privater Lebensführung und öffentlicher Daseinsvorsorge. In: Schnur, O. / M. Drilling (Hg.): Quartiere im demographischen Umbruch. Beiträge aus der Forschungspraxis, Wiesbaden, S. 115-128.

SCHULTE-HILLEN, Wolf Jochen (2009): Retail Trends 2012. In: Falk, B. / W. R. Bays (Hg.): Shopping-Center-Handbuch. Development – Management – Marketing, Starnberg, S. 1034-1044.

SCHWALDT, Norbert (2010): Der Boom der Shopping-Center ist vorbei. Neubauten nur noch in Innenstädten – Anderer Branchenmix soll Kunden locken. In: Die Welt vom 22.07.2010.

SIEBEL, Walter (2007): Vom Wandel des öffentlichen Raumes. In: Wehrheim, J. (Hg.): Shopping Malls. Interdisziplinäre Betrachtungen eines neuen Raumtyps (= Stadt, Raum und Gesellschaft, Band 24), Wiesbaden, S. 77-94.

SIEBER, Cornel (³2006a): Medizinische Alternstheorien. In: Oswald, W. D. et al. (Hg.): Gerontologie. Medizinische, psychologische und sozialwissenschaftliche Grundbegriffe, Stuttgart, S. 26-31.

SIEBER, Cornel (³2006b): Geriatrie. In: Oswald, W. D. et al. (Hg.): Gerontologie. Medizinische, psychologische und sozialwissenschaftliche Grundbegriffe, Stuttgart, S. 189-193.

SIEDHOFF, Mathias (2008): Demographischer Wandel – zum Begriff und Wesen eines Megatrends. In: Dresdner Geographische Beiträge, Heft 13, S. 3-14.

SIEVERS, Karen (2006): Kontrollierte Träume. Shopping-Center als neue Form sozialer Kontrolle, Berlin.

SIEVERS, Karen (2007): Center-Sience. Kunden- und Verhaltensforschung als Grundlage der Planung und Betreibung von Shopping-Centern. In: Wehrheim, J. (Hg.): Shopping Malls. Interdisziplinäre Betrachtungen eines neuen Raumtyps (= Stadt, Raum und Gesellschaft, Band 24), Wiesbaden, S. 225-240.

SMITH, Geoffrey C. (1985): Shopping Perceptions of the Inner City Elderly. In: Geoforum 16 (3), S. 319-331.

SMITH, Geoffrey C. (1989): Elderly Consumer Cognitions of Urban Shopping Centres. In: The Canadian Geographer 33 (4), S. 353-359.

SMITH, Jacqui / Julia A. M. DELIUS (³2010): Längsschnittliche Datenerhebungen der Berliner Altersstudie (BASE): Studiendesign, Stichproben und Forschungsthemen 1990-2009. In: Lindenberger, U. et al. (Hg.): Die Berliner Altersstudie, Berlin, S. 113-131.

SMITH, Jacqui / Paul B. BALTES (³2010): Altern aus psychologischer Perspektive: Trends und Profile im hohen Alter. In: Lindenberger, U. et al. (Hg.): Die Berliner Altersstudie, Berlin, S. 245-274.

SMITH, Jacqui ET AL. (³2010): Wohlbefinden im hohen Alter: Vorhersagen aufgrund objektiver Lebensbedingungen und subjektiver Bewertung. In: Lindenberger, U. et al. (Hg.): Die Berliner Altersstudie, Berlin, S. 521-547.

SPREADLEY, James P. (1980): Participant Observation, New York u.a.

STADT ERLANGEN, AMT FÜR RECHT UND STATISTIK (Hg.) (2011a): Erlanger Bildungsbericht 2010, Erlangen. [Stadt Erlangen]

STADT ERLANGEN (Hg.) (2013a): Erlangen – Stadt der Gesundheit und Medizintechnik. Im Internet unter: http://www.erlangen.de (abgerufen am 04.02.2013). [STADT ERLANGEN]

STADT ERLANGEN (Hg.) (2013b): Der Hightech-Standort. Im Internet unter: http://www.erlangen.de (abgerufen am 04.02.2013). [STADT ERLANGEN]

STADT ERLANGEN (Hg.) (2013c): Kommunale Bürgerentscheide in Erlangen. Im Internet unter: http://www.erlangen.de (abgerufen am 05.02.2013). [STADT ERLANGEN]

STADT ERLANGEN, ABTEILUNG STATISTIK UND STADTFORSCHUNG (Hg.) (2010): Demographischer Wandel in Erlangen. Kleinräumige Bevölkerungsprognose bis 2025. In: Statistik aktuell (4), Erlangen. [STADT ERLANGEN]

STADT ERLANGEN, ABTEILUNG STATISTIK UND STADTFORSCHUNG (Hg.) (2011b): Statistisches Jahrbuch 2011, Erlangen. [STADT ERLANGEN]

STADT KOBLENZ (Hg.) (2011a): Statistisches Jahrbuch 2011 der Stadt Koblenz. Berichtsjahr 2010, Koblenz.

STADT KOBLENZ, AMT FÜR WIRTSCHAFTSFÖRDERUNG (Hg.) (2011d): Koblenz. Der Qualitätsstandort, Koblenz. [STADT KOBLENZ]

STADT KOBLENZ, AMT FÜR WIRTSCHAFTSFÖRDERUNG (Hg.) (2012): „Forum Mittelrhein" am Zentralplatz … mehr Kultur- und Einkaufserlebnis in Koblenz. Kultur, Bildung, Tourismus und Einzelhandel in der Mitte der Stadt, Koblenz. [STADT KOBLENZ]

STADT KOBLENZ, KOMMUNALE STATISTIKSTELLE (Hg.) (2011b): Bevölkerungsvorausberechnung „Koblenz 2030". Zweite aktualisierte Bevölkerungsvorausberechnung zum Basisjahr 2009, Koblenz. [STADT KOBLENZ]

STADT KOBLENZ, KOMMUNALE STATISTIKSTELLE (Hg.) (2011f): Alterungsdynamik und Wohnmobilität der Generation 50plus in Koblenz, Koblenz. [STADT KOBLENZ]

STADT ZWICKAU (Hg.) (2012a): Unternehmen. Im Internet unter: http://www.zwickau.de/de /wirtschaft/standort/unternehmen.php (abgerufen am 25.02.2013)

STADT ZWICKAU (Hg.) (2012b): Fremdenverkehr. Im Internet unter: http://www.zwickau.de/de/wirtschaft/standort/ziz/fremdenverkehr.php (abgerufen am 25.02.2013).

STADTVERWALTUNG ZWICKAU, BÜRO FÜR WIRTSCHAFTSFÖRDERUNG (Hg.) (2011b): Jahresbericht der Wirtschaftsförderung Zwickau 2011, Zwickau. [STADT ZWICKAU]

STADTVERWALTUNG ZWICKAU, KOMMUNALE STATISTIKSTELLE (Hg.) (2010): Statistische Information 2/2010, Zwickau. [STADT ZWICKAU]

STADTVERWALTUNG ZWICKAU, KOMMUNALE STATISTIKSTELLE (Hg.) (2011a): Zwickau. Zahlen und Fakten 2011, Zwickau. [STADT ZWICKAU]

STADTVERWALTUNG ZWICKAU, KOMMUNALE STATISTIKSTELLE (Hg.) (2011c): Einwohnerprognose der Stadt Zwickau 2011-2025. Kurzfassung mit Darstellung kleinräumiger Ergebnisse für Stadtbezirke, Zwickau. [STADT ZWICKAU]

STAMMEN, Theo (1982): Wertewandel in der gegenwärtigen Gesellschaft. In: Becker, J. / I. Lichtenstein-Rother / H. Stopp (Hg.): Wertepluralismus und Wertewandel heute. Eine interdisziplinäre Veranstaltung zur 10-Jahres-Feier der Universität Augsburg (= Schriften der Philosophischen Fakultät der Universität Augsburg Nr. 23), München, S. 173-188.

STAPPEN, Birgit / Insa FOOKEN (³2006): Kritische Lebensereignisse. In: Oswald, W. D. et al. (Hg.): Gerontologie. Medizinische, psychologische und sozialwissenschaftliche Grundbegriffe, Stuttgart, S. 231-236.

STATISTIKSTELLE DER STADT KOBLENZ (Hg.) (2011c): Koblenz in Zahlen 2011, Koblenz. [STADT KOBLENZ]

STATISTIKSTELLE DER STADT KOBLENZ (Hg.) (2011e): Tourismus in Koblenz – Jahresbericht 2010, Koblenz. [STADT KOBLENZ]

Statistisches Bundesamt – Destatis (2013a): Elektronisches Themenblatt – Kaufkraft. Im Internet unter: https://www.destatis.de/DE/PresseService/Infoservice/ Themenpakete /Themenblatt_Kaufkraft.html (abgerufen am 24.03.2013). [Destatis]

Statistisches Bundesamt – Destatis (2013b): Bildungsstand. Bevölkerung nach Bildungsabschluss in Deutschland. Im Internet unter: https://www.destatis.de/DE/ ZahlenFakten /GesellschaftStaat/BildungForschungKultur/Bildungsstand/Tabellen/Bildungsabschluss.html (abgerufen am 29.03.2013). [Destatis]

Statistisches Bundesamt – Genesis-Online (2011a): Vorausberechneter Bevölkerungsstand: Deutschland, Stichtag, Varianten der Bevölkerungsvorausberechnung, Geschlecht, Altersjahre. Im Internet unter: https://www-genesis.destatis. de/genesis/online (abgerufen am 17.02.2011). [StBA - Genesis]

Statistisches Bundesamt – Genesis-Online (2011b): Bevölkerung: Deutschland, Stichtag, Altersjahre, Nationalität/Geschlecht/Familienstand. Im Internet unter: https://www-genesis.destatis.de/genesis/online (abgerufen am 23.02.2011). [StBA - Genesis]

Statistisches Bundesamt – Genesis-Online (2011c): Gebietsfläche: Bundesländer, Stichtag. Im Internet unter: https://www-genesis.destatis.de/genesis/online (abgerufen am 07.04.2011). [StBA - Genesis]

Statistisches Bundesamt – Genesis-Online (2011d): Bevölkerung: Bundesländer, Stichtag. Im Internet unter: https://www-genesis.destatis.de/genesis/online (abgerufen am 07.04.2011). [StBA - Genesis]

Statistisches Bundesamt – Genesis-Online (2011e): Bevölkerung: Deutschland, Stichtag, Altersjahre. Im Internet unter: https://www-genesis.destatis.de/genesis/ online (abgerufen am 14.10.2011). [StBA - Genesis]

Statistisches Bundesamt – Genesis-Online (2013): Bevölkerung: Deutschland, Stichtag, Altersjahre. Im Internet unter: https://www-genesis.destatis.de/genesis/ online (abgerufen am 01.02.2013). [StBA – Genesis]

Statistisches Bundesamt (Hg.) (2006): 11. Koordinierte Bevölkerungsvorausberechnung. Annahmen und Ergebnisse, Wiesbaden. [StBA]

Statistisches Bundesamt (Hg.) (2008a): Klassifikation der Wirtschaftszweige. Mit Erläuterungen, Wiesbaden. [StBA]

Statistisches Bundesamt (Hg.) (2008b): Wirtschaftsrechnungen. Leben in Europa (EU-SILC). Einkommen und Lebensbedingungen in Deutschland und der Europäischen Union. 2005 und 2006 (= Fachserie 15, Reihe 3), Wiesbaden. [StBA]

Statistisches Bundesamt (Hg.) (2008c): Wirtschaftsrechnungen. Einkommens- und Verbrauchsstichprobe. Ausstattung privater Haushalte mit ausgewählten Verbrauchsgütern (= Fachserie 15, Heft 1), Wiesbaden. [StBA]

Statistisches Bundesamt (Hg.) (2009): Bevölkerung Deutschlands bis 2060. 12. Koordinierte Bevölkerungsvorausberechnung, Wiesbaden. [StBA]

Statistisches Bundesamt (Hg.) (2010b): Wirtschaftsrechnungen. Einkommens- und Verbrauchsstichprobe. Geld- und Immobilienvermögen sowie Schulden privater Haushalte (= Fachserie 15, Heft 2), Wiesbaden. [StBA]

Statistisches Bundesamt (Hg.) (2010d): Wirtschaftsrechnungen. Einkommens- und Verbrauchsstichprobe. Einnahmen und Ausgaben privater Haushalte (= Fachserie 15, Heft 4), Wiesbaden. [StBA]

STATISTISCHES BUNDESAMT (Hg.) (2010a): Wirtschaftsrechnungen. Einkommens- und Verbrauchsstichprobe. Aufwendungen privater Haushalte für den Privaten [sic!] Konsum (= Fachserie 15, Heft 5), Wiesbaden. [StBA]

STATISTISCHES BUNDESAMT (Hg.) (2011a): Bevölkerung – Geburten. Durchschnittliches Alter der Mutter bei der Geburt ihrer lebendgeborenen Kinder in Deutschland. Im Internet unter: http://www.destatis.de (abgerufen am 24.11.2011). [StBA]

STATISTISCHES BUNDESAMT (Hg.) (2011b): Bevölkerung und Erwerbstätigkeit. Haushalte und Familien. Ergebnisse des Mikrozensus (= Fachserie 1, Reihe 3), Wiesbaden. [StBA]

STATISTISCHES BUNDESAMT (Hg.) (2011c): Statistisches Jahrbuch 2011. Für die Bundesrepublik Deutschland mit »internationalen Übersichten«, Wiesbaden. [StBA]

STATISTISCHES BUNDESAMT (Hg.) (2012a): Bevölkerung und Erwerbstätigkeit. Bevölkerungsfortschreibung 2010 (= Fachserie 1, Reihe 1.3), Wiesbaden. [StBA]

STATISTISCHES BUNDESAMT (Hg.) (2012b): Wirtschaftsrechnungen. Einkommens- und Verbrauchsstichprobe. Einkommensverteilung in Deutschland (= Fachserie 15, Heft 6), Wiesbaden. [StBA]

STATISTISCHES BUNDESAMT (Hg.) (2012c): Periodensterbetafeln für Deutschland. Allgemeine Sterbetafeln, abgekürzte Sterbetafeln und Sterbetafeln, Wiesbaden. [StBA]

STATISTISCHES BUNDESAMT (Hg.) (⁵2010c): Demographische Standards. Ausgabe 2010 (= Statistik und Wissenschaft, Band 17), Wiesbaden. [StBA]

STATISTISCHES BUNDESAMT (o.J.): Bevölkerung nach Altersjahren in Deutschland, Wiesbaden (mehrere Tabellen, als Datei von Statistischem Bundesamt zur Verfügung gestellt; keine einheitliche Jahresangabe). [StBA]

STATISTISCHES LANDESAMT FREISTAAT SACHSEN – GENESIS ONLINE (2013b): Bevölkerungsprognose: Voraussichtliche Bevölkerung, Varianten Bevölkerungsvorausber., Geschlecht, Altersgr.(18), Gemeinden mehr als 25000 Einwohner, Stichtage, GS 01.01.10. Im Internet unter: http://www.statistik.sachsen.de/genonline/online (abgerufen am 26.02.2013). [vgl. StLASN – GENESIS]

STATISTISCHES LANDESAMT FREISTAAT SACHSEN – GENESIS ONLINE (2013a): Bevölkerung am 31.12., Gemeinden, Stichtage. Im Internet unter: http://www.statistik.sachsen.de /genonline/online (abgerufen am 21.02.2013). [StLASN – GENESIS]

STATISTISCHES LANDESAMT RHEINLAND-PFALZ (Hg.) (2011a): Statistische Berichte 2011. Bevölkerung der Gemeinden am 31. Dezember 2010, Bad Ems. [StLARLP]

STATISTISCHES LANDESAMT RHEINLAND-PFALZ (Hg.) (2011b): Erwerbstätige am Arbeitsort 2010 nach Wirtschaftsbereichen und nach Verwaltungsbezirken. Im Internet unter: http://www.statistik.rlp.de/wirtschaft/erwerbstaetigkeit (abgerufen am 14.02.2013). [StLARLP]

STATISTISCHES LANDESAMT RHEINLAND-PFALZ (Hg.) (o.J.): Rheinland-Pfalz 2060. Dritte regionalisierte Bevölkerungsvorausberechnung (Basisjahr 2010). Ergebnisse für die kreisfreie Stadt Koblenz, o.O. [StLARLP]

STAUDINGER, Ursula M. ET AL. (³2010): Selbst, Persönlichkeit und Lebensgestaltung im Alter: Psychologische Widerstandsfähigkeit und Vulnerabilität. In: Lindenberger, U. et al. (Hg.): Die Berliner Altersstudie, Berlin, S. 345-373.

STEINER, Viktor / Johannes GEYER (2010): Erwerbsbiografien und Alterseinkommen im demografischen Wandel – eine Mikrosimulationsstudie für Deutschland (= DIW Berlin: Politikberatung kompakt 55), Berlin.

STEINHAGEN-THIESSEN, Elisabeth / Markus BORCHELT ([3]2010): Morbidität, Medikation und Funktionalität im Alter. In: Lindenberger, U. et al. (Hg.): Die Berliner Altersstudie, Berlin, S. 175-207.

STIEHR, Karin (2004): Lebenslagen älterer Menschen. In: Frevel, B. (Hg.): Herausforderung demografischer Wandel (= Perspektiven der Gesellschaft), Wiesbaden, S. 89-102.

STIER, Winfried ([2]1999): Empirische Forschungsmethoden, Berlin u.a.

STRAUCH, Hans-Joachim (2008): Das neue Mittelalter – Die Zukunft einer werberelevanten Zielgruppe. In: Meyer-Hentschel, H. / G. Meyer-Hentschel (Hg.): Jahrbuch Seniorenmarkting 2008/2009. Unternehmensführung – Forschung – Praxis, Frankfurt / Main, S. 159-178.

STRECK, Stefanie (2009): Dasselbe in Grün – Wie Shopping-Center nachhaltig werden. In: Falk, B. / W. R. Bays (Hg.): Shopping-Center-Handbuch. Development – Management – Marketing, Starnberg, S. 966-973.

STUBERT, Franz-Josef (2006): Senioren-Trend-Märkte 2006. Herausforderungen an die Wirtschaft. Jahrgang 2005/2006 (= bbw-Trendstudie), Neuss [daneben abweichende Titelangabe in der Studie: Senioren-Trend-Märkte – Herausforderung an die deutsche Wirtschaft. Jahrgang 2005/2006].

SÜDDEUTSCHE ZEITUNG: Später in den Ruhestand (28.07.2011). [SZ]

SZALLIES, Rüdiger (1990): Zwischen Luxus und kalkulierter Bescheidenheit – Der Abschied vom Otto Normalverbraucher – Ein Rückblick über 50 Jahre Konsumentenverhalten –. In: Szallies, R. / G. Wiswede (Hg.): Wertewandel und Konsum. Fakten, Perspektiven und Szenarien für Markt und Marketing, Landsberg / Lech, S. 41-58.

TEMPEST, Sue / Christopher BARNATT / Christine COUPLAND (2008): Grey Power: Older Workers and Older Customers. In: Kohlbacher, F. / C. Herstatt (Hg.): The Silver Market Phenomenon. Business Opportunities in an Era of Demographic Change, Berlin / Heidelberg, S. 243-255.

TEWS, Hans Peter (1993): Neue und alte Aspekte des Strukturwandels des Alters. In: Naegele, G. / H. P. Tews (Hg.): Lebenslagen im Strukturwandel des Alters. Alternde Gesellschaft – Folgen für die Politik, Opladen, S. 15-42.

TEWS, Hans Peter ([3]1994): Alter und Altern in unserer Gesellschaft. In: Reimann, H. / H. Reimann (Hg.): Das Alter. Einführung in die Gerontologie, Stuttgart, S. 30-74.

TEWS, Hans Peter / Gerhard NAEGELE (1990): Alter und Konsum: Ältere Menschen als Verbraucher. In: Jahrbuch der Absatz- und Verbrauchsforschung 36 (3), S. 260-276.

THEIS, Hans-Joachim ([2]2008): Handbuch Handelsmarketing. Erfolgreiche Instrumente der Handelsmarktforschung (= Praxis im Handel. Handbuch Handelsmarketing, Band 3), Frankfurt / Main.

THIMM, Caja (2009): Altersbilder in den Medien – Zwischen medialem Zerrbild und Zukunftsprojektionen. In: Ehmer, J. / O. Höffe (Hg., unter Mitarbeit von D. Brantl / W. Lausecker): Bilder des Alterns im Wandel. Historische, interkulturelle, theoretische und aktuelle Perspektiven (= Nova Acta Leopoldina NF Nr. 363, Band 99), Halle (Saale), S. 153-165.

THOMI, Walter (1998): Zur Entwicklung des Einzelhandels in Deutschland. Interne und externe Ursachen des Strukturwandels und dessen Rückwirkungen auf das Standortsystem des Einzelhandels. In: Gans, P. / R. Lukhaup (Hg.): Einzelhandelsentwicklung – Innenstadt versus periphere Standorte (= Mannheimer Geographische Arbeiten, Heft 47), Mannheim, S. 5-26.

TNS INFRATEST SOZIALFORSCHUNG (Hg.; Projektleitung Klaus Kortmann / Verena Halbherr) (2008a): Alterssicherung in Deutschland 2007 (ASID '07). Zusammenfassung wichtiger Untersuchungsergebnisse, München. [TNS INFRATEST]

TNS INFRATEST SOZIALFORSCHUNG (Hg.; Projektleitung Klaus Kortmann / Verena Halbherr) (2008b): Alterssicherung in Deutschland 2007 (ASID '07). Tabellenband 1: Alte Länder, München. [TNS INFRATEST]

TNS INFRATEST SOZIALFORSCHUNG (Hg.; Projektleitung Klaus Kortmann / Verena Halbherr) (2008c): Alterssicherung in Deutschland 2007 (ASID '07). Tabellenband 2: Neue Länder, München. [TNS INFRATEST]

TOKARSKI, Walter (1993): Lebensstile: Ein brauchbarer Ansatz für die Analyse des Altersstrukturwandels? In: Naegele, G. / H. P. Tews (Hg.): Lebenslagen im Strukturwandel des Alters. Alternde Gesellschaft – Folgen für die Politik, Opladen, S. 116-132.

TOUTENBURG, Helge / Christian HEUMANN (⁶2008): Deskriptive Statistik. Eine Einführung in Methoden und Anwendungen mit R und SPSS, Berlin / Heidelberg.

TROMMSDORFF, Volker (1975): Die Messung von Produktimages für das Marketing. Grundlagen und Operationalisierung (= Schriftenreihe Annales Universitatis Saraviensis, Rechts- und Wirtschaftswissenschaftliche Abteilung, Band 78), Köln u.a.

UNIVERSITÄT KOBLENZ-LANDAU (Hg.) (2013): Campus Koblenz. Im Internet unter: http://www.uni-koblenz-landau.de/koblenz (abgerufen am 17.02.2013).

VEEN, Stephan (2008): Demographischer Wandel, alternde Belegschaften und Betriebsproduktivität (= Beiträge zur Personal- und Organisationsökonomik, Band 18), München / Mering.

VICTOR, Anja ET AL. (2010): Wie bewertet man die p-Wert-Flut? Hinweise zum Umgang mit dem multiplen Testen. In: Deutsches Ärzteblatt International 107 (4), S. 50-56.

VOGEL, Ludwig (2009): Bedeutung ökologischer Nachhaltigkeit bei Shopping-Center-Investments: Eine empirische Erhebung zu den Anforderungen aus Investorensicht. In: Wirtschaftsgeographie der Humbold-Universität zu Berlin (Hg.): Nachhaltigkeit von Handelsimmobilien (= Berichte des Arbeitskreises Geographische Handelsforschung 26), S. 8-18.

VOGES, Wolfgang (2008): Soziologie des höheren Lebensalters. Ein Studienbuch zur Gerontologie, Augsburg.

VOLGER, Gernot (2000): Konzepte gegen die Schwindsucht. In: Süddeutsche Zeitung vom 19.08.2000.

WAGNER, Gert G. ET AL. (³2010): Wirtschaftliche Lage und wirtschaftliches Handeln alter Menschen. In: Lindenberger, U. et al. (Hg.): Die Berliner Altersstudie, Berlin, S. 301-323.

WAGNER, Michael / Yvonne SCHÜTZE / Frieder R. LANG (^{3}2010): Soziale Beziehungen alter Menschen. In: Lindenberger, U. et al. (Hg.): Die Berliner Altersstudie, Berlin, S. 325-343.

WAHL, Hans-Werner (2008): Neues Altern in sich verändernden Umwelten – Natürliche Entwicklungen und Gestaltungsaufgaben. In: Meyer-Hentschel, H. / G. Meyer-Hentschel (Hg.): Jahrbuch Seniorenmarkting 2008/2009. Unternehmensführung – Forschung – Praxis, Frankfurt / Main, S. 119-137.

WAHL, Hans-Werner / Frank OSWALD (2007): Altern in räumlich-sozialen Kontexten: Neues zu einem alten Forschungsthema. In: Reichert, M. / E. Gösken / A. Ehlers (Hg.): Was bedeutet der demografische Wandel für die Gesellschaft? Perspektiven für eine alternde Gesellschaft (= Dortmunder Beiträge zur Sozial- und Gesellschaftspolitik, Band 58), Berlin, S. 55-75.

WAHL, Hans-Werner / Vera HEYL (2004): Gerontologie – Einführung und Geschichte (= Grundriss Gerontologie, Band 1), Stuttgart.

WAN-IFRA (WORLD ASSOCIATION OF NEWSPAPERS AND NEWS PUBLISHERS) (2007): Mediaanalyse 2007: Nutzung der Tageszeitung bei jungen Lesern im Aufwind. Im Internet unter: http://www.ifra.com (abgerufen am 15.02.2012) [WAN-IFRA].

WEINBERG, Harald (1990): Wertewandel im Spiegel der Konsumklima-Forschung. In: Szallies, R. / G. Wiswede (Hg.): Wertewandel und Konsum. Fakten, Perspektiven und Szenarien für Markt und Marketing, Landsberg / Lech, S. 61-85.

WEINERT, Franz E. (1992): Altern in psychologischer Perspektive. In: Baltes, P. B. / J. Mittelstraß (Hg.): Zukunft des Alterns und gesellschaftliche Entwicklung (= Akademie der Wissenschaften zu Berlin, Forschungsbericht 5), Berlin / New York, S. 180-203.

WELFORD, Alan T. (1980): Sensory, Perceptual and Motor Processes in Older Adults. In: Birren, J. E. / R. B. Sloane (Hg.): Handbook of Mental Health and Aging, Englewood Cliffs (N. J.), S. 192-213.

WEHRHEIM, Jan (2007a): Shopping Malls, eine Hinführung. In: Wehrheim, J. (Hg.): Shopping Malls. Interdisziplinäre Betrachtungen eines neuen Raumtyps (= Stadt, Raum und Gesellschaft, Band 24), Wiesbaden, S. 7-12.

WEHRHEIM, Jan (2007b): Die Ordnung der Mall. In: Wehrheim, J. (Hg.): Shopping Malls. Interdisziplinäre Betrachtungen eines neuen Raumtyps (= Stadt, Raum und Gesellschaft, Band 24), Wiesbaden, S. 277-294.

WESP, Roswitha (2005): Service auf Knopfdruck. In: Lebensmittel Zeitung Spezial (1): Generation 50+. Strategien für die Mehrheit von morgen, S. 72-74.

WESSEL, Karin (1996): Empirisches Arbeiten in der Wirtschafts- und Sozialgeographie. Eine Einführung, Paderborn.

WILBERT, Karl-Jürgen ET AL. (Hg.) (2011): BUGA Koblenz: Stadt im Wandel. Die Region Mittelrhein bereitet sich vor, Koblenz.

WILD, Marcus (2009): Nachhaltigkeit und Shopping-Center. In: Falk, B. / W. R. Bays (Hg.): Shopping-Center-Handbuch. Development – Management – Marketing, Starnberg, S. 974-982.

WILKIE, William L. / Edgar A. PESSEMIER (1973): Issues In Marketing's Use Of Multi-Attribute Attitude Models. In: Journal of Marketing Research 10 (4), S. 428-441.

WINGERTER, Christian (2005): Zeitaufwand der Bevölkerung in Deutschland für kulturelle Aktivitäten. Auswertung der Daten der Zeitbudgeterhebung 2001/2002. In: Wirtschaft und Statistik (4), S. 318-326.

WIRTSCHAFTSWOCHE (2010): Die wenigsten Arbeitslosen und die meisten Hochqualifizierten bundesweit: Beim Niveau muss Erlangen nur München den Vortritt lassen (10.12.2010). Im Internet unter: http://www.wiwo.de/politik/deutschland (abgerufen am 17.01.2013). [WiWo]

WISWEDE, Günter (1990): Der „neue Konsument" im Lichte des Wertewandels. In: Szallies, R. / G. Wiswede (Hg.): Wertewandel und Konsum. Fakten, Perspektiven und Szenarien für Markt und Marketing, Landsberg / Lech, S. 11-40.

WITZEL, Andreas (2000): Das problemzentrierte Interview. In: Forum: Qualitative Sozialforschung 1 (1), Artikel 22, o.S.

WITZEL, Andreas (²1989): Das problemzentrierte Interview. In: Jüttemann, G. (Hg.): Qualitative Forschung in der Psychologie. Grundlagen, Verfahrensweisen, Anwendungsfelder, Heidelberg, S. 227-255.

WOLF, Jakob (1982): Das Center-Image – Zentrales Instrument des Managements von Einkaufszentren. In: Falk, B. (Hg.): Einkaufszentren. Planung, Entwicklung, Realisierung und Management, Landsberg am Lech, S. 113-126.

YAMASHITA, Takako / Takashi NAKAMURA (2008): Macro-Structural Bases of Consumption in an Aging Low Birth-Rate Society. In: Kohlbacher, F. / C. Herstatt (Hg.): The Silver Market Phenomenon. Business Opportunities in an Era of Demographic Change, Berlin / Heidelberg, S. 201-234.

ZANDER, Margherita (2004): Zwischen Konflikt und solidarischem Ausgleich. Die Generationenperspektive im demografischen Wandel. In: Frevel, B. (Hg.): Herausforderung demografischer Wandel (= Perspektiven der Gesellschaft), Wiesbaden, S. 103-120.

ZDWA (2011): Demographischer Wandel in Zahlen. Medianalter. Im Internet unter: http:// www.zdwa.de (abgerufen am 27.02.2011).

ZELLNER, Marion (2010): Schreck lass' nach. In: Süddeutsche Zeitung vom 24.06.2010.

ZERZER, Manfred / Uwe LEBOK (2008): Was die Oma hinter'm Ofen vorlockt. Alte Menschen – Neues Denken. In: planung & analyse (4), S. 15-21.

ZIEGLER, Uta / Gabriele DOBLHAMMER (2009): Prävalenz und Inzidenz von Demenz in Deutschland – Eine Studie auf Basis von Daten der gesetzlichen Krankenversicherungen von 2002 In: Gesundheitswesen 71 (5) (= zugleich Rostocker Zentrum – Diskussionspapier No. 24), S. 281-290.

Bei einigen Online-Dokumenten wird die URL-Angabe zugunsten einer besseren Lesbarkeit und Übersichtlichkeit des Literaturverzeichnisses in gekürzter Form zitiert.

Internetquellen

ALTSTADT ERLANGEN: http://www.altstadt-erlangen.de (abgerufen am 23.07.2012). [WWW. ALTSTADT-ERLANGEN.DE]

DEMOGRAFIEMONITOR SACHSEN: http://www.demografie.sachsen.de/monitor (abgerufen am 25.02.2013). [WWW.DEMOGRAFIE.SACHSEN.DE]

GEWERBEPARK MÜLHEIM-KÄRLICH: http://www.muelheim-kaerlich.de/gewerbepark.html (abgerufen am 18.02.2013). [WWW.MUELHEIM-KÄRLICH.DE]

LEBEN FINDET INNENSTADT: www.lebenfindetinnenstadt.de (abgerufen am 23.07.2012). [WWW.LEBENFINDETINNENSTADT.DE]

LÖHR-CENTER KOBLENZ: http://www.loehr-center.de (abgerufen am 21.02.2013). [WWW. LOEHR-CENTER.DE]

MFI MANAGEMENT FÜR IMMOBILIEN AG: http://www.mfi.eu (abgerufen am 28.02.2013). [WWW.MFI.EU]

SIEMENS STANDORTE: http://www.siemens.de/standorte (abgerufen am 04.02.2013). [WWW. SIEMENS.DE]

STADT KOBLENZ – PARKEN IN KOBLENZ: http://www.koblenz.de/wirtschaft_verkehr/parken_in_ koblenz.html (abgerufen am 21.02.2013). [WWW.KOBLENZ.DE/PARKEN]

STADT KOBLENZ – ZENTRALPLATZ „FORUM MITTELRHEIN": http://www.koblenz.de/bauen_ wohnen/forum_mittelrhein_aktuelles.html (abgerufen am 19.02.2013). [WWW.KOBLENZ.DE /FORUM]

STATISTISCHE BEZIRKE ERLANGEN: http://www.erlangen.de (abgerufen am 23.07.2012). [WWW. ERLANGEN.DE]

WESTSÄCHSISCHE HOCHSCHULE ZWICKAU: http://www.fh-zwickau.de (abgerufen am 25.02. 2013). [WWW.FH-ZWICKAU.DE]

Liste der angebotsseitigen Interviewpartner

Projektentwickler der ECE Projektmanagement G.m.b.H. & Co. KG (28.10.2010)

Projektentwickler der mfi management für immobilien AG (15.11.2010)

Centermanager Erlangen Arcaden (28.08.2009)

Centermanager Löhr-Center Koblenz (20.08.2009)

Centermanager Zwickau Arcaden (07.10.2009)

Vertreter der Stadtverwaltung Koblenz, Amt für Wirtschaftsförderung (13.09.2010)

Vertreter der Stadt Erlangen, Amt für Wirtschaftsförderung und Arbeit sowie Amt für Stadtentwicklung und Stadtplanung (04.01.2011)

Vertreter der Stadtverwaltung Zwickau, SB Unternehmensservice / Handel / Gastronomie (03.06.2010)

Vertreter der Koblenz-Stadtmarketing GmbH (08.09.2010)

Vertreter des Erlanger Tourismus und Marketing Verein e.V. (18.06.2010)

Online Supplement

Die E-Book-Version der Arbeit sowie alle in diesem Rahmen erhobenen und visualisierten Messdaten sind frei verfügbar auf dem Repository der Universität Würzburg:

http://nbn-resolving.de/urn:nbn:de:bvb:20-opus-148218

A1 Erhebungsinstrumente
   A1-1 Kartierbogen und Branchensystematik
      A1-1.1 Kartierbogen
      A1-1.2 Branchensystematik
   A1-2 Fragebogen quantitative Passantenbefragung
      A1-2.1 Fragebogen Erlangen
      A1-2.2 Fragebogen Koblenz
      A1-2.3 Fragebogen Zwickau
   A1-3 Leitfaden qualitative Haushaltsbefragung
      A1-3.1 Leitfaden Erlangen
      A1-3.2 Leitfaden Zwickau
   A1-4 Interviewleitfaden Expertengespräche mit Projektentwicklern der Shopping Center-Betreiber
      A1-4.1 Leitfaden Projektentwickler ECE
      A1-4.2 Leitfaden Projektentwickler mfi
   A1-5 Interviewleitfaden Expertengespräche mit Centermanagern
      A1-5.1 Leitfaden Centermanager Erlangen Arcaden
      A1-5.2 Leitfaden Centermanager Löhr-Center Koblenz
      A1-5.3 Leitfaden Centermanager Zwickau Arcaden
   A1-6 Interviewleitfaden Expertengespräche mit kommunalen Vertretern
      A1-6.1 Leitfaden Vertreter Stadt Erlangen, Amt für Wirtschaftsförderung und Arbeit / Amt für Stadtentwicklung und Stadtplanung sowie Vertreter Erlanger Tourismus und Marketing Verein e.V.
      A1-6.2 Leitfaden Vertreter Stadtverwaltung Koblenz, Amt für Wirtschaftsförderung und Vertreter Koblenz-Stadtmarketin GmbH
      A1-6.2 Leitfaden Vertreter Stadtverwaltung Koblenz, Amt für Wirtschaftsförderung und Vertreter Koblenz-Stadtmarketing GmbH
A2 Ergänzende Statistiken (A2-1 bis A2-7)

www.ingramcontent.com/pod-product-compliance
Lightning Source LLC
Chambersburg PA
CBHW080243030426
42334CB00023BA/2687